MANUEL GONZÁLEZ-MENESES
SEGISMUNDO ÁLVAREZ

MODIFICACIONES ESTRUCTURALES DE LAS SOCIEDADES MERCANTILES

2ª Edición

MANUEL GONZÁLEZ-MENESES
SEGISMUNDO ÁLVAREZ

MODIFICACIONES ESTRUCTURALES DE LAS SOCIEDADES MERCANTILES

2ª Edición

DYKINSON

Colección
Estudios de Derecho Mercantil Dykinson
Dirección: Gadea/Sacristán/Vargas Vasserot

Editorial DYKINSON, S.L. Meléndez Valdés, 61 - 28015 Madrid
Teléfono (+34) 91 544 28 46 - (+34) 91 544 28 69

e-mail: info@dykinson.com
http://www.dykinson.es
http://www.dykinson.com

Consejo editorial véase www.dykinson.com/quienessomos

ISBN: 978-84-9031-643-6
Depósito Legal: M-26449-2013

NOTA A LA SEGUNDA EDICIÓN

Desde su promulgación en el mes de abril de 2009, la Ley sobre modificaciones estructurales de las sociedades mercantiles ha sido reformada en cuatro ocasiones. Muy pronto, por la Ley 27/2009, de 30 de diciembre, se introdujo una Disposición Adicional 3.ª, dedicada a las modificaciones estructurales entre entidades de crédito. La Ley 25/2011, de 1 de agosto, hizo un primer retoque del art. 34, relativo al informe de expertos independientes sobre el proyecto de fusión. Este precepto volvió a ser redactado por el Real Decreto-ley 9/2012, de 16 de marzo, que también afectó a una docena de artículos de la Ley (en concreto, los arts. 32, 36.3, 39, 40.2, 42, 44, 45, 50, 51, 62, 78 bis y 99). Y por último, la reforma de estos preceptos por el citado Real Decreto-ley sería confirmada, con algún leve retoque, por la Ley 1/2012, de 22 de junio, de simplificación de las obligaciones de información y documentación de fusiones y escisiones de sociedades de capital. Esta doble reforma del año 2012 obedeció fundamentalmente al propósito de adaptar nuestra regulación a la Directiva 2009/109/CE, del Parlamento Europeo y del Consejo, de 16 de septiembre de 2009, por la que se modifican las Directivas 77/91/CEE, 78/855/CEE y 82/891/CEE del Consejo y la Directiva 2005/56/CE en lo que se refiere a las obligaciones de información y documentación en el caso de las fusiones y escisiones (como consecuencia de ésta y otras reformas anteriores de la Tercera Directiva sobre fusiones de sociedades anónimas –la Directiva 78/855/CEE–, la misma ha sido derogada y sustituida por una nueva Directiva 2011/35/UE del Parlamento Europeo y del Consejo, de 5 de abril de 2011, relativa a las fusiones de las sociedades anónimas. No obstante, nosotros seguiremos refiriéndonos a la Directiva sobre fusiones como la “Tercera Directiva”. En materia de escisiones, la tradicional Sexta Directiva –82/891/CEE– sigue todavía vigente).

En esta segunda edición nos ocupamos de las novedades introducidas por estas reformas, todas ellas de gran interés desde el punto de vista de la práctica jurídica (en especial, la nueva regulación de la fusión súper simplificada del art. 42, las precisiones introducidas en cuanto a los supuestos en que es preceptivo el informe de expertos independientes y al doble contenido de éste, el nuevo régimen de publicidad del proyecto de fusión, la nueva medida –no se sabe si de refuerzo o de debilitamiento– respecto del derecho de oposición de los acreedores en el nuevo apartado 4 del art. 44, y el novedoso supuesto de escisión simplificada del nuevo art. 78 bis). No obstante, no nos hemos limitado a una mera adaptación del texto a la vista de las citadas novedades normativas, sino que hemos aprovechado para dar un tratamiento más extenso a cuestiones que merecían una mayor atención (como la fecha de eficacia contable de la fusión o escisión, el régimen procedimental del traslado de domicilio a España, la fiscalidad de la escisión); e incluso hemos revisado nuestra primera opinión sobre alguna cuestión de bastante importancia (la posibilidad de transformación en SRL de una SA con pérdidas). En cualquier caso, lo interesante para nosotros de esta segunda edición es que en la misma se refleja nuestra propia experiencia profesional después de varios años de frecuente aplicación de la Ley, de manera que los problemas que planteamos no son fruto de una mera elucubración intelectual, sino dudas que nos han surgido ante casos reales con los que hemos tenido contacto en nuestros despachos.

Esperamos con ello seguir siendo fieles a lo que pretendimos fuera el espíritu de esta obra: un estudio que, sin dejar de ser crítico, fuera a la vez muy práctico, y ello acerca de una materia y de una normativa que se prestan tanto a perderse en los detalles como a dejarse embriagar por la sofisticación formal de las construcciones de ingeniería societaria.

Y como nuestro valor añadido –la experiencia profesional directa– es al mismo tiempo nuestro hándicap –escribimos en los tiempos hurtados al despacho–, esperamos que el lector siga disculpando los errores que con seguridad seguimos cometiendo.

Mayo de 2013

ÍNDICE

INTRODUCCIÓN

LAS MODIFICACIONES ESTRUCTURALES DE SOCIEDADES Y LA LEY 3/2009

La Ley 3/2009, de 3 de abril, sobre modificaciones estructurales de las sociedades mercantiles (en adelante, LME), que entró en vigor el día 4 de julio de 2009, es una ley de extraordinaria importancia para nuestro derecho de sociedades. En primer lugar, por ser bastante extensa –unos 104 artículos en su cuerpo articulado–; pero, sobre todo, porque esta materia de las «modificaciones estructurales» de sociedades es una cuestión de gran relevancia tanto en el plano práctico como en el teórico.

Y es así porque cuando una concreta sociedad se embarca en uno de estos procesos de modificación estructural se ponen en juego y se ven afectados de forma muy intensa intereses muy variados de un amplio elenco de sujetos: el socio o grupo de socios que es titular de la mayoría del capital social y que controla o se supone que controla la administración de la sociedad; los socios minoritarios y en su caso disidentes; los administradores sociales; los trabajadores de la empresa social; los sujetos que son contraparte en todos aquellos contratos vigentes en los que es parte la sociedad y, en general, todos los deudores y acreedores de la misma; también aquellos sujetos que no son parte de ninguna relación jurídica trabada con la sociedad en cuestión pero que, de una forma u otra, participan en un mercado en que la misma interviene y que puede verse afectado por la operación realizada (por ejemplo, por dar lugar a una situación monopolística); y por supuesto, el Fisco, en la medida en que estas operaciones pueden implicar la realización del hecho imponible de varios impuestos. Y todo esto multiplicado por el número de sociedades intervinientes en aquellos casos en que la operación afecta a más de una sociedad.

La adecuada composición de todos estos variados intereses concurrentes suscita una tarea muy delicada de política jurídica, que, además, es de carácter pluridisciplinar, por razón de la heterogénea naturaleza de esos intereses afectados. Así, la normativa sobre modificaciones estructurales constituye una peculiar encrucijada jurídica donde concurre el derecho de sociedades puro con el derecho de la competencia, el derecho de grupos, el derecho laboral, el derecho concursal, el derecho fiscal y, por supuesto –aunque parece que esto cada vez se tiende a olvidar más–, el derecho patrimonial común o civil. Esta concurrencia suele dar como resultado una regulación muy compleja, muy difícil y, al menos aparentemente, muy técnica. En definitiva, podemos decir que ésta es una materia dotada de una especial densidad jurídica, lo que da lugar a que la normativa que se ocupa de la misma tiende a convertirse en un derecho para iniciados o especialistas.

Pero este régimen de las modificaciones estructurales no solo presenta una considerable dificultad jurídica, por esa concurrencia de múltiples intereses particulares y de perspectivas jurídicas diferentes, sino que se estima que tiene una especial trascendencia macroeconómica y por tanto de política económica general. Así, la existencia de una normativa favorecedora de este tipo de operaciones (tanto en el plano fiscal como en el jurídico-sustantivo) se ha considerado algo necesario para facilitar los procesos de concentración empresarial, que, a su vez, se juzgaban ineludibles para que una economía nacional hasta entonces prácticamente cerrada pudiera enfrentarse en condiciones de competitividad al reto que suponía un mercado de dimensiones primero europeas y ahora ya mundiales. Pero no se trata sólo de la necesidad coyuntural o episódica de redimensionar el tamaño de las empresas en un momento de apertura a nuevos mercados, sino de la necesidad constante de ir realizando ajustes y más reajustes de las estructuras empresariales en atención a las circunstancias siempre cambiantes de una economía dinámica y en permanente evolución. En definitiva, en la medida en que, en nuestro actual estado de civilización, las actividades empresariales de cierta envergadura se desarrollan mayoritariamente por medio de esas peculiares organizaciones que son las sociedades de capital, existen muy poderosas razones de eficiencia económica a favor de la máxima flexibilidad jurídica de aquellas operaciones que conocemos como modificaciones estructurales de las sociedades.

Ni que decir tiene que esta presión a favor de la flexibilidad jurídica por razones de eficiencia económica no puede dejar de provocar una cierta tensión o estrés en los sistemas jurídicos afectados. Y ello precisamente por lo que estas operaciones tienen de por sí de fenómeno jurídicamente excepcional. Como después expondremos con más detalle, el planteamiento básico de estas operaciones (la posibilidad de que, sin necesidad de un consentimiento individual del socio, resulte radicalmente alterado el vínculo que le une con una determinada sociedad o la consistencia jurídica o patrimonial de ésta, y, de cara a los terceros, el radical efecto de la sucesión universal) supone algo anómalo o exorbitante desde el punto de vista del derecho de contratos o del derecho patrimonial común. Partiendo de esta idea, todo aquello que implique incrementar el nivel de flexibilidad del procedimiento o de sus presupuestos o ámbito de aplicación supondrá también, lógicamente, un incremento de la tensión que se ejerce sobre el conjunto del sistema jurídico afectado.

Al respecto, es fundamental tener en cuenta que todo subsistema jurídico –y como tal podemos considerar perfectamente la normativa sobre modificaciones estructurales, en particular, cuando la misma pasa a ser el objeto de un cuerpo legal especial con pretensiones de integridad y suficiencia como lo es la LME– tiene sus propios equilibrios, su peculiar juego de pesos y contrapesos. Así, la flexibilidad que respecto del derecho común suponen estas operaciones de modificación estructural viene acompañada y compensada por unas específicas garantías (una intensificación de la información que se debe poner a disposición de los socios y otros sujetos afectados, una verificación pericial independiente de los presupuestos económicos de la operación, el derecho de oposición de los acreedores, etc.). En atención a ello, un rediseño de este subsistema que altere y descompense su específico equilibrio jurídico en aras de razones de exclusiva eficiencia económica puede llevar consigo consecuencias muy inconvenientes desde el punto de vista de la lógica jurídica, que no es una lógica simplemente formal, sino algo que tiene que ver en definitiva con la justicia. Y esta justicia a la que aspira todo orden jurídico no es, como tantas veces se quiere interesadamente presentar, un obstáculo para la eficiencia económica, para el buen funcionamiento de los mercados, sino más bien todo lo contrario, el último fundamento de la transparencia y la confianza, que son la base de la economía. Precisamente, si algo debería enseñarnos la actual crisis financiera y económica es cómo el abandono de ciertos rigores jurídicos y sobre todo morales en la persecución de una mal entendida eficiencia económica a corto plazo ha terminado destruyendo los propios mercados y causando la máxima ineficiencia económica.

Esta referencia a la crisis económica no la consideramos en absoluto impertinente en relación con esta materia de las modificaciones estructurales de las sociedades, porque al tiempo que las mismas son –como todo el derecho de sociedades– un instrumento al servicio del desarrollo empresarial y de las necesidades de la economía real, también se prestan y mucho, por su propia naturaleza, a servir de cauce a maniobras que no tienen nada que ver con la eficiencia empresarial. Así, la vigencia de una concepción absolutamente formalista del derecho de sociedades de capital, que es a su vez la consecuencia de un régimen extraordinariamente liberal de creación de estructuras societarias personificadas, junto con la flexibilidad de rediseño de estas estructuras que permiten las operaciones de transformación, fusión, escisión y demás, vienen a potenciar ese fenómeno que se suele conocer como «ingeniería societaria»: la instrumentalización y manipulación de las sociedades de capital como «vehículos» para fines ajenos a aquellos que se supone justifican el derecho de sociedades (así, *special purpose vehicule* o SPV se llaman hoy sin ningún rubor en la jerga de los iniciados a muchas sociedades que intervienen instrumentalmente en las más variadas combinaciones negociales).

Precisamente, algunas de las operaciones político-empresariales más escandalosas acaecidas en las últimas dos décadas en nuestro país y en otros de nuestro entorno han tenido relación con alguna especie de modificación estructural de sociedades. Y, muy en particular, cierto tipo de negocios en cuyo diseño han primado los intereses de una economía financiera a corto plazo sobre la racionalidad económica empresarial y que no han sido nada ajenos al desencadenamiento de la crisis, las compras sobre-apalancadas de empresas (lo que en la jerga se conoce como *leveraged buy-outs* o LBO), se han venido sirviendo sistemáticamente de un tipo de modificación estructural (la fusión de la sociedad *target* con la sociedad *spv* compradora que ha recibido la financiación bancaria) como instrumento para llegar a un resultado –la empresa vendida financia su propia compra– que se supone que nuestro orden jurídico rechaza en términos generales.

El espectáculo que ofrecen muchas de las empresas objeto de estas flamantes LBO ahora en sonados concursos de acreedores debería quizá hacernos recapacitar sobre lo justificado de ciertos rigores y sobre cómo la ingeniería societaria y las modificaciones estructurales se han instrumentalizado en ocasiones por la peor ingeniería financiera –aquella que convierte las empresas en simples objetos de especulación financiera–, hasta llegar a convertirse en una amenaza para la viabilidad y subsistencia de las empresas.

Y en este peculiar contexto de resaca después de los excesos vividos ha venido a aparecer esta LME, una ley que casi se puede decir que llega a contrapié o a destiempo. Impulsada por la inercia de un tiempo anterior, irrumpe quizá en el momento equivocado. Así, su propósito fundamental es promover una mayor flexibilidad jurídica en esta materia en el afán de contribuir con ello a la eficiencia económica, cuando se supone que todos achacamos ahora a ciertos excesos desregulatorios gran parte de la responsabilidad por la actual debacle económica. Y este proceder de planteamientos anteriores a la actual crisis (se empieza a gestar en el año 2006), para terminar de confeccionarse ya en plena crisis, explica la íntima contradicción que trae consigo: la misma norma que parece desmelenarse en su frenesí por aligerar trámites (la fusión simplificada, la super-simplificada, la sustitución de los anuncios por comunicaciones individuales, etc.), incluso vulnerando claramente preceptos de las directivas comunitarias (la contradicción entre la versión inicial del art. 34.1 LME y el art. 10 de la Tercera Directiva), es la que parece recular, introduciendo inopinadamente un inusitado rigor para el aludido supuesto de fusión posterior a la compra apalancada de la sociedad (art. 35), incluso con un retoque de última hora –el juicio del experto sobre si en el supuesto *existe asistencia financiera*– que, según como se interprete, podría acabar prácticamente con la «industria» del capital-riesgo en nuestro país.

En el apartado correspondiente tendremos ocasión de profundizar en el estudio de la norma aludida, que –ya adelantamos– viene a ser la pieza más polémica y controvertida de la nueva regulación. De momento, antes de acometer el estudio separado de cada una de las operaciones de modificación estructural que regula esta ley, nos parece procedente realizar algunas observaciones más precisas sobre el sentido general de la misma, sobre sus líneas o ejes básicos.

La LME tiene su origen y justificación más directa en la necesidad de incorporar al derecho interno el contenido de una directiva comunitaria: la Directiva 2005/56/CE, del Parlamento Europeo y del Consejo, de 26 de octubre de 2005, relativa a las fusiones transfronterizas de las sociedades de capital, algo evidentemente importante para atender al fenómeno, que se supone debe fomentarse, de las concentraciones empresariales a nivel europeo. No obstante, nuestro legislador no se ha contentado en absoluto con ocuparse de estas fusiones transfronterizas. La necesidad de incorporar los mandatos de la indicada directiva ha venido a ser la ocasión para una remodelación de toda nuestra normativa sobre fusiones y otras operaciones análogas –lo que esta ley llama «modificaciones estructurales»– aplicable a todas estas operaciones cuando se realizan en el ámbito interno o nacional. Por otra parte, nuestra normativa sobre fusiones y escisiones internas se veía también afectada por la necesidad de adaptación a determinadas reformas que habían sufrido la Tercera y la Sexta Directivas, en particular, por virtud de la Directiva 2007/63/CE, de la que procede precisamente la importante supresión del informe de experto independiente sobre el proyecto y el tipo de canje en los supuestos de acuerdo unánime de todos socios de todas las sociedades intervinientes. Esta era una reforma obligada; en relación con otras cuestiones, se ha aprovechado esta ley para hacer uso de posibilidades que quedaban a la discreción de los Estados destinatarios de las indicadas directivas (por ejemplo, la dispensa, con determinados requisitos, del acuerdo de junta de la sociedad absorbente cuando ésta es titular del 90 % o más del capital de la sociedad absorbida).

Al mismo tiempo, se aprovechó también esta Ley 3/2009 para retocar algunos aspectos importantes del régimen general de las sociedades de capital, sobre todo de la SA, que no tienen relación –al menos directa– con esta específica cuestión de las modificaciones estructurales, por ejemplo, el régimen de autocartera, la valoración de las aportaciones no dinerarias o el derecho de suscripción preferente (aquí también incidía la necesidad de adaptación a la Directiva 2006/68/CE, que modificó la Segunda Directiva relativa a la disciplina del capital de las SA). De estas modificaciones introducidas en la LSA y en la LSRL por las disposiciones finales primera y segunda, respectivamente, de la Ley 3/2009 (hoy trasladadas a la nueva Ley de Sociedades de Capital) no nos ocuparemos en esta obra, pues nuestro propósito es centrarnos exclusivamente en el régimen de las modificaciones estructurales. Tampoco nos ocuparemos de las reformas que introdujo dicha ley en la Ley 31/2006, sobre implicación de los trabajadores en las sociedades anónimas y cooperativas europeas, y en la Ley 13/1989, de cooperativas de crédito.

Atendiendo al contenido de la LME, en cuanto a lo que es su cuerpo articulado que dedica a las modificaciones estructurales, podemos decir que son tres las ideas básicas que sirven de eje a la misma: la pretensión de establecer una regulación unitaria y completa de estas operaciones en un cuerpo legal especial; la ampliación del ámbito de las modificaciones estructurales reguladas; y por último, la simplificación procedimental de estas operaciones. Nos ocuparemos por separado de estas tres cuestiones.

I. LA UNIFICACIÓN DEL RÉGIMEN DE LAS MODIFICACIONES ESTRUCTURALES EN UNA LEY ESPECIAL

En cuanto a lo primero, hasta la promulgación de la LME la regulación sobre esta materia se encontraba dispersa entre varias leyes, sobre todo la LSA y la LSRL. En cada uno de estos cuerpos legales encontrábamos una regulación diferenciada de la transformación partiendo de o llegando al tipo social correspondiente. La LSA contenía una regulación completa de fusión y escisión, a la que se remitía la LSRL después de establecer alguna especialidad para su tipo social. La cesión global de activo y pasivo era objeto de una simple alusión en la LSA y recibía regulación en la LSRL en sede de liquidación. Y, en fin, el traslado internacional del domicilio sólo era aludido en una norma de remisión a tratados internacionales tanto por la LSA como por la LSRL, y por lo que respecta a la sociedad anónima europea, se le dedicaron dos preceptos en la LSA, tras su reforma por la Ley 19/2005. Por su parte, en la LAIE había algunas normas sobre modificaciones estructurales, como sigue habiendo todavía en la normativa estatal y autonómica sobre cooperativas.

La LME ha pretendido acabar con esta dispersión, estableciendo una regulación unificada, ordenada y completa de todas estas operaciones, aplicable a todos los tipos societarios mercantiles (por tanto, también a las sociedades colectivas y comanditarias, cuya regulación del CCom no hacía alusión alguna a este tipo de operaciones; sin embargo, las modificaciones estructurales de sociedades cooperativas quedan fuera de la ley, fundamentalmente por el problema de las competencias autonómicas). Así, la Ley se abre con un Título Preliminar –añadido a su paso por el Congreso, porque no estaba en el Proyecto– que contiene dos normas que delimitan el ámbito objetivo y subjetivo de la misma en los siguientes términos:

> *«Artículo 1. Ámbito objetivo. La presente Ley tiene por objeto la regulación de las modificaciones estructurales de las sociedades mercantiles, consistentes en la transformación, fusión, escisión o cesión global de activo y pasivo, incluido el traslado internacional del domicilio social.*
>
> *Artículo 2. Ámbito subjetivo. La presente Ley es aplicable a todas las sociedades que tengan la consideración de mercantiles, bien por la naturaleza de su objeto, bien por la forma de su constitución.*
>
> *Las modificaciones estructurales de las sociedades cooperativas, así como el traslado internacional de su domicilio social, se regirán por su específico régimen legal.»*

Esta idea de dedicar una ley especial a la materia de las modificaciones estructurales procede del derecho alemán (la *Gesetz zur Bereiningung des Umwandlungsrechts* de 28 de octubre de 1994). Según el Preámbulo de nuestra LME, se trata de una solución transitoria, a la espera de que se refundan y armonicen en su totalidad las distintas leyes que en estos momentos regulan nuestro Derecho de sociedades. No obstante, cuando la Disposición final séptima de la Ley habilitaba al Gobierno para que, en el plazo de doce meses, procediera a refundir en un único texto, y bajo el título «Ley de Sociedades de Capital», las leyes reguladoras de las sociedades de capital, no se refería –en su versión final– a la propia LME, que no estaba entonces comprendida dentro del elenco de textos a refundir. La razón de ello parece encontrarse en la idea de que la LME se ocupa –como hemos indicado– de las modificaciones estructurales de toda clase de sociedades mercantiles y no sólo de las sociedades de capital. De acuerdo con ello, la refundición ya llevada a cabo por el Gobierno mediante el Real Decreto Legislativo 1/2010, de 2 de julio, no ha afectado al cuerpo articulado de la LME, que queda íntegramente subsistente como una ley especial.

Por nuestra parte, en relación con esta pretensión de unificación de la normativa aplicable a esta materia, tenemos que hacer tres observaciones.

a) En primer lugar, la promulgación de esta LME deja subsistente la tradicional dicotomía o incluso esquizofrenia de nuestro derecho de modificaciones estructurales, dividido en dos regulaciones paralelas: la normativa mercantil sustantiva y la normativa fiscal (hoy el Capítulo VIII de Título VII de la Ley del Impuesto sobre Sociedades, TR aprobado por el RDLeg. 4/2004, de 5 de marzo), que no son del todo coincidentes en cuanto a la delimitación y tipificación de los supuestos. El problema se arrastra ya desde hace décadas: la normativa fiscal, en vez de limitarse a establecer un determinado régimen tributario, en este caso un régimen potestativo de neutralidad fiscal (exención de la transmisión patrimonial en la imposición indirecta y diferimiento de la tributación de las plusvalías experimentadas por las sociedades y sus socios), para una operaciones definidas por la ley sustantiva, se toma la libertad de definir esas operaciones y de una manera, además, que no coincide con la tipificación legal sustantiva. Por supuesto que esa tipificación fiscal sólo es operante en el ámbito fiscal, pero lo cierto es que durante todos estos años ha venido interfiriendo y condicionando los criterios vigentes en el plano sustantivo.

Sin detenernos ahora en las muchas vicisitudes anteriores de esta dicotomía, podemos señalar cómo la ley fiscal emplea en sede de escisión un concepto, «rama de actividad», que no se termina de saber si es más estricto o no que el de «unidad económica» que emplea la ley sustantiva; el art. 83.2.1 c) LIS reconoce el supuesto que se conoce como «escisión de cartera», cuya admisibilidad sustantiva podría dudarse a la vista de la forma en que el art. 70.1 LME define la escisión parcial; el art. 83.2 LIS somete tanto la escisión parcial como la total a unos requisitos objetivos que no vienen exigidos por la norma sustantiva (que no solo la porción escindida sino también la porción patrimonial que conserva en su poder la sociedad escindida parcialmente constituyan ramas de actividad, que en los casos de escisión total sin respeto de la proporcionalidad en las participaciones que se atribuyen a los socios en las sociedades beneficiarias las fracciones patrimoniales recibidas por cada sociedad constituyan ramas de actividad); y sobre todo, el nuevo supuesto de escisión-segregación de los arts. 68.1 y 71 LME, no encaja en la definición de escisión del art. 83.2 LIS, mientras que subsiste en el art. 83.3 LIS la referencia a la aportación no dineraria de rama de actividad como algo diferente de la escisión.

En términos generales, se puede decir que el planteamiento de la legislación mercantil sustantiva es más formalista –la definición de los supuestos se realiza sobre la base de criterios jurídico-formales y los pocos elementos de tipo económico o realista (como la exigencia de que la porción escindida o segregada constituya una «unidad económica») se tienden a relativizar y desactivar por la doctrina y casi a obviar en la práctica, mientras que la legislación fiscal atiende más a la sustancia económica de las operaciones, en el afán por evitar que se utilicen para encubrir verdaderos desplazamientos patrimoniales. Buena prueba de ello son las normas más rigurosas antes aludidas y muy en especial lo que dispone el art. 96.2 LIS: «*No se aplicará el régimen establecido en el presente capítulo* (es decir, el régimen de neutralidad fiscal) *cuando la operación realizada tenga como principal objetivo el fraude o la evasión fiscal. En particular, el régimen no se aplicará cuando la operación no se efectúe por motivos económicos válidos, tales como la reestructuración o la racionalización de las actividades de las entidades que participan en la operación, sino con la mera finalidad de conseguir una ventaja fiscal*».

Precisamente –y con ello enlazamos con observaciones ya realizadas–, en relación con las fusiones posteriores a compras apalancadas, la jurisprudencia tributaria se ha mostrado bastante más rigurosa que la jurisprudencia sustantiva. Así, frente al criterio tan laxo que pone de manifiesto la AP de Madrid en su Auto de 9 de enero de 2007, en relación con la OPA de Endesa por Gas Natural, la Sentencia de 16 de marzo de 2006 del TEAC, y sobre todo la sentencia de la AN de 7 de mayo de 2007 han entendido que semejantes fusiones no obedecen a «un motivo económico válido».

Sea como sea, no hace falta decir que semejante falta de armonía entre las dos regulaciones y sus criterios de interpretación es una fuente copiosa de incertidumbre y de dificultades prácticas.

b) Una segunda observación que tenemos que formular ante esta pretensión de unificación de la regulación sobre modificaciones estructurales en esta ley especial es que la misma viene de alguna manera a acentuar un problema que ya existía: los posibles desajustes que para el conjunto del sistema derivan de una consideración autónoma y estanca del régimen específico de estas operaciones.

Intentaremos explicarlo. Las operaciones de transformación, fusión, escisión, cesión global, etc. no son operaciones que carezcan de toda conexión o relación con otras vicisitudes o incidencias de la vida de las sociedades mercantiles, que a su vez son objeto de sus propias regulaciones. Así, la fusión o la escisión, aparte de lo que en sí tienen de específico, pueden conllevar la constitución de una o varias sociedades, o el aumento de capital o la reducción de capital de una o varias sociedades; la transformación puede simultanearse con un aumento o una reducción de capital, o con una modificación o sustitución del objeto social, etc.; por su parte, la cesión global de activo y pasivo puede llevarse a cabo en el marco o con ocasión de la disolución y liquidación de la sociedad cedente. Partiendo de ello, en la medida en que las transformaciones, fusiones, escisiones o cesiones globales son objeto de una regulación específica particularmente compleja como tales modificaciones estructurales, existe la tendencia a considerar que esa regulación propia de la operación de modificación estructural viene a agotar toda la regulación del supuesto, desplazando y sustituyendo a cualquier otro requisito propio de las regulaciones generales de esas otras posibles incidencias societarias concomitantes.

No obstante, mientras las regulaciones de la fusión, escisión, etc. se encontraban en el seno de la LSA o de la LSRL, todavía era pensable una interpenetración o una coordinación de dichas regulaciones con las normas generales aplicables a la constitución, los aumentos o reducciones de capital, la liquidación, etc.

Esto era lo que sucedía por excelencia respecto de la operación de cesión global de activo y pasivo cuando se contemplaba en el art. 117 de la LSRL: su ubicación en sede de liquidación societaria hacía que ciertas carencias o disfunciones de su escueto régimen específico (la despreocupación absoluta por la posición del socio minoritario sometido a una valoración del patrimonio social cedido que podía decidir el socio mayoritario por acuerdo con el cesionario) quedasen cubiertas o compensadas con la aplicación de normas generales del régimen de la liquidación (la necesidad de esperar el transcurso del plazo de impugnación del balance final de liquidación para la inscripción de la extinción de la sociedad y por tanto para la eficacia de la cesión). También, mientras la norma específica que reconocía la posibilidad de la fusión de sociedades formaba parte del mismo cuerpo legal que prohibía genéricamente la asistencia financiera de la sociedad para la adquisición de sus acciones por un tercero (el art. 81 LSA), podía pensarse en un posible condicionamiento de una norma por la otra, es decir, en una posible restricción de la libertad de fusión de sociedades por razón de la norma prohibitiva de la asistencia financiera, en aquellos casos en que la fusión llevaba precisamente al resultado prohibido por la norma del citado artículo 81.

Ahora, la situación al respecto ha cambiado, precisamente porque todas estas operaciones de modificación estructural se han llevado a una ley especial, lo cual acentúa evidentemente esa aludida tendencia a considerar la regulación de estas operaciones como un subsistema dotado de sus propios y autónomos criterios regulatorios, aunque sólo sea porque esas normas generales de las leyes de sociedades posiblemente concurrentes quedan ahora física y mentalmente más lejos. De esta manera, la especialidad y separación formal de la regulación de esta materia viene a acentuar la excepcionalidad de la misma.

Y esto que decimos no es algo que carezca de consecuencias prácticas, sino que ha condicionando claramente muchas interpretaciones que se han ido haciendo de cuestiones clave que suscita esta LME.

Así, cuando el artículo 34.5 en su versión inicial dispensaba de la necesidad de informe de experto independiente sobre el proyecto de fusión en los casos de acuerdo unánime de todos los socios de las sociedades implicadas, una interpretación aislada de la LME llevó a concluir que la dispensa operaba también si la sociedad resultante de la fusión (que se constituye o aumenta su capital) es una sociedad anónima (y lo mismo para el caso de escisión a la vista del tenor del art. 78.3). Interpretación ésta literalista y aislada que olvidaba, por supuesto, que el informe del experto independiente en una fusión o escisión a favor de SA desempeña también la función de informe de experto sobre las aportaciones no dinerarias realizadas con ocasión de la constitución o aumento de capital de una SA, es decir, del informe que exige el artículo 67 LSC (antes, el artículo 38 LSA) en la sede genérica de aportaciones sociales, de conformidad con la Segunda Directiva. Por tanto, se trataba de una interpretación que chocaba claramente con el sistema general de las sociedades anónimas en nuestro derecho interno y en el comunitario, pero que tenía a su favor una interpretación literal, lógica y sistemática (pero limitada al subsistema de la LME) de los citados preceptos de la ley especial. Como luego veremos, ha sido necesaria una resolución de la DGRN y una reforma del citado precepto de la LME para desactivar semejante interpretación.

También, como luego veremos con más detenimiento, el hecho de que la operación de cesión global de activo y pasivo se haya arrancado de su anterior sede en el marco de la disolución y liquidación de sociedades y trasplantado a esta nueva ubicación de la ley especial sobre modificaciones estructurales supone que, manteniéndose básicamente la misma aludida desprotección del socio minoritario, el contrapeso que suponían las normas generales del procedimiento liquidatorio ya no opera (sólo hay una remisión, en el caso de cesión liquidatoria, a *«las normas aplicables a la cuota de liquidación»*, que no parece que permita invocar normas procedimentales de la liquidación). Si a eso unimos que el procedimiento específico y autosuficiente que diseña esta LME para la cesión global omite importantes garantías propias del régimen de la fusión, podemos concluir que el resultado de llevar dicha operación a esta ley especial es una grave disfunción.

Fijémonos en otra cuestión que también puede ilustrar lo que decimos. Como es sabido, las aportaciones no dinerarias en la constitución o aumento de capital de sociedades limitadas no están sujetas a un preceptivo informe pericial independiente, como sucede respecto de esas mismas aportaciones a sociedades anónimas. Esta mayor laxitud del régimen de la SRL se ve compensada en el régimen general de la ley reguladora de este tipo social por una garantía específica: la responsabilidad personal de los socios constituyentes o aportantes, de los administradores sociales e incluso de los ulteriores adquirentes de participaciones desembolsadas mediante este tipo de aportaciones por razón de la realidad y del valor atribuido a dichas aportaciones no dinerarias (art. 21 LSRL, hoy art. 73 LSC). Esto es lo que hace que el reconocimiento del beneficio de limitación de responsabilidad al patrimonio social en este tipo de sociedades no suponga una ligereza absoluta por parte de la ley. Pues bien, resulta que por vía de fusión o de escisión se puede constituir una SRL o aumentar su capital. Como es de todos sabido, en estos casos no hace falta informe de experto independiente –al menos, en cuanto ese informe tiene por objeto la valoración del patrimonio aportado a la SRL constituida o que aumenta su capital– ¿Y dónde está, entonces, en la ley especial reguladora de las modificaciones estructurales ese contrapeso o paliativo de la falta del informe pericial independiente que es la responsabilidad personal de los socios y administradores por la valoración dada al patrimonio aportado? Pues parece que la ley especial no se ocupa de semejante cosa, y difícilmente vamos a poder aplicar la norma del art. 73 LSC a una operación que tiene su propia regulación completa y autosuficiente. Obsérvese, y esto nos parece importantísimo, que no existe ninguna norma en la LME que remita a una aplicación supletoria de las normas o principios generales o configuradores propios de los tipos societarios correspondientes a las sociedades intervinientes en las operaciones que regula.

Otra cuestión relacionada con esta «autonomía» que se predica de la regulación de las operaciones de modificación estructural puede ser la siguiente: si la sociedad resultante de una fusión o beneficiaria de una escisión tiene un objeto social distinto del que era propio de la sociedad absorbida o escindida, ¿queda excluida la norma general que reconoce derecho de separación al socio disidente en los casos de modificación estatutaria consistente en la «sustitución del objeto social» (art. 346.1.a LSC), por cuanto la regulación específica de la fusión o escisión no reconoce tal derecho ni condiciona de modo alguno la posibilidad de tales operaciones por razón de los objetos sociales de las compañías intervinientes? Un problema parecido se suscita dentro del propio sistema de la LME en relación con las fusiones o escisiones «mixtas» o «heterogéneas». Resulta que ahora la LME reconoce derecho de separación al socio disidente en todo supuesto de transformación; y, si es así, ¿no debería reconocerse el mismo derecho en cualquier supuesto de fusión o escisión mixta en virtud de la cual el socio que lo era de una sociedad de un determinado tipo termina siendo socio de una sociedad de tipo diferente? Pero el caso es que la regulación de las operaciones de fusión y escisión en la LME, que claramente contempla supuestos de operaciones mixtas, no reconoce este derecho de separación salvo en el caso de la fusión transfronteriza intracomunitaria.

c) Una tercera y última observación que nos suscita este tema de la ley especial con su regulación unificada y completa de todas estas operaciones es la siguiente: aunque el legislador nos hable de unificación, lo cierto es que en esta ley coexisten dos subsistemas claramente diferenciados, por cuanto las diferencias de régimen según intervengan sociedades anónimas o comanditarias por acciones o bien otro tipo de sociedades mercantiles, por excelencia, sociedades limitadas, son muy acusadas (no obstante, la nueva versión del art. 42, relativo a la fusión súper simplificada, tras su reforma por el Real Decreto-ley 9/2012, de 16 de marzo, es ahora aplicable tanto a SRL como a SA, de manera que una de las fundamentales diferencias de régimen que existían en la LME ha desaparecido).

Esta es una cuestión absolutamente clave para entender y juzgar esta ley, porque en la misma se encuentra otra fuente importante de dudas e incluso de disfunciones.

Precisamente, una idea que se hizo explícita al menos en algún momento de la tramitación parlamentaria del proyecto fue la de la conveniencia o no de unificar el régimen de anónimas y limitadas en relación con este tipo de operaciones. Razones para ello no faltan si se piensa, primero, que la mayor parte de las sociedades que operan en nuestro país son sociedades limitadas; y segundo, que la naturaleza de los intereses que se ponen en juego en relación con las operaciones de modificación estatutaria de sociedades no difieren mucho según se trate de anónimas o limitadas. De hecho, la novedosa regulación de la fusión transfronteriza comunitaria –por exigencia de la propia Directiva comunitaria sobre la materia– es aplicable por igual a los dos tipos sociales (art. 63 LME).

Sin embargo, al final prevaleció la idea de no aplicar a las sociedades limitadas determinadas garantías que se reservaron a las anónimas, y ello por entender que aquéllas son sociedades más personalistas, con relaciones más directas entre socios, etc.

Pues bien, sin discutir ahora la bondad de semejante planteamiento en términos generales, la existencia de ese régimen más liviano para las sociedades limitadas introduce una peculiar tensión en esta ley. Viene a ser precisamente el origen de algunas de las dudas más importantes que ha suscitado su interpretación y su aplicación práctica (y que tienen su antecedente en las dudas que ya provocó el art. 94 LSRL).

Así, el art. 34.1 LME, en su versión inicial, exigía informe de experto independiente sobre el proyecto de fusión sólo cuando la sociedad resultante de la fusión era anónima o comanditaria por acciones. Por tanto, si una sociedad anónima era absorbida por una SRL, no hacía falta informe de experto independiente aunque el acuerdo de la junta de socios de la SA absorbida no hubiera sido unánime. Evidentemente, esto era un grave error del legislador (que ya ha habido que corregir por el Real Decreto-ley 9/2012, de 16 de marzo), porque la Tercera Directiva, aplicable a toda fusión en que intervenga una SA aunque sea como sociedad absorbida, exige el informe pericial independiente sobre el proyecto de fusión y el tipo de canje salvo que haya acuerdo unánime de los socios. El tenor literal del art. 78.1 LME en sede de escisión (que no ha sufrido modificación) era y es más conforme con el derecho comunitario, pero una interpretación sistemática apoyada en la desacertada primera redacción del art. 34.1 sirvió para sostener también la misma conclusión errónea: si la sociedad beneficiaria de la escisión era limitada, no hacía falta informe de experto aunque la sociedad escindida fuera anónima y no hubiera acuerdo unánime.

Un problema aún más grave y que todavía se mantiene (aunque mitigado tras la aludida reforma del art. 34.1) es el que suscita el polémico art. 35. Son muchos los intereses que van a llevar al intento de desactivar tan engorrosa norma. Y uno de los caballos de batalla al respecto va a ser la cuestión del ámbito de aplicación del precepto: ¿se aplica también, en particular, el informe de experto independiente con sus menciones específicas, si las dos sociedades que se fusionan son SRL? La aludida diversidad de régimen entre SA y SRL presente en la ley puede llevar a pensar que no, y ello por entender que el art. 35 exige unos peculiares requisitos al informe pericial pero siempre que éste sea necesario según el sistema general de la ley (con la única precisión de exigirlo también en los casos de acuerdo unánime –art. 35 in fine–), y según el sistema general, si no participa al menos una SA o SComA, el informe de experto no es preceptivo.

Semejante interpretación, a la vista de la primera versión del art. 34.1, según la cual sólo si la sociedad absorbente o resultante de la fusión era SA o SComA hacía falta informe de experto, hacía en la práctica inútil el flamante art. 35 y ello porque en la inmensa mayoría de los casos, por no decir siempre, la sociedad vehículo que lleva a cabo la compra apalancada es una SRL. Bastaría entonces con verificar la posterior fusión con la sociedad target como *forward merger*, es decir, siendo absorbente la SRL, para que una norma que, al menos en sede parlamentaria, se juzgó tan importante para introducir mayor rigor en unas operaciones que tanto han tenido que ver con la actual crisis no se llegase a aplicar nunca (aun siendo la target absorbida una SA). Ahora la duda sólo se suscita, como hemos indicado antes, si las dos sociedades intervinientes en la fusión son SRL.

II. LA AMPLIACIÓN DEL ÁMBITO DE LAS MODIFICACIONES ESTRUCTURALES

La segunda idea clave de la LME, según nos instruye su propio Preámbulo, es la ampliación del ámbito de las modificaciones estructurales reguladas.

Así, en sede de transformación nos encontramos con una ampliación del elenco de transformaciones posibles, en la línea más abierta de la LSRL de 1995, superando el planteamiento más restrictivo de la LSA.

El traslado del domicilio de una sociedad española al extranjero o el de una sociedad extranjera a España –cuya calificación como «modificación estructural» suscitó sus más y sus menos durante la elaboración de la ley– recibe ahora una regulación específica en esta ley, lo que supone, evidentemente, un reconocimiento genérico que hace nuestro legislador de forma unilateral de la posibilidad de esta operación.

Y, sobre todo, nos encontramos con una ampliación del concepto de escisión para comprender, junto a los supuestos tradicionales de la escisión total y la escisión parcial, el supuesto que se venía conociendo como segregación o escisión impropia (cuando las acciones o participaciones emitidas por la sociedad beneficiaria de la porción de patrimonio aportada se reciben por la propia sociedad aportante y no por sus socios); también con una norma (el art. 72) que dispone la aplicación de las normas de la escisión *«en cuanto procedan»* a la *«constitución de sociedad íntegramente participada mediante transmisión del patrimonio»*; y por último, con una regulación de la cesión global de activo y pasivo como una operación *sui generis* no necesariamente vinculada a la disolución y extinción de la sociedad cedente.

Si nos fijamos, estos nuevos supuestos incluidos en esta ley no sólo suponen una simple ampliación cuantitativa del elenco de operaciones reguladas de forma similar a la fusión (que sería el tipo-modelo de lo conocemos como modificación estructural), sino también un cambio cualitativo en cuanto a la naturaleza de las operaciones reguladas de dicha forma. Así, hasta ahora, las operaciones que recibían este tipo de regulación afectaban a la posición subjetiva de los socios como partícipes del capital social (experimentando los socios un canje de acciones, participaciones o cuotas sociales). Ahora, esta ley incluye en su catálogo de modificaciones estructurales unas operaciones que no afectan al capital de una sociedad ni a las acciones o participaciones de que son titulares sus socios, sino sólo al patrimonio de que es titular la sociedad. Así, sucede en el caso de la segregación, en el supuesto del art. 72 y en la cesión global de activo y pasivo no liquidatoria. De manera que operaciones que suponen para una sociedad simples alteraciones patrimoniales pasan a ser tratadas como modificaciones estructurales.

Lo que no encontramos, sin embargo en la ley, por lo menos en su texto articulado, es una definición del concepto de «modificación estructural». En realidad, siendo una ley sobre las modificaciones estructurales, resulta que esa expresión prácticamente sólo la emplea en su título, lo cual no puede ser más sorprendente. De manera que el *nomen* en cuestión –que aparece por primera vez en un texto legal, pues hasta ahora era sólo una terminología que empleaba la doctrina– vendría a ser sólo un rótulo que sirve para dar un título breve y compendioso a una ley que de otra forma habría de llevar un título larguísimo.

De acuerdo, entonces, con un planteamiento puramente nominalista o de positivismo formalista, podríamos entender que para nuestra ley son «modificaciones estructurales» exactamente aquellas operaciones que aparecen reguladas en esta ley, cada una de las cuales tiene su propio ámbito y entidad, según la correspondiente tipificación formal que realiza el apartado correspondiente de esta ley.

Pero la cuestión es bastante más compleja. Primero, porque la tipificación de algunas de las operaciones que regula esta ley no está exenta de dudas (por ejemplo, a la vista del tenor del art. 70, ¿cabe la posibilidad de una escisión parcial con cargo a reservas de la sociedad escindida, sin necesidad de que la misma reduzca capital?; o, a la vista del tenor del art. 72, ¿no se aplican, en lo procedente, las normas de la escisión en el caso de aportación de todo el patrimonio a otra sociedad a cambio de acciones o participaciones de la misma que recibe la sociedad aportante cuando ésta no se convierte en socio único de la beneficiaria?); y segundo, porque la existencia de estas regulaciones, que, además de compartir la misma sede legal, presentan todas un aire de familia (elaboración y publicación de un proyecto, intervención de las juntas generales de socios con mayorías cualificadas, publicación de anuncios, derecho de oposición de los acreedores, etc.), parece presuponer una problemática común, la necesidad de atender con una específica técnica legal los intereses que se ponen en juego en unas determinadas situaciones especialmente delicadas, problemática que no tendría por qué ser exclusiva de los concretos supuestos tipificados (de hecho, la propia ampliación de supuestos que trae consigo esta ley ya pone de manifiesto la insuficiencia en un plano valorativo de la tipificación anterior, y la cuestión no tendría por qué estar ya completamente cerrada).

Aquello que pueda haber de común en estos supuestos regulados nos permitiría construir por abstracción un concepto o supraconcepto de «modificación estructural» que englobaría todas estas operaciones, pero que tendría un contenido propio (es decir, no sería sólo una etiqueta para referirse de forma compendiosa a un elenco de operaciones diversas). Este concepto no solo vendría a ser la justificación última de la agrupación de todas estas operaciones en esta ley especial, sino que además podría tener una gran relevancia práctica porque serviría para fundamentar la aplicación de las normas de esta ley a determinados supuestos en los que se trata de eludir su regulación, así como para permitir una aplicación analógica a supuestos en los que se pretende voluntariamente conseguir los efectos de las modificaciones estructurales típicas aunque no encajen en las correspondientes definiciones legales (porque hay tanto casos en que se quiere escapar de la regulación de las modificaciones estructurales, como otros en los que se busca la cobertura de esa regulación, y ello por razones tanto sustantivas como fiscales).

Estas dos posibles utilidades del concepto genérico de modificación estructural están relacionadas con dos temas muy importantes: el carácter imperativo o dispositivo de la regulación contenida en la

LME y la existencia de un *numerus apertus* o *clausus* de modificaciones estructurales posibles.

Pues bien, como decimos, la LME no contiene ninguna definición genérica de lo que sea una modificación estructural. La norma más general relativa al ámbito objetivo de la ley es el ya transcrito art. 1, que utiliza el término «modificaciones estructurales» para introducir una simple enumeración de los supuestos regulados en la ley. Lo más parecido a una formulación del concepto genérico de modificación estructural es lo que encontramos en el Preámbulo, cuando se refiere a *«la ampliación del régimen jurídico de las denominadas modificaciones estructurales, entendidas como aquellas alteraciones de la sociedad que van más allá de las simples modificaciones estatutarias para afectar a la estructura patrimonial o personal de la sociedad, y que, por tanto, incluyen la transformación, la fusión, la escisión y la cesión global de activo y pasivo. También se regula en la presente norma el traslado internacional del domicilio social que, aunque no siempre presenta las características que permitan englobarlo dentro de la categoría de modificaciones estructurales, sus relevantes consecuencias en el régimen aplicable a la sociedad aconsejan su inclusión en el mismo texto legal».*

De acuerdo con ello, las modificaciones estructurales son las alteraciones de la sociedad que van más allá de las simples modificaciones estatutarias para afectar a la estructura patrimonial o personal de la sociedad. Evidentemente, la clave y la dificultad de semejante definición radica en la noción de «estructura» patrimonial o personal de una sociedad, lo cual, en definitiva, no es más que una metáfora arquitectónica de muy difícil reconducción a categorías jurídicas manejables. Y en último término, qué es lo que afecta o no a la estructura patrimonial o personal de una sociedad puede ser una cuestión de pura apreciación y completamente *ad casum*.

En la práctica, los problemas fundamentales –aunque no los únicos– que nos vamos a encontrar son los siguientes: ¿el hecho de que la LME regule ahora la segregación como una modalidad de escisión quiere decir que ya no es posible aportar por una sociedad a otra una fracción patrimonial que constituya una unidad económica o rama de actividad fuera del procedimiento de escisión, es decir, como un simple aumento de capital con aportación no dineraria de rama de actividad?; ¿no se puede hacer ya una filialización como la que contempla el art. 72

LME sin sujetarse al procedimiento de escisión aunque se renuncie a la sucesión universal?, ¿o una cesión global de activo y pasivo también sin sucesión universal sin sujetarse por ello a las normas del Título IV de la LME?; ¿se debe o al menos se puede aplicar la normativa de la escisión, en lo procedente, a la operación consistente en aportar la totalidad del patrimonio a una sociedad no íntegramente participada por la aportante (supuesto que, como ya hemos indicado, no encaja en la literalidad del art. 72 ni en el supuesto de la segregación)?; ¿cabe la posibilidad de una cesión global de activo y pasivo que no comprenda la totalidad del patrimonio de la sociedad cedente?

Como hemos anticipado, la respuesta a interrogantes tan acuciantes como éstos viene condicionada por la posibilidad de construir un concepto genérico de modificación estructural que no sea una mera ocurrencia nuestra, sino que tenga su base en el propio sistema legal, así como por la respuesta que a su vez reciban esos dos interrogantes ya formulados: ¿tiene carácter imperativo la normativa de esta ley?, ¿existe un *numerus clausus* legal de modificaciones estructurales posibles?

En relación con estas dos últimas cuestiones, nos parece muy importante señalar el siguiente dato: la ambivalencia de la regulación legal de las operaciones de modificación estructural.

Así, por un lado, la regulación propia de las modificaciones estructurales somete determinadas operaciones a unos procedimientos especialmente complejos, con una serie de trámites y requisitos inexistentes en otro tipo de operaciones societarias. En atención a ello, esta regulación de las modificaciones estructurales se nos presenta como una normativa particularmente rigurosa y garantista, lo que nos lleva a entenderla precisamente como una normativa de naturaleza imperativa (no solo en el sentido de que los trámites del procedimiento correspondiente no son modificables por la voluntad privada, sino en el sentido de que, dado un determinado supuesto de hecho, la aplicación de este procedimiento es ineludible).

Sin embargo, una visión como la expuesta es sólo parcial, pues deja de lado un aspecto fundamental de la cuestión: la normativa sobre fusiones, escisiones y otras modificaciones estructurales en último término es una normativa «habilitadora» o «habilitante»: crea un cauce procedimental que permite conseguir unos determinados efectos que en sí mismos son excepcionales (o que se podrían lograr, pero por una vía mucho más complicada). Y es que la regulación legal de estas operaciones, por mucho que los procedimientos en cuestión nos parezcan algo complejo y embarazoso, en realidad lo que significa es una radical simplificación procedimental.

Así, la clave de estas operaciones desde el punto de vista jurídico radica exactamente en estos dos puntos:

En el ámbito externo o de las relaciones de la sociedad con terceros, en el reconocimiento por la ley del efecto de «sucesión universal». Esto supone una simplificación procedimental fundamental, porque en virtud de tal efecto un conjunto de posiciones patrimoniales tanto activas como pasivas se van a transmitir *uno ictu* sin tener que observar las específicas leyes circulatorias de cada una de ellas (en particular, se van a transmitir créditos, deudas y posiciones contractuales sin necesidad de notificar individualmente a cada uno de los deudores, ni de obtener el consentimiento de cada uno de los acreedores y contrapartes contractuales). En los casos de transformación y de traslado internacional del domicilio, más que sucesión universal –porque no hay cambio de titular– lo que hay es una continuidad jurídico-patrimonial pese al cambio de forma jurídica o incluso de *lex societatis* que experimenta el sujeto titular, lo cual supone también una importante flexibilidad legal, porque la alternativa sería tener que disolver y liquidar la sociedad preexistente para a continuación constituir sus socios una nueva sociedad del tipo deseado o sujeta a la ley de otro país aportando a la misma todo el patrimonio recibido de la anterior.

Y en el ámbito interno societario o corporativo, en la dispensa de la unanimidad, es decir, en la posibilidad de que decisiones de tal envergadura para la vida de una sociedad y para la posición individual de los socios se puedan adoptar por mayoría, aunque sea ésta reforzada o cualificada, y no sea necesario el acuerdo unánime de todos los socios, como si se tratase de una refundación de la sociedad. O, dicho de otra forma, cuando la ley exige una mayoría reforzada para acordar una fusión, tendemos a pensar que ello supone un endurecimiento respecto del régimen general de los acuerdos sociales, cuando en realidad lo que supone es una suavización respecto de lo que sería que semejante operación requiriese la unanimidad de todos los socios (de hecho, una de las novedades más importantes del nuevo régimen de fusiones y escisiones a partir de la LSA de 1989 fue la supresión del derecho de separación del socio disidente, de manera que, aunque un socio no esté conforme con la operación, la misma no solo se va a llevar a cabo, sino además con él dentro continuando como socio –precisamente, en la nueva ley, lo que quizá es más novedoso, la operación de traslado del domicilio social al extranjero, se regula todavía con la cautela de reconocer derecho de separación a todos los socios disconformes–).

De acuerdo con este entendimiento del régimen de las modificaciones estructurales, es posible relativizar la visión imperativista de la ley, o al menos reformularla en los siguientes términos: el derecho sobre modificaciones estructurales es un derecho excepcional, que somete determinadas operaciones societarias a un régimen más flexible que el que resultaría del derecho general de sociedades y del derecho patrimonial común, pero, precisamente por introducir esa mayor flexibilidad, establece unas garantías específicas que sirven de contrapeso a esa flexibilidad. De acuerdo con ello, siempre que queramos gozar de la flexibilidad propia de este régimen deberemos someternos a las específicas garantías propias del mismo. Sin embargo, aunque el resultado final que se quiera alcanzar sea el mismo, si renunciamos a esa flexibilidad propia de la vía modificación estructural, no se nos tendrían que imponer imperativamente esas garantías específicas, porque nos mantendríamos en el régimen general del derecho común, donde esas garantías no son precisas.

En relación con la posición de los terceros afectados por la operación, la cuestión parece bastante clara. Así, aunque se quiera transmitir en bloque todo un patrimonio o una parte sustancial del mismo, si de cara a los terceros no se pretende gozar del beneficio de la sucesión universal, no habría por qué aplicar forzosamente el régimen propio de una modificación estructural. Y ello porque la posición de los terceros quedaría protegida simplemente por las normas generales del derecho patrimonial común. Así, no habría necesidad de publicar anuncios reconociendo un derecho de oposición a los acreedores sociales, porque frente a éstos la transmisión de la deuda sería inoponible mientras no la consintieran individualmente, lo que constituye una medida de protección bastante más poderosa que el derecho de oposición (por supuesto que un acreedor que hace uso del derecho de oposición en una modificación estructural típica obtiene una ventaja –pago anticipado o garantía– que no estaría a su alcance en una transmisión de empresa sujeta al derecho común, pero el fundamento del derecho de oposición no es procurar ventajas sobrevenidas a los acreedores sino sólo protegerles del posible perjuicio derivado del cambio de deudor). Tratándose de acreedores por deudas que no se pretende que cambien de titular sino que sigan a cargo de la sociedad que, por ejemplo, se desprende a favor de otra sociedad de una fracción de su patrimonio sin observar el procedimiento de escisión-segregación, si la aportación correspondiente supone para la sociedad aportante un vaciamiento patrimonial –porque la contraprestación que recibe en forma de acciones o participaciones de la sociedad receptora no se corresponde con el valor real de lo aportado y lo que representa respecto del patrimonio preexistente de la sociedad receptora, o bien si las acciones o participaciones recibidas como contravalor de la aportación salen después del patrimonio de la sociedad aportante por un precio inferior a su valor real–, aquéllos gozarán de la protección genérica derivada de la acción pauliana o de la responsabilidad de los administradores por actos que causan daño a terceros (y en último término, de las rescisorias concursales).

Ahora bien –y esto nos parece muy importante–, el que no sean aplicables las garantías que protegen a los terceros como contrapeso de la sucesión universal si no se pretende ese efecto de la sucesión universal, no quiere decir que con ello esté ya todo el problema solucionado, porque hay requisitos procedimentales de las modificaciones estructurales que no se justifican sólo por la protección de los terceros, sino por la tutela del interés de los socios de las sociedades implicadas.

Tratándose de las modificaciones estructurales típicas tradicionales –transformación, fusión y escisión– parece claro que los efectos prácticos que son propios de las mismas de cara a la posición de los socios difícilmente se van a lograr al margen de los procedimientos correspondientes si no es contando con el consentimiento individual de todos y cada uno de los socios de la sociedad en cuestión, y ello porque dichas operaciones afectan directamente al soporte del derecho patrimonial individual de cada socio, por el canje de acciones o participaciones que necesariamente llevan consigo. Así, si una persona es socio de una determinada compañía, difícilmente va a ver sus acciones o participaciones de la misma sustituidas por acciones o participaciones de otra compañía sin contar con su consentimiento individual, si no es porque la ley arbitra un específico procedimiento para hacer posible ese resultado sobre la base de un acuerdo simplemente mayoritario de la junta.

Fijémonos, por ejemplo, en que la ley admite que en el canje de acciones los socios reciban una compensación en dinero siempre que no exceda del 10 % del valor nominal de las nuevas acciones recibidas. Si se pretendiese que esa compensación dineraria excediera de ese límite del 10 %, el supuesto ya no estaría amparado por el procedimiento específico habilitante y habría que acudir al consentimiento individual de los socios afectados, es decir, iríamos a parar al derecho de sociedades o patrimonial común con sus garantías más plenas.

Fijémonos también en que el resultado práctico final de una fusión (una sociedad se extingue, todo su patrimonio pasa a otra sociedad y todos los socios de la primera se convierten en socios de la segunda) no se puede lograr únicamente mediante el procedimiento legal de fusión. Otras posibilidades serían: la sociedad «absorbida» se disuelve y liquida adjudicando todos sus activos y pasivos a sus socios en pago de sus respectivas cuotas de liquidación, a continuación esos antiguos socios de la sociedad absorbida suscriben acciones en un aumento de capital de la sociedad «absorbente» aportando a la misma los activos y pasivos que habían recibido de la primera; o también, la sociedad «absorbida» aporta todo su patrimonio como contravalor de un aumento de capital de la sociedad «absorbente», recibiendo a cambio las nuevas acciones emitidas por ésta, a continuación, la sociedad «absorbida» se disuelve y liquida adjudicando a sus socios en pago de sus cuotas de liquidación las acciones recibidas de la sociedad «absorbente», etc.

Ninguna de esas operaciones está prohibida por la ley. Lo que sucede es que las mismas sólo son viables contando con el consentimiento individual de todos los socios de la sociedad «absorbida», porque en un momento o en otro han de recibir una cuota de liquidación in natura o han de suscribir unas acciones emitidas en un aumento de capital y esto sólo es posible contando con su consentimiento individual.

En cuanto a los socios de la sociedad absorbente, estas posibles vías alternativas al procedimiento de modificación estructural no requieren, en principio, su consentimiento individual, pero su interés (no sufrir perjuicio en sus derechos económicos o políticos por la entrada de los nuevos socios) no está, en principio, menos protegido que en un caso de fusión. Es cierto que en caso de escisión o fusión el acuerdo de la junta de socios de la sociedad absorbente o beneficiaria requiere una mayoría más reforzada que la de un simple aumento de capital y la convocatoria tratándose de una SRL se debe hacer con el doble de tiempo de antelación; pero en un aumento de capital la valoración de la aportación patrimonial realizada, en cuanto aportación no dineraria, queda sometida a informe de experto independiente si se trata de una SA (igual que en una fusión), y la ley protege –más bien, protegía– a los antiguos socios de la sociedad mediante el derecho de suscripción preferente (que se puede excluir por acuerdo mayoritario, pero con unos requisitos adicionales de control pericial del tipo de emisión, de significado análogo al informe del experto sobre el tipo de canje en la fusión). Fijémonos, en relación con esto último, en la íntima trabazón que existe entre el subsistema jurídico de las modificaciones estructurales y el sistema general del derecho de sociedades de capital: resulta que cuando el legislador retoca una de las piezas del sistema general, como ha hecho la Ley 3/2009 al suprimir mediante su Disposición final primera el derecho de suscripción preferente en los aumentos de capital con aportaciones no dinerarias a SA (que antes sólo se excluía en las fusiones o escisiones), viene a abrir un agujero en el subsistema de las modificaciones estructurales, porque ahora, en sede de SA (y también en sede de SRL después de la LSC), una posible vía alternativa para llegar al mismo resultado que una modificación estructural típica puede ser, en relación con la protección de un determinado interés, menos rigurosa que ésta (así, antes de la LME, una simple aportación de rama de actividad como contravalor del aumento de capital de una SA al margen del procedimiento de fusión o escisión, tropezaba con el derecho de suscripción preferente de los accionistas de la sociedad receptora de la aportación beneficiaria, mientras que ahora ese obstáculo ya no existe).

Pero lo que realmente suscita dificultades en relación con este planteamiento que estamos proponiendo (los procedimientos de modificación estructural como procedimientos habilitantes) es la posición de los socios de la sociedad aportante o transmitente en aquellos supuestos en que la «modificación estructural» no afecta a la estructura de capital sino sólo al patrimonio de dicha sociedad (sea a todo o a parte del mismo). En estos supuestos, la operación no implica una amortización ni un canje de acciones o participaciones para los socios de la sociedad transmitente, y por tanto, en la práctica, fuera del régimen específico de las modificaciones estructurales, esos socios no estarían llamados, en principio, a tener ninguna intervención en el negocio de transmisión, pudiendo llevarse a cabo éste incluso sólo con la intervención del órgano de administración de la sociedad transmitente, como cualquier otro acto de disposición de su patrimonio, lo que claramente supone un régimen mucho menos protector del interés de los socios.

Esto supone, evidentemente, una importante quiebra para la lógica del sistema. Así, si nuestra ley estima ahora que una operación de segregación o de filialización total (arts. 71 y 72 LME) debe quedar sometida al régimen procedimental de una escisión, ello es así, entre otros motivos, por considerar que la protección del interés de los socios de la sociedad transmitente así lo exige. Pero, si es así, lo que no tendría entonces sentido es que el mismo resultado se pudiera alcanzar mediante un procedimiento alternativo menos protector del interés de los socios.

El problema estriba entonces en poder considerar, a la vista de todo el sistema de la ley de sociedades, que una operación de este tipo escapa a la competencia del órgano de administración de la sociedad transmitente (siendo por tanto necesaria la intervención de la junta general de socios de la misma); e incluso, que la operación también excede del poder de la mayoría ordinaria en la junta general de socios, requiriéndose la mayoría cualificada propia de una escisión o incluso la unanimidad de los socios.

¿Pero tenemos base legal para entenderlo así? Pues más bien escasa, porque habría que entender que una alteración patrimonial como la pretendida supone en realidad una modificación por vía indirecta o de hecho del objeto social, lo que debería estar sujeto al régimen procedimental de una modificación estatutaria; o incluso, en los casos más extremos como podría ser la filialización total, una sustitución del objeto social por la vía de hecho. De entender esto último, el supuesto quedaría ya sujeto a un régimen procedimental más duro que el de una fusión o escisión, porque para la modificación estatutaria consistente en sustituir el objeto social la ley societaria general reconoce derecho de separación al socio disidente (art. 346.1.a LSC), lo que es prácticamente lo mismo que exigir la unanimidad, porque el socio disidente tiene derecho a una liquidación parcial de la sociedad.

O sea que, en definitiva, el posible rigor alternativo fuera del régimen de las modificaciones estructurales lo vamos a tener que buscar, primero, en las normas sobre competencia del órgano de administración, y luego, en su caso, en las normas que limitan el poder de la mayoría de la junta de socios. Y el problema es que en nuestra normativa general sobre sociedades estas dos cuestiones no están en absoluto claras.

Así, ¿qué sentido tiene sostener que el art. 71 LME es una norma imperativa, de manera que toda aportación de una porción patrimonial que constituya una «unidad económica» a otra sociedad a cambio de acciones o participaciones de la misma debe sujetarse necesariamente (aunque se renuncie a la sucesión universal) a todo el rigor procedimental de una escisión, si al mismo tiempo una venta (por supuesto sin sucesión universal) de esa misma unidad económica a cambio de un precio en dinero, como no encaja en el supuesto del art. 71 ni en el del art. 81 (que solo contempla la cesión global total), no está sujeta a un régimen similar? ¿Es que es más grave transmitir una fracción patrimonial a cambio de acciones de la sociedad adquirente (lo que supone que indirectamente, a través de la participación en el capital de ésta, se sigue conservando, aunque sea en parte, la propiedad y el control sobre la misma), que desprenderse definitivamente de esa fracción patrimonial intercambiándola por una cantidad de dinero?

Como es sabido, la delimitación del poder de representación ad extra del órgano de administración se realiza en el art. 234 LSC (antes, arts. 129 LSA y 63 LSRL) de una forma muy problemática y en la práctica muy poco operativa, y ello precisamente por vincularse el ámbito del poder a la noción de objeto social. Y es que el objeto social es una mención formal de los estatutos, que se supone debe hacer referencia a una actividad económica más o menos concreta (en la práctica, esta exigencia legal de concreción se elude sistemáticamente mediante la enumeración de muchas actividades), y lo que se tiene que contrastar con esa mención son actos o negocios jurídicos singulares que pretende realizar el órgano de administración. Por tanto, estamos comparando una noción económica, la actividad que se enuncia como objeto de la sociedad, con un acto o negocio jurídico de una determinada naturaleza y objeto, lo que supone comparar dos categorías que no son homogéneas entre sí. En definitiva, cualquier acto o negocio puede terminar siendo instrumental para el desarrollo de cualquier actividad económica. Por ello, la posible función de limitación del ámbito de competencia del órgano de administración por medio de la mención estatutaria del objeto social de una concreta compañía queda en la práctica completamente desbordada e inútil (buena prueba de ello es la doctrina de los actos neutros o instrumentales con que la DGRN se ha venido quitando de encima el problema: el órgano de administración puede hacer todo lo que él mismo juzgue que es instrumental para el objeto, salvo aquellos actos claramente contradictorios o incompatibles con el objeto social, como una donación –actos que en realidad no son contrarios al específico objeto de una sociedad en concreto, sino al fin de lucro que genéricamente define a toda sociedad–).

Algunas de las interpretaciones que se están proponiendo del art. 71 LME defienden la aplicación imperativa del procedimiento de la escisión-segregación a toda aportación de una fracción patrimonial que constituya una «unidad económica». Pero lo que realmente debería suponer un límite a la competencia del órgano de administración (ya se trate de una aportación social o de una venta o transmisión de cualquier otro tipo) no es la circunstancia de que lo que se transmite constituya una unidad económica –lo que se suele poner de manifiesto en que se pretenden transmitir no solo elementos activos sino también pasivo, relaciones laborales, etc.– sino el que dicha fracción patrimonial tenga una relevancia «estructural» para el conjunto de la empresa o del patrimonio de que es titular la sociedad (como decía la RDGRN de 10 de junio de 1994: *es discutible si, en función del volumen de la aportación en relación con el patrimonio de la sociedad aportante, sería preciso el acuerdo de la Junta general, al exceder el acto de la competencia de los administradores*), lo que no va necesariamente ligado al hecho de que lo que se transmita sea una unidad económica. Así, una gran empresa multinacional podría desprenderse (por venta o por aportación a otra sociedad) de una pequeña unidad de negocio, que en sí misma constituye una unidad económica, pero ello no tiene por qué tener esa incidencia estructural que justifica, desde el punto de vista de los socios de la sociedad transmitente, la intervención de la junta o la aplicación del procedimiento propio de una modificación estructural. Se trata, por tanto, de una cuestión relativa, que puede variar de una sociedad a otra, por cuanto nos exige una comparación entre lo que se transmite o aporta y el conjunto del patrimonio de que es titular la sociedad en cuestión, lo cual, como es evidente, resulta muy difícil de controlar en un plano extrajudicial.

Por otra parte, tampoco encontramos en las leyes de sociedades (ahora en la LSC) norma alguna que se ocupe en términos generales de la cuestión de los límites del poder de la junta. Sólo hay normas aisladas que para determinadas cuestiones exigen, además del acuerdo de la junta, el consentimiento individual de los socios afectados (por ejemplo, una reducción de capital que no afecta a todos los socios por igual), o que conceden derecho de separación al socio disidente ante determinados acuerdos mayoritarios (la sustitución del objeto social, como ya hemos indicado). Por tanto, en aquellos casos en que el poder del órgano de administración se pueda juzgar insuficiente para realizar una determinada aportación o transmisión patrimonial, difícilmente vamos a encontrar apoyo para poder sostener que en esos casos, si no se sigue el procedimiento de modificación estructural correspondiente, ni siquiera basta con un acuerdo mayoritario en junta ordinaria, sino que hace falta acuerdo unánime o hay derecho de separación de los socios disconformes, lo cual puede generar la perturbadora anomalía de que para un mismo resultado práctico el régimen procedimental extra modificación estatutaria resulte más laxo que el propio de la modificación estatutaria.

Posteriormente tendremos que volver sobre este tipo de cuestiones en las respectivas sedes sistemáticas. De momento podemos concluir diciendo que la LME ha ampliado el elenco de modificaciones estructurales típicas, pero sigue sin enfrentarse con claridad al problema del carácter imperativo o dispositivo de los procedimientos que regula, ni al de la existencia de un *numerus apertus* o *clausus* de modificaciones estructurales posibles, precisamente porque todo ello viene condicionado por dos cuestiones que forman parte del núcleo más duro de nuestro derecho general de sociedades de capital y que en el mismo no están tampoco debidamente resueltas: el ámbito de competencia del órgano de administración, y la delimitación del poder de la mayoría. Lo que a nuestro juicio pone también de manifiesto la necesidad de una precisa coordinación entre el subsistema de las modificaciones estructurales y el sistema general del régimen societario, por cuanto las deficiencias de coordinación entre los mismos son una continua fuente de disfunciones.

III. LA SIMPLIFICACIÓN PROCEDIMENTAL

Nos queda por ocuparnos en este capítulo introductorio de la tercera idea fundamental que sirve de eje a esta LME: el propósito de introducir una mayor simplificación procedimental para las operaciones que regula.

Al respecto, nos encontramos con novedades tan importantes como la no necesidad de depósito y publicación de un proyecto cuando la fusión o escisión se acuerda por unanimidad en junta universal (en la versión inicial de la ley, sólo cuando todas las sociedades participantes eran SRL, y ahora sin esta restricción); una mayor flexibilidad en cuanto a la antigüedad del balance aprovechable como base contable de la operación; la no necesidad de acuerdo de junta en determinadas fusiones especiales; la no necesidad de informe de experto independiente sobre el proyecto de fusión o escisión si los acuerdos se toman por unanimidad de todos los socios de todas las sociedades implicadas, incluso si las mismas son SA; la reducción muy considerable del número de anuncios e incluso la posibilidad de su sustitución por comunicaciones individuales a socios y acreedores, etc.

Todas éstas son cuestiones de las que iremos ocupándonos pormenorizadamente en los correspondientes apartados de esta obra. Ahora podemos hacer, no obstante, alguna observación general sobre esta pretensión de simplificación de los procedimientos.

La idea fundamental al respecto ya la hemos anticipado: siendo el derecho sobre modificaciones estructurales un derecho excepcional, que supone básicamente una simplificación procedimental respecto del régimen jurídico general que sería aplicable para alcanzar unos determinados resultados prácticos, todo aquello que suponga aligerar los requisitos específicos de este régimen especial supone un incremento de la excepcionalidad total que implica este subsistema dentro del sistema jurídico general. De ahí el cuidado que debe observarse en el diseño de cada uno de estos procedimientos.

Pues bien, en la base de todo el régimen jurídico de estas operaciones hay dos ideas o principios jurídicos clave: la indemnidad patrimonial de los socios mediante el mantenimiento de una participación equivalente y proporcional a la que ostentaban con anterioridad, y la indemnidad de los acreedores sociales mediante una facultad obstativa de la efectividad de la operación mientras no sean garantizados.

En cuanto a lo primero, la continuidad en la participación de los socios es la forma de que los derechos patrimoniales individuales de los mismos no se vean afectados por la operación de modificación o reestructuración que experimenta la sociedad sin necesidad de su consentimiento individual, de manera que la operación para los mismos no suponga una expropiación, enajenación o desplazamiento patrimonial inconsentido. La clave en relación con esta primera cuestión se encuentra, precisamente, en el tema del tipo o relación de canje de las acciones o participaciones.

Es ésta una cuestión que podía quedar al simple funcionamiento del mercado, es decir, a las condiciones que en la correspondiente negociación entre los directivos de las dos compañías implicadas consiguiesen éstos para los socios de su respectiva sociedad, negociación en la que se supone que cada uno de los equipos directivos tiene la responsabilidad de velar por los intereses de los socios de la compañía a la que representa. Sin embargo, en el diseño legal de estas operaciones la decisión en cuestión que toman los órganos de administración no es definitiva, sino que se convierte en una mera propuesta que éstos dirigen a las juntas de socios correspondientes y que éstas deben aprobar, y no con la mayoría ordinaria de cualesquiera acuerdos sociales, sino con una mayoría bastante cualificada. Además, a la hora de tomar la decisión definitiva por acuerdo mayoritario reforzado, la ley quiere que los socios dispongan con cierta antelación de una información muy completa sobre la operación (incluyendo las posibles ventajas que de ella pueden derivar para los administradores sociales que han negociado) y que sea contrastada de forma pericial e independiente. Según este planteamiento, al deber de diligencia profesional que corresponde a los administradores que negocian la operación de concentración o reestructuración empresarial se le añade una garantía que podríamos llamar de *autotutela colegiada informada*. *Autotulela*, porque son los socios los que en último término deciden si se lleva a cabo la operación, según juzguen ellos que conviene o no a sus intereses; *colegiada*, porque no decide cada socio individualmente, sino el grupo, actuando por mayoría; e *informada*, porque se pretende que esa decisión colectiva se tome sobre la base de una información muy cualificada sobre la operación.

Piezas claves de este diseño son, entonces, la existencia de un proyecto de la operación con un determinado contenido tasado en la ley, con posibilidad de acceso al mismo con una determinada antelación a la fecha de celebración de la junta; la ampliación y explicación de la información contenida en el proyecto mediante un informe de los administradores; y, muy en especial, la intervención de un experto independiente que emite un informe sobre el proyecto y esa cuestión clave del mismo que es el tipo de canje.

Pero nuestra ley –tanto la anterior como la vigente– aún va más allá en su afán por preservar ese principio de continuidad en la participación proporcional: la propia ley señala un criterio objetivo –el valor real de los respectivos patrimonios sociales– al cual debe ajustarse el tipo de canje (art. 25 LME). Este factor condiciona todo el régimen legal, porque una cuestión de apreciación económica y muy relativa –la valoración de algo tan difícil de estimar objetivamente como una empresa en funcionamiento– se convierte en requisito de licitud de una operación jurídica de gran complejidad y envergadura. Ni que decir tiene lo problemático que resulta semejante planteamiento, que hace depender la validez de una operación que afecta a una infinidad de actos jurídicos posteriores (por lo que supondría retrotraer toda la situación jurídica a aquella preexistente a la fusión o escisión) de una circunstancia que en definitiva es siempre opinable.

Pues bien, nuestro legislador ha sido plenamente consciente de este problema, pero al final no se ha atrevido a romper del todo amarras con ese planteamiento tradicional. En el proyecto de esta ley se instauraba un sistema –inspirado en el derecho alemán e italiano– de inatacabilidad de la modificación estructural inscrita, complementado con una acción de simple resarcimiento de los daños en su caso sufridos por socios o terceros. Tras pasar por el Parlamento, la norma –el fundamental art. 47– se ha quedado en una extraña tierra de nadie: mantiene la acción de resarcimiento de daños de lo que iba a ser el nuevo sistema, pero la regla de inimpugnabilidad de la fusión inscrita se formula de tal manera que se autocancela: *«Ninguna fusión podrá ser impugnada tras su inscripción <u>siempre que se haya realizado de conformidad con</u>*

las previsiones de esta Ley»; que es lo mismo que decir algo tan inane como que es inimpugnable la fusión realizada con estricta observancia de todas las normas legales que rigen la operación de fusión, ¡faltaría más!. Como el criterio de valor real para la fijación del tipo de canje es una de *las previsiones de esta Ley*, la posibilidad de impugnación por disconformidad del socio con el tipo de canje no habría quedado excluida. Aunque, eso sí, un sucedáneo de lo que habría sido el nuevo planteamiento nos encontramos en el art. 38.2 LME: la intervención de un experto independiente designado por el Registrador Mercantil para fijar la cuantía de la indemnización compensatoria para el socio que se considere perjudicado por la relación de canje, a solicitud de éste, siempre que se hubiera previsto esta posibilidad en estatutos o acordado expresamente por la misma junta que decide la fusión o escisión (sin que la ley se haya preocupado –en su constante amagar y no terminar de dar– de establecer que, en tal caso, dicha solicitud por parte del socio le priva ya del derecho de impugnar la fusión por incorrección del tipo de canje).

En cuanto a la protección del interés de los socios mediante instrumentos de información especialmente cualificados, la LME amplía el contenido obligatorio del proyecto de fusión o escisión (incluyendo algún elemento para la galería, como la referencia expresa al eventual «impacto de género» de la fusión en los órganos de administración de la sociedad, así como a su incidencia en la «responsabilidad social de la empresa»), así como de la información adicional que debe ponerse a disposición de socios, trabajadores y terceros.

Por lo que respecta al balance, que es un elemento cuya necesidad se ha venido cuestionando por la doctrina (y del que permite prescindir la reciente Directiva 2009/109/CE en los casos de acuerdo unánime de todos los socios), ya hemos indicado cómo se introduce una mayor flexibilidad en cuanto a la antigüedad del mismo, pero se mantiene su exigencia como regla general. En la primera versión del art. 42 se exceptuaba su exigencia en el supuesto de fusión súper simplificada, pero ya no en la versión de ese precepto reformada por el Real Decreto-ley 9/2012, que a su vez introduce un nuevo supuesto de exención de balance en el nuevo artículo 78 bis en sede de escisión.

En cuanto al informe de los administradores, que en la práctica suele limitarse a parafrasear el proyecto, no se ha aprovechado esta ley para imponer de forma expresa una responsabilidad específica de los administradores por la veracidad, razonabilidad y suficiencia de la información suministrada, por lo que nos tenemos que contentar con la aplicación del régimen general de responsabilidad de los administradores que establecen las leyes societarias.

Y por último, en cuanto al informe del experto independiente, que es quizá la pieza del diseño legal que más suele incomodar, por razones evidentes, en la práctica, la LME ha cumplido el mandato de la Directiva 2007/63/CE, que reformó sobre esta materia las Directivas 3.ª y 6.ª, sobre la base del entendimiento –que podría ser bastante discutible– de que este informe pericial independiente sólo se justifica por el interés de los socios de las sociedades intervinientes, de manera que, si éstos prescinden unánimemente del mismo, viene a resultar innecesario. No obstante, como ya hemos indicado, la LME se ha hecho un lío terrible con el tema del informe del experto independiente por no distinguir con claridad los intereses que están en juego en relación con las dos funciones diferentes que desempeña dicho informe (enjuiciamiento, en interés de los socios, del tipo de canje, y verificación, en interés de los terceros, del valor del patrimonio aportado, en su caso, como contravalor del capital de una SA). Como consecuencia de ello, el art. 34 de la ley en muy poco tiempo ha recibido varias redacciones, y su última versión todavía es susceptible de crítica, como veremos.

Como novedad importante y valiosa, la LME se ocupó del tema de la responsabilidad del experto que emite el informe (aunque la norma en cuestión, el art. 34.3, se perdió en una de las sucesivas refacciones que ha padecido el atormentado art. 34). Lo que no se ha aclarado es una cuestión vital para la práctica: el carácter vinculante o no del informe para la viabilidad de la operación. En sede de aportaciones no dinerarias a las sociedades anónimas, la LME se ha mostrado muy rigurosa en su Disposición final 1.ª (eliminando el margen de tolerancia de un 20 % sobre el valor atribuido por el experto que había instaurado *motu proprio* el RRM), pero en materia de modificaciones estructurales la ley deja esta cuestión en la penumbra, lo cual es extraordinariamente grave en relación con la novedosa norma del art. 35 como luego tendremos ocasión de examinar detenidamente. En definitiva, resulta muy decepcionante que a estas alturas no sepamos todavía si la eficacia del informe se limita a proporcionar una información especialmente cualificada a los sujetos interesados, para que éstos tomen sus decisiones (al votar en la junta o al decidir si se oponen o no a la operación) con mayor conocimiento de causa, e incluso para que puedan emplear dicha información como fundamento objetivo de una posible impugnación o reclamación; o funciona más bien como un instrumento de control preventivo de la corrección de la operación con efecto impediente en caso de informe desfavorable.

En cuanto a aquellos aspectos del procedimiento que afectan a los terceros, la pieza clave de protección de éstos sigue siendo el polémico derecho de oposición de los acreedores.

En una primera aproximación, es una medida muy contundente, incluso demasiado. La preocupación por dejar indemne el interés de los acreedores lleva a la ley a reconocer a cada uno de ellos una facultad completamente obstativa de la operación de modificación estructural proyectada y ya acordada, que casi puede funcionar como un instrumento de coacción para conseguir unas ventajas –un pago total anticipado o una garantía casi absoluta con la que antes no contaba el acreedor– sólo por la prevención ante el hipotético perjuicio que podría causarles la operación (enlazando con las observaciones realizadas antes en relación con la protección excepcional de los terceros mediante el derecho de oposición en las modificaciones estructurales típicas, podemos decir que, en la medida en que del régimen legal de las modificaciones estructurales deriven para los acreedores ventajas que mejoran la posición que les correspondería según el derecho común, algo está fallando en el diseño de ese régimen legal). Aunque también es cierto que en la práctica no es para tanto, porque, en cuanto a los acreedores importantes, que suelen ser las entidades financieras, se suele contar anticipadamente con su conformidad a la operación; y en cuanto a los acreedores pequeños, clientes y proveedores, hay razones prácticas que llevan a que difícilmente hagan uso de este derecho.

En esta materia, la LME no ha mejorado mucho la situación, manifestándose también en este punto esa actitud de no terminar de enfrentarse a los problemas. Las Directivas comunitarias permiten una reforma que sujete esta facultad de los acreedores a unos límites más razonables, a la justificación de un peligro real de insolvencia como consecuencia de la operación (*«cuando la situación financiera de las sociedades que se fusionen haga necesaria esta protección»*, dice el art. 13 de la Tercera Directiva). En vez de eso, lo que ha hecho esta ley es debilitar el derecho de forma indirecta e indiscriminada. Así, se mantiene la injustificada desprotección absoluta de los acreedores titulares de créditos ya vencidos, pero además, jugando con el factor temporal, se reduce el elenco de acreedores que gozan del derecho de oposición (antes, los acreedores que podían oponerse a la fusión eran los titulares de créditos nacidos y no vencidos antes de la fecha del último anuncio del acuerdo de fusión; en el régimen de la LME, el crédito tiene que haber nacido y no estar todavía vencido antes de la fecha de publicación del depósito del proyecto de fusión, lo que supone anticipar la fecha de exclusión).Y, sobre todo, se debilita sustancialmente el sistema de publicidad y por tanto de cognoscibilidad de la operación por los acreedores, lo que es presupuesto práctico imprescindible del ejercicio de este derecho por parte de los mismos (considerable reducción del número de anuncios del acuerdo e incluso su sustitución por comunicaciones individuales).

Decíamos en la primera edición de esta obra que este tema no se podía considerar en absoluto cerrado, porque el sistema resultante suscitaba una gran insatisfacción. Por supuesto que la publicidad mediante anuncios en diarios es básicamente cara e inoperante, pero la solución no parece ser que se publiquen menos anuncios, o, peor aún, que se sustituyan los anuncios por comunicaciones individuales, sin que se preocupe la ley de precisar ni la forma de su realización ni cómo se ha de justificar su efectiva práctica a los agentes encargados de controlar la regularidad del procedimiento, de manera que la observancia de este requisito absolutamente clave para que opere la protección legal de los acreedores afectados por estas modificaciones estructurales puede descansar en último término en lo que bajo su responsabilidad manifieste el otorgante de la escritura correspondiente acerca de si la compañía tiene o no acreedores y cuáles sean éstos.

En esta materia ha incidido la reforma de la LME por el Real Decreto-ley 9/2012, de 16 de marzo (confirmada por la Ley 1/2012, de 22 de junio): por una parte, –siguiendo el criterio de la Directiva 2009/109/CE, del Parlamento Europeo y del Consejo, de 16 de septiembre de 2009, por la que se modifican las Directivas 77/91/CEE, 78/855/CEE y 82/891/CEE del Consejo y la Directiva 2005/56/CE en lo que se refiere a las obligaciones de información y documentación en el caso de las fusiones y escisiones– se sustituye el depósito del proyecto en el Registro Mercantil por su inserción en la web de la sociedad, lo que se supone que es una forma de publicidad mucho más efectiva y adaptada a los actuales usos sociales (aunque hay que tener en cuenta que en los muy frecuentes casos de aplicación del art. 42 LME no se elabora ni se publica o inserta en web alguna un proyecto de fusión o escisión y la única publicidad de la operación previa a su inscripción sigue siendo la de un anuncio en el BORME y otro en un diario, o en su caso, las comunicaciones individuales); pero por otra parte, se ha generado, como veremos, una gran incertidumbre sobre el tema clave de si la fusión o escisión pueden llevarse acabo pese a la oposición en tiempo y forma de un acreedor con la introducción del nuevo apartado 4 del art. 44 LME. Esta última observación nos lleva a concluir esta introducción con la crítica fundamental que merece nuestro legislador, tanto al redactar la LME como las reformas ya comentadas: una norma que se supone que, por encima de todo, debía venir a aportar más claridad y certidumbre, en definitiva, una mayor seguridad jurídica, en una materia tan delicada y tan compleja, resulta que ha generado y sigue generando muchísimas dudas e incertidumbre en su aplicación práctica, como sabe cualquiera que haya tenido contacto profesional con alguna de estas operaciones en los últimos años. Y lo que quizá produce más frustración, por no decir irritación, es que al enmendar un error se cometan nuevos errores –en el art. 34.4–, o que sean las últimas normas introducidas –la nueva redacción del art. 42, el nuevo art. 44.4 o el nuevo art. 78 bis– las que más problemas de interpretación susciten, como tendremos ocasión de examinar.

De manera que, muy a nuestro pesar, concluimos esta introducción con lo mismo que decíamos en la primera edición:

> Nuestro derecho de sociedades está en gran parte en crisis –como pone de manifiesto el propio Preámbulo de la LME cuando se refiere a la controversia abierta acerca del sistema de tutela tradicional de los acreedores sociales y de los propios accionistas basado en la cifra de capital social–, y la materia objeto de esta ley está especialmente afectada por todas las contradicciones internas del sistema. Por ello, en vez de abrir esta ley, como toda obra de codificación, una etapa de mayor seguridad y estabilidad, una parte importante de esta nueva regulación va a tener que ser revisada y pronto.

CAPÍTULO PRIMERO

LA TRANSFORMACIÓN

I. CONCEPTO, REGULACIÓN Y ÁMBITO DE LA TRANSFORMACIÓN

A. CONCEPTO

El art. 3 de la LME –a diferencia del silencio al respecto en la legislación anterior– nos da un concepto de transformación al decir que *«En virtud de la transformación una sociedad adopta un tipo social distinto, conservando su personalidad jurídica»*. En realidad, el concepto sigue siendo el mismo que se deducía de la regulación anterior y que la jurisprudencia había definido como el cambio de tipo social de la sociedad por acuerdo de los socios o de la Junta General, cumpliendo los requisitos legales (STS de 5 de octubre de 1986 y 22 de enero de 1974).

Como es evidente, admitir la posibilidad de que una sociedad pueda cambiar su tipo o forma social sin que ello implique ni una ruptura del vínculo contractual societario que liga a los socios entre sí y con la sociedad ni una discontinuidad en las relaciones jurídicas del ente societario con los terceros supone una importante flexibilidad y un reconocimiento claro de la sustantividad de la sociedad como entidad jurídica más allá de la concreta forma y régimen jurídico a la que la misma se encuentra sometida en un momento determinado. Piénsese que, de no existir esta posibilidad, cualquier cambio de la forma jurídica inicialmente adoptada requeriría una previa disolución y liquidación de la sociedad en cuestión, para a continuación constituir una nueva sociedad conforme al tipo ahora deseado aportando a la misma el patrimonio recibido por los socios con ocasión de esa previa liquidación, con el coste y complicación que todo ello supone. Desde el punto de vista de la política jurídica, resultan, por tanto, obvias las razones de tipo práctico y económico a favor del reconocimiento legal de esta operación de transformación societaria. No obstante, la misma no deja de plantear un problema delicado tanto de cara a los socios como de cara a los terceros que han trabado relaciones jurídicas con la sociedad en cuestión. En cuanto a los socios, porque los intereses corporativos o empresariales que pueden hacer conveniente el cambio de tipo social pueden entrar en conflicto con la autonomía o autodeterminación jurídica del socio que ha querido formar parte de una sociedad de un concreto tipo social en atención al régimen jurídico específico de ese tipo; y en cuanto a los terceros, en especial, los acreedores sociales, porque son extraordinariamente importantes las diferencias de posición jurídica de los mismos frente a la sociedad y en su caso los socios según el tipo social de que se trate (y no sólo cuando se pasa de un tipo personalista a uno capitalista o viceversa, sino también entre sociedades anónimas y limitadas), de manera que la libertad de cambio de tipo social sin necesidad de una previa liquidación de todas las relaciones con terceros debe cohonestarse con el respeto a las legítimas expectativas de éstos conforme al tipo societario anterior.

En consideración a lo que acabamos de indicar, la Ley que permite o habilita la posibilidad de transformación societaria tiene que diseñar un régimen jurídico específico para atender a los particulares intereses que pone en juego esta operación.

Al respecto, no podemos desconocer que en la realidad del tráfico jurídico la mayor parte de operaciones de transformación societaria que se llevan a cabo son transformaciones de SA en SRL que suelen obedecer al único propósito de eludir la normativa más rigurosa propia del tipo SA con carácter previo a la realización de alguna otra operación societaria por parte de la sociedad en cuestión (un aumento de capital con aportación no dineraria, una reducción de capital, una fusión o escisión, etc.). De manera que una sociedad que ha venido gozando de cara a los terceros de esa imagen de mayor fortaleza económica y envergadura empresarial que se suele asociar en el mercado al tipo SA en un momento determinado escapa de exigencias propias de dicho tipo en virtud de la adopción voluntaria de una forma social más «cómoda».

Por esta razón, precisamente, una de las cuestiones que más dudas ha venido generando en relación con la operación de transformación es la relativa a cuándo la sociedad puede efectivamente aplicar la normativa del tipo social de destino para las operaciones societarias que pretende realizar de forma simultánea o subsiguiente a la transformación.

También debemos tener en cuenta que la existencia de este régimen legal específico de la transformación societaria suscita la necesidad de distinguir de la misma determinados cambios que pueden llevar consigo alteraciones de los estatutos e incluso del régimen legal aplicable a una sociedad, pero sin que ello suponga propiamente un cambio del «tipo social» y por tanto una subsunción en la normativa de la transformación. Entre estos otros cambios podemos referirnos a la pérdida de la condición de laboral de una SA o SL (art. 16 de la Ley 4/1997) o a la continuación de operaciones de una SLNE en forma de una SL ordinaria, tal y como prevé el art. 454 de la LSC. Cabe señalar que, dadas las limitaciones de la SLNE, será éste un caso bastante frecuente. No es posible el cambio inverso, es decir, que una SL ordinaria pase a ser SLNE. Por una parte, porque en absoluto se contempla en la Ley; y por otra, no tendría ningún sentido, pues es una figura pensada justamente para la creación de empresas. Tampoco será transformación la adquisición de la condición de profesional por una sociedad, que es una adaptación que no constituye propiamente transformación, y que deberá cumplir los requisitos del art. 7 de la Ley 2/2007, de 15 de marzo, de sociedades profesionales.

Sí constituye transformación, sin embargo, como se verá, la de una SA en SE (sociedad anónima europea), pues se trata de un tipo social distinto, aunque la regulación pueda ser en parte la de las sociedades anónimas del domicilio de la SE de que se trate.

B. REGULACIÓN DE LA TRANSFORMACIÓN

En España, la regulación legal de la transformación –aparte de una mención en el CCo, y su admisión en el RRM de 1911– comienza con la LSA de 1951. La LSA de 1989 seguía sustancialmente a aquélla, aunque con importantes novedades como la supresión del derecho de separación en la transformación de SA en SL, derecho que, como veremos, se vuelve a introducir en la LME. Por su parte, la LSRL de 1995 introdujo importantes especialidades, ampliando el ámbito subjetivo de las sociedades que pueden participar y simplificando el procedimiento.

El Preámbulo de la LME destaca que las novedades en esta materia consisten en la unificación de la normativa sobre transformación de sociedades mercantiles, y en la dilatación del perímetro de las modificaciones posibles, siguiendo el criterio más amplio de la LSRL.

En cuanto a lo primero, es evidente que con ello se persigue una racionalización, simplificación y clarificación del régimen de esta operación. Precisamente, es muy llamativo no sólo que desaparezca la dualidad de normativas hasta ahora existente (la regulación diferenciada de esta operación en la LSA y en la LSRL), sino que, además, en esta LME ya no encontramos, como antes, una regulación separada para cada uno de los supuestos de transformación (en la LSRL unas normas se ocupaban de la transformación de SRL en otros tipos sociales, otra norma de la transformación de sociedades civiles, colectivas, comanditarias, anónimas o IAE en SRL, otra de la transformación de sociedades cooperativas en SRL, y algo parecido sucedía en la LSA). Ahora se establece alguna especialidad en relación con sociedades en las que los socios responden personalmente de las deudas sociales o han asumido aportaciones de industria, pero básicamente se diseña un régimen jurídico único para todos los supuestos posibles de transformación. Ésta, que es quizá la novedad más importante que introduce en esta materia la LME, es al mismo tiempo –a nuestro juicio– el error más grave que la misma comete en esta sede. Precisamente porque los problemas que suscitan los diferentes supuestos de transformación no son en absoluto equivalentes y la unificación del régimen da lugar a una inusitada rigidez para algunos supuestos en los que no parece muy justificada (el reconocimiento del derecho de separación del socio disconforme en todo caso de transformación, la exigencia indiscriminada de publicación de anuncios, etc.), y, desde luego, es una fuente importante de dudas e incertidumbres a la hora de interpretar y aplicar la nueva normativa, como a continuación iremos viendo.

La indicada unificación de la regulación de la transformación lleva consigo la derogación por esta LME de todas las normas de la LSA y la LSRL sobre transformación –incluido el art. 143 LSRL, referente a la transformación de SLNE–, y del art. 19 de la LAIE. Sin embargo, todavía subsisten y habrá que seguir teniendo en cuenta las normas propias de determinadas sociedades. Así, la LME remite expresamente a las normas de la Sociedad Anónima Europea (SE) en el art. 5, y a las de las cooperativas en el art. 6, pero éstas no son, por supuesto, las únicas normas especiales que habrá que tener en cuenta. Podemos citar, por ejemplo, la Ley de Sociedades Laborales de 24 de marzo de 1997, la Ley del Deporte de 15 de octubre de 1990 (art. 19) y el Real Decreto 1084/1991, sobre Sociedades Anónimas Deportivas.

C. SUPUESTOS ADMISIBLES DE TRANSFORMACIÓN

El art. 4 LME delimita con carácter transversal el ámbito subjetivo de la transformación. El preámbulo de la Ley destaca como principal novedad este mismo artículo en cuanto supone una ampliación del ámbito de la transformación, al acercar la regulación general a la anterior de la SRL. En realidad veremos que también supone alguna restricción, como la no admisión de transformación de SL en sociedad civil, antes admitida (art. 87.3 LSRL), y también algún supuesto en relación con la AIE.

Este precepto tiene una gran importancia por varias razones. La primera es que la doctrina entiende con carácter general que las modificaciones estructurales se rigen por el principio de tipicidad, es decir que sólo se admiten aquéllas que están reguladas por la Ley. Este principio de tipicidad no está ya recogido expresamente para la transformación como se hacía en el antiguo 223.2 LSA, pero se deduce claramente del propio título del art. 4, que habla de *«supuestos de posible transformación»*. Sin embargo, no hay que entender la tipicidad de una manera estricta en relación con este artículo. Una cosa es que para admitir una transformación de una sociedad en otra tenga que estar admitida en la Ley, y otra que tenga que estar necesariamente incluida en el art. 4 de la LME. En el antiguo art. 223.2 LSA se establecía un criterio de numerus clausus, señalando que *«salvo disposición legal en contrario, cualquier transformación en una sociedad de tipo distinto será nula»*. La nueva Ley, que no establece esta regla expresamente, no puede llevarnos a considerar que rige ahora una regla más restrictiva. Por tanto, siempre que la LME o cualquier otra norma admita la transformación de una entidad en otra, dicha operación será posible, de acuerdo con los procedimientos admitidos en ella. Lo que no es –ni era– posible es la transformación al margen de una previsión legal, pero la LME no deroga tácitamente ninguna de las normas anteriores que permiten otro tipo de transformación, ni cierra la posibilidad a nuevas regulaciones.

La segunda razón es que el ámbito subjetivo de la transformación debe definir el grado de heterogeneidad admisible en las demás modificaciones estructurales. Será una modificación estructural homogénea la que se realiza entre sociedades del mismo tipo, por ejemplo la absorción de una SL por otra SL; y será heterogénea aquella en que intervienen sociedades de distinto tipo, como por ejemplo la absorción de una SA por una SL. En ese sentido, parece lógico que se admita la heterogeneidad solo si entre esas sociedades es posible la transformación. Y en sentido inverso, parece que, si se admite la transformación entre estas sociedades, se debe admitir la realización de otras modificaciones estructurales entre ellas, pues en cualquier caso se llegaría al mismo resultado a través de una operación por pasos (primero transformar para después fusionar, por ejemplo), lo que no tendría justificación desde el punto de vista valorativo y sería antieconómico. Por tanto, salvo que el legislador expresamente prevea otra solución, a falta de previsión específica será admisible esta heterogeneidad si es posible la transformación entre las sociedades involucradas.

Vamos a examinar el ámbito subjetivo de la transformación siguiendo la enumeración de supuestos que hace el art. 4 de la propia Ley.

1. La transformación entre sociedades mercantiles

Dice el art. 4.1 LME que «*Una sociedad mercantil inscrita podrá transformarse en cualquier otro tipo de sociedad mercantil*».

Este tipo de transformaciones estaban admitidas tanto en la LSA como en la LSRL, por lo que esta previsión no supone verdadera novedad. Es cierto que la transformación entre sociedad colectiva y comanditaria simple no tenía regulación legal específica, pero se admitía y estaba contemplada en el RRM.

La novedad es que la Ley exige ahora que las sociedades mercantiles estén inscritas, lo que reitera la D.A. 2.ª, que dice: «*La transformación, fusión, escisión o cesión global de activo y pasivo de las sociedades colectivas no inscritas y, en general, de las sociedades irregulares, requerirán su previa inscripción registral*». En realidad, una sociedad no inscrita no equivale a una sociedad irregular, por lo que entendemos que el art. 4 va un poco más allá que la D.A.

Está claro que la Ley exige que antes de la inscripción de la transformación esté inscrita la sociedad que se transforma. Pero se puede plantear si el acuerdo de transformación se puede tomar e incluso elevar a público antes de la inscripción, bien entendido que su eficacia quedará supeditada a la previa inscripción de la sociedad. La solución debe depender no de criterios dogmáticos sino de si este supuesto permite la protección normal que prevé la Ley. En materia de fusión, por ejemplo, es necesaria la constancia en el proyecto de los datos de inscripción de la sociedad y la publicidad o el depósito previo del proyecto en el Registro Mercantil -salvo en el supuesto del art. 42 LME- , lo que no será posible si la sociedad que participa en la fusión no está previamente inscrita (no obstante, después de la reforma del año 2012, el depósito registral del proyecto se sustituye como regla general por su inserción en la web corporativa de la sociedad si ésta existe lo que en todo caso requiere inscripción). Sin embargo, en la transformación no hay relación con el Registro hasta el momento de la publicidad exigida en el art. 14, si ésta se realiza mediante anuncios (por la publicación en el BORME). Creemos que, por tanto, será posible que hasta ese momento no esté inscrita, y que en el caso de comunicación individual a los socios por el procedimiento del art. 14.2 LME, es posible que se otorgue la escritura antes de la inscripción, haciendo lógicamente las oportunas advertencias sobre la necesidad de ésta. Entendemos que no se produce ningún perjuicio a tercero, pues, en realidad, hasta su inscripción en el Registro Mercantil la sociedad, que existe y tiene personalidad jurídica, no actúa frente a terceros con todas las características de su tipo social, por lo que no se está produciendo ninguna alteración en esa relación con los terceros.

2. La transformación entre sociedades mercantiles y AIE y AEIE

El apartado 2 del art. 4 LME dispone: *«Una sociedad mercantil inscrita, así como una agrupación europea de interés económico, podrán transformarse en agrupación de interés económico. Igualmente una agrupación de interés económico podrá transformarse en cualquier tipo de sociedad mercantil y en agrupación europea de interés económico».*

Este apartado viene a recoger el contenido del derogado art. 19 de la LAIE, según el cual cualquier sociedad mercantil o una AEIE puede transformarse en AIE, y la AIE puede también recorrer el camino inverso. Pero, en realidad, este artículo está reduciendo el ámbito de la transformación, porque antes el art. 19 LAIE permitía la transformación de AIE en cualquier sociedad, incluyendo por tanto la cooperativa y la sociedad civil. Es cierto que la legislación sobre cooperativas no admitía esta posibilidad, pero con esta regulación queda la duda de si sería admisible si lo admitiera la regulación de cooperativas.

Mientras que la transformación de AIE en sociedad mercantil no plantea problemas desde el punto de vista del objeto de la agrupación, que puede ser perfectamente equiparable a un objeto mercantil, no sucede lo mismo en el supuesto inverso. En este caso, la necesidad de que el objeto de la AIE se limite a una actividad auxiliar de la que realizan sus socios exigirá una modificación del objeto.

Por otra parte, de este inciso se deduce que la AEIE solo puede transformarse en AIE, por lo que se excluye que pueda transformarse en una sociedad mercantil. El Reglamento numero 2137/1985 del Consejo, de 25 de julio de 1985, que regula la AEIE, no contempla la posibilidad de transformación. Pero eso no quiere decir que el legislador nacional no pudiera haberla admitido pues sí ha previsto su transformación en AIE, y, dado que estas entidades presentan rasgos muy similares, podría haberse admitido para ambas el mismo perímetro de transformación.

3. La sociedad civil

El apartado 3 del art. 4 LME dispone: *«Una sociedad civil podrá transformarse en cualquier tipo de sociedad mercantil»*.

Con anterioridad a la LME, la LSA no admitía la transformación de o en sociedad civil, mientras que la LSL admitía la transformación de sociedad civil en SL y la transformación de SL de objeto no mercantil en sociedad civil. La doctrina había criticado esta diferencia de régimen por no encontrar justificación a la misma.

La nueva norma, por una parte, amplía el ámbito de la transformación para la SA, por cuanto ahora una sociedad civil se puede transformar en SA. Pero, por otra, limita la posibilidad de transformación de SRL de objeto no mercantil en sociedad civil, por cuanto este precepto no contempla la posibilidad de transformación de ningún tipo de sociedad mercantil en sociedad civil.

No creemos que la razón sea que no se admite la transformación al margen del Registro Mercantil, pues en absoluto se deduce esto de la Ley y, si ésa fuera la razón, se deberían haber admitido los casos en que las sociedades civiles fueran inscribibles, como sucede actualmente con las sociedades civiles profesionales (LEON SANZ, 2008, p. 116).

A la vista de esta norma, se puede plantear hasta qué punto las sociedades civiles pueden participar en otras modificaciones estructurales. Los artículos de la LME relativos a la fusión (art. 22) y la escisión (art. 68) hablan de sociedades *mercantiles* inscritas, mientras que el art. 81 relativo a la cesión global solo habla de sociedades inscritas. Podría interpretarse que solo se permite, por tanto, la participación de las sociedades civiles profesionales en la cesión global. Entendemos que, admitida la transformación de sociedad civil en sociedades mercantiles, parece lo lógico, a pesar de la literalidad de los indicados preceptos, admitir su participación en una fusión en la que la resultante sea una sociedad mercantil. Más complicado es admitir la escisión de una sociedad civil, salvo que se trate de una sociedad civil profesional inscrita.

El perímetro de las transformaciones posibles se reduce también en relación con la AIE, pues el derogado art. 19 LAIE permitía la transformación de una AIE en cualquier tipo de sociedad, por tanto, también en sociedad civil. Tampoco parece que la sociedad civil pueda transformarse en AIE, pues de la literalidad de la Ley, y en particular del art. 4.2 resulta claramente que la Ley considera categorías distintas las sociedades mercantiles y las AIE.

4. La sociedad anónima europea

El apartado 4 del art. 4 LME dispone: *«Una sociedad anónima podrá transformarse en sociedad anónima europea. Igualmente una sociedad anónima europea podrá transformarse en sociedad anónima».*

De acuerdo con el art. 6 de la Ley, este tipo de transformaciones se regirán por el Reglamento CE numero 2157/2001 del Consejo, de 8 de octubre de 2001 (RESE), y por la Ley 31/2006, de 18 de octubre, sobre implicaciones de los trabajadores en las SE y en la SCE. El art. 37 de esta segunda norma regula la transformación de una SA en SE, estableciendo que se podrá realizar siempre que haya tenido una filial sujeta al ordenamiento jurídico de otro Estado miembro durante al menos dos años, y sin que la transformación pueda llevar consigo el traslado de domicilio de la sociedad. El art. 66 regula la transformación de SE en SA, con la particularidad de que la transformación de la SE en SA no puede acordarse antes de que hayan pasado dos años desde su inscripción en el Registro ni antes de que se hayan aprobado dos cuentas anuales. En ambos casos se establece un procedimiento que se separa del sistema de transformación general, al exigirse la elaboración de un proyecto y la exigencia de un informe de expertos.

5. La transformación de las cooperativas

El apartado 5 del art. 4 LME dispone: *«Una sociedad cooperativa podrá transformarse en sociedad mercantil, y una sociedad mercantil inscrita en sociedad cooperativa».*

Igual que en el caso de la SE, en este caso entran en relación dos regulaciones. Por ello el art. 7 de la LME establece que esta transformación *«se regirá en lo referente a los requisitos y efectos de la transformación de la sociedad cooperativa por la legislación que le sea aplicable».* Al no estar reservada la competencia sobre cooperativas al Estado, todas las Comunidades autónomas salvo las Ciudades autónomas de Ceuta y Melilla han regulado las cooperativas, sin perjuicio de la vigencia de la Ley nacional sobre cooperativas 27/1999, de 16 de julio, que se aplica a aquéllas que por su ámbito de actuación no estén sujetas a una regulación autonómica.

La cuestión ha sido objeto de diversos estudios (SUSO VIDAL MADRID, 2002, RIVERO SÁNCHEZ COVISA, 2000) y es compleja, pues podría hablarse de una doble o triple heterogeneidad: entre tipo social, entre causa de las sociedades, y entre legislaciones.

La heterogeneidad causal es una cuestión resuelta, pues el legislador admite que los socios puedan cambiar el elemento causal de la sociedad (ánimo de lucro partible y finalidad cooperativizada). En el camino hacia el ánimo de lucro las Leyes no parecen exigir «explicación» alguna por los socios, aunque a menudo sí se exige que intervenga la Administración que ampara este tipo de entidades. En el camino contrario se exige lógicamente que los socios cumplan los requisitos para *«asumir la posición de cooperadores en relación al objeto social previsto»* (art. 69.1 Ley general de Cooperativas).

La heterogeneidad legislativa plantea el problema de la competencia estatal en materia de sociedades frente a la autonómica en materia de cooperativas. No basta en el ámbito de la transformación remitir a la respectiva competencia, pues de nada sirve si las regulaciones que han de entrar en contacto no están armonizadas.

La Ley general de Cooperativas regula hoy la transformación con un criterio amplísimo en el citado art. 69. Se permite la transformación de cualquier asociación, sociedad y AIE en cooperativa y la transformación de cooperativa en sociedades civiles o mercantiles de cualquier clase, sin que en ningún caso se vea afectada la personalidad jurídica de la entidad transformada. Este criterio amplio es el que predomina, pero no uniformemente, en la normativa autonómica.

Una primera cuestión que se plantea es si la nueva LME supone una restricción del ámbito de la transformación. En concreto, la Ley no hace referencia a la transformación en relación con la sociedad civil ni con la AIE. En cuanto a la primera cuestión, no creemos que corresponda a esta Ley limitar la posibilidad de transformación de cooperativa en sociedad civil o al revés, pues en dicha transformación no interviene ninguna sociedad mercantil, que es el objeto de esta Ley. Por tanto, nos inclinamos por considerar que en el caso de que la norma reguladora de la cooperativa permita un ámbito mayor que el del art. 4.5 LME, éste no debe suponer una limitación.

Lo mismo cabría argumentar acerca de la transformación entre cooperativa y AIE, si bien en este caso se puede plantear la duda de si la LME es la norma que ahora regula en exclusiva el ámbito de transformación de la AIE, ya que deroga el art. 19 LAIE, que era la norma aplicable a estas agrupaciones. Resulta extraño que, tras proclamar en su preámbulo el propósito de ampliar el ámbito de la transformación, de esta forma indirecta venga a restringir el ámbito de la transformación en relación con unas entidades que no son el objeto propio de su regulación.

Otra particularidad respecto de la transformación en general es el control externo de la misma, pues algunas Leyes exigen que la transformación de la cooperativa sea autorizada por la Administración competente como en el caso de las Leyes vasca y andaluza. Esto plantea el enorme problema de que la autorización es el último paso de la transformación. La Ley andaluza trata de paliarlo previendo la posibilidad de pedir un dictamen previo no vinculante, que no deja de ser una solución no muy segura.

Finalmente, hay que destacar que la D.F. 4ª de la LME reforma el artículo 10 de la Ley 13/1989 de cooperativas de crédito, para establecer que, en el caso de transformación de sociedades cooperativas de crédito en sociedades capitalistas, es decir, en caso de transformación de cajas rurales en bancos comerciales, el fondo de reserva obligatorio no se debe destinar –como prevé la normativa general de cooperativas– a otra sociedad cooperativa o al fomento del cooperativismo, sino que se conserva por la sociedad transformada como reserva indisponible.

También hay que tener en cuenta la normativa sectorial de entidades de crédito y de seguros: el RD 1245/95, cuya D.A. Cuarta permite la transformación de cooperativa de crédito en sociedad anónima bancaria, y de caja de ahorros en sociedad anónima bancaria; el RD 84/1993, que permite la absorción de cooperativa de crédito por sociedad anónima y por caja de ahorros, y que permite también la cesión global de activo y pasivo; el Real Decreto Legislativo 6/2004, de 29 de octubre, por el que se aprueba el texto refundido de la Ley de ordenación y supervisión de los seguros privados, que permite la absorción de cooperativas de seguros, mutuas de seguros y mutualidades de previsión social por sociedades anónimas de seguros, pero no permite, en cambio, que las mutuas absorban a sociedades anónimas de seguros.

6. La sociedad cooperativa europea

El apartado 6 del art. 4 LME dispone: «*Una sociedad cooperativa podrá transformarse en sociedad cooperativa europea y una sociedad cooperativa europea podrá transformarse en sociedad cooperativa*».

En nuestra opinión, esta materia podría haber sido directamente obviada en la LME, pues su regulación queda totalmente al margen de la misma, como resulta del propio art. 7.2 que dice que «*La transformación de sociedades cooperativas en sociedades cooperativas europeas y viceversa se regirá por lo dispuesto en el Reglamento (CE) número 1435/2003 y por las normas que lo desarrollan*». El art. 2.1 del Reglamento prevé la transformación como una de las formas de creación de una SCE y el art.

35 regula la transformación de una cooperativa en SCE. A semejanza de la transformación de SA en SE, se exige que haya tenido una filial en otro Estado miembro durante al menos dos años. El art. 76 regula el camino inverso, también con la limitación de que no puede acordarse antes de que hayan transcurrido dos años desde su inscripción en el Registro ni antes de que hayan sido aprobadas las dos primeras cuentas anuales.

7. Otras transformaciones y las regulaciones sectoriales

Para concluir, hay que hacer referencia a la aplicación de numerosas normas sectoriales en el caso de determinadas transformaciones. El art. 4 LME, como se vio más arriba, no agota el ámbito de transformación de todas las entidades.

En relación con las mutualidades de previsión, el Real Decreto Legislativo 6/2004, de 29 de octubre, que aprueba el texto refundido de la Ley de ordenación y supervisión de los seguros privados, en su art. 24 establece que *«Las mutualidades de previsión social y las mutuas y cooperativas de seguros a prima variable podrán transformarse en mutuas y cooperativas a prima fija, y aquéllas y las mutuas y cooperativas a prima fija podrán transformarse en sociedades anónimas de seguros. Cualquier transformación de una entidad aseguradora en una sociedad de tipo distinto a los previstos anteriormente, sea o no aseguradora, será nula»*.

Por otra parte, numerosas normas sectoriales establecen requisitos especiales en la transformación. Así en relación con las sociedades de capital riesgo y sus sociedades gestoras, la Ley 25/2005, de 24 de noviembre, se remite a la normativa general, que ahora será la LME, con la particularidad de que será necesaria la aprobación previa de la CNMV (art. 30). En el caso de las sociedades gestoras de estas sociedades, nada establece la Ley, pero parece que será posible también su transformación, si bien la autorización en este caso corresponde al Ministerio de Economía y Hacienda (art. 42).

En materia de sociedades de inversión colectiva, habrá que tener en cuenta la Ley 35/2003, de 4 de noviembre, y en concreto el art. 25, que prevé la transformación de las sociedades que constituyan Instituciones de Inversión Colectiva (que son necesariamente SA) en todo tipo de sociedades, y la transformación de una SA en este tipo de sociedades, si bien aquí no cabe hablar propiamente de transformación. Las citadas transformaciones estarán sujetas a la previa autorización de la CNMV y a los demás requisitos que impone dicho artículo.

Como resumen gráfico de lo estudiado, proponemos este cuadro que refleja el ámbito posible de transformación.

la sociedad / Se puede Transf. En	SA	SComA	SRL	Scom	Scol	SE	AIE	AEIE	SCoop	ScoopE	SCivil
SA		X	X	X	X	X	X		X		
Scom A	X		X	X	X	X	X		X		
SRL	X	X		X	X		X		X		
SCom	X	X	X		X		X		X		
Scol	X	X	X	X			X		X		
SE	X										
AIE	X	X	X	X	X			X	X		
AEIE							X				
SCoop*	X	X	X	X	X		X			X	X
SCoopE*									X		
Civil	X	X	X	X	X						

■ Supuesto admitido en la regulación anterior

▒ Supuesto admitido por la nueva ley, no admitido en la anterior

□ Supuestos admisibles al margen del art. 4 de la ley a nuestro juicio por su admisión en otras normas

. Siempre que se permita en su regulación propia y con arreglo a ese régimen.

II. EL PROCEDIMIENTO DE TRANSFORMACIÓN

La particularidad del procedimiento de la transformación frente a las demás modificaciones estructurales de la LME es la ausencia de la fase de proyecto, salvo en el caso de transformación en SE. La fase previa al acuerdo en este caso se limita a la convocatoria de la junta general de socios, por lo que es en el momento de efectuarse ésta cuando se tendrá que ofrecer a los socios la información a la que a continuación nos referiremos.

La LME introduce determinadas simplificaciones en el procedimiento, pero también algunas restricciones, como, especialmente, el establecimiento con carácter general del derecho de separación del socio disconforme.

A. EL ACUERDO DE TRANSFORMACIÓN

El art. 8 LME establece que *«La transformación de la sociedad habrá de ser acordada necesariamente en la junta de socios»*.

En toda modificación estructural, la trascendencia de la operación crea una tensión entre el favorecimiento legislativo de la misma para facilitar la adaptación de la empresas al cambiante contexto económico, y la protección de los derechos de los socios y terceros. En relación con el interés de los socios, el momento crucial es el del acuerdo. En general, se rechaza el recurso a la unanimidad, pero esto se compensa con la necesidad de una detallada información del socio –lo que implicará especialidades en la convocatoria de la junta– y con un reforzamiento del régimen de mayorías. Pero, además, como hemos indicado, en materia de transformación se ha considerado oportuno establecer un derecho de separación para los socios que no hubieran votado a favor del acuerdo y en algunos supuestos la necesidad de consentimiento individual.

La LME opta por no regular los requisitos del acuerdo, remitiéndose en el art. 10.1 a la regulación propia de cada tipo social (*«El acuerdo de transformación se adoptará con los requisitos y formalidades establecidos en el régimen de la sociedad que se transforma»*). Sin embargo, sí establece un reforzamiento de la información que debe ponerse a disposición de los socios (art. 9), y una regulación detallada de la incidencia de la transformación en la posición de los socios industriales, obligacionistas y titulares de derechos especiales (arts. 12, 13 y 16), además de establecer con carácter general el derecho de separación de los socios (art. 15).

1. La convocatoria de la junta

La LME, en esta sede de transformación, no hace referencia más que de pasada a la convocatoria de la junta general que ha de adoptar el correspondiente acuerdo en el art. 9.1, cuando dice que *«al convocar la junta en que haya de deliberarse sobre el acuerdo de transformación»* es cuando ha de ponerse a disposición de los socios la información que examinaremos en el apartado siguiente. Por tanto, en relación con esta convocatoria, han de aplicarse, en principio, las normas generales de cada sociedad.

En cuanto al plazo, a diferencia de lo que sucede en materia de fusión (art. 40), la LME no establece un plazo específico de antelación para la convocatoria de la junta de socios que ha de decidir sobre la transformación. Por tanto, para una SL será suficiente la convocatoria con 15 días de antelación, mientras que para la anónima se aplicará el plazo general de un mes (art. 176 LSC).

En cuanto a la forma y contenido de la convocatoria, serán de aplicación también los requisitos generales de convocatoria de juntas propios de los tipos societarios capitalistas (arts. 173 y 174 LSC) y las disposiciones del contrato social o de los estatutos para sociedades civiles, colectivas y comanditarias simples.

Además, entendemos que han de aplicarse las normas específicas de la convocatoria para los casos de modificación de estatutos previstas en el art. 287 LSC, pues cualquier transformación supone siempre una modificación –especialmente intensa– de los estatutos. Esta era también la interpretación de la doctrina durante la vigencia de la normativa sobre transformación de la LSA anterior a la LME: aunque en sede de transformación sólo había una remisión al art. 103 LSA, relativo al quórum y mayorías especiales, la doctrina entendía que la remisión debía extenderse también a las normas de convocatoria aplicables a este tipo de acuerdos (que es lo que disponía expresamente la LSRL en su art. 88).

Pero esta aplicación de las normas sobre la convocatoria en el caso de modificación de estatutos plantea el problema de hasta qué punto han de constar en la convocatoria *«los extremos que hayan de modificarse»*, que dice el art. 287 LSC. La cuestión es si es suficiente con una mención genérica a la transformación que se pretende realizar, o es necesario hacer constar en la convocatoria todas las modificaciones estatutarias que implica dicha transformación.

Por una parte, diversas resoluciones de la DGRN han destacado la importancia de la precisión y claridad del anuncio (13-7-1993, 1-12-1994, 10-10-1995 en Sociedad de Responsabilidad Limitada). En particular, resulta orientativa la Resolución de 21 de julio de 1999, que entendió que se tenía que hacer referencia expresa en la convocatoria a la pérdida de condición de laboral.

En caso de transformación, por tanto, será imprescindible que conste en la convocatoria el propósito de someter a decisión una transformación de la sociedad y el concreto tipo social en que se pretende transformar la misma; también, y a la luz del art. 10.2 LME, la referencia a que habrá de aprobarse el balance; y una mención genérica a la aprobación de las modificaciones estatutarias y las menciones exigidas para la adopción del nuevo tipo social. Sin embargo, no parece exigible la constancia de todas las modificaciones estatutarias, pues ello supondría la reproducción de todos los estatutos o la cita de prácticamente todos los artículos estatutarios. Para esta consulta completa existe el derecho de información del art. 9 al que a continuación nos referiremos, por lo que no tiene sentido que esos estatutos casi enteros consten en la convocatoria.

Pero esto no quiere decir que todas las modificaciones estatutarias puedan englobarse dentro de la referencia genérica a la transformación en la convocatoria, porque no todas tienen la misma relación con ella. Por tanto, habría que distinguir:

i.- Las modificaciones estatutarias impuestas por el cambio de tipo social de forma automática (por ejemplo, el cambio de participaciones a acciones).

ii.- Las que vienen exigidas por la nueva regulación, pero que implican una opción entre varias posibilidades (cambio de sociedad colectiva a SA o SL y opción por uno de los sistemas de administración que admite la LSC).

En estos casos i y ii, las indicadas modificaciones estatutarias deben entenderse englobadas dentro de la genérica referencia al acuerdo de transformación.

iii.- Las que suponen una opción antes no ofrecida (por ejemplo el posible reforzamiento de la mayoría necesaria para el cese de administradores conforme al art. 223.2 LSC, o la posibilidad de que el cargo de administrador tenga duración indefinida conforme al art. 221 LSC). En materia de adaptación de sociedades anónimas a la LSA de 1989, la Resolución de la DGRN de 1 de diciembre de 1995 determinó que, ante las diversas posibilidades que se brindaban a la sociedad ante la exigencia de capital mínimo –disolución, transformación, o aumento de capital–, se debía haber señalado expresamente la opción por alguna de ellas en concreto. En cualquier caso, entendemos que el anuncio de una transformación es suficientemente revelador de la trascendencia de la modificación estatutaria. El socio queda advertido del cambio de tipo social, lo que supone no solo las modificaciones obligatorias, sino la posibilidad de acogerse en la confección de los nuevos estatutos a nuevas posibilidades antes vedadas.

iv.- Las que suponen un cambio estatutario que no está relacionado con el cambio de tipo social (por ejemplo, el paso de administración gratuita a remunerada en una transformación de SA en SRL). En este último caso, está claro que será necesaria la mención específica de esa modificación en la convocatoria y que, además, si la Ley establece un procedimiento especial para dicho tipo de modificación estatutaria, deberá observarse, como exige el art. 223 del RRM. A esta conclusión se llega también si se examina el art. 17 LME, que se refiere al cumplimiento de los requisitos específicos del cambio de objeto, domicilio o capital social, cuando dichas modificaciones acompañan a una transformación.

Por tanto, y aunque no siempre será fácil, habrá que distinguir entre los puntos iii y iv, exigiendo la mención expresa en la convocatoria y la aprobación específica solo de las modificaciones estatutarias del último tipo.

Aparte de lo que resulta del régimen general de la convocatoria de una junta general de socios que va a adoptar un acuerdo que supone de suyo una modificación estatutaria, nos podemos plantear si es preciso que la convocatoria de esta junta que ha de decidir sobre la transformación contenga una mención expresa de los derechos de examen y envío de la información a que se refiere el art. 9 LME. En materia de fusión, el art. 39 LME reconoce un derecho de información semejante, y el art. 40.2 LME exige que en la convocatoria de la junta general que ha de acordar la fusión se haga constar de forma expresa ese derecho. Sin embargo, en materia de transformación, la LME, como ya hemos indicado, no establece ninguna norma especial acerca de la convocatoria, por lo que parece que habrá que aplicar las normas generales de cada sociedad.

En relación con la SA, se establece la necesidad de esa mención del derecho de información con carácter general en materia de modificación estatutaria (art. 287 LSC –antes, art. 144.1.c LSA-: *«En el anuncio de convocatoria de la junta general... hacer constar el derecho que corresponde a todos los socios de examinar en el domicilio social el texto íntegro de la modificación propuesta y, en el caso de sociedades anónimas, del informe sobre la misma, así como pedir la entrega o el envío gratuito de dichos documentos»*). Bajo la vigencia de la regulación anterior, la doctrina entendió que era aplicable el art. 144 LSA al supuesto de transformación de SA, por lo que parece que con más razón deberá incluirse esta mención ahora que la Ley regula específicamente ese derecho de información en el art. 9 LME. Podría sostenerse, por el contrario, que la transformación es un supuesto distinto a la simple modificación de estatutos, objeto de una regulación autónoma, con requisitos diferentes, por ejemplo, en materia de quórum y mayoría (art. 194 LSC). No obstante, entendemos que la modificación supone siempre una modificación de estatutos, y que el art. 287 LSC es aplicable directamente.

En relación con la SRL, el art. 71 LSRL, en sede de modificación estatutaria, hacía referencia al derecho de los socios al examen del texto íntegro de la modificación propuesta, pero no exigía una mención expresa de ese derecho en la convocatoria. Hoy esta diferencia de régimen ha desaparecido, porque el art. 287 LSC antes parcialmente transcrito se aplica a SA y a SRL. Por tanto, lo que hemos sostenido para la convocatoria de la junta que ha de decidir sobre la transformación se aplicará también a la SRL.

La mención, en su caso, deberá contener una referencia al derecho de obtener la información prevista en el art. 9.1 de la LME, sin que sea necesaria una enumeración de los diferentes documentos a los que se refiere dicho artículo, siendo bastante la mención a la puesta a disposición de los documentos legalmente exigibles o al citado artículo de la Ley.

En relación con la convocatoria de la junta, tenemos que referirnos también a la posibilidad de que el acuerdo de transformación se tome en junta universal. Así había sido ya admitido bajo la vigencia del régimen anterior por Resoluciones de la DGRN de 17 de junio de 1992, 2 de marzo, 6 y 19 de abril de 1993 y 1 de septiembre de 1993, y hoy expresamente se prevé esta posibilidad en el art. 9.3 LME, supuesto en el que no sólo no es precisa una convocatoria formal de la junta, sino que además la Ley dispensa, como veremos, de la puesta a disposición y remisión de la información que se examina en el punto siguiente. No obstante, como también veremos, este supuesto de junta universal suscita algunas dudas en relación con la aplicación de ciertos elementos del procedimiento de transformación.

Por último, en cuanto a los efectos de la falta o incorrección de la convocatoria, la DGRN subraya la importancia de estos requisitos y la sanción de nulidad por su incumplimiento. No obstante, al ser requisitos dirigidos a la protección de los socios y no de orden público, hay que entender que el plazo de caducidad de la acción de impugnación será de un año (art. 205.1 LSC).

2. La información a los socios

Una de las principales novedades de la LME es el reforzamiento de la información de los socios en el art. 9, acercando su regulación a la de las demás modificaciones estructurales. La particularidad es que en este caso no hay proyecto de transformación (salvo en caso de transformación en SE, en el que sí se exige).

Las personas que tienen derecho a esta información, como se deduce del propio título del artículo, son exclusivamente los socios, de lo que resulta que, en el caso de acuerdo en junta universal y por unanimidad, no será necesaria, como establece el art. 9.3.

El derecho consiste en pedir la entrega o el envío de forma gratuita de unos determinados documentos. Se prevé el envío por medios electrónicos, pero entendemos que esa posibilidad constituye un derecho del socio, por lo que la sociedad solo podrá cumplir su obligación de ese modo si el socio solicita su remisión por ese medio. Parece que una interpretación lógica de lo que es medio «electrónico» ha de limitarse a los telemáticos, excluyendo otros medios inusuales o incómodos como el fax u otros (ESPÍN, 2009, p. 203).

Los documentos que integran esta información que debe ponerse a disposición de los socios son los siguientes:

a) El informe de los administradores: en realidad, el informe era necesario antes para SA y SL por aplicación de las normas generales de modificación de estatutos. No obstante, se criticó la falta de una regulación específica del contenido de este informe a semejanza del relativo al proyecto de fusión (como sucede, por ejemplo, en el derecho portugués y en la Ley alemana de modificaciones estructurales). Saliendo al paso de estas críticas, en la norma actual se exige que:

- *«justifique los aspectos jurídicos y económicos de la transformación, e indique asimismo las consecuencias que tendrá para los socios»*. A diferencia de los supuestos de fusión, aquí parece que tendrán más importancia los aspectos jurídicos, y se deberán explicar en particular los cambios que conlleva la transformación en el sistema de toma de acuerdos y muy particularmente en la responsabilidad de los socios.
- *«su eventual impacto de género en los órganos de administración e incidencia, en su caso, en la responsabilidad social de la empresa»*. Este inciso proviene de una enmienda del Grupo Popular, y nos cuesta imaginar qué impacto puede tener en sí misma una transformación sobre estas cuestiones, por lo que vendrá ser una mención puramente formal.

La Ley no establece en qué momento ha de redactarse el informe ni señala límite alguno en cuanto a antelación, pero parece que deberá ser lo más cercano posible a la convocatoria, para que las informaciones complementarias que se han de dar en la propia junta sean las mínimas posibles y, al contrario, se tenga la máxima información con anterioridad a su celebración. En nuestra opinión, no se debe admitir un informe que sea anterior al balance.

b) El balance y el informe complementario: *«El balance de la sociedad a transformar, que deberá estar cerrado dentro de los seis meses anteriores a la fecha prevista para la reunión»* y *«un informe sobre las modificaciones patrimoniales significativas que hayan podido tener lugar con posterioridad al mismo»*.

Esta es una de las novedades más importantes en materia de transformación: ya no se requieren dos balances, uno cerrado el día antes de la junta y otro el día anterior al del otorgamiento de la escritura, lo que planteaba muchos problemas cuando se traba de una sociedad sujeta a la obligación de auditar las cuentas. Este cambio además es revelador de la función del balance en la transformación. El sistema anterior parecía tener reminiscencias de la concepción de la transformación como una disolución y liquidación y posterior constitución de sociedad. Se quería tener la fotografía patrimonial de la sociedad en el momento de su disolución, y también en el de la constitución de la nueva. El nuevo régimen supone el reconocimiento de que el balance es un simple documento informativo de la transformación, pues dada la continuidad de la personalidad jurídica (art. 3 LME), no es necesario conocer la situación patrimonial en el momento de eficacia de la transformación. Tampoco cumple el balance una función para la fijación del valor de las participaciones o acciones en caso de derecho de separación, pues esta cuestión se rige por las normas generales de la LSC dedicadas a este derecho (remisión del art. 15 LME).

Este balance de transformación debe aprobarse por la misma junta que acuerda la transformación, como exige el art. 10.2 LME. En cuanto a su elaboración, se aplicarán las reglas generales, pues no se permite introducir, como en el caso de la fusión, modificaciones o ajustes de valoraciones (art. 36.2 LME).

El informe sobre las modificaciones viene a compensar que el balance no tenga que ser inmediatamente anterior a la junta. La Ley no establece su fecha y por tanto no creemos que quepa exigir que sea del día anterior a la convocatoria, pero indudablemente su finalidad implica la mayor proximidad posible.

c) El informe del auditor: «*El informe del auditor de cuentas sobre el balance presentado, cuando la sociedad que se transforme esté obligada a someter sus cuentas a auditoría*».

La finalidad de la auditoría es también de información de los socios y por ello puede entenderse que no se cumple el requisito si la opinión emitida por el auditor es negativa, es decir, en el caso de que el auditor manifieste que no puede emitir una opinión por falta de información. Pero un informe con salvedades parece que sí permite cumplir esa finalidad de información (ESPÍN, 2009, pag. 209).

La auditoría solo se exige en relación con la información del art. 9, sin que ni el art. 10 de la Ley ni el 220 RRM hagan referencia a este informe del auditor sobre el balance, lo que, como veremos, plantea el problema de si se puede prescindir del mismo en caso de acuerdo unánime en junta universal.

El auditor tiene en principio el plazo de un mes para emitir su informe, lo que habrá que tener en cuenta para cerrar un balance con suficiente antelación a la convocatoria, pues el informe ha de estar terminado y a disposición de los socios cuando se convoca. Se plantea el problema de si el informe del auditor debe referirse sólo al balance o también al informe sobre las modificaciones. Se ha dicho que si se ha presentado el informe con el balance a los auditores, el informe del auditor deberá referirse a las mismas (GÓMEZ PORRÚA, 2009). Sin embargo, si para emitir el informe del auditor se prevé un plazo de un mes, y una vez emitido hay que hacer la convocatoria y dejar transcurrir otro mes, resultaría que como mínimo el informe sobre las modificaciones sobrevenidas tendría que ser anterior en dos meses a la junta, cuando su finalidad es actualizar la información. Por ello entendemos que el informe del auditor debe versar sobre el balance exclusivamente, como impone la Ley y como es propio de su función. Todo ello sin perjuicio de la obligación de los administradores de actualizar esa información a la junta de acuerdo con el art. 9.2.

d) El proyecto de escritura social o estatutos: «*El proyecto de escritura social o estatutos de la sociedad que resulte de la transformación, así como, en su caso, otros pactos sociales que vayan a constar en documento público*». En cuanto a estos últimos, parece referirse a los pactos parasociales, pero no parece tener mucho sentido que se obligue a esa publicidad si no son pactos estatutarios, ni tampoco que se refiera sólo a los que van a constar en documento público. Podría estar refiriéndose la Ley a los pactos que se acuerden para el desembolso íntegro del capital social derivado de la exigencia del art. 11.2 de la Ley, o a las modificaciones adicionales como la incorporación de nuevos socios a la que hace referencia el art. 17.

La LME no se conforma con esta información documental a la que nos hemos referido y trata de que esa información esté actualizada al mismo día de la Junta como establece el art. 9.2 : «*Los administradores de la sociedad están obligados a informar a la junta de socios a la que se someta la aprobación de la transformación, sobre cualquier modificación importante del activo o del pasivo acaecida entre la fecha del informe justificativo de la transformación y del balance puestos a disposición de los socios y la fecha de la reunión de la junta*». La redacción no es muy afortunada. Por una parte, porque parece que balance e informe tienen la misma fecha cuando lo normal es que puedan tener fechas distintas. Por otra, porque, en cuanto a las modificaciones de tipo económico, si se puso a disposición de los socios el informe sobre modificaciones patrimoniales al que hace referencia el número 3, obviamente sólo hay que informar de las posteriores al mismo. Entendemos que la información no debe limitarse a modificaciones patrimoniales sino a cualquier circunstancia que pueda afectar a la justificación de la transformación.

En cuanto al *informe de expertos independientes,* el art. 9 LME no lo menciona al enumerar los documentos que han de ponerse a disposición de los socios. En realidad, solo se refiere a él de pasada el art. 18.3, que dice «*Si las normas sobre la constitución de la sociedad cuyo tipo se adopte así lo exigieran, se incorporará a la escritura el informe de los expertos independientes sobre el patrimonio social*».

La primera cuestión que podemos plantear es si, en su caso, es necesaria su puesta a disposición junto con los demás documentos del art. 9. Entendemos que estrictamente no lo es, pues no lo exige la norma y además porque su finalidad principal es la garantía de la efectiva cobertura patrimonial del capital y no la información de los socios que han de decidir sobre la transformación. No obstante, creemos que, como en caso de una valoración inferior a la prevista esto puede llevar aparejada la necesidad de hacer modificaciones en el capital de la sociedad, es conveniente que se obtenga antes de la adopción del acuerdo de transformación por la junta.

La Ley se refiere a un informe «sobre el patrimonio social», mientras que la LSC (art. 67) lo que exige es un informe sobre las aportaciones no dinerarias. Indudablemente, la LME contempla el mismo informe, pero entendiendo que en el supuesto de transformación no debe consistir en una valoración sólo de los elementos no dinerarios sino en un enjuiciamiento de si el patrimonio social cubre la cifra estatutaria de capital. Por tanto, hay que adaptar el art. 67 LSC a este supuesto concreto de «aportación». Así como el art. 66 LSC establece una norma especial para el saneamiento en el caso de aportación de una empresa o establecimiento, este caso implica una diferente aplicación del art. 67 LSC. El contenido será el mismo que exige el art. 34.3 LME en relación con la fusión, que señala que el informe –aparte del juicio sobre el tipo de canje– debe referirse a *«si el patrimonio aportado... es igual por lo menos al capital de la nueva sociedad o al aumento de capital»*. De hecho, la Ley no hace otra cosa que recoger la doctrina del Tribunal Supremo en STS 15 febrero 2007, que en el caso de una fusión señaló que no procedía la aplicación de las normas del entonces art. 38 LSA en el sentido de tener que valorar todos los elementos no dinerarios: *«no se produce la aportación de los elementos no dinerarios que han sido incorporados, sino la del patrimonio global de la sociedad que se extingue... la estimación se refiere al patrimonio total y se produce en términos de valoración real»*.

Por otra parte, tras la reforma del art. 38 LSA (hoy 67.3 LSC) por la DF 1.ª de la LME, desaparece el margen de tolerancia de hasta un 20 % de diferencia respecto del valor atribuido al patrimonio por el experto en su informe, que todavía recoge el art. 133.2 del RRM para la valoración de las aportaciones no dinerarias.

En relación con la necesidad de este informe en supuestos especiales, se plantean varias cuestiones:

- La primera es si se exige cuando no hubo en su día aportaciones no dinerarias para cubrir el capital de la sociedad que se transforma. Sin duda es necesario pues desde su creación el patrimonio de la sociedad habrá variado y de lo que se trata no es de valorar individualmente los bienes que se aportan, sino de valorar el conjunto del patrimonio social, con todos sus elementos activos y pasivos actuales.

- Más dudas puede plantear el caso de una sociedad que no tiene elementos no dinerarios en su activo. La cuestión se planteó en la resolución de la DGRN de 2 de junio de 2000, en la que se declaraba por la sociedad que no tenía patrimonio no dinerario. La Dirección General entendió que en el concreto caso en cuestión sí era necesario el informe, porque del balance resultaba la existencia de inmovilizaciones financieras y de deudores, y en el pasivo de acreedores, que con arreglo a las normas de la LSA se consideraban elementos patrimoniales no dinerarios. Por tanto, parece que si en el balance solo hubiera existido tesorería –y en el pasivo solo capital o reservas– sí se hubiera admitido. Con la regulación actual, que se refiere a la valoración del patrimonio social, sin distinguir cómo está formado éste, la conclusión no es segura.

- ¿Se pueden aplicar las excepciones del nuevo art. 38.bis LSA, que introdujo la misma LME y que hoy encontramos en el art. 69 LSC? Creemos defendible en una aplicación analógica de la excepción segunda de dicho precepto («*Cuando la aportación consista en bienes distintos de los señalados en la letra anterior cuyo valor razonable se hubiera determinado, dentro de los seis meses anteriores a la fecha de la realización efectiva de la aportación, por experto independiente con competencia profesional no designado por las partes, de conformidad con los principios y las normas de valoración generalmente reconocidos para esos bienes*»), en el caso de que el patrimonio social hubiera sido objeto de una valoración en los seis meses anteriores, aunque será un supuesto poco frecuente.

3. Las especialidades en el caso de acuerdo unánime en junta universal (art. 9.3 LME)

El art. 9.3 LME establece que «*No será precisa la puesta a disposición o envío de la información a que se refiere el apartado primero cuando el acuerdo de transformación se adopte en junta universal y por unanimidad*».

Como vemos, la norma se limita a decir que no es necesaria la puesta a disposición o envío de esta información, pero no dice claramente que no sea necesaria la existencia de esos documentos. El problema es si –dado el título del art. 9 y el hecho de que los únicos legitimados para el examen de los documentos son los socios– podría sostenerse que en este caso no solo no hace falta ponerlos a disposición de los socios sino que no es necesaria su elaboración. Entendemos que la respuesta no puede ser la misma para todos los documentos que contempla dicho precepto.

En cuanto al informe de administradores, la doctrina y el RRM consideran que en el supuesto de modificación estatutaria el informe de los administradores no es necesario si el acuerdo se toma en junta universal (art. 158 RRM). Entendemos que aquí también los interesados son solo los socios y no juega ningún papel adicional dentro del proceso de transformación, a pesar de que ahora contenga las menciones sobre impacto de género y responsabilidad social.

El balance, en cambio, parece siempre necesario porque, según el art. 10 LME, debe aprobarse necesariamente junto con el acuerdo de transformación. Quizás esto debe revisarse de lege ferenda pues su finalidad es informativa y ahora no está referido al momento de la escritura, por lo que lo más lógico sería poder prescindir de él si hay acuerdo unánime.

Creemos, sin embargo, que no será necesario el informe sobre las modificaciones patrimoniales posteriores. Dado que en todo caso los administradores tienen la obligación de informar de estas modificaciones –esto no lo excepciona el 9.3–, esta información debe ser considerada suficiente si todos los socios han aprobado el balance y el acuerdo.

Otra cuestión puede ser si en este caso se debe aplicar la limitación temporal de seis meses para la antigüedad del balance. El art. 10 LME no hace referencia al plazo del balance, que solo se exige en este art. 9. Teniendo en cuenta la obligación de actualizar la información del art. 9.2, parece lógico que, si los socios se dan por satisfechos con esa información complementaria al balance más antiguo, el balance pueda ser anterior a seis meses. En defensa de esta postura podemos citar la resolución de la DGRN de 2 de febrero de 1996, que en relación con la estructura del balance entendió que no debía reunir todos los requisitos legales si se había aprobado por acuerdo unánime: *«Respecto de terceros, parece claro que no constituye su protección el objetivo de la exigencia... En concreto, la situación patrimonial de la sociedad, que en el supuesto que suscita este recurso ni varía ni puede variar por efecto de la transformación, podrá ser conocida por los terceros en general a través del balance ordinario de la sociedad, depositado en el Registro Mercantil. Una vez centrado el alcance puramente interno del balance, se comprende con facilidad que el problema de su estructura formal pierda relevancia»*.

En cuanto al informe del auditor, no creemos que sea necesario en caso de acuerdo unánime. Por una parte, no se recoge esta obligación en ningún otro precepto más que en el art. 9. Esto confirma que su finalidad es puramente la información de los socios, pues en la valoración razonable de las participaciones en caso de ejercicio del derecho de separación por alguno de los socios, el auditor no debe tener como referencia solo el balance de transformación, sino que podrá requerir toda la información que precise con arreglo al art. 354 LSC (SACRISTÁN, 2009, p. 163). Por tanto, dado que el balance de cada año va a ser auditado en todo caso, no alcanzamos a ver qué interés se protege exigiendo que el balance elaborado especialmente para ser aprobado junto con la transformación esté auditado.

Esto obviamente no se planteará si se acepta que en caso de acuerdo unánime no es necesario que el balance esté cerrado dentro de los seis meses anteriores al acuerdo. En ese caso, bastará que se aporte como balance de transformación el último balance anual aprobado y auditado.

Finalmente, de lo que no cabe duda es de que en la junta se tiene que aprobar no una transformación en abstracto sino el acuerdo de verificar una determinada transformación, por lo que siempre será necesario que a la misma se aporte el proyecto de escritura social y estatutos a que se refiere el art. 9.

Otra cuestión distinta es si el carácter universal de la junta justifica que se prescinda de la publicidad del acuerdo prevista en el art. 14 LME, como sostuvo la resolución de la DGRN de 6 de abril de 1993 durante la vigencia del régimen anterior, cuestión que estudiaremos al tratar la publicación del acuerdo.

4. El acuerdo de transformación propiamente dicho

a) Quorums y mayorías

Ya hemos indicado cómo la Ley con carácter general se remite a la normativa de cada sociedad en cuanto al régimen de adopción del acuerdo de transformación por la junta de socios, pero de los arts 12, 13, 15 y 16 se deducen requisitos adicionales de consentimientos individuales para supuestos especiales.

Aunque, como decimos, la LME no establece una regulación específica, corresponde examinar aquí los quorums y mayorías precisos según el tipo de sociedad.

i.- Transformación de Sociedad Anónima.

La regla general es que la mayoría es la misma que para la modificación de estatutos: en primera convocatoria, un quórum del 50% del capital y mayoría absoluta de capital presente, y en segunda convocatoria, quórum del 25% , pero si el capital concurrente es inferior al

50%, se exige el voto favorable de dos tercios de los votos presentes (art. 194 LSC).

El quórum se calcula sobre las acciones con derecho a voto, por lo que se excluirán las acciones sin voto (art. 98 LSC), y las acciones de los accionistas morosos, que por ello están privados de ese derecho (art. 83.1 LSC). Más dudoso es si han de excluirse los que no fueran titulares del número mínimo de acciones para el ejercicio del derecho de voto. Sí se incluyen las acciones propias de la sociedad (art. 148.b LSC).

En cuanto a la posibilidad de reforzamiento de quorums y mayorías por los estatutos, la regla general es que los estatutos pueden elevar los quorums o mayorías previstas (art. 194.3 LSC), con el límite de que no se puede llegar a exigir la unanimidad (así, expresamente el art. 200 LSC), y que debe aplicarse la regla del art. 193.2 LSC (el quórum de la segunda convocatoria ha de ser inferior al de la primera). En materia de transformación, el derecho francés lo prohíbe, mientras que el derecho italiano permite reforzar las mayorías, y el alemán incluso exigir la unanimidad. En nuestro derecho, entendemos que sí es posible reforzar las mayorías específicamente para este supuesto, pues cuando la Ley quiere limitar esta posibilidad para algún tipo de acuerdo lo establece así expresamente (por ejemplo, en relación con el cese de administradores en el art. 288 LSC).

Todo esto se entiende sin perjuicio de la necesidad de consentimiento en caso de derechos especiales, a lo que nos referiremos al examinar los arts. 12, 13 y 16 LME, que confieren a los titulares de los mismos un derecho de veto; y también sin perjuicio del derecho de separación general del art. 15 y de la separación automática en el caso de transformación en sociedad que no limita la responsabilidad de los socios.

ii- Transformación de Sociedad de Responsabilidad Limitada

Para las SRL el art. 199 de la LSC establece una mayoría distinta para la modificación estatutaria (más de la mitad del capital social) y para las modificaciones estructurales, para las que exige una mayoría de dos tercios de los votos correspondientes a las participaciones en que se divida el capital social.

Del art. 200.2 LSC resulta también una mayor flexibilidad para aumentar los requisitos legales por vía estatutaria, ya que se puede prever no solo una mayoría superior de votos sino también el voto favorable de un determinado número de socios, sin que se pueda llegar a una exigencia de unanimidad.

iii- Transformación de Sociedad Colectiva o Comanditaria

El acuerdo de transformación para estas sociedades, igual que sucedía bajo la legislación anterior, no tiene regulación específica ni en el CCo ni en la LME. La única norma que tenemos es el art. 217.1 del RRM, que puede que vaya más allá de lo que permite su rango, pero que adopta una solución que creemos es correcta con arreglo a los principios generales de las sociedades personalistas.

Sociedad colectiva: está claro que el acuerdo ha de ser unánime. No existirá derecho de separación, sino necesidad de consentimiento unánime, sin perjuicio de que se pueda pactar una disolución parcial de la sociedad simultánea o previa a la transformación. Es la solución del art. 217 RRM, congruente con el carácter totalmente personalista de la sociedad, en la que predomina siempre el elemento contractual.

Sociedad comanditaria: el art. 217 RRM remite a lo previsto en la escritura social. Entendemos que en las comanditarias, dada su naturaleza mixta, los estatutos pueden excluir el consentimiento individual de los socios comanditarios, siendo lo normal que se prevea que para estos baste la mayoría.

Pero el problema es que, con arreglo al Cco, no es contenido necesario de los estatutos la regulación del acuerdo de transformación. ¿Qué hacer en caso de que no conste en los estatutos el régimen del acuerdo? Si los estatutos no prevén una asamblea de los socios comanditarios para la toma de acuerdos, entendemos que se aplicará la regla general en estas sociedades, que es la exigencia del consentimiento unánime para la modificación del contrato social, pues una cosa es que los socios comanditarios no participen en la gestión, y otra muy distinta que se pueda prescindir de ellos para una modificación sustancial del contrato social.

Sociedad comanditaria por acciones: en principio, se aplican las reglas de la SA, por cuanto el acuerdo de modificación de estatutos en este tipo de sociedades se adopta conforme a las mismas normas aplicables a las SA de conformidad con el art. 288.2 LSC. A favor de esta postura cabría decir también que la transformación no está incluida entre los supuestos de modificación que exigen consentimiento individual de los socios colectivos que establece el art. 294 LSC (antes, el art. 156.2 del CCo). Pero el cambio de forma social afecta a la esencia del contrato de sociedad en la sociedad comanditaria, en la que el socio colectivo tiene una vinculación extremadamente personal con la sociedad, que se refleja en la responsabilidad y en la participación en la gestión. El cambio a una sociedad capitalista supone un cambio tan intenso en la base del negocio que no puede concebirse sin la intervención al menos de todos los socios colectivos. Esto no obsta para que los estatutos puedan modificar la regla de unanimidad, sin perjuicio en todo caso de los derechos reconocidos a los socios que no hayan votado a favor en la LSC.

iv.- Transformación de Agrupación de Interés Económico

El art. 10 de su la Ley reguladora prevé que las decisiones se tomen en asamblea de socios o por cualquier medio que permita tener constancia escrita de la consulta y del voto emitido. La regla general es la necesidad de unanimidad salvo para los acuerdos para los que los estatutos prevean otros quorums o mayorías, siendo necesaria la unanimidad siempre para los acuerdos a los que se refiere el propio art. 10.1. Entre ellos no está incluida expresamente la transformación, pero los estatutos no pueden dispensar de la unanimidad en este caso pues entre las cuestiones de necesaria unanimidad se incluyen determinadas modificaciones -objeto de la agrupación, el número de votos atribuidos a cada socio, requisitos para la adopción de acuerdos, duración prevista para la agrupación– que van a ser afectadas por la transformación.

b) Contenido del acuerdo de transformación

La regulación anterior no se refería al contenido del acuerdo, y el RRM únicamente al contenido de la escritura y no del acuerdo. Hoy el art. 10.2 LME establece que «*El acuerdo deberá incluir la aprobación del balance de la sociedad presentado para la transformación, con las modificaciones que en su caso resulten procedentes, así como de las menciones exigidas para la constitución de la sociedad cuyo tipo se adopte*». Este precepto es una novedad, más bien formal que material, pues con la anterior regulación se entendía también que el acuerdo debía ser completo y no contener una simple referencia al tipo social elegido.

Por tanto, actualmente deben tomarse al menos dos acuerdos:

Uno que apruebe el balance y sus modificaciones Parece que la mención a las modificaciones se refiere a las modificaciones patrimoniales a que alude el art. 9.1.2 LME. Sin embargo, el que no haga referencia a que sean sobrevenidas o significativas, como en ese artículo, puede indicar que se refiere a la aprobación de un balance con las modificaciones que vengan impuestas por el propio cambio de tipo social, como puede suceder en relación con determinadas partidas de fondos propios (ESPÍN, 2009, p. 219). En todo caso, es una aprobación específica y por tanto deberá realizarse siempre, aunque se esté utilizando un balance anual ya aprobado.

Un acuerdo de aprobación de las menciones exigidas para la constitución de la sociedad cuyo tipo se adopta. Entendemos que, por el juego conjunto de los arts. 9 y 10, se han de aprobar también los estatutos. El cambio de tipo social implica el cambio de organización y de derechos de los socios, lo que por tanto lleva consigo una modificación general de los estatutos. Desde un punto de vista práctico, la modificación de estatutos debe hacerse siempre mediante la aprobación de unos nuevos estatutos que refundan las modificaciones necesarias y voluntarias.

Se puede plantear la posibilidad de que se introduzcan modificaciones respecto de los estatutos y proyecto de escritura que se pusieron a disposición de los socios. Dado el reconocimiento por la Ley de un derecho de información con un específico contenido, entendemos que será necesario el acuerdo unánime para introducir modificaciones –salvo correcciones de errores o cuestiones insignificantes–, pues de otra forma se dejaría sin sentido ese derecho del art. 9.

Por otra parte, en la junta se deberán tomar las demás decisiones que son necesarias para la constitución de la sociedad, como, por ejemplo, si es que no es compatible el sistema anterior con el actual, la elección de las personas que van a ser administradores.

c) Otras modificaciones adicionales a la transformación (el art. 17 LME)

El art. 17.1 LME establece que *«La transformación de la sociedad podrá ir acompañada de la incorporación de nuevos socios»*. Esta previsión expresa supone una novedad más formal que material, pues lo mismo podía hacerse anteriormente cumpliendo los requisitos legales para esa incorporación, en particular los del aumento de capital, en su caso, que también será necesario ahora aunque se haga conjuntamente con la transformación.

El párrafo segundo se refiere a la cuestión de que, además del acuerdo de transformación, se produzcan otras modificaciones estatutarias especiales. Dice el art. 17.2 que *«Cuando la transformación vaya acompañada de la modificación del objeto, el domicilio, el capital social u otros extremos de la escritura o de los estatutos, habrán de observarse los requisitos específicos de esas operaciones conforme a las disposiciones que rijan el nuevo tipo social»*.

Esta norma plantea varias cuestiones:

La primera es cuándo hace falta un acuerdo específico para alguna modificación estatutaria. Ya lo hemos examinado en materia de convocatoria. Habrá que distinguir entre distintos tipos de modificaciones y en función de esto exigir mención en la convocatoria y acuerdo separado o no. De este artículo resulta claramente que la modificación del objeto, domicilio y capital se consideran modificaciones no incluidas dentro del acuerdo ordinario de transformación, y que por tanto deben seguir sus normas específicas, tanto en cuanto a convocatoria como a mayorías o publicidad. En realidad, esto no es una novedad, y tampoco resuelve los casos dudosos a los que nos hemos referido en relación con la convocatoria. Recapitulando lo dicho anteriormente, podemos señalar que aquellas modificaciones estatutarias que no respondan a diferencias del tipo o a opciones organizativas no ofrecidas por el tipo anterior, habrán de ser objeto de los requisitos generales de la modificación de estatutos.

La segunda cuestión es si a estos acuerdos han de aplicarse las normas del antiguo o del nuevo tipo social. Aquí reside la novedad, pues la duda no estaba resuelta en la anterior normativa y ahora se establece que los requisitos aplicables son los del nuevo tipo social. En realidad está claro que el régimen que rige la convocatoria y válida constitución de la junta no puede ser otro que el de la sociedad de origen. Lo que se discute es si los requisitos específicos de un acuerdo que se toma junto con el de transformación han de ser los del tipo de origen o de destino.

En cualquier caso, consideramos muy desafortunada la redacción del artículo, puesto que no queda claro a qué se refiere cuando habla de acuerdos que «acompañen» a la transformación. Puede significar que se tomen en la misma junta, o que se eleven a público en la misma escritura, o incluso que vayan juntos al Registro. Por tanto, para hacer una interpretación correcta de esta norma hay que distinguir varios supuestos para ver la trascendencia de la misma:

- *Los acuerdos que son necesarios para que se pueda llevar a cabo la transformación.* Es, por ejemplo, el caso de existencia de desembolsos pendientes en una SA que se transforma en SRL. La cuestión se había planteado en la resolución de 29 de marzo de 2000, en un caso en que se pretendía transformar y después reducir el capital siguiendo la normativa de la SL. La DGRN no lo admitió por entender que la SL no puede estar, ni siquiera en un momento virtual, con el capital parcialmente desembolsado. Esto lo confirma hoy para este supuesto concreto el art. 11.2 LME, que exige el desembolso previo o la condonación de dividendos pasivos, obviamente conforme a las normas de la SA pues la transformación aún no ha tenido lugar.

Se puede plantear si esta solución implica una contradicción con la solución del art. 17.2 que examinamos, pues podríamos entender que este acuerdo de condonación de dividendos pasivos «acompaña» a la transformación, y por tanto puede regirse por las normas del nuevo tipo social. Si nos fijamos en la literalidad del art. 11.2 LME, podríamos incluso sostener que no hay contradicción y que se admitiría la reducción de capital siguiendo las normas de la SRL, pues mientras que se dice que el desembolso ha de ser previo, sin embargo no dice que esa reducción haya de ser previa. No creemos que ésta sea la voluntad de la Ley ni que sea una solución lógica. Los acuerdos de una sociedad han de regirse por las normas que los socios se han dado a través de sus estatutos. Solo una vez aprobada la transformación podrá adoptarse un acuerdo siguiendo las reglas del nuevo tipo. Por tanto, el artículo se tiene que estar refiriendo a los acuerdos que acompañan pero que son posteriores al acuerdo de transformación. Para los acuerdos que son necesarios para la transformación y que por tanto son previos a la misma han de aplicarse las normas de la sociedad de origen (en el mismo sentido DELGADO GIL, pags. 177-179.)

- *Los acuerdos posteriores a la transformación:* la norma se refiere a los que se toman una vez aprobado el de transformación, pues los anteriores se regirán por el régimen anterior, como resulta del art. 11.2 citado. Esto también resulta de sus antecedentes legislativos, pues la norma trata de solucionar los problemas que planteaban los acuerdos tomados tras la transformación pero antes de que estuviera inscrita la misma. En la justificación de la enmienda, del Grupo Popular, se dice que se trata de «evitar criterios divergentes en los registros mercantiles». Estos criterios divergentes se habían producido no solo en los distintos registros sino en la propia DGRN, por lo que efectivamente era muy oportuna su aclaración.

La cuestión, como señala la resolución de 16 de septiembre de 2009, es la interpretación que *«haya de atribuirse al denominado carácter constitutivo de la inscripción registral en los supuestos de transformación»*, cuyo reflejo es el art. 19 de la LME que dice que *«la eficacia de la transformación quedará supeditada a la inscripción»*. La Dirección General dice que para algunos se considera *«el hito al que se somete la existencia del proceso mismo, de suerte que, tanto en la esfera externa como en la interna, el acuerdo de transformación únicamente produce efectos cuando se logra su acceso tabular. Otros autores, ... sin negar el sometimiento de su plena eficacia a la inscripción, atribuyen a la decisión sobre el cambio de forma social una trascendencia limitada y selectiva, concretada únicamente en la esfera interna. De la primera postura se deriva que los acuerdos sociales subsiguientes al de transformación, pero anteriores a la inscripción, habrán de sujetarse a la disciplina correspondiente a la forma social de partida, mientras que, con arreglo a la segunda, esas decisiones se adoptarán conforme al régimen de la forma social de destino, aunque su plena eficacia quede condicionada a la culminación del proceso de alteración tipológica a través de la inscripción»*. A la segunda postura se adhieren las resoluciones de la DGRN de 5 de mayo de 1994, que en un caso de transformación de SA en sociedad colectiva entendió que no se aplicaba el at 150 LSA al cambiarse simultáneamente el objeto; y la de 2 de febrero de 1996, que entendió en un caso de transformación de SA en SL que el balance que se aprobaba en la junta no debía reunir los requisitos de la LSA. En el sentido que hemos defendido en el punto anterior, la DGRN entiende que *«No cabe adscribir a una u otra corriente la doctrina mantenida por las Resoluciones de 20 de febrero de 1996 (La Ley 3669/1996) y 29 de marzo de 2000 (LA Ley 6787/2000), pues ambas versan sobre supuestos de transformación de sociedades anónimas con capital parcialmente desembolsado en sociedades de responsabilidad limitada, ...la razón que debe tomarse como determinante es que el desembolso íntegro del capital social es un requisito para la válida constitución de la sociedad de responsabilidad limitada (artículo 4 de la Ley de Sociedades de Responsabilidad Limitada)».* Y a la posición contraria se adscribe la resolución de 23 de febrero de 2001, en la que en un caso de transformación seguida por una reducción de capital se entendió que, al no estar inscrita, las garantías frente a terceros debían ser las de la sociedad de origen.

Lo importante es que la resolución entiende que ha prevalecido la postura de la interpretación no estricta del carácter constitutivo de la inscripción registral, de manera que, para un caso sometido a la legislación anterior, entiende que *«acoger ahora el criterio interpretativo que ha prevalecido no supone violentar en lo más mínimo el sentido literal de la norma anterior interpretada, ni quebrantar su significado sistemático o su finalidad».*

Está claro, por tanto, que ésta es la discusión que viene a zanjar el art. 17 LME: los acuerdos que se toman a continuación de la transformación han de regirse por las normas del nuevo tipo social, aunque no esté inscrita la transformación. La resolución de 16 de septiembre de 2009 (comentada por GOMÁ, CDC. 2009) lo ratifica. El autor señala que la razón de dicha doctrina es que la inscripción no tiene un carácter plenamente constitutivo, y que el acuerdo de transformación produce efectos internos, sin perjuicio de los efectos de oponibilidad de la inscripción. Es importante destacar que las posturas contrarias a esta solución (AVILA NAVARRO) no solo van directamente contra la voluntad del legislador, sino que en nada benefician los intereses de los terceros, pues bastaría tomar el acuerdo en otra junta posterior a la inscripción, añadiendo dilaciones y gastos, pero sin que los socios o terceros obtengan a cambio mayor protección. E incluso podría llevar a resultados absurdos, como entender que los acuerdos posteriores hubieran de tomarse con arreglo a unas normas que son contrarias a los estatutos y al tipo social nuevo. Otra cosa es defender que la eficacia de ese acuerdo está implícitamente condicionada a la inscripción de la transformación (ESPÍN GUTIERREZ, 2010), como sucede siempre que se toman diversos acuerdos en los que los sucesivos vienen condicionados por los anteriores (cese de administradores y nombramiento de nuevos, por ejemplo).

La misma regla habrá que aplicar a los acuerdos posteriores a la transformación, anteriores a la inscripción, aunque no la «acompañen» dentro de la misma junta o de la misma escritura. La Ley contempla el supuesto más dudoso de los acuerdos de la misma Junta, pero obviamente se aplicará lo mismo a los acuerdos de una junta de fecha posterior que se eleven a público simultáneamente.

- *Los acuerdos anteriores al acuerdo de transformación:* la literalidad de la palabra «acompañen» plantea también el problema de lo que sucede si los acuerdos son anteriores. Ya hemos examinado la cuestión de los acuerdos que necesariamente han de tomarse antes –dividendos pasivos–, y entendemos que se deben aplicar las normas de la sociedad de origen. Pero se puede plantear la duda de qué pasa con esos acuerdos cuando en la transformación se pasa de un sistema de menor exigencia a uno de mayor. Si nos atenemos a la literalidad del 17.2, parece que habría que seguir los requisitos de publicación de la SA. Pero, como se ha visto y resulta de la enmienda que propuso la norma, su finalidad es otra. Entendemos que será siempre posible tomar con carácter previo a la transformación acuerdos con arreglo a su régimen, aunque sea el mismo día y se eleven a público simultáneamente, y cumpliendo como es lógico los requisitos de convocatoria, quorums, etc. aplicables a la sociedad antes de la transformación. Por ello, si se pasa a un régimen de mayor exigencia, habrá que tomar la precaución de separar unos acuerdos de otros, y solicitar la inscripción de los primeros previamente a la de la transformación.

d) Supuestos de consentimientos especiales

La Ley regula de manera particularizada los casos en que por existir unos derechos especiales es necesaria una protección específica.

i.- *Socios industriales*

El carácter transversal de la Ley impone contemplar la aplicación del régimen general de la continuidad en la participación al supuesto de los socios industriales. El art. 12.2 LME regula la materia de forma muy protectora del socio industrial.

En primer lugar, en cuanto a su participación en la nueva sociedad establece el 12.2 que «*la participación de éstos en el capital de la nueva sociedad transformada será la que corresponda a la cuota de participación que les hubiera sido asignada en la escritura de constitución de la sociedad o, en su defecto, la que se convenga entre todos los socios, reduciéndose proporcionalmente en ambos casos la participación de los demás socios».* Esto supone que cuando en el nuevo tipo no puedan existir socios industriales y no tengan determinada su participación sólo se podrá realizar la transformación si se llega a un acuerdo con el socio industrial sobre esta participación. Aunque la Ley dice que se ha de reducir proporcionalmente la participación de los demás socios «en ambos casos», creemos que esto solo se producirá en el caso de que el socio industrial no tuviera cuota asignada. Si la tuviera ya, la conserva, y por tanto en absoluto hay que reducir la de los demás socios.

No acaba aquí la protección del socio industrial, pues el párrafo siguiente dice que «*La subsistencia, en su caso, de la obligación personal del socio industrial en la sociedad una vez transformada exigirá siempre el consentimiento del socio y deberá instrumentarse como prestación accesoria en las condiciones que se establezcan en los estatutos sociales».* Entendemos que la norma ha de ser interpretada en relación con el párrafo anterior, es decir, que solo se aplica si el nuevo tipo social no admitiera la existencia de socios industriales.

ii.- *Titulares de obligaciones u otros valores*

El principio general es la continuidad, de manera que si las obligaciones o valores pueden subsistir, no se alterarán ni será necesario acuerdo alguno. La Ley regula en el art. 13 el caso en que se transforme la sociedad en «*otro tipo social al que no le esté permitido emitirlos*», y en concreto el supuesto de existencia de obligaciones convertibles en acciones, en cuyo caso se prevé que será necesario que *«previamente se hubiera procedido a la amortización o a la conversión, en su caso, de las obligaciones emitidas».*

Al igual que en el art. 12 y en el art. 16, se trata de dar solución a situaciones en las que no cabe la continuidad en los derechos y obligaciones de los socios o titulares de otros derechos. No supone una novedad, pues la solución del antiguo 229.2 LSA era equivalente: si no se podían mantener los derechos, era necesario el consentimiento individual.

En estos casos prevalece el interés individual sobre el aspecto corporativo, y no cabe que se imponga la voluntad de la mayoría, ni siquiera de ese grupo de titulares. Será necesario primero solucionar la totalidad de las situaciones individuales antes de poder realizar la transformación. Aunque quizá no fuera necesario, la Ley deja claro que no cabrá que como consecuencia de una transformación subsistan obligaciones o títulos que no permita la normativa del nuevo tipo social.

Entendemos que la Ley no da a la sociedad ningún derecho especial por razón de la transformación. Es decir que la conversión o la amortización deberán realizarse de acuerdo con las condiciones de la emisión. Fuera de los supuestos previstos en la emisión, la sociedad no tiene la posibilidad de imponer conversión o amortización alguna si no hay acuerdo individual de los afectados.

iii.- *Titulares de derechos especiales*

En la legislación anterior, el art. 229.3 LSA solo establecía que la transformación no podía implicar modificación en los derechos especiales, salvo consentimiento individual. La Ley actual opta por un sistema más favorable a la transformación, pues no se requiere consentimiento individual sino que se concede un derecho de oposición: *«La transformación no podrá tener lugar si, dentro del mes siguiente a la publicación en el Boletín Oficial del Registro Mercantil del acuerdo de la misma o del envío de la comunicación individual por escrito, se opusieran titulares de derechos especiales distintos de las acciones, de las participaciones o de las cuotas que no puedan mantenerse después de la transformación»*.

Hay que partir, por tanto, del principio de que no existirá ninguna especialidad en el procedimiento si no existen titulares o si estos derechos se pueden mantener.

En caso de ejercicio del derecho de oposición, no cabe recurso o compensación por la sociedad (como en el caso de los acreedores), por lo que es un derecho de veto, y no se puede enervar más que con acuerdo individual con el interesado. Por lo tanto, dada la complejidad y el coste que implica un proceso de transformación, lo lógico es recabar previamente el consentimiento de los titulares de derechos especiales, y no dejar todo el procedimiento a expensas de un derecho de oposición contra el que no es posible hacer ya nada.

Es una novedad respecto de la Ley anterior la previsión del art. 16.2: *«Esa oposición no producirá efecto alguno si es realizada por un socio que hubiere votado a favor de la transformación»*.

El plazo para ejercitar el derecho de separación se cuenta desde la publicación en el BORME, lo cual es chocante pues cuando se exigen dos publicaciones lo normal es que el plazo se cuente desde la fecha de la última de ellas.

En cuanto a los derechos a los que se refiere la norma, parece que se refiere a las ventajas y derechos previstos en los arts. 9 y 11 de la LSA (hoy art. 27 LSC). Al tener una base contractual y no corporativa o institucional, no pueden ser modificados por la junta, lo que justifica su mantenimiento.

Se puede plantear si este artículo se aplica también a los derechos especiales que pueden conceder clases especiales de acciones. Por un lado, no se aplica literalmente porque se refiere a derechos «distintos de las acciones», y no parece lógico que en materia de transformación se siga respecto de estas clases un sistema de consentimiento individual mientras que la regla general es el principio corporativo restringido (art. 293 LSC). Por otra parte, no se puede dejar indefensos a estos socios con derechos especiales. La solución para este caso debe ser la misma que la que adopta la Ley para la fusión en el art. 41.2 (idéntico al anterior 248 LSA), que dice que no será necesario el consentimiento individual cuando *«la modificación de estos derechos hubiera sido aprobada por la asamblea de esos titulares o por los titulares individualmente»*. Por tanto, si existen acciones privilegiadas o con derechos especiales, se tendrán también que conservar. Si no fuera posible por el nuevo tipo social, el acuerdo de transformación deberá ser tomado también por mayoría dentro de cada clase de acciones, de acuerdo con el artículo 293 LSC, y en defecto de este acuerdo deben tener este derecho de oposición.

e) Publicidad del acuerdo

La publicidad persigue el conocimiento por parte de los interesados del acuerdo, normalmente para que puedan ejercitar derechos concretos en relación con el mismo.

El sistema de publicidad ha sido modificado de manera muy significativa y ha supuesto una simplificación en el caso de la SA. La principal novedad es que la Ley permite ahora a todas las sociedades optar por la publicación o por la comunicación individual.

i.- *La publicidad a través de publicaciones:*

El art. 14.1 LME dice: «*El acuerdo de transformación se publicará una vez en el Boletín Oficial del Registro Mercantil y en uno de los diarios de gran circulación de la provincia en que la sociedad tenga su domicilio*». Esta norma plantea varias cuestiones:

Número de publicaciones: una sola vez en el BORME y una vez en un diario. En el caso de SA, esto supone una reducción respecto del régimen anterior, que exigía tres veces en el BORME y en los periódicos de gran circulación en la provincia en que la sociedad tenga su domicilio. En el caso de SL, en cambio, se añade la necesidad de hacer una publicación en un diario.

Tipo de periódico en el que se debe publicar: la Ley habla de publicación en un periódico *«de»* la provincia, mientras que anteriormente se hablaba de periódico de gran circulación *«en»* la provincia. La cuestión ya se había planteado porque la LSA de 1989 tenía esta misma redacción, que fue corregida en el texto refundido. Se entendió que no tenía sentido que el diario tuviera que ser editado en la provincia, pues podía incluso no existir, y se armonizaba con el sistema que se aplicaba en la fusión. Actualmente la norma sobre publicación del acuerdo de fusión utiliza la mención «en» la provincia, y a nuestro juicio no tiene sentido pensar que el legislador ha querido volver a una situación de descoordinación que ya se consideró errónea. Por tanto, será perfectamente válida la publicación en cualquier diario que tenga circulación *en* la provincia del domicilio social.

Otra cuestión es si puede ser suficiente la publicación en un diario digital. La Ley no distingue y entendemos que no es tan importante el tipo de medio sino su circulación. Lo que sucede es que se tendrá que acreditar que el diario digital tiene una difusión en la provincia semejante a la de los diarios físicos de gran circulación y que el anuncio estaba visible en un lugar de la web del diario con ese nivel de visitas.

De lege ferenda parece lógico que estas publicaciones se puedan sustituir por la publicación en la web corporativa. La única explicación de que este artículo haya sido olvidado en la reforma por el Real Decreto-ley 9/2012 y la Ley 1/2012 y que no se haya previsto esta sustitución es que en estas normas se trataba de incorporar las directivas de fusiones y escisiones.

ii.- *La publicidad por comunicación individual:*

Se regula en el art. 14.2 LME, que dice «*La publicación no será necesaria cuando el acuerdo se comunique individualmente por escrito a todos los socios y, en su caso, a los titulares de derechos especiales distintos de las acciones, participaciones o cuotas que no puedan mantenerse después de la transformación, a través de un procedimiento que asegure la recepción de aquél en el domicilio que figure en la documentación de la sociedad, así como a todos los acreedores en los domicilios que hayan puesto en conocimiento de la sociedad o, en su defecto, en sus domicilios legales*».

Entre los *sujetos* a quien hay que comunicar, señalamos:

- Socios: a diferencia de la anterior LSRL, no se excluye de la notificación a los socios que hubieran votado a favor. Sin embargo entendemos que no será necesaria la comunicación a los socios que han votado a favor del acuerdo, porque la finalidad de esta comunicación es el ejercicio del derecho de separación. Sí parece que será necesaria la comunicación a los que han asistido a la junta y no han votado a favor, pues no los excluye la Ley como sucede en el caso del art. 15.2. Por tanto, entendemos que sigue pudiendo aplicarse el art. 219.2 RRM en su redacción actual.

- Titulares de derechos especiales: es una novedad, y es que al tener un derecho a oponerse a la transformación con arreglo al art. 16 deben tener conocimiento de la transformación.

- Acreedores: ésta es la verdadera novedad y es una opción muy discutible del legislador. No se entiende bien la utilidad de ese conocimiento, pues los acreedores no gozan aquí del derecho de oposición. Podría estar justificada esta exigencia en el caso de transformación de sociedad personalista en sociedad capitalista, pues en este caso la responsabilidad personal de los socios por las deudas anteriores prescribe tras la reforma legal a los cinco años (art. 21 LME). Y en el sentido inverso quizás también, porque ya no se aplicarán las normas de garantía de la integridad del capital social –aunque tienen la garantía personal de los socios–. Ni siquiera en esos casos es clara su utilidad, pues los acreedores anteriores nada pueden hacer para evitar que termine la responsabilidad respecto de las deudas anteriores, y respecto de las deudas que se contraigan con posterioridad a la transformación, tendrán conocimiento del nuevo tipo social a través de su denominación social. En todo caso, no parece que tenga sentido ese conocimiento cuando no se produce un cambio en el sistema de responsabilidad, es decir cuando el tipo cambia de SA a SL o viceversa.

Respecto a la *forma de comunicación:*

En cuanto al medio de comunicación, ha de ser por escrito pero no se exige un procedimiento fehaciente. En cuanto a determinar un medio que «asegure la recepción», obviamente no se puede interpretar de manera estricta, pues ninguno lo asegura. Parece que debe bastar un medio que pueda dejar una prueba del hecho de su recepción o al menos del intento de notificación, como el correo con acuse de recibo.

Se puede interpretar (ESPÍN, 2009, p. 220) que este medio no es exigible en la comunicación a los acreedores, al estar separados en el artículo de los demás, y por tanto solo es necesario para ellos una comunicación individual y por escrito. Entendemos que esta interpretación es la más correcta, dado que esta comunicación es puramente informativa y los acreedores no pueden ejercitar ningún derecho, por lo que no es necesario tener una prueba de la fecha en la que se ha realizado la comunicación.

En cuanto al domicilio de destino de la comunicación, en el caso de los socios es el que figure en la documentación de la sociedad. Para los acreedores será el que hubieran notificado a la sociedad y en su defecto el legal, lo cual plantea un grave problema en el caso de personas físicas.

En cuanto al control de la realización efectiva de la remisión, se plantea el problema de la comprobación por el notario de las notificaciones, pues el notario solo puede conocer, en su caso, quienes son los socios y acreedores por la documentación de la sociedad (libro registro de socios y contabilidad), por lo que no parece que el notario deba proceder a una auditoría de la sociedad, sino que serán los administradores los que manifiesten el cumplimiento de la norma. A nuestro juicio, se debe evitar acudir a una manifestación genérica de los administradores, sin presentar documento alguno, y creemos que se debe exigir que los administradores manifiesten que se ha remitido a todos los acreedores, de acuerdo con la contabilidad de la sociedad y su conocimiento, y a todos los socios que constan en el libro registro. Y también que especifiquen el concreto medio por el que se ha realizado y la fecha de remisión al menos a los socios (a efectos del cómputo del plazo del art. 16). No creemos, sin embargo, que sea necesario unir a la escritura los acuses de recibo, pues no acreditan ni el contenido de la remisión ni permitirían saber si se ha remitido a todos.

Entendemos que es posible que los administradores manifiesten que no existen titulares de derechos especiales ni acreedores, pues no se les puede obligar a declarar que lo han comunicado a los acreedores si no los hay.

En principio ésta declaración parece que solo podrá admitirse cuando del balance no resulte lo contrario, pero, dado que el balance puede ser de una fecha muy anterior, entendemos que es posible también que el administrador, sin necesidad de aportar nuevo balance, manifieste que en el momento de la transformación no existían acreedores, o precise que los acreedores son socios que han votado a favor del acuerdo.

iii.- *Contenido de la publicación o comunicación:*

La Ley dice que se publicará o comunicará el acuerdo, pero evidentemente no es necesaria la publicación del acuerdo con todo el contenido que se ha visto, sino del simple hecho de la transformación y del nuevo tipo social, sin perjuicio de que, si se ha introducido alguna modificación que requiere de especial publicidad, se haga mención a ella, como se deduce del art. 17.2 LME.

Tampoco dice la Ley que se deba hacer referencia al derecho de separación del art. 15, ni al derecho de oposición del art. 16. Podría entenderse que no es necesario, pues en otros casos la Ley ha determinado que se haga referencia expresa a esos derechos (como sucede en el art. 43 LME en relación con la publicación del acuerdo de fusión). También podría alegarse que para el ejercicio de sus derechos en el caso del art. 15.2., el plazo de la adhesión se cuenta para los asistentes desde la junta, que por tanto deben conocer sus derechos sin que nadie se los comunique. Parece sin embargo más lógico y seguro hacer constar ese derecho (ESPÍN, 2009, p. 224).

iv.- *Posibilidad de prescindir de la publicidad en caso de Junta Universal:*

La cuestión había sido muy debatida en la doctrina en la regulación anterior, y lo cierto es que antes de las resoluciones de la DGRN, la mayoría de la doctrina se pronunciaba a favor de la necesidad de publicaciones aún en este caso. Sin embargo, diversas resoluciones (2-3-1993, 3-3-1993, 6-4-1993, 19-4-1993) determinaron que, por estar la publicidad dirigida a la información de los socios, no era necesaria en el caso de acuerdo unánime en junta universal, doctrina que fue elevada a rango reglamentario por el RRM, ya que en los arts. 220.1.1 y 221.1.a) del mismo no se exigen las publicaciones en caso de acuerdo unánime.

Esta interpretación, demasiado «generosa» para algunos (LARGO GIL, 2004), podría parecer rácana a otros: si el fundamento de la publicación es la información de los socios, no tiene sentido si se ha celebrado la junta como universal, hayan votado o no a favor del acuerdo de transformación todos los socios. Lo cierto es que no es lo admitido por la DGRN ni por el RRM, y parece mejor así, pues en caso de falta de unanimidad existen unos derechos de los que no votaron a favor cuyos plazos de ejercicio se cuentan desde las publicaciones o comunicación.

La cuestión es si esta solución es aplicable tras la reforma. Se puede entender que la norma, al no recoger la excepción, desautoriza el criterio del RRM. La única excepción en la Ley a la publicación es la de la comunicación individual del art. 14.2, y la única flexibilidad de régimen que se prevé para el caso de acuerdo unánime es la dispensa de puesta a disposición de información del art. 9.3. Pero el argumento fundamental es que la comunicación individual que, en su caso, sustituye a la publicación de anuncios se debe hacer también a los titulares de derechos especiales y a los acreedores, lo que implica que los destinatarios de la publicación no son ya sólo los socios. Es cierto que es sorprendente que sea necesario comunicar a los acreedores, que en este caso no tienen derecho de oposición y que en teoría no estarán afectados por ese cambio de régimen, pero así lo establece la Ley. Solo cabrá exceptuar la publicación si mantenemos que la notificación a los acreedores solo es necesaria cuando se cambia a un distinto sistema de responsabilidad (como ha defendido GARCIA-VALDECASAS BUTRÓN). Y aun en este caso sería necesaria la notificación a los titulares de derechos especiales, salvo que se manifieste que éstos no existen. La RDGRN de 6 de julio de 2012 ha resuelto esta cuestión exigiendo la publicación aun en este caso, y con el argumento de que la publicidad va dirigida también a los acreedores. Señala que hay que distinguir la publicidad fuerte de la débil o simple publicidad noticia, y que sin perjuicio de que *ésta pueda no implicar la nulidad del acto, el registrador está obligado a calificar la falta de publicación: «Así, por ejemplo, este Centro Directivo tiene desde siempre establecido que deberán publicarse los anuncios del reducción de capital social en anónimas aunque la reducción sea de las que no conceden derecho de oposición como acontece en las nominales o por pérdidas (vid. Resoluciones de la Dirección General de los Registros y del Notariado de 14 julio 1995, 3 de septiembre de 1998, 30 octubre 1998, 18 de mayo y 30 julio 2001, 14 marzo 2005)».* Señala que el juicio de la relevancia para terceros es una decisión del legislador, y que en este caso la justificación de la misma puede ser la relevancia para el acreedor de la no existencia de derecho de oposición en una posterior reducción de capital si se transforma una SA en SL, o la distinta regulación de la autocartera. Aunque con la regulación actual entendemos que es lógica la decisión del centro directivo, consideramos que se equivoca al justificar esta opción del legislador. Los acreedores no están afectados por la transformación, como reconoce la resolución, y en este caso hay otro medio de publicidad noticia, que es el mucho más visible del cambio de denominación de la sociedad. A diferencia de lo que sucede en el caso de la reducción de capital que cita la resolución, cualquier acreedor que entre en relación con la sociedad va a saber a través de su documentación con qué sociedad está tratando, publicidad mucho más eficaz que la de las publicaciones.

Por ello, sería deseable modificar el artículo en el sentido de prescindir totalmente de la mención a los acreedores, y estableciendo la no necesidad de publicación en caso de acuerdo unánime, o al menos, que se pudiera sustituir por la publicación en la web corporativa.

Otra cuestión que la norma no resuelve es si el conocimiento efectivo puede suplir la comunicación. Esto lo había sostenido algún autor (GIRÓN TENA), y puede servir de argumento a esta postura la mayor flexibilidad del sistema actual (SACRISTÁN, 2009, p. 169). Entendemos, sin embargo, que es más segura la posición contraria, al menos en lo que se refiere a los socios que no han votado a favor del acuerdo. Tienen un derecho de separación, y deben tener la seguridad de poder ejercerlo dentro de los plazos marcados por la Ley, y por tanto de que el plazo comience el día que ésta señala.

No obstante, si los administradores manifiestan que no existen acreedores ni titulares de derechos especiales, en caso de acuerdo unánime no será necesaria la publicación ni comunicación, a semejanza de lo que sostenemos en relación con el art. 43 LME.

B. LA ESCRITURA DE TRANSFORMACIÓN

El art. 18 LME amplía la regulación de la escritura y de su contenido, que era muy reducida en la normativa anterior. La regulación detallada de esta materia se recogía en el RRM, que está vigente, pero que deberemos de adaptar en la medida necesaria para coordinarlo con la regulación actual.

1. Elemento subjetivo: quién ha de otorgar la escritura

El art. 18.1 LME dice que «*La escritura pública de transformación habrá de ser otorgada por la sociedad y por todos los socios que pasen a responder personalmente de las deudas sociales*».

Por tanto, serán los otorgantes de la misma:

- La sociedad, a través de las personas facultadas para la elevación a público de los acuerdos (art. 108 RRM), pues, en realidad, lo que se hace es elevar a público un acuerdo social, como expresamente declara el art. 45 LME en materia de fusión.

- En su caso, los socios que pasen a responder personalmente de las deudas sociales, es decir los socios colectivos cuando sea una transformación en sociedad colectiva o comanditaria y todos los socios cuando se transforme en AIE. Creemos que el artículo ha de interpretarse en el sentido de que se exigirá el consentimiento tanto de los socios que tengan esa responsabilidad por la transformación misma, como aquellos que ya la tuvieran y la sigan manteniendo en todo o en parte. La Ley opta por que el control del consentimiento de los socios lo realice el notario, cuando está involucrada la responsabilidad personal.

- Los socios colectivos de las sociedades personalistas que se transforman: el art. 18.1 LME no hace referencia a ellos, pero entendemos que en las sociedades personalistas la regla general es la intervención de todos los socios colectivos, como establece el RRM (arts. 217 y 218). Por tanto, deberán concurrir todos los socios de la sociedad colectiva que se transforma; y en el caso de transformación de sociedad comanditaria, todos los socios colectivos. Respecto de los comanditarios, el RRM se remite a la escritura social. Ya se dijo en relación con el acuerdo de transformación que parece que se debe exigir la concurrencia de todos salvo disposición contraria de la escritura o estatutos. Respecto de la comanditaria por acciones, cabe la duda de que se deba aplicar esa regla o exigir sólo el consentimiento de los colectivos, tomándose además los acuerdos según las reglas generales de los art. 194 y 201 LSC.

- En la transformación de cooperativa: será necesario el consentimiento de los socios sólo si respondían ilimitadamente de las deudas sociales (art. 218 RRM).
- En la transformación de sociedad civil será siempre necesario el consentimiento de todos los socios (art. 218 RRM).
- En la transformación de AIE, será necesario que concurran todos los socios (art. 217 RRM)

2. Contenido de la escritura

El contenido de la escritura de transformación viene parcialmente regulado en el art. 18 LME. Por su parte, los artículos 216 a 224 RRM, además de referirse a quién ha de comparecer en la escritura –cuestión examinada antes–, regulan de manera más detallada y caso por caso los diversos supuestos de transformación. Trataremos de ver en qué medida se deben seguir aplicando éstas normas, no siempre compatibles con la nueva Ley, distinguiendo el contenido necesario en todo tipo de transformaciones, derivado de la propia LME, y después las menciones y contenidos en cada caso de transformación.

a) Contenido general

- «*las menciones exigidas por la Ley para la constitución de la sociedad cuyo tipo se adopte*» (arts. 18.2 LME y 216 RRM): con este requisito se trata de que mediante la transformación no se eludan los requisitos de constitución exigidos legalmente para el tipo correspondiente. Se plantea la duda de hasta dónde hay que llevar esta exigencia, Como señala la resolución DGRN de 14 de marzo de 1994, «*La cuestión se centra en si esa exigencia legal y reglamentaria ha de interpretarse literalmente, de suerte que la escritura de transformación recoja necesariamente todas las menciones propias de una escritura de constitución de la sociedad cuya forma se adopta o si, por el contrario, tan sólo se impone en relación con aquéllas que el concreto alcance del acuerdo de transformación demande»*. La DGRN opta por la segunda interpretación, señalando que *«menciones tan esenciales en la escritura constitutiva de una sociedad como la manifestación de la voluntad de los socios de fundar la misma, o la determinación de las aportaciones que realicen, no tienen cabida en la escritura de transformación»*, y la razón es que *«no estamos ante un doble y simultáneo proceso de disolución y constitución de una nueva sociedad, sino ante una alteración de la estructura»*. En el mismo sentido, la resolución de la DGRN de 21 de abril de 1994 estableció que la mención incorrecta sobre la fecha de inicio de las operaciones no podía considerarse un defecto para la inscripción, ya que, por el principio de continuidad de la sociedad, carece de sentido exigir esta fecha. Como mención necesaria en principio de los estatutos, del art. 180 del RRM se deduce que lo más correcto será hacer constar: *«dio comienzo a sus operaciones el día...»*. Así resulta también del art. 24 de la LSC que establece que la fecha de inicio de operaciones no podrá ser anterior a la de la escritura salvo en el caso de transformación.

- *«la relación de socios que hubieran hecho uso del derecho de separación y el capital que representen»* (arts. 18.1 y 219.2 RRM): al exigir una relación de socios, entendemos que la Ley exige la identificación de éstos, como hace el RRM. La regulación de éste, que se refiere en este punto solo a la sociedad limitada, debe ser extendida hoy a cualquier supuesto de transformación. Este requisito puede ser de imposible cumplimiento en el caso de acciones al portador, en el que debe bastar la constancia del importe del capital que representan los socios separados.

Si no se ha ejercitado el derecho, será suficiente la declaración de que ningún socio ha quedado separado por efecto de la transformación, como también prevé el RRM.

Parece que debe seguir aplicándose la exigencia del RRM de que *«si se documentare en la misma escritura la reducción del capital, se hará constar en ella el reembolso de sus acciones o participaciones o la consignación de su importe y la fecha en que se hayan efectuado, expresando las acciones o participaciones amortizadas y la cifra a que hubiere quedado reducido el capital, así como la nueva redacción de los artículos de los estatutos que resultaren afectados por la reducción»*.

- *«la cuota, las acciones o las participaciones que se atribuyan a cada socio en la sociedad transformada»*: esta mención plantea el problema de si ha de contenerse en todo caso la relación nominativa de los socios con su participación. En una primera lectura podría parecer que es así por la referencia a «cada socio», pero si lo comparamos con el inciso anterior, puede también sostenerse lo contrario. Cuando hace referencia al derecho de separación exige una «relación», mientras que aquí dice que tienen que constar «las cuotas que se atribuyan a cada socio». A nuestro juicio esto quiere decir que bastaría determinar la proporción entre las anteriores acciones, participaciones o cuotas y las nuevas.

La cuestión se planteó en relación con la constancia de la identidad de los socios en el caso de transformación en sociedad limitada: en resoluciones de la DGRN de 17 de noviembre de 1993 y de 14 de marzo de 1994 se entendió que no era necesaria la misma cuando la transformación era en una sociedad de capital. Tras la reforma de la LSRL y del RRM, los argumentos de dichas resoluciones parece que seguían siendo válidos, pues los arts. 220 y 221 del RRM –a diferencia del art. 219, que regula la transformación en sociedades personalistas–, no hacen referencia a la constancia de la identidad de los socios.

Por tanto, dependerá del tipo de transformación. Siempre que el tipo de origen o de destino sea una sociedad personalista, entendemos que será necesaria la relación nominativa, lo cual no plantea ningún problema pues deben comparecer todos los que antes o después respondan de manera ilimitada.

En el caso de transformación de SL en SA, parece que sería suficiente establecer la correspondencia entre participaciones y acciones. Además de los argumentos de las resoluciones citadas, cabe señalar que en este caso en los aumentos de capital no es necesaria la identificación de los socios, y el art. 221.1.b) RRM sólo exige que se haga constar en la escritura *«el número de acciones que correspondan a cada una de las participaciones»*.

En el caso de transformación de SA a SL, la cuestión es más dudosa. Por una parte, la redacción del art. 18.2 LME no es demasiado clara, y el supuesto de las resoluciones citadas era justamente éste. Por otra parte, como señala la resolución de 14 marzo 1994, la exigencia de que las transmisiones de participaciones consten en documento público hace sin duda conveniente que se haga constar la identidad de los socios en la escritura de transformación, que se convertirá así en el título que acredita la titularidad de las participaciones. En cualquier caso, será necesario establecer al menos una correspondencia numérica entre las participaciones y las acciones pues, si no, será imposible determinar la numeración concreta de las acciones, participaciones o cuotas de las que cada uno es titular. La resolución citada hace referencia a la posibilidad de que en un título distinto se haga constar la adjudicación de las participaciones. Parece que esto puede admitirse, y se puede producir, por ejemplo, en el caso de que se trate de acciones al portador, en cuyo caso se puede dejar pendiente la adjudicación al momento de la presentación de las mismas, de manera semejante al supuesto de cambio de forma de representación de las acciones (art. 117 LSC).

- *El balance:* Los arts. 219 y 220 RRM exigen la incorporación del balance a la escritura, lo que hoy no hace el art. 18 LME. La DGRN en resolución de 9 de mayo de 1998 exigió que los dos balances antes exigidos formaran parte de la escritura, ya sea en originales o mediante testimonios notariales de los mismos, y además acompañarse.

Se podría entender que, al no mencionarlo el art. 18 LME, no es necesario ahora que el balance se incorpore a la escritura, y que la Ley desautoriza las normas del RRM que lo exigen. No obstante, creemos que al formar parte del acuerdo con arreglo al art. 10 LME, se ha de incorporar al mismo, y por tanto a la escritura.

En cuanto a la necesidad de acompañar otro ejemplar, razones de economía procesal –y de sentido común– deben llevar a la conclusión de que en este caso, si se ha «incorporado» a la escritura (y por tanto se transcribe en la copia de la misma), no es necesario que se «acompañe» además otro ejemplar a la copia que se presente de la escritura en el Registro. Ya que el RRM en esta materia no es susceptible de aplicación literal, pues se refiere a varios balances, parece que lo más lógico es entender que no hay que acompañar balance alguno.

- *La mención sobre la publicidad del acuerdo:* para el control de la regularidad del procedimiento, se deberán reseñar en la escritura o bien las fechas de las publicaciones en el diario y el BORME (art. 220 RRM) –luego veremos que además debe acompañarse a la escritura un ejemplar del diario en que se ha hecho la publicación–, o bien la declaración de los administradores relativa a la comunicación individual a la que nos hemos referido antes al examinar la publicación. En caso de comunicación individual, es necesario que se haga constar al menos el medio utilizado y las fechas de remisión y entendemos también que de recepción, a efectos del cómputo del plazo para el ejercicio del derecho de separación, como se verá después.

- *La mención sobre la inexistencia de derechos especiales* o, en su caso, de no haberse ejercitado el derecho de oposición (art. 16 LME).

b) Contenido en específicos supuestos de transformación

i.- *Transformación en SA o SComA:*

El informe de expertos sobre el patrimonio social: el 18.3 LME (y el art. 217.2 RRM) prevén su incorporación a la escritura cuando las normas de la sociedad de destino lo exijan. El contenido del informe se ha examinado en relación con los documentos que se han de poner a disposición de los socios (art. 9 LME).

En su caso, declaración de que los acreedores han consentido expresamente la transformación (en el supuesto del art. 21.2 LME).

En caso de transformación partiendo de sociedad personalista o AIE, será necesaria la declaración de los otorgantes de que el patrimonio cubre al menos el 25% del capital. Entendemos que debe constar también la parte desembolsada y en su caso la forma de desembolso de los dividendos pasivos (el plazo y si han de consistir en aportaciones dinerarias o no dinerarias de acuerdo con el art. 80.1 y 2 LSC).

ii.- *Transformación de SA:* declaración de haber sido anulados e inutilizados los títulos representativos de las acciones o de que las anotaciones han sido canceladas en el registro contable que corresponda, acompañando en este caso certificado del mismo.

iii.- *Transformación en SL (arts. 217.2 y 220.1.3 RRM):*

-Manifestación de que el patrimonio cubre el capital social y de que el capital está totalmente desembolsado. Esta mención antes se exigía expresamente en el art. 92.2 LSRL, y ahora no consta ya en la LME, aunque subsiste en el RRM (arts. 217 y 220). Se podría pensar que, al no exigirse ya en la Ley, no es necesaria esta mención. Por el contrario, se puede entender que la referencia a la cobertura del capital por el patrimonio es necesaria como requisito general dentro de las menciones para la constitución de la sociedad (art. 10 LME). En este sentido, cabe argumentar además que, si en la transformación en SA es necesario que el patrimonio cubra el capital y que esto además esté verificado por un experto independiente, lo lógico es que en una transformación en SL, ya que no existe la responsabilidad de los socios por la aportación, al menos los administradores se responsabilicen de que está cubierto el capital. En este sentido, podemos recordar la argumentación de la resolución de la DGRN de 12 de marzo de 2005, para un caso de transformación de SL en SA. Dice esta resolución que, si bien la transformación no implica una nueva aportación de bienes, *«sí cambia el régimen jurídico al que queda sujeta y en él rigen unos principios que han de observarse, máxime si no era legalmente esencial para la forma social que se abandona al estar sustituidos en ella por otros. Esas cautelas en beneficio de los acreedores que sustituyen a las previstas para la anterior forma social han de ser objeto de un estricto cumplimiento, so pena de dejar a aquéllos desamparados»*. Esta viene a ser la doctrina de la resolución de la DGRN de 9 de octubre de 2012, en la que del balance resultaba la existencia de pérdidas que dejaban reducido el patrimonio neto a una cifra por debajo del capital social estatutario. La Dirección General entiende que el requisito de la declaración del art. 220.1.3 sigue vigente por ser conforme con el art. 10.1 LME, es decir con la necesidad de que en el acuerdo consten *«las menciones exigidas para la constitución de la sociedad cuyo tipo de adopte»*. Añade como argumentos que el art. 94.1 LME exige el control de la realidad del capital en el caso de traslado a territorio español del domicilio social de una sociedad extranjera y que se exige en el caso de transformación en SE (art 37.6 Reglamento CE 2157/2001).

Sin embargo, se puede defender la postura contraria, pues la razón de la supresión de esta exigencia en la ley puede ser que en la transformación de SA en SL no se plantea el mismo problema. En realidad, hay que distinguir las garantías de suficiencia del patrimonio en el momento de la aportación (ya sea la constitución o el aumento de capital), del problema del mantenimiento de esa suficiencia a lo largo de la vida de la sociedad.

En relación con la primera cuestión, el régimen es distinto para la SA y la SL, pues en la primera se exige informe de experto (67 LSC), mientras que para la segunda esta garantía se sustituye, en principio, por la responsabilidad de determinados socios (art. 73 LSC), salvo que voluntariamente se obtenga el informe, evitándose con él la responsabilidad (art 76 LSC). Por ello, tiene sentido que en el caso de transformación de SL en SA se exija el informe por el art. 18.3 LME. Sin embargo, en el caso de transformación de SA en SL, en su día se realizó el informe por las aportaciones no dinerarias, por lo que los acreedores ya tienen su garantía (que en el caso de una SL hubiera servido para evitar la responsabilidad, como hemos visto). Por tanto, no es necesario en ese aspecto añadir ninguna responsabilidad de socios ni de administradores.

La cuestión del mantenimiento del equilibrio entre patrimonio neto y capital, sin embargo, atañe solo a los administradores, que, tanto en la SA como en la SL, están sujetos a una responsabilidad en relación con la cobertura de la cifra de capital por el patrimonio neto, derivada de los arts. 327, 363 y 367 de la LSC. De los mismos se deduce además que no es necesario en ninguno de esos dos tipos societarios que esa correspondencia se dé en todo momento, sino que se tiene que corregir en un determinado periodo de tiempo. En el caso de desequilibrio, las soluciones son las mismas para ambos tipos sociales (reducción o aumento de capital o disolución), y para la reducción de capital la LSC establece los mismos requisitos de balance auditado para la SA y la SL. En consecuencia, no parece que se esté perjudicando ningún derecho en el caso de que se permita la transformación de SA en SL si el patrimonio neto no cubre el capital estatutario en ese momento, ni por tanto hay razón para añadir un control especial en ese momento. En cuanto al argumento del art 94.1 LME, la resolución no cita la norma correctamente, pues lo cierto es que no se aplica a todo traslado de domicilio sino solo cuando la sociedad procede de un país que no forme parte del Espacio Económico Europeo. Como se analiza en el apartado correspondiente de esta obra, esto justifica la diferencia de tratamiento cuando sí procede del EEE, y en ese sentido avalaría la no necesidad de control de la suficiencia patrimonial. Finalmente, la referencia a la exigencia en la SE tampoco nos parece relevante, pues se trata de una sociedad con un régimen especial –el tipo de sociedad de capital por naturaleza más alejado de la sencilla SL–. A nuestro juicio, la resolución incurre en otro error conceptual al decir que *«la sociedad limitada nace a la vida jurídica como consecuencia de la transformación con participaciones sociales creadas sin suficiente contrapartida patrimonial»*, cuando poco antes reconocía que la sociedad *«mantiene intacta su personalidad jurídica»*. La sociedad no nace en ese momento, cumplió antes los requisitos de suficiencia por las aportaciones no dinerarias, y las normas especiales para la defensa de los acreedores en caso de desequilibrio patrimonial son idénticas para SA y SL. Por tanto, lo más lógico es permitir que la transformación se pueda realizar mientras las sociedad se encuentra en esa situación de desequilibrio. Obviamente, en ese caso no se declararía por los administradores que el patrimonio cubre el capital social.

Si no se admitiera esta postura, se puede plantear el problema de la posible divergencia entre la declaración de los administradores y la situación patrimonial que resulta del balance. La ley ya no exige un balance del día anterior al de la escritura de transformación, por lo que parece posible que el administrador manifieste que en el momento de la transformación sí existe patrimonio suficiente; y al contrario, es posible que no pueda manifestarlo, si en ese momento no se da esa situación, aunque del balance que se aprobó resulte que el patrimonio sí cubría el capital. La citada resolución de la DGRN de 9 de octubre de 2012 contempla un caso en que el administrador realizaba esta manifestación en la escritura cuando del balance resultaba la existencia de pérdidas que dejaban reducido el patrimonio neto a una cifra por debajo del capital social. Como en tal supuesto el balance era del día anterior al del acuerdo, la declaración hecha por el administrador era claramente inexacta e incorrecta.

En su caso, habrá de constar también la declaración de que los acreedores han consentido expresamente la transformación (en el supuesto del art. 21.2 LME).

iv.- *Transformación de cooperativa (art. 218 RRM):*

Será necesaria una declaración de las normas que se han aplicado para tomar el acuerdo y otra sobre el destino que se haya dado a los fondos o reservas. No se exige la comprobación de la realidad de ese destino por el notario, que en cualquier caso sería difícil. Parece que el control lo realizará la Administración competente antes de dar la autorización para la transformación que exigen algunas legislaciones autonómicas.

Se deberá acompañar certificación del Registro de cooperativas, que ha de contener manifestación de no existir obstáculos a la transformación y transcripción literal de los asientos que han de quedar vigentes, y constancia de que se ha extendido la correspondiente nota de cierre.

En el caso de transformación en cooperativa, el art. 219.2 RRM establece que se hará constar la indicación de la legislación cooperativa que admita o permita la transformación, así como la identificación del Registro de Cooperativas al que corresponda la inscripción de la sociedad transformada. Además, *«se incorporará la certificación del Registro Mercantil en la que consten la declaración de inexistencia de obstáculos para la inscripción de la transformación y, en su caso, la transcripción literal de los asientos que hayan de quedar vigentes. En la propia certificación, el Registrador hará constar que ha extendido nota de cierre provisional de la hoja de la sociedad que se transforma»*.

La regulación del RRM en esta materia es a nuestro juicio criticable. Por una parte, es demasiado detallada y exige documentos que la propia legislación de cooperativas aplicable puede no exigir. Una cosa es que se exijan los requisitos que se derivan de las menciones necesarias para la constitución de una sociedad de responsabilidad limitada, y otra que el RRM regule una materia que corresponde a las leyes sobre cooperativas. Por otra parte, es demasiado estrecha, pues no contempla la transformación de cooperativa en SA, que, como hemos visto, es posible. Lo cual por supuesto no ha de suponer un obstáculo para su inscripción: se aplicarán las normas de este art. 218 RRM en cuanto se refieren a requisitos exigidos por la LME y, naturalmente, los requisitos de la ley que ampare esa transformación.

c) Documentos que se han de acompañar a la escritura

El RRM exige en los distintos supuestos que contempla que a la escritura se acompañen algunos documentos. Con carácter general, se exige que se acompañen los balances y los ejemplares de los diarios en los que se hizo la publicación, en los casos en los que ésta es necesaria. Como casos específicos, se exige el certificado del registro de cooperativas y el certificado del registro de anotaciones en cuenta, como se ha visto en los puntos anteriores.

Creemos que, dado que la Ley no dice que se presente en el Registro otra cosa que la escritura, ésta será lo único que haya que presentar, sobre todo porque no se obtiene por ello ninguna seguridad añadida, como vamos a ver.

Desde el punto de vista notarial, no hay duda de que se deben exigir los originales de las publicaciones y reseñar la fecha de todas las publicaciones exigibles, y entendemos que lo más correcto desde el punto de vista documental es incorporarlas a la escritura por testimonio, junto con un juicio de la regularidad de su contenido. No tiene además justificación el diferente régimen al que se somete la publicación del BORME – el RRM pide la expresión de la fecha– , y para los diarios –que se acompañen originales–. También hemos visto que el balance forma parte del acuerdo, por lo que debe incorporarse a la escritura. No tiene por tanto ningún sentido que se acompañen al documento al que están incorporados por original o testimonio.

El único caso en que puede tener justificación que se acompañe un documento es el del certificado del registro de cooperativas en el caso de que en la regulación de esa cooperativa en concreto se someta la transformación a una autorización posterior a su elevación a público. Pero si la autorización es anterior, será suficiente que se acredite en la escritura.

3. Plazo para el otorgamiento de la escritura

La Ley no establece un plazo mínimo desde la publicación para la realización de la transformación, como en el caso de la fusión (art. 44 LME), respecto de la cual se prohíbe el otorgamiento de la escritura hasta que pase el plazo para el ejercicio del derecho de oposición de acreedores. Pero con ello parece olvidar que puede existir un derecho de adhesión en el supuesto de transformación en sociedad personalista (art. 15.2) y un derecho de oposición en el supuesto de titulares de derechos especiales (art.16), en cuyo caso evidentemente no se podrá otorgar la escritura mientras no transcurran los plazos correspondientes. Sin embargo, no será necesario esperar en el caso de que no existan esos derechos, bastando con la manifestación de los administradores de que no existen, siempre que de la escritura de constitución o de los estatutos no resulte lo contrario.

Por otra parte, no hay plazo máximo determinado legalmente, y por tanto entendemos que, mientras el acuerdo no haya sido revocado por otro, en cualquier momento podrá realizarse la elevación a público.

C. LA INSCRIPCIÓN REGISTRAL DE LA TRANSFORMACIÓN

El art. 19 LME dice que *«La eficacia de la transformación quedará supeditada a la inscripción de la escritura pública en el Registro Mercantil»*.

1. Contenido

No se regula en la LME, pero el art. 225 RRM señala que, además de las circunstancias generales, habrán de constar todas las exigidas para la inscripción primera de la sociedad cuya forma se adopte y las relativas al derecho de separación de los socios que sean procedentes. Ha de tenerse en cuenta también el art. 113 RRM, que establece la necesidad de que conste el contenido, lugar y fecha de los acuerdos y modo de aprobación del acta cuando no sea notarial.

2. Actuaciones posteriores

El registrador mercantil, conforme al art. 384 RRM, remitirá al BORME los datos preceptivos en el plazo de tres días desde la práctica de la inscripción. El contenido de la publicación en el BORME en el supuesto de transformación se determina en el art. 388.1.14 RRM.

En el caso de transformación de cooperativa (art. 218 RRM), el registrador también tiene que comunicarlo de oficio al Registro de cooperativas correspondiente, para que proceda a la cancelación de los asientos. Además, debe expedir certificación de la nota de cierre provisional. Una vez inscrita en el Registro de cooperativas, extenderá la cancelación de los asientos de la sociedad y remitirá al BORME los datos para su publicación.

3. Efectos de la inscripción

Se suele hablar en la doctrina de efecto constitutivo. Pero, en realidad, se debería acudir al término de la doctrina italiana de una eficacia completativa, pues el acuerdo existe como tal desde que se toma válidamente, y produce efectos internos y obligaciones para los administradores, como se deriva del art. 17.2 LME, ya examinado y de la RDGRN de 16 septiembre de 2009

III. EFECTOS DE LA TRANSFORMACIÓN

Los efectos básicos de la transformación son los de continuidad en la personalidad de la sociedad y continuidad en la participación de los socios. Hoy, además, se generaliza un derecho de separación de los socios disconformes, al mismo tiempo que desaparece la llamada *vacatio*, es decir la no aplicación temporal de las normas de restricción de la transmisibilidad para la transformación de SA en SL (antiguo art. 226 LSA). Se podría incluir dentro de los efectos también el derecho de oposición de los titulares de derechos especiales del art. 16 LME, que se ha examinado dentro del apartado dedicado al acuerdo y a los consentimientos especiales.

A. CONTINUIDAD DE LA PERSONALIDAD SOCIAL

El efecto fundamental de la continuidad de la personalidad se reconoce en el art. 3 de la LME, que dice que la sociedad tras la transformación conserva su personalidad. La justificación, según GIRÓN TENA, es la existencia de un concepto unitario de sociedad por encima de las formas o tipos. El sujeto perdura a pesar del cambio de tipo (STS 3 nov. 2006).

No obstante, el tipo social supone un determinado modo de organizar las relaciones de la sociedad con terceros, por lo que su modificación puede afectar a éstos. Por ello, la Ley debe regular hasta qué punto se admite que la transformación no afecte a las relaciones establecidas con terceros. Veremos a continuación una serie de problemas concretos.

1. La responsabilidad de los socios y las relaciones con terceros

La regla general es que no hay cambio de sujeto, y por tanto no se aplica el art. 1205 del Código civil que exigiría el consentimiento de los titulares de derechos de crédito contra la sociedad. Tampoco existe un derecho de oposición de los acreedores, por mucho que ahora el art. 14 LME prevea la notificación a los mismos.

Sin embargo, la Ley se ocupa de establecer un régimen especial de responsabilidad cuando la transformación supone un cambio en el sistema general de responsabilidad, es decir, cuando se pasa de un sistema de responsabilidad limitada al patrimonio de la sociedad, a un sistema de responsabilidad personal de los socios y viceversa.

La regulación se encuentra en el art. 21 LME, en el que la única modificación respecto de la regulación anterior es que se ha generalizado la prescripción de la responsabilidad personal de los socios, que antes solo se establecía para la transformación en SL. Veamos cuáles son los efectos de la transformación sobre la responsabilidad en los diversos supuestos de transformación.

- *Transformación de SA, SComA o SRL en sociedad que no limita la responsabilidad personal de los socios:* en este caso, los socios que en la nueva sociedad responden de manera personal e ilimitada, responderán en la misma forma de las deudas anteriores a la transformación, (art. 21.1 LME). La justificación de esta medida se encuentra en la protección de los acreedores y, en particular, en que no tendría sentido limitar la responsabilidad por las deudas anteriores a la transformación al patrimonio social, pues éste ya no se rige por los principios que garantizaban su estabilidad (integridad y realidad del capital social).

- *Transformación de sociedad que no limita la responsabilidad de los socios en SA, SComA o SL*: de las deudas posteriores a la transformación responde la SA o SRL con su patrimonio de acuerdo con las reglas generales de este tipo de sociedades. Por las deudas anteriores, los socios que respondían personalmente siguen respondiendo ilimitadamente. Es el mismo sistema que prevén los art. 219 y 220 del Cco en caso de la exclusión de un socio colectivo.

Sujetos: la responsabilidad se extiende tanto a los socios que siguen en la sociedad como a aquéllos que se separen como consecuencia de la transformación, ya que ni la Ley ni el Cco los distinguen. Responden todos los socios que respondieran ilimitadamente de las deudas de la sociedad, ya por ser socios colectivos o por otra causa prevista en la Ley, como, por ejemplo, por el hecho de incluir su nombre en la razón social sin ser socio o siendo socio comanditario (arts. 126.3 y 147.2 del CCo).

Objeto de la responsabilidad: la Ley habla de deudas y la doctrina considera que han de entenderse por tales cualesquiera obligaciones, incluidas las derivadas de contratos pendientes de cumplimiento y las que se deriven de contratos de tracto sucesivo. En relación con estos últimos, creemos que se aplica la misma regla a las obligaciones que se generen por contratos concluidos antes de la transformación, pero cuya obligación de pago corresponda a prestaciones realizadas después (por ejemplo, las rentas de arrendamientos respecto de periodos posteriores a la transformación, los suministros posteriores a la transformación).

Solidaridad y subsidiariedad: el art. 232 LSA establecía la responsabilidad solidaria, mientras que el actual art. 21.1 LME se limita a decir que no se modifica la responsabilidad. Esto resulta más correcto pues se había planteado el problema de si la responsabilidad era solidaria con la sociedad. Hoy queda claro que se debe aplicar la regla general que se deriva del art. 127 CCo, es decir, que la responsabilidad es solidaria entre los socios, pero subsidiaria respecto de la sociedad.

Exoneración de responsabilidad: se produce en el caso de que los acreedores consientan la transformación. Más que la transformación, lo que tienen que consentir es justamente esta liberación de responsabilidad, lo que puede ser importante en el caso de que un socio sea al mismo tiempo acreedor. Por ello, entendemos que el socio acreedor que vota a favor no tiene por qué consentir esa liberación de la responsabilidad, ni se debe presumir que lo haya hecho. El consentimiento tiene que ser expreso con arreglo a la Ley, sin que sea necesario que se manifieste la voluntad de liberación de manera específica, pero sí que consiente en tanto que acreedor. En el caso de que haya existido este consentimiento, los administradores deben hacer constar en la escritura esa declaración (art. 217 del RRM).

Prescripción: la Ley establece un plazo de cinco años de prescripción de esa responsabilidad, que se cuenta desde la publicación en el BORME de la transformación.

- *Transformación de SL en SA:* nada dice la Ley, pero se puede plantear si subsiste la responsabilidad por las aportaciones no dinerarias de acuerdo con el art. 73 LSC (antes, art. 21 LSRL). La cuestión la planteó la resolución de la DGRN de 12 de marzo de 2005, que entendió que *«puede sostenerse, aunque sea discutible, que se mantienen pese a la transformación durante el plazo que fija el apartado 4.º de la misma norma* (se refiere al entonces art. 21 LSRL), *pero parece evidente que tal garantía no podrá exigirse a los adquirentes de acciones de la sociedad una vez transformada aunque hayan sustituido a las participaciones cuya titularidad sí llevaba aneja esa responsabilidad por haberse adquirido a cambio de aquellas participaciones»*. Entendemos más bien que la garantía dada por el informe de expertos debe sustituir a la personal de los socios, pues el art. 11.1 LME dice que subsisten las obligaciones de los socios respecto de la sociedad, pero no de los terceros. Respecto de estos, en cambio, las únicas normas de responsabilidad especiales son las que se regulan en el art. 21 LME.

2. Las relaciones contractuales, con especial referencia al arrendamiento

No es aplicable el principio de intransmisibilidad de las relaciones contractuales sin consentimiento de la otra parte (art. 1257 Cc) por la sencilla razón de que no hay cambio de titularidad.

El arrendamiento, sin embargo, había planteado tradicionalmente un problema, pues el art. 31.4 de la Ley de Arrendamientos Urbanos de 1964 establecía que no se consideraría traspaso la transformación por ministerio de la Ley, lo que había llevado a la mayor parte de la doctrina y a la jurisprudencia a interpretar, a sensu contrario, que toda transformación voluntaria implicaba el traspaso. La reforma de la LSA introdujo una modificación en el art. 31.4 de la Ley de Arrendamientos Urbanos de 1964 (adoptando el art. 32.3 de la vigente Ley de Arrendamientos Urbanos una solución semejante para la cesión), según el cual no se entiende producido el traspaso pero se permite la elevación de la renta como si se hubiera producido la cesión (Ley de 1994) o el traspaso (Ley de 1964). Entendemos que, aunque supone una mejora respecto de la situación anterior, este derecho no está justificado y privilegia a un tipo de contrato frente a todos los demás.

Se puede también destacar que no se equipara a la transformación la adquisición o pérdida de la condición de laboral por una SA o SRL. Aunque el antiguo art. 4.3 era más claro, la DA 3.ª de la Ley de Sociedades Laborales 4/1997, de 24 de marzo, dice que no existe transmisión. Ha de interpretarse que no existe transmisión de la relación arrendaticia, y, como propiamente no existe tampoco transformación, no serán aplicables los preceptos de la Ley de Arrendamientos Urbanos citados.

Por otra parte, la redacción del art. 32.3 de la LAU de 1994 es especialmente desafortunada pues dice que *«no se reputará traspaso el cambio... en la persona del arrendatario como consecuencia de la transformación»*, siendo claro que no existe cambio de persona en la transformación. Esta contradicción podría llevar a sostener la no aplicación del artículo en el caso de transformación, dado que el espíritu de la norma era favorecer este tipo de modificaciones estructurales, pero no hay jurisprudencia en este sentido.

Se plantea si el arrendatario debe realizar alguna notificación al arrendador. La cuestión ha sido tratada en un supuesto de fusión en la Sentencia de la Audiencia Provincial de Gerona de 18 de enero de 1999, en la que se declara que en estos casos no se pueden exigir los requisitos del traspaso, y que los arrendadores, a los efectos de ser notificados de la fusión, se pueden equiparar a los acreedores, por lo que la Ley considera suficientes las publicaciones que la Ley exige para este tipo de operaciones –a las que hoy se equiparan las comunicaciones–.

3. Cargos y representación de la sociedad

Aunque no se expresa en la Ley, parece lo lógico que los administradores sean nombrados o reelegidos en la escritura de transformación. No obstante, en el caso de que la transformación no implique un cambio del sistema de administración (como puede suceder en una transformación entre SA y SRL), entendemos que no será imprescindible.

La doctrina francesa ha contemplado la cuestión de los auditores, señalando que hay que entender que continúan, salvo que la transformación suponga la innecesariedad de los mismos.

En cuanto a los poderes, como cualquier otra relación jurídica de la sociedad, seguirán vigentes.

B. CONTINUIDAD EN LA PARTICIPACIÓN DE LOS SOCIOS

Si el principio anterior mira *ad extra* o frente a terceros, aquí se trata de las relaciones entre socios. Tiene en la LME una doble formulación. Por una parte en el art. 11 se refiere a las obligaciones de los socios y en el art. 12 a la participación.

1. Las obligaciones de los socios frente a la sociedad

El art. 11.1 LME establece que *«La transformación por sí sola no liberará a los socios del cumplimiento de sus obligaciones frente a la sociedad»*. Si bien no estaba formulado en la Ley anterior, ya se entendía, como ahora, que la transformación no cambia tampoco las relaciones de la sociedad con los socios, salvo las excepciones que establezca la propia Ley.

El art. 11.2 dice que *«Si el tipo social en que se transforma la sociedad exige el desembolso íntegro del capital social, habrá de procederse al desembolso con carácter previo al acuerdo de transformación o, en su caso, a una reducción de capital con finalidad de condonación de dividendos pasivos. En el primer caso, la realidad de los desembolsos efectuados se acreditará ante el notario autorizante de la escritura pública y los documentos acreditativos se incorporarán a la misma en original o testimonio.»* Si interpretamos literalmente el artículo, parece que se exige que sea previo el desembolso pero no la condonación de dividendos pasivos. Sin embargo, parece que la intención de la Ley es exigir la regularización de la situación con carácter previo en todo caso. Nos hemos referido a esta cuestión en relación con el acuerdo social y las modificaciones adicionales a la transformación que contempla el art. 17.2 LME. Entendemos que la norma del 11.2 es norma especial respecto del art. 17, que propiamente debe aplicarse solo a los acuerdos posteriores a la transformación, y no a los que son presupuesto de la misma, que habrán de regularse por el régimen del tipo de partida y por tanto han de ser anteriores como este supuesto.

2. La continuidad en la participación

El art. 12.1 LME dice que la transformación no puede modificar la participación de los socios en el capital si no es con el consentimiento de los que permanezcan. Es igual al anterior art. 229.1 LSA, pero desaparece la referencia a que los socios a cambio de las acciones que desaparezcan deberán recibir acciones, participaciones o cuotas, por entender que es evidente que ha de ser así. El art. 12.2 LME contempla ahora la concreción del supuesto al socio industrial, concediéndole, como hemos visto, una posición de fuerza, pues si su participación no estuviera fijada, será necesario el acuerdo individual con este tipo de socio para fijar la participación.

Es evidente que el cambio de tipo no debe afectar a la posición económica o política relativa de los socios, pero eso no quiere decir que no pueda afectar al valor nominal de las nuevas cuotas o participaciones, siempre que el porcentaje respecto del capital sea el mismo.

La Ley dice hoy que es posible que se produzca una alteración de esa proporción con consentimiento de los socios afectados. A nuestro juicio esto es, sin duda, posible, pero constituiría un negocio jurídico distinto, con sus propios requisitos, aunque se realice conjuntamente con la transformación.

La Ley regula varias situaciones especiales que ya se han examinado en el estudio sobre el acuerdo de transformación y los consentimientos especiales, y que son las siguientes:

- *Los derechos especiales de los socios distintos de las acciones:* se regula en el art. 16 y la hemos examinado al examinar los consentimientos especiales para el acuerdo de transformación. El principio general es la conservación de los derechos. En el caso de que no puedan mantenerse, los titulares tendrán derecho de oposición siempre que no hubieran votado a favor del acuerdo
- *Los titulares de obligaciones u otros valores:* la regla general es también el mantenimiento de sus derechos. Así se deduce del art. 13, ya examinado dentro de los requisitos del acuerdo. Si no es posible la subsistencia de las mismas, solo cabe la amortización o la conversión de las obligaciones o valores. A nuestro juicio, esta amortización o conversión solo podrá realizarse de acuerdo con lo previsto en el contrato original de emisión, o por un acuerdo nuevo. Entendemos que es dudoso que para esto último baste el acuerdo de la asamblea de obligacionistas, y que por tanto deberá realizarse por acuerdo unánime.

3. El derecho de separación

La regulación se contiene en el art. 15 LME, que en realidad regula dos supuestos distintos. En el 15.1 un propio derecho de separación que se produce en todas las transformaciones y en el 15.2 el derecho de separación automático para el supuesto de transformación en sociedades que no limitan la responsabilidad de los socios.

a) Derecho de separación ordinario:

El art. 15.1 (*«Los socios que no hubieran votado a favor del acuerdo podrán separarse de la sociedad que se transforma, conforme a lo dispuesto para las sociedades de responsabilidad limitada»*) supone una novedad, pues se generaliza el derecho de separación de los socios para todos los supuestos de transformación, optando por tanto una vez más por lo que era antes el régimen de la SL. Pero, si en otros supuestos la opción por esta regulación supone una mayor flexibilización del procedimiento, en este caso sucede lo contrario. La verdad es que es sorprendente en una Ley que pretende favorecer las modificaciones estructurales esta opción por el sistema que refuerza los derechos individuales del socio frente a la decisión de la sociedad. Teniendo en cuenta la necesidad de consentimiento individual cuando intervienen sociedades personalistas, su aplicación será solo en el caso de transformación de SA en SL, lo cual no creemos que sea un gran avance.

La norma se remite al régimen de este derecho de separación en la LSRL (hoy hay que entender que la remisión es a los arts. 348 y ss. de la LSC), lo cual plantea bastantes problemas.

- Plazo de ejercicio: existe una cierta descoordinación en cuanto el dies a quo. El art. 348 LSC (antes, art. 97 LSRL) lo establece, en caso de que se publique el acuerdo correspondiente, en la fecha de publicación en el BORME, porque solo se tiene que realizar esta publicación. Sin embargo, cuando, como en este caso, se realizan varias publicaciones, el plazo se debería contar desde la última publicación (art. 44 de la LME, por ejemplo). En contra se puede argumentar que en el art. 16 LME, que obviamente está contemplando las dos publicaciones, también se fija el dies a quo en el día de la publicación en el BORME. A nuestro juicio, esto es un error de la Ley, que hay que aceptar en el caso de este derecho, pero que no se puede extender al derecho de separación, para el que hay que optar por la solución más protectora del socio.

En cuanto al cómputo en el caso de comunicación individual, el art. 348 LSC establece el dies a quo en el día de la recepción, y a esto habrá que estar, aunque la LME para el ejercicio del derecho de oposición de los titulares de derechos especiales (art. 16) y de acreedores en caso de fusión (art. 44), opta por la fecha de envío. Este criterio del art. 348 LSC puede plantear problemas en los casos de remisión por correo certificado en que se tarde por el remitente en recibir el acuse de recibo. Si no se consigue la recepción, se debe contar desde que se intentó la entrega.

b) Derecho de separación automático en caso de transformación en sociedad personalista

La LME unifica el régimen, acercándose en este caso más al régimen anterior de la LSA. A pesar de que la Ley y el RRM lo llaman «derecho de separación», no es propiamente tal, pues no requiere un ejercicio sino que basta con la inactividad, como se deriva del art. 15.2 LME: *«Los socios que por efecto de la transformación hubieran de asumir una responsabilidad personal por las deudas sociales y no hubieran votado a favor del acuerdo de transformación quedarán automáticamente separados de la sociedad, si no se adhieren».* Esta solución es distinta de la adoptada para la fusión en el art. 41 LME, que exige el consentimiento de cada socio, lo que supone que se les concede un derecho de veto que aquí no existe.

Elemento subjetivo: son los socios que pasan a responder ilimitadamente.

En la normativa anterior de anónimas, la separación era automática para todos los socios, incluidos los que pasaban a ser comanditarios. Esto había sido criticado y se corrige en éste artículo, alineándose con la solución de la legislación alemana.

En el caso de usufructo, el consentimiento ha de ser prestado por el socio incluso en el caso de que el voto se atribuya por estatutos al usufructuario. No debe poder ejercerlo en ese acuerdo concreto, pues su voto puede hacer responder al socio ilimitadamente de las deudas.

El accionista moroso de dividendos pasivos no tiene derecho al voto ex art. 83.1 LSC. Pero la limitación debe interpretarse restrictivamente: no se le priva de todos los derechos y por lo tanto no se le priva del derecho de separación o más bien de adhesión. Por tanto, quedará separado, en principio, pues no puede votar, pero tiene el derecho de adhesión.

Entendemos que el accionista sin voto también quedará separado salvo adhesión, pues tiene todos los derechos menos el de voto (art. 102.1 LSC).

- *La notificación* no es necesaria en el caso de los asistentes y se puede plantear la duda de si en el caso de que el acuerdo se hubiera publicado con arreglo al art. 14.1 LME es necesaria la misma. Creemos que el art. 15 es norma especial respecto de la publicidad en general, y además la norma fija la comunicación –y no la publicación– como dies a quo para la adhesión. La duplicación de publicidad parece justificada en este caso en que la transformación llevará consigo o bien la responsabilidad personal del socio o bien la separación.

- *La adhesión:* se prevé que los que no hayan votado a favor podrán adherirse en el plazo de un mes desde la junta si hubieran asistido o desde la comunicación si no hubieren asistido.

Dies a quo: la Ley no dice si ha de contarse desde la fecha de remisión o de recepción. En el derecho de separación se cuenta desde la recepción (art. 348 LSC), pero en la LME parece prevalecer el criterio de la remisión (arts. 16 y 44). Por una parte, parece ilógico establecer un criterio distinto para el derecho de separación y el derecho de adhesión que se regulan en el mismo artículo. Por otra, la interpretación sistemática de la Ley llevaría a la conclusión contraria. Entendemos que por prudencia hay que adoptar la solución que resulta más protectora de los socios, es decir contarlo desde la recepción. Esto no quiere decir que cuando la notificación sea infructuosa no transcurra nunca el plazo, por supuesto, pues se contará desde que se intentó sin conseguirse.

Renuncia a este derecho en la propia Junta: lo admite LEÓN SANZ, aunque es discutible, si pensamos que la Ley quiere dar un tiempo de reflexión al socio. Si no, no tendría sentido que pudieran adherirse también los que hubieran votado en contra y no solo los ausentes.

Impugnación del acuerdo por los que se adhieran después de haber votado en contra: el art. 206 LSC concede el derecho a impugnar solo a los presentes que hubieran hecho constar en acta su oposición. Por nuestra parte, creemos que la adhesión para evitar la separación no implica un cambio en el voto, sino el ejercicio de un derecho especial, por lo que hay que reconocerles ese derecho.

Forma de la adhesión: la Ley exige que sea fehaciente –antes, en la LSA, sólo por escrito–, por lo que debemos entender que la Ley ahora no se conforma con una simple comunicación por escrito, y que la adhesión deberá realizarse en forma notarial. Lo cierto es que, en todo caso, el control de la adhesión se realiza en la escritura pues el art. 18.1 exige la comparecencia de los que pasen a responder ilimitadamente de las deudas –como ya exigía el art. 219.1 RRM–.

c) Efectos de la separación: valoración y reducción de capital

El reembolso de las acciones o participaciones: por la remisión del art. 15 LME, hay que acudir al art. 353 LSC (antes, art. 100.1 LSRL), que prevé que a falta de acuerdo *«serán valoradas por un auditor de cuentas distinto al de la sociedad, designado por el registrador mercantil del domicilio social a solicitud de la sociedad o de cualquiera de los socios titulares de las participaciones o de las acciones objeto de valoración»*. En el régimen anterior, se remitía a las normas del derecho de separación en caso de sustitución del objeto. La diferencia radica en que en el caso de sociedades cotizadas no se aplica (art. 353.2 LSC) el precio de cotización media del último trimestre. Existe una resolución del ICAC de 23 de octubre de 1991 estableciendo la forma de actuación de los auditores y los criterios de valoración. De acuerdo con el art. 354 LSC, el auditor debe obtener de la sociedad toda la información útil para la valoración, y emitir su informe en un plazo de dos meses desde su nombramiento.

La reducción de capital: el ejercicio del derecho supone necesariamente la reducción de capital, sin que sea necesario para el mismo un acuerdo posterior. A esto se refiere el art. 18.2 LME. Se plantea la cuestión de si se deben aplicar a esta reducción los requisitos generales de la reducción de capital, es decir la publicación del acuerdo y el derecho de oposición, en el caso de que se trate de una SA o una SRL que hubiera previsto ese derecho con arreglo al art. 333 LSC.

En contra se puede argumentar que la Ley prevé la publicación del acuerdo social, pero no de la propia reducción, y que el art. 219.2 RRM en su último párrafo prevé como simple posibilidad que se documente la reducción de capital en la escritura de transformación (*«si se documentare...»*), lo cual parece indicar que no es un requisito previo, como sucede en los arts. 358 LSC y 161 del RRM. En el caso que se documente, solo se exige que se haga constar que se ha efectuado el reembolso, su fecha y la nueva redacción de los artículos: en clara contraposición con el artículo 161 RRM, en el que se hace referencia al derecho de oposición y a la no posibilidad de reembolso de las acciones en caso de ejercicio. Además, la LME no regula esta cuestión y tiene un difícil encaje en el procedimiento, pues hasta que pasa un mes desde la publicación no se sabe si va a ser necesaria la reducción.

A favor de mantener el derecho de oposición, en cambio, se dice que no se debe disminuir la garantía de los acreedores respecto de la que tenían antes de la transformación, que era el capital, y que la transformación no es de las excepciones que se recogen en el art. 335 LSC (antes, art. 167 LSA). Además, cuando la transformación implica cualquier cambio estatutario especial, han de seguirse las normas de éste (arts. 17 LME y 223 RRM), y el no preverlo supondría facilitar el fraude, pues para descapitalizar una sociedad se realizaría una transformación, dejando solo como socio colectivo a cualquier socio sin solvencia (que incluso podría hacerse ingresar en la sociedad antes a este efecto).

Es difícil tomar partido en esta cuestión: por una parte, lo cierto es que, exista o no reducción de capital, el régimen de garantía de los acreedores cambia como consecuencia de la transformación. En el caso de que de una sociedad capitalista pase a una personalista desaparece la garantía del capital, y si pasa de una SA a una SRL, a partir de ese momento los acreedores ya no tendrán derecho de oposición en caso de reducción de capital, sino sólo la garantía personal de los socios. Pero lo que no debe suceder es que no se aplique ninguno de los sistemas, que es lo que pasaría si en la transformación de SA en SRL se admite la reducción de capital sin aplicar el derecho de oposición, por lo que nos inclinamos por mantener el derecho de oposición en ese caso.

4. El derecho de oposición de los titulares de derechos especiales

Se regula en el art. 16 LME, que establece que «*La transformación no podrá tener lugar si, dentro del mes siguiente a la publicación en el Boletín Oficial del Registro Mercantil del acuerdo de la misma o del envío de la comunicación individual por escrito, se opusieran titulares de derechos especiales distintos de las acciones, de las participaciones o de las cuotas que no puedan mantenerse después de la transformación*». Se ha tratado en relación con el acuerdo de transformación y las exigencias de consentimientos especiales, pues aunque, en principio, el otorgarles un derecho de oposición se debería tratar como un efecto, lo cierto es que, al no existir posibilidad de enervar ese derecho, se convierte en un derecho de veto, por lo que lo lógico es obtener el consentimiento de estos titulares en el momento del acuerdo.

C. LA IMPUGNACIÓN DE LA TRANSFORMACIÓN

El art. 20 LME establece que *«Una vez inscrita, la transformación podrá ser impugnada en el plazo de tres meses»*. Esto es una importante novedad, puesto que antes se sometía al régimen general de impugnación de acuerdos sociales. Supone, por tanto, una mayor protección de esta modificación estructural en la línea de la nueva norma del art. 47 LME.

IV. REFERENCIA AL RÉGIMEN FISCAL DE LA TRANSFORMACIÓN

La transformación, por no suponer modificación en la personalidad jurídica de la sociedad ni alterar la participación de los socios, no determina ningún incremento o disminución de patrimonio gravable en el Impuesto de sociedades o en el IRPF, por lo que ni siquiera se incluye en el régimen especial del Capítulo VIII del Título VII del texto refundido de la Ley del impuesto sobre sociedades (Real Decreto Legislativo 4/2004).

En cuanto a la tributación por Operaciones Societarias o Actos Jurídicos Documentados, en principio, el Reglamento de la Ley reguladora de dicho impuesto declaraba esta operación sujeta a AJD, si bien esta sujeción se declaró ilegal, por ser contraria a la Directiva 69/335, por STS de 3 de noviembre de 1997, por lo que tampoco tributará por dicho impuesto por ninguno de sus conceptos. Actualmente, la transformación se declara no sujeta al gravamen por operaciones societarias en los arts. 19 y 21 del Real Decreto Legislativo 1/1993, de 24 de septiembre, por el que se aprueba el Texto Refundido de la Ley del Impuesto sobre Transmisiones Patrimoniales y Actos Jurídicos Documentados, y el art 45.1.B.10 del mismo TR la declara exenta de las modalidades de ITP y AJD.

CAPÍTULO SEGUNDO

LA FUSIÓN

I. CONCEPTO, FUNCIÓN Y CLASES

A. CONCEPTO Y FUNCIÓN ECONÓMICA

Así como la LSA no se preocupaba de definir el concepto de fusión, en la LME nos encontramos con la siguiente definición en su art. 22: *«En virtud de la fusión, dos o más sociedades mercantiles inscritas se integran en una única sociedad mediante la transmisión en bloque de sus patrimonios y la atribución a los socios de las sociedades que se extinguen de acciones, participaciones o cuotas de la sociedad resultante, que puede ser de nueva creación o una de las sociedades que se fusionan».*

El elemento clave de este concepto es la noción de «integración» de varias sociedades en una única sociedad, de manera que lo propio de la fusión es la unificación de sociedades: de dos o más sociedades resulta una sola. Ello supone a su vez que al menos una de las sociedades afectadas debe desaparecer y por tanto extinguirse como entidad jurídica. En cuanto a la sociedad resultante, como se desprende de la propia definición legal, puede ser una sociedad de nueva creación o una de las sociedades que se fusionan (la fusión por absorción). Y esta unificación, que tiene como resultado una sola persona jurídica societaria donde antes había dos o más, opera en un doble plano: en el plano subjetivo o de los socios, y en el plano objetivo o patrimonial. Así, los socios que lo eran por separado de cada una de las sociedades que participan en la fusión se convierten en socios de la única sociedad resultante y los patrimonios de que eran titulares cada una de las sociedades preexistentes se unen para formar el patrimonio único de esa única sociedad resultante. El concepto legal hace explícita la forma en que se llega a esa unificación de accionariado y de patrimonio: mediante la transmisión en bloque de los patrimonios (no lo dice aquí la Ley, pero en el artículo siguiente, el 23, expresamente se menciona que esta transmisión y adquisición en bloque tiene lugar precisamente por «sucesión universal») y mediante la atribución a los socios de las sociedades que se extinguen de acciones, participaciones o cuotas de la sociedad resultante.

La Ley recoge así los efectos caracterizadores de la fusión que se deducían de la legislación anterior y que sistematiza el art. 19.1 de la Tercera Directiva, de 9 de octubre de 1978 (78/855/CEE), que vendrían a ser los siguientes:

- la sucesión universal en el patrimonio de la sociedad/es que se extinguen que pasa a la creada o absorbente;
- la extinción sin liquidación de una o varias sociedades intervinientes;
- y los socios de la/s sociedad/es extinguida/s se convierten en socios de la sociedad nueva/absorbente.

Respecto de estos tres efectos, hay que precisar que el tercero tiene un carácter instrumental respecto de los otros dos, por lo cual no es siempre necesario. Así, no lo será en el caso de absorción de sociedad íntegramente participada por la sociedad absorbente (art. 49 LME).

En cuanto a la naturaleza jurídica de la fusión, es algo que se presta a complejas disquisiciones doctrinales. A nuestros efectos, basta con señalar que en esta operación hay presente un aspecto negocial o contractual (en cuanto que las dos o más sociedades implicadas llegan a un acuerdo bilateral o plurilateral de fusionarse, que a su vez es el resultado de una negociación), y un aspecto procedimental (en cuanto que los específicos efectos que hemos indicado sólo se pueden alcanzar como la consecuencia jurídica de un específico procedimiento regulado en la Ley, que comprende una serie de etapas y requisitos). Los efectos a que nos hemos referido se producen cuando culmina el procedimiento con la inscripción registral (art. 46.1 LME), pero lo que no termina de estar claro es en qué exacto momento del referido íter procedimental se produce jurídicamente la vinculación negocial entre las sociedades intervinientes (¿cuando los administradores de todas las sociedades suscriben el proyecto común de fusión?, ¿cuando se adopta el acuerdo de fusión por las juntas de socios de todas las sociedades?, ¿cuando se otorga la escritura pública de fusión?).

En cuanto a la función económica de la operación de fusión, la misma se suele considerar como el instrumento por excelencia de la concentración empresarial, es decir, es la forma de unirse dos o más empresas para formar una empresa más grande.

Ahora bien, aunque éste es el significado económico prototípico de la fusión, la misma no siempre responde a la idea de unión de empresas antes independientes, pertenecientes a titulares distintos que deciden asociarse. Así, la fusión es también(como la escisión) un instrumento para la reorganización o reestructuración de grupos de sociedades, de manera que no aumenta el tamaño total del grupo empresarial sino que se configuran de forma diferente las unidades societarias que lo integran. Es el caso, por ejemplo, de la filial absorbida por la matriz, o de la fusión entre dos filiales de la misma matriz. Precisamente, en este tipo de fusiones intragrupo el elemento contractual y negocial de la operación de fusión tiende a mitigarse, en la medida en que no existe contraposición de intereses entre sujetos independientes. Esto hace, como después veremos, que ciertos requisitos procedimentales relacionados con la protección del interés de los socios puedan aligerarse o exceptuarse. En la práctica, este tipo de operaciones son, con diferencia, las más frecuentes.

No podemos tampoco dejar de decir que, aunque la noción de fusión presupone la idea de unión o concentración de empresas, en no pocas ocasiones se utiliza instrumentalmente en procesos no de unión sino de adquisición o compra de empresas. Al respecto resulta extraordinariamente reveladora la terminología anglosajona al uso para referirse al sector de la práctica jurídica dedicado a este tipo de operaciones: *M&A, mergers and acquisitions*, es decir, «fusiones y adquisiciones», como si hubiera una íntima relación entre estos dos tipos de operaciones que, en la teoría, desempeñan funciones económicas muy diferentes. Así, la fusión de sociedades independientes se supone que es el medio para que los socios de dos sociedades creen entre sí una asociación más grande que los comprenda a todos en una sociedad mayor. Es decir, la fusión en último término es un instrumento asociativo, no un instrumento para el intercambio patrimonial, para la enajenación de activos empresariales a cambio de dinero. Sin embargo, en la práctica económica y jurídica real, la fusión muchas veces es un instrumento para la venta y adquisición de empresas, desempeñando no una función de concentración empresarial sino meramente financiera. Es el caso, precisamente, de la fusión subsiguiente a la compra apalancada del capital de control de una sociedad por parte de otra sociedad. En estos supuestos, que han sido extraordinariamente frecuentes en la última década, la justificación económica de la fusión no es otra que conseguir que la financiación externa recibida por la sociedad compradora resulte garantizada directamente con los activos propiedad de la sociedad comprada o *target*, y en último término que se atienda a la devolución y retribución de la financiación recibida por el comprador con los recursos generados por la sociedad comprada.

Como luego estudiaremos con detenimiento, el riesgo inherente a semejante instrumentalización de la fusión ha llevado a que nuestro legislador haya considerado conveniente introducir una norma especial –el polémico art. 35 LME– para someter a un rigor especial este tipo de fusiones.

En cuanto a la normativa reguladora de esta operación de fusión, la LME ha venido a unificar el régimen de la fusión para todo tipo de sociedades mercantiles, derogando las normas correspondientes de la LSA y LSRL.

En la interpretación de esta Ley, habrá que tener muy en cuenta las normas de la citada Tercera Directiva sobre fusiones, y modificaciones posteriores de la misma, así como la Directiva 2005/56/CE del Parlamento Europeo y del Consejo sobre fusiones transfronterizas.

En cuanto al régimen aplicable a las fusiones entre sociedades de distinta nacionalidad, según el art. 27.2 LME , se aplicará a cada sociedad la normativa de su Ley personal. Si la fusión transfronteriza tiene lugar en el ámbito comunitario europeo, habrá que tener en cuenta la regulación de la fusión transfronteriza intracomunitaria de los artículos 54 y siguientes LME. En el caso de la SAE, se aplicará el Reglamento (CE) 2157/2001 que regula este tipo de sociedad.

El art. 29 LME deja a salvo la aplicación de las numerosas normas especiales que tienden a restringir las posibilidades de fusión o a establecer diferentes autorizaciones. A ello nos referiremos después al examinar las fusiones entre distintos tipos de sociedades.

Por último, tenemos que referirnos también a la regulación de control de las concentraciones empresariales: determinados procesos de fusión o escisión pueden suponer una concentración de poder económico que ponga en peligro la efectiva competencia en un determinado sector. Este tipo de operaciones están sometidas a unas limitaciones, pero, dependiendo del ámbito en que dicha competencia peligre, se aplicará la normativa comunitaria (Reglamento CE/139/2004) o la normativa de defensa de la competencia nacional (Ley 15/2008). Dicha normativa considera que se produce ese peligro cuando se adquiera o se incremente una cuota de mercado igual o superior al 30% o el volumen de negocios global en España supere la cantidad de 240 millones de euros. En ese caso se tiene que notificar la operación a la Comisión Nacional de la Competencia, y no puede ejecutarse hasta que se obtiene la autorización de la misma.

B. CLASES DE FUSIÓN

En la doctrina es frecuente distinguir varias clases de fusión. Nos referiremos a continuación a algunas de las distinciones más habituales.

1. Fusión por creación de sociedad y fusión por absorción

Se trata de la división más clásica y aparece en el artículo 23 LME.

En la práctica, la inmensa mayoría de las fusiones son por absorción, pues la misma supone unos menores costes, una simplificación de los trámites y permite la presencia ininterrumpida en el mercado de la absorbente. Además, se puede señalar que al menos para una de las sociedades se evitan problemas como los del tracto sucesivo registral, y la posibilidad de aumento de la renta en los arrendamientos (aunque, como se verá al estudiar los efectos de la fusión, esto plantea hoy problemas en relación con la reforma de la LAU de 1964, en su art. 31.4).

2. Fusiones impropias y figuras distintas de la fusión

Aunque se han llamado fusiones impropias a las fusiones abreviadas (absorción de sociedad íntegramente participada y asimiladas), no es adecuado el término, pues son verdaderas fusiones. En la doctrina actual serán impropias aquellas fusiones a las que falta alguno de los elementos típicos del procedimiento de fusión, es decir supuestos de concentración empresarial que no encajan en el procedimiento de fusión, como las siguientes:

i.- Cambio de acciones por acciones: la sociedad A no negocia con la sociedad B, sino con sus accionistas, y adquiere una participación de B mediante la entrega a accionistas de B de acciones de A. En nuestro ordenamiento esta operación puede encajar en el concepto de «canje de valores» contemplado en el art. 83 LIS.

ii.- Cambio de acciones por activos: la sociedad A, en vez de adquirir el control de B, adquiere directamente los activos (todos o la parte que le interesa) de la sociedad B, entregando acciones, participaciones o cuotas a cambio. Es el supuesto de la aportación de rama de actividad como contravalor de un aumento de capital, que también se contempla en la legislación fiscal, y que hoy se puede configurar como una modalidad de la escisión, la «segregación», de acuerdo con el art. 71 LME (en la sede correspondiente nos ocuparemos del problema de si la aplicación a este supuesto del procedimiento de escisión-segregación es imperativa o potestativa).

En cualquier caso, creemos que, al ser la fusión un procedimiento legal, es mejor reservar el término para la fusión que es verdaderamente tal, y lo demás serán otras operaciones que pueden constituir o no verdaderas modificaciones estructurales (compra de empresa, canje de valores, etc.).

3. Fusiones abreviadas

Se denomina así a aquellas en las que se puede prescindir de alguno de los elementos del procedimiento. Se trata de los supuestos regulados ahora en los arts. 49 a 52 LME, a los que hay que añadir la fusión simplificada que permite el art. 42 LME. En éste último caso se produce una simplificación procedimental por el hecho de tomarse el acuerdo con carácter unánime y en junta universal en todas las sociedades. Es posible, por supuesto, que se acumulen las simplificaciones de uno y otro régimen.

4. Fusiones entre sociedades independientes y fusiones intragrupo

Ya nos hemos referido a la distinta función económica que desempeña la fusión en atención a esta distinción. En las fusiones en que intervienen varias sociedades independientes predomina el aspecto contractual, mientras que en las fusiones intragrupo (que son las más numerosas), predomina el aspecto corporativo. Semejante distinción lleva a pensar que, al ser distintos los intereses en juego en cada uno de estos dos tipos, debería ser distinto su tratamiento legal. Este razonamiento está en la base de la equiparación al supuesto de absorción de sociedad íntegramente participada (art. 49) de otros supuestos de participación incompleta (arts. 50 y 51) o de otras fusiones intragrupo (art. 52).

II. EL ÁMBITO SUBJETIVO DE LA FUSIÓN: SOCIEDADES QUE PUEDEN PARTICIPAR EN UNA OPERACIÓN DE FUSIÓN

A diferencia de lo que sucede en materia de transformación (art. 4), la LME no dedica un precepto a determinar cuáles son los distintos tipos de sociedades o entidades que pueden participar en una fusión. El art. 22, que describe la fusión, habla solo de las sociedades mercantiles. Examinaremos la participación de éstas, para después plantearnos si cabe la participación de otras sociedades.

A. SOCIEDADES MERCANTILES

Dice el art. 22 que *«en virtud de la fusión, dos o más sociedades mercantiles inscritas se integran en una única sociedad...»*

Por una parte, esto implica la posibilidad de participación en la fusión de cualesquiera sociedades mercantiles, por tanto, se admiten las llamadas fusiones heterogéneas, es decir en las que participan sociedades de distinto tipo, incluso sociedades personalistas junto con sociedades de capital, y en cualquiera de sus combinaciones. Sin embargo, la Ley no plantea la necesidad de coordinar en estos casos la regulación de la fusión con la de la transformación. En principio, se debe entender que cada modificación estructural es autónoma, por lo que en la fusión de sociedades heterogéneas no habrá que acumular los procedimientos de fusión y transformación, sino aplicar el de la primera. Esto parece lógico en cuanto al procedimiento, pero puede plantear algunos problemas en relación con sus efectos. En concreto, se puede plantear la posibilidad de que exista el derecho de separación para los socios que pasan a integrarse en una sociedad de tipo distinto al suyo original, cuestión que examinamos al estudiar el acuerdo de fusión.

La otra cuestión que plantea esa mención del art. 22 es que exige con claridad que estén inscritas todas las sociedades participantes. En este sentido se manifiesta también la DA 2.ª de la Ley, que establece que para la realización de cualquier modificación estructural de las sociedades colectivas no inscritas y en general de las sociedades irregulares, será necesaria su previa inscripción registral. Parece que esto excluiría la participación de una sociedad no inscrita, lo que además sería coherente con el art. 31.1 LME, que establece que los datos de inscripción son mención necesaria del proyecto, y con el hecho de que esa inscripción es determinante para establecer, en su caso, el Registro de depósito del proyecto, el registrador que debe calificar, etc. No obstante, entendemos que no es así: en el caso de una sociedad no inscrita, la falta de elementos de publicidad respecto de ésta, solo perjudica a los socios de la misma, que en todo caso no tenían antes protección registral alguna. Por tanto, será posible la participación de una sociedad mercantil aún no inscrita, siempre que se inscriba la misma con anterioridad a la inscripción de la fusión. Lo que sucede es que como a partir de la publicidad del proyecto conforme al art. 32 LME, en su caso, se comienzan a producir efectos que pueden afectar a terceros, será necesario que todas las sociedades estén inscritas en ese momento.

B. OTRAS ENTIDADES QUE PUEDEN PARTICIPAR EN UNA FUSIÓN

Dada la literalidad del art. 22 de la Ley, se podría concluir que no es posible la participación de otro tipo de sociedades en la fusión. Entendemos que el artículo se refiere a las sociedades mercantiles porque es su ámbito propio de regulación, pero no prejuzga la posible participación de otras entidades, si bien la posibilidad de fusión de las mismas deberá estar contemplada en su regulación propia.

1. Sociedades civiles

No parece razonable que, siendo posible la transformación de una sociedad civil en otra mercantil de acuerdo con el art. 4 LME, no sea posible su integración por vía de fusión en una sociedad mercantil. Como se estudia en materia de transformación, la doctrina ha entendido que el ámbito subjetivo que la Ley permite para la transformación es el que debe admitirse para la participación de sociedades en las demás modificaciones estructurales. Partiendo de que las normas de la transformación no permiten la transformación de sociedad mercantil en civil –a diferencia de la antigua LSRL–, es coherente que no se admita que la sociedad beneficiaria de la fusión sea una sociedad civil. No obstante, no parece muy justificado que no se admita la operación indicada. En concreto, en el caso de las sociedades civiles profesionales, que hoy son inscribibles, resulta mucho más chocante esa interpretación de la Ley.

2. Agrupaciones de interés económico

La disposición derogatoria de la LME deroga el art. 20 de la Ley 12/1991, de 29 de abril, de Agrupaciones de Interés Económico (LAIE), que preveía la posibilidad de la fusión de una Agrupación de Interés Económico con otras sociedades, tanto como sociedad que se fusiona como beneficiaria. A diferencia de lo que ocurre en materia de transformación, donde la LME contempla expresamente las posibilidades de transformación de las AIE y AEIE, el art. 22 las olvida por completo. De la redacción del art. 4 parece, además, deducirse que las AIE no se consideran sociedades mercantiles, por lo que quedarían al margen de cualquier posibilidad de fusión. Creemos que esto es absurdo y sería un efecto en absoluto querido por el legislador, que presume en el Preámbulo de la LME de la ampliación de los supuestos posibles de modificación estructural. Por tanto, la solución debe ser la ya avanzada antes: el ámbito de la fusión ha de ser el mismo que el de la transformación. Las AIE podrán fusionarse con cualquier tipo de sociedad mercantil y ser absorbidas por una AEIE; y también las sociedades mercantiles podrán participar con una AEIE en una fusión, pudiendo la beneficiaria ser tanto una sociedad mercantil como una AIE.

3. Cooperativas

Se ha visto en materia de transformación que la cooperativa plantea un problema especial por cambiar la finalidad de la sociedad en sentido amplio, planteándose en la práctica el problema del destino de los fondos especiales, regulando las diversas Leyes sistemas de control para que estos fondos se destinen a su finalidad legal y no se repartan entre los socios.

La LME permite la transformación de cooperativa en sociedad mercantil y viceversa (art. 4.5), y se remite en cuanto a su régimen a su regulación propia (art. 7. LME). Por las razones expuestas antes, la falta de referencia expresa a las mismas no nos debe llevar a concluir que no pueden participar en una fusión. Claramente se pueden incluir entre las sociedades mercantiles inscritas (aunque no lo estén en el Registro Mercantil), y por tanto podrán participar en fusiones, siempre que su regulación propia lo permita. En el ámbito de la legislación estatal, la Ley de Cooperativas 27/1999, de 16 de julio, permite en su artículo 63 las fusiones de una cooperativa con otra cooperativa, y el artículo 67, bajo la rúbrica «fusión especial», regula las llamadas fusiones heterogéneas, al admitir la fusión con «sociedades civiles o mercantiles de cualquier clase». La Ley regula el procedimiento en los artículos 64 a 66, y para las heterogéneas el artículo 67 dice que se aplicará la normativa de la sociedad absorbente o que se constituya, pero, en cuanto a la adopción del acuerdo y las garantías de los derechos de los socios y acreedores de las cooperativas participantes, se estará a los artículos 64, 65 y 66 de la Ley.

En cuanto a las legislaciones autonómicas sobre cooperativas, no tienen todas la misma amplitud: desde las más estrictas como la andaluza, hasta la de Madrid, que permite la fusión de cooperativas con asociaciones, se encuentran todos los grados, sin que coincida siempre el ámbito subjetivo de la transformación con el de la fusión. Sin poder hacer un estudio detallado de cada Ley autonómica, se puede señalar que en todas se contempla la posibilidad de las fusiones entre cooperativas, y que no en todas se admite la participación en fusiones heterogéneas. En algunos casos solo se admite la fusión de cooperativas si los objetos sociales no son incompatibles.

C. INCIDENCIA DE LA LEGISLACIÓN SECTORIAL

Determinadas regulaciones sectoriales limitan o favorecen la fusión. El art. 29 de la LME reconoce su aplicación al señalar que *«serán de aplicación a las fusiones mercantiles los requisitos que, en su caso, se exijan en la legislación sectorial»*. Sin ánimo de exhaustividad y solo con la ambición de reseñar algunas de las normas relevantes, podemos señalar particularidades relativas a:

- Entidades de crédito: en la primera reforma a la todavía reciente LME la Ley 27/2009, de 29 de diciembre, ha introducido una DA 3ª titulada *«Régimen aplicable a las operaciones de fusión, escisión y cesión global o parcial de activos y pasivos entre entidades de crédito»*. En la misma se dice que *«las operaciones de fusión entre entidades de crédito de la misma naturaleza, así como las de escisión y cesión global de activos y pasivos entre entidades de crédito de idéntica o distinta naturaleza se regirán por las normas establecidas para dichas operaciones en la presente Ley, sin perjuicio de lo previsto en la legislación específica aplicable a estas entidades»*. Parece que la finalidad es facilitar las modificaciones estructurales de las entidades de crédito, y más concretamente el saneamiento de este modo de determinadas cajas de ahorro. En realidad, no está claro que aporte nada nuevo al art. 29, pues sigue dejando a salvo la legislación sectorial. Entendemos que, sin perjuicio de la aplicación de las normas que después citamos y por tanto de las autorizaciones precisas en cada caso, la Ley permite la fusión homogénea –entre entidades del mismo tipo– con sujeción a la LME, y la escisión y cesión global heterogénea a favor de cualquier entidad de crédito. Al ser la cesión global una novedad de la LME, este inciso tiene una gran importancia, pues con una sola norma se permite su utilización por toda la variedad de tipologías sociales que constituyen entidades de crédito. Quizá la novedad más llamativa se encuentra en el punto 2, que admite una cesión global parcial, lo que se estudiará en sede de cesión global.

En cualquier caso, siguen aplicándose las normas específicas de cada tipo, entre las que podemos citar las siguientes:

- Los bancos solo pueden fusionarse entre sí y en determinados casos con cajas de ahorro o cooperativas de crédito. Es necesaria la autorización del Ministerio de Economía (art. 45 de la Ley de 31 de diciembre de 1946). El art. 1 del RD 1245/1995, de 14 de julio, regula con más detalle esa autorización.

- Cajas de ahorro: se pueden fusionar entre sí(Decreto de 7 de marzo de 1933). El procedimiento está parcialmente regulado en el RD 798/1986, de 21 de marzo. La DA 3ª determina la aplicación de la LME a esta operación, sin perjuicio de la aplicación de los requisitos adicionales de este RD.

- Cooperativas de crédito. Regula la posibilidad de fusión con otras cooperativas, de crédito o no, y con otras entidades financieras que las pueden absorber el RD 84/1993, de 22 de enero.

- Establecimientos financieros de crédito: se regula en el RD 692/1996, de 26 de abril, y en su reglamento, RD 1309/2005, de 4 de noviembre, que se remite a la normativa de la sociedad anónima, hoy por tanto a la LME. Es necesaria la previa autorización de la CNMV.

- Instituciones de inversión colectiva: solo se pueden fusionar si pertenecen a la misma clase (art. 26 de la Ley 35/2003, de 4 de noviembre). Es necesaria la previa autorización del MEH a propuesta de la CNMV, todo ello de acuerdo con el RD 217/2008, de 15 de febrero.

- Entidades de seguros: lo regula el art. 24 de RD Leg. 6/2004 de 29 de octubre, texto refundido de la Ley de ordenación y supervisión de los seguros privados. Se pueden fusionar las entidades aseguradoras en una sociedad anónima de seguros y las sociedades anónimas de seguros podrán absorber entidades aseguradoras, cualquiera que sea la forma que éstas revistan. Las mutuas y cooperativas a prima fija podrán además fusionarse en sociedades de su misma naturaleza y forma y únicamente podrán absorber a otras entidades distintas de la sociedad anónima de seguros. Las mutuas y cooperativas a prima variable podrán además fusionarse en sociedades de su misma naturaleza y forma y únicamente podrán absorber a otras entidades distintas de su misma forma jurídica. Pero se prevé que excepcionalmente el MEH pueda autorizar la fusión en supuestos distintos. El sistema de autorizaciones se regula en el art. 72 del RD 2486/1998, de 20 de noviembre.

- Sociedades de garantía recíproca: se pueden fusionar entre sí con autorización del MEH (arts. 55 y ss. de la Ley 1/1994, de 11 de marzo).

D. SITUACIONES ESPECIALES DE LA SOCIEDAD

1. Sociedad en liquidación

El art. 28 LME dice que *«Las sociedades en liquidación podrán fusionarse con otras siempre que no haya comenzado la distribución de su patrimonio entre los socios»*. Su participación estaba admitida en la 3.ª Directiva y se regulaba de manera casi idéntica en el art. 251 LSA. Este hablaba de reparto y hoy de distribución, lo que a nuestro juicio pretende resaltar que no es obstáculo para la fusión la existencia de un proyecto de reparto sino la efectiva distribución de ese patrimonio. Entendemos que será equivalente el caso en que se acuerde por todos los socios la restitución de lo recibido y la reactivación y fusión.

2. Sociedad en liquidación disuelta de pleno derecho

El artículo 106.2 de la LSRL establecía la imposibilidad de la reactivación de una sociedad disuelta de pleno derecho. En materia de sociedad anónima, la Resolución de la DGRN de 8 de noviembre de 1995 había admitido la posibilidad de fusión de la sociedad, pero reconociendo el derecho de separación a sus socios. Es interesante su argumentación: parte de la necesidad de armonizar dos intereses contrapuestos como son la conservación de la empresa y las legítimas expectativas de los socios a repartirse el patrimonio social una vez transcurrido el plazo previsto en el contrato. Opta por admitir la operación, pero exigiendo el reconocimiento del derecho de separación porque: a) es un derecho reconocido para supuestos similares; b) armoniza ambos intereses; c) la disolución provoca la pérdida de la vigencia de la cláusula del objeto social, al convertirse éste en la mera liquidación de la empresa, lo cual hace que la fusión sea equivalente a la sustitución del mismo del artículo 147. No creemos acertado el argumento tercero, pues por esa razón habría que reconocer el derecho de separación en cualquier supuesto de reactivación de sociedad disuelta, lo cual parece contrario a la admisión general que hace la Ley de esta posibilidad, no condicionada a tal derecho. Por otra parte, como dice la propia resolución, el entonces artículo 106.2 de la LSRL excluía de la reactivación las sociedades disueltas de pleno derecho. Para algunos, este precepto hacía imposible la fusión en estos casos para la SRL, pero no para la SA (y ésta parece ser también la posición de la DGRN).

No obstante, hoy el 370.1 LSC extiende la norma del citado art. 106.2 LSRL a todas las sociedades de capital.

3. Sociedad en concurso de acreedores

La LME no hace referencia a la posibilidad de que una sociedad en concurso participe en la fusión. No obstante, esta posibilidad resulta del art. 100.3 Ley 22/2003, de 9 de julio, Concursal, que prevé que la fusión o escisión forme parte del convenio de acreedores. También se deduce su admisibilidad, a sensu contrario, del art. 93.2 LME, que prohíbe el traslado internacional del domicilio de la sociedad concursada, y de que el art. 28 sólo prohíbe la participación de una sociedad en liquidación cuando haya comenzado la distribución de bienes. El antiguo art. 94.3 de la LSRL exigía la autorización judicial para su participación, pero, habiendo sido derogado, entendemos que no es ya necesario y que por tanto no es aplicable tampoco esa exigencia del art. 227.3 RRM. En cualquier caso, será necesaria la aprobación judicial del convenio, por lo que la doble intervención sería redundante.

El que el art. 100.3 LC sólo prevea la participación en la fusión como contenido del convenio de acreedores no quiere decir que no se pueda realizar durante la fase común del concurso, al margen del convenio, sometiéndose a las normas generales de la fusión. No obstante, en este caso no parece que pueda participar la concursada como transmitente (absorbida) pues el art. 43 LC no permite ninguna enajenación de bienes en ese momento.

Tampoco se debe excluir su participación una vez abierta la fase de liquidación, siempre que no se haya procedido a la disposición de los bienes. Por otra parte, la nueva redacción del art. 100.3 LC, después de su reforma por la Ley 38/2011, de 10 de octubre, se refiere expresamente a la posibilidad no solo de fusión o escisión, sino también de cesión global de activo y pasivo de la persona jurídica concursada.

Ni la LME ni la LC se ocupan sin embargo de armonizar los procedimientos de una y otra institución, que tratan de proteger intereses distintos. Las tensiones entre ambos procedimientos se plantean en varios aspectos.

El primer problema es, en el caso de convenio, si ha de ser previa la aprobación de éste por los acreedores o de la fusión por las juntas de socios. Por un lado, sería conveniente la previa aprobación del convenio pues, si no, difícilmente la sociedad extraña aprobará una fusión que se integra en un convenio sin saber si los acreedores van a aprobarlo. Por otro lado, también será difícil que los acreedores aprueben el convenio que incluye la fusión, si existe la duda de si se aprueba o no la fusión. En este caso además se entiende por parte de la doctrina que si la fusión no está aprobada por todas las sociedades, sería un convenio condicional, y por tanto prohibido por el art. 101.1. (PULGAR, J., 2009), pues durante el concurso la junta general sigue existiendo y es a ella a quien corresponde tomar el acuerdo, y no a la administración que propone el convenio.

Por nuestra parte, entendemos que lo lógico es que se tomen los acuerdos de fusión antes de la aprobación del convenio, pues, como se verá en sede de eficacia de la fusión, no hay inconveniente en someter la fusión a condición, en este caso a la de la aprobación del convenio. Sin embargo, no parece imposible admitir un convenio en el que se prevea una fusión, escisión o cesión global aún no acordada. Esto se admite en el derecho alemán, considerándola una propuesta condicionada pero expresamente admitida. La cuestión es si en ese caso la no aprobación supondría el incumplimiento de convenio (así lo ha defendido BELTRÁN, E.).

Otra cuestión es la competencia para las decisiones del proceso de fusión. Obviamente, será necesaria la participación de los administradores concursales en la actividad del órgano de administración, y muy concretamente será necesario que aprueben el proyecto. Pero será, por supuesto, necesario el acuerdo de la Junta de acuerdo con el art. 40 LME, pues ésta sigue manteniendo sus competencias (art. 48 LC).

Se plantea también cómo opera el derecho de oposición de los acreedores. La Ley no introduce ninguna especialidad para el caso de fusión de sociedad concursada, por lo que en principio operará normalmente. No cabe duda de que se aplicará sin ninguna especialidad a los acreedores de la sociedad participante no concursada. Pero para los acreedores de la concursada, podría pensarse que siendo el fundamento del derecho de oposición el riesgo de que empeore la solvencia de la deudora, no se debe admitir cuando ésta está ya en concurso.

Entendemos que subsiste, pero que no debe aplicarse de manera igual para todos. Los acreedores de la masa son acreedores preferentes y por tanto lo ejercerán en la forma normal. Pero respecto de los acreedores que participan en el convenio, no parece que tenga sentido que puedan oponerse de forma individual. Si la Ley admite que en el caso de los obligacionistas, estos queden vinculados por la decisión de la mayoría (art. 44.2), con mayor razón deben quedar vinculados por el convenio. Por tanto, en este caso no tendrán derecho de oposición los acreedores ordinarios, hayan votado a favor o en contra del convenio. Los que hayan votado en contra pueden impugnar el convenio por las causas legales, pero no ejercitar el derecho de oposición. Queda examinar la situación de los acreedores privilegiados, que pueden participar en el convenio, pero, si no lo hacen, no quedan obligados por el mismo (art. 123. LC). En este caso parece que si no se adhieren tendrían el derecho de oposición, pero lo normal es que no lo tengan por tener su crédito suficientemente garantizado (art. 44.1 LME). Un argumento adicional para sostener estas limitaciones al derecho de oposición es que bastaría que en el procedimiento concursal se pasara a la fase de liquidación para que ex lege vencieran todos los créditos y ya ninguno pudiera ejercer el derecho de oposición.

Finalmente se plantea el problema de determinar qué sucede en el caso de que la sociedad concursada se extinga como consecuencia de la fusión. El problema es que la extinción de la sociedad no es causa de conclusión del concurso, ni es un supuesto contemplado por la Ley. En el caso de fallecimiento del concursado persona física (art. 182 LC), el concurso continúa, siendo la concursada la herencia que ha de permanecer indivisa. Sin embargo, la Ley no prevé ninguna solución para el caso de extinción de la sociedad como consecuencia de la fusión. Se ha defendido la sucesión procesal de la beneficiaria, pero a nuestro juicio esto es difícilmente admisible, pues implicaría el concurso de una sociedad que no está en situación de concurso, y además haría en la práctica imposible que la adquirente participe en una fusión. Entendemos que la adquirente quedará vinculada en los términos del convenio y que el incumplimiento del convenio no podrá producir tampoco la nulidad de la fusión, por aplicación del artículo 47 LME (en contra, BELTRÁN, E., 2010), sin perjuicio de las acciones que se pueden ejercitar contra la sociedad inclumplidora.

III. EL PROCEDIMIENTO DE FUSIÓN

Los especiales efectos de la fusión solo son posibles porque se desarrolla un peculiar procedimiento con numerosas garantías, regulado en la Ley. La LME pretende establecer una regulación más clara, ordenada y sistemática de este procedimiento, con simplificación de algunos de sus trámites. Sin embargo, igual que la legislación anterior, no regula una etapa muy importante del proceso de fusión, que es la que precede a la suscripción del proyecto de fusión por los administradores de las sociedades implicadas.

Dentro del procedimiento es habitual distinguir tres fases: la fase preparatoria, la fase de decisión y la fase de ejecución. En la primera, el protagonismo corresponde a los órganos de administración de las sociedades participantes, que son los que elaboran ese documento fundamental que contiene todas las condiciones de la operación, el proyecto de fusión, y ponen a disposición de los socios y demás interesados una determinada información. En la segunda, el peso pasa a recaer sobre las juntas generales de socios de las sociedades, que son las que deciden, mediante la adopción de los correspondientes acuerdos de fusión, que la fusión, conforme al aludido proyecto, se lleva a cabo. Por último, en la fase de ejecución se solemniza en forma documental pública la voluntad de las sociedades de fusionarse y se procede a inscribir el documento público correspondiente en el Registro Mercantil. Es característica de esta última fase la fiscalización de la regularidad jurídica del procedimiento por los agentes oficiales encargados de la documentación pública e inscripción de la operación.

Es muy importante tener en cuenta que el procedimiento de fusión es el procedimiento tipo o modelo de modificación estructural, de manera que su régimen sirve de inspiración al legislador a la hora de establecer la regulación de los procedimientos de otras modificaciones estructurales. En particular, el procedimiento de escisión–como estudiaremos en su específica sede– resulta de remisión a las normas de la fusión, con solo algunas especialidades por razón de la peculiar naturaleza de aquella operación. También veremos cómo cuando el legislador se olvida de este carácter paradigmático del procedimiento de fusión, como sucede con la regulación de la cesión global de activo y pasivo del Título IV de la LME, donde encontramos una regulación que recuerda a la de la fusión pero con omisión de trámites esenciales de ésta, el resultado al que se llega viene a ser claramente insatisfactorio.

A. LA FASE PREPARATORIA

1. La fase de preparación del proyecto

El proyecto de fusión no es el punto de partida de esta operación en cualquier fusión que no sea intragrupo. Para elaborar éste, con toda la información que incluye, es necesaria una fase –la más larga y difícil– de negociación previa entre los administradores de las sociedades implicadas. Esta fase ha sido estudiada de manera exhaustiva en nuestra doctrina (en particular por LARGO GIL, 2009, entre otros), que señala la dificultad de su caracterización, derivada tanto de su carencia de regulación legal como de la dificultad práctica de conocer esas negociaciones que, por la propia naturaleza del mundo empresarial, suelen desarrollarse en secreto.

En relación con esta fase se plantean los siguientes problemas:

En primer lugar, se discute la legitimación de los administradores sociales para llevar a cabo estas negociaciones. Aunque se podría entender que planear una fusión excede de la gestión de la empresa y de su objeto social (que es el ámbito de actuación de los administradores), entendemos que, en un sentido amplio, tomar la iniciativa en el planeamiento de una fusión es algo que forma parte de la actividad de gestión de la compañía que tiene encomendada el órgano de administración. Desde un punto de vista económico, es una operación estratégica de concentración empresarial o de reestructuración intragrupo, que entra dentro de este concepto amplio de gestión; y desde un punto de vista práctico, la preparación de la fusión exige discreción y reflexión, lo que hace inviable la participación de la junta general de socios en esta fase previa. En cualquier caso, el art. 30 LME atribuye a los administradores la elaboración y suscripción del proyecto de fusión, lo que presupone que son ellos los responsables de todas las negociaciones previas que llevan a la fijación de un determinado contenido del proyecto de fusión.

En segundo lugar, se discute la naturaleza de estas negociaciones previas, y en particular si tienen una naturaleza contractual. Entendemos que no, que es una simple fase de negociación: incluso si se plasman documentalmente en un protocolo de negociación o *letter of intent*, éste no constituirá un preacuerdo, sino un documento dirigido a facilitar y encauzar la negociación. No constituye un precontrato porque será necesaria una nueva declaración de voluntad para la existencia del proyecto: la suscripción específica de éste.

Esta fase se caracteriza por su carácter confidencial, pues este sigilo suele ser conveniente para el buen fin de la operación. En el caso de sociedades cotizadas, existe una Carta circular de la CNMV 14/1998, de 28 de diciembre, que establece unas obligaciones de sigilo, para evitar alteraciones en la cotización, hasta que se llega al acuerdo entre consejos, momento en que ha de notificarse como hecho relevante a la CNMV.

2. El proyecto común de fusión

El art. 30.1 LME dispone: *«Los administradores de cada una de las sociedades que participen en la fusión habrán de redactar y suscribir un proyecto común de fusión Si falta la firma de alguno de ellos, se señalará al final del proyecto, con indicación de la causa».*

La LME refuerza el papel del proyecto de fusión, llamado ahora «proyecto común de fusión». Se amplía su contenido, se da rango legal a su publicidad y se refuerza la vinculación de la junta a su contenido (art. 40.1). Pero, al mismo tiempo, como veremos, la Ley flexibiliza en algunos casos su publicidad en los casos de acuerdo unánime, como se examinará en relación con la fusión súper simplificada del art. 42, de la cual nos ocuparemos en sede de fusiones especiales.

a) Naturaleza y función

La suscripción por los administradores del proyecto y la obligación de no realizar éstos ningún acto que pudiera comprometer la aprobación del mismo (art. 30.2) parecen dar al proyecto un carácter negocial (SEQUEIRA, 2010, p. 394). Sin embargo, la necesidad de acuerdo en junta (art. 40 LME) supone que el consentimiento se produce en el momento de cada junta. Esto queda claro por su caducidad, ya que quedará sin efecto si no se aprueba por las juntas de todas las sociedades participantes en el plazo de seis meses (art. 30.3 LME). El carácter negocial del proyecto además queda en entredicho en la nueva regulación, pues ésta permite la toma del acuerdo antes de la publicidad del proyecto en el caso de acuerdo unánime en todas las sociedades (art. 42 LME). Por tanto, el proyecto tiene un carácter preparatorio y su finalidad es fijar los términos comunes sobre los que se pronunciarán las juntas de las sociedades implicadas y, sobre todo, proporcionar información a los socios, como sostuvo la Resolución de la DGRN de 30 de junio de 1993. En ese sentido se pronuncia también la SAP Barcelona de 5 de mayo 2008, fundamento de derecho 4.º, que dice que *«el proyecto de fusión no supone un contrato perfeccionado... sino un mero instrumento de preparación de la fusión... que ... no es vinculante para las sociedades hasta que haya sido aprobado en sus respectivas juntas»*. Una cosa es que vincule a sus administradores, dice la sentencia, y otra la vinculación obligacional de la sociedad.

Dada esta finalidad principal, se permite una cierta flexibilización en el caso de acuerdo unánime en todas las sociedades (art. 42), decisión legislativa que plantea numerosos problemas que se examinan en sede de fusiones abreviadas.

b) Forma del proyecto. El requisito de la suscripción

El artículo 30.1 LME establece que *«Los administradores de cada una de las sociedades que participen en la fusión habrán de redactar y suscribir un proyecto común de fusión. Si falta la firma de alguno de ellos, se señalará al final del proyecto, con indicación de la causa»*.

Esto implica, por una parte, que no es posible delegar esta facultad de redacción y suscripción en consejeros delegados o comisiones ejecutivas, lo que es lógico dada la trascendencia de la operación de fusión así como de este documento dentro del procedimiento.

No se establece otro requisito formal que la suscripción, que es una de las cuestiones que debe calificar el registrador para su depósito (art. 226.2 RRM). Por eso mismo, para su depósito registral será necesaria la legitimación notarial de las firmas de todos los administradores, o al menos, por analogía con la presentación de cuentas y la certificación del resto de documentación social, que se presente el proyecto firmado por todos acompañado de una certificación expedida por la persona con facultad certificante y con visto bueno del presidente con sus firmas legitimadas, en que se certifique que ha sido firmado por todos.

Es llamativo que la Ley exija la suscripción por todos los administradores. Esto no significa que el acuerdo deba ser tomado por unanimidad en el órgano de administración, pues la Ley prevé que falte la firma de alguno de los administradores. Creemos que la Ley no se refiere a la falta de alguno por ausencia o imposibilidad: cuando dice que se refleje la causa, lo que pretende es que el administrador disconforme explique las razones de su negativa. De esta forma el administrador consigue salvar su responsabilidad en su caso, y se da a los socios una información que servirá para decidir su voto (ALONSO ESPINOSA, F. y LÁZARO SÁNCHEZ, E. 2009, p. 233).

c) Efectos del proyecto de fusión

El art. 30.2 LME dispone que «*Una vez suscrito el proyecto común de fusión, los administradores de las sociedades que se fusionen se abstendrán de realizar cualquier clase de acto o de concluir cualquier contrato que pudiera comprometer la aprobación del proyecto o modificar sustancialmente la relación de canje de las acciones, participaciones o cuotas*».

Entendemos que la obligación de no comprometer la aprobación del proyecto tiene sus límites. Hasta la aprobación de la fusión al menos, el administrador tiene la misión de gestionar la sociedad en interés de la misma y de los socios. Por tanto, si con posterioridad a la suscripción del proyecto se descubre algún dato que haga menos recomendable la fusión, o cambian las circunstancias económicas de manera que dicha fusión deje de ser aconsejable, la obligación del administrador es actuar en interés de su sociedad, no de la fusión (STS 4 de junio de 2007).Esa obligación se manifiesta entre otras cosas en la obligación de informar a los socios de cualquier alteración en el patrimonio de las sociedades (art. 39.3).

Algo semejante sucede en relación con los actos que puedan modificar sustancialmente la relación de canje. Si durante ese periodo surge alguna posibilidad de negocio para su sociedad, el administrador debe actuar en beneficio de la sociedad, aunque como consecuencia de la actuación pueda variar el tipo de canje.

d) Contenido del proyecto de fusión

El art. 31 LME recoge las menciones mínimas del proyecto de fusión, que dicho precepto ha ampliado, pero el proyecto puede contener otras menciones voluntarias. La Ley se ocupa del proyecto en su finalidad informativa, pero el mismo tiene también otra función preparatoria, pues en las negociaciones se puede llegar a acuerdos sobre los que sea oportuno que se extienda el acuerdo de las juntas generales, pero respecto de los cuales no sea necesaria la publicidad.

Examinaremos a continuación las menciones mínimas que contempla el art. 31 LME.

1.ª La identificación de las sociedades: «*La denominación, el tipo social y el domicilio de las sociedades que se fusionan y de la sociedad resultante de la fusión, así como los datos identificadores de la inscripción de aquéllas en el Registro Mercantil*».

En cuanto a la denominación, hay que tener en cuenta que el artículo 418 del RRM prevé que *«en caso de fusión, la entidad absorbente o la nueva entidad resultante, podrán adoptar como denominación la de cualquiera de las que se extingan por virtud de la fusión»*. En este caso, no es necesaria la certificación de denominación del artículo 409 RRM. Es un supuesto frecuente, pues puede interesar por motivos comerciales conservar la denominación de una de las sociedades extinguidas, con preferencia a la de la absorbente. Si se opta por una nueva denominación, habrá que pedir nueva denominación y tener en cuenta el artículo 413 RRM, que establece que debe haber sido expedida *«a nombre del fundador o promotor o en caso de modificación de la denominación, de la propia sociedad o entidad»*. Por tanto, si se trata de una absorción, parece que solo podrá solicitarla la sociedad absorbente, y en caso de creación de nueva sociedad, cualquiera de las sociedades que se extinguen, que hay que asimilar en este caso a los fundadores.

En relación con los datos de inscripción en el Registro Mercantil, se ha examinado antes la posibilidad de que participen en la fusión sociedades no inscritas en este registro. Admitida esta posibilidad, hay que adaptar la literalidad del art. 30.1 a su finalidad, que es la perfecta identificación de las sociedades participantes: por lo tanto, en el caso de participación de sociedades no inscritas en el Registro Mercantil, se deben hacer constar todos sus datos identificativos, y en particular los de su inscripción en cualquier otro registro público (como el de cooperativas, por ejemplo).

2.ª El tipo de canje

La Ley le dedica ahora un artículo específico (art. 25 LME), pero el sistema no ha cambiado, pues se sigue disponiendo que *«En las operaciones de fusión el tipo de canje de las acciones, participaciones o cuotas de las sociedades que participan en la misma debe establecerse sobre la base del valor real de su patrimonio»*.

i.-Concepto y función:

El tipo de canje es el número de acciones de la sociedad beneficiaria que se van a entregar por cada acción de la sociedad que se extingue a los socios de ésta. Como es evidente, es el elemento clave para conseguir la continuidad de la participación de los socios de las sociedades participantes en la fusión a la hora de integrarse en la sociedad resultante de la operación, una continuidad que supone, por un lado, proporcionalidad respecto de la participación relativa que cada socio tenía en la sociedad de origen (art. 24.1 LME), y por otro lado, proporcionalidad en atención a lo que aporta cada sociedad participante al patrimonio de la sociedad resultante. Por ello, no es necesario la fijación de este tipo de canje en los casos de absorción de sociedad íntegramente participada (art. 49) y sus supuestos asimilados (art. 52).

De acuerdo con el planteamiento tradicional en nuestra legislación y que se mantiene en la LME, la cuestión clave para la fijación del tipo de canje es la valoración de las sociedades fusionadas, pues, una vez determinada la participación de cada sociedad en la formación del valor total de la sociedad resultante, el tipo de canje resulta de una sencilla operación:

- Si es por creación de una nueva sociedad N, resultante de la fusión de A y B:

Tipo de canje de los accionistas de A = valor A/valor A+B * n.º acciones N / n.º acciones A.

Por ejemplo: A y B se fusionan: el valor real de A es 30, y el de B, 70. Las acciones emitidas de A son 80 y las de B, 700. Las acciones de la nueva sociedad C son 1000. La relación de canje de A es: 30/100 * 1000/80 = 3,75 nuevas acciones de C por cada acción de A.

- Si es por absorción, en la que A absorbe a B:

Número de acciones a emitir por A = (valor A+B/valor A * n.º acciones A) – n.º acciones A.

Tipo de canje de los accionistas de B = n.º acciones a emitir por A/n.º acciones B.

Por ejemplo: A absorbe a B: el valor real de A es 50 y el de B, 25. Las acciones emitidas de A son 100 y las de B 100.

N.º acciones a emitir por A = (50+25/50 * 100) – 100 = 50.

Tipo de canje por cada acción de B = 50/100 = 0,5.

ii.- El valor real del patrimonio como punto de partida del tipo de canje:

Como hemos indicado, la verdadera dificultad es determinar la participación de cada sociedad en la sociedad beneficiaria. Es éste el verdadero problema de la fusión, y la causa de la mayor parte de las impugnaciones de estas operaciones, porque cualquier error sobre esta cuestión beneficiará a unos accionistas en detrimento de otros.

Se pueden distinguir básicamente tres criterios o sistemas de valoración:

- El criterio objetivo estricto: el tipo de canje se obtiene por una simple operación matemática partiendo del balance. Se trata del sistema que se siguió en la LSA de 1951, pues el valor de las sociedades procedía simplemente del valor neto contable derivado de sus balances, si bien permitiendo la actualización de valoraciones en los mismos con ocasión de la fusión.

- El criterio subjetivo: la valoración es objeto de negociación en la fusión, y por tanto es fijada libremente por las sociedades que participan. No es el resultado de un cálculo matemático sino de una negociación, basada en parte en valoraciones objetivas y en parte en motivos subjetivos (expectativas, estrategia empresarial, etc.)

- El criterio objetivo matizado: la valoración es objetiva pero se pueden tener en cuenta en la misma no solo el valor neto patrimonial contable sino también las expectativas de ganancias, o en general la consideración de la sociedad como empresa en funcionamiento, utilizando diversos criterios como flujos de caja, valor de mercado, etc.

La cuestión es por cuál opta nuestra Ley, que en su art. 25 dice que el tipo de canje se determinará sobre la base del valor real de su patrimonio social –igual que la anterior LSA–. El criterio original de valoración contable ha sido claramente abandonado, pues se habla de valor real, y en ningún momento se vincula el balance a esta operación. Además, no tendría sentido el informe de expertos y el juicio de la idoneidad de los métodos empleados si el método fuera único y estrictamente objetivo. Así lo reconoce expresamente la SAP de Barcelona de 5 de mayo 2008 (fundamento de derecho 4.º).

Tampoco el criterio subjetivo es admisible. La Ley hace referencia al valor real del patrimonio, es decir a un valor objetivo, y lo hace porque trata de otorgar protección al accionista. Si el criterio fuera puramente subjetivo, sería imposible impugnar por esta causa del acuerdo de fusión, cuando es previsiblemente una de las causas más importantes de impugnación, como veremos en las sentencias que se citan. Hoy también resulta claramente esta posibilidad del art. 38.2 LME, que establece un sistema alternativo a la impugnación para el caso de perjuicio por el tipo de canje.

Una postura objetiva más matizada sería entender que el valor real sigue siendo el valor patrimonial neto, aunque no sea el deducido del balance de la sociedad ni del balance de fusión. Al imponer nuestra Ley –a diferencia de otras del entorno– la valoración según el patrimonio social, no cabría acudir a las valoraciones dinámicas de la empresa en funcionamiento.

Entendemos, sin embargo, que se debe seguir el criterio objetivo flexible, de la valoración real (no estrictamente patrimonial) de la empresa, que incluya los aspectos dinámicos de las empresas, y ello por varias razones. Abandonada por nuestra Ley la dependencia del balance, parece absurdo recuperarla por la vía indirecta de la simple mención del valor patrimonial. La importancia que se da a los métodos utilizados para determinar el tipo de canje carecería de sentido si se trata de valorar solo el patrimonio social y no la empresa. Además, si los expertos tienen que decir cuáles han sido los métodos de valoración y si son adecuados (art. 34.3), está claro que entiende que hay múltiples métodos, lo que se adecua a la 3.ª Directiva, que impone la información sobre los métodos utilizados y su adecuación (art. 10 3.ª Directiva). Finalmente, en la determinación del tipo de canje influyen elementos de la propia fusión, como, por ejemplo la fecha a partir de cual las nuevas acciones dan derecho a participar en las ganancias, y esto es por naturaleza un elemento externo al patrimonio neto de la sociedad extinguida. Esto ha sido confirmado por la jurisprudencia. Por ejemplo, en la SAP Barcelona de 2 de junio de 2008 se hace referencia a la utilización del método de cotización junto con el de flujos de caja. El tribunal aprecia que es adecuado, sin dejar de analizar en relación con la cotización la distinta liquidez de los títulos en el mercado.

Como se anunció, el tipo de canje ha sido la causa principal de impugnación de las fusiones, dando lugar a una jurisprudencia de la que se extrae la siguiente doctrina:

Es posible impugnar la fusión por razón del tipo de canje: aunque en ninguna de las sentencias se estima la demanda, no es porque no sea posible, sino porque no se prueba que exista lesión.

La Ley no impone un método concreto de valoración ni exige que se utilicen varios, siendo esto una posibilidad (STS 15 febrero 2007, fundamento de derecho tercero, SAP Las Palmas 16 octubre de 2006 y SAP de Barcelona de 5 de mayo de 2008). Así se entiende que la fijación del canje no tiene un carácter puramente objetivo sino también negocial (SAP Barcelona de 2 de junio de 2004, la más completa en el análisis de esta cuestión, relativa a la absorción de ENHER por ENDESA, y SAP Barcelona de 5 de mayo de 2008). Por ello no puede ser impugnado por el simple hecho de no ajustarse al valor del patrimonio neto actualizado, y se pueden tener en cuenta factores como el beneficio que puede resultar de la fusión y las alternativas a la misma, que expliquen la aceptación de una participación no exactamente coincidente con el valor patrimonial neto actualizado (SAP Barcelona 2 de junio 2004).

Para desvirtuar la valoración no basta con una oposición genérica, sino que es necesario probar lo inadecuado de los métodos, ya que el tipo de canje respaldado por el informe de experto independiente, tiene presunción de veracidad (STS 15 de febrero de 2007). Pero ese juicio se puede desvirtuar con una prueba adecuada, y de hecho en algunos casos se pide como prueba una nueva valoración pericial (SAP Barcelona 2 de junio de 2004).

iii.- El canje cuando existen derechos especiales:

Socios industriales: El carácter transversal de la LME impone contemplar la aplicación de este régimen general de la continuidad en la participación al supuesto de los socios industriales. El art. 24.2 LME establece «*En el caso de una sociedad con uno o más socios industriales que se fusione en otra en la que no puedan existir tales socios, la participación de éstos en el capital de la sociedad resultante de la fusión se determinará atribuyendo a cada uno de ellos la participación en el capital de la sociedad extinguida correspondiente a la cuota de participación que le hubiera sido asignada en la escritura de constitución, o en su defecto, la que se convenga entre todos los socios de dicha sociedad, reduciéndose proporcionalmente en ambos casos la participación de los demás socios*».

La solución es muy protectora del socio industrial, pues si no tuviera asignada una participación en la sociedad original será necesario un acuerdo entre todos los socios, es decir que sólo se podrá realizar la transformación si se llega a un acuerdo con el socio industrial. Aunque la Ley dice que se ha de reducir proporcionalmente la participación de los demás socios «en ambos casos», esto solo se producirá en el caso de que el socio industrial no tuviera cuota asignada. Si la tiene, la conserva y por tanto en absoluto hay que reducir la de los demás socios.

No acaba aquí la protección del socio industrial, pues el párrafo segundo del 24.2 dice «*La subsistencia, en su caso, de la obligación personal del socio industrial en la sociedad que resulte de la fusión, exigirá siempre el consentimiento del socio y deberá instrumentarse como prestación accesoria cuando no puedan existir socios industriales*».

- Acciones privilegiadas o derechos especiales distintos de las acciones: la regla es la continuidad de los derechos, y solo cuando no puedan continuar será necesario o bien el consentimiento individual o en su caso el acuerdo de la asamblea de esos titulares (art. 41.2 LME), como se examina en relación con los consentimientos especiales adicionales al acuerdo.

- Acciones parcialmente desembolsadas: en el proyecto de fusión habrá que optar por exigir los desembolsos pendientes, por reducir el capital condonándolos, o por traspasar los dividendos pasivos a la nueva sociedad. En el tercer caso se tendrá que respetar el límite de que las acciones a las que estos correspondan estén desembolsadas en un 25 % al menos. En el caso de que la sociedad nueva o absorbente sea una SRL, no cabrá esta última posibilidad, y el desembolso o condonación habrán de ser previos a la fusión siguiendo las normas de la sociedad de origen, como se deriva del art. 11.2 LME, examinado en sede de transformación.

- Sociedad cotizada que se extingue: en este caso, aparte de los requisitos de publicidad exigidos por las normas del mercado de valores, lo normal será tener en cuenta para la relación de canje el valor bursátil. Por otra parte, si la sociedad beneficiaria no es cotizada, deberán cumplirse los requisitos de exclusión de cotización (art. 10 del Real Decreto 1066/2007, de 27 de julio, sobre el régimen de las ofertas públicas de adquisición de valores.).

iv.- El canje en supuestos de participación entre las sociedades que se fusionan:

El artículo 26 LME dice que «*Las acciones, participaciones o cuotas de las sociedades que se fusionan, que estuvieran en poder de cualquiera de ellas o en poder de otras personas que actuasen en su propio nombre, pero por cuenta de esas sociedades, no podrán canjearse por acciones, participaciones o cuotas de la sociedad resultante de la fusión y, en su caso, deberán ser amortizadas o extinguidas*».

Se trata de la llamada prohibición de canje de acciones propias, y admite multitud de variantes que habrá que tener en cuenta, pues se plantea, por una parte, el problema de la prohibición del canje y, por otra, el de la repercusión de estas participaciones en la valoración de las sociedades (FERNÁNDEZ DEL POZO, L., 1995).

Se pueden distinguir los siguientes supuestos:

- *Sociedad absorbente que participa en la absorbida:* se aplica el art. 26, pues se trata de evitar que por la vía de la fusión la sociedad absorbente suscriba su propio aumento de capital. Por ello se excluye ese aumento en el art. 49 LME . Sin embargo, el valor de esa participación deberá tenerse en cuenta para valorar la absorbente, pues de otro modo se produciría un enriquecimiento injusto de los otros socios de la absorbida.

- *La sociedad absorbida participa en la absorbente:* no se aplica la prohibición, cuyo objeto es evitar el canje de las acciones de las sociedades que se extinguen. En este caso, como consecuencia de la sucesión universal, las acciones pasan a poder de la absorbente. Las puede utilizar para entregarlas a los socios de las sociedades que se extinguen, reduciendo en consecuencia y en esa cantidad el importe del aumento de capital. Si opta por conservarlas, estamos en principio ante uno de los supuestos de libre adquisición de acciones propias de acuerdo con el artículo 144.b LSC (*«cuando las participaciones o acciones formen parte de un patrimonio adquirido a título universal»*), si bien siempre respetando los límites y condiciones de las acciones propias.

- *Participación recíproca absorbida-absorbente:* se producen los dos efectos anteriores cumulativamente.

- *Acciones propias de la absorbente:* no es un supuesto del art. 26. Las acciones pueden ser utilizadas para ser entregadas en canje (se prevé expresamente esto en el art. 50 LME), pero la Ley no lo impone por lo que es una opción de la sociedad. No se tiene en cuenta su valor para calcular el valor de la sociedad absorbente.

- *Acciones propias de las que se extinguen:* con arreglo al art. 26 se han de amortizar. En este caso, se excluyen estas acciones al calcular la relación de canje. A diferencia del supuesto de participaciones recíprocas que tratamos a continuación, en este caso no existe posibilidad de perjuicio por excluirlas del canje. En realidad, la autocartera, mientras no se moviliza, es equivalente desde el punto de vista económico a la inexistencia de esas acciones.

- *Participación entre las que se extinguen*: las acciones en poder de una de las fusionadas en otra de ellas se tendrán en cuenta para fijar tanto la valoración de la sociedad, como la relación de canje. Pero se amortizarán, de manera que el aumento de capital será solo en la cuantía precisa para «pagar» el canje de las otras participaciones, excluyendo éstas.

- *Acciones de la absorbida en poder de una filial de la absorbente:* no está incluido en el supuesto del art. 26, pero, si no se aplica a este supuesto, se daría el caso de que una sociedad suscribiría acciones de su sociedad dominante, lo que prohíbe el artículo 134 LSC.

v.- La compensación complementaria en dinero

El art. 25 LME dice que «*Cuando sea conveniente para ajustar el tipo de canje, los socios podrán recibir, además, una compensación en dinero que no exceda del diez por ciento del valor nominal de las acciones, de las participaciones o del valor contable de las cuotas atribuidas»*.

La admisión de la compensación en dinero es una excepción al principio de continuidad y proporcionalidad.

Esta excepción tiene como primer límite el cuantitativo: que no supere el 10% del valor contable de las acciones atribuidas (art. 25.2 LME), evitando así que una operación de fusión se convierta en una de compra o de exclusión de socios. Creemos que es un cambio positivo que ahora la Ley se refiera al valor contable, pues está más cercano al valor real que el valor nominal al que se refería antes la LSA.

Se puede plantear si cabe superar este límite en el caso de que exista un consentimiento individualizado de dichos socios. Entendemos que esto es posible, pero en ese caso la figura está a medio camino entre la fusión y la separación de un socio y se plantea el problema de que ya no estaríamos en el supuesto del capítulo VIII del título VII del texto refundido de la Ley del impuesto sobre sociedades, con la duda de si la falta de aplicación de la neutralidad fiscal afectaría solo al socio al que se atribuye más del 10% o a toda la operación.

Un supuesto especial se puede plantear en relación con el art. 38.2 LME, que permite que en los estatutos o en las juntas se prevea un sistema de corrección del tipo de canje a través de indemnización fijada por un experto. Entendemos que en este caso no se aplica el límite, por una parte, porque existe una base convencional para su aplicación, ya que el procedimiento ha sido previsto en estatutos o en acuerdo de junta. Por otra, el art. 47 prevé como alternativa a la impugnación de la fusión que se pueda pedir la indemnización de daños y perjuicios por los socios y el efecto de esta indemnización sería el mismo y no afectaría a la fusión.

El segundo límite es que no es discrecional acudir a este sistema, sino que ha de ser conveniente para ajustar el tipo de canje. Se suelen señalar varias finalidades:

- Ajustar el tipo de canje a números enteros de acciones: como se ha visto al estudiar el concepto de canje, lo normal es que la operación dé lugar a una relación de canje con muchos decimales. Para evitar esto se puede redondear y dar el exceso en metálico. Por ejemplo: en vez de fijar el tipo de canje en 3,166666 acciones por acción, se fija en 3 por 1, y se paga el valor de 0,166666 acciones en metálico, calculado el valor de la acción por su valor real, claro está,y no por su valor nominal.

- Solucionar el problema de los llamados rompus o picos: en el ejemplo que planteamos anteriormente se debían atribuir 3,75 acciones por 1 acción antigua. Es decir que todo accionista cuyas acciones no sean múltiplo de 4 no le corresponde un número exacto de acciones. El pico podría pagarse en dinero. El problema en este caso es que esa compensación en dinero puede ser superior al 10% del valor contable de las acciones atribuidas: basta pensar en un accionista con una sola acción, en cuyo caso la parte a pagar en dinero sería del 25% por ciento. Y en el caso en que el canje fuera inferior a 1 (0,75 acciones nuevas por acción), el socio quedaría excluido de la sociedad y la entrega en metálico sería del 100 %. La sociedad puede arbitrar medios que eviten la exclusión del socio por efecto de la fusión, por ejemplo mediante la oferta de compra a los mismos, y también comprando para poder ofrecer a los socios que deseen comprar para poder acudir al canje. Creemos que estas soluciones deberán constar en el proyecto de fusión. Como el tipo de canje se fija para cada sociedad, esta compensación será fijada en su caso también para cada una de ellas, sin que tenga que ser igual entre ellas, pues lógicamente los ajustes pueden ser distintos.

v.-El procedimiento de canje

La Ley deja una gran libertad a los administradores para fijar el sistema, estableciendo solo la necesidad de que conste en el proyecto. En el caso de una sociedad anónima no se aplica imperativamente el artículo 117 LSC –que establece el régimen general del canje de acciones–, por lo que los administradores podrían tanto remitirse a él como establecer uno detallado o completar el legal. Será necesario que se determine el sistema y el plazo, y también que se establezca, como hace el art. 117.3 LSC, qué sucede con los títulos no retirados. En cuanto a las sociedades limitadas, el procedimiento de canje consiste en hacer constar en el libro registro de socios la titularidad de las participaciones atribuidas por el canje a los nuevos socios, con indicación de la identidad y domicilio del titular de la participación, exigiendo para ello la presentación de las acciones de que era titular o, en su caso, la certificación de las participaciones que le correspondían. En la escritura, el administrador debe manifestar que se ha hecho constar la titularidad en el libro registro de socios (art. 198.4.1 RRM).

3.ª Incidencia en aportaciones de industria y prestaciones accesorias.

«La incidencia que la fusión haya de tener sobre las aportaciones de industria o en las prestaciones accesorias en las sociedades que se extin-

guen y las compensaciones que vayan a otorgarse en su caso a los socios afectados en las sociedad resultante».

Este punto es una novedad de la Ley respecto de la regulación anterior, que deriva del carácter transversal de la Ley actual. Al regular todo tipo de sociedades, tiene que dar solución a los problemas derivados de la existencia de socios industriales. La mención en realidad viene impuesta por el art. 24.2, al que nos hemos referido al estudiar el canje en situaciones especiales en el estudio del número 2.º del artículo.

4.ª Derechos a otorgar a titulares de derechos especiales. «*Los derechos que vayan a otorgarse en la sociedad resultante a quienes tengan derechos especiales o a los tenedores de títulos distintos de los representativos de capital o las opciones que se les ofrezcan».*

Esta rúbrica y la siguiente no forman parte en sentido estricto del contenido mínimo, pues únicamente serán preceptivas si se dan determinadas circunstancias. La LME introduce cambios de redacción, pero únicamente para introducir una terminología que comprenda a los socios que no sean de una sociedad anónima.

Por una parte, estarán los socios titulares de clases especiales de acciones, entre las cuales habrá que incluir las privilegiadas y las sin voto.

En cuanto a los otros derechos, parece que pueden ser las ventajas de fundadores (art. 27 LSC) y los bonos de disfrute (art. 341 LSC). No parece que los obligacionistas ordinarios deban incluirse entre los titulares de derechos especiales, porque tienen otro modo de salvaguardar su derecho, que es el ejercicio del derecho de oposición. En el caso de obligaciones convertibles, sin embargo, sí que deberá preverse la situación del derecho de conversión. Pero si se respeta su derecho de conversión aplicando el tipo de canje que corresponda a su sociedad, tampoco será necesario su consentimiento ni individual ni colectivo.

Habrá que describir las soluciones adoptadas, que pueden ser o bien el mantenimiento de esos derechos especiales, en cuyo caso no será necesario el consentimiento ni el acuerdo tomado con arreglo al artículo 148 en el caso de clases de acciones; o bien la creación de derechos equivalentes, como prevé el artículo 41.2 para los titulares de derechos distintos de las acciones. Nada se dice para las acciones de clases especiales, pero creemos que se puede aplicar igualmente, pues el artículo 148 habla de modificaciones lesivas: por tanto, se admiten modificaciones no lesivas, lo cual es lo mismo que admitir derechos equivalentes.

El problema es quién juzga esta equivalencia. Parece que el art. 41.2 otorga esta facultad a los administradores, pues si existen derechos equivalentes no es necesario el acuerdo o consentimiento individual. Los titulares podrán impugnar la formula de equivalencia pero dicha impugnación no llevaría consigo la paralización de la fusión. Por último, cabrá también acordar cualquier tipo de compensación, incluso en metálico, sin que en este caso deba aplicarse el límite del 10%, pues no se trata en este caso de la exclusión de los socios de la sociedad, sino de la homogeneización de la situación de los socios. Lo primero va contra la esencia de la fusión y lo segundo no. Otra cosa es el problema fiscal que se pudiera plantear.

5.ª Ventajas de expertos y administradores: «*Las ventajas de cualquier clase que vayan a atribuirse en la sociedad resultante a los expertos independientes que hayan de intervenir, en su caso, en el proyecto de fusión, así como a los administradores de las sociedades que se fusionan, de la absorbente o de la nueva sociedad*».

La finalidad de que se hagan constar las ventajas de los administradores es que los socios puedan juzgar si la operación se hace por motivos de beneficio de los socios o si los administradores pueden estar buscando el suyo propio.

En cuanto a los expertos, no tiene sentido la literalidad de la Ley, pues no participan en el proyecto, sino que son designados con posterioridad (art. 349 RRM). Y además, porque por su carácter independiente no deben tener otra remuneración que la fijada en el momento de su nombramiento por el registrador (art. 339 RRM).

6.ª La fecha de participación en las ganancias: «*La fecha a partir de la cual los titulares de las nuevas acciones, participaciones o cuotas tendrán derecho a participar en las ganancias sociales y cualesquiera peculiaridades relativas a este derecho*».

Se puede prever no solo la fecha, sino la participación en las ganancias del ejercicio corriente o de los siguientes en una proporción distinta de la normal, por supuesto, con el límite del vaciamiento del derecho a participar en las ganancias, que es un derecho consustancial a la condición de socio (art. 93.a LSC).

Esta fecha debe estar en relación con la que se ha tenido en cuenta para la valoración de las sociedades. Basta imaginar un ejemplo: se fija la valoración en mayo de 2012, y en el proyecto se dice que la fecha de participación en las ganancias será el ejercicio 2013. Durante el ejercicio 2012, y antes o después de la toma de acuerdo de fusión, se acuerda por una de las sociedades el reparto de un sustancial dividendo, con cargo a reservas libres. Esto supone un vaciamiento patrimonial de la sociedad en cuestión y un perjuicio para los accionistas de las demás sociedades. Aunque la Ley no lo dice claramente, entendemos que la introducción en la LME de la referencia del punto 10 a la fecha de las cuentas de las sociedades utilizadas para establecer las condiciones de la fusión se está refiriendo a esta fecha de valoración.

Es posible que se fije una fecha anterior a la del propio proyecto si la negociación en cuanto al valor se cerró en una determinada fecha, y también es posible una fecha posterior, pero en ese caso tendrá que estar justificada esa fecha, y prevista en el proyecto la posibilidad o no de reparto de dividendos por las sociedades y sus condiciones.

7.ª Fecha de eficacia contable: *«La fecha a partir de la cual la fusión tendrá efectos contables de acuerdo con lo dispuesto en el Plan General de Contabilidad».*

La cuestión está regulada hoy en las normas 19 y 21 del Plan General de Contabilidad (PGC), que fueron reformadas por el Real Decreto 1159/2010, de 17 de septiembre.

La regulación general se contiene en la primera de ellas, titulada *«Combinaciones de negocios»*. Se consideran combinación de negocios las operaciones en las que una empresa adquiere el control de uno o varios negocios, y expresamente se incluye entre ellas a la fusión y escisión y la adquisición de todos los elementos patrimoniales de una empresa, lo que por tanto comprende también la cesión global.

El criterio general aplicable a la contabilidad es el llamado método de adquisición (Norma 19.2 PGC), que consiste básicamente en que los valores que se han de traspasar a la adquirente son los valores razonables de los activos y pasivos, y la diferencia entre este valor y el de adquisición pasará a una cuenta de fondo de comercio.

No corresponde a esta obra el estudio detallado de las normas contables, pero sí nos tenemos que detener en la regulación por el PGC de la fecha de retroacción contable –llamada por el mismo fecha de adquisición–, pues, por la remisión del art. 31 LME, es necesario que la fecha fijada en el proyecto cumpla los requisitos del Plan, y así se está entendiendo por algunos registradores mercantiles, que están rechazando la inscripción de las fusiones que consideran no se ajustan a estas normas contables.

La regla general (norma 19.2.2 PGC) es que la fecha de adquisición *«será la de celebración de la Junta de accionistas u órgano equivalente de la empresa adquirida en que se apruebe la operación, siempre que el acuerdo sobre el proyecto de fusión o escisión no contenga un pronunciamiento expreso sobre la asunción de control del negocio por la adquirente en un momento posterior»*. Por tanto, esto supone que la fecha de retroacción contable no puede ser anterior a la fecha del acuerdo de la junta de la sociedad que se extingue, pero sí podrá fijarse en un momento posterior.

Sin embargo, en el caso de fusiones entre empresas de un grupo, la norma a aplicar es el art. 21 del PGC. En este caso, el criterio de valoración en las operaciones entre empresas del grupo en las que intervenga la empresa dominante es que *«los elementos patrimoniales adquiridos se valorarán por el importe que correspondería a los mismos, una vez realizada la operación, en las cuentas anuales consolidadas del grupo o subgrupo según las citadas Normas para la Formulación de las Cuentas Anuales Consolidadas»* y *«La diferencia que pudiera ponerse de manifiesto en el registro contable por la aplicación de los criterios anteriores, se registrará en una partida de reservas»*. Si no participa la sociedad dominante, el criterio será *«según sus valores contables en las cuentas anuales consolidadas en la fecha en que se realiza la operación»*.

En cuanto a la fecha de efectos contables, (regla 21.2.2.2) *«En las operaciones de fusión y escisión entre empresas del grupo, la fecha de efectos contables será la de inicio del ejercicio en que se aprueba la fusión siempre que sea posterior al momento en que las sociedades se hubiesen incorporado al grupo. Si una de las sociedades se ha incorporado al grupo en el ejercicio en que se produce la fusión o escisión, la fecha de efectos contables será la fecha de adquisición»*.

Por tanto, parece que en este caso no existe opción, sino que necesariamente la fecha de retroacción ha de ser la del inicio del ejercicio. Así se deduce asimismo de la Consulta 13 del BOICAC 85/marzo 2011. No parece, sin embargo, lógico que la fecha de retroacción sea la del inicio del ejercicio en el caso en que la sociedad se haya creado durante el mismo o específicamente en el momento de la escisión, como defiende esa misma consulta. La misma incurre a nuestro juicio en una contradicción al decir que *«independientemente de que la sociedad beneficiaria de la escisión sea una sociedad preexistente u otra de nueva creación, la fecha de efectos contables será la del inicio del ejercicio, salvo que el negocio adquirido se hubiera incorporado al grupo durante el mismo, en cuyo caso, la fecha de efectos contables será la fecha de adquisición»*. No parece que se pueda sostener que una sociedad de nueva creación perteneciera al grupo antes de estar constituida, por lo que la solución más conforme con la ley es que la fecha de adquisición en el caso de sociedad que se crea con la escisión no puede ser otra que la de la escisión misma. En sede de escisión nos ocuparemos de los problemas prácticos a que puede dar lugar esta doctrina del ICAC.

En el caso de que la sociedad se hubiera incorporado al grupo durante el ejercicio, la fecha de retroacción contable tampoco queda a la elección de las sociedades, sino que ha de ser obligatoriamente la fecha de adquisición. No obstante, no está claro a qué se refiere esta fecha, pues en el art 19 se dice que en los casos de fusión o escisión la fecha de adquisición es la fecha del acuerdo de fusión. Sin embargo, entendemos que la norma 21 cuando habla de fecha de adquisición no se está refiriendo al concepto que de ésta da la norma 19. En el caso de empresas independientes, identificar fecha de adquisición con fusión tiene sentido porque es en ese momento cuando se adquiere el control. En el caso de empresas de un grupo, la fecha de adquisición, que determina el control, es la fecha de negocio jurídico de adquisición. Por tanto, a los efectos de la norma 21, la fecha de retroacción en estos casos será la de ese negocio que implique el control o la pertenencia al grupo.

La finalidad de esta fecha, según la mayoría de la doctrina, es puramente contable: fijar una fecha de manera que las sociedades que se extinguen no tengan a partir de ese momento que formular cuentas. Por tanto, la trascendencia será solo interna, por cuanto los efectos externos del traspaso patrimonial –la sucesión universal– dependen del cumplimiento de todo el procedimiento y se producen sólo desde la inscripción. La norma 19 del PGC regula detalladamente las obligaciones contables durante los plazos transitorios entre la fecha de retroacción y la inscripción de la fusión.

El texto refundido de la LIS (Real Decreto legislativo 4/2004) establece en su art. 93 una serie de obligaciones de información a incluir en la memoria para aclarar ese traspaso contable.

8.ª *«Los estatutos de la sociedad resultante de la fusión»*.

Esta nueva mención supone un reforzamiento de los derechos de información, aunque implica una mayor rigidez del procedimiento, pues en esta fase puede que haya partes de los estatutos que aún no se puedan definir adecuadamente (LARGO GIL, R, 2009, p. 453). Plantea además el problema de que al exigir el art. 40.2 LME la inclusión en la publicación o comunicación de la convocatoria de la junta de «las menciones mínimas del proyecto», podría entenderse que ello supone la necesaria inclusión de los estatutos completos. Esta cuestión la examinamos en relación con el contenido de la publicación de la convocatoria, aunque podemos adelantar que esta interpretación sería absurda, y que por tanto bastará una mención genérica a los mismos y en su caso una mención de las modificaciones no derivadas directamente de la fusión.

9.ª *«La información sobre la valoración del activo y pasivo del patrimonio de cada sociedad que se transmita a la sociedad resultante»*.

Esta mención es una novedad, y parecía más bien tema del informe de administradores y de expertos. Procede de la Directiva 2005/56/CE sobre fusiones transfronterizas de las sociedades de capital. No parece que se refiera a la misma información que ha de constar en la memoria, normal o abreviada, de las cuentas anuales de las sociedades (apartado 4, normas de registro y valoración, del PGC), pues ya se contiene en las cuentas anuales que deben ponerse a disposición de los interesados con arreglo al art. 39.1 LME. Por tanto, debe tener por contenido más bien las valoraciones especiales que se han realizado para determinar el tipo de canje (actualizaciones de valor, tasaciones, dificultades de valoración, etc.).

También pueden servir de guía el art. 19 del PGC y el art. 93 del texto refundido de la Ley del impuesto sobre sociedades, que se refieren a informaciones contables que han de constar en la memoria derivadas del proceso de fusión.

10.ª *«Las fechas de las cuentas de las sociedades que se fusionan utilizadas para establecer las condiciones en que se realiza la fusión».*

Igual que la anterior, es una mención nueva y procede de la Directiva 2005/56. Como se ha visto al tratar de la fijación del tipo de canje, la valoración no se basa solo en las cuentas, pero, al partirse del valor real del patrimonio, tiene que tener una base contable, a la que podrán añadirse otros criterios.

El precepto deja claro que las cuentas que se consideren no son las del balance de fusión, entre otras cosas porque los balances no tienen que ser de la misma fecha en todas las sociedades. Nos parece una novedad que mejora la información y además permitirá un mejor control por los socios –y eventualmente por los tribunales– de la valoración y de las informaciones complementarias que han de suministrar los administradores de conformidad con el art. 39.3 LME.

11.ª *«Las posibles consecuencias de la fusión sobre el empleo, así como su eventual impacto de género en los órganos de administración y la incidencia, en su caso, en la responsabilidad social de la empresa».*

La mención sobre las consecuencias sobre el empleo parece obligatoria, aunque sea para decir que no se prevé ninguna, y se deriva de las directivas europeas. En cuanto a su contenido, han de cumplirse los requisitos del art. 44.6 del Estatuto de los Trabajadores, como recuerda la DA 2.ª de la LME.

En cambio, las menciones sobre el impacto de género –fruto de una enmienda del Grupo Popular– y sobre la responsabilidad social de la empresa vienen acompañados de las palabras «eventual» y «en su caso», de manera que creemos que si no existe ningún efecto de ese tipo no serán necesarias. Habrá que plantearse en qué puede consistir el impacto de género en los órganos de administración. Si interpretamos literalmente, siempre que haya un cambio en la proporción de hombres y mujeres en el consejo de la resultante habrá que indicarlo. Más difícil aún resulta saber qué tipo de impacto puede tener una fusión sobre la «responsabilidad social» de la empresa.

Otras posibles menciones del proyecto no obligatorias. Puede resultar muy conveniente introducir previsiones sobre la organización de la administración social. En primer lugar, en relación a la coordinación de la administración durante el periodo hasta la escritura y desde ese momento hasta la inscripción. Por otra parte, entendemos que es muy importante la regulación de la administración futura: esto sí que es contenido propio del proyecto que desde luego es objeto de la fase de negociación. Se trata de explicar quién se encargará de la administración de la sociedad nueva o absorbente, y entendemos que es un elemento muy importante dentro del carácter informativo del proyecto. De hecho, esta cuestión, más que las ventajas a que se refiere el art. 31.5 LME, puede dar a los socios una idea de qué intereses pueden estar en juego en relación con sus administradores, y de sus posibles contraposiciones de intereses.

e) Inserción en la web corporativa o depósito del proyecto en el Registro Mercantil.

La regulación de la fusión contenida en la LSA solo preveía la publicidad del proyecto a través de la constancia en la convocatoria de las menciones mínimas del proyecto. Para la mayoría de la doctrina, esto no cumplía las exigencias de la 3.ª Directiva, y así se entendió también por el Gobierno, que en la reforma del RRM del año 1996 introdujo la necesidad de depósito del proyecto de fusión en el Registro Mercantil. La LME corrigió esta situación estableciendo en el art. 32.1 la obligación de depósito del proyecto en el Registro Mercantil en términos sustancialmente iguales a los previstos en el art. 226 RRM.

Sin embargo, esto ha sido reformado por el Real Decreto-ley 9/2012, de 16 de marzo, convalidado con alguna modificación por la Ley 1/2012, de 22 de junio, de simplificación de las obligaciones de información y documentación de fusiones y escisiones de sociedades de capital, (que adapta la Directiva 2009/109/CE del Parlamento Europeo y del Consejo, de 16 de septiembre de 2009, por la que se modifican las Directivas 77/91/CEE, 78/855/CEE, 82/891/CEE y 2005/56/CE en lo que se refiere a las obligaciones de información y documentación en el caso de las fusiones y escisiones). La finalidad de la reforma es reducir las cargas administrativas de las sociedades y para ello se establece la publicación en la página web de la sociedad como alternativa al depósito o a la publicación en el Registro Mercantil correspondiente a la sociedad. Salvo en los casos en que la Ley 1/2012 modifica el Real Decreto-ley, nos referiremos a la reforma como la Ley 1/2012.

La inserción del proyecto en la web: el nuevo art. 32 LME deja como subsidiario el depósito y establece ahora que «*1. Los administradores están obligados a insertar el proyecto común de fusión en la página web de cada una de las sociedades que participan en la fusión, sin perjuicio de poder depositar voluntariamente un ejemplar del proyecto común de fusión en el Registro Mercantil correspondiente a cada una de las sociedades que participan en ella. El hecho de la inserción del proyecto de fusión en la página web se publicará de forma gratuita en el Boletín Oficial del Registro Mercantil, con expresión de la página web en que figure y de la fecha de la inserción*». La Ley 1/2012 modificó el Real Decreto-ley para admitir el depósito no solo como subsidiario sino también como facultativo, aun existiendo página web, y asimismo aclara que el medio para obtener la inserción para la publicación en el BORME es remitir al Registro Mercantil una certificación «*debiéndose publicar en el Boletín Oficial del Registro Mercantil dentro de los cinco días siguientes a la recepción de la última certificación*». Parece, por tanto, que se ha de remitir una certificación por cada sociedad a su Registro Mercantil, certificación que entendemos deberá ser expedida por la persona o personas que tengan la facultad certificante en la sociedad y con firmas legitimadas. Esta norma tiene mucho interés desde el punto de vista de la interpretación del art. 11 bis.2 de la LSC, que regula la prueba de las inserciones en la web diciendo que la carga de la prueba de la inserción corresponde a los administradores. La norma de la LME revela que esa norma de prueba se aplicará en el caso de controversia judicial, pero que en el tráfico en principio se considera suficiente la manifestación de los administradores, tanto para el otorgamiento de una escritura pública como para el acceso al registro.

La inserción en la web debe ser «*con un mes de antelación, al menos, a la fecha prevista para la celebración de la junta general que haya de acordar la fusión*», y debe «*mantenerse hasta que finalice el plazo para el ejercicio por los acreedores del derecho de oposición a la fusión*». Por tanto, la norma hace uso de la posibilidad que prevé la directiva de establecer una obligación de mantener la publicación más allá de la fecha del acuerdo.

Lo que no está claro es si la norma cumple la directiva en otro aspecto, pues ésta establece que «*Cuando se utilice un sitio web distinto de la plataforma electrónica central, se publicará en la plataforma electrónica central una referencia que dé acceso a dicho sitio web*». Todavía no existe esa plataforma central prevista en la Directiva 68/151/CEE, y no parece que la constancia de la web corporativa en el Registro Mercantil sea equivalente, pues el acceso al registro no es gratuito ni tiene el link a la web corporativa que prevé la directiva.

El depósito subsidiario se regula en el párrafo 2 del artículo, que dice: «*Si alguna de las sociedades que participan en la fusión careciera de página web, los administradores están obligados a depositar un ejemplar del proyecto común de fusión en el Registro Mercantil en que estuviera inscrita. Efectuado el depósito, el registrador comunicará al registrador mercantil central, para su inmediata publicación gratuita en el Boletín Oficial del Registro Mercantil, el hecho del depósito y la fecha en que hubiere tenido lugar*». La redacción es semejante a la anterior, pero existe una importante diferencia, pues antes se decía «*efectuado el depósito y la calificación*», lo que planteaba el problema de si había que distinguir el momento del depósito y el de la calificación. Teniendo en cuenta que ahora el proyecto puede publicarse directamente en la web sin intervención alguna del registrador, parece lógica la supresión de la referencia a la calificación. El art. 226 RRM sigue diciendo que la calificación del registrador se limita en este caso a determinar si el proyecto «*es el exigido por la Ley y está debidamente suscrito*», pero con la regulación actual no parece que exista calificación propiamente dicha. No obstante, el registrador, para garantizar la autenticidad del proyecto, parece lógico que exija que se presente el proyecto con firmas legitimadas, o acompañado de una certificación con firmas legitimadas. Esto sin perjuicio de que, por motivos de economía procesal y sin perjuicio del depósito, el registrador pueda poner de manifiesto los defectos de que pueda adolecer el proyecto depositado.

Publicidad en el BORME: Se prevé para ambos supuestos y deberá contener, obviamente, la identificación de las sociedades, además del hecho del depósito o de la inserción en la web y su fecha.

Publicidad del proyecto y convocatoria: la finalidad de la publicidad del proyecto a través del Registro Mercantil o la web es la información de los interesados, y para ello el art. 32.3 establece: «*La publicación del anuncio de convocatoria de las juntas de socios que hayan de resolver sobre la fusión o la comunicación individual de ese anuncio a los socios no podrá realizarse antes de la publicación de la inserción o del depósito del proyecto en el "Boletín Oficial del Registro Mercantil*».

Depósito o publicidad previos y Junta Universal: Se ha suprimido el inciso del art. 32 que establecía que el carácter previo del depósito no era necesario en el supuesto de junta universal. Esa redacción acogía la solución que se admitió por la DGRN en resolución de 30 de junio de 1993, que entendió que la falta de depósito del proyecto no invalidaba el acuerdo, pues se podía presumir su existencia o al menos el conocimiento de su contenido y que los derechos de los terceros quedaban suficientemente protegidos con el depósito hecho tras el acuerdo pero con un mes de antelación a la escritura de fusión.

La duda que ahora se plantea es si aún puede aplicarse la doctrina de esa resolución. Por una parte, parece que el cambio en la norma indica la voluntad del legislador de no permitir esa simplificación. Si además se tiene en cuenta que al mismo tiempo se reforma el art. 42, que establece ahora que el depósito previo del proyecto no es necesario en el caso de acuerdo unánime en todas las sociedades (cualquiera que sea el tipo social de las sociedades participantes), parece que el legislador quiere limitar a este caso la no exigencia de depósito previo.

A nuestro juicio, esta solución no es totalmente clara: por una parte, cuando se dictó la resolución se establecía la obligación de depósito sin excepciones, por lo que sería aplicable ahora la misma doctrina; por otra, en el caso del art. 51 de la LME, la Ley considera que los derechos de terceros quedan suficientemente protegidos si el proyecto está a su disposición con un mes de antelación a la fecha de formalización de la fusión. Parece por tanto que la publicidad del depósito con carácter previo a la convocatoria está dirigida solo a la información de los socios, por lo que si todos acuerdan pronunciarse sobre la fusión no parece que tenga mucho sentido su exigencia, aunque entendemos que en ese caso debería haber un pronunciamiento expreso al aprobar el orden del día de prescindir de esa publicidad previa.

En el caso de sociedades cotizadas, el proyecto debe además comunicarse como hecho relevante a la CNMV antes de darle cualquier otro tipo de publicidad y publicarse en la página web de la sociedad.

3. El informe de los administradores

La Ley lo regula en el art. 33: *«Los administradores de cada una de las sociedades que participan en la fusión elaborarán un informe expli-*

cando y justificando detalladamente el proyecto común de fusión en sus aspectos jurídicos y económicos, con especial referencia al tipo de canje de las acciones, participaciones o cuotas y a las especiales dificultades de valoración que pudieran existir, así como las implicaciones de la fusión para los socios, los acreedores y los trabajadores».

Las únicas variaciones respecto de la redacción de la LSA son la adición de la palabra «común» al proyecto y la ampliación de su contenido a las implicaciones para los socios, acreedores y trabajadores.

No se le ha dado a este informe en nuestra doctrina la misma importancia que en otros países, en los que se ha insistido en su importancia en el sistema de información de los socios: en Alemania, por ejemplo, una de las principales causas alegadas para la impugnación del acuerdo de fusión es la falta de información suficiente en el informe de los administradores. Cabe también exigir responsabilidad a los administradores por la falta de información o la falta de veracidad de ésta. La jurisprudencia española ya ha tenido ocasión de pronunciarse sobre el tema, y admite esta causa de impugnación, aunque en los casos que se han tenido que resolver no se haya estimado: la STS de 15 febrero de 2007 señala que solo se podrá basar la impugnación en una concreta omisión o desviación o en un error apreciable que impidiera tener un conocimiento de las líneas generales de la fusión (en el mismo sentido la SAP Las Palmas 16 octubre 2006).

A diferencia del caso de informe de experto, no se prevé la formulación de un único informe. La SAP de Las Palmas de 16 de octubre de 2006 admitió un único informe, argumentado que ni de la literalidad de la Ley ni de su conjunto se deduce la necesidad de una pluralidad de informes, siempre que en el mismo hayan participado los administradores de todas las sociedades. También señala con acierto que la fase de contraposición de intereses es anterior al proyecto de fusión (justamente en su elaboración es cuando se produce la negociación). Entendemos que esto será posible, pero siempre que se tenga en cuenta que la justificación de la fusión puede ser distinta para cada sociedad y por tanto el informe, aunque sea único, debe partir de la situación real de cada una de ellas y de sus perspectivas económicas, y explicar los beneficios perseguidos, que pueden ser también distintos. Se trata de justificar la fusión para los socios de una sociedad concreta que existe todavía como tal y que no ha expresado su voluntad, no de justificar el éxito de la futura sociedad resultante de la fusión.

- *El contenido del informe:* La Ley determina un objetivo («explicar y justificar»), una característica («detalladamente») y un objeto (el proyecto de fusión). El contenido del informe tiene que ser informativo y habrá de resaltar tanto las ventajas como los problemas y las incertidumbres, pues lo contrario podría influir sobre la validez del acuerdo y, desde luego, podrán incurrir en responsabilidad los administradores, sin que puedan escudarse en su deber de favorecer la fusión.

La referencia al detalle del informe persigue evitar un informe formulario y sin contenido, cosa que se refuerza en la norma con la necesaria expresión de las implicaciones de la fusión para socios, acreedores y trabajadores.

Por tanto, el informe habrá de referirse a:

- Aspectos jurídicos: debe aclarar a los socios lo que implica legalmente el proceso de fusión y sus diversas fases, pero sobre todo los cambios que se van a producir, resaltando las modificaciones estatutarias, y en su caso las que se deriven del cambio de tipo en fusiones heterogéneas. El art. 33 exige referencia especial a las implicaciones para los trabajadores, por lo que deben detallarse todos los posibles cambios que se pueden producir para el empleo en la sociedad. También deberán exponerse las consecuencias desde el punto de vista del derecho fiscal y en su caso del derecho de la competencia. A nuestro juicio, es esencial que se incluya aquí la explicación de la organización de la administración tras la fusión. Puede incluirse en el proyecto y sin duda debe recogerse en este informe. Ya hemos dicho que tiene carácter esencial para juzgar la fusión, pues estos acuerdos pueden suponer la existencia de un conflicto de intereses. En el caso de que existan relaciones intragrupo, es conveniente revelarlas y explicar sus efectos jurídicos y económicos.

- Aspectos económicos: será en este aspecto en el que sobre todo se deberá justificar la fusión, explicando los objetivos que se persigan. La Ley exige especial referencia al tipo de canje, lo que implica que se expresen los criterios seguidos para establecerlo. Como hemos visto, se pueden utilizar otros criterios que no sean el valor patrimonial neto, pero sólo si el socio está informado de por qué ese criterio no es suficiente y por qué otros son útiles. Esto está en relación con la mención del art. 33 a las dificultades de valoración, que supone que se expliquen las ventajas y limitaciones de los criterios de valoración utilizados.

Este informe hace innecesaria la elaboración de otros sobre el aumento de capital, y sobre las modificaciones estatutarias propuestas (arts. 296.1 y 286 LSC), por razón de la autonomía de las normas sobre fusión.

- *Casos en que no es necesario el informe de administradores*: No se exige en los supuestos de fusión de sociedad íntegramente participada (art. 49.1.2.) y sus asimilados (art. 52), y tampoco en el caso de la fusión parcialmente abreviada del art. 50.1, pero sí será necesario, aún en estos casos, en las fusiones transfronterizas. En el caso de acuerdo unánime en todas las sociedades (art. 42), la anterior redacción de este artículo nada decía, por lo que podía entenderse exigible (SÁNCHEZ-CALERO, J. 2009, p. 499). Aunque ya entonces entendíamos que no era necesario por el hecho de tener que referirse a un proyecto al que no se aplicaban las normas generales, hoy el precepto dice ya claramente que el acuerdo podrá adoptarse «*sin informe de administradores*», lo que supone admitir esta simplificación que admiten la 3.ª Directiva y 6.ª Directiva (arts. 9.3 y 11) tras la Directiva 2009/109/CE. Destaquemos además que ahora el art. 42 es aplicable también a las fusiones en que intervienen sociedades anónimas, como se verá en su examen específico. En todo caso, no nos parece que ésta sea una simplificación que tenga mucho sentido, pues no supone ahorro de costes ni de tiempo, mientras que reduce la información no sólo para los socios sino también para trabajadores y terceros, y por el contrario su exigencia supone que los administradores asuman una responsabilidad específica sobre la finalidad y el sentido de la operación.

4. El informe del experto o expertos independientes

La LME introdujo en esta materia modificaciones respecto de la legislación anterior. La primera, en el art. 34.1, al definir su ámbito de exigencia, y la segunda, la muy importante excepción del art. 34.5. Respecto de ambas normas se sostenía una interpretación correctora en la primera edición de este libro, y ambas han sido reformadas en el sentido que defendíamos: por la Ley 25/2011, el art. 34.5; y por el Real Decreto-ley 9/2012, de 16 de marzo, el art. 34.1 – y de nuevo el art. 34.4 por la Ley 1/2012–; si bien, como veremos, donde antes había que hacer una interpretación correctora de la Ley porque ofrecía unas simplificaciones excesivas, ahora sucede lo contrario, porque su tenor literal resulta demasiado riguroso.

Lo fundamental que podemos decir sobre este informe es que el mismo desempeña una doble función: primero, supone una medida de protección preventiva del interés de los socios de las sociedades que participan en la fusión en relación con el tema clave de la relación de canje; y segundo, es una medida de protección de los intereses de terceros que se ponen en juego en relación con la cobertura patrimonial efectiva de la cifra de capital de las sociedades resultantes de la fusión, cuando éstas son anónimas o comanditarias por acciones. Esto tiene por fin su reflejo en la LME, tras las dos reformas citadas, y el actual art. 34.3 divide el informe en dos partes, referidas cada una de ellas a una de esas dos finalidades. Asimismo, la reforma introducida por el Real Decreto-ley 9/2012 modifica el art. 69 LSC e incluye entre las excepciones a la exigencia de informe de experto en la constitución de sociedad o aumento de capital en SA, los casos de fusión o escisión cuando se haya elaborado un informe sobre el proyecto de fusión. Quizá fuera innecesario, pero sirve para evitar cualquier duda que pudiera provocar la deficiente redacción del art. 77 LME relativo a la escisión –que no ha sido modificado–, que parece contemplar el informe sobre las aportaciones dinerarias de manera diferenciada respecto al informe sobre el proyecto de escisión.

a) Supuestos en los que es necesario

La regla general se formula en el art. 34.1 LME, que exige este informe únicamente «*Cuando alguna de las sociedades que participen en la fusión sea anónima o comanditaria por acciones...*».

Es importante recordar que la LSRL de 1995 introdujo la novedad (art. 94 LSRL) de excluir la necesidad de informe de experto en caso de que no participara en la fusión ninguna SA. Dado que el régimen de la fusión resultaba de la remisión a la normativa de la LSA, en principio, el requisito de la elaboración de este informe pericial independiente sobre el proyecto de fusión era aplicable a las fusiones en que participasen sociedades limitadas. El citado art. 94 LSRL restringió la necesidad del informe a aquellos casos en que participase alguna SA en la fusión.

Por tanto, todas las fusiones mixtas con intervención de una SA ya fuera como resultante o absorbente o como absorbida requerían informe, pero no lo requerían las fusiones con participación sólo de sociedades limitadas. Esto último se criticó por algunos, por entender que el interés de los socios de conservar el valor de su derecho en la sociedad de origen y la consiguiente necesidad de esta información independiente es la misma con independencia del tipo societario, no siendo válidos los argumentos basados en el tamaño de las sociedades, que es algo de lo que hoy el tipo social no es indicativo.

Sin embargo, por algunos autores y registradores mercantiles se interpretó este art. 94 LSRL de manera aún más amplia: entendiendo que el informe sólo era necesario si precisamente la sociedad resultante de la fusión era una SA (es decir, aun participando una SA, si la sociedad absorbente o resultante era una SL no hacía falta este informe). Semejante interpretación partía de un desenfoque consistente en atender sólo a la segunda función del informe a la que nos hemos referido: como es evidente, la función de control de la realidad de la cobertura del capital de la sociedad resultante de la fusión sólo es preceptiva cuando dicha sociedad resultante (que se constituye o aumenta su capital con ocasión de la fusión) es una SA o SComA, porque sólo para estas sociedades las aportaciones no dinerarias están sujetas a verificación pericial independiente. Pero, como ya hemos señalado, semejante función no es la única ni la principal del informe de experto o expertos en una fusión. La redacción del anterior 34.1 de la Ley acogía esa interpretación al decir "*Cuando la sociedad resultante de la fusión sea anónima o comanditaria por acciones...*».

Esa norma era contraria al art. 10 de la Tercera Directiva, y en este sentido se pronunció el Consejo de Estado en su dictamen sobre el proyecto de Ley, y el Colegio de Registradores en su informe al anteproyecto. La solución correcta es precisamente la que adoptaba ya la propia LME en materia de escisión: el art. 78 establece la necesidad del informe de experto siempre que «participen» en la escisión una SA o una SComA, y era totalmente incongruente que existieran sistemas distintos para fusión y escisión.

Esta interpretación que sostuvimos ya con la errónea redacción anterior ha sido adoptada legalmente por el art 34.1 LME tras la redacción dada por el Real Decreto-ley citado, por lo que queda claro que la participación de una SA o SComA implica la necesidad de informe, tanto en la fusión como en la escisión, y sin perjuicio de las excepciones que después veremos.

b) Los expertos y su régimen

Número de expertos: la regla general es que deberán ser *«uno o varios expertos independientes y distintos, para que, por separado, emitan informe sobre el proyecto de fusión y sobre el patrimonio aportado por las sociedades que se extinguen».* Pero se puede pedir al Registrador Mercantil de la resultante que designe uno o varios expertos para la elaboración de un único informe.

Designación: se realiza por el Registrador Mercantil de acuerdo con las normas del RRM: solicitud por triplicado ante el Registro Mercantil competente (art. 338), nombramiento dentro de 15 días (arts. 339 y 340), notificación al experto y plazo de cinco días para aceptar (art. 344). Existe la posibilidad de recusación (art. 343), y para el caso de solicitud de un único informe se habrá de aportar certificación de cada una de las sociedades participantes en el proyecto de fusión (art. 349. RRM).

Sujetos en los que puede recaer el nombramiento: la Ley nada dice sobre esta cuestión. El art. 340 RRM dice que el Registrador designará *«conforme a las normas que se dicten... entre las personas físicas o jurídicas que pertenezcan a profesión directamente relacionada con los bienes objeto de valoración o que se hallen específicamente dedicadas a valoraciones o peritaciones».* Como no se han dictado normas, el contenido del art. 340 ha de ser adaptado al supuesto de la fusión, pues está pensado para la valoración de bienes concretos. Por tanto, no se debe acudir a un perito o sociedad de tasación, sino a personas especializadas en valoración de empresas. En Alemania y Portugal la legislación exige que sea un auditor y creemos también que tal cualificación supone una garantía inicial, aunque no sea su competencia exclusiva.

Respecto de la garantía de la independencia, el artículo 341 RRM se remite al régimen de incompatibilidades de la normativa procesal civil. Creemos que será incompatible el auditor de la sociedad, por carecer de la independencia exigida. Pero puede ser nombrado otro auditor, y en este caso no le serán aplicables las normas de incompatibilidad de los auditores (art. 321 RRM) sino las de los expertos, pues no actúa como auditor sino como «valorador».

Retribución: la retribución se fija por el registrador (art. 340.3 RRM), y se paga por la sociedad (art. 348 RRM).

Derecho de información de los expertos: el art. 33.2 LME señala que*«podrán obtener de las sociedades que participan en la fusión, sin limitación alguna, todas las informaciones y documentos que crean útiles y proceder a todas las verificaciones que estimen necesarias»*. No se aplican aquí, por tanto, las limitaciones a la información de los socios del artículo 197 LSC, y la información ha de extenderse a las otras sociedades en el caso de pluralidad de informes, pues el tipo de canje implica una valoración relativa de los patrimonios de las sociedades intervinientes.

c) Plazo de emisión y contenido del informe

El plazo para emitirlo es de un mes desde la aceptación (art. 345 RRM) y caduca a los tres meses desde su fecha, aunque puede ratificarlo el propio experto prorrogando otros tres meses su vigencia (art. 347 RRM).

Ya hemos dicho que el informe tiene un doble contenido: por una parte está dirigido al control del proyecto y el informe de los administradores, y por otra a verificar la realidad y valor del patrimonio social cuando la resultante es una SA o SComA.

Esto se reconoció por el legislador en la reforma introducida por la Ley 25/2011, de 1 de agosto, que introducía en el número 4 la referencia a las dos partes del informe. Pero cometió el error de sustituir los párrafos 4 y 5, cuando evidentemente quería referirse a los puntos 3 y 5, y con ello resultaba que el párrafo tercero -que es el que se refería al contenido del informe- quedaba igual, seguido de un punto 4 que se refería a la misma cuestión, y se suprimía el punto 4 que se refería a la responsabilidad de los expertos. Este desaguisado se corrigió con el Real Decreto-ley 9/2012, que redacta de nuevo el art. 34, que queda con cuatro párrafos. Eso sí, por el camino y sin razón alguna se ha perdido el punto referido a las responsabilidad de los expertos, a lo que nos referimos después.

Veamos por tanto los dos contenidos distintos, que hoy serán además dos partes, de acuerdo con el art. 34.3:

Informe sobre el proyecto de fusión: *«en la primera, deberán exponer los métodos seguidos por los administradores para establecer el tipo de canje de las acciones, participaciones o cuotas de los socios de las sociedades que se extinguen, explicar si esos métodos son adecuados, con expresión de los valores a los que conducen y, si existieran, las dificultades especiales de valoración, y manifestar la opinión de si el tipo de canje está o no justificado»*. Aunque el informe es *«sobre el proyecto común de fusión»* con arreglo al art. 34.1, la Ley no detalla hasta qué punto debe informar sobre el mismo salvo en lo referente al tipo de canje. Entendemos que deberá referirse a todas las cuestiones de tipo económico, y pronunciarse al menos sobre la fecha fijada para que a partir de la misma los socios participen en las ganancias sociales, por ser una de las cuestiones íntimamente relacionadas con el tipo de canje.

En cuanto al tipo de canje, se exige por una parte señalar cuáles han sido los métodos seguidos para establecerlo e indicar si son adecuados. Interpretando este artículo de acuerdo con la Tercera Directiva (art. 10.1.b), tendrán que indicar también la importancia relativa de esos métodos. Por otra parte, debe referirse a los valores a los que conducen, debiéndose entender que no es necesario que se realice una nueva valoración, sino que se emita un juicio sobre las realizadas.

En cuanto a la descripción de las dificultades de valoración, entendemos que deben incluirse tanto las referidas a elementos concretos del patrimonio de las empresas que tengan relevancia, como las genéricas (por ejemplo, las que puedan resultar de incertidumbre en el sector en el que opera la sociedad). En la STS de 15 de febrero de 2007 se especifica que pueden existir o no, por lo que el informe no debe hacer necesariamente referencia a ellas.

El juicio sobre si el tipo de canje está o no justificado será el resultado de todos los anteriores. Se exige del experto no solo una explicación técnica sino una toma de posición, expresando en su caso cuál es la sociedad perjudicada. A nuestro juicio, esta toma de posición es la cuestión central, y todas las anteriores menciones son la justificación técnica de este juicio.

Informe sobre la suficiencia del patrimonio: la segunda parte del informe consiste en *«la opinión de si el patrimonio aportado por las sociedades que se extinguen es igual, al menos, al capital de la nueva sociedad o al importe del aumento del capital de la sociedad absorbente»*.

La finalidad propia del informe de expertos en la fusión es la anterior. Lo que sucede es que, como para emitir el anterior informe se ha de realizar una valoración de las empresas que se extinguen, parece lógico que se utilice esa información para cumplir el requisito del control de capital cuando la sociedad que se constituye o aumenta capital es una SA o SComA. En el artículo 24 de la Tercera Directiva se prevé la posibilidad de que en la fusión no se exijan los informes normales para el caso de constitución de sociedades. Como se verá al examinar el art. 34.4 LME, el estudio completo de las directivas y la reforma realizada por la Directiva 2009/109/CE dejan claro que la garantía del capital solo se entiende cumplida si se realiza un informe de expertos sobre el valor de las sociedades. Con la actual redacción del art. 34 (y la del art. 67 LSC) queda por fin claro que el legislador español se ha acogido a esta facultad a través de la doble función del informe.

Se trata de una garantía del principio de realidad del capital social y no plantea más especialidades respecto de la regla general del art. 67 LSC que las dificultades técnicas de valorar una empresa en funcionamiento. La STS 15 febrero 2007 señaló que no procedía la aplicación de las normas del entonces art. 38 LSA en el sentido de tener que valorar todos los elementos no dinerarios:*«no se produce la aportación de los elementos no dinerarios que han sido incorporados, sino la del patrimonio global de la sociedad que se extingue... la estimación se refiere al patrimonio total y se produce en términos de valoración real».* Esto es acorde hoy también con la referencia que hace el art. 18.3 LME en sede de transformación a la valoración del «patrimonio social», no a las aportaciones no dinerarias. Desgraciadamente, los arts 77 y 78 de la LME hacen referencia aún a «los informes sobre las aportaciones no dinerarias» y a «la valoración del patrimonio no dinerario», como si fuera algo distinto de la valoración del patrimonio social. Sin embargo, una interpretación finalista y sistemática de la Ley debe llevarnos a concluir que el sistema ha de ser el mismo para fusión y escisión, y por tanto que la interpretación del TS y hoy del legislador tras la última reforma –valoración del patrimonio global– es lo que ha de aplicarse en todos los casos.

d) Los efectos del informe

¿Puede el contenido del informe impedir que se lleve a cabo la fusión?

La falta de informe, siendo éste preceptivo, implicaría, obviamente, la nulidad del procedimiento, pero la cuestión dudosa es si su contenido puede impedir la consumación de la fusión. Entendemos que el informe tiene dos contenidos distintos y que la respuesta será distinta para cada caso:

- El examen económico del proyecto y el juicio sobre el tipo de canje: la finalidad básica al respecto es la información de los socios, para formarse una opinión con más conocimiento de causa y poder votar en consecuencia. Un juicio negativo provocará normalmente el rechazo de la fusión en la junta de socios de la sociedad perjudicada. Pero la Ley no vincula a los socios a votar en ese sentido ni supone la suspensión del procedimiento, porque no exige una opinión favorable sino un simple juicio. Además, es posible que el juicio sobre la justificación pueda matizarse por el experto, o se manifiesten determinadas dudas sobre algunos aspectos del proyecto, sin que esto suponga una clara manifestación de rechazo. Por ello, la doctrina opina que ni el notario puede negarse a autorizar la escritura ni el registrador denegar la inscripción por esta causa. Lo que sin duda será es un apoyo firme para impugnar el acuerdo por causa de la incorrección del tipo de canje, como resulta de la jurisprudencia (la SAP de Madrid de 24 de enero de 1997 señala como una de las causas para no admitir la impugnación el que el método se consideró adecuado en el informe de expertos; la STS 15 de febrero de 2007 declara que el tipo de canje respaldado por el informe de experto independiente tiene presunción de veracidad).

- La valoración del patrimonio en relación con el capital: se plantea si este informe tiene la misma trascendencia que en los supuestos normales de constitución de sociedad o aumento de capital, es decir, si es necesario que la manifestación sea positiva para que se pueda proceder a la fusión. Podría entenderse que no, pues ni la 3.ª Directiva ni el nuevo art. 34.3 LME lo dicen claramente. Sin embargo, la dicción del art. 34.3 LME es muy semejante a la redacción del art. 67 LSC, sin que nadie haya dudado de que el art. 67.2 LSC exige que se cumpla la cobertura real del capital a juicio del experto para que se pueda realizar la operación. El que la valoración no haya de hacerse de cada uno de los elementos no dinerarios sino del patrimonio total en términos de valoración real, no supone que el informe tenga un carácter meramente informativo. Entendemos además que la modificación que introdujo la propia LME en el art. 38.3 LSA (hoy art. 67.3 LSC), implica que no cabe ya el margen de tolerancia de sobrevaloración del 20%, que se recoge aún en el artículo 133.2 del RRM.

La responsabilidad de los expertos: Como se ha visto antes, la reforma hecha por la Ley 25/2011 suprimió el apartado 4 del art. 34 de la LME que establecía: «*La responsabilidad de los expertos se regirá por lo dispuesto para el auditor de cuentas de la sociedad, y quedará exonerado si acredita que ha aplicado la diligencia y los estándares propios de la actuación que le haya sido encomendada*». Esto se debió claramente a un error, pues en vez de sustituir los números 3 y 5 del artículo, que eran los que se ocupaban en la redacción anterior de lo que era objeto de reforma, se suprimieron los números 4 y 5, y después de los dos retoques posteriores del art. 34 el antiguo apartado 4 sobre la responsabilidad del experto no se recuperó, con lo que esta norma ha desaparecido definitivamente. Esto es criticable y se propuso sin éxito su reintroducción en una enmienda en la tramitación de la Ley 1/2012. En cualquier caso, la regla parece la ordinaria de la responsabilidad y entendemos que en esos términos se le puede seguir exigiendo responsabilidad al experto pues la supresión deriva de una secuencia de errores y en ningún caso de la voluntad de exonerar al experto de responsabilidad.

En cuanto a la legitimación, se ha sostenido que no corresponde individualmente a los socios, por entenderla sometida a los requisitos del artículo 238 LSC, pero creemos que es un supuesto con una regulación especial que ha de interpretarse con arreglo al art. 21 de la 3.ª Directiva, por lo que cualquier accionista puede entablar una acción de responsabilidad.

e) La exclusión del informe en los supuestos de acuerdo unánime en todas las sociedades

El 34.5 de la LME en su redacción inicial estableció la no necesidad de informe en el caso de acuerdo unánime en todas las sociedades y en los casos de absorción de sociedad íntegramente participada. La norma planteaba el problema de si la dispensa del informe afectaba también a la segunda función del mismo, el control de la cobertura real de la cifra de capital de la sociedad restante de la fusión cuando ésta es una SA o SComA. En principio así parecía deducirse de la literalidad de la norma, pero se dudaba si eso era conforme a las directivas. La Segunda Directiva sobre sociedades de capital (Directiva 77/91/CEE, del Consejo, de 13 de diciembre de 1976) en su art. 10 exige un informe pericial sobre las aportaciones que no sean en metálico en la constitución de una SA, y el art. 27 en el aumento de capital. Sin embargo en este último caso se permitía prescindir del informe *cuando el aumento del capital suscrito se efectúe para realizar una fusión o una oferta pública de compra o de cambio con el fin de remunerar a los accionistas de una sociedad absorbida o a los accionistas de una sociedad objeto de la oferta pública de compra o de cambio.* Siendo la razón que la aportación de patrimonio no dinerario en el marco de una operación de fusión ya es objeto de su específico informe pericial independiente propio de la fusión, de manera que lo que pretendía este art. 27.3 de la 2.ª Directiva era evitar una duplicación de informes.

Las directivas sobre fusión (Tercera Directiva 78/855/CEE del Consejo, de 9 de octubre de 1978) y sobre escisión (Sexta Directiva 82/891/CEE, de 17 de diciembre de 1982) exigían el informe sobre el patrimonio pero en esta última existía un artículo 10 que disponía que los Estados miembros podrán permitir prescindir del informe si así lo deciden todos los accionistas de las sociedades que participen en la escisión. Obsérvese que, como la Segunda Directiva no exceptúa de la exigencia de su propio informe sobre las aportaciones no dinerarias los supuestos de escisión, este acuerdo unánime de todos los socios de las sociedades implicadas tiene el efecto de dispensar el informe sobre el proyecto de escisión pero no el informe sobre la aportación no dineraria, que en tal caso vendría exigido por la Segunda Directiva.

La Directiva 2007/63/CE, de 13 de noviembre de 2007, entendió que *«No hay motivo para exigir el examen del proyecto por un perito independiente destinado a los accionistas si todos ellos coinciden en que puede prescindirse de él»*, y añadió un apartado 4 al artículo 10 de la Tercera Directiva del siguiente tenor: *«No se requerirá un examen del proyecto de fusión ni un informe pericial si así lo acuerdan todos los accionistas y tenedores de títulos que confieran derecho a voto de cada una de las sociedades que participan en la fusión»*. También se da nueva redacción al art. 10 de la Sexta Directiva, que en su primer apartado pasa a disponer: *«No se requerirán el examen del proyecto de escisión ni el informe pericial contemplados en el artículo 8, apartado 1, si así lo han acordado todos los accionistas y tenedores de títulos que confieran un derecho de voto de cada una de las sociedades que participan en la escisión».* Por tanto, en sede de fusión se introduce una excepción que antes no existía, mientras que en sede de escisión, la excepción, que ya existía pero como posibilidad de que podían hacer uso o no los Estados miembros, pasa a ser una excepción obligatoria.

Como consecuencia de todas estas modificaciones y por el juego de la aplicación cruzada de la segunda y de la tercera directiva se llegó a la situación en la que en caso de acuerdo unánime y solo para la fusión, podía no requerirse informe de experto, incluso si la resultante era una anónima, lo que era incongruente, porque no tiene sentido esa diferencia de régimen para la fusión y la escisión, y por otra parte, en lo que se refiere a la fusión, completamente injustificado, porque choca completamente con la lógica del sistema que no haya informe pericial sobre el proyecto de fusión y el tipo de canje y tampoco lo haya sobre el patrimonio no dinerario aportado a la sociedad absorbente o constituida. Después de seguir el tortuoso itinerario de este tema en las sucesivas directivas, nos damos cuenta de que lo que se ha pretendido desde el principio es evitar una innecesaria duplicidad de informes periciales, pero nunca dejar abierto un agujero de tal envergadura en la rigurosa normativa sobre realidad del patrimonio que sirve de cobertura al capital de una SA.

Y esto que decimos se confirmó con toda claridad por la Directiva 2009/109/CE, del Parlamento Europeo y del Consejo de 16 de septiembre de 2009 por la que se modifican las Directivas 77/91/CEE, 78/855/CEE y 82/891/CEE del Consejo y la Directiva 2005/56/CE en lo que se refiere a las obligaciones de información y documentación en el caso de las fusiones y escisiones, que añade el siguiente nuevo apartado 5 al artículo 10 de la Segunda Directiva: *«Los Estados miembros podrán decidir no aplicar el presente artículo a la constitución de una nueva sociedad por fusión o escisión cuando se elabore un informe pericial independiente sobre el proyecto de fusión o escisión»*; y se da la siguiente nueva redacción al artículo 27.3 también de la Segunda Directiva: *«Los Estados miembros podrán decidir no aplicar el apartado 2 cuando el au-*

mento del capital suscrito se efectúe para realizar una fusión, una escisión o una oferta pública de compra o de canje de acciones y para remunerar a los accionistas de una sociedad absorbida o escindida o que es objeto de la oferta pública de compra o de canje de acciones. Sin embargo, en los casos de fusión o escisión, los Estados miembros solo aplicarán el párrafo primero cuando se elabore un informe pericial independiente sobre el proyecto de fusión o escisión».

Como es evidente, con ese retoque de las Directivas lo que se pretendió fue cerrar el injustificado agujero que en el sistema de la Segunda Directiva había abierto la reforma de la Tercera Directiva del año 2007.

Teniendo en cuenta todo lo anterior, con la anterior legislación ya defendimos que ese art. 34.5 de la LME dispensaba tan solo del informe pericial independiente en cuanto tenía por objeto lo que estrictamente es el proyecto de fusión y la justificación del tipo de canje, pero no el informe pericial sobre el patrimonio no dinerario aportado a la sociedad constituida o absorbente cuando ésta aumenta de capital y tiene forma de SA, porque ese informe es necesario por aplicación de la normativa general de la LSC sobre aportaciones no dinerarias a una SA, que no queda expresamente exceptuada por esta LME. Además, no tenía ningún sentido que una misma cuestión recibiera una solución diferente según se tratara de fusión o de escisión (porque, según lo expuesto, no hay ninguna duda de que en sede de escisión el art. 78.3 de esta LME no se puede interpretar de una forma contraria a la Segunda Directiva). También había un –algo débil– argumento literal pues el art. 34.5 decía que no era necesario el informe «sobre el proyecto común de fusión» de manera que de lo que eximía la Ley no era del informe en su totalidad sino de la parte de ese informe que se refería al proyecto. Estos argumentos fueron acogidos totalmente por la resolución de la DGRN de 2 de febrero de 2011, confirmando la calificación del registrador que había denegado la inscripción por la falta de ese informe.

Para evitar las dudas, el legislador decidió corregir la norma mediante la Ley 25/2011, que sustituyó el 34.5, renumerado como 34.4 por el Real Decreto-ley 9/2012 y modificada su redacción por la Ley 1/2012, tras lo que hoy dice: «*El contenido del informe del experto o de los expertos sobre el proyecto de fusión estará integrado únicamente por la segunda parte cuando, en todas las sociedades que participen en la fusión, así lo hayan acordado todos los socios con derecho de voto y,* *además, todas las personas que, en su caso, según la Ley o los estatutos sociales, fueran titulares de ese derecho».*La Ley 1/2012 ha suprimido de este párrafo la referencia al supuesto de absorción de sociedad íntegramente participada, de manera acertada pues en ese caso no hay aumento de capital y el art. 49 ya exime del informe. Pero, a pesar de todas las reformas, el legislador parece empeñado en obligar a los juristas a un esfuerzo de interpretación del artículo, porque mientras que antes era demasiado poco exigente, ahora lo es en exceso. Por la combinación de la nueva redacción de los puntos 1 y 4 del art. 34 parece que si participa en la fusión una anónima, siempre va a ser necesario el informe sobre la suficiencia del capital, incluso si la resultante o beneficiaria es una SL. Entendemos que esto es absurdo y deriva de la incesante y descoordinada reforma de nuestras Leyes mercantiles. La redacción del art. 34.4 se introdujo por la Ley 25/2011, que no reformó el art. 34.1, por lo que en principio el informe sobre éste punto solo era necesario cuando la que aumentaba el capital era anónima o comanditaria. Ahora el RD Ley 9/2012 reforma acertadamente el art. 34.1, como hemos visto, pero olvida reformar el art. 34.3, que debería decir que la segunda parte solo es necesaria en el caso de que la beneficiaria fuera anónima o comanditaria por acciones. Una interpretación teleológica de la norma nos lleva de todas formas a esta conclusión, pues la finalidad de la intervención del experto es la garantía solo en este tipo de sociedades, que son aquellas para las que lo exige la LSC y la Segunda Directiva de sociedades, y para las que no se establece otro tipo de garantía de los terceros (como hace el art 73 LSC en relación con las aportaciones no dinerarias a SL); un cambio tan radical en el sistema tendría que haber sido justificado por el legislador. Además, se deduce lo mismo de la interpretación sistemática de las normas, pues en ningún otro caso se exige en nuestro derecho comprobación por experto para sociedades distintas de la anónima; en concreto el art. 77 LME en sede de escisión sigue haciendo referencia a que el informe sobre la suficiencia del patrimonio solo se aplica en caso de aumento o constitución de una SA o ScomA.

Finalmente, hay que destacar que en ninguna de las reformas el legislador se ha acordado del art. 78.3 LME, que regula la misma cuestión para el caso de escisión y sigue teniendo una redacción semejante al antiguo art. 34.5. Aunque en ese caso la confusa redacción del art. 77

podía llevar a la conclusión de que era necesario el informe sobre el patrimonio, la cuestión no estaba clara dada la literalidad del art. 78.3. En cualquier caso, entendemos que se tienen que aplicar los mismos criterios que en la fusión, tanto por la remisión general del art. 73 LME, como por una interpretación sistemática y finalista de la Ley.

Como, por desgracia, a la Ley le sigue faltando claridad, no está de más hacer un resumen de los distintos supuestos que se pueden dar, para determinar en cuáles de ellos hace falta informe y qué parte del mismo (dejando a un lado el caso especial de las fusiones abreviadas del art. 49).

1.- Sociedad que se extingue anónima y sociedad resultante anónima con acuerdos no unánimes: informe sobre el proyecto de fusión y sobre el patrimonio aportado.

2.- Sociedad que se extingue anónima y sociedad resultante anónima con acuerdos unánimes: informe sobre el patrimonio aportado.

3.- Sociedad que se extingue anónima y sociedad resultante limitada con acuerdos no unánimes: informe sobre el proyecto de fusión.

4.- Sociedad que se extingue anónima y sociedad resultante limitada con acuerdos unánimes: ningún informe.

5.- Sociedad que se extingue limitada y sociedad resultante anónima con acuerdos no unánimes: informe sobre el proyecto de fusión (sólo si la resultante era preexistente) y sobre el patrimonio aportado.

6.- Sociedad que se extingue limitada y sociedad resultante anónima con acuerdos unánimes: informe sobre el patrimonio aportado.

7.- Sociedad que se extingue limitada y sociedad resultante limitada con acuerdos no unánimes: ningún informe.

8.- Sociedad que se extingue limitada y sociedad resultante limitada con acuerdos unánimes: ningún informe.

Este esquema se puede matizar en el sentido de que en el supuesto de sociedad absorbida anónima y sociedad absorbente limitada, la existencia de acuerdo unánime de todos los socios de la SA ya dispensa del informe aunque no haya acuerdo unánime por parte de los socios de la SL absorbente (por cuanto el informe sobre la relación de canje sólo es una exigencia del tipo SA).

Por último, tenemos que hacer alguna observación en relación con la necesidad del informe en las fusiones especiales.

Así, el informe se exceptúa en los supuestos de absorción de sociedad íntegramente participada (art. 49) y en las fusiones asimiladas del art. 52 (fusión inversa y sociedades hermanas). Esto no supone ningún cambio respecto de la legislación anterior y es lógico pues aquí no existe ni tipo de canje ni aumento de capital, por lo que no tendría objeto dicho informe. No obstante, en el caso de las operaciones asimiladas, hay que tener en cuenta que el art. 49.1 se aplica en cuanto proceda, no en todo caso. Como en estos casos es posible que exista aumento de capital, si la absorbente es anónima, habrán de cumplirse los requisitos vistos del informe.

Será necesario el informe en el caso de absorción de sociedad participada de forma indirecta (arts. 49.2 y 52.2). En este caso, sin embargo, no está claro cuál debe ser su contenido, pues normalmente no existirá aumento de capital ni canje, y por tanto su objeto será distinto, como veremos al estudiar este tipo de fusiones especiales.

También se puede prescindir del informe en el caso de sociedad participada al 90% o más con determinados requisitos que se examinan después en relación con el art. 50 LME.

Y en cuanto al informe de experto independiente en los casos de fusión posterior a una adquisición apalancada, nos remitimos al estudio específico que luego hacemos del art. 35 LME.

5. El balance de fusión

La LME dedica la sección tercera del Capítulo I del Título II relativo a las normas generales de la fusión (arts. 36, 37 y 38) a la regulación del balance de fusión, cuando antes la LSA le dedicaba solo un artículo (art. 239 LSA). Destacan como novedades la modificación del plazo de antelación y la posibilidad de prever que se pueda acudir a una compensación dineraria como alternativa a la impugnación del balance de fusión (art. 38.2 LME).

Se trata de un balance que tiene que elaborarse por cada una de las sociedades y es uno de los documentos que han de ser puestos a disposición de los socios (art. 39) y además se ha de incorporar a la escritura de fusión (art. 45): queda de esta forma superada la incorrección del art. 227.5 RRM, que se refiere a la incorporación solo del balance de las sociedades que se extinguen.

a) La función del balance de fusión

El balance tiene una finalidad informativa, como resulta de su ya citada inclusión en el artículo 39. Hay que destacar que ha perdido su función de criterio determinante para la fijación del tipo de canje que le otorgaba la LSA de 1951, de la que la referencia a la impugnación del balance en el art. 38.1 es un vestigio. Aunque se ha de tener en cuenta la contabilidad de la sociedad para llegar a la valoración de las sociedades, no es el balance de fusión el documento contable que interesa, como resulta hoy claramente del art. 31.10 LME, que reconoce que se utilizarán normalmente las fechas de otras cuentas.

Tampoco tiene ninguna finalidad contable, como resultaba antes del Borrador de normas contables de fusión del ICAC (Boletín del ICAC n.º14, Octubre 1993), que no permitía que pasasen a la contabilidad las actualizaciones que, como veremos, se pueden introducir en este balance. En la actualidad, la cuestión se regula en los arts. 19 y 21 del Plan General de Contabilidad, que establecen la regla de traspaso contable con arreglo al valor razonable de los bienes y derechos. En realidad, este balance no es propiamente un balance de fusión ni un balance final. Teniendo en cuenta el sistema ya visto de retroacción de los efectos contables a una fecha señalada en el proyecto, será en esta fecha en la que se deba formular un balance, y serán estos balances los que pasarán a integrar el nuevo balance de la sociedad beneficiaria.

Por tanto, su finalidad es de mera información, lo que resulta de su regulación en la 3.ª Directiva, cuyo art. 11 habla solo de la necesidad de poner a disposición del socio un «estado contable». Así lo declaró la DGRN en resolución de 22 de marzo de 2002 que dice que *«se trata de un requisito cuyo alcance es simplemente informativo,... En efecto, desaparecido el derecho de separación..., y por ende descartada la función del balance de fusión como instrumento para la fijación de la cuota correspondiente al socio que ejercitara ese derecho, no es sino un elemento que refleja la situación patrimonial existente en el momento de la fusión»*.

Cuestión distinta es si esa información está dirigida sólo a los socios y por tanto se puede prescindir de él por acuerdo unánime de los mismos. En principio, queda a disposición también de obligacionistas, titulares de derechos especiales y trabajadores (art. 39) y la resolución antes citada dijo en un caso de fusión abreviada que *«Ni siquiera en tales supuestos puede descartarse que las personas mencionadas en el artículo 238.1 tengan interés en conocer la situación patrimonial de la sociedad absorbente».*

Hay que destacar que tras la reforma de la 3.ª Directiva (por la Directiva 2009/109/CE) se admite que el legislador nacional permita prescindir del balance en caso de acuerdo unánime, pero lo cierto es que ninguna de las dos reformas posteriores de la LME lo ha establecido así, como se verá al examinar el art. 42 de la LME. Sin embargo, de forma sorprendente, la Ley 1/2012 introduce un art. 78 bis sobre escisión simplificada en el que sí permite prescindir del balance de escisión en este caso. Esta aparente incongruencia tiene su explicación en la de las propias directivas: mientras que la directiva de fusiones lo contempla como una simple opción de los estados en las fusiones simplificadas, la directiva de escisiones lo impone en este caso de fusión simétrica por creación de nueva sociedad.

b) La antigüedad del balance

El art. 36 LME da dos opciones: o bien *«el último balance de ejercicio aprobado, siempre que hubiere sido cerrado dentro de los seis meses anteriores a la fecha del proyecto de fusión»*, o bien *«si el balance anual no cumpliera con ese requisito un balance cerrado con posterioridad al primer día del tercer mes precedente a la fecha del proyecto de fusión, siguiendo los mismos métodos y criterios de presentación del último balance anual»*. A pesar de la literalidad del artículo, no parece que se perjudique ningún derecho si se elabora un balance ad hoc aunque el ultimo balance aprobado cumpliera con los requisitos temporales.

El cómputo se hace de fecha a fecha excluyéndose el día inicial (art. 5.1 Cc), por lo que es válido el del mismo día del mes que el día del acuerdo, o el último del mes si no hubiera día equivalente en ese mes.

En la LSA, la fecha del balance ordinario no podía ser anterior en más de seis meses al acuerdo. La solución actual es más acorde con la 3.ª Directiva, y amplía la posibilidad de utilizar el balance ordinario. No obstante, como se ha ampliado también el plazo de duración del proyecto (art. 30.3), resulta que el balance puede ser hasta un año anterior al acuerdo, lo que hace más necesarias las actualizaciones de información a los socios a las que se refiere el art. 39.3.

La SAP Barcelona de 5 de mayo de 2008 resolvió un caso en que el balance cumplía el plazo respecto del proyecto, pero se introducía con posterioridad una modificación al mismo, entendiendo que esto no invalidaba ese balance.

c) La modificación de valoraciones contables

Dice el art. 36.2 que «*En ambos casos podrán modificarse las valoraciones contenidas en el último balance en atención a las modificaciones importantes del valor razonable que no aparezcan en los asientos contables*». La modificación es posible tanto en el caso del balance anual realizado ad hoc, como en el ya aprobado. Parece que, siguiendo la letra de la Ley («podrán»), esta actualización es facultativa. El carácter obligatorio tendría sentido si el balance fuera la base para el establecimiento del tipo de canje o para la valoración en caso de un derecho de separación, pero ya hemos visto que no es el caso. El cambio de valoraciones no se va a integrar en la contabilidad de la nueva sociedad, como resulta de la normativa contable y fiscal ya vista, y su única finalidad es la información del socio. Para ello, entendemos que tanto el informe de los administradores como en su caso el de expertos, deberán contener referencia a estas actualizaciones de valor, explicándolas y justificándolas.

d) La excepción de las cotizadas

La reforma introducida por el Real Decreto-ley 9/2012 establece una excepción a la necesidad de balance en el caso de las sociedades cotizadas, añadiendo un punto 3 al art. 36 con el siguiente contenido: «*Si en la fusión participan una o varias sociedades anónimas cotizadas cuyos valores estén ya admitidos a negociación en un mercado secundario oficial o en un mercado regulado domiciliado en la Unión Europea, el balance de fusión podrá ser sustituido por el informe financiero semestral de cada una de ellas exigido por la legislación sobre mercado de valores, siempre que dicho informe hubiere sido cerrado y hecho público dentro de los seis meses anteriores a la fecha del proyecto de fusión. El informe se pondrá a disposición de los accionistas en la misma forma que la establecida para el balance de fusión*».

e) Auditoría del balance

El art. 37 dice: «*El balance de fusión y las modificaciones de las valoraciones contenidas en el mismo deberán ser verificados por el auditor de cuentas de la sociedad, cuando exista obligación de auditar*». La referencia a las modificaciones de las valoraciones es una novedad y supone a nuestro juicio un acierto, pues como hemos dicho, nada garantiza la fiabilidad de unas actualizaciones no sujetas a las normas contables. No parece que sea posible que los minoritarios puedan pedir la auditoría de este balance al amparo del art. 265 LSA pues éste se refiere a la auditoría de las cuentas anuales, y además el art. 37 solo lo exige cuando exista obligación de auditar.

f) La aprobación del balance

El mismo art. 37 sigue diciendo que el balance y sus modificaciones «*habrán de ser sometidos a la aprobación de la junta de socios que resuelva sobre la fusión a cuyos efectos deberá mencionarse expresamente en el orden del día de la junta*». La mención en el orden del día debía haberse reflejado más bien en el art. 40 de la Ley. Entendemos que la aprobación como balance de fusión tiene que hacerse en la junta que la apruebe aunque se trate del balance ordinario ya aprobado. Sin embargo, en el caso de balance elaborado ad hoc, entendemos que no es necesaria su aprobación específica anterior, pues la Ley no lo exige y no tiene mucha lógica que necesite ser aprobado si lo va a ser en la junta.

g) Impugnación del balance y compensación

Dice el artículo 38 LME que«*la impugnación del balance de fusión no podrá suspender, por sí sola, la ejecución de la fusión*». Por una parte, resulta sorprendente que se pueda impugnar el balance durante el proceso de fusión (VICENT CHULIA, F., 2010, pag. 14). La mención procede de la LSA de 1951, en la que el balance era el documento que servía para el cálculo de la cuota de liquidación en el caso de derecho de separación, y es un residuo histórico de la posibilidad de impugnación de la fusión por lesión patrimonial al socio por efecto de la fusión. No obstante, parece posible impugnar el acuerdo de aprobación del mismo, como cualquier otro acuerdo (SÁNCHEZ-CALERO, J., 2009, pag. 523), y la previsión de que esta impugnación por sí sola no suspende la fusión parece innecesaria pues es la regla general de la impugnación de acuerdos sociales. Al decir que no lo suspende por sí solo, parece estar amparando la posibilidad de que se solicite al juez la suspensión de la fusión como medida cautelar, lo que será difícil de justificar pues el balance no pasa de ser un elemento más de información dentro del proceso

Parece que es por esa conexión histórica con el tipo de canje por lo que la LME regula en el párrafo siguiente el procedimiento de compensación por agravio en el canje. El artículo 38.2 dice «*A solicitud del socio que se considere perjudicado por la relación de canje establecida, podrá someterse al Registrador mercantil del domicilio social la designación de experto independiente que fije la cuantía de la indemnización compensatoria, siempre que así se hubiera previsto en los estatutos o decidido expresamente por las juntas que acuerden la fusión o escisión de sociedades. La solicitud al Registrador mercantil se efectuará en el plazo de un mes a contar desde la fecha de la publicación del acuerdo de fusión o escisión en el Boletín Oficial del Registro Mercantil y se sustanciará por las reglas establecidas en el Reglamento del Registro Mercantil*». Es una novedad de la LME y persigue solucionar extrajudicialmente el problema de lesión por el tipo de canje. No establece un procedimiento con carácter general, sino que tiene que haber sido convenido o en estatutos o en los acuerdos de fusión. En este último caso lo lógico es incluirlo en el proyecto de fusión, pues de esta forma se aprobará en todos los acuerdos.

El fundamento de la norma es la conservación de las fusiones en el caso de que pueda existir una lesión que se pueda solucionar con una indemnización, y sin necesidad de anular todo el proceso, idea que se recoge en las directivas y también en el art. 47 LME que regula la impugnación. Una norma semejante había sido reclamada por la doctrina, pero la redacción dada plantea numerosas dudas:

- ¿Es necesaria la impugnación del balance para optar por esta compensación? Entendemos que no, porque la colocación en el artículo tiene un origen histórico, pero la finalidad del pacto es que cualquier impugnación relacionada con el tipo de canje puede dar lugar a utilizar el procedimiento especial.

- ¿Quién puede pedir el nombramiento del perito? El artículo es confuso porque el socio hace la solicitud, pero, al decir después «podrá someterse», parece que la solicitud no es directa sino a través de la sociedad. El problema es que después el precepto dice que la solicitud deberá hacerse al registrador en el plazo de un mes desde la publicación. Esto último es absurdo, porque no puede haber un plazo preclusivo cuyo cumplimiento dependa del administrador. Si el administrador es el que lo presenta, el plazo de un mes debe ser para que lo solicite el socio a la sociedad. Por lo tanto, entendemos que la única interpretación lógica es que el socio puede hacer directamente la solicitud al Registro –lo cual planteará un problema de legitimación (cómo acreditar la condición de socio).

- ¿Afecta la compensación a todos los socios de la sociedad afectada? Entendemos que, en el caso de ser admitida la reclamación, ésta afecta a todos los socios de la sociedad perjudicada. Por una parte, por elementales criterios de justicia, ya que de otra forma existiría un enriquecimiento injusto de algunos socios. Los socios que no reclamaran se verían doblemente perjudicados: por una parte por el tipo de canje, y por otra por el menoscabo patrimonial de la sociedad que tendría que pagar esa indemnización. Además, es coherente que sea así, porque la impugnación de la fusión, que es la alternativa a esta indemnización, afectaría a todos.

- ¿Puede la indemnización exceder del límite del 10% del art. 25.2 LME? Esto se admite expresamente en la legislación alemana e implícitamente en el art. 30 de la 3.ª Directiva. Ya en nuestra legislación, el art. 47 LME permite la indemnización de daños y perjuicios en los casos en los que no proceda la impugnación, lo que podría llevar al mismo resultado. Por estas razones y sobre todo porque la finalidad de la Ley es la conservación de la fusión, entendemos que es posible.

- ¿Es posible impugnar la valoración hecha por el experto? En contra podría alegarse que el art. 50, que prevé un sistema de valoración de la participación del socio, permite el recurso a la vía judicial. Pero se trata de un supuesto totalmente distinto, pues el art. 50 es un caso especial de simplificación de la fusión, sometido por tanto a reglas más rígidas, y sobre todo, en él el valor razonable se fija por los administradores y no por un tercero independiente como aquí. Además, en este supuesto existe un acuerdo entre las partes –aunque no sea individual sino acordado en Junta o estatutos–, que supone una especie de sumisión a arbitraje de esta cuestión. Una vez que se acude a él, supone una fijación convencional del daño a través de un tercero independiente y por tanto no cabrá la impugnación. Por último, si se admitiera la impugnación, habría que reconocer el derecho tanto a la sociedad como al socio, lo cual haría inútil este proceso, y sería directamente contrario a la finalidad perseguida por el legislador.

- ¿Es posible impugnar la fusión por razón del tipo de canje si se ha pactado este sistema? Desde el punto de vista del procedimiento, no habría obstáculo, pues el plazo de impugnación de la fusión tiene lugar en un momento posterior al plazo para solicitar el experto, pero entendemos que, si se ha acudido al procedimiento del art. 38.2, no debe poderse acudir además a la impugnación de la fusión por el tipo de canje. Otra conclusión sería contraria al principio de «pacta sunt servanda» y a la equidad, dando la posibilidad a los socios de pedir varias veces la revisión del canje. A la misma conclusión nos lleva el examen de los antecedentes legislativos. La justificación de la enmienda que la introduce dice que se «inspira en soluciones similares en derecho comparado que abogan por una solución no contenciosa» y que se trata de «conseguir la desjudicialización» de controversias sobre inequidad del canje siguiendo los precedentes alemán e italiano. Sin embargo, a pesar de estas menciones, la solución es más dudosa en el caso de que, estando prevista, ningún socio haya solicitado esa revisión, y por tanto se haya llegado a la inscripción de la fusión sin ninguna revisión del tipo de canje. Quizá en este caso se debería permitir la impugnación, pues de otra forma la posibilidad de reacción del socio se reduciría a un mes desde la publicación del acuerdo, acortando el plazo general del art 47 LME.

B. LA FASE DECISORIA. LOS ACUERDOS DE FUSIÓN

El art. 40.1 LME establece la necesidad del acuerdo de la junta en los siguientes términos: *«La fusión habrá de ser acordada necesariamente por la junta de socios de cada una de las sociedades que participen en ella, ajustándose estrictamente al proyecto común de fusión, con los requisitos y formalidades establecidos en el régimen de las sociedades que se fusionan. Cualquier acuerdo de una sociedad que modifique el proyecto de fusión equivaldrá al rechazo de la propuesta».*

Por tanto, la competencia para decidir acerca de la fusión corresponde a la junta general de socios. Pero hay que decir que, aunque el precepto transcrito dice que esto «necesariamente» ha de ser así, la LME permite prescindir de la intervención de la junta de socios de la sociedad absorbida en el caso del art. 49, y de la absorbente en el caso del art. 51.

El significado o función de este acuerdo en el procedimiento de fusión es discutida: una parte importante de la doctrina atribuye verdadera naturaleza negocial al proyecto, pero, como vimos antes, entendemos que tiene una función principalmente informativa, y que la prestación del consentimiento se produce en el momento del acuerdo. El problema que se plantea es cuándo se produce la perfección de la fusión como negocio, y por tanto la irrevocabilidad de los acuerdos. Sin perjuicio de las obligaciones de los administradores de no entorpecer la fusión (art. 30.2), entendemos que las sociedades no quedan vinculadas hasta que el acuerdo haya sido aprobado por todas las juntas.

Es posible incluso entender que la vinculación sólo se produce en el momento de otorgarse la escritura pública, pues la adopción de los acuerdos de fusión por las sociedades involucradas no tiene por qué ser simultánea y no trasciende a terceros, ni siquiera a las otras sociedades, hasta su formalización pública. No parece descabellado pensar que antes de la escritura y por haber cambiado sustancialmente alguna de las circunstancias en las que se basó el acuerdo, quepa la revocación del acuerdo, pues se ha admitido normalmente someter la eficacia del acuerdo a condición suspensiva.

1. Convocatoria de la junta general y derecho de información

La LME no regula la forma de la convocatoria de la junta, que habrá de ser la que corresponda a cada sociedad. Pero sí establece especialidades de plazo y contenido en el art. 40.2, que ha sido modificado por el Real Decreto-ley 9/2012 para adaptarlo a la nueva redacción del art. 39 LME, que prevé la sustitución del derecho de consulta o remisión por la consulta y descarga de la web social: *«La publicación de la convocatoria de la junta o la comunicación individual de ese anuncio a los socios, habrá de realizarse con un mes de antelación, como mínimo, a la fecha prevista para la celebración de la junta; deberá incluir las menciones mínimas del proyecto de fusión legalmente exigidas; y hará constar la fecha de inserción de los documentos indicados en el artículo anterior en la página web de la sociedad o, si ésta no tuviera página web, el derecho que corresponde a todos los socios, obligacionistas, titulares de derechos especiales y representantes de los trabajadores a examinar en el domicilio social copia de esos documentos, así como a obtener la entrega o el envío gratuitos de los mismos».*

a) Plazo

El plazo para todas las sociedades es de un mes de antelación, que hoy es el general para la convocatoria en SA, pero no en SRL (15 días). El cómputo del mes será de fecha a fecha: si se publica el día 4 de un mes, la junta podrá celebrarse el día 4 del mes siguiente (STS de 29-3-94 y 21-11-1994 y posteriormente Resoluciones de la DGRN de 10-7-1995, 6-11-1995 para la sociedad anónima, y 15-7-1998 y 9-2-1999 en el sentido de que el día de la publicación ha de entenderse incluido en el cómputo).

b) Forma

No se establece norma especial, por lo que habrán de aplicarse las normas legales y estatutarias de cada sociedad, como se deduce del art. 40.2 que habla de publicación o comunicación. En relación con la comunicación, el art. 40.2 tiene una redacción desafortunada pues se refiere al «proyecto de fusión», cuando lo que se publica y comunica es la convocatoria, que tiene un contenido específico que vamos a ver. Hoy lógicamente hay que tener en cuenta el art. 173 LSC que regula la convocatoria a través de la web corporativa de la sociedad.

c) Contenido

El art. 40.2 exige que se incluyan en la convocatoria:

- «*las menciones mínimas del proyecto de fusión legalmente exigidas*»: esto plantea un grave problema derivado del hecho de que entre ellas el art. 31 incluye los estatutos. Si la publicidad es a través de publicaciones, su transcripción supondría hacer unas publicaciones kilométricas y ruinosas. Esta no puede ser la interpretación correcta de la Ley, no solo porque las publicaciones sean inasumibles económicamente, sino sobre todo porque son inútiles y contrarias al espíritu y finalidad de la Ley. Recordemos que ya existe una publicidad del proyecto (art. 32 LME) que incluye los estatutos, y que se publica en el BORME el hecho de éste depósito. Además existe un derecho de consulta y de pedir la remisión del proyecto de escritura y de estatutos, destacando las modificaciones estatutarias (art. 39.7) en su caso. Como veremos después, la jurisprudencia ha establecido que no tiene sentido aplicar las normas relativas a la modificación de estatutos cuando en el procedimiento de la fusión existen otros medios de publicidad que permiten conocer esas modificaciones.

El origen del error se encuentra en la descoordinación de las reformas. Recordemos que en la LSA de 1989 no había obligación de depósito y publicación del proyecto, y por tanto era la convocatoria la que tenía que cumplir ese cometido. La obligación de depósito del proyecto se introdujo después en el RRM. Pero ahora que la Ley recoge la necesidad de depósito y publicación del proyecto, la referencia en la convocatoria de la junta a las menciones mínimas ha de ser objeto de una interpretación correctora.

Por tanto, entendemos que en la publicación bastará la referencia a la existencia de los nuevos estatutos. Además, en general, no se pueden identificar las menciones mínimas de las que habla este articulo con la totalidad del proyecto, sino que ha de tratarse de un resumen del contenido del proyecto que comprenda todas las menciones mínimas (en el mismo sentido,MARTÍNEZ, M., 2009, p. 552, CORTÉS, 2008, p. 228).

- *El problema de la publicación de las modificaciones estatutarias*: una vez establecido que no hay que publicar todos los estatutos, se plantea si en la convocatoria se deben expresar «*con la debida claridad, los extremos de los estatutos que hayan de modificarse*», como exigían los arts. 144.b LSA y 71 LSRL (hoy el art. 287 LSC). Sobre esos artículos existe abundante doctrina de la DGRN, en la cual se insiste en la necesidad de especificar todos los cambios que se van a realizar, sin que basten menciones genéricas (resoluciones de 12-3-1993, 29-1-1993, 1-12-1994, 10-7-1995, 21-7-1999, entre otras).

Este es otro de los puntos en los que se plantea el problema de hasta dónde llega la autonomía de la regulación de las modificaciones estructurales, en el sentido de que la aplicación de sus normas excluye las normas generales sobre sociedades.

La fusión implica una alteración total de la estructura no solo patrimonial sino también jurídica de las sociedades implicadas, que tiene sus propios principios y sistemas de publicidad, que superan y engloban a los de la modificación de estatutos. Además, las normas de modificación de estatutos solo se aplicarían a la absorbente, lo que haría de peor condición a los socios de las absorbidas. Esta fue la conclusión de la STS 15 de febrero de 2007 que concluye que «no se exige que la convocatoria contenga con la misma precisión los extremos que se hayan de modificar que cuando se trate de una modificación estatutaria al margen de la fusión. Hay que aplicar las reglas especiales de la fusión». Doctrina también recogida en la SAP Barcelona de 5 de mayo de 2008, que dice que hay que aplicar las normas de la fusión, que ya prevén la puesta a disposición de todas esas modificaciones a través de otros medios de publicidad.

Como se ha visto, el art. 37 exige también que en el orden del día conste la aprobación del balance y de las modificaciones al mismo.

- Además de las menciones mínimas del proyecto, el art. 40.2 exige que en la convocatoria de la junta conste *«la fecha de inserción de los documentos indicados en el artículo anterior en la página web de la sociedad o, si ésta no tuviera página web, el derecho que corresponde a todos los socios, obligacionistas, titulares de derechos especiales y representantes de los trabajadores a examinar en el domicilio social copia de esos documentos, así como a obtener la entrega o el envío gratuitos de los mismo».*

d) El derecho de examen y remisión de documentación

El Real Decreto-ley 9/2012 ha adaptado la Ley a la Directiva 2009/109, que obligaba a permitir que determinadas publicaciones o la puesta a disposición de información se sustituyeran por la inserción de la información en la web corporativa de la sociedad.

El art. 39.1 LME ha sido reformado para establecer como sistema de información normal el de la inserción en la web corporativa de determinados documentos antes de la convocatoria de la junta, permitiendo descargarlos e imprimirlos. Solo *«si no tuviera página web»*, se mantiene la obligación de puesta a disposición y remisión de la información. Por supuesto, la referencia a la página web o a la web de la sociedad ha de entenderse a la web corporativa que cumpla los requisitos del art. 11 LSC.

Los sujetos de este derecho, además de los socios, son los obligacionistas, titulares de derechos especiales y representantes de los trabajadores. Los acreedores no son mencionados, aunque se critica que tengan acceso los obligacionistas y no los demás acreedores (RODRIGUEZ ARTIGAS, F., 1993, p. 173), y algún autor los ha entendido incluidos entre los titulares de derechos especiales.

La reforma de 2012 establece algunas mejoras técnicas y adaptaciones a las modificaciones que introduce en otros artículos de la Ley. Los documentos son los siguientes:

1.º *«El proyecto común de fusión»*: en este caso, ha de estar disponible íntegro, no solo con las menciones mínimas.

2.º *«En su caso, los informes de los administradores de cada una de las sociedades sobre el proyecto de fusión».* La reforma de 2012 introduce la mención «en su caso» pues el 42 establece ahora que no es necesario en caso de acuerdo unánime.

3.º *«En su caso, los informes de los expertos independientes».* Normalmente es único, pero, si no lo fuera, habría que poner a disposición los de todas las sociedades para todos los socios, pues solo de esta manera se puede establecer una valoración comparativa.

4.º *«Las cuentas anuales y los informes de gestión de los tres últimos ejercicios, con el correspondiente informe de los auditores de cuentas de las sociedades en que fueran legalmente exigibles».* Se trata de reforzar la información contable, aunque en principio debe estar a disposición de todos los interesados a través de su depósito en el Registro Mercantil.

5.º *«El balance de fusión de cada una de las sociedades, cuando sea distinto del último balance anual aprobado por la junta, acompañado del informe de auditoría o en el caso de fusión de sociedades cotizadas, el informe financiero semestral por el que el balance su hubiera sustituido».* Se adapta aquí el artículo al nuevo art. 36.3 LME, que introduce la posibilidad de sustituir el balance por ese informe.

6.º *«Los estatutos sociales vigentes y en su caso los pactos relevantes que vayan a constar en documento público».* Supone una novedad de la LME la referencia a los pactos que vayan a constar en documento público, cuestión a la que nos referimos al tratar esta mención en el proyecto.

7.º *«El proyecto de escritura de constitución de la nueva sociedad o, si se trata de una absorción, el texto íntegro de los estatutos de la sociedad absorbente, o a falta de estos, de la escritura por la que se rija, incluyendo destacadamente las modificaciones que hayan de introducirse».* Este punto amplía la redacción anterior de la LSA para contemplar los supuestos de sociedades que no tengan estatutos. Con acierto, a nuestro juicio, se añade también que han de destacarse las modificaciones, que en todo caso se deben también explicar en el informe de administradores.

8.º *«La identidad de los administradores de las sociedades que participan en la fusión, la fecha desde la que desempeñan sus cargos y, en su caso, las mismas indicaciones de quienes vayan a ser propuestos como administradores como consecuencia de la fusión».* Estas menciones es posible que consten en el proyecto y en el informe, como se vio. Si no, en cualquier caso es necesario que se disponga de esta información, a nuestro juicio muy importante, en el momento de la convocatoria. No se entiende bien la mención«en su caso», pues consideramos que siempre ha de constar la mención de los nuevos administradores. Puede que esté pensando en el caso de una fusión por absorción en la que la sociedad absorbente conserva sus mismos cargos.

- *El derecho de remisión gratuito:* Este derecho, que antes se reconocía, se modifica también como consecuencia de la publicidad a través de la web, y pasa a ser subsidiario en el nuevo art. 39.2: *«Si la sociedad no tuviera página web, los socios, los obligacionistas, los titulares de derechos especiales y los representantes de los trabajadores que así lo soliciten por cualquier medio admitido en derecho tendrán derecho al examen en el domicilio social de copia íntegra de los documentos a que se refiere el apartado anterior, así como a la entrega o al envío gratuitos de un ejemplar de cada uno de ellos».* Se ha corregido el antiguo error de incluir solo a socios y representantes de los trabajadores, coordinando este derecho con el de consulta del art. 39.1. Cuando se dice que pueden pedirlo por cualquier medio admitido en derecho, entendemos que es el socio el que puede elegir, solicitándolo o bien en soporte papel o electrónico. En relación con este derecho, hay que tener hoy en cuenta el art. 11 quater LSC introducido por el Real Decreto-ley 9/2012, que establece que *«las comunicaciones entre la sociedad y el socio, incluida la remisión de documentos de información, podrán realizarse por medios electrónicos cuando el socio lo hubiera aceptado expresamente».*

Se plantea el problema de cómo interpretar el carácter expreso de la aceptación, que no se exigía en la directiva que se adapta. Entendemos que no será suficiente que se prevea este tipo de comunicación en los estatutos para que se entienda aceptado, pero sí el que el propio socio facilite una dirección de correo electrónico a la sociedad.

La vulneración de este derecho puede ser motivo de impugnación de la fusión. Sin embargo, mientras que la mención del derecho en la convocatoria habrá de ser comprobada por el notario y el registrador, respecto del efectivo cumplimiento de la puesta a disposición de la información basta la declaración del administrador conforme al artículo 227.2.1.º del RRM.

-*La información sobre las alteraciones posteriores*: el art. 39.3 LME establece que *«Las modificaciones importantes del activo o del pasivo acaecidas en cualquiera de las sociedades que se fusionan, entre la fecha de redacción del proyecto de fusión y la de la reunión de la junta de socios que haya de aprobarla, habrán de comunicarse a la junta de todas las sociedades que se fusionan. A tal efecto, los administradores de la sociedad en que se hubieran producido las modificaciones deberán ponerlas en conocimiento de los administradores de las restantes sociedades para que puedan informar a sus respectivas juntas»*. La comunicación a los demás administradores para que sea evaluado por todas las juntas es necesaria pues cualquier modificación importante en una de las sociedades altera el canje que se hubiera fijado.

La expresión«modificación del activo o del pasivo» es vaga, y el concepto de importancia, relativo, pero está claro que de lo que se trata es de informar de cualquier acontecimiento que afecte a la valoración de la sociedad, pues ese es el punto central de la información de los socios. Cabe también que se convoque una junta especial para suministrar esta información.

En cuanto al contenido de la información, no ha de ser genérica, sino detallada, debiendo corregir su informe sobre el proyecto, si fuera necesario, alterando las menciones sobre justificación de la fusión y recomendando incluso un voto en contra, pues su lealtad es a la sociedad existente hasta que se perfeccione totalmente la fusión, y prevalece sobre la obligación del art. 30.2.

Conforme a lo que preveía la Directiva 2009/109/CE, se ha añadido un inciso por el Real Decreto-ley 9/2012, que establece que esa información *«no será exigible cuando, en todas y cada una de las sociedades que participen en la fusión, lo acuerden todos los socios con derecho de voto y, en su caso, de quienes de acuerdo con la Ley o los estatutos pudieran ejercer legítimamente ese derecho»*.

Renuncia a la información del art 39 LME por los socios: la cuestión es si es posible prescindir de la información del art 39 si todos los socios renuncian a ella. Eso es lo que sucede con arreglo al art. 9.3 LME para la información obligatoria en el caso de transformación si el acuerdo se toma por unanimidad. El art. 2501-septies del Cc italiano también prevé la renuncia al plazo de la disposición por acuerdo unánime en caso de fusión. Pero no es el caso aquí porque el art. 39 –a diferencia del 9– reconoce el derecho de consulta no solo a los socios sino a *«obligacionistas, titulares de derechos especiales y de los representantes de los trabajadores»*, por lo que la renuncia de los socios no debe afectar a aquellos. Además, justamente el art. 39.3 examinado prevé una excepción en caso de acuerdo unánime pero solo respecto de esa información concreta y no de lo demás. Esto queda claro por su colocación dentro del inciso y no en un número distinto, y porque las restantes obligaciones son de puesta a disposición de documentos y no de simple información como ésta. Pero si la Ley no excluye este derecho en caso de acuerdo unánime se plantea el problema siguiente.

¿Cómo se da cumplimiento a este precepto en el caso de Junta universal? Bajo el régimen de la LSA se discutió si era posible tomar el acuerdo de fusión en junta universal, pero hoy no hay duda pues así lo prevé el art. 42. El problema es que al no haber convocatoria no queda claro cómo se cumple esta obligación ni como se le da publicidad. Entendemos que en este caso la información debe estar disponible a partir de la comunicación o publicidad del acuerdo de fusión. De acuerdo con el art. 43, en la publicación del acuerdo se debe hacer constar el derecho de los socios y acreedores a obtener el texto íntegro del acuerdo. En el caso de junta universal además se tiene que hacer constar también el derecho de los obligacionistas, y titulares de derechos especiales y de los representantes de los trabajadores a la consulta en la web o en el domicilio social de los documentos del art. 39. Esta es una solución semejante a la que adopta el legislador en otro caso en que no hay convocatoria de junta, el del art. 51 LME.

2. El acuerdo de fusión

La prestación del consentimiento en el procedimiento de fusión no se produce por la suscripción del proyecto, sino por la concurrencia de los acuerdos de las juntas generales de las sociedades participantes. Sin embargo, este acuerdo está condicionado por el proyecto, por una parte, en cuanto a su contenido, y por otra, por la necesidad (art. 30.3 LME) de que se apruebe en el plazo máximo de seis meses desde la suscripción del proyecto de fusión.

El art. 40 LME regula los requisitos generales del acuerdo y el art. 41 las exigencias en supuestos especiales. El supuesto de acuerdo unánime de fusión del art. 42 lo estudiaremos dentro del apartado dedicado a las fusiones especiales, por suponer un supuesto de alteración muy sustancial del procedimiento.

a) Mayorías y quorums

El art. 40.1 LME se remite a las normas de cada sociedad, que han sido examinadas en relación con el estudio de la transformación, al que nos remitimos.

b) Acuerdos y consentimientos especiales

Además de cumplir los requisitos exigidos por cada Ley particular para el acuerdo de fusión, el art. 41 exige el consentimiento individual en varios supuestos:

- En el art. 41.1 se exige *«el consentimiento de todos los socios que, por virtud de la fusión, pasen a responder ilimitadamente de las deudas sociales»*.

Por tanto, cuando la sociedad beneficiaria sea una sociedad colectiva o comanditaria, será necesario el consentimiento de todos los socios colectivos. La norma no se refiere a qué sucede con los comanditarios, y el art. 229.1 RRM se remite a la escritura social. En el caso de que ésta no lo regule, será necesario su consentimiento individual por afectar a una materia constitucional de la sociedad.

El RRM exige la constancia en la escritura de fusión de este consentimiento (art. 229.2 RRM), pero, en realidad el consentimiento tiene que formar parte del acuerdo. Lo que sucede es que se quiere que se reitere ante el notario, para proteger al socio y también al propio procedimiento de fusión de impugnaciones por esta causa. Hay que destacar que no se aplica aquí un sistema semejante al de la transformación (art. 15.2), en que se produce una separación automática de los que no hubieran votado a favor, salvo adhesión, sino que no es posible la fusión si no concurre ese consentimiento.

La Ley dice que deben prestar el consentimiento para la fusión los que pasen a responder ilimitadamente, pero, por supuesto, ha de exigirse el consentimiento de los que ya respondían de la misma forma, por la regla de necesidad de consentimiento individual en las sociedades personalistas (229 RRM).

- Por otra parte, se exige también el consentimiento *«de los socios de las sociedades que se extingan que hayan de asumir obligaciones personales en la sociedad resultante de la fusión»*. Esta exigencia es la misma que se recoge con carácter especial para los socios industriales (art. 24.2), pero no se limita a este supuesto y debe aplicarse a todos los socios que estén obligados a prestaciones accesorias en la nueva sociedad, lo cual es coherente con el consentimiento que se exige en el art. 89 LSC para la creación o modificación de las prestaciones accesorias.

- En el art. 41.2 se exige *«el consentimiento individual de los titulares de derechos especiales distintos de las acciones o participaciones cuando no disfruten, en la sociedad resultante de la fusión, de derechos equivalentes a los que les correspondían en la sociedad extinguida, a no ser que la modificación de tales derechos hubiera sido aprobada, en su caso, por la asamblea de esos titulares»*.

Del artículo resulta que si esos derechos especiales pueden subsistir de forma idéntica o equivalente, no será necesario ningún consentimiento especial. Eso plantea el problema de qué se puede considerar un derecho equivalente y a quién corresponde juzgar si lo es. Parece que, con arreglo al art. 41.2, corresponde a la sociedad, que incluiría como mención del proyecto los derechos que se concedan o las opciones (art. 31.4 LME). Sin embargo, el concepto de equivalencia en este caso es muy estricto, pues el propio artículo lo contrapone a «modificaciones». Es decir, que no cabe una equivalencia en sentido amplio, sino una no modificación, es decir la identidad de derechos. Puede ilustrar la cuestión el que la 3.ª Directiva habla de derechos *«al menos»* equivalentes.

Es decir, que han de reconocerse los mismos derechos o superiores y, si no, será necesario el consentimiento.

Se plantea qué tipo de derechos deben incluirse en esta norma. Parece claro que se incluyen las ventajas de fundadores y bonos de disfrute, pero no los derechos de los obligacionistas, pues éstos están amparados por el derecho de oposición (art. 44 LME). Como veremos después, se debe aplicar el mismo régimen a las clases de acciones con derechos especiales, a pesar de que la norma hable de «derechos distintos de las acciones».

La Ley solo se refiere a los socios titulares de derechos en la sociedad extinguida. Entendemos que se trata de una redacción defectuosa, que parte de la idea de que la fusión no afectará a estos derechos en la absorbente. Si la fusión produce la alteración de estos derechos de socios de la absorbente, será necesario igualmente su consentimiento (CORTES, 2008, p. 571).

Se excluye la necesidad de consentimiento en el caso de que lo acuerde la asamblea especial de titulares. Aunque los derechos distintos de las acciones no suelen tener régimen de asamblea, es posible que al establecer esos derechos los titulares hubieran pactado un régimen de toma de acuerdos por el principio corporativo, que sería aplicable en este caso. Por ello, la Ley hace referencia a esta asamblea «en su caso». En cualquier caso, ya hemos visto que este régimen se debe aplicar a las clases de acciones con derechos especiales.

- *Modificación perjudicial para una clase de acciones:* no hay referencia expresa a este supuesto, pero del art. 41.2 se deduce que la regla debe ser que, si no pueden subsistir la clase y sus derechos, será necesaria la aprobación por la asamblea, con arreglo al artículo 293 LSC. Aunque este artículo 293 habla de mayoría, ha de entenderse que se debe aplicar el mismo régimen de quorums y mayorías que para la modificación de estatutos (arts. 194 y 201 LSC).

- *El posible derecho de separación en casos especiales:* la cuestión es si la fusión excluye también el derecho de separación cuando con ocasión de la misma se da un supuesto de aparición de este derecho, como en el caso de sustitución o modificación sustancial del objeto social o cuando es equivalente a una transformación, es decir en los casos de fusión heterogénea para los socios que pasan a serlo de una sociedad de distinto tipo. Por un lado la doctrina ha destacado el carácter autónomo de la regulación de las modificaciones estructurales, es decir que tienen su propio procedimiento que excluye la aplicación de las normas generales de modificación de estatutos, como ya se ha dicho. Pero este principio debe ceder en el caso en que claramente el procedimiento de fusión suponga una menor protección de los socios y no justifique la no aplicación de las normas generales. Veamos los supuestos señalados.

En cuanto a la sustitución o modificación sustancial del objeto social, es casi de esencia de la fusión que conlleve la modificación del objeto de alguna de las implicadas, pues lo contrario solo sería posible en el caso de fusión de sociedades con objetos idénticos. Pues bien, cabe sostener la no aplicación del derecho de separación del art. 346 LSC en atención al carácter autónomo de la regulación de la fusión y por la falta de remisión al respecto. Sin embargo, es cierto que permitir esa sustitución por vía de fusión podría abrir una vía al fraude.

Una parte de la doctrina y la Resolución de la DGRN de 8 de noviembre de 1995 distinguen el caso de la sociedad que se extingue por la fusión del de la sociedad absorbente. Para la primera, la DGRN señala que la modificación del objeto *«será una de entre las necesarias o tan solo convenientes modificaciones estatutarias que ésta venga obligada a introducir»*, y que, dadas las garantías del procedimiento, las fusiones no están condicionadas a una identidad o similitud de objetos de las sociedades implicadas, y que el legislador ha suprimido el derecho de separación en la fusión en general, de acuerdo con el espíritu de la 3.ª Directiva. Para la sociedad absorbente, en cambio, considera aplicable el entonces artículo 147 LSA (hoy 346 LSC), pero ha de entenderse que la adición al objeto de las actividades de la absorbida no constituye sustitución, que es algo que requeriría *«la desaparición de las que hasta entonces lo integraban»*.

A nuestro juicio, es erróneo establecer una solución distinta para la sociedad absorbida y la absorbente, pues ambas están sometidas a las normas del proceso de fusión por igual y sus socios deben tener los mismos derechos. Por otra parte, no parece que se justifique la no aplicación del derecho de separación, porque el derecho de información es mucho menos efectivo que el de separación. De hecho, la propia resolución, de una forma sorprendente, en el fundamento de derecho segundo, sostiene lo contrario, aplicando el derecho de separación en el caso de reactivación de sociedad disuelta de pleno derecho, dando como uno de los argumentos el que la disolución de la sociedad tiene como uno de sus efectos la sustitución del objeto social. Lo contrario supondría una vía fácil para el fraude: los mayoritarios constituirían una sociedad con objeto distinto, y ésta sería la absorbente de aquella cuyo objeto se quiere modificar.

Por tanto, creemos que se debe reconocer el derecho de separación, tanto en la sociedad absorbente como en la que se extingue, pero con una interpretación restrictiva del concepto de sustitución del objeto social, tal y como establece la resolución citada para el caso de la absorbente. El problema que se plantea es si la doctrina de esa resolución se puede mantener hoy cuando la redacción del art. 346.1 ha sido modificada por la Ley 25/2011: mientras que antes hablaba solo de la sustitución ahora se refiere además a la *«modificación sustancial del objeto».* Entendemos que se trata de una mejora técnica de la Ley que no altera su sentido original. El concepto de sustitución del objeto social había sido objeto de interpretación por la jurisprudencia, entendiéndose que tenía lugar cuando se producía *«una mutación de los presupuestos objetivamente determinantes de la adhesión del socio a la sociedad, como consecuencia de una transformación sustancial del objeto de la misma que lo convierta en una realidad jurídica o económica distinta»* (STS de 30 de junio de 2010). Creemos que cabe sostener que el cambio producido no es en realidad, sustancial –valga la redundancia–. La justificación de la enmienda que introduce este artículo habla de seguir el criterio jurisprudencial de la sentencia citada y en ese sentido *«encontrar ese punto intermedio entre las modificaciones accidentales o secundarias del objeto y la radical sustitución del objeto».* Por tanto, nos encontramos ante el extraño supuesto de que el legislador trata de incorporar a la Ley el criterio jurisprudencial interpretativo de la norma anterior, criterio que debe servir ahora para interpretar la nueva Ley. Por tanto, nunca será sustitución la inclusión de nuevas actividades, y solo podrá hablarse de sustitución si el objeto de la nueva sociedad o de la sociedad absorbente no recoge ninguna referencia a la actividad de la sociedad afectada. Por ello, este supuesto será muy raro en la práctica, pues, siendo una operación de concentración empresarial, o son sociedades del mismo sector, o se trata de ampliar la actividad con otra complementaria y en ambos casos no existiría propiamente sustitución de objeto.

En cuanto a la fusión heterogénea y el derecho de separación, la generalización del derecho de separación para todos los supuestos de transformación (art. 15 LME) da lugar al problema de si los socios de una sociedad que se fusiona y se integran en una sociedad de distinto tipo van a tener ese derecho.

En todo caso, el derecho de separación se aplicaría solo a los supuestos en que ni la sociedad extinguida ni la resultante fueran personalistas, pues en este caso es necesario el consentimiento individual de todos los socios con arreglo al art. 41 LME. Quedaría reducido el problema al caso en que los socios de una SA pasen a serlo de una SRL o viceversa, justamente los casos en que menos significativo es el cambio –pues se trata de dos sociedades de capital que limitan la responsabilidad de los socios–. Sin embargo, también en estos casos el art. 15 LME les otorga el derecho de separación en caso de transformación, por lo que no tiene mucho sentido que no se reconozca este derecho si el mismo efecto se produce en una fusión.

Es una cuestión dudosa, pero entendemos que una interpretación sistemática de la LME impone la no aplicación de este derecho. En primer lugar, porque cuando en materia de fusión la Ley ha querido proteger al socio de este modo en algún supuesto, se ha regulado expresamente: el art. 50 LME, por ejemplo, obliga a la sociedad a ofrecerle la compra de sus acciones o participaciones, lo que es muy semejante a un derecho de separación. Por otra parte, porque la LME claramente contempla la fusión heterogénea (art. 22), pero en ningún momento hace referencia al derecho de separación. De hecho, prevé efectos especiales para algunas fusiones heterogéneas, como la necesidad del consentimiento de los socios que pasan a responder ilimitadamente de las deudas, en el art. 41, adoptando por tanto una solución diferente a la de la transformación (art. 15.2, que establece un derecho de separación automático); o la continuación de la responsabilidad por las deudas anteriores de los socios que antes respondían personalmente (art. 48). Es decir, la Ley establece normas especiales para estos casos, sin entender que se aplican las normas de la transformación, y si no establece un derecho de separación, es porque no lo considera conveniente.

Es cierto que no es coherente esto con la generalización del derecho de separación en la transformación conforme al art. 15 LME, pero no deja de ser una opción del legislador, que en sí misma nos parece acertada pues no es contraria a ningún principio del derecho de sociedades ni a las directivas comunitarias. Al contrario, encaja mejor dentro de la finalidad de éstas últimas de favorecer y facilitar los procesos de modificación estructural, evitando en general el recurso a los consentimientos individuales y al derecho de separación. Obviamente esto tendrá siempre el límite del fraude de ley, de manera que si lo que se persigue en realidad no es una reestructuración empresarial, sino que la fusión sirve solo de cobertura a una transformación, deberá aplicarse la norma que se trata de eludir y existirá el derecho de separación.

c) Contenido del acuerdo

El contenido del acuerdo no viene regulado de forma sistemática en la Ley: el art. 40 LME solo establece que debe ajustarse estrictamente al proyecto de fusión, y del art. 37 LME se deduce que debe realizarse también la aprobación del balance. El art. 228 del RRM había recogido y sistematizado todos estos requisitos conforme a la normativa anterior.

En consecuencia, el acuerdo habrá de versar sobre:

- La aprobación del proyecto de fusión: el artículo 228 RRM exige la expresión en el acuerdo de cada una de las menciones del proyecto, lo que parece reiterativo, dada la publicidad dada al mismo y su depósito, y que, en principio, no cabe modificar en el acuerdo las menciones del proyecto de fusión como resalta el art. 40 actual. La simple aprobación del proyecto de fusión depositado debe ser suficiente.
- La aprobación del balance de fusión (art. 37.2 LME).
- La identidad de los administradores y en su caso de los auditores. Esto no viene exigido ni por la LME ni por el RRM, pero se deduce del art. 39 LME. No será necesario en el caso de que sea una fusión por absorción y se mantengan en sus cargos los administradores de la absorbida sin cambio alguno.

d) Las modificaciones sobrevenidas y la posibilidad de modificar el proyecto en el momento del acuerdo

Puede suceder que entre el proyecto de fusión y la junta que debe decidir sobre el acuerdo se produzcan alteraciones en las sociedades, que siguen funcionando independientemente, que sean relevantes a efectos de la fusión. Esto plantea por una parte la necesidad de complementar la información (art. 39.3 ya examinado) y por otra la posibilidad de alterar el proyecto al tomar los acuerdos de junta.

i.- *La posibilidad de introducir alteraciones en el proyecto en el momento de tomar el acuerdo de fusión:* una vez producidas las alteraciones de hecho, cabe por supuesto votar en contra de la fusión por razón de las mismas. Pero ¿cabe adoptar un acuerdo que modifique el proyecto? Esto se admite en derecho italiano con ciertos límites, y se discute si se admite en derecho portugués, pero no se contempla ni en la 3.ª Directiva ni en la LME. Se trata de una cuestión de gran importancia, pues son frecuentes esas alteraciones, y si no se admite la modificación en el momento del acuerdo, la única alternativa es reiniciar el proceso de fusión entero, con los consiguientes costes económicos y de tiempo.

La doctrina antes de la Ley se encontraba dividida, y parece que la Ley se inclina por la inmodificabilidad, pues dice ahora que el acuerdo debe ajustarse «estrictamente»al proyecto. También se incluye un inciso diciendo que *«cualquier acuerdo de una sociedad que modifique el proyecto de fusión equivaldrá al rechazo de la propuesta»*.

Sin embargo, a nuestro juicio, esta nueva redacción no cierra cualquier posibilidad de modificación. El inciso añadido no aporta nada, pues evidentemente cualquier modificación unilateral de una de las sociedades supone que no hay acuerdo sobre el negocio. Pero no dice, por ejemplo, que no puedan las demás que se hayan ajustado al proyecto continuar con la misma o que no sea posible que todas aprueben la misma modificación (en este sentido, LARGO GIL, R. 2009, p. 482).

Lo importante, a nuestro juicio, no es la nueva redacción de la Ley, sino si la modificación respeta los intereses que el procedimiento de fusión trata de proteger, lo que dependerá entre otras cosas del momento en que se produzca la modificación del proyecto.

Mientras no se haya publicado la convocatoria y puesto a disposición de los interesados el proyecto con arreglo al art. 39 LME, será posible hacer cualquier alteración al proyecto, que deberá insertarse o depositarse de nuevo (en este sentido la SAP Barcelona de 5 de mayo de 2008). Esto es posible incluso cuando se ha depositado el proyecto, pues bastará completar el depósito con las modificaciones, realizándose una nueva publicación.

Sin embargo, una vez realizada la convocatoria, si se aprueba en junta algo distinto al proyecto, se incumplen las garantías informativas previstas en la Ley, y en concreto en el art. 39 LME.

Esto afecta en primer lugar al derecho de información de los socios. El análisis de la fusión es complicado, y por tanto no se puede obligar a los socios a decidir sobre la marcha y sin la reflexión suficiente sobre un punto concreto, imponiendo la decisión de la mayoría. Por eso será necesario que cualquier modificación, en su caso, sea aprobada por unanimidad.

En cuanto a los intereses de los titulares de derechos distintos de las acciones, entendemos que no quedan afectados, pues en cualquier caso o bien conservan sus derechos o es necesario su consentimiento individual (art. 41 LME). Tampoco parece que los acreedores puedan quedar perjudicados por una modificación, pues tienen en cualquier caso el derecho de oposición reconocido en el art. 44, cuyo ejercicio se produce después de la publicación del acuerdo de fusión. Para garantizar debidamente su derecho de información, entendemos que en la publicación o comunicación del acuerdo deberá hacerse referencia a la existencia de modificaciones respecto del proyecto de fusión, y advertir de que están a su disposición de manera semejante al supuesto de la convocatoria. Entendemos que esto sería también suficiente para la información de los representantes de los trabajadores. La Directiva 77/187, a la que se remite la 3.ª Directiva, dice que deben ser notificados con antelación suficiente al momento en que pueda producir efectos frente a ellos, plazo que a nuestro juicio debe ser de un mes de antelación al otorgamiento de la escritura. Lo más correcto es que al tiempo que se publica el acuerdo con especial referencia a sus modificaciones se depositen en el Registro como adiciones al proyecto las modificaciones adoptadas.

Finalmente, entendemos que todas estas exigencias no deben aplicarse cuando se trate de modificaciones que en nada afecten a los derechos de los sujetos intreresados; si se trata de cuestiones irrelevantes –una errata en los estatutos, un cambio de domicilio dentro de la misma ciudad, una modificación en la denominación– bastará la aprobación ordinaria en todas las juntas en los términos modificados.

Ha sido muy discutida la posibilidad de continuar la fusión sin alguna de las sociedades inicialmente incluidas en el proyecto. Aunque la mayoría de la doctrina niega esta posibilidad, es admitida por algún autor y una sentencia del Juzgado de 1.ª Instancia de Madrid de 28 de enero de 1997, en la que se entiende que las juntas generales de las otras sociedades tienen competencia para decidir la realización de la fusión entre algunas de las sociedades firmantes del proyecto.

ii.- *Previsión en el proyecto de modificaciones a introducir:*

La cuestión es si es posible que el propio proyecto de fusión prevea varias alternativas en cuanto a alguna de las menciones obligatorias.

Esto se ha planteado en particular en relación con la «cláusula de descuelgue», que ya ha aparecido en algún proyecto de fusión. Se trataría de que el proyecto previera varias alternativas, según las circunstancias del momento. Por ejemplo, prever que si, transcurrido un plazo determinado, alguna de las sociedades no ha tomado el acuerdo, puedan las demás proseguir con la fusión, haciendo constar las modificaciones que esto produciría (lo cual tendría una indudable complejidad pues, por ejemplo, habría que prever los distintos tipos de canje para cada uno de los supuestos previstos).

Creemos que esto es posible, pero dentro de unos límites: no es posible dejar una multitud de opciones a la Junta General para que decida en el sentido que considere conveniente en diversas materias. Y no porque sea competencia de los administradores esa determinación, sino porque los socios y demás interesados deben poder examinar un proyecto de fusión determinado, no abierto, para poder formarse una opinión y ejercer en su caso sus derechos.

e) El acuerdo en junta universal: admisibilidad y consecuencias

En la legislación anterior se discutió la posibilidad de que el acuerdo de fusión se tomara en junta universal, al entender algún autor (LARGO GIL) que no cabía hacer modificación alguna al procedimiento legal, en especial por respeto a los derechos de información de los trabajadores. No obstante, la mayoría de la doctrina y la DGRN (resolución de 30 de junio de 1993) se manifestaron claramente a favor, si bien matizando que sería necesario que se respetaran los derechos de información de terceros antes de ejecutar la fusión. La citada resolución, por una parte, reconoce la existencia de intereses distintos de los de los socios, pero admite el acuerdo en junta universal, incluso aunque el depósito del proyecto sea posterior al acuerdo. Señala que el derecho de información del socio debe ceder ante su propia decisión de aceptar la junta universal y que el que no se haya depositado el proyecto no implica que no exista, y aunque no existiera, puede que los socios conozcan los efectos de la fusión en todos sus términos. En cuanto a los trabajadores, entendió que para su información basta con que el proyecto de fusión se deposite en el Registro Mercantil con un mes de antelación a la realización de la fusión (es decir, al otorgamiento de la escritura), pudiendo además desde la publicación obtener el texto del mismo.

La cuestión ha quedado claramente superada por la nueva legislación, que reconoce la posibilidad de acuerdo en junta universal expresamente en el art. 42.

En relación con el depósito del proyecto, ya se examinó la reforma por el Real Decreto-ley 9/2012 del art. 32 LME, que ha suprimido la excepción al depósito previo en caso de junta universal, lo que hace dudosa la aplicación de la doctrina de la DGRN citada. En caso de admitirlo, hay que destacar que dicha doctrina recordaba que el depósito -hoy también inserción en la web de la sociedad- seguía siendo necesario, si bien en caso de junta universal bastaba que se hiciera con un mes de antelación a la fecha de otorgamiento de la escritura.

f) La publicación o comunicación del acuerdo de fusión

El art. 43 LME establece que «*1. El acuerdo de fusión, una vez adoptado, se publicará en el Boletín Oficial del Registro Mercantil y en uno de los diarios de gran circulación en las provincias en las que cada una de las sociedades tenga su domicilio. En el anuncio se hará constar el derecho que asiste a los socios y acreedores de obtener el texto íntegro del acuerdo adoptado y del balance de la fusión, así como el derecho de oposición que corresponde a los acreedores.*

2. No será necesaria la publicación a que se refiere el apartado anterior cuando el acuerdo se comunique individualmente por escrito a todos los socios y acreedores, por un procedimiento que asegure la recepción de aquél en el domicilio que figure en la documentación de la sociedad».

La LME contiene importantes novedades respecto de la anterior regulación en la LSA, consistentes en la reducción del número de publicaciones y en la posibilidad de sustituirlas por comunicaciones individuales. En principio, esta reforma supone una mayor simplificación y ahorro de costes para las sociedades, pero puede llevar consigo un serio problema de inseguridad: puede existir una fusión sin ninguna publicación (imaginemos un supuesto del artículo 42), o con la muy limitada publicidad que implica la publicación en el BORME del hecho del depósito del proyecto.

Puede suscitar dudas el supuesto de que en algunos estatutos figure la reproducción del sistema de publicaciones de la Ley anterior. En estos casos entendemos que se podrá aplicar la doctrina de la resolución de la DGRN de 26 de octubre de 1999, que entiende que cuando los estatutos se limitan a reproducir una norma imperativa, no supone una opción por ese concreto sistema sino más bien una remisión al régimen legal, por lo que cabrá aplicar el nuevo sistema y sus simplificaciones.

En el caso de que se publiquen anuncios, se reduce el número de publicaciones a una en el BORME y una en un periódico, y podrá ser común para todas las sociedades, como se venía haciendo hasta ahora. Las sociedades cotizadas deberán publicar el acuerdo de fusión también en su web corporativa (arts. 17 y 2 LMV).

Lo más novedoso es que este art. 43.2 permite sustituir la publicación de anuncios por la comunicación individual y por escrito a todos los socios y acreedores, posibilidad ésta que plantea varios problemas.

En cuanto al medio de comunicación, la Ley exige un medio *«que asegure la recepción»*. En realidad, es difícil asegurar la recepción por el destinatario, y en el art. 44 LME el plazo del derecho de oposición se cuenta desde el último envío, de manera que se pone de relieve que se cumple la obligación con la remisión, y que la recepción misma no es un requisito. Entendemos que lo que se pretende es que se pueda comprobar posteriormente que se ha realizado o intentado la entrega, por lo que se podría admitir la entrega por correo con acuse de recibo, aunque este sistema no deja constancia del contenido del envío. No sabemos si esto va a dejar tranquilos a los administradores, que van a ser los responsables de la remisión, pues los acreedores podrían alegar que la remisión había sido incompleta o sobre otra cuestión, y será una cuestión de difícil prueba.

La referencia a *«cualquier medio»* parece que está pensando en la utilización de medios informáticos, aunque se acomode mal con la mención del domicilio. Hoy hay que tener en cuenta el art. 11 quáter de la LSC, que prevé que las comunicaciones entre el socio y la sociedad pueden hacerse por estos medios cuando el primero lo hubiera aceptado expresamente. Este consentimiento incluirá la comunicación de una dirección de correo electrónico como equivalente al domicilio. El problema para que se cumpla el requisito legal se limitará a que exista un sistema informático que permita la comprobación de que el mensaje ha sido recibido.

En este ámbito se plantea hasta qué punto puede el notario comprobar que la remisión se ha hecho a todos los socios y acreedores. En realidad, aunque se le acrediten las remisiones, el notario no puede acudir a ninguna documentación independiente de la suministrada por los administradores para identificar a los acreedores o socios. Por tanto, deberá ser suficiente la manifestación de que se ha comunicado a todos, pero no con una manifestación genérica sino declarando que se ha remitido la comunicación a todos los socios y a todos los acreedores, de acuerdo con la contabilidad de la sociedad y su conocimiento. Además deben declarar el concreto medio por el que se ha realizado la comunicación y en particular la fecha de remisión de la última de las comunicaciones. Esto último es imprescindible, pues el plazo para el ejercicio del derecho de oposición se cuenta desde esa fecha y, si no, no se puede comprobar que ha transcurrido el mismo (art. 44 LME).

Entendemos que, admitido el sistema de la comunicación individual, no cabe duda de que es posible que los administradores declaren simplemente que no hay acreedores, pues, si no los hay, evidentemente no se puede obligar a los administradores ni a declarar que les han remitido comunicaciones ni tampoco a publicar. Esto supondría la posibilidad de una fusión instantánea, pues no debería transcurrir el mes desde la publicación o comunicación del acuerdo.

En cualquier caso, hay que resaltar las graves responsabilidades en que pueden incurrir los administradores en caso de incorrección de las manifestaciones. Por ello, la opción de acudir al sistema de notificaciones no debe ser tomada a la ligera por los administradores, y el notario deberá advertir de ello. Es muy posible que la contabilidad contenga errores u omisiones en cuanto a los acreedores, o que no se disponga de los verdaderos domicilios, y en ese caso la responsabilidad recaerá directamente sobre los administradores que hayan manifestado que se han cumplido las obligaciones de notificación. Se puede plantear si incluso la falta de notificación a alguno de los acreedores puede hacer nula toda la fusión, como se había sostenido antes cuando existían defectos en la publicación. Todo esto debe llevar a estimar que el tradicional sistema de publicaciones deberá seguir siendo la regla general, aplicándose el otro solo para el caso de sociedades que no tengan ninguna o casi ninguna actividad.

En cuanto al contenido de la publicación o comunicación, parece que basta una mención genérica del acuerdo de fusión y del *«derecho que asiste a los socios y acreedores de obtener el texto íntegro del acuerdo adoptado y del balance de la fusión, así como el derecho de oposición que corresponde a los acreedores»*. Aunque la Ley no lo especifica, parece conveniente hacer constar el plazo de ejercicio, y el dies a quo para el cómputo del mismo.

C. LA FASE DE EJECUCIÓN

La publicación o comunicación del acuerdo de fusión que prevé el art. 43 supone el inicio del plazo del derecho de oposición, por lo que nos ocupamos de ese derecho en este lugar (aunque a veces la doctrina lo estudia dentro de los efectos de la fusión). Una vez pasado el plazo de ejercicio de ese derecho, se puede otorgar la escritura, y todo el proceso termina con la inscripción.

1. El derecho de oposición de los acreedores

El art. 44 LME regula el derecho de oposición, y el mismo ha sido reformado por el Real Decreto-ley 9/2012.

El fundamento de este derecho no es, como suele decirse, sustituir la aplicación del artículo 1205 del Cc (según el cual, todo cambio de deudor en una obligación requiere el consentimiento del correspondiente acreedor), pues, si fuera así, sólo gozarían del mismo los acreedores de las sociedades que se extinguen. La razón es que, al unirse varios patrimonios con diferente grado de solvencia, unos acreedores pueden resultar beneficiados y otros perjudicados. Por tanto, más que con el art. 1205 CC, el derecho de oposición se relaciona con el art. 1082 del Cc, porque su origen es también la confusión de patrimonios, y porque la solución es parecida al poder los acreedores del causante oponerse a que se realice la partición antes del pago de sus deudas.

En esta materia se manifiesta la tensión entre la protección de los derechos de terceros y el favorecimiento de la fusión. El sistema establecido por nuestra Ley había sido criticado por ser excesivamente protector de los acreedores, yendo más allá de las exigencias de la 3.ª Directiva (art. 13), que solo exigía que se protegieran esos derechos cuando la *«la situación financiera de las sociedades haga necesaria esa protección»*. Esta tendencia a restringir el derecho de oposición se refuerza precisamente tras la reforma introducida por la Directiva 2009/109/CE, que permite a los Estados exigir que los acreedores estén obligados a *«demostrar, de forma convincente, que debido a la fusión, la satisfacción de sus derechos está en juego»*.

Sin embargo, nuestra LME sigue el criterio de la anterior legislación en el sentido de no condicionar este derecho a la acreditación de un empeoramiento de la solvencia del deudor, y solo supone una ligera restricción del elenco de acreedores protegidos al modificar ciertos plazos y un cierto debilitamiento de facto de su eficacia, al reducir, como hemos, visto, los requisitos de publicidad que sirven de presupuesto a la posibilidad de ejercicio del derecho. Este sistema parece en principio mantenerse tras la reforma de la LME por el Real Decreto-ley 9/2012, ya que su preámbulo declara que la reforma *«es fiel a la tradicional configuración del derecho de oposición... en la que ... no se condiciona a que la situación financiera de la sociedad haga necesaria una especial tutela»*. No obstante, la introducción por esta reforma de un nuevo punto 4 al art 44 no deja de plantear dudas sobre si implica un cambio en la naturaleza, lo que se examinará en relación con sus efectos.

a) Requisitos del derecho

i.- Los acreedores titulares del derecho de oposición

El art. 44.2 dice que *«Dentro de ese plazo, los acreedores de cada una de las sociedades que se fusionan cuyo crédito hubiera nacido antes de la fecha de inserción del proyecto de fusión en la página web de la sociedad o de depósito de ese proyecto en el Registro Mercantil y no estuviera vencido en ese momento, podrán oponerse a la fusión hasta que se les garanticen tales créditos»*.

El Real Deceto-ley 9/2012 armoniza este artículo con la reforma del art. 32, que permite la sustitución depósito del proyecto por su inserción en la web. Recordemos, en relación con la inserción en la web, que, conforme al art. 11 bis 2 de la LSC, *«la carga de la prueba del hecho de la inserción... y de la fecha en que esa inserción ha tenido lugar corresponderá a la sociedad».*

La referencia a *«cada una de las sociedades que se fusionan»* significa que tendrán el derecho los acreedores de cualquiera de las que participan en la fusión y no solo de las que se extinguen. Este mismo trato lo exige el art. 13 de la 3.ª Directiva, y es lo correcto, pues el riesgo derivado de la confusión de patrimonios es, en teoría, el mismo para los acreedores de absorbente y de absorbida.

Entendemos que el acreedor que es socio y vota a favor del acuerdo de fusión no pierde este derecho, pues puede tener intereses distintos como socio y como acreedor. El derecho de oposición (a pesar de su nombre) no es una voluntad contraria a la fusión, sino favorable a la prestación de una garantía.

- *El caso de los obligacionistas:* el segundo párrafo del art. 44.2 dispone que *«Los obligacionistas podrán ejercer el derecho de oposición en los mismos términos que los restantes acreedores, salvo que la fusión hubiere sido aprobada por la asamblea de obligacionistas».*

La referencia a la aprobación de la fusión por la asamblea no es afortunada, pues la asamblea no interviene en el proceso de fusión. A lo que se refiere la norma es a que entra dentro de las competencias de esta asamblea (art. 424 LSC) el tomar un acuerdo sobre el ejercicio o no del derecho de oposición, con efectos frente a todos los obligacionistas (art. 425 LSC), sin perjuicio de la posibilidad de impugnarlo (art. 425.3 LSC). Por tanto, cabrá que, como prevé el artículo, la asamblea tome la decisión de no ejercer el derecho de oposición. Pero también se puede tomar la decisión de hacerlo, y en este caso se plantea si la negociación de las garantías de los obligacionistas es colectiva o individual. Nos inclinamos por que pueda ser negociada de forma colectiva, pero será la asamblea la que deberá manifestarse, o conceder al comisario facultades para la negociación. En caso de que no hubiera acuerdo en ningún sentido, el derecho sería de ejercicio individual (ESCRIBANO, C., 2009, pag. 613).

ii.- Los créditos protegidos

La Ley exige que el crédito:

-*«hubiera nacido antes de la fecha de inserción del proyecto de fusión en la página web de la sociedad o de depósito de ese proyecto en el Registro Mercantil»*: En la legislación anterior a la LME los créditos debían ser anteriores al último anuncio del acuerdo de fusión. La nueva redacción –que sigue fielmente el art. 13 de la 3.ª Directiva– responde a que antes no se podía hacer referencia a esa publicación del depósito pues éste no estaba recogido en la Ley sino que era una creación del RRM. El fundamento parece ser que desde que existe una posibilidad de conocimiento público del procedimiento de fusión, los acreedores han de tener en cuenta la posible fusión a la hora de evaluar la solvencia del deudor. En cualquier caso, supone una reducción del ámbito de los acreedores protegidos, al excluirse los titulares de créditos nacidos después de la publicación del proyecto pero antes de la publicación del acuerdo.

Entendemos que el derecho existirá independientemente de que el acreedor conociera de hecho el proceso iniciado y no publicado en el momento de contraerse la deuda (ESCRIBANO, C., 2009, pag. 616).

La reforma del Real Decreto-ley 9/2012, aparte de introducir la referencia a la web, añade el siguiente inciso: *«Si el proyecto de fusión no se hubiera insertado en la página web de la sociedad ni depositado en el Registro Mercantil competente, la fecha de nacimiento del crédito deberá haber sido anterior a la fecha de publicación del acuerdo de fusión o de la comunicación individual de ese acuerdo al acreedor».* El único supuesto en que puede no existir depósito ni inserción del proyecto es si interpretamos que para el caso de acuerdo unánime en todas las sociedades (art. 42 LME) no se requiere depósito. La redacción del art 42 tras la reforma solo excluye claramente el depósito previo, y no el depósito, pero, como se examina después al tratar este supuesto de fusión simplificada, entendemos que permite prescindir del depósito mismo. Por tanto, para ese caso se amplía el ámbito de los créditos que tendrán derecho de separación, que serán todos los nacidos antes de la publicidad o comunicación del acuerdo de fusión realizada con arreglo al art 43 LME.

- *«no haya vencido en ese momento».* El momento en que no debe estar vencido es por tanto el del depósito o inserción del proyecto. La razón de excluir al acreedor con crédito vencido es que éste tiene a su favor unos medios que podría haber ejercitado, en particular asegurar el pago de su crédito con un embargo, y así se recoge también en el art. 13 de la 3.ª Directiva. Esto es criticable pues el titular de créditos vencidos, sobre todo si no tiene un título ejecutivo, puede estar en peor posición que los titulares de otros créditos no vencidos (ESCRIBANO, C., 2009, pag. 618). Supone además perjudicar a los acreedores que otorguen al deudor un plazo más largo para pagar, y a los que no acudan de manera inmediata a la ejecución en un caso de retraso. Por tanto, desde un punto de vista de política legislativa, no creemos que esta restricción esté justificada: hay que tener en cuenta que la 3.ª Directiva se limita a establecer un mínimo de protección y otras legislaciones de nuestro entorno (Italia, Francia, Alemania y Portugal) no la aplican.

- No gozarán de este derecho los acreedores *«cuyos créditos se encuentren ya suficientemente garantizados»*: la LME cambia «adecuadamente» por «suficientemente» garantizados, sin que alcancemos a ver cuál puede ser la diferencia.

La primera cuestión que se puede plantear es si puede considerarse como «garantía suficiente» el hecho de que la situación financiera de la sociedad resultante sea mejor que la de la deudora inicial. Claramente no, pues la Ley no hace ninguna referencia a ello, y la reciente Ley 1/2012 reitera en su EM que el derecho de oposición *«no se condiciona a que la situación financiera de la sociedad deudora haga necesaria una especial tutela».*

La segunda es qué garantía puede considerarse suficiente a estos efectos: sin duda, es suficiente la garantía solidaria otorgada por una entidad de crédito, pues esto es lo que podría obtener el acreedor correspondiente ejercitando su derecho de oposición con arreglo al propio art. 44 LME. No parece, sin embargo que ésta sea la única garantía admisible, porque, si no, así lo habría expresado la Ley, pero al margen de este caso, el único criterio objetivo que se nos ocurre es considerar suficientes las garantías que convierten a los acreedores en privilegiados de acuerdo con la legislación concursal (arts. 90 y 91 LC).

¿Quién califica la suficiencia de la garantía? En la práctica es el administrador el que tiene que juzgar si la persona que comunica su oposición es realmente acreedor de la sociedad, y también si está o no suficientemente garantizado, pues él es el que conoce la contabilidad de la empresa, el vencimiento del crédito, la garantía, etc. Por tanto, será el órgano de administración el que tenga que resolver prima facie esta cuestión, evidentemente asumiendo la responsabilidad por su decisión, que podrá ser impugnada judicialmente. En cualquier caso y a falta de jurisprudencia al respecto, creemos que el órgano de administración deberá ser muy prudente. Obsérvese que, en relación con la garantía exigible por el acreedor que se opone (art. 44.3), fuera del supuesto de la garantía bancaria, la Ley deja el juicio sobre la suficiencia de la garantía al acreedor.

El administrador puede pretender declarar en la escritura que un determinado acreedor ha comunicado su voluntad de ejercicio del derecho de oposición, pero que no procede esta oposición por estar el crédito en cuestión suficientemente garantizado. No creemos que el notario se pueda oponer a que haga esa precisión, siempre que en todo caso y al final haga la declaración de que ningún acreedor con derecho a oponerse ha hecho uso del mismo. Esto no tiene por qué suponer la burla del derecho de oposición, porque, como veremos, el acreedor puede acudir a los tribunales reclamando que se ha infringido su derecho y, además de exigir la responsabilidad de los administradores y reclamar la garantía, a nuestro juicio también puede impugnar la fusión por esta causa.

- Supuestos especiales: Parece que tendrán derecho de oposición los titulares de créditos sometidos a condición (art. 1121 Cc) y a término, y con más dudas los litigiosos.

Entendemos que sí tienen derecho de oposición los acreedores garantizados cuando el que se fusiona es el fiador, pues el fiador es verdadero deudor aunque su responsabilidad sea subsidiaria.

En cuanto a los fiadores de la sociedad que se fusiona, podría pensarse que tienen el derecho sobre la base del art. 1843 Cc. Entendemos que esto será posible si el fiador ha sido demandado o ha llegado a ser exigible la deuda, en cuyo caso puede proceder contra el deudor y por tanto existe ya el crédito. En los demás casos, lo que cabrá es compeler al acreedor a ejercitarla conforme al art. 1852 Cc (ESCRIBANO, C., 2009, pag. 627).

iii.- Plazo de ejercicio del derecho de oposición

El art. 44.1 dice «*La fusión no podrá ser realizada antes de que transcurra un mes, contado desde la fecha de publicación del último anuncio del acuerdo por el que se aprueba la fusión o, en caso de comunicación por escrito a todos los socios y acreedores, del envío de la comunicación al último de ellos».*

Como vemos, el plazo de ejercicio es de un mes, que en caso de que el acuerdo se publique, se cuenta desde el último anuncio.

En el caso de comunicación individual, el que la Ley haga que se cuente desde el envío y no desde la recepción puede suponer un acortamiento del plazo de ejercicio, pues el mes se reducirá en el tiempo que haya transcurrido desde el envío a la recepción. El acreedor habrá de tener en cuenta la fecha de remisión, que en principio deberá constar en la carta que reciba. No obstante, teniendo en cuenta la literalidad del precepto, el plazo para todos los acreedores se cuenta desde la fecha de envío al último de ellos, lo cual es bastante absurdo, porque un concreto acreedor no tiene forma de saber que su comunicación ha sido la última enviada o cuántas comunicaciones posteriores ha habido y la fecha de éstas.

La mayoría de la doctrina entiende que se trata de un plazo de caducidad, aunque han de tenerse en cuenta las nuevas tendencias de la doctrina y jurisprudencia (STS de 30 de mayo de 1984), que entienden que la caducidad no es incompatible con la suspensión del plazo, en particular en los casos de fuerza mayor o de acuerdo de las partes.

En cuanto a la posible relevancia del efectivo conocimiento o desconocimiento de la fusión por el acreedor, entendemos que no puede alegar la ignorancia de la publicación, dada la expresa previsión legal. Más dudoso es si podría la sociedad alegar la caducidad del derecho de oposición acreditando un conocimiento por el acreedor anterior a la fecha de la última publicación. A nuestro juicio, no, pues la Ley establece un *dies a quo*, y el acreedor debe poder confiar en el mismo. Cuando la norma ha querido dar relevancia al conocimiento directo de un hecho, lo ha establecido así, como por ejemplo en el caso del inicio del plazo del derecho de separación (art. 15.2 LME, que establece un *dies a quo* distinto para los socios que asistieron a la junta).

b) Forma de ejercicio y contenido del derecho

La ley no exige forma alguna, pero el ejercicio del mismo no se presume y por tanto la declaración ha de ser expresa. La reforma por el Real Decreto-ley 9/2012 ha introducido un punto 4 en el art. 44 que regula la posibilidad de pedir una anotación en el registro, y para ella exige comunicación fehaciente, pero entendemos que no es un requisito de validez del derecho de oposición, sino un requisito formal para obtener la anotación. En cualquier caso, esa novedad resalta la conveniencia de notificarlo en forma fehaciente, pues, pasado el mes, el derecho caduca y si el acreedor no puede probar que lo ejerció perderá de forma definitiva la posibilidad de pedir una garantía o de paralizar o impugnar la fusión.

En cuanto al contenido de la declaración, además de manifestar la oposición, parece necesario que se identifique el crédito, al menos con su fecha de nacimiento, vencimiento y cuantía (como resulta del art. 227.2 RRM).

Respecto de la acreditación del cumplimiento de las normas sobre el derecho de oposición en la escritura y la inscripción, la Ley no determina en ningún momento cómo se ha de acreditar al notario el cumplimiento de la norma y el respeto de este derecho. El control por lo demás resulta casi imposible para alguien externo a las sociedades pues implica el conocimiento de todas las relaciones jurídicas de las sociedades. Por ello, al igual que sucede en el caso del derecho de oposición en el supuesto de reducción de capital (170.4 RRM), la única garantía es la declaración que los administradores han de realizar en la escritura de fusión, que es lo que exige el art. 227.2.2ª RRM. En el caso de que se hubiera ejercitado el derecho, el art. 227 exige que se declare «*la identidad de quienes se hubiesen opuesto, el importe de su crédito y las garantías que hubiere prestado la sociedad*».

Se plantea el problema de si es posible realizar la fusión antes del transcurso del plazo en el caso de que no existan acreedores. Bajo la legislación anterior se entendía que no, por la terminante declaración tanto de la Ley como del RRM. Pero todo ha cambiado desde el momento en que hoy cabe la comunicación individual del acuerdo (art. 43.2). Como se examina en relación con dicho artículo, la comunicación queda bajo la responsabilidad de los administradores, que son los que tienen que identificar a los acreedores. Si no van a realizar ninguna comunicación, no tiene sentido que declaren formulariamente que han comunicado a todos los acreedores y que se ha dejado transcurrir un mes desde una comunicación inexistente. Por tanto, si no existen acreedores, los administradores no tienen que realizar publicación o envío alguno, y bastará que declaren la inexistencia de acreedores, no siendo preciso dejar transcurrir el plazo del mes para formalizar la fusión.

c) Efectos del ejercicio del derecho de oposición

El art. 44.1 LME dice que hasta que pase el plazo de un mes ya citado «no podrá ser realizada», lo que se interpreta en el sentido de que no puede otorgarse la escritura pública. Si se ejercita el derecho de oposición, la paralización se extiende hasta que se presten las garantías que prevé el art. 44.3, por lo que examinaremos primero las cuestiones que plantean estas garantías, y sus efectos sobre la responsabilidad establecida en el art. 48 LME. Sin embargo, la introducción del 44.4 por la Ley 1/2012 plantea hoy nuevas cuestiones en torno a los efectos del ejercicio del derecho. En primer lugar hay que examinar cuáles son los requisitos y efectos de la anotación registral que regula. Pero sobre todo hay que plantearse si esto supone una modificación del efecto de paralización que se atribuía al ejercicio de este derecho.

i.-*Prestación de garantías:*

Se admiten dos tipos de garantías:

- La garantía a satisfacción del acreedor: la suficiencia queda al arbitrio del acreedor, por lo que no hay límite al tipo de garantía que se puede pactar, aunque no sea técnicamente un derecho de garantía. En realidad, aquí cabe incluir cualquier tipo de pacto con el acreedor, incluyendo el pago. Lo que no parece posible es imponer el pago al acreedor, a diferencia de lo que sucedía en la LSA de 1951. Aunque esta solución sea más acorde con el régimen general de las obligaciones (artículo 1125 del Cc), entendemos que era mejor la opción contraria, pues la prestación de garantías bancarias puede suponer un coste desproporcionado en un procedimiento de este tipo. Lo que no parece posible es que la sociedad ofrezca una garantía que considera suficiente sin el consentimiento del acreedor y proceda con la fusión.

- La prestación de garantía solidaria en favor de la sociedad por una entidad de crédito debidamente habilitada: al establecer una garantía que ha de admitirse obligatoriamente la Ley trata de limitar el posible abuso de este derecho. En el caso de que la deudora sea una sociedad que se extingue por la fusión, entendemos que habrá de prestarse a favor de ésta y no de la absorbente o futura sociedad, lo cual no plantea problemas porque ésta última será la garantizada una vez realizada la fusión por efecto de la sucesión universal.

Se plantea el problema de cómo prestar esa garantía en el caso de cantidades ilíquidas o de obligaciones no pecuniarias. En principio, habrá de ser del importe previsible o del importe de la indemnización que se debería en caso de incumplimiento, pero parece que será necesario el acuerdo entre las partes para la fijación de su cuantía.

ii.- ¿El derecho de oposición excluye el régimen de responsabilidad del art. 48 LME?

En el caso de que en la fusión participaran sociedades personalistas se puede plantear si es aplicable la responsabilidad de los socios que establece ese artículo. Aunque se ha sostenido (SEQUEIRA, ESCRIBANO) que el derecho de oposición ha de excluir esta responsabilidad, entendemos que no es así: recordemos que el derecho de oposición no se concede a todos los acreedores, y que no lo tienen los acreedores con créditos vencidos, que deben seguir teniendo la garantía del patrimonio personal de los socios. Además, el art. 48 LME establece esa responsabilidad con carácter general frente a todo tipo de acreedores. Si tenemos en cuenta además la limitada publicidad del proceso, la brevedad del plazo y la escasa utilización en la práctica del derecho de oposición, sería una manera fácil de eludir esa responsabilidad. Lo que sí se puede defender es que aquellos acreedores que obtengan la garantía no pueden reclamar esa responsabilidad, pero en la práctica es intrascendente, pues siempre será más cómodo para el acreedor ejecutar la garantía bancaria que dirigirse contra el socio.

iii. El derecho de obtener anotación en el registro:

El Real Decreto-ley 9/2012, según su exposición de motivos, «*amplía las posibilidades de acción de los acreedores en los casos en los que no obstante la prohibición expresa de la Ley, la fusión o la escisión se lleve a cabo sin la prestación de las garantías...*». Se introduce a este efecto un punto 4 en el art. 44, que regula la posibilidad de solicitar una nota marginal para hacer constar el ejercicio del derecho. Señala el segundo inciso que «*El Registrador practicará la nota marginal si el solicitante acreditase haber ejercitado, en tiempo y forma, el derecho de oposición mediante comunicación fehaciente a la sociedad de la que fuera acreedor. La nota marginal se cancelará de oficio a los seis meses de su fecha, salvo que con anterioridad se haya hecho constar por anotación preventiva, la interposición de demanda ante el Juzgado de lo Mercantil contra la sociedad absorbente o contra la nueva sociedad en la que se solicite la prestación de garantía del pago del crédito conforme a lo establecido en esta Ley*». Para obtener la nota se exige acreditar al registro la comunicación fehaciente a la sociedad, por lo que el ejercicio del derecho de oposición deberá haberse notificado notarialmente a la sociedad. En cuanto a que se haga en tiempo y forma, lo primero es fácil de determinar por el registrador, pero lo segundo no queda claro a qué se refiere. Puede que se refiera al contenido de la comunicación, que no está regulado en la ley, pero que entendemos debe al menos identificar el crédito (importe, fecha y vencimiento, como exige el art. 227 RRM). Al registrador le será imposible juzgar la existencia del crédito, la veracidad de datos como el vencimiento, o la inexistencia de garantías suficientes. Entendemos que en este caso se establece una especie de presunción de veracidad a favor del acreedor, y que el registrador tendrá que realizar la anotación si se prueba la notificación en la forma prevista y con un contenido suficiente, sin necesidad –ni posibilidad– de comprobar la veracidad de la misma.

La opción del legislador es muy discutible. Por una parte, concede al acreedor la posibilidad de dar publicidad a su reclamación sin otro requisito que demostrar que ha notificado su derecho, y por otra no queda claro cuál es la verdadera utilidad de la anotación.

A nuestro juicio, está claro que ni el notario ni el registrador podrán oponerse al otorgamiento de la escritura ni a la inscripción porque se haya extendido esa nota. Por una parte, porque la ley y el RRM solo exigen que se declare que no se ha ejercitado, y el art. 44 solo prevé la extensión de la nota y parece presumir que el procedimiento sigue. Parece además que tiene sentido que prevalezca la declaración de los administradores, pues la regla general es la ejecutividad de los acuerdos a pesar de su impugnación, y aquellos están sometidos a un estricto régimen de responsabilidad. Por tanto, el notario y el registrador deberán autorizar e inscribir siempre que el administrador declare que ningún acreedor legitimado para ello ha ejercitado su derecho de oposición.

Por otra parte, está claro que la nota no alarga el plazo de la impugnación de la fusión, que en cualquier caso es el de tres meses previsto en el art. 47. La referencia a los seis meses es solo para la caducidad de la anotación. Lo que parece que persigue la norma es que, más allá de los tres meses, quepa solicitar judicialmente la garantía de la sociedad, pero no alargar el plazo legal para impugnar la fusión. A nuestro juicio, eso tampoco servirá de protección al acreedor pues la prestación de la garantía implica encontrar una entidad bancaria dispuesta a prestarla, lo que no va a ser posible si la sociedad es insolvente, por mucho que lo diga el juez.

iv.- ¿Paraliza la fusión el ejercicio del derecho de oposición?

El efecto típico del derecho de oposición es la paralización de la fusión hasta la prestación de la garantía, pues como establece el art 44.3, «*no podrá llevarse a efecto*» hasta ese momento. Pero la mención del art. 44.4 a que la fusión se realice no obstante la oposición del acreedor parece presuponer que los administradores pueden seguir adelante con la misma aunque se haya ejercitado legítimamente el derecho y sin prestar garantía. Así, algún autor (ESCRIBANO GAMIR, 2012) entiende que en este caso la fusión se puede llevar a cabo aunque el acreedor se haya opuesto en tiempo y forma, y plantea que lo que se va a discutir en el juzgado es si la situación financiera de la sociedad justifica el ejercicio del derecho. Esta postura parece avalada por la exposición de motivos que dice que «*a la vez que evita que la infracción de los deberes a cargo de la sociedad en caso de legítima oposición pueda afectar a la eficacia de la fusión o de la escisión, la presente Ley amplía las posibilidades de acción de los acreedores en los casos en los que, no obstante la prohibición expresa de la ley, la fusión o la escisión se lleven a cabo sin la prestación de las garantías necesarias a favor del opositor*». Parece, por tanto, que no se quiere que el derecho de oposición interfiera en el procedimiento, y que a pesar de su ejercicio los administradores pueden seguir adelante.

No creemos que esta sea la interpretación correcta por varias razones. En primer lugar, la propia exposición de motivos dice que no se cambia el sistema del derecho de oposición. Por tanto, ni lo que se va a discutir en el juzgado es la situación de solvencia de la nueva sociedad, ni tiene ningún sentido defender que se pasa de reconocer un derecho que permite la paralización del procedimiento a otro que solo permite obtener una anotación para solicitar una garantía. Pero sobre todo, a lo que hay que atender preferentemente es a la norma –y no a la exposición de motivos–. Lo que hace el art. 44.4 no es modificar el número 3, que sigue diciendo que la fusión no puede llevarse a efecto, sino otorgar una posibilidad nueva al acreedor. Esta facultad, como hemos visto, tiene una escasísima utilidad y en ningún caso puede sustituir el poderoso efecto de impedir la fusión. Por tanto, entendemos que la prohibición subsiste, y obliga a los administradores, que serán personalmente responsables de los daños que se produzcan por la infracción de la ley.

Lo que contempla en realidad el art. 44.4 no es la posibilidad de que los administradores ignoren deliberadamente el ejercicio del derecho, sino que haya una diferencia de criterio entre los administradores y el acreedor sobre si el que lo ejercita es en realidad titular de ese derecho, ya porque su crédito no cumpla con los requisitos legales (plazo), o porque se considere que está suficientemente garantizado. Tanto antes de la reforma como ahora, son los administradores los que conocen la contabilidad de la sociedad y las fechas de nacimiento y vencimiento de los créditos, y se acepta su declaración prima facie. Eso no quiere decir que no se pueda reclamar judicialmente contra ellos contra esa decisión. Lo único que cambia es que antes no cabía otro recurso que el judicial, y ahora el legislador quiere que se pueda dar publicidad registral a la existencia de esta discrepancia. En realidad, esto era posible bajo la Ley anterior a través de la solicitud de una anotación preventiva como medida cautelar –como examinamos a continuación–, pero ahora se permite una nota registral sin control judicial, pero también sin efecto de paralización.

v.- ¿Puede el acreedor solicitar judicialmente la paralización del procedimiento?

Ya hemos visto que el derecho de oposición ejercitado por acreedor legítimo obliga a los administradores a paralizar el procedimiento hasta que se garanticen los créditos. Pero se plantea el problema de si el acreedor puede hacer algo más que solicitar la nota registral, y en concreto, si puede solicitar al juzgado una medida cautelar de suspensión de la fusión por infracción del derecho de oposición, demostrando las condiciones generales de proporcionalidad, peligro de daño y apariencia de buen derecho exigidas para toda medida cautelar. A la vista de la literalidad del art. 44.4, podría entenderse que la acción del acreedor solo puede dirigirse a la obtención de garantía, lo que parece apoyado por la exposición de motivos de la Ley 1/2012 que niega que «*la infracción de los deberes a cargo de la sociedad en caso de legítima oposición puedan a afectar a la eficacia de la fusión*».

Entendemos, sin embargo, que sí es posible pedir la suspensión como medida cautelar. En primer lugar, porque la voluntad de la ley es que el derecho de oposición paralice el proceso, pues dice que «*no podrá llevarse a efecto*» (art. 44.3) hasta que se preste la garantía. La EM del Real Decreto-ley no puede desvirtuar la Ley y además la propia EM hace referencia a la subsistencia de una prohibición legal. Su redacción es confusa, pero la mención a la eficacia de la fusión en todo caso podría dar lugar a defender la imposibilidad de impugnación pero no de la paralización. Otra interpretación implicaría que el derecho de oposición quedara sin efecto, pues solo daría derecho a ejercer la acción de pedir la garantía, que como hemos dicho es totalmente ilusoria si la sociedad beneficiaria es insolvente y por tanto incapaz de ofrecer una garantía suficiente. En la única resolución judicial sobre esta cuestión que conocemos (sentencia del Juzgado de lo Mercantil 12 de Madrid de 11 de mayo de 2011 relativa a la fusión de Bankia), se reclamaba la paralización del procedimiento de fusión como medida cautelar por infracción del derecho de oposición. El Juzgado denegó la suspensión por no haber acreditado su derecho el acreedor, pero daba a entender que sí hubiera sido posible su concesión, en su caso.

vi. Posibilidad de impugnación por infracción del derecho de oposición.

Cuestión distinta a la anterior es si la infracción del derecho de oposición puede ser causa de impugnación de la fusión. Parece que la exposición de motivos lo que pretende es excluir esta posibilidad pues dice que se trata de evitar que la infracción por los administradores pueda afectar a la eficacia, y que se hace «*siguiendo la directiva*». Entendemos, sin embargo, que la infracción del derecho sí supone que la fusión se ha realizado contrariamente a la Ley y por tanto es impugnable con arreglo al art. 47, sin perjuicio de que defendamos que la resolución judicial debería decretar la garantía o el pago si esto es posible y no la ineficacia de toda la operación.

Por tanto, la reforma del art 44.4 no supone a nuestro juicio un cambio en la naturaleza del derecho de oposición y entendemos que es un error decir que «*tras la reforma, se puede prescindir, en cuanto a la eficacia de la operación, de los acreedores pues la operación se puede inscribir con o sin oposición y surte plenos efectos*» (ESCRIBANO GAMIR, 2012). Tanto antes como ahora, son los administradores los que han de declarar si se ha ejercitado o no válidamente el derecho de oposición. Si algún acreedor lo ejercita y los administradores no se lo reconocen, la fusión continúa y aquellos pueden acudir a los juzgados y pedir las garantías o las medidas cautelares que procedan. Ni el notario ni el registrador tienen –ni antes ni ahora– la posibilidad de calificar la veracidad de las declaraciones de los administradores sobre esa cuestión. Tampoco el registrador puede ahora calificar la veracidad de la declaración del acreedor y ha de hacer la anotación solo con la apariencia de existencia del derecho derivada de la notificación notarial del ejercicio del derecho.

2. La escritura pública

El art. 45.1 LME ha sido reformado por el Real Decreto-ley 9/2012 para introducir la mención al informe semestral que ahora puede sustituir al balance con arreglo al art. 36.3 LME. La redacción actual es la siguiente «*Las sociedades que se fusionan elevarán el acuerdo de fusión adoptado a escritura pública, a la cual se incorporará el balance de fusión de aquéllas o, en el caso de fusión de sociedades cotizadas, el informe financiero semestral por el que el balance se hubiera sustituido*». La importancia de la escritura se destaca en primer lugar en la 3.ª Directiva, que en su art. 16 establece que su finalidad es el control de la operación por un profesional del derecho independiente. Se pone claramente de manifiesto el doble carácter del notario: por una parte, como funcionario público, pues es la alternativa al control judicial o administrativo; por otra, como profesional del derecho, pues *controla* la legalidad de las actas y formalidades y del proyecto de fusión. En nuestra Ley, el otorgamiento de la escritura es el momento de «realización de la fusión», como resulta del art. 44.1, que se interpreta en el sentido de que hasta que no pase el plazo del derecho de oposición no puede otorgarse la escritura pública; y hoy del art. 51 que también establece el plazo de antelación de la publicación con referencia a la «formalización de la fusión».

Esto plantea el problema -y nos da una pista de la solución- de la función de la escritura en el proceso en relación con la perfección de la fusión como negocio. No se trata de una cuestión solo dogmática, pues de ello dependerá hasta cuándo puede la sociedad revocar su acuerdo y desistir de la participación en la fusión. Ya vimos que, aunque algunos autores quieren fijar el momento negocial en la suscripción del proyecto, éste no es sino un instrumento de preparación, pues el consentimiento para la fusión se presta por las juntas. SEQUEIRA entiende que hasta ese momento el proyecto común de fusión es un negocio concluido por un representante sin poder, que se va ratificando por las sociedades y que se perfecciona en el momento de aprobación por la última. Sin embargo, este esquema falla en los casos en que el acuerdo es anterior al proyecto (arts. 32 y 42 LME), en cuyo caso el autor entiende que la perfección y por tanto la irrevocabilidad del negocio solo se produce en el momento de la escritura (SEQUEIRA, 2010, p. 392).

Lo procedente, en realidad, es entender que hay un solo esquema en la formación del negocio. El proyecto forma parte de la fase preparatoria, estrictamente precontractual. Las garantías que rodean esta fase y la -aparente- inmutabilidad del proyecto no se derivan del carácter negocial del proyecto, sino de la necesidad de que los terceros tengan acceso al contenido exacto del negocio que va a realizarse. Por otra parte, el consentimiento se presta en la junta, pero el negocio no se perfecciona en ese momento sino que es necesaria la escritura. En primer lugar, porque, de otra forma, se plantearían todos los problemas de la contratación entre ausentes. Además, porque, si no, se dejaría en peor situación a las sociedades que primero tomaran el acuerdo: quedarían vinculadas por el proyecto aprobado, hasta un plazo de seis meses desde la fecha del proyecto, mientras que las demás sociedades podrían esperar y aprobar o dejar caducar la fusión. Por otra parte, porque la junta, aunque es el órgano que adopta los acuerdos, no es competente para la ejecución de esos acuerdos en el ámbito externo. La representación de la sociedad corresponde a su órgano de administración, por lo que frente al exterior sólo existe el acuerdo desde que esa voluntad se manifiesta por el mismo, lo que en este caso se produce con el otorgamiento de la escritura. Esto tiene la ventaja de que la perfección del negocio y su irrevocabilidad (para todos), solo se produce desde el otorgamiento de la escritura. Este es el momento de producción de efectos no frente a terceros, pero sí entre las sociedades, de manera que, por ejemplo, deberán dejar de actuar los órganos de administración de cada sociedad para actuar el de la resultante.

a) Otorgantes de la escritura

El art. 45 LME dice que la escritura la otorgarán «*las sociedades que se fusionan*». Entendemos que la sociedad creada, en su caso, no es otorgante, sino que se constituye en ese momento, y que por tanto no es representada por los administradores, que son nombrados en ese acto. Hay que tener en cuenta que, aun en los casos en que con arreglo al art. 49.4 no es necesario acuerdo en la absorbida, parece necesaria la representación de esta en la escritura a través de su órgano de administración.

Aunque los otorgantes son propiamente las sociedades a través de sus representantes, es necesario que en la misma escritura comparezcan tanto los socios que pasen a responder ilimitadamente de las deudas sociales (art. 41 LME), como todos los socios colectivos en los supuestos de participación en la fusión de sociedades colectivas o comanditarias simples, lo que se ha examinado en relación con el acuerdo.

b) Contenido de la escritura

El art. 45 LME regula parcialmente el contenido de la escritura. Vamos a tratar de ver hasta qué punto siguen siendo aplicables las normas de los arts. 227 y siguientes del RRM:

Del citado art. 45.1 se deduce que la escritura debe contener:

i.- *Los acuerdos de fusión (art. 45.1):* al tratarse de acuerdos que modifican los estatutos, se exige por el art. 112 RRM la transcripción literal del acuerdo. Esta certificación debe contener todos los extremos necesarios para calificar la validez del acto (art. 112.2), y en particular en este caso las menciones que se contienen en el artículo 228 del RRM. El contenido del acuerdo se ha examinado antes y hoy es más amplio que lo que exige el art. 228 RRM, por lo que este artículo es aplicable, pero ha de ser completado con las nuevas menciones que hoy se exigen para el proyecto de fusión.

El art. 45.2 LME completa este contenido distinguiendo el tipo de fusión.

- «*Si la fusión se realizara mediante la creación de una nueva sociedad, la escritura deberá contener, además, las menciones legalmente exigidas para la constitución de la misma en atención al tipo elegido*». Se trata de una mención no muy afortunada, pues parecería que hay que seguir al pie de la letra las menciones exigidas para la constitución de sociedad (art. 22 LSC). En realidad, al ser la fusión una operación especial y autónoma, no se deben cumplir además todos los requisitos de una constitución. Este artículo ha de interpretarse más bien como una precaución del legislador en el sentido de evitar que se omitan algunos elementos esenciales de la sociedad que no se hallen específicamente contemplados en los acuerdos de fusión, pero debiendo prevalecer las especialidades del procedimiento de fusión. Se puede aplicar por tanto la doctrina de la resolución de la DGRN de 14 de marzo de 1994 que se refiere a un supuesto de transformación y que entiende que no ha de aplicarse literalmente la exigencia.

Se pueden señalar como especialidades respecto de las menciones de la constitución que regula ahora el art. 22 LSC:

- Los otorgantes son las sociedades y no los socios. No es necesario (no sería posible en muchos casos) la identificación de los socios, que quedan identificados indirectamente por su condición de tales en las sociedades extinguidas, estableciéndose en el acuerdo el sistema de canje.

- La voluntad de creación de la sociedad: no es necesaria esa declaración expresa, pues el propio acuerdo de fusión por creación de sociedad nueva implica esa voluntad, que no es tanto de creación como específica de fusión.

- Las aportaciones: no existen como tales aportaciones de socios. Tampoco es propiamente la sociedad la que aporta su patrimonio. Es un fenómeno propio, regulado por la Ley a través del sistema de la sucesión universal. Pero, en cualquier caso, se tienen que cumplir los requisitos que respecto de la cobertura patrimonial del capital exija el tipo social correspondiente. En el caso de las SA, será necesaria la comprobación del patrimonio por un experto independiente: no se aplica directamente el art. 67 de la LSC, porque, como hemos visto al examinar el art. 34 y su relación con las directivas, éste se realiza dentro del informe de experto independiente (arts. 34.3 LME y 133 RRM). En el caso de las SL, es necesario al menos que se declare que el patrimonio cubre el capital social que está íntegramente desembolsado.

Aunque se ha planteado si se ha de cumplir el art. 133.2 RRM, que exige la descripción de los bienes registrables e indicar el valor del conjunto, entendemos que no se debe aplicar por estar sometida la fusión a un régimen especial. El citado art. 133.2 tiene sentido en el caso de aportación de empresa en los supuestos normales, pero no en los casos de sucesión universal: la simple acreditación de la fusión implica que esos bienes, aunque aparezcan inscritos a nombre de la sociedad extinguida, pertenecen a la sociedad nueva.

- Los gastos de constitución: no es necesaria la constancia de los mismos en el caso de fusión por absorción, por tratarse de una sociedad ya en funcionamiento con una contabilidad completa en la que se integrarán esos gastos.

- Los estatutos: son contenido necesario del proyecto y por tanto del acuerdo.

- Los administradores: al igual que los estatutos, tienen que constar en la escritura, pero no por decisión de los otorgantes en la escritura, sino como contenido obligatorio del acuerdo de fusión (art. 229 RRM).

- «*Si se realizara por absorción, la escritura contendrá las modificaciones estatutarias que se hubieran acordado por la sociedad absorbente con motivo de la fusión y el número, clase y serie de las acciones o las participaciones o cuotas que hayan de ser atribuidas, en cada caso, a cada uno de los nuevos socios*».

La atribución de estas participaciones no siempre será necesaria, pues puede que se entreguen acciones de autocartera, o que no existan nuevos accionistas, por ser un supuesto de fusión abreviada del art. 49 y siguientes.

En el caso de que se emitan nuevas acciones, es problemática la interpretación de la mención de «el número, clase y serie de las acciones que hayan de ser entregadas *a cada uno* de los nuevos accionistas»: el acuerdo de fusión debe determinar el número de acciones a emitir (con su clase y serie), que vendrá determinado por el tipo de canje y numero de acciones de las absorbidas. Esto además habrá de reflejarse en los estatutos mediante la nueva redacción de los artículos correspondientes que recogerán el capital ya aumentado. Pero, en el caso de que la absorbente sea SA, no parece necesario determinar en la escritura las concretas acciones que se entregan a cada accionista con identificación de éste. En el caso de absorbente limitada, parece que será necesaria esa constancia, pues cualquier transmisión de participaciones ha de constar en escritura pública. Sin embargo, es posible que esto se realice en una escritura posterior de adjudicación, como se estudió en relación con la transformación, siguiendo la doctrina de la resolución de la DGRN de 14 de marzo de 1994.

ii.- *Los balances de las sociedades o, en el caso de fusión de sociedades cotizadas, el informe financiero semestral:* en su caso, el balance de fusión debe ir acompañado del informe de auditoría de acuerdo con el art. 37 LME. La redacción de la LME supone una mejora respecto del sistema anterior, que en el art. 227 RRM solo exigía la protocolización del balance de las que se extinguían, lo que había dado lugar a la resolución de la DGRN de 22 marzo de 2002, que entendió que no era necesaria la incorporación a la escritura del balance de la sociedad absorbente aunque sí su elaboración.

A pesar de que la 3.ª Directiva tras su reforma por la Directiva 2009/109/CE (reforma del art. 11), permite a los estados prever que se prescinda del balance para todo tipo de sociedades en caso de acuerdo unánime en todas ellas, esta simplificación no ha sido adoptada por el art. 42 que regula este supuesto, como se verá. Sin embargo, el nuevo art. 78 bis introducido por el Real Decreto-ley 9/2012, relativo a la escisión simplificada, sí permite prescindir del balance. No parece que ese artículo, aplicable solo a una modalidad específica de escisión, pueda dar lugar a la aplicación analógica de esta simplificación.

Aparte de estas exigencias de la LME, vamos a examinar las declaraciones específicas de la escritura de fusión a que se refiere el art. 227 RRM, adaptándolas a la nueva regulación:

1.º *Manifestación sobre el cumplimiento de la obligación del art. 39 sobre puesta a disposición de la información*: esta exigencia deriva del RRM, pero parece razonable mantenerla tras la nueva Ley. De la citada resolución de la DGRN de 22 marzo de 2002 resulta que esta manifestación se puede hacer en términos generales, es decir, reproduciendo básicamente la dicción del artículo 227 RRM.

2.º *Manifestación sobre el derecho de oposición*: con arreglo al art. 227 RRM, se manifestará o bien la inexistencia de acreedores o de oposición por parte de los mismos, o bien, en caso de haberse formulado oposición, la identidad del acreedor que se ha opuesto,el importe de su crédito y las garantías prestadas. Hemos visto que, de acuerdo con la actual regulación, es posible declarar simplemente que no existen acreedores. Esta manifestación busca reforzar la responsabilidad de los administradores en esta materia, sobre la cual no cabe control directo por el notario o el registrador.

3.º La *fecha de publicación* en el BORME del depósito del proyecto. Se debe hacer constar también – aunque no lo exija el RRM– la fecha de convocatoria de la junta y se deberá acreditar también en la escritura, en el caso de que sea mediante publicaciones.

4.º Las *fechas de publicación del acuerdo de fusión en el Boletín Oficial del Registro Mercantil y en el diario*. El art. 227.4 RRM solo cita el BORME, lo cual no tiene ninguna lógica, pues el notario debe comprobar la regularidad de todas las publicaciones preceptivas, y entendemos que debe incorporar testimonio de las mismas a la escritura para mayor claridad.

Los números 5 y 6 del art. 227 hacen referencia al balance y a los acuerdos de fusión, cuestiones que se vieron antes.

El control de legalidad del notario se extiende al contenido de los acuerdos y en general a todo el proceso de fusión. Por tanto, la escritura no tiene por qué quedar limitada a este contenido y el notario deberá examinar la existencia de los documentos necesarios, la regularidad de los acuerdos, su correspondencia con el proyecto de fusión, el cumplimiento de los plazos, y solo autorizar la escritura si están cumplidos todos los requisitos legales y en su caso estatutarios.

iii.- *Otros contenidos de la escritura en supuestos especiales*:

- Sociedad en concurso: tras la derogación del 94.3 LSRL, entendemos que no es aplicable el art. 227.3 RRM, que se refiere a la resolución que autorice la fusión en caso de fusión de sociedad concursada. No obstante, como se examinó al tratar la fusión en este supuesto, sí será necesario que el proyecto de fusión haya sido aprobado por la administración concursal.

- Sociedad en liquidación: los administradores deberán manifestar que no ha comenzado la distribución del patrimonio entre los socios (art. 28 LME).
- En el caso de que se extinga alguna sociedad personalista: la manifestación en su caso sobre el consentimiento de los acreedores a la fusión (art. 48 LME), lo que evita la aplicación de la responsabilidad personal prevista en dicho artículo.
- En las fusiones apalancadas (art. 35 LME), se deberán cumplir los requisitos que se examinan en relación con dicha fusión especial.
- En las fusiones abreviadas de los arts. 49 a 52 LME, los administradores de las sociedades deberán declarar y explicar la situación de participación en el capital que da lugar a la aplicación de esos artículos.
- En el caso de la fusión transfronteriza, la declaración sobre el ejercicio del derecho de separación y en su caso la relación de los socios separados.

c) Los documentos que se incorporan o acompañan a la escritura

El art. 230 del RRM, sin amparo legal ni en la legislación anterior ni en la actual, establece la necesidad de que se acompañen a la escritura una serie de documentos (proyecto de fusión, los ejemplares de los diarios en los que se hayan hecho las publicaciones, el informe de los administradores de cada una de las sociedades, el informe de los expertos). Entendemos que en la actualidad no es necesario que se «acompañen», pues todos los documentos van a ser incluidos en la escritura, ya que son necesarios para la comprobación de la regularidad de la fusión por el notario.

3. La inscripción de la fusión

El último paso de la fusión es el de la inscripción registral, que es el que determina la plena eficacia de la misma con arreglo al art. 46. 1 LME, que establece: *«La eficacia de la fusión se producirá con la inscripción de la nueva sociedad o en su caso con la inscripción de la absorción en el Registro Mercantil competente»*. El RRM establece un mecanismo de coordinación para el caso en que las sociedades involucradas figuren inscritas en diversos registros (art. 231 RRM). El registrador de cada uno de ellos extenderá una nota en el título en la cual se hará constar la inexistencia de obstáculos registrales para la fusión pretendida. También se extenderá esa nota en la hoja de la sociedad a la que se refiere. Este asiento tiene la función de informar a los terceros y al mismo tiempo implica el cierre provisional de la hoja registral durante el plazo de seis meses.

Una vez inscrita la fusión, se deben cancelar los asientos de las sociedades extinguidas (art. 233 RRM), para lo cual este artículo arbitra también las comunicaciones que se han de realizar entre registros. Una vez inscrita la fusión y las correspondientes extinciones, cada uno de los registradores remitirá al Registro Mercantil Central los datos necesarios para la publicación en el BORME.

La inscripción de la fusión se considera en general por la doctrina y la jurisprudencia (STS 21 de mayo de 2012) como constitutiva. Esta claro que la plenitud de efectos y su oponibilidad frente a todos no se produce sino desde la inscripción, sin perjuicio de los efectos propios de la publicación en el BORME. Como ha dicho el profesor ÁNGEL ROJO, más que de inscripción constitutiva, se debe entender que su eficacia es la propia de lo que la doctrina italiana denomina eficacia completativa. No es que antes no tenga existencia la fusión o que no produzca ningún efecto, sino que la totalidad de sus efectos y en particular el especialísimo efecto de la sucesión universal no se producirán hasta la inscripción. Pero creemos que es erróneo entender que hasta que no se inscriba las sociedades extinguidas subsisten y han de actuar a través de sus antiguos órganos y con arreglo a su normativa anterior, como entiende la resolución de la DGRN de 20 de septiembre de 2011 a la que después se hace referencia (y como sostiene FERNÁNDEZ DEL POZO, L., 2009, p. 666). Una cosa es que la actuación de estos órganos sea oponible a terceros y otra muy distinta que se pueda pretender que, una vez otorgada la escritura de fusión, sigan actuando los órganos de las sociedades extinguidas. De hecho en la resolución citada el propio registrador manifiesta que el órgano de la absorbida no debía haber otorgado la venta. Entendemos que, una vez realizada la fusión y otorgada la escritura pública, se aplicará en todo lo referente a la relación entre socios y sociedad el régimen resultante de la fusión. Esto viene avalado por el art. 17 LME relativo a la transformación, cuya inscripción también se considera constitutiva. Los acuerdos que acompañan a la transformación, es decir, los que siguen a la misma pero se toman en la misma junta, se rigen por la normativa del nuevo tipo social, a pesar de no estar inscrita la transformación. La resolución de 16 de septiembre de 2009, relativa a un caso de transformación, dice que la cuestión es la interpretación que *«haya de atribuirse al denominado carácter constitutivo de la inscripción registral en los supuestos de transformación»*. Para algunos se considera *«el hito al que se somete la existencia del proceso mismo, de suerte que, tanto en la esfera externa como en la interna, el acuerdo de transformación únicamente produce efectos cuando se logra su acceso tabular. Otros autores, ... sin negar el sometimiento de su plena eficacia a la inscripción, atribuyen a la decisión sobre el cambio de forma social una trascendencia limitada y selectiva, concretada únicamente en la esfera interna»*. Y termina diciendo que el art. 17.2 supone claramente acoger esta segunda postura, que también admitieron las resoluciones de la DGRN de 5 de mayo de 1994 y de 2 de febrero de 1996. En el caso de la fusión, como ya hemos indicado, no es posible que los efectos se produzcan desde el acuerdo de cada sociedad, pues la fusión se integra con el acuerdo de todas las sociedades, por lo que entendemos que esa eficacia interna se produce desde el otorgamiento de la escritura. Otra cosa es que mientras no se haya inscrito la fusión no se produzcan todos sus efectos y en particular el de la sucesión universal. En ese sentido solo es acertada la solución –no la doctrina– de la resolución de 20 de septiembre de 2011, pues admite la inscripción de una escritura otorgada por la sociedad absorbida antes de la inscripción, sin exigir la inscripción previa a favor de la sociedad nueva.

En relación con esa eficacia en el momento de la inscripción, se plantean varias cuestiones:

- La retroacción de efectos: como hemos visto, se pueden retrotraer tanto los efectos contables, con los límites impuestos por el PGC, como la fecha de participación en las ganancias (art. 31 LME); pero no se pueden retrotraer en absoluto los efectos jurídicos, y en particular los que afectan a terceros, derivados de la sucesión universal, a una fecha anterior a la de la inscripción (sin perjuicio de lo que después decimos en relación con el art. 55.1 RRM).

- La posposición de efectos: el código civil italiano admite que se puedan aplazar los efectos, pero nuestra Ley no lo admite expresamente. Tradicionalmente se han admitido las condiciones de obtención de autorizaciones administrativas, y entendemos que es posible que se condicione la eficacia de la fusión a un determinado hecho. Por ejemplo, puede ser interesante, en el caso de fusión de una sociedad en concurso, que se condicione su eficacia a la aprobación del convenio de acreedores. No obstante, dada la mecánica registral y la cancelación de las sociedades que se fusionan, creemos dudoso que se pueda realizar la inscripción de la fusión sometida a condición.

- La retroacción de efectos a la fecha del asiento de presentación. La regla general (art. 55.1 RRM) es que los efectos de toda inscripción registral se retrotraen a la fecha del asiento de presentación en el Registro del título que la motiva. Se plantea la cuestión de si en este caso se aplica la regla general o la eficacia se produce solo con la inscripción.

La cuestión se ha planteado recientemente en la resolución de la DGRN de 20 de septiembre de 2011 y en una STS de 21 de mayo de 2012, con conclusiones distintas. En la primera, la DGRN entiende que *«lo especifico de la remisión a la fecha de la inscripción de la fusión lleva a entender que es la inscripción misma y no la fecha del asiento de presentación el momento determinante de la extinción»*. La sentencia, en cambio, señala que el art. 55.1 es claro y que la fecha de presentación es la que ha de considerarse a todos los efectos. Rechaza que suponga una retroacción en el tiempo, y también que la eficacia desde ese momento tenga como único ámbito de aplicación garantizar la prioridad de los asientos por el orden en que llegaron los títulos al Registro. Señala que la finalidad es la de dar seguridad jurídica, ya que, de no aplicarse así, *«los efectos frente a terceros ... dependerían de la mayor o menor diligencia con la que fueran calificados por el registrador»*. Esto era especialmente importante en el caso resuelto, pues de ello dependía la aplicación del régimen fiscal (que también es la razón por la cual la resolución citada había causado perplejidad y preocupación). La postura acertada es indudablemente la del Tribunal Supremo, pues todas las normas que otorgan efectos concretos a la inscripción hacen referencia a la misma, sin hacer salvedades sobre la retroacción a la fecha de presentación. Hay que tener en cuenta que lo que persigue la norma y la directiva es evitar la producción de efectos en el tráfico de una fusión cuyos requisitos y legalidad no hayan sido comprobados por el registrador. Esto no se produce en el caso de la retroacción, pues siempre se trata de reconocer unos efectos a una fusión que ya ha pasado esa fase. Lo anterior no implica que la retroacción no tenga sus límites cuando en ese periodo intermedio existan terceros que han adquirido algún derecho confiando en lo inscrito y de buena fe, que es lo que trata de resolver la resolución citada, y es una cuestión totalmente distinta, que no debe afectar al criterio general.

IV. EFECTOS DE LA FUSIÓN

A. LA SUCESIÓN UNIVERSAL

El efecto típico de la fusión en el ámbito externo, y probablemente la derogación más importante de los principios generales de derecho civil que la misma supone, es que el patrimonio de la/s sociedad/es que se extinguen se transmite en bloque (art. 22 LME) y pasa a la creada o absorbente por sucesión universal (art. 23 LME).

Se trata de un mecanismo que excepciona la regla general de que la transmisión de las deudas exige el consentimiento del acreedor (art. 1205 Cc), y la de los contratos el consentimiento del otro contratante (art. 1257 Cc). Esta excepción tiene como contrapartida el establecimiento del procedimiento que hemos visto y las garantías especiales que el mismo conlleva para los acreedores (art. 44 LME). La eficacia de esta transmisión global es absoluta: se produce frente a todos, afectando tanto a los socios como a los terceros que hubieran contratado con las sociedades afectadas por la fusión, pero plantea algunos problemas y cuestiones concretas, en especial, en relación con las relaciones contractuales.

1. El régimen de los arrendamientos

El art. 31.4 de la Ley de Arrendamientos Urbanos de 1964 exceptuaba del concepto de traspaso solo la transformación por ministerio de la Ley, por lo que toda transformación voluntaria y también la fusión y escisión implicaban el traspaso. En materia de fusión, el Tribunal Supremo, en el supuesto en que la arrendataria era la absorbente, consideraba que no variaba la persona del arrendatario ni había traspaso. En los demás casos, se consideraba que había traspaso y que, si no se cumplían los requisitos del mismo, habría causa de resolución del contrato (STS de 13 de mayo de 1992, 17 de marzo y 8 de octubre de 1993, 14 de marzo de 1995 y 31 de octubre de 1996, todas ellas referidas a la LAU de 1964 antes de su reforma del año 1989, que insisten en que la nueva regulación que modificaba el citado artículo no tenía efecto retroactivo. La STS de 8 de febrero de 1996 recoge un caso de arrendataria absorbente, en que se entiende que no hay traspaso ni causa de resolución).

En la línea de favorecer las modificaciones estructurales, la reforma de la LSA del año 1989 introdujo una modificación en el art. 31.4 de la Ley de Arrendamientos Urbanos de 1964, pasando éste a disponer: *«no se entiende producido el traspaso en los casos de transformación, fusión, o escisión de sociedades»*, pero se permite la elevación de la renta por el arrendador *«como si se hubiera producido el traspaso»*.

El art. 32.3 de la vigente Ley de Arrendamientos Urbanos mantiene este mismo régimen para la cesión del arrendamiento para uso distinto de vivienda, aunque con una redacción ligeramente distinta, refiriéndose al *«cambio producido en la persona por consecuencia de la fusión, transformación o escisión de la sociedad arrendataria»*.

El régimen vigente, procedente –como decimos– de la reforma de la LAU de 1964 por la Ley de reforma societaria del año 1989, supone una mejora respecto de la situación anterior, pero sigue implicando un privilegio o excepción del contrato de arrendamiento respecto del régimen general de los demás contratos, a los que se aplica la regla de no alteración de la relación jurídica en caso de fusión. Además, si en un sistema de arrendamientos sujetos a prórrogas forzosas y sin posibilidad de actualización de la renta podía tener sentido ampliar los supuestos en que el arrendador tenía derecho a aumentar la renta, en el régimen actual semejante norma tiene mucha menos justificación.

Esta regulación suscita además la duda de si ese derecho al aumento de la renta se aplica en el caso de que la arrendataria sea la sociedad absorbente en la fusión. Algunas sentencias (SAP Madrid 1 de julio de 1994 y STS de 20 de septiembre de 1994, ambas referidas al art. 31.4 LAU de 1964) entienden que la Ley no distingue y que la elevación de la renta se produce también en el caso de la transformación, en el que tampoco cambia la personalidad.

En cuanto al art. 32.3 de la LAU de 1994, no parece que deba aplicarse en este caso, pues habla de cambio de persona y no existe tal cambio en la sociedad absorbente. Pero, en contra, podría argumentarse que también en este caso la Ley cita la transformación, respecto de la cual no hay nunca cambio en la persona del arrendatario.

A nuestro juicio, a este supuesto no debe aplicarse ni el art. 31.4 de la LAU de 1964 ni el art. 32.3 de la actual LAU. Por una parte, porque no parece una distinción querida por el legislador; por otra, su aplicación sería contraria a la doctrina anterior del TS, según la cual no se consideraba realizado el traspaso en caso de que la arrendataria fuera la absorbente. Si la finalidad de la reforma era facilitar este tipo de operaciones, resulta absurdo que las convierta en más onerosas en este supuesto, y además, como norma excepcional respecto del régimen general de eficacia de la fusión, ha de ser objeto de interpretación restrictiva.

En los supuestos en que se aplique el derecho a aumentar la renta, se plantea la cuestión de si el arrendatario debe realizar alguna notificación al arrendador. La cuestión ha sido tratada en una sentencia de la Audiencia Provincial de Gerona de 18 de enero de 1999, en la que se declara que en estos casos no se pueden exigir los requisitos del traspaso, y que los arrendadores, a los efectos de ser notificados de la fusión, se pueden equiparar a los acreedores, por lo que la Ley considera suficientes las publicaciones que la Ley exige para este tipo de operaciones.

2. La fianza: examen de la jurisprudencia

El examen de la fianza no debería presentar un especial interés. Se trata de un contrato como otro cualquiera que debería por tanto seguir su régimen sin modificarse por la fusión. Sin embargo, se plantean algunos problemas especiales en relación, sobre todo, con las fianzas globales o fianzas «ómnibus», en que una sociedad garantiza todas las obligaciones de un deudor frente a un determinado acreedor.

Para su estudio distinguiremos los diferentes supuestos:

a) Fusión del acreedor beneficiario de la fianza.

Las STS de 17 de mayo y 3 de julio de 1999 se refieren a supuestos en que la sociedad acreedora a cuyo favor se prestó el aval es absorbida por otra. Se plantea si el fiador sigue vinculado como avalista del deudor frente a la sociedad absorbente. La STS de 17 de mayo de 1999 dice que no es causa de extinción de la relación contractual de aval o afianzamiento la extinción de la personalidad jurídica de la sociedad a cuyo favor se prestó el aval, precisamente por esa sucesión universal. Sin embargo, la STS de 3 de julio de 1999, ante un caso igual, dice que *«no se contempló la posibilidad de transmisión de dicho aval a favor de tercero ni estipulación alguna en tal sentido, lo que hace inaplicable el artículo 1257»*, y llega a la conclusión de que el aval no sobrevive a la fusión. No cabe duda de que la solución acertada es la primera y de que la segunda es contraria al principio de sucesión universal y además carece de justificación, ya que el cambio de acreedor no afecta al deudor ni por tanto agrava la obligación del fiador (arts. 1258 y 1212 Cc). En ningún caso la fusión puede considerarse novación, y además, según semejante criterio, quedarían liberados los fiadores de la absorbida y no los que prestaron fianza a favor de la absorbente.

Otra cuestión es que, en el caso de fianzas globales e indeterminadas en el tiempo, exista –tanto antes como después de la fusión–, un derecho a desvincularse del contrato por el fiador, reconocido en STS de 22 de marzo de 1988.

b) Fusión del deudor afianzado.

En el caso de que la fusión afecte al deudor afianzado, en principio la regla de la sucesión universal haría subsistir la fianza tanto si se prestó ésta en garantía de una deuda de la absorbente como de la absorbida.

Sin embargo, esto plantea el problema del posible agravamiento de riesgos del fiador. Por una parte, puede reducir la posibilidad de regreso en caso de que la solvencia de la sociedad resultante sea menor que la del deudor original. Se podría discutir si en este caso el fiador podría ejercer el derecho de oposición, como titular de un crédito no vencido contra la sociedad. No lo tendrá si el fiador ha llegado a pagar al acreedor y se ha abierto la vía de regreso (art. 1838 Cc), porque en ese caso su crédito está vencido (ver el estudio del derecho de oposición y la crítica a esta solución legal). Si el fiador ha sido demandado y no ha pagado, creemos que debe tener el derecho de oposición, por analogía con el art. 1843 Cc, que le permite en este caso pedir garantía al deudor que le ponga a cubierto del peligro de insolvencia. Lo mismo cabría sostener si, aun sin haber sido demandado, la deuda ha llegado a hacerse exigible (art. 1843.4ºCc). Es decir, el crédito ha vencido, pero no ha sido demandado el deudor ni éste ha llegado a pagar.

En segundo lugar, puede suponer un riesgo en el caso de fianza ómnibus, pues ahora el fiador pasa a ser garante de una sociedad que, por el hecho de la fusión, integra un pasivo mayor. El fiador en este caso podrá ejercer el derecho de desistimiento en el caso de fianzas globales y por plazo indeterminado, admitido por el TS para este tipo de fianzas. Incluso podría sostenerse una extinción de la fianza respecto de las deudas nacidas con posterioridad a la fusión, pues, siguiendo la STS de de 23 de marzo de 1988, se extinguiría la fianza respecto de las deudas futuras en caso de fallecimiento del deudor. En el caso de fianzas ómnibus por plazo determinado, se puede sostener (CARRASCO PERERA) la posibilidad de denuncia unilateral basándose en una interpretación analógica del art. 1705 del Cc. Este artículo permite al socio desvincularse de la sociedad por tiempo determinado si existe justa causa, lo que existirá para el fiador si la fusión produce un incremento del riesgo.

c) Fusión del fiador.

Se plantean dos problemas:

- La liberación del fiador como consecuencia de la fusión: una STS de 29 de abril de 1992 entendió que los herederos del fiador no debían responder de las deudas del obligado nacidas después del fallecimiento del fiador. Pero, a nuestro juicio, en el caso de fusión no se produce alteración alguna en la obligación del fiador, y debe operar el principio de la sucesión universal. La sociedad adquirente podrá utilizar los medios que hemos visto antes para liberarse de fianzas globales e indefinidas, pero nada más. La fusión no debe ser un expediente para que las sociedades se liberen de sus responsabilidades.

- El derecho de oposición del acreedor afianzado: entendemos que sí lo tiene, pues el fiador es verdadero deudor, aunque su responsabilidad sea subsidiaria.

3. Efectos de la fusión en la legitimación procesal

En relación con la legitimación procesal, cierta jurisprudencia (STS 23 de octubre de 1995, SAP Barcelona de 12 de marzo de 2001, que cita la anterior) entiende que la extinción de la personalidad de la fusionada implica la extinción de los poderes otorgados, siendo posible subsanar la falta de representación mediante el otorgamiento de nuevo poder, pero no con la mera acreditación de la fusión. Esto no se aplicaría a la sociedad absorbente (sentencias AP Ciudad Real de 24 de enero de 1994 y AP Segovia de 24 abril de 1998), cuyos poderes subsistirían. Esta es la práctica habitual en las fusiones, aunque, a nuestro juicio, no está claro que en materia de sociedades se deba aplicar el principio de la extinción de los poderes por «fallecimiento»que se deriva del art. 1732.3 del Cc. El elemento institucional de las sociedades más bien llevaría a la solución contraria: así como el poder no se extingue en el caso de cese del administrador que lo dio (o de su muerte o incapacidad), creemos que a los poderes se podía aplicar también el principio de sucesión universal. Creemos que es conveniente que los tribunales apliquen con mayor automatismo el principio de la sucesión universal. En ese sentido parece orientarse la sentencia de la AP de Santa Cruz de 18 de diciembre de 1999, que entiende que en un procedimiento de ejecución, si la ejecutante es absorbida, la absorbente adquiere todos los derechos y obligaciones de aquella, sin que sea necesaria inscripción registral ninguna a su favor, toda vez que la fusión comprende la cesión de la hipoteca.

4. La necesidad de inscripción registral a nombre de la sociedad nueva o absorbente

Hemos tratado la cuestión al examinar la cuestión de las aportaciones en la escritura de fusión. No es necesaria a nuestro juicio esta constancia, y la absorbente o nueva sociedad podrá disponer directamente de los bienes sin necesidad de inscripción, ni siquiera por el sistema de tracto abreviado, a favor de la nueva sociedad. La DGRN se ha manifestado en diversas resoluciones contraria a esta posición, exigiendo que conste la transmisión del crédito a favor de la absorbente, aunque sea por el medio del tracto abreviado y bastando con que en la escritura se testimonie suficientemente la fusión (resoluciones de 28 de septiembre y 31 de octubre de 2001 y 12 de enero de 2002). Creemos que esta doctrina es incorrecta, se basa en una interpretación rígida y dogmática del principio de tracto sucesivo registral. Mientras que para acreedores y contratantes es suficiente la publicidad legal (como hemos visto, la SAP de Gerona de 18 de enero de 1999 entiende que no es necesaria la notificación al arrendador por ser suficiente la publicidad), para una institución como el Registro de la Propiedad es necesaria la inscripción de la fusión. El absurdo práctico es que para cancelar una hipoteca (caso de las tres resoluciones citadas) es necesaria a veces la práctica de dos o más inscripciones (pensemos en todas las sociedades que pertenecieron a Argentaria), antes de inscribir la cancelación.

A nuestro juicio, esta doctrina de la DGRN debería modificarse: en este sentido se puede citar la ya aludida sentencia de la AP de Santa Cruz de 18 de diciembre de 1999, según la cual *«en un procedimiento de ejecución, si la ejecutante es absorbida, la absorbente adquiere todos los derechos y obligaciones de aquella, sin que sea necesaria inscripción registral ninguna a su favor, toda vez que la fusión comprende la cesión de la hipoteca»*. Existe sobre todo un argumento de carácter práctico: si el propósito de toda la legislación comunitaria, y en consecuencia la nacional, tanto en las leyes mercantiles como en las fiscales, es simplificar la fusión y abaratar los costes, no tiene sentido que haya que incurrir en los trámites y el coste de modificar todas las inscripciones de las sociedades que se extinguen, cuando ello es innecesario para determinar el verdadero titular de los bienes y derechos.

B. CONTINUIDAD EN LA PARTICIPACIÓN DE LOS SOCIOS DE LAS SOCIEDADES QUE SE FUSIONAN

Las cuestiones que plantea esta continuidad (determinación del tipo de canje, continuidad en los derechos especiales, y utilización de las compensaciones en dinero) han sido examinadas con anterioridad.

C. EXTINCIÓN SIN LIQUIDACIÓN DE UNA O VARIAS SOCIEDADES INTERVINIENTES

El eje de la fusión no se encuentra en la disolución sin liquidación sino en la transferencia patrimonial que impone una reestructuración societaria. En la práctica, por tanto, la extinción es instrumental, y dada la autonomía de las normas de la fusión, en ningún momento es necesario cumplir requisito alguno de la disolución ni hacer referencia a ella en los acuerdos.

D. LA RESPONSABILIDAD POR LAS DEUDAS SOCIALES

El efecto de la sucesión universal es la responsabilidad ilimitada de la adquirente por todas las obligaciones de las sociedades extinguidas.

Cuando una sociedad personalista se extingue, el art. 48 LME establece que *«los socios que hubieran sido personalmente responsables de las deudas sociales de las sociedades que se extingan por la fusión contraídas con anterioridad a esa fusión, continuarán respondiendo de esas deudas»*. También se dispone, igual que en el caso de transformación (art. 21 LME), que la responsabilidad prescribirá a los cinco años desde la publicación de la fusión en el BORME.

Se prevé que esta responsabilidad no tendrá lugar en el caso de que los acreedores *«hayan consentido de modo expreso la fusión»*. Esto significa que, por tanto, no basta con que no hayan ejercitado su derecho de oposición, sino que tienen que prestar un consentimiento expreso, que, más que a la fusión, es concretamente a la liberación de los socios, pues los acreedores no consienten la fusión. Por eso mismo no creemos que el voto favorable a la fusión de un socio que es al mismo tiempo acreedor implique este consentimiento.

V. FUSIONES ESPECIALES

A. LA FUSIÓN APALANCADA

1. Concepto de fusión apalancada y relación con la prohibición de asistencia financiera

El art. 35 LME se ocupa de un supuesto que se suele conocer como «fusión apalancada», es decir, la operación por la que una sociedad se endeuda para adquirir una participación de control de otra sociedad y posteriormente se fusionan la adquirente y la adquirida, ya siendo absorbida la sociedad adquirida por la adquirente (*forward merger*), o al revés (*reverse merger* o fusión inversa). La indicada norma de la LME establece para este supuesto de fusión unos requisitos adicionales que suponen una absoluta novedad en nuestra legislación. Este tipo de operaciones han sido muy frecuentes, a menudo como un paso dentro las llamadas compras apalancadas de empresas, más conocidas como *LBO* (*leveraged buy out*), en las cuales se crea una sociedad vehículo (*SPV*) que obtiene financiación para comprar la sociedad objetivo (*target*), y después se fusionan estas dos de manera que la deuda creada por la financiación termina siendo pagada por la adquirida. La utilidad de la fusión tras la adquisición es por una parte fiscal y por otra financiera, pues el acreedor tras la misma tiene recurso directo no solo contra el patrimonio de la entidad adquirente, sino directamente sobre el de la target.

Esta operación, que había sido frecuente en la práctica española, planteaba, sin embargo, dudas a la doctrina en cuanto a si la misma suponía o no un supuesto de asistencia financiera prohibida por los art. 81 LSA y 40.5 LSL (hoy arts. 150 y 143 LSC).

Sobre esta cuestión existían diversas posiciones antes de la norma actual. Algunos autores (AURIOLES) negaban la posible aplicación de las indicadas normas prohibitivas, pues ni las garantías ni el préstamo proceden directamente de la sociedad adquirida en el momento de la compra. Sin embargo, a nuestro juicio y al de la mayoría de la doctrina, el momento de la prestación de la asistencia financiera es irrelevante, pues de otra manera sería extremadamente sencillo evitar la prohibición. El elemento que caracteriza la asistencia financiera es que la sociedad compromete su patrimonio en la financiación de su propia adquisición. Y esto sucede de una forma clarísima en el caso de una fusión apalancada, pues, como consecuencia de la confusión de los patrimonios de las sociedades participantes en la fusión, la sociedad comprada termina soportando la totalidad de la deuda que contrajo la sociedad que la adquiere. Y sucede por tanto también tanto si la sociedad comprada es la absorbente (fusión inversa), como si es la absorbida.

En la doctrina española predominaba la postura (PAZ-ARES, CARRASCO PERERA, FERNANDEZ DEL POZO) de que, a pesar de que la operación puede encuadrarse dentro del concepto de asistencia financiera, no se aplicaba la prohibición, porque en el procedimiento de fusión existen unas garantías específicas para accionistas y acreedores. Esta ha sido también la decisión del único pronunciamiento de los tribunales sobre esta cuestión concreta: en el Auto de 9 de enero de 2007 relativo a la OPA de ENDESA por GAS NATURAL, la AP de Madrid dice que la prohibición de asistencia financiera es de interpretación estricta y que en el caso de fusión no es aplicable porque *«se trata de un proceso que ya contempla garantías específicas para acreedores y socios minoritarios»*.

A pesar de que ésta fuera la posición dominante, no era unánime, ni tampoco segura. El procedimiento de fusión efectivamente supone una mayor garantía para los socios, sobre todo a través de la fijación del tipo de canje y de su control por los expertos, en su caso, y por los tribunales siempre. Pero no impide que puedan quedar perjudicados y, como se verá, la Ley restringe la posibilidad de impugnar la fusión una vez que ha sido inscrita. Además, no todos los acreedores quedan protegidos, pues, como hemos visto, el derecho de oposición no se extiende a los acreedores con créditos vencidos, y su ejercicio en la práctica es muy infrecuente. Sobre todo, los autores y el auto citado no tienen en cuenta el problema que implica para la propia empresa el que termine pagando su propia adquisición, pues los estudios económicos sobre el fenómeno de las LBO han puesto de manifiesto el riesgo que las mismas implican a medio plazo para la solvencia y supervivencia de la sociedad resultante de la fusión apalancada. Lo cierto es que el riesgo de la asistencia financiera en general y de estas operaciones en particular estuvo muy presente en la discusión parlamentaria de la Ley, especialmente con ocasión de la actual crisis financiera y económica, lo que dio lugar a enmiendas sobre este artículo en concreto.

Es en este contexto en el que hay que examinar el art. 35 LME. Para algunos autores, la regulación de la fusión apalancada en el mismo da carta de naturaleza a la operación y por tanto, si se cumplen sus requisitos, la pone al margen de la prohibición de asistencia financiera. Pero a nuestro juicio eso no está claro: por una parte nuestro art. 35 tiene su origen en una norma semejante del Cc italiano (art. 2501 bis), y en la doctrina italiana predomina la idea de que las garantías que impone la Ley no impiden que en determinados casos la operación pueda incurrir en la prohibición; pero es que además en el trámite parlamentario se introdujo una enmienda que obliga al experto a pronunciarse sobre la existencia de asistencia financiera. Al margen de lo perturbadora –y finalmente inútil, como se verá– que resulta esta referencia, lo que indica es que para el legislador no está claro que la operación no pueda incurrir en la prohibición.

En conclusión, parece que la fusión apalancada puede en determinados casos reunir los elementos de la asistencia financiera prohibida, si la asistencia que deriva del pago por la sociedad adquirida de la deuda ha sido motivo determinante de la adquisición. Pero no lo será siempre, pues el nexo causal entre financiación y adquisición se romperá, a nuestro juicio, cuando, por ejemplo, la sociedad adquirente o la target tengan reservas disponibles que cubran el importe de la financiación. Si las tiene la adquirente, parece que podría haber obtenido la financiación sin necesidad de la garantía de la adquirida. Y si ésta tiene suficientes reservas distribuibles, el préstamo se hubiera podido pagar mediante la distribución de dividendos. También se rompe el nexo causal cuando la razón de la asistencia es distinta de la adquisición: por ejemplo en el caso contemplado por el Auto de la AP de Madrid de 9 de enero de 2007, se llega a la conclusión de que la finalidad de unas ventas de activos no era la financiación de la compra sino la oposición a la OPA por parte de los órganos de supervisión de la competencia. Finalmente, se puede defender que tampoco se aplicará la prohibición cuando la operación no implique riesgo para acreedores o socios, como por ejemplo en el caso en que el endeudamiento proceda de la matriz y por esa razón tenga carácter de subordinado, o en el caso de que el préstamo tenga carácter de participativo.

Por tanto, una fusión subsiguiente a una compra apalancada puede incurrir o no en la prohibición de asistencia financiera prohibida. Los requisitos del art. 35 suponen una mayor garantía para los intereses en juego, pero su cumplimiento no pone a la operación necesariamente a salvo de la prohibición: finalmente la apreciación dependerá de las concretas condiciones de la operación, como la situación financiera de ambas sociedades, los objetivos perseguidos, el importe y características de la financiación, etc..., siendo por tanto sumamente compleja.

2. Delimitación del supuesto de hecho

El art. 35 LME tiene una rúbrica que ya nos indica sintéticamente cuál es el supuesto que pretende someter a su régimen: *«Fusión poste-*

rior a una adquisición de sociedad con endeudamiento de la adquirente». A continuación, ya en el texto del artículo, nos encontramos con la siguiente descripción del supuesto: *«En caso de fusión entre dos o más sociedades, si alguna de ellas hubiera contraído deudas en los tres años inmediatamente anteriores para adquirir el control de otra que participe en la operación de fusión o para adquirir activos de la misma esenciales para su normal explotación o que sean de importancia por su valor patrimonial, serán de aplicación las siguientes reglas...»*.

a) Presupuestos objetivos

De conformidad con el texto transcrito, los elementos objetivos del supuesto son la adquisición y el endeudamiento.

i.- La adquisición

Se aplicará la norma a dos tipos de adquisiciones:

a) Adquisición del control de una de las sociedades por otra de las sociedades participantes en la fusión. La norma no da un concepto de control. Sin duda, tiene el control el que ostenta más del 50 % de los derechos de voto, lo que se obtiene precisamente mediante una adquisición de acciones o participaciones sociales que superen el indicado porcentaje del capital social (LÓPEZ MATEO, 2009). Pero pensamos que debe aplicarse siempre que se adquiera un control efectivo, y por tanto, se deberán aplicar las presunciones del art. 42.1 CCo.

b) Adquisición de activos: al supuesto típico del apartado anterior se asimila la compra de activos esenciales para la normal explotación de una sociedad o que sean de importancia por su valor patrimonial. El supuesto consiste en que una sociedad adquiere con endeudamiento ese tipo de activos de otra sociedad y a continuación las dos sociedades –vendedora y compradora– se fusionan. No se trata, evidentemente, de que una sociedad participante en una fusión se haya endeudado con anterioridad para adquirir cualesquiera activos esenciales o de valor importante por compra de cualquier otro sujeto que no sea una de las sociedades participantes en la fusión.

Sorprende la inclusión de este supuesto en la norma, pues la compra directa de activos de una sociedad no supone asistencia financiera para la adquisición de acciones o participaciones propias (y no se contempla este supuesto en el precedente de nuestra norma, el art. 2501 bis del Codice civile italiano).

En principio, no tendría que plantear los mismos problemas, pues si una sociedad compra activos importantes de otra sociedad y luego ambas se fusionan, no disminuye la solvencia de la sociedad resultante, pues en el patrimonio de la que vendió estará la contraprestación recibida por esa venta. La prevención del legislador respecto de este caso parece presuponer que la cantidad obtenida por la sociedad vendedora por la venta de su activo habrá ido a parar ya a sus socios antes de la fusión vía reparto de dividendos o restitución de aportaciones, de manera que el resultado final para la sociedad vendedora que se fusiona con la compradora es que volverá a tener en su activo el bien que enajenó pero también tendrá una deuda que antes no tenía y que absorbe y anula su valor. Se trata, por tanto, de una norma que presupone de antemano que se ha producido una circunstancia concomitante que es la que hace que el supuesto entrañe peligro, lo que quizá sea un poco excesivo. Es como si la norma presumiese de antemano un fraude, el vaciamiento patrimonial de la sociedad que vendió.

La norma plantea además el problema de cómo valorar ese carácter esencial o importante de los activos o su valor. En relación con ello, creemos que, en atención al fundamento de la norma, sólo se dará el supuesto si esos activos fueran sustancialmente todo el patrimonio de la vendedora o van a constituir la mayor parte del patrimonio de la sociedad resultante de la fusión.

ii.- El endeudamiento

Tipo de endeudamiento. Como hemos visto, la norma se pronuncia en términos muy genéricos: que una de las sociedades participantes en la fusión *hubiera contraído deudas... para adquirir el control de otra... o para adquirir activos...* Como la deuda se contrae para la indicada adquisición, es decir, para el pago de un precio, se tratará de la deuda derivada de una financiación dineraria en forma de préstamo mutuo, o de apertura de crédito con disposición de los fondos con cargo al mismo. Lo normal es que esa financiación proceda de una o varias entidades bancarias o de crédito, pero, como no distingue la Ley, puede proceder de cualquier tipo de sujeto. También entra en el concepto de deuda contraída para la adquisición la que resulta, en su caso, del aplazamiento del pago del precio de la adquisición concedido por los propios vendedores.

Podría plantearse si tiene sentido que se aplique la norma en el caso de que el préstamo proceda de la matriz de la sociedad adquirente, pues en ese caso existe una verdadera inversión por el grupo societario al que pertenece la adquirente. Creemos, no obstante, que sí será aplicable, porque la Ley no distingue y porque la solvencia de la sociedad resultante también puede verse comprometida aunque el prestamista pertenezca al grupo (pensemos, además, que el crédito se puede ceder en cualquier momento a un tercero).

Se puede dudar si la norma es aplicable en un supuesto de «préstamo participativo», precisamente por la naturaleza intermedia entre financiación externa y fondos propios que la Ley reconoce a este tipo de préstamos. Desde el punto de vista de los acreedores de la compañía comprada, puede pensarse que la existencia de un préstamo de este tipo (si realmente está sujeto al régimen del Real Decreto-ley 7/1996, de 7 de junio) no compromete la solvencia de la compañía resultante, porque sólo se puede pedir su restitución después de satisfacer a todos los acreedores de la compañía. Sin embargo, el fundamento de este art. 35 LME es también la protección de los socios de la compañía comprada, en particular de los socios que quedan en minoría después de la adquisición, cuando ésta no ha tenido por objeto todo el capital de dicha compañía. Desde el punto de vista de estos socios minoritarios, la existencia del préstamo participativo recibido por la sociedad compradora y que quedará a cargo de la sociedad resultante les perjudica, porque el derecho a la devolución de este préstamo se antepone al pago de cualquier cuota de liquidación de los socios y condiciona como pasivo la posibilidad de reparto de dividendos. Finalmente desde el punto de vista de los trabajadores y de la economía en general, se compromete la propia supervivencia de la sociedad.

La cuantía de la deuda. Aunque la finalidad de la norma es evitar el excesivo endeudamiento, la Ley no establece un umbral mínimo ni de cuantía absoluta ni de proporción respecto del valor de la empresa, su EBITDA, u otros parámetros, por lo que todo endeudamiento destinado a la adquisición, cualquiera que sea su cuantía, dará lugar a la aplicación de la norma. Quizás esto deba corregirse en el futuro, limitando la aplicación a los casos en que se superen determinados ratios. Aunque lo cierto es que es difícil establecer a priori y para todo tipo de empresas qué porcentaje de endeudamiento coloca a la misma en una situación de debilidad financiera.

La finalidad de la financiación. Lo que determina la aplicación de la norma no es que la sociedad que adquirió tenga simplemente deudas (ante esa eventualidad genérica se supone que los acreedores de las demás sociedades participantes en la fusión están protegidos por el derecho de oposición a la fusión, sin mayor especialidad), sino que dichas deudas se hayan contraído precisamente para adquirir el control o los activos. De manera que debe existir una relación causal o teleológica entre el endeudamiento y la adquisición. No obstante, pensamos que este elemento finalista se tiene que contemplar de forma objetivista: lo relevante es que la financiación se haya utilizado realmente para la adquisición, sin ser necesario que la concesión de la misma estuviera expresamente prevista o condicionada a esa finalidad. Recordemos que lo que se trata es de proteger la solvencia de la sociedad, no de castigar las malas intenciones de los administradores –y mucho menos de premiar el disimulo de unos y otros, pues era frecuente que en las operaciones de financiación se evitara condicionarla expresamente a la fusión, que en cualquier caso se realizaba–.

El elemento temporal. La deuda que motiva la aplicación de la norma debe haber sido contraída *en los tres años inmediatamente anteriores* a la fusión. Pero ¿cuál es el momento determinante a esos efectos dentro de ese íter procedimental complejo que implica una fusión? Entendemos que la fecha a tener en cuenta es la de suscripción del proyecto de fusión, pues los requisitos que impone esta norma consisten en menciones específicas del mismo o del informe del experto que hace referencia al proyecto, y por tanto el proyecto debe redactarse ya teniendo en cuenta que se ha incurrido en el supuesto de hecho de la norma (en el mismo sentido, RONCERO, pag. 751 y LOPEZ MATEO, RDM, pag. 850).

Esto en cuanto al *dies ad quem* del cómputo. En cuanto al *dies a quo*, el plazo empezará a contarse no cuando se celebró el contrato del que derivó la financiación sino cuando realmente nació la deuda o la obligación. Es decir, que si se hace un contrato de préstamo o crédito, cuya disposición, sin embargo se aplaza en tres años, momento en el que se efectúa la adquisición, lo relevante es el momento del nacimiento de la deuda, lo que tiene lugar cuando se dispone de los fondos.

Exigibilidad y vencimiento. Teniendo en cuenta el fundamento de la norma, es necesario, por supuesto, que la deuda contraída para la adquisición esté todavía pendiente de pago en el momento de la fusión, aunque la Ley no lo diga. En cambio es indiferente que el vencimiento de la deuda sea anterior o posterior a la fusión, o que existan periodos de carencia. Por supuesto, también es indiferente que esa deuda originaria haya sido refinanciada o modificada después, pues lo que importa es que la deuda aún exigible se haya originado por la adquisición del control.

Desde la perspectiva notarial y registral, se puede plantear la cuestión de cómo saber si en una determinada fusión ha existido ese endeudamiento previo. No parece que ni el notario ni el registrador tengan muchos medios objetivos para indagar esa concurrencia del supuesto de hecho de esta norma, ya que la simple existencia de deudas en el balance de las sociedades no puede servir de base para exigir el cumplimiento de este precepto.

Por tanto, son los administradores los que tienen la responsabilidad de saber y manifestar que se está dentro del ámbito de aplicación de la norma. El incumplimiento de esta norma, si era el caso, podría dar lugar a la impugnación de la fusión (la fusión no se habría *realizado de conformidad con las previsiones de esta Ley*, que dice el art. 47), y por supuesto, a su responsabilidad. Ahora bien, aunque esta es la regla general, puede ser matizada en el caso concreto: si el notario tiene conocimiento de la circunstancia del endeudamiento –por ser notorio o haber participado él en la documentación de la financiación–, debe exigir el cumplimiento de la norma. En el caso de que el balance de una de las sociedades participantes en la fusión revele de forma evidente que esa sociedad es un simple vehículo para una financiación, creemos que se debe exigir el cumplimiento de la norma o al menos que se declare expresamente que no se da el supuesto de hecho de la norma. En los demás casos, no parece que sea necesario que en toda escritura de fusión se haga una manifestación expresa en ese sentido, pues, si nada se dice, se entiende que no concurren las circunstancias correspondientes.

b) El ámbito subjetivo de aplicación:

Dada su relación con las reglas de autocartera y con la prohibición de asistencia financiera, podría dudarse de si se aplica en el caso de que no intervenga ninguna SA, SComA o SRL, pues las demás sociedades mercantiles, es decir, las de tipo personalista, no están sujetas a una normativa rigurosa sobre el capital social ni a las prohibiciones sobre asistencia financiera. Sin embargo, como hemos señalado, más que la regla de integridad del capital, se trata de proteger la solvencia de las empresas, por lo que, donde la ley no distingue (y las normas sobre fusiones, incluido este art. 35, se aplican a toda clase de sociedades mercantiles), no parece que se deba distinguir.

También es indiferente que la sociedad endeudada sea absorbente o absorbida, pues se trata de cubrir tanto el supuesto de fusión normal como el de la inversa (a pesar de que la justificación de la enmienda se refiriese erróneamente a evitar fusiones inversas), porque el resultado económico final es el mismo.

Sí se puede plantear la duda de si todos los requisitos adicionales que impone este precepto, en particular, el informe de experto independiente, son aplicables en todo caso, con independencia del tipo social de las sociedades intervinientes.

Los dos casos dudosos son: cuando las dos (o más) sociedades que se fusionan son SRL, y cuando la sociedad resultante de la fusión es SRL siendo SA alguna de las fusionadas (también se podría distinguir si en este caso la SA había sido la compradora o la vendida, por entender que lo relevante a efectos de los requisitos de esta norma es el tipo social de la sociedad *target*).

Al respecto caben dos interpretaciones:

- Sólo es necesario el informe de experto independiente con el contenido específico que impone este art. 35 si en la fusión de que se trata, según las normas generales de la LME, hace falta emitir dicho informe. Esta interpretación se puede apoyar en el propio tenor literal del precepto: *«En caso de fusión entre dos o más sociedades, si alguna de ellas..., serán de aplicación las siguientes reglas:... 1. El proyecto de fusión deberá indicar... 2. El informe de los administradores sobre el proyecto de fusión debe indicar... 3. El informe de los expertos sobre el proyecto de fusión debe contener un juicio...»*. Como vemos, no dice que en este caso será preciso <u>un</u> informe de expertos independientes, sino que «*<u>el</u> informe de los expertos sobre el proyecto*», como si se refiriese a un informe ya conocido: el que exige y regula el inmediatamente anterior art. 34, que no lo exige en todo caso de fusión entre sociedades mercantiles, sino sólo –como ya hemos estudiado– cuando participa una sociedad anónima o comanditaria por acciones.

Esta interpretación se apoyaría en una lectura a contrario del último inciso del propio art. 35: *«En estos supuestos será necesario el informe de expertos, incluso cuando se trate de acuerdo unánime de fusión»*. Por tanto, el único caso en que excepcionalmente este precepto amplía la exigencia de informe de experto es el supuesto que genéricamente está exceptuado por el art. 34.4: cuando hay acuerdo unánime de todos los socios de todas las sociedades participantes. Luego, a contrario, los casos de fusión en que no participa una SA o SComA, que están genéricamente exceptuados de informe de experto independiente, no resultan excepcionalmente incluidos en la exigencia de este informe en el caso del art. 35. Si el legislador hubiera considerado conveniente incluir los casos de fusión en los que no intervengan SA o SComA, lo hubiera dicho expresamente, como se ha preocupado de exigir el informe de experto para los casos de fusión por acuerdo unánime. Además, en la duda, este precepto del art. 35, como norma excepcional, debería ser objeto de una interpretación restrictiva.

- Una segunda postura –por la que nos inclinamos– es la que entiende que todos los requisitos de este art. 35 son exigibles cualquiera que sea el tipo social de las sociedades mercantiles intervinientes en la fusión, por tanto, también si se fusionan dos SRL o si una SRL absorbe a una SA.

Esta interpretación más rigurosa se apoya en los siguientes argumentos:

En primer lugar, el art. 35 no es una norma excepcional, sino especial, la cual delimita su propio ámbito de aplicación en su primer párrafo, donde habla simplemente de fusión de dos o más sociedades, sin mayor precisión acerca del tipo social de éstas, a diferencia de lo que hacen otros preceptos de la misma Ley, de manera que el ámbito subjetivo de aplicación de esta norma resultará de los arts. 1 y 27 LME, que se refieren en general a «sociedades mercantiles».

Si atendemos al fundamento de la norma, el problema al que se trata de enfrentar no es exclusivo de las fusiones en las que intervienen SA o en las que la resultante es una SA. El último inciso, al exigir expresamente el informe de experto también en los casos de acuerdos unánimes de fusión, está poniendo de manifiesto que lo que preocupa a la misma no es solo el interés de los socios, sino también y fundamentalmente el de los acreedores sociales. Y en cuanto a la posición de los acreedores ante una fusión subsiguiente a una adquisición de control apalancada, no parece haber diferencia alguna por el hecho de que las sociedades intervinientes sean anónimas o limitadas. Es cierto que el régimen de protección de los acreedores sociales no es exactamente coincidente en la regulación de estos dos tipos sociales, pero, en el concreto punto de la asistencia financiera de la sociedad para la adquisición de sus propias acciones o participaciones, la posición de la LSRL y ahora del art. 143 LSC no es más laxa, sino todo lo contrario, aún más rigurosa que la de la LSA y ahora del art. 150 LSC (la prohibición legal de asistencia financiera en sede de sociedades limitadas no tiene excepción alguna).

Fijémonos en que, en cierto sentido, el art. 35 LME no confirma sino que más bien rectifica el criterio doctrinal que había prevalecido antes de la LME en relación con este tipo de supuestos. La introducción de esta norma específica para el caso pone de manifiesto que los requisitos del procedimiento ordinario de fusión no son garantía suficiente ante el riesgo que conllevan estos supuestos de fusión.

La cuestión se relaciona con la duda que suscita el significado último de esta norma. ¿Este novedoso artículo 35 se debe entender como una restricción sobrevenida respecto de una situación de libertad en que, antes o a falta de su aparición, se encontraba el supuesto de la fusión subsiguiente a una compra apalancada?; ¿o lo que significa más bien esta norma es un levantamiento o dispensa de la prohibición en que incurriría este supuesto por aplicación al caso de las normas generales sobre prohibición de la asistencia financiera, dispensa condicionada precisamente a la observancia de esos requisitos específicos que introduce este precepto respecto del procedimiento general de fusión? Precisamente, si se entiende la norma en este segundo sentido, fuera de su ámbito de aplicación (si se considera que no se aplica a la fusión con sociedad resultante del tipo SRL, o en la que solo intervienen SRL) no regiría una regla de libertad para este tipo de fusión, sino más bien la prohibición genérica de asistencia financiera propia de la normativa general tanto de SA como de SRL.

En cualquier caso, el argumento fundamental es de tipo práctico y de puro sentido común. Está claro que el legislador ha querido introducir un mayor rigor para este tipo de fusiones relacionadas con el fenómeno de la proliferación de compras apalancadas de empresas, que se considera como una de las causas que han contribuido a generar o al menos a agravar la actual crisis económica –basta al respecto con leer las intervenciones durante la tramitación parlamentaria de la Ley–. Típicamente, las operaciones más importantes son las *public to private* sobre una SA cotizada, por lo que con la actual redacción del art. 34.1 sí estarían obligadas a realizar informe. Pero pueden existir también operaciones de importancia en las que la target sea una limitada, y la ley no las excluye. La interpretación que sostenemos viene también confirmada por lo que a continuación vamos a señalar en relación con las fusiones simplificadas.

c) La aplicación en los supuestos de fusiones simplificadas

¿Se aplica el art. 35 en los supuestos de fusión por absorción de sociedad íntegramente participada y asimilados? Precisamente, para las fusiones que regula el art. 49 LME, dicha norma exime tanto del informe de los administradores como del informe de expertos independientes.

Entendemos que la concurrencia del caso del art. 49 o asimilados no dispensa de la aplicación de todos los requisitos del art. 35, si concurre también su caso. Es cierto que en los supuestos del art. 49 no se plantea el problema de la lesión de los minoritarios, pero, como ya hemos indicado, el art. 35 no persigue sólo la protección de los socios, pues exige el informe también en el caso de acuerdo unánime de éstos. Además, el art. 35, como ya hemos señalado, es una Ley especial respecto de las normas generales de fusión, incluso de las simplificadas. Y, sobre todo, ésta es la única conclusión aceptable desde el punto de vista práctico y teleológico, porque el supuesto típico para el que está pensada la norma del art. 35 es una fusión subsiguiente a una toma de control consistente en la adquisición del 100 % del capital social. Si es así, en la mayor parte de los casos, la fusión subsiguiente tendría como sujetos dos sociedades una de las cuales se encontraría participada íntegramente por la otra, es decir el caso que contempla el art. 49 LME: la absorción de sociedad íntegramente participada. Si en este supuesto no se aplican las exigencias especiales sobre contenido del informe de los administradores y del experto independiente del art. 35 porque el art. 49 dispensa su supuesto de fusión de los requisitos de informe de administradores y de expertos, entonces la mayor parte de los casos para los que se supone que se ha introducido la norma del art. 35 quedarían fuera de su ámbito de aplicación.

Lo anterior también es aplicable en el caso del art. 50 LME, que es un supuesto de fusión parcialmente simplificada en la que también se exceptúan los informes.

En el caso de acuerdo unánime en todas las sociedades (art. 42) en principio no hay informes de expertos ni de administradores, pero por la finalidad de la norma hay que llegar a la misma conclusión que para los casos anteriores. Además el último inciso del 35 exige el informe aún en caso de acuerdo unánime de fusión y teniendo en cuenta que el informe del experto justamente se refiere a la razonabilidad de la información contenida en el proyecto y en el informe de los administradores, es evidente que deben exigirse todos los documentos.

Esta posición de exigir el informe para todo tipo de sociedades y para todo tipo de fusiones se ha ido imponiendo en la doctrina posterior a la Ley (MINGOT AZNAR, RDS n.º 35).

En cualquier caso, entendemos que, en estos supuestos, la exigencia de los informes no implica que éstos tengan que tener el contenido ordinario. Por ejemplo, si la absorbente es una SRL, no será necesario que el informe se refiera a la valoración del patrimonio social. Y si es una fusión de sociedad íntegramente participada, no habrá tipo de canje. Cuando se trate de un caso en que se hubiera podido prescindir del o los informes en el supuesto de que no se tratara de fusión apalancada, los mismos podrán tener como único contenido el que fija el art. 35.

d) La aplicación en los casos de escisión y de cesión global de activo y pasivo.

i.- La escisión

La remisión del art. 73 LME en sede de escisión a las normas de la fusión excepto en las salvedades que introduce su régimen específico impone que la norma del art. 35 se deba aplicar en los supuestos de escisión.

Obviamente, hay que adaptar su contenido al supuesto de la escisión: el artículo será de aplicación siempre que cualquiera de las sociedades beneficiarias se haya endeudado para adquirir o bien una participación en el capital o bien activos de la sociedad escindida.

ii.- La cesión global

A diferencia de lo que sucede en sede de escisión, no existe una norma equivalente de remisión a las normas de la fusión en sede de cesión global. Esto supone una grave anomalía en el sistema y entendemos que la interpretación conforme a las directivas debe imponer la aplicación a la cesión global de determinadas normas del procedimiento de fusión, como se examina en el capítulo dedicado a esta figura. Pero, al no contener la Tercera Directiva ninguna regla similar al art. 35 LME, ésta no tiene en principio por qué aplicar se a una cesión global.

Sin embargo, el supuesto plantea el mismo problema: en una cesión global una sociedad traspasa a otra todo su patrimonio activo y pasivo, pagando la sociedad adquirente a la sociedad adquirida o a los socios de esta un precio en dinero que ha podido obtener por medio de una financiación externa. Que no compre las participaciones, sino directamente los activos y pasivos no supone ninguna especialidad, porque se transmite la totalidad de la empresa por sucesión universal. Pero es que, además, como hemos visto, la norma del art. 35 se aplica también a la compra apalancada de activos. Si hay un supuesto en el que esta extensión de la norma a la compra de activos tiene sentido es justamente el de la cesión global por precio. En realidad se trata de un supuesto de asistencia financiera más evidente todavía pues pueden coincidir en el mismo momento la financiación, el pago y la garantía, que recaerá directamente sobre el conjunto patrimonial cedido. Los riesgos son también los mismos para la empresa como tal, pues soporta directamente la deuda derivada de su propia transmisión.

¿Es posible que se haya dejado semejante hueco en la regulación? Así parece entenderlo VICENT CHULIÁ (2009), que manifiesta que el obstáculo para utilizarlo como alternativa a la fusión apalancada es únicamente la falta de neutralidad fiscal de la figura.

Sin embargo, creemos que es posible la aplicación analógica del art. 35 a estos casos. Como veremos después, no es una norma prohibitiva, y por tanto es posible su aplicación analógica. La identidad de razón en ambos supuestos es evidente, y también, a nuestro juicio, la laguna legal, pues no parece que la no contemplación del supuesto derive de una voluntad del legislador, sino más bien de un olvido en la regulación novedosa de la figura de la cesión global.

3. La consecuencia jurídica de la norma: los requisitos adicionales del proyecto e informes.

a) Requisitos adicionales del proyecto de fusión

- *«El proyecto de fusión deberá indicar los recursos y los plazos previstos para la satisfacción por la sociedad resultante de las deudas contraídas para la adquisición del control o de los activos»*. La finalidad de esta indicación es explicar cómo la sociedad que se ha endeudado va a pagar con sus recursos la deuda contraída. La referencia a los plazos, que es una novedad respecto de sus antecedentes (el art. 2501 bis del Cc italiano, en el que se inspira), entendemos que impone reflejar las fechas de pago de la deuda y sus respectivos importes.

Lo normal es que se expongan en un cuadro unificado, por una parte, los pagos de capital y de intereses (y si estos son variables, las condiciones para su cálculo), y por otra, los flujos de caja previstos durante el plazo en el que se va a pagar la deuda. Se deberán incluir, por supuesto, los que se deriven de las posibles disposiciones de activos previstas.

b) Requisitos adicionales del informe de administradores

«*El informe de los administradores sobre el proyecto de fusión debe indicar las razones que hubieran justificado la adquisición del control o de los activos y que justifiquen, en su caso, la operación de fusión y contener un plan económico y financiero, con expresión de los recursos y la descripción de los objetivos que se pretenden conseguir*».

En cuanto a las razones de la adquisición, no tienen que ver con la fusión sino con una adquisición realizada dentro de los tres años anteriores. Lo que se justifica no es la fusión, sino qué es lo que persigue la sociedad adquirente con la adquisición.

En el dictamen del Consejo de Estado se criticó la redacción que separa estas razones de las que justifican la operación de fusión, señalando que «lo que parece, en realidad, exigible es que estos den cuenta de la relación que establezcan entre la toma de control o de activos de otra sociedad y la posterior fusión entre ellas». De lo que se trata es de justificar la operación en su conjunto (que es lo que pide el art. 2501 bis del Codice civile), pues normalmente no hay razones económicas en sentido estricto para la fusión –sino financieras y fiscales–. En cualquier caso, no parece que esto último pueda ser obstáculo para la fusión, porque la Ley parece prever la no existencia de motivos, pues la justificación de la fusión solo deberá hacerse «en su caso».

En cuanto al plan económico y financiero, la diferencia de este plan con las menciones del proyecto es que debe referirse no solo a la deuda contraída, sino contemplar la totalidad de las obligaciones y recursos previstos de la sociedad. Este plan recuerda al que prevé el art. 71 de la Ley Concursal para determinadas operaciones de refinanciación de deuda. En esa norma se denomina «plan de viabilidad», y en realidad de lo mismo se trata aquí: de ver si es posible que la empresa sea viable, en este caso con el endeudamiento al que la conduce la fusión posterior a la adquisición apalancada. Cuando la norma se refiere a los objetivos, no se trata de los generales perseguidos por la fusión que estarán contemplados en el contenido normal del informe, sino más bien de los objetivos financieros.

No se establece qué plazo debe abarcar este plan, pero entendemos que debe extenderse al menos al plazo de devolución de la deuda. No obstante, no debe agotarse aquí sino que tiene que abarcar la viabilidad de la empresa tras el repago total. Recordemos que el origen de las normas represoras de las compras apalancadas de empresa fueron unas operaciones en Inglaterra en las que para el repago de la deuda se vaciaban de activos las sociedades, llevando a su quiebra. Por tanto, el legislador no pretende proteger solo el repago de la deuda sino la viabilidad de la empresa tras el mismo.

Este es a nuestro juicio el elemento central de toda la regulación del art. 35: de lo que se trata con todo el contenido referido es de dar a los interesados información sobre cuál va a ser la situación financiera de la sociedad resultante, y de su capacidad de continuar operando y pagando a sus acreedores. Este plan financiero es el eje de la información, sobre el que recaerá el juicio del experto y que podrá dar lugar a la responsabilidad de los administradores.

c) Requisitos del informe de expertos

-«*El informe de los expertos sobre el proyecto de fusión debe contener un juicio sobre la razonabilidad de las indicaciones a que se refieren los dos números anteriores, determinando además si existe asistencia financiera*».

En cuanto a su contenido, la Ley exige dos juicios distintos:

i.- El primero es sobre «la razonabilidad de las indicaciones anteriores».

Es decir, que tiene que referirse no solo a las del proyecto –como en general exige el art. 34.3 LME–, sino a las indicaciones especiales del informe de administradores. Pero, al ser la cuestión central la del sobreendeudamiento, el objeto propio de este juicio es la razonabilidad del plan económico y financiero, que es una cuestión técnica. Mucho más difícil es que pueda pronunciarse sobre la oportunidad de expansiones empresariales o de adquisiciones de empresas por una empresa de capital riesgo para su posterior venta, por lo que en relación con estas materias la razonabilidad no dejará de ser un juicio muy general que difícilmente será rebatible.

Dada la finalidad del mismo, no puede ser un juicio puramente formal sobre el cálculo financiero, sino un juicio sobre la posibilidad real de pago según las condiciones pactadas. El art. 71 de la Ley Concursal (antes DA 4.ª), que regula determinadas operaciones de refinanciación de deuda, exige un informe de experto y que en él se emita un juicio también sobre la suficiencia de la información facilitada, lo que implica que no basta con una comprobación matemática de los números, sino que es preciso emitir un juicio sobre la situación real de la empresa. Por ello, en este caso también el experto debe, por una parte, comprobar que los datos ofrecidos coinciden con la contabilidad y los contratos de financiación firmados, y por otra, emitir un juicio económico sobre la razonabilidad de las previsiones de generación de beneficios y tesorería por la sociedad.

Este juicio no debe limitarse a la capacidad de repago de la deuda, sino que debe asemejarse al citado informe de la Ley concursal en el sentido de referirse a la viabilidad de la empresa. Recordemos que los intereses que se quieren proteger no son los de los prestamistas de la

LBO, sino los de los demás acreedores, socios y trabajadores. Por tanto, la opinión no es solo sobre el repago: si el plan de desinversión de activos que a menudo acompaña estas operaciones coloca a las sociedad en una situación de debilidad financiera que compromete su viabilidad tras el repago, el juicio del experto tendrá que hacerlo constar.

A pesar de que, por las dificultades que presenta, el juicio sobre la asistencia financiera ha sido más estudiado, no hay que olvidar que la presente parte del informe es el verdadero centro de gravedad de la actuación del experto. Hay que subrayar que este será responsable no solo de una comprobación puramente matemática de los flujos de caja sino de la comprobación de la información, del juicio sobre el carácter razonable del plan y en general sobre la viabilidad de la empresa con la nueva situación financiera. Esta opinión puede estar sujeta a reservas o matizaciones (MINGOT AZNAR), como es normal en los informes de los auditores.

ii.- Además debe referirse a «si existe as*istencia financiera*».La mención de que el experto debe determinar «además si existe asistencia financiera» se introdujo en una enmienda del Grupo Popular en el Senado, y plantea graves problemas, pues no se sabe qué es exactamente lo que debe juzgar el experto.

- Una primera interpretación sería entender que la ley está pidiendo al experto opinión sobre si se incurre en la prohibición de asistencia financiera de los arts 143 y 150 LSC (RONCERO y VICENT CHULIA inicialmente).

Por una parte, está claro que la operación supone que al término de la fusión la sociedad adquirida va a soportar la deuda generada por su adquisición, por lo que existe siempre asistencia financiera en sentido amplio. Por tanto, en toda fusión apalancada existiría asistencia financiera, y así lo declararía el experto, cerrando la posibilidad de su realización –por eso VICENT CHULIA hablaba al principio de una norma suicida–. Pero no se puede admitir que la norma lleve a un callejón sin salida, ni que el legislador introduzca una regulación de un supuesto para impedirlo en el mismo precepto. Si la voluntad del legislador hubiera sido prohibir este tipo de operaciones, lo lógico es que se hubiera expresado está prohibición.

El juicio, por tanto, sería no sobre si existe asistencia financiera, sino sobre el carácter prohibido o no de la misma. Pero eso lleva también a un problema de difícil solución, pues este juicio es extraordinariamente complejo y controvertido, como se vio anteriormente. Además, no parece que tenga sentido que el experto que tiene que dar una opinión técnica sobre un plan financiero tenga también que emitir una opinión jurídica sobre la existencia de asistencia financiera en cada operación de fusión, cuestión complejísima y que en la propia enmienda que dio lugar a la introducción de ésta mención se dice que es algo «*que no está claro en la legislación española*». Como señala el auditor MORENO GONZÁLEZ, el carácter prohibido o no de la asistencia financiera depende la relevancia de la asistencia financiera, que su vez depende de distintos parámetros como el importe financiado, la estructura patrimonial de las sociedades o la existencia de otras fuentes de generación de tesorería, que el experto no puede calificar. ¿Qué experto económico va a atreverse a emitir un juicio jurídico sobre si la asistencia financiera es o no de la prohibida y como se le va a exigir responsabilidad por ello? Además, no tiene sentido que el juicio sobre una cuestión jurídica como ésta que podría determinar la posibilidad de una fusión se confiera a un experto y sin posibilidad de recurso, cuando es una cuestión que está sujeta a los tribunales, y que solo ellos deben poder juzgar.

CARRASCO PERERA se plantea si la norma podría estar pidiendo al experto que determine si se dan o no elementos que rompen la causalidad entre financiación y adquisición de control (lo que en la doctrina anglosajona se denominan «purpose exceptions»). Pero también lo excluye porque es imposible exigir un juicio de tal complejidad al experto. RONCERO parece entender que el experto ha de emitir este juicio a pesar de que lo considera casi imposible.

Pero si no admitimos la teoría de la norma suicida y el experto no puede emitir este juicio jurídico complejo sobre si la fusión apalancada implica asistencia financiera prohibida, ¿qué debe contener entonces el informe en este aspecto?

Se han defendido diversas posturas:

- Se ha entendido que la norma pretende que se emita una opinión sobre la existencia de la asistencia financiera prohibida distinta de la derivada del procedimiento de fusión apalancada, que tiene su régimen de protección por el procedimiento de fusión reforzado por el 35. Por tanto, solo tendría que referirse a si en la adquisición o el endeudamiento anterior a la fusión existió asistencia financiera. Esta idea, que ha sido avanzada por el profesor SEQUEIRA, tiene la ventaja de dar un contenido a la mención. Pero no parece que fuera esa la idea del legislador, y en la práctica será raro que se haya prestado asistencia financiera anterior si el objetivo de la garantía se va a obtener a través de la fusión.

- VICENT CHULIÁ, en un posterior trabajo, sostiene que para evitar el absurdo de una norma que conduce a prohibir lo que regula, el juicio que se ha de hacer sobre la asistencia financiera es únicamente el de si los flujos de caja futuros permiten reembolsar la deuda de los bancos sin tener que disponer de los activos de la sociedad, es decir, que lo identifica con lo que hemos entendido que debe hacer el experto en relación con el plan económico y financiero. Rechaza que tenga que hacerse un juicio sobre la suficiencia de los recursos propios en relación al endeudamiento, y asimila esta operación a las llamadas financiaciones estructuradas o *Project Finance* en las que lo relevante es que los flujos de caja esperados permitan reembolsar la deuda. El propio autor reconoce que esto supone interpretar el juicio de la asistencia financiera totalmente al margen de la definición legal de la misma. De hecho, a nuestro juicio, sería también redundante pues ese juicio sin duda lo tiene que hacer, como hemos visto, al hacer el juicio de razonabilidad del plan económico y financiero.

En un sentido semejante se pronuncia MINGOT AZNAR, defendiendo una corrección teleológica de la norma: ya que el legislador no podía estar obligando al experto a hacer un juicio jurídico, hay que buscar un concepto económico de la asistencia financiera, que en este sentido será lícita si en la operación existe una razonable cobertura financiera de la deuda con los flujos de caja esperados.

- También cabe entender que, hasta que no se aclare por el legislador, se debe aplicar la norma según su literalidad, es decir que el experto solo tendrá que manifestar si existe asistencia financiera. Como hemos visto antes, por definición la fusión apalancada implica asistencia financiera y así lo manifestará el experto, pero sin tener que pronunciarse sobre si ésta se ha de considerar o no prohibida, puesto que no lo exige la ley y además es una cuestión que corresponde a los tribunales de justicia. Esta es la postura de algunos auditores (MORENO GONZÁLEZ), que entienden que la operación del art. 35 lleva implícita la asistencia financiera pues supone la aplicación de recursos propios al pago de su compra, y que la ley no exige que diga si está prohibida o no. Es cierto que esta postura hace inútil la manifestación, pues no aportará ninguna información al socio (igual que se convertía en inútil en la postura de VICENT CHULIÁ por ser una reiteración del juicio sobre el plan de viabilidad). Pero con la ley actual, la opción parece ser o bien pedir algo imposible, o algo tan fácil que es inútil.

- Cabe sin embargo también otra interpretación que otorga un contenido económico al juicio sobre la asistencia financiera. Se puede pensar que lo que se persigue es un juicio técnico sobre si el resultado de la fusión es compatible con las normas de asistencia financiera establecidas en la Segunda Directiva de sociedades tras su reforma de 2006. A favor de esta teoría tenemos los trabajos parlamentarios, pues la justificación de la enmienda dice que se trata de «evitar fusiones inversas que además impliquen un supuesto prohibido de asistencia financiera (art. 23 de la *Directiva 2006/68)*». Como vemos, curiosamente la enmienda no hace referencia a la prohibición general del entonces vigente art. 81 de la LSA, sino a la directiva que establece la flexibilización del régimen.

Esta directiva establece que es posible admitir la asistencia financiera siempre que se cumplan unas garantías, de manera que aunque para los Estados admitir la asistencia con esos requisitos no es una obligación sino una posibilidad, lo que no cabe es admitir la asistencia sin cumplir esos requisitos.

Por tanto, el legislador a través del art. 35 estaría admitiendo una nueva excepción a la prohibición de asistencia financiera, pero, para que sea válida, es necesario que se cumplan los requisitos del art. 23 de la Segunda Directiva. Las garantías que establece la directiva son: por una parte, que los préstamos o garantías se realicen bajo la responsabilidad de los administradores, en condiciones de mercado; que sea aprobada por la junta general previo un informe escrito cuyo contenido es semejante al que impone el art. 35.2; y por último, que la asistencia financiera total concedida a terceros no podrá en ningún momento tener por efecto la reducción del activo neto por debajo del capital social y reservas legales, y que se dote una reserva indisponible por el importe de asistencia financiera total. Los tres primeros requisitos parecen cumplirse en el caso de una fusión pues es una operación corporativa ordinaria en una sociedad, se toma acuerdo de junta con mayorías especiales, y existe un informe de administradores. Lo que falta es un control del cumplimiento de los dos últimos, que es lo que tendría que comprobar el experto. Con esta interpretación, el informe sí sería propio de un experto contable y se vendría así además a dar respuesta a la crítica que hizo Vicent Chuliá al proyecto, que entendía que la norma admitía la fusión apalancada, pero decía que para haber sido fiel a la directiva debía haberla condicionado a la existencia de recursos libres. El resultado sería que la fusión apalancada solo sería posible si la sociedad resultante de la fusión tiene reservas disponibles equivalentes al importe total de crédito obtenido para la adquisición de la sociedad, y que estas reservas se conviertan en indisponibles. Entendemos que estas reservas irían convirtiéndose en disponibles a medida que se fuera reduciendo la deuda.

Esta interpretación pondría a la operación definitivamente fuera del ámbito de la prohibición de la asistencia financiera, y además sería coherente con el resto de la regulación de esta materia. Por una parte, la existencia de recursos libres es un requisito exigido en otro supuesto de asistencia financiera permitida, el del art. 150.3 LSA. Por otra, cabe defender que la existencia de recursos libres rompe el nexo causal entre asistencia y adquisición, pues aquella no será determinante para la adquisición si la adquirente tiene recursos propios suficientes para la adquisición, o los podría obtener a través de un reparto de dividendos con cargo a reservas libres de la adquirida. Sería además la más acorde con la directiva, y con la aparente voluntad del legislador si tenemos en cuenta la enmienda y los trabajos parlamentarios.

Sin embargo, tenemos que reconocer que la justificación de la enmienda es tan confusa que no podemos tener la certeza total de cuál era la *voluntas legislatoris*. Además es esta una solución bastante alejada de la literalidad de la norma, y si antes hemos dicho que no se pueden exigir juicios jurídicos al experto económico, no parece que se le pueda exigir que haga una interpretación tan compleja de la norma.

De *lege ferenda* sería conveniente o bien reformar la norma en este sentido, poniendo además así a las fusiones apalancadas claramente al margen de la prohibición de asistencia financiera, o bien suprimir este extraño requisito.

Entre tanto, el experto se ve obligado a pronunciarse en su informe y, como señala MINGOT AZNAR, en la práctica se va a producir una cierta negociación entre experto y sociedad, pues el primero no querrá hacer declaraciones definitivas sobre la inexistencia de asistencia financiera, y la segunda intentará que no se diga que existe asistencia financiera, lo que podría dificultar o impedir la fusión. Esto va a llevar necesariamente a soluciones de compromiso, en las que el experto normalmente matizará su juicio. Creemos que son válidas las opciones siguientes.

En primer lugar, el experto puede declarar que no existe asistencia financiera, sin más, basándose en la interpretación de SEQUEIRA, o en la de VICENT CHULIÁ, que identifica este juicio con la opinión sobre el plan de financiación. En un sentido semejante pero más matizado, podría decir que si bien la fusión puede suponer que el patrimonio de la resultante sea fuente de reembolso de la deuda, esto no implica un supuesto de asistencia financiera prohibida, y conectar este punto con el del juicio sobre el plan de viabilidad de la empresa. También podrá manifestar simplemente que existe asistencia financiera, pero que no le corresponde manifestar si es del tipo prohibido o no (MORENO GONZÁLEZ). En el mejor de los casos, el experto podrá declarar que la empresa adquirente o la resultante tienen reservas libres que exceden de la financiación, y que por tanto la fusión no es motivo determinante de la fusión ni ésta implica asistencia financiera prohibida. En cualquiera de estos supuestos entendemos que se cumplirá el requisito del juicio.

En cualquier caso, entendemos que la responsabilidad del experto no se va a generar tanto por este juicio, sino porque se demuestre erróneo el juicio sobre la viabilidad del repago de la deuda, que es el ámbito propio de la actuación de un experto.

3. Efectos de los informes

La primera finalidad de la norma es proporcionar más información a socios y acreedores sobre las consecuencias de la fusión en un caso en que hay un riesgo especial, que exige una información específica, facilitando así un ejercicio más consciente del derecho de voto o favoreciendo el ejercicio del derecho de oposición. En realidad, esta información es muy relevante también para los acreedores sin derecho de oposición y para los trabajadores, cuyo futuro también puede estar comprometido por la operación.

En segundo lugar, la Ley persigue también sin duda a través de los informes de los administradores y expertos el permitir exigir la responsabilidad de administradores y expertos por sus informes, si finalmente se demuestra que estaba mal planteada la operación. En cuanto a los administradores, entendemos que esto es una mejora respecto del régimen general de la fusión, en el que cabe dudar de la responsabilidad de los administradores por los efectos de la operación si toda ella es aprobada en junta general.

En el caso del experto, quedará exonerado si acredita la diligencia normal, y no responde porque su juicio resulte a la postre erróneo, sino si, atendiendo al momento en que se emitió, no era razonable.

La duda fundamental en cuanto a los efectos del informe del experto es si un determinado contenido negativo de este informe debe impedir la fusión. Es decir, si el notario y el registrador se deben oponer a autorizar o inscribir la escritura de fusión en atención al resultado de dicho informe. La Ley no se pronuncia, pues pide un juicio, pero no que sea «positivo», y entendemos que hay que examinar separadamente los dos contenidos del mismo.

En relación con el juicio sobre la razonabilidad del plan financiero, entendemos que no puede ser obstáculo a la fusión. En un supuesto semejante de juicio de viabilidad, el art. 71.6 de la Ley Concursal exige tras la reforma un juicio positivo para que se aplique la protección especial a la operación informada frente a las acciones de reintegración del art. 71 LC, pero en ningún caso el informe contrario hace el acuerdo ilícito o impide su elevación a público, sin perjuicio de que los tribunales puedan declarar después la rescisión de esos acuerdos. El que el informe no impida por sí la fusión no lo hace inútil, pues influirá en el voto y en el ejercicio del derecho de oposición, y supondría una presunción en contra de una actuación diligente de los administradores, que podría dar lugar a su responsabilidad. Igual que en las sentencias sobre el tipo de canje la jurisprudencia ha entendido que un informe favorable implica una presunción de corrección que hay que destruir, en caso de informe negativo el resultado será el contrario. Estos dos efectos harán que en la práctica, ante un informe negativo, lo normal sea que no se lleve adelante la fusión. Otro argumento es que en el caso de informe sobre el tipo de canje, la mayoría de la doctrina ha entendido que un juicio desfavorable no impide la aprobación de la fusión ni su ejecución. Además, si se entendiera que el juicio del experto ha de ser positivo para ejecutar la fusión, nos encontraríamos en un callejón sin salida para el notario y el registrador en el caso muy probable de que el experto introduzca cualquier reserva o matización en relación con la razonabilidad del plan. La Ley no exige un juicio totalmente unívoco y sin precisiones sobre estas cuestiones y es posible, por ejemplo, que se diga que es razonable siempre que se den determinados supuestos, o que se introduzca alguna salvedad.

En cuanto al juicio sobre la asistencia financiera, parece que la conclusión será parecida. Si consideramos que el juicio debe ser sobre si la operación supone asistencia financiera prohibida, no parece que pueda impedir la fusión. En primer lugar, el informe parece que solo se debe referir a la «existencia» de asistencia financiera, y no a su carácter prohibido y contrario a Ley. A la misma conclusión nos lleva la literalidad de la norma y sus antecedentes legislativos, pues en la redacción propuesta por la enmienda se exigía que se refiriera a la «ausencia de asistencia financiera», pero se cambió la redacción final, y al tener que referirse solo a la «existencia» de la misma claramente indica que el legislador quiere dar a este juicio un valor únicamente de información. Solo si se considerara que el juicio del experto no es jurídico sino meramente técnico contable sobre la existencia de reservas libres, se podría defender que el carácter negativo de ese juicio podría paralizar la fusión.

Además, cualquiera que sea el objeto de ese juicio, el cerrar la posibilidad de la fusión supondría atribuir al técnico una función jurisdiccional. Si tenemos en cuenta que es un juicio no técnico, sino jurídico, no solo no es razonable atribuir a un experto esa decisión, sino que podría ser una atribución inconstitucional de funciones jurisdiccionales. También lo podría ser por razones procedimentales, por la indefensión derivada de la falta de recurso.

Es cierto que en todo caso notario y registrador han de calificar la validez de la fusión, por lo que si fuera contraria a una norma imperativa como la prohibición de asistencia financiera, deberían denegar la autorización e inscripción. Pero la realidad es que en estos casos la extraordinaria complejidad de esa cuestión desde el punto de vista económico y jurídico hace que sea casi imposible para los mismos emitir un juicio sobre la ilegalidad de una de estas operaciones. El que un informe con reservas o negativo no sea necesariamente obstativo de la fusión no quiere decir que sea inútil. En estos casos, los administradores desistirán normalmente de la fusión dadas las graves responsabilidades en que pueden incurrir si finalmente se impugna judicialmente la fusión.

B. LA FUSIÓN SÚPER SIMPLIFICADA DEL ARTÍCULO 42

Si la introducción del art. 42 era una de las más importantes novedades de la redacción original de la LME por las grandes simplificaciones que permitía, la reforma del mismo también es una de los puntos más salientes de la reforma de la LME por el Real Decreto-ley 9/2012.

Hay que destacar la importancia de este artículo, pues en la práctica la mayoría de las fusiones se realizan intragrupo, de manera que es frecuente que se produzca la fusión mediante acuerdo unánime en todas las sociedades.

La reforma aclara algunas dudas y amplía el ámbito subjetivo de la norma, pero restringe sus efectos y su redacción plantea nuevos problemas interpretativos.

Ya se ha visto que el art. 34.4 LME dispensa en caso de acuerdo unánime en todas las sociedades de la necesidad de informe de expertos, lo que fue una novedad introducida por la LME. También se ha visto cómo, tras la Ley 25/2011, se modifica con acierto el artículo, de manera que el acuerdo unánime solo excluye de la parte del informe referida al proyecto y al tipo de canje, pero no de la parte referente a la suficiencia del patrimonio cuando se aumenta el capital en una SA o SComA. Pero el art. 42 introduce otras simplificaciones adicionales, que hay que examinar con atención pues esta norma no tiene antecedentes en nuestra ley ni en las directivas ni tampoco en la legislación comparada.

En su redacción vigente, dispone lo siguiente:

> *«Acuerdo unánime de fusión.*
>
> *1. El acuerdo de fusión podrá adoptarse sin necesidad de publicar o depositar previamente los documentos exigidos por la ley y sin informe de los administradores sobre el proyecto de fusión cuando se adopte, en cada una de las sociedades que participan en la fusión, en junta universal y por unanimidad de todos los socios con derecho de voto y, en su caso, de quienes de acuerdo con la ley o los estatutos pudieran ejercer legítimamente ese derecho.*
>
> *2. Los derechos de información de los representantes de los trabajadores sobre la fusión, incluida la información sobre los efectos que pudiera*

tener sobre el empleo, no podrán ser restringidos por el hecho de que la fusión sea aprobada en junta universal».

1. Requisitos para su aplicación

a) Ámbito subjetivo de aplicación

En la redacción anterior se aplicaba *«Cuando las sociedades participantes o la sociedad resultante de la fusión no sean anónimas o comanditarias por acciones...»*. Esto dio lugar a diversas interpretaciones, predominando aquella que entendía que solo era aplicable a las fusiones en las que no participara ninguna SA o ScomA.

En la actualidad, no se somete a limitación alguna por el tipo social de las participantes, por lo que se aplica a las fusiones de todo tipo de sociedades –también a aquellas en que intervengan sociedades anónimas–. Esto supone un cambio fundamental, pues ahora las simplificaciones del procedimiento que se admitan nunca podrán ir más allá de las autorizadas por la Tercera Directiva. Supone también separarse de la norma que la doctrina consideraba inspiradora de la misma, que era el art. 2505 quater del Codice civile italiano, que regulaba unas especialidades de las fusiones en las que no participaban SA.

b) El acuerdo unánime

El art. 42 exige que el acuerdo «*se adopte, en cada una de las sociedades que participan en la fusión, en junta universal y por unanimidad de todos los socios con derecho de voto y, en su caso, de quienes de acuerdo con la Ley o los estatutos pudieran ejercer legítimamente ese derecho»*.

A diferencia de lo que sucedía bajo la redacción anterior, queda claro que para su aplicación es necesario que el acuerdo sea unánime en todas las sociedades, como sucede también en el caso del art. 34.4 LME. También se precisa que será necesario el voto de los socios con derecho a él y de otras personas que pudieran ejercerlo, lo que viene a coincidir con la 3.ª Directiva, que para los casos de simplificación por acuerdo unánime exige también el voto de «*los tenedores de otros títulos que confieran derecho a voto»* (arts. 9.3 y 10.4).

Pero se plantean otras cuestiones:

¿Es necesario que las *juntas sean universales?* En la anterior redacción solo se exigía el acuerdo unánime, pero ahora se habla de que exista junta universal. Eso puede plantear la cuestión de si en el caso de una junta convocada en la que con asistencia de todos los socios se alcanza un acuerdo unánime se puede aplicar este artículo. Entendemos que sí, porque la regulación de la junta universal en el art. 178 LSC no trata de establecer un tipo distinto de junta, sino de regular los requisitos para que una junta sea válida sin los requisitos normales de convocatoria. Por ello, dicho artículo no define la junta universal sino que comienza diciendo «*La junta general quedará válidamente constituida...*». Por otra parte, el carácter de universal no se exige ni en la 3.ª Directiva para aplicar las simplificaciones, ni tampoco en el supuesto al que se asemeja este precepto, que es el del art. 34.4 LME, que exige solo el acuerdo unánime. Probablemente el error viene de haber querido el legislador integrar aquí el art. 32, que sí se refería a la junta universal.

Por tanto, lo importante es el acuerdo unánime de todos los socios en todas las sociedades, y en algunos supuestos no será necesario siquiera que exista propiamente una junta como tal, por ejemplo, si la sociedad que interviene no tiene tal órgano, como puede suceder en el caso de sociedades personalistas o de AIE. Si el tipo correspondiente permite adoptar los acuerdos por un medio distinto a la junta o reunión, se estará a su propio sistema decisorio (CABANAS TREJO, 2010, pag. 85).

Recordemos que la junta universal no impide que se acuda a la misma representado, con poder en documento público, o incluso en documento privado, pues el que la junta sea universal no impide que exista una convocatoria informal que permita dar una representación especial para esa junta, en la que deberán, eso sí, constar los puntos del orden del día (CABANAS TREJO, 2010, pag. 91).

¿Es necesario un acuerdo expreso sobre las simplificaciones? En el caso de la supresión del informe con arreglo al art. 34.4 LME parece que se exige un acuerdo específico sobre la no exigencia del informe, pues el artículo dice que no será necesario el informe «*cuando así lo hayan acordado*». No basta por tanto que voten a favor de la fusión, sino que es preciso que voten a favor de la supresión del informe. En este caso, sin embargo, el artículo habla solo de que se adopte el acuerdo de fusión por la totalidad de los socios, por lo que no parece exigible lo anterior. No obstante, hay que tener en cuenta que la 3.ª Directiva en los supuestos en que se permite eximir de informe y balance (art. 9.3 y 11.1) siempre habla de que «*así lo acuerden*» los accionistas, por lo que lo quizás lo más correcto sería incluir en el orden del día puntos específicos sobre la aprobación de las simplificaciones de los arts. 34 y 42.

¿Quién tiene que asistir a *la Junta?* Ya se ha visto quién tiene que votar, pero se puede plantear si la asistencia de todos los socios incluye también a aquellos que no tengan derecho al voto, en concreto los accionistas sin voto y aquellos que teniendo ese derecho no lo puedan ejercer por tener un deber de abstención con arreglo al art. 190 LSC. Parece que la junta universal implica la asistencia de todos los socios, incluidos los accionistas sin voto, que tienen un derecho de asistencia y, por tanto, tienen que tener al menos la posibilidad de acudir a la junta. Por tanto, entendemos que, si existen, deben ser convocados con arreglo a la ley o los estatutos. Si embargo, si habiendo sido convocados debidamente, no acuden, y se toma el acuerdo en la junta convocada por todos los socios con derecho a voto, se podrá aplicar el art. 42. Es cierto que es ir más allá de la dicción literal del artículo, pero parece lo más acorde con su finalidad. No parece que si la simplificación depende de la voluntad de los socios con derecho a voto, se tenga que dar a los que no lo tienen un derecho de veto mediante su no asistencia.

2. La consecuencia jurídica de la norma: el alcance de la simplificación procedimental

En relación con el alcance de la simplificación también se produce un cambio fundamental en relación con el régimen anterior. La redacción anterior del art. 42 establecía que «... *no serán aplicables las normas generales que sobre el proyecto y el balance de fusión. ni las relativas a la adopción del acuerdo... publicación de la convocatoria de la junta y a la comunicación... del proyecto de fusión previstas en los apartados 1 y 2 del art. 40*». Al no existir normas especiales (salvo el art. 35), se podía prescindir de toda la regulación del proyecto y su contenido, de su depósito, y también de los requisitos del balance. Todo ello suponía una muy importante simplificación, pero también una total alteración del procedimiento, y permitía una fusión casi clandestina.

El precepto actual es mucho menos generoso en relación con la simplificación del procedimiento, pues dice que «*El acuerdo de fusión podrá adoptarse sin necesidad de publicar o depositar previamente los documentos exigidos por la Ley y sin informe de los administradores sobre el proyecto de fusión*».

Por tanto, ahora está claro que sí es necesario el proyecto de fusión, y parece que con todos sus requisitos ordinarios. Salvo que nos encontremos en un caso en que a esta simplificación se puedan añadir las del art. 49 LME por ser una absorción de sociedad íntegramente participada (o supuestos equivalentes del art. 52), el proyecto que se apruebe debe contener todas las menciones del art. 31 LME.

El artículo ya no hace referencia tampoco a las normas del acuerdo de fusión ni a las de la publicación de la convocatoria del art. 40.1 y 2. Sin embargo, eso no significa que se tengan que aplicar estrictamente pues, por definición, si existe junta universal no existe convocatoria, y cuando el art. 42 dice que no se tienen que publicar los documentos exigidos por la Ley se puede entender que esto abarca la convocatoria. En realidad, lo que no se aplica es el punto 2 relativo a la convocatoria, pero sí se deben cumplir las normas sobre el acuerdo de fusión. Obviamente, en este caso en que no hay depósito previo, se podrá aprobar el proyecto que se quiera, modificándolo en el mismo momento de la junta, por lo que en ese aspecto no se aplica tampoco el art. 40.1.

Las simplificaciones, por tanto, aparte de las propias que derivan de la especialidad de la junta universal, se reducen ahora únicamente a dos:

a) No es necesario «*publicar o depositar previamente los documentos exigidos por la Ley*»

Esto en realidad tiene dos vertientes.

i.- La no necesidad de depósito del proyecto

Al decir que no es necesario «*publicar o depositar*» se está refiriendo claramente a la previa publicidad del proyecto a través de su inserción en la web o su depósito registral, con arreglo al actual art. 32 LME. Por tanto, es posible adoptar el acuerdo sin publicar o depositar previamente el proyecto, como exige el art. 32.3 con carácter general. Hay que destacar que este artículo exige el depósito con carácter previo a la convocatoria de la junta, y que el art. 42 permite no solo que no sea previo a la convocatoria sino que tampoco se haya depositado en el momento del acuerdo.

La cuestión más problemática sin embargo es si eso supone que no es necesario el depósito en absoluto o si ha de hacerse también en este caso, aunque sea con posterioridad a la adopción del acuerdo.

A favor de esta última postura cabe argumentar con la literalidad de la norma, pues dice que no es necesario depositar «*previamente*», cuando podía haber dicho simplemente que no era necesario el depósito. La norma no establece cuándo ha de hacerse ese depósito, pero se podría entender, como lo hizo la resolución de la DGRN de 30 de junio de 1993, que se tiene que realizar al menos con un mes de antelación a la realización de la fusión, que es el momento de otorgamiento de la escritura. Además, cabría argumentar que la Directiva 2009/109 introduce como novedad la posibilidad de que los Estados permitan en el supuesto de acuerdo unánime la no exigencia de informe de administradores (acogida por el art. 42) y de balance (no acogida), pero en ningún caso permite prescindir del proyecto ni de su depósito (arts 5 y 6 3.ª Directiva). Y como ahora el art. 42 se aplica tanto a limitadas como a anónimas y el legislador no ha querido establecer diferencias en las simplificaciones, hay que exigir ese depósito en todo caso. Cabe destacar que en el Cc italiano (art. 2501 ter.4) se prevé que el acuerdo unánime permite renunciar al plazo de antelación, pero no al depósito.

Sin embargo, creemos que es más acertada la postura contraria. En cuanto a la literalidad del artículo, la mención al carácter previo del depósito puede responder a que así se refiere la ley al depósito con carácter general (la ley habla del «*depósito previo*»), sin que implique una específica voluntad del legislador de que sea preciso un depósito posterior. Dado que la finalidad fundamental del mismo es la información de los socios previa a la junta, si en este caso no hay convocatoria, parece que queda sin fundamento. Por otra parte, si el legislador hubiera querido el depósito posterior, tendría que haber fijado un plazo para el mismo, y no parece lógico acudir para suplirlo a una resolución de la DGRN dictada en un momento en que no había ninguna previsión legal que dispensara del depósito, ni tampoco estaba prevista la comunicación a los trabajadores que después veremos. Además, la resolución no dice que en todo caso fuera necesario el depósito sino que en ese caso concreto la exigencia estaba satisfecha cumplidamente porque así se había hecho.

También avala esta postura una interpretación sistemática de la norma. Por una parte, si se exigiera siempre el depósito, no tendría razón de ser la exigencia prevista en el art. 42.2 de respeto a la obligación de comunicar a los representantes de los trabajadores, que estarían ya informados por ese depósito. Pero, sobre todo, no tendría sentido el nuevo inciso introducido en el art. 44.2, que regula el derecho de oposición y dice: «*Si el proyecto de fusión no se hubiera insertado en la página web de la sociedad ni depositado en el Registro Mercantil competente, la fecha de nacimiento del crédito deberá haber sido anterior a la fecha de publicación del acuerdo de fusión o de la comunicación individual de ese acuerdo al acreedor*». Es decir, que la propia Ley que aprueba la nueva redacción del art. 42 está previendo que no se publique el proyecto y el único supuesto en que puede existir un acuerdo de fusión sin depósito es justamente si interpretamos que el acuerdo unánime del art. 42 permite prescindir del depósito o de la inserción.

Desde el punto de vista de los derechos en juego, si tenemos en cuenta el art. 42.2 y los derechos de los acreedores que se derivan del art. 43, no parece que alguien pueda quedar perjudicado.

Veamos, sin embargo, hasta qué punto esta solución de la LME es compatible con la 3.ª Directiva, que, como hemos visto, no exime del proyecto en caso de acuerdo unánime. Si la interpretamos literalmente, el art. 42 también incumpliría sus exigencias aun con un depósito posterior al acuerdo, pues el art. 6 de la Directiva exige el depósito con un mes de antelación al acuerdo, sin distinguir. ¿Significa eso que en caso de participar una sociedad anónima no se puede aplicar el art. 42 en este punto y hay que dar publicidad al proyecto con el mes de antelación al acuerdo? Estaríamos peor que antes de la adaptación, pues el art. 42 planteaba muchos problemas pero, una vez restringida su aplicación solo a sociedades no anónimas, no contradecía la Directiva. Entendemos, sin embargo, que la norma no es contraria a la 3.ª Directiva, pues el art. 25 de la misma, para el caso de que se prescinda del acuerdo de junta (el supuesto del art. 51 LME), establece que la obligación del art. 6 (publicidad del proyecto) se tiene que producir un mes antes de que la operación surta efectos. De esto se deduce que cuando no está en juego el derecho de información del socio que ha de decidir sobre la fusión, no es necesaria la publicidad previa al acuerdo. Así se deduce también del art. 51 de la LME, y así parece interpretarlo el Cc italiano que en su art. 2501 ter.4 prevé la posibilidad de renunciar a la antelación de la publicidad del proyecto. Esto supone por tanto que no es siempre necesaria la publicidad del proyecto previa al acuerdo.

Más complicada es la armonización en el caso de entender que no se exige depósito del proyecto, pues como hemos visto la Directiva sí parece exigir el acceso al proyecto con un mes de antelación a la eficacia de la fusión (el art. 25 exige la publicidad del proyecto conforme al art. 6., con un mes de antelación a que la fusión surta efectos). Pero entendemos que, salvaguardados los derechos de los trabajadores con arreglo al art. 42.2, los de los demás interesados quedan también a salvo a través de su derecho de consulta o remisión al que se tiene que hacer referencia en la publicación o comunicación del acuerdo de fusión (art. 43). Hay que tener en cuenta que este es el sistema que la Ley admite para el caso del art. 51, en el que es suficiente la publicidad no del propio proyecto sino de que está a disposición de los socios y acreedores.

La conclusión sería por tanto que el art. 42 no exime de la elaboración del proyecto pero sí de su depósito registral o inserción en la web corporativa, sin perjuicio del derecho de información de los trabajadores, y del derecho de información de los demás interesados, que se articulan no ya a través del depósito o inserción previo a la convocatoria sino por la publicidad de su puesta a disposición en el momento de publicación o comunicación del acuerdo (art. 43).

ii.- La necesidad de publicidad o puesta a disposición de los documentos del art. 39

En la redacción original del art. 42 LME se excluía expresamente la aplicación del art. 39 LME. La reforma por la Ley 1/2012 suprime esta exclusión expresa de la nueva redacción, lo que podría interpretarse en el sentido de que la voluntad del legislador es mantener la necesidad de la puesta a disposición. La razón de este cambio sería que el acuerdo unánime no debe afectar al derecho de información de personas distintas de los socios a los que se refiere ese art. 39 (*«socios, obligacionistas, titulares de derechos especiales y de los representantes de los trabajadores»)*. Esta postura quedaría reforzada hoy por la nueva redacción del art. 39: en su punto 3 establece la posibilidad de que los socios renuncien a la actualización de la información en el caso de acuerdo unánime, pero evidentemente se refiere solo a esa información concreta por su colocación dentro del inciso y no en un número distinto; además, la nueva redacción parece indicar que en caso de acuerdo unánime de lo único que se puede prescindir es de los informes, pues solo en ese caso añade la expresión «en su caso» (puntos 2 y 3 del art. 39).

Sin embargo, entendemos que esta no es la interpretación correcta. Si el art. 42 solo permitiera prescindir del depósito previo del proyecto, se hubiera referido solo al *depósito del proyecto* y no a la falta de «*publicar o depositar* los documentos *exigidos por la Ley*», como hace. Esta referencia a una pluralidad de documentos solo puede ser a los documentos del art. 39. Por otra parte, la falta de convocatoria en el caso de junta universal hace imposible la aplicación del sistema del art. 39, pues faltaría la publicidad de la inserción o puesta a disposición de los documentos. El que solo en los puntos 2 y 3 aparezca la expresión «*en su caso*» se debe a que son los únicos documentos que pueden no tener que elaborarse en absoluto, mientras que los otros son siempre necesarios para tomar el acuerdo de fusión, aunque no sea necesaria su publicidad y puesta a disposición previa al acuerdo.

No obstante, entendemos que esa falta de previa puesta a disposición tiene que compatibilizarse con el derecho de información de las personas distintas de los socios que reconoce el art. 39. Existe un derecho de información que ha de respetarse como se deduce del art. 43. Tras la toma del acuerdo, éste se publica y en el anuncio habrá de constar el derecho que asiste a los socios y a los acreedores a obtener el texto íntegro del acuerdo y del balance de fusión. Hay que tener en cuenta que el acuerdo contiene la mayoría de los documentos que cita el art. 39 (proyecto, estatutos o sus modificaciones, nuevos administradores). Entendemos que el art. 43 tiene que ser interpretado en relación con los arts. 42 y 39, y que en este caso los documentos del art. 39 tienen que estar o bien insertados en la web o bien a disposición de los obligacionistas, acreedores y titulares de derechos especiales, desde la publicación del acuerdo hasta la ejecución de la fusión. Obviamente, si no existen ni acreedores ni titulares de esos derechos no será necesario, y como se examina en relación con el derecho de oposición, no será necesario esperar tampoco al transcurso del mes para la ejecución de la fusión.

Como conclusión entendemos que:

- En general, en caso de acuerdo unánime conforme al 42 LME, no es necesario el depósito registral o la inserción en la web del proyecto, pero sí su elaboración con arreglo a las normas generales.
- Los derechos de información de los trabajadores han de ser respetados, y en cuanto a acreedores y titulares de derechos especiales, si existen, su derecho de información se articula a través de la inserción en la web o puesta a disposición desde la publicación del acuerdo; si no hay publicación (art. 43.2), la comunicación del acuerdo habrá de hacerse además a los obligacionistas, y titulares de derechos especiales.
- Se podrá prescindir de toda publicidad de los documentos en el caso de acuerdo unánime e inexistencia de trabajadores, acreedores y titulares de derechos especiales. La simple declaración por los administradores de que se da esta circunstancia será suficiente, sin perjuicio de la responsabilidad de aquéllos.

b) No necesidad de informe de los administradores

Aquí sí que recoge la Ley lo permitido por el art. 9.3 3.ª Directiva, que es prescindir del informe de administradores. No es necesaria ni su puesta a disposición (art. 39.3) ni su existencia, como se deriva claramente de la literalidad del artículo: «*sin informe de los administradores*».

c) Los derechos de información de los trabajadores

El art. 42.2 dice que «*Los derechos de información de los representantes de los trabajadores sobre la fusión, incluida la información sobre los efectos que pudiera tener sobre el empleo, no podrán ser restringidos por el hecho de que la fusión sea aprobada en junta universal*».

Aunque la norma anterior también preveía en este punto la información de los trabajadores, ha cambiado su redacción y quizá su alcance. Hay que recordar que la Disposición adicional 1.ª de la Ley dice que «*lo previsto en esta Ley se entiende sin perjuicio de los derechos de información y consulta de los trabajadores previstos en la Ley laboral*». El art. 44.6.a.8 de la Ley del Estatuto de los Trabajadores (ET) establece que al menos se debe informar sobre los motivos de la transmisión, las consecuencias jurídicas, económicas y sociales, para los trabajadores, de la transmisión, y las medidas previstas respecto de los trabajadores. Se puede plantear si el art. 42.2 se está remitiendo a esa regulación o está haciendo referencia a los derechos que establece la propia LME. Si lo interpretamos en este último sentido, parece que deben ponerse a la disposición de estos representantes los documentos del art. 39, con la excepción de los informes de expertos y administradores (como prevé el art. 42). Esto supondría además que habría que respetar el plazo de antelación de un mes antes del acuerdo o decisión de fusión, como indica el art. 39, y no el de la *«antelación suficiente»* a que hace referencia el Estatuto de los Trabajadores.

Destaquemos que las obligaciones subsisten aunque no existan representantes de los trabajadores, pues el art. 44.7 ET dice que, de no haber representantes legales de los trabajadores, se debe informar a todos los trabajadores que pudieren resultar afectados por la transmisión.

En cuanto a cómo se acredita la puesta a disposición de esta información en la escritura, creemos que basta con la manifestación de los administradores de haberse realizado, siendo posible, en su caso, manifestar la inexistencia de trabajadores en alguna o todas las sociedades.

- *La escritura de fusión:* en la misma, además de las referencias al acuerdo, deberá declararse formalmente la sujeción al art. 42, y la manifestación de haberse cumplido los requisitos de información de los trabajadores.

- *Aplicación del artículo 35:* Como se ha visto al tratar el supuesto de fusiones apalancadas, entendemos que por respeto a su espíritu y finalidad, en el caso de concurrir su específico supuesto, será siempre necesario que exista proyecto, informe de administradores e informe de expertos con el contenido especial que ese artículo establece –y solo con dicho contenido si las normas permiten prescindir del contenido general–.

- *Acumulación de simplificaciones con el artículo 49.1 LME:* en el caso – frecuente– en que exista acuerdo unánime y se dé el supuesto de este artículo, se han de acumular las simplificaciones. Por ello, el proyecto no se referirá al canje ni a la fecha de participación en las ganancias (art. 49.1.). Se plantea la duda, sin embargo, de si se aplica la no necesidad de aprobación de la fusión por la junta general de la sociedad absorbida, ya que el art. 49 dispensa de ella, pero el art. 42 parece exigirla. Como se verá, no tiene mucho sentido dispensar de este acuerdo cuando en realidad no es tal, sino una simple decisión del socio único que se toma a través de su administrador. Por esta razón y para que se aplique formalmente el art. 42, nos inclinamos por exigir que exista ese acuerdo.

C. LA FUSIÓN ABREVIADA Y SUPUESTOS ASIMILADOS

Una de las principales novedades de la LME es su extensa regulación de las fusiones que la Ley llama especiales, dedicando a las mismas la sección VIII del capítulo I del Título que se ocupa de la fusión, compuesta de cuatro artículos, cuya importancia y novedad se destacan en el Preámbulo. El antecedente de esta regulación se encontraba en el art. 250 LSA, que contemplaba solo la absorción de sociedad íntegramente participada. La doctrina trató de extender el régimen de la fusión llamada abreviada a otros supuestos y la Ley 19/2005, de 14 de noviembre, modificó el artículo citado ampliando notablemente su ámbito de aplicación. Se pasó de una norma demasiado estrecha a una demasiado amplia, pues dejaba sin resolver muchas cuestiones, como por ejemplo la situación de la sociedad intermedia en la fusión de sociedades participadas de manera indirecta.

La LME introduce una regulación completa de las fusiones de sociedades íntegramente participadas y sus supuestos asimilados, y además introduce otras simplificaciones posibles en los supuestos de participación de la absorbente en más de un 90 % del capital de la absorbida, introduciendo así simplificaciones que se permitían en los artículos 24 y siguientes de la 3.ª Directiva.

1. La absorción de sociedad íntegramente participada en forma directa

Es el supuesto típico de la fusión abreviada, contemplado en el art. 49.1 LME, que se aplica por ello como regulación básica de las demás fusiones de este tipo, por remisión del art. 52 LME. Desde el punto de vista económico, no se produce ninguna variación en el patrimonio de la absorbente: antes era titular de unas acciones o participaciones representativas del capital de una sociedad, y como consecuencia de la fusión, pasa a ser titular del propio patrimonio o empresa de dicha sociedad. Desde el punto de vista corporativo, no tiene sentido la integración de los socios de la sociedad absorbida en la sociedad absorbente, pues habrían de entregarse a la absorbente como socio de la absorbida acciones propias suyas, lo que prohíbe el art. 26 LME y las normas generales sobre autocartera originaria. Por ello, las acciones o participaciones de la sociedad absorbida simplemente se extinguen, sin que pueda existir aumento de capital en la sociedad absorbente. Es decir, no es que se pueda prescindir del aumento de capital de la sociedad absorbente, sino que ésta no puede en ningún caso aumentar su capital.

Para aplicar las simplificaciones que establece este art. 49 será necesario que los administradores manifiesten, tanto en el proyecto como en la escritura, que se da la circunstancia de la íntegra participación de la sociedad absorbida por la absorbente. No obstante, la resolución de la DGRN de 14 de enero de 2002 entendió que no es necesario que conste en el Registro Mercantil el carácter unipersonal de la absorbida como requisito para la aplicación del entonces art. 250 LSA, pues no se aplica a este supuesto el principio de tracto sucesivo registral.

Las simplificaciones procedimentales consisten en la no exigencia de los siguientes requisitos:

1.º *«La inclusión en el proyecto de fusión de las menciones 2 y 6 del artículo 31 y, salvo que se trate de fusión transfronteriza intracomunitaria, las menciones 9 y 10 de ese mismo artículo»*. Al no existir tipo de canje, se excluyen, lógicamente, las menciones relativas al mismo (2 y 6), y también las informaciones sobre valoraciones de empresa (9 y 10).

2.º *«Los informes de administradores y expertos sobre el proyecto de fusión. No obstante, el informe de los administradores será necesario cuando se trate de una fusión transfronteriza intracomunitaria»*. La falta de canje y aumento de capital deja sin contenido el informe de expertos. El informe de administradores tiene en realidad un contenido adicional que va más allá de la justificación del tipo de canje, pero, aun así, la Ley permite también prescindir de él.

3.º *«El aumento de capital de la sociedad absorbente»*. Más que una simplificación, es –como hemos visto– una exigencia legal, pues el aumento de capital sería contrario al art. 26 LME. Pero esta dispensa es aplicable también a otros supuestos de fusiones abreviadas en que sí sería posible el aumento de capital. Por ejemplo, en el caso de fusión entre sociedades hermanas que se ve más adelante, el aumento de capital es posible, pero este apartado del art. 49 lo hace simplemente opcional.

4.º *«La aprobación de la fusión por las juntas generales de la sociedad o sociedades absorbidas»*. Esto es una novedad que no viene expresamente prevista como una de las simplificaciones de este tipo de fusión en el art. 24 de la 3.ª Directiva. Sin embargo, parece que se puede amparar en el art. 25 de la Directiva, que regula supuestos de no necesidad de acuerdo de junta. No supone una gran simplificación, pues en este caso no hay necesidad de junta general de socios sino simplemente de decisión del socio único, que se toma a través del órgano de administración de éste, que es además el que tiene que firmar el proyecto.

Se puede plantear si, al no haber acuerdo de junta, es necesario un específico acuerdo de fusión por parte del órgano de administración de la sociedad absorbida, pues la voluntad de fusión tiene que existir en esa sociedad. Creemos que debe ser suficiente con la suscripción del proyecto (JUSTE, 2009, p. 778), sobre todo porque la voluntad de fusión de la absorbida la tendrá que manifestar su órgano de administración mediante su comparecencia y otorgamiento de la escritura de fusión. En este caso, respecto de la sociedad absorbida no se cumplirá estrictamente la letra del art. 45 LME, que habla de «elevar a público» el acuerdo, sino que se reiterará directamente en la escritura el consentimiento al proyecto común.

Por otra parte, además de no suponer ningún ahorro real de costes, pues propiamente no hay que celebrar junta general, esta falta de junta en la sociedad absorbida plantea varios problemas.

En particular, en relación con el derecho de oposición, el art. 49 no lo restringe en absoluto, por lo que, evidentemente, corresponde a los acreedores de ambas sociedades. Pero la falta de acuerdo plantea el problema de que no se puede hacer la publicación del art. 43 LME respecto de la sociedad absorbida, y faltaría el dies a quo para el cómputo del plazo de ejercicio de este derecho por los acreedores de dicha sociedad (art. 44 LME).

Al respecto, entendemos que si en la sociedad absorbente hay acuerdo –si no lo hay, nos encontramos en el supuesto del art. 51, que se ve más adelante–, la solución sería la siguiente:

- Si el acuerdo de la absorbente se publica de conformidad con el art. 43.1 (un diario y un BORME), es necesario que en las publicaciones el encabezamiento se haga con los nombres de todas las sociedades que se fusionan, y el diario deberá ser de gran circulación en todas las provincias donde cada una de las sociedades tenga su domicilio. En el anuncio se hará referencia al acuerdo de una sociedad y a la participación de la absorbida, y deberá hacerse referencia a que el derecho de oposición corresponde a los acreedores de todas las sociedades.

- Si el acuerdo se comunica individualmente por escrito con arreglo al art. 43.2 LME, se impone una interpretación que permita coordinar el art. 49.4 con el derecho de oposición, y por tanto se deberá comunicar esta decisión a los acreedores de la sociedad correspondiente, haya habido o no acuerdo de la junta general de la misma.

En conclusión, entendemos que esta supuesta simplificación es inútil y perturbadora, y que lo más sencillo en el supuesto normal será que se tome también el acuerdo por el socio único de la sociedad absorbida y se hagan las comunicaciones y publicaciones en la forma normal. En el único supuesto en que puede tener interés la simplificación es cuando coincida con la aplicación del art. 51 LME, de manera que no exista acuerdo en ninguna de las dos sociedades, supuesto que estudiaremos más adelante.

Fuera de estas simplificaciones, serán aplicables todos los demás requisitos y fases del procedimiento. En particular, la resolución de la DGRN de 22 de marzo de 2002 señala que será necesaria la existencia del balance, en su caso auditado, de la sociedad absorbente.

2. La absorción de sociedad íntegramente participada de forma indirecta

El art. 49.2 LME regula el supuesto de absorción de sociedad participada de manera indirecta, que ya se había introducido en la reforma del art. 250 LSA del año 2005.

Caso 1 tipo de fusión indirecta.

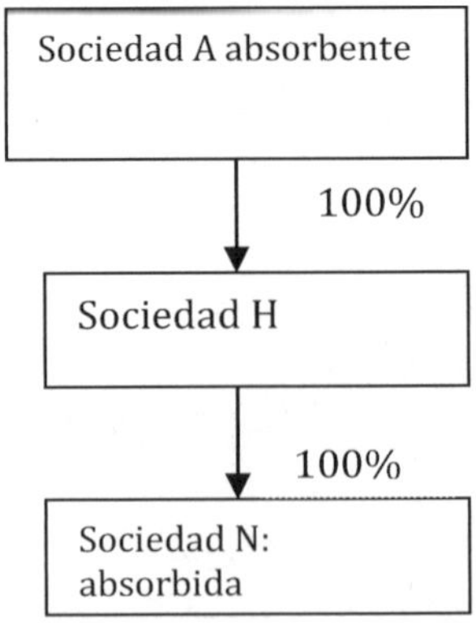

La particularidad de este caso es que el patrimonio de la sociedad N (nieta) se integra en A (abuela), perdiendo H (hija) esa parte de su patrimonio. La reforma del art. 250 LSA obviaba este problema, que hoy sí contempla el art. 49.2 de la LME, pero de una forma tan proteccionista y confusa, que hace casi imposible en la práctica la operación.

Lo primero que hay que señalar es que no estaremos ante este supuesto cuando se produzca la absorción en el mismo acto de la intermedia y de la participada por ésta (A absorbe a H y N simultáneamente), casos en no se aplica el art. 49.2, pues han de considerarse de fusión directa:

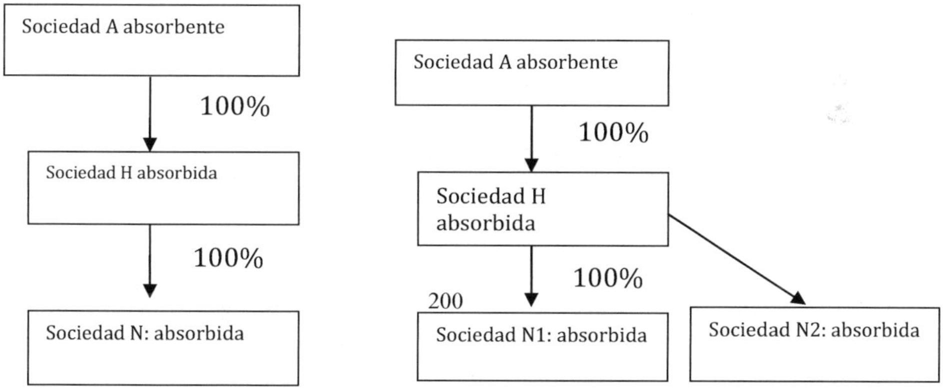

En estos casos, y en todos aquellos en que la absorbente integre todas las de una misma «línea» (por ejemplo a H y a otras hermanas de N), en realidad, la absorción es de sociedades íntegramente participadas, pues los problemas solo se plantean cuando subsiste una intermedia.

Los requisitos adicionales que se establecen para el supuesto de absorción de sociedad íntegramente participada de manera indirecta son los siguientes:

- *«será siempre necesario el informe de expertos a que se refiere el art. 34»*. No está claro qué quiere decir esta norma. Se podría pensar que lo que está exceptuando es la excepción del art. 49.1.1º y que, por tanto, este informe es necesario siempre que lo sea de acuerdo con el art. 34 al que se remite, es decir, solo si participa una anónima y no hay acuerdo unánime. Pero, si esta fuera la intención de la Ley, bastaría con que hubiera dicho que era necesario el informe, sin añadir la palabra «siempre», por lo que la posición más segura es exigirlo para toda absorción de sociedad íntegramente participada de manera indirecta (en el mismo sentido, JUSTE, 2009, p. 794). Pero si se admite esta postura lo que no está claro es cuál puede ser su contenido ya que en estos casos lo normal es no exista aumento de capital ni tipo de canje. Se puede entender que solo es exigible cuando existe aumento de capital, pero lo cierto es que esa interpretación lógica no se corresponde bien con la redacción del precepto, que opone el «siempre» del informe al «en su caso» del aumento de capital. Si la voluntad de la Ley es que se mantenga incólume el patrimonio de la sociedad intermedia, el informe habrá de versar sobre si la compensación a que luego nos referiremos es por un valor razonable. Es cierto que esto no se ajusta estrictamente al contenido que para el informe de experto establece el art. 34, pero se asemeja en que también el contenido fundamental del informe del art. 34 es la valoración razonable de la empresa.

El problema de esta interpretación es que no se sabe para qué va a servir el informe: no tiene una finalidad informativa para los socios, pues la sociedad absorbente no ve afectada su situación patrimonial, y la absorbida y la intermedia tienen un socio único. En cuanto a los acreedores de la intermedia, no tiene mucho sentido esta información, pues, al no tener éstos un derecho de oposición, no les ayuda a tomar ninguna decisión.

- *«En su caso será necesario el aumento de capital en la sociedad absorbente»*. Esta exigencia es aún más sorprendente, pues en el supuesto típico visto (caso 1) el aumento de capital sería contrario a la Ley: contrario al principio de realidad del capital social del art. 59 LSC, pues la sociedad A absorbente no aumenta su patrimonio; y contrario también al art. 134 LSC, pues no pueden entregarse acciones de la absorbente a la intermedia, porque se trataría de una adquisición originaria de acciones o participaciones de la matriz prohibida por dicho precepto. Las Enmiendas números 16 (Grupo Mixto), 50 (Grupo Popular) y 77 (CiU) exigían la supresión de la referencia al aumento de capital, porque no se produce en estos supuestos.

El único caso en que tendría sentido el aumento de capital es si nos encontramos en una aplicación de este artículo por la remisión del art. 52.1 LME, es decir, en el caso de absorción entre sociedades de un mismo grupo, como en el que una «nieta» absorba a una «prima». El ejemplo es el siguiente:

Caso 2.

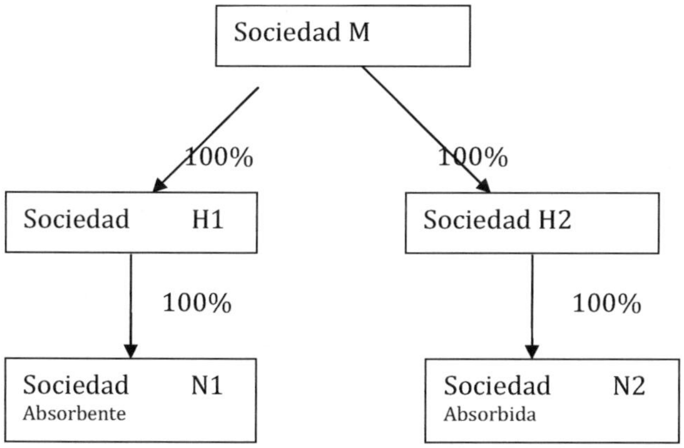

En el caso de que N1 absorba a N2, parece que, aunque nada cambia en la situación patrimonial de la matriz M, se podría ampliar capital en N1 y entregar las acciones emitidas a la sociedad H2 para que dicha sociedad no quede despatrimonializada.

- *«Cuando la fusión provoque una disminución del patrimonio neto de sociedades que no intervienen en la fusión por la participación que tienen en la sociedad absorbida, la sociedad absorbente deberá compensar a estas últimas sociedades por el valor razonable de esa participación».* Salvo en los casos en que es posible el aumento de capital, siempre se producirá una disminución en el patrimonio de la sociedad intermedia. La Ley trata de evitar el perjuicio a los acreedores de dicha sociedad intermedia, pero la compensación por el valor real parece un remedio excesivo, pues supone una protección mayor que la existente en los casos de reducción de capital o de fusión de la propia sociedad, y se exige incluso aunque la sociedad intermedia no tuviera acreedores, pues la Ley no hace distinción alguna. Además, no parece demasiado útil esta medida, porque a continuación se puede repartir dicha compensación como dividendo a la matriz, pues la única garantía de retención patrimonial frente a terceros sigue siendo la cifra de capital por cuanto no se establece la indisponibilidad de la compensación recibida por la sociedad intermedia.

Finalmente, no queda claro cómo se articula jurídicamente semejante compensación. Podrían entregarse acciones en cartera de la absorbente o cualquier otro activo, pero el problema es que no está claro el título de dicho desplazamiento patrimonial, pues la sociedad intermedia no participa en la fusión. Parece que habrá de considerarse como una especie de permuta, con el consiguiente problema fiscal de si a esta compensación se le pueden aplicar las reglas de la neutralidad fiscal. Nos encontraríamos ante el extraño supuesto de que la transmisión de las participaciones a la matriz sí estaría exenta, pero no la transmisión de la compensación a la sociedad intermedia.

Como vemos, la excesiva e injustificada protección de los acreedores de la sociedad intermedia y los defectos técnicos de la norma harán casi imposible su aplicación. En la mayoría de los casos, será más fácil que la sociedad A adquiera de H las participaciones de N a través de una disminución de capital de H con restitución de aportaciones o por cualquier otro título, y después realice la fusión por la vía del art. 49.1 Pero el problema es que el régimen de neutralidad fiscal no se aplica a esa reducción de capital o a esa compra previa de acciones o participaciones, dando lugar a una tributación por plusvalías en H.

En el caso 2 y en todos aquellos equivalentes en que el aumento de capital sea posible por no ser la matriz la absorbente, entendemos que el informe habrá de exigirse siguiendo las normas del art. 34, pero como un requisito obligatorio en cualquier caso, es decir, cualquiera que sea el tipo de sociedad y aún en el caso de acuerdo unánime. El informe debe valorar efectivamente el tipo de canje, pues es lo que garantiza que se ha atribuido a la sociedad intermedia el valor razonable de su participación, pero, si la resultante no es una SA o SComA, no será necesaria la comprobación de la suficiencia del capital.

Dadas las dificultades planteadas, de lege ferenda entendemos que lo más conveniente es conceder a los acreedores de la sociedad intermedia un derecho de oposición. Esto permitiría salvaguardar los intereses en juego, sin complicar las fusiones en los que estos intereses no existan o no se encuentren amenazados por la operación.

3. Supuestos asimilados a la absorción de sociedades íntegramente participadas

El art. 52 LME establece: *«Lo dispuesto para la absorción de sociedades íntegramente participadas será de aplicación, en la medida que proceda, a la fusión, en cualquiera de sus clases, de sociedades íntegra-*

mente participadas de forma directa o indirecta por el mismo socio, así como a la fusión por absorción cuando la sociedad absorbida fuera titular de forma directa o indirecta de todas las acciones o participaciones de la sociedad absorbente».

Por tanto, el régimen se extiende a la fusión de sociedades hermanas (íntegramente participadas por el mismo socio, es el caso de H1 y H2 en el caso 2 anterior) o a la fusión inversa (absorción de la matriz por la sociedad íntegramente participada).

Hay que destacar que la aplicación de las simplificaciones no es automática sino solo «en la medida que proceda», por lo que es posible que no quepa hacer las mismas simplificaciones, y desde luego no son obligatorias.

Veamos los distintos supuestos:

a) Sociedades hermanas:

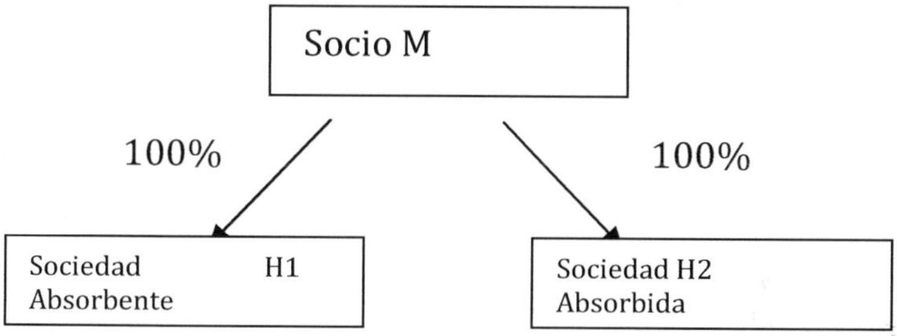

Aunque la norma hable solo de sociedad, entendemos que se puede aplicar lo mismo en el caso de que el socio único de ambas sociedades sea una persona física, pues existe absoluta identidad de razón en ambos supuestos.

En este caso, la absorbente tiene la opción de aumentar el capital o reflejar simplmente como reserva el aumento de patrimonio.

Aun si hay aumento de capital, se aplican los números 1.º y 2.º del art. 49, pues no tiene sentido que se establezca ni justifique el tipo de canje, pues no hay posibilidad de perjuicio para el socio único. Pero, si existe aumento de capital y la absorbente es SA o SComA, será necesario el informe de expertos en cuanto a la valoración del patrimonio, por las razones que se expusieron al tratar del informe y de su doble función.

Se puede plantear si la norma se aplica también cuando las sociedades no son unipersonales pero sus socios son los mismos en las dos sociedades, es decir, en la situación siguiente:

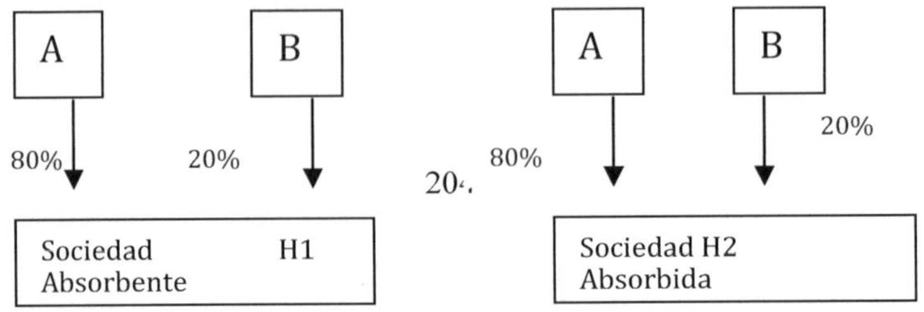

Entendemos que, siempre que sean los mismos socios y en la misma proporción y no existan derechos especiales de alguno de ellos en alguna de las sociedades, se deben aplicar las mismas reglas (en el mismo sentido, FERNÁNDEZ DEL POZO L., 1994, y JUSTE, J., 2009). Lo mismo se aplicará, por ejemplo, en casos más complejos en los que existan participaciones recíprocas entre sociedades que están todas ellas participadas por un único socio o por varios en la misma proporción (participaciones «incestuosas» entre las sociedades hermanas, por ejemplo).

b) Fusión inversa:

En este caso, B tiene la totalidad de las acciones de A, pero es A la que absorbe a B.

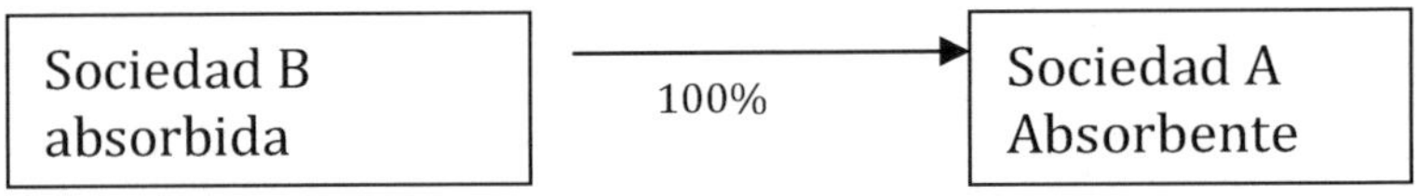

A adquiere a través de la fusión sus propias acciones que entrega en canje a los socios de B, como socios de la sociedad absorbida y en la misma proporción en que participaban en su capital. Por tanto, los socios de B pasan a ser socios directamente de A, pero no existe ni aumento de capital, ni cambio patrimonial en los socios. Por todo ello, entendemos que se pueden aplicar los puntos 1 a 3 del 49. Es posible que se produzca un aumento de capital en B (siempre que el único activo de A no fueran las participaciones de B). En este caso y si la absorbente es anónima, se requerirá informe de experto en relación con la realidad y valoración de la aportación.

No es posible, sin embargo, aplicar literalmente en este caso el art. 49.4 y prescindir del acuerdo de la junta general de socios de la sociedad absorbida. Si se admitiera, este tipo de fusión podría llevarse a cabo sin la intervención de los socios de B, es decir por la simple decisión del órgano de administración de B, que sería también el que tomaría el acuerdo –como representantes del socio único– en A. Esto es absurdo porque, cuando la Ley ha permitido prescindir de un acuerdo de junta para una fusión ha establecido unas especiales garantías, que son las del art. 51. Estas garantías y la posibilidad de exigir la celebración de junta por los socios minoritarios vienen además impuestas por la 3.ª Directiva, y en este caso no se respetarían. Además, no cabe argumentar que esto es inocuo para la sociedad porque patrimonialmente el valor económico sea el mismo. Baste imaginar que la sociedad absorbente esté en una situación de insolvencia: la responsabilidad de la sociedad matriz es totalmente distinta cuando se produce la fusión de patrimonios. No tendría sentido además que para la absorción de una filial por su matriz que contempla el art. 53 LME sea necesario el acuerdo de socios en la matriz y para la absorción de la matriz por su filial no fuera necesario dicho acuerdo. Por tanto, y dado que el art. 52 sí ha tenido la precaución de establecer que el art. 49 se aplicará «en la medida que proceda», a nuestro juicio está muy claro que en este caso no procede la aplicación del art. 49.1.4., y que siempre será necesario el acuerdo de la junta de socios en la sociedad que es absorbida por su filial

c) Participación indirecta:

El art. 52 admite la aplicación del art. 49 también para los supuestos de participaciones indirectas. Los supuestos aquí son infinitos: por utilizar terminología más familiar, se puede hablar de absorción por la nieta (o ulteriores descendientes) de su abuela o ascendientes; de la sobrina por su tía o por una prima, etc. En todos estos casos, tendrán que cumplirse los requisitos del art. 49.2, además de aplicarse las precisiones a las que hemos hecho referencia en el punto anterior.

Pero en relación con estas fusiones se puede plantear hasta qué punto es aplicable el art. 49 a aquellas en las que no se pretende hacer uso de las simplificaciones del art. 49. Por ejemplo, en el caso siguiente:

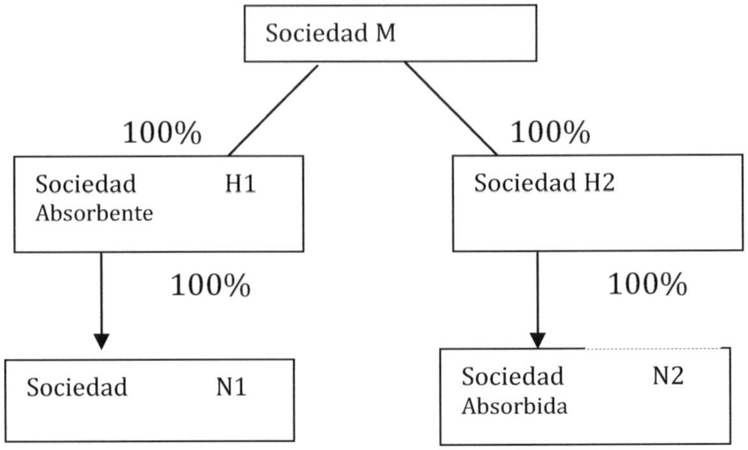

En este caso, se puede querer que se realice la fusión con los requisitos ordinarios, es decir con aumento de capital en H1, que será suscrito por la accionista de N2 –su matriz H2– tomándose acuerdos de junta tanto en H1 como en N2. Si aplicamos literalmente el art 52.2, se puede entender que son aplicables todos los requisitos del mismo (idénticos a los del art. 49.2), y que por tanto sería necesario el informe de expertos en cualquier caso, aunque hubiera acuerdo unánime en las sociedades participantes y la absorbente fuera una SL. Podría pensarse además que esto protege mejor a los acreedores de H2, que pueden verse perjudicados por la fusión. A nuestro juicio esto no es así porque lo que regula el art. 49.2 –y el art. 52.2– es el caso de aplicación de las simplificaciones.

Así resulta claramente del art. 49.2 que dice que *«además de tener en cuenta lo dispuesto en el apartado anterior»* (el apartado 1, donde se regula el supuesto normal de absorción de íntegramente participada y sus simplificaciones), se aplicarán los requisitos adicionales que hemos estudiado. El art. 52.2 pretende, evidentemente, lo mismo, es decir, que se permita prescindir de determinados requisitos de la fusión como el aumento de capital o los informes, pero añadiendo unos requisitos especiales necesarios en el caso de fusiones indirectas. Como hemos dicho, lo que pretenden los arts. 49.2 y 52.2 es proteger a los acreedores de sociedades que, como consecuencia de la fusión, ven como desaparece su patrimonio sin participar en ella. En el caso planteado, los acreedores de las dos participantes tienen el derecho de oposición, y la sociedad H2 (matriz de la absorbida), recibe las acciones de la absorbente, por lo que no queda descapitalizada. Como en cualquier fusión ordinaria, el régimen de la misma persigue proteger a los acreedores de las participantes pero nunca a los acreedores de los socios de las participantes, por lo que no tiene ningún sentido exigir en ese caso requisitos adicionales. Todo ello sin perjuicio de que los acreedores de H2, en el caso de concurso de la misma, pudieran pretender la rescisión de la fusión al amparo del art 71 de la ley Concursal, como se estudia en la parte dedicada a la impugnación y rescisión de la fusión.

En este tipo de fusiones del art. 52 hay que plantearse en qué medida se pueden aplicar los arts. 50 y 51. Parece que la cuestión solo tiene interés en relación con el art. 51, pues la simplificación que permite el art. 50, viene dada ya por el art. 49 en el caso de sociedad íntegramente participada, que es el supuesto del art. 52. Sin embargo, sí es posible que tenga interés la aplicación del art. 51 en una fusión inversa indirecta, pues en este caso no es admisible que no exista acuerdo de junta en la absorbida, a pesar del tenor literal del art. 49.4, siempre que en ese caso la absorción fuera de sociedad íntegramente participada. Entendemos que sí es aplicable, porque el art. 52 no se remite al art. 49, sino a las normas aplicables a las sociedades íntegramente participadas, y además su colocación sistemática así lo indica. Si no hubiera contemplado la aplicación del art. 51, se debía haber colocado directamente después del art. 49, o más bien como un párrafo tercero del mismo, como supuesto especial después del de la participación indirecta.

4. La fusión cuasi-simplificada del artículo 50

El precepto incorpora una simplificación del procedimiento que admitía la 3.ª Directiva en su Capítulo IV (artículos 24 y siguientes), y que consiste en prescindir de los informes a cambio de conceder una especie de derecho de separación a los socios minoritarios.

a) Supuesto de aplicación.

El art. 50.1 LME, se puede aplicar *«Cuando la sociedad absorbente fuera titular directa del noventa por ciento o más, pero no de la totalidad del capital de la sociedad o de las sociedades anónimas o de responsabi-*

lidad limitada que vayan a ser objeto de absorción,...». El título del art. 50 que hace referencia a la absorción de sociedad participada al 90% es poco acertado. En realidad, como deja claro su texto, este artículo se aplica cuando la absorbente es titular de un noventa por ciento o más, pero sin llegar al 100%, pues en ese caso la simplificación aquí ofrecida con los requisitos que ahora vamos a examinar sería automática con arreglo al art. 49.1.2.

Por otra parte, entendemos que esta norma sólo se aplica cuando las absorbidas son sociedades de capital, porque solo en ese caso es posible la valoración de acciones o participaciones que se prevé.

b) Consecuencia jurídica de la norma: alcance de la simplificación procedimental y garantías adicionales.

El art. 50.1 continúa diciendo que en este caso «*no serán necesarios los informes de administradores y de expertos sobre el proyecto de fusión*», si bien el informe de administradores se exigirá en el supuesto de fusión transfronteriza (art. 50.1 in fine). No obstante, hay que tener en cuenta lo que se estudió en relación con el informe del experto y su doble función. En el caso de que la sociedad absorbente aumente su capital y sea una anónima, será siempre necesario el informe sobre la suficiencia del patrimonio. La Ley 1/2012 corrigió la redacción del art. 34.4, que hacía referencia a la necesidad del informe en los casos de fusiones simplificadas, lo que había sido criticado porque en estos casos no se producía aumento de capital. Pero en cualquier caso, como se estudió en relación con este artículo, lo importante es la regla general de la doble finalidad del informe consagrada hoy en el art. 34.3. Siempre que exista constitución o aumento de capital de una SA será necesario al menos el informe en cuanto a la suficiencia del patrimonio aportado respecto del capital.

A diferencia del supuesto del art. 49, sí son necesarias las menciones obligatorias del proyecto de las que dispensa el art. 49.1, lo que es lógico, pues hasta el final de la tramitación del procedimiento no se sabrá si va a ser necesario el canje o no.

En cuanto al aumento de capital, no se excluye, pero, si examinamos el precepto, vemos que dependerá de cómo se desarrolle el procedimiento. Si los accionistas minoritarios venden sus acciones por su valor razonable, no hará falta. Tampoco será necesario si la sociedad tiene en cartera acciones o participaciones suficientes para entregarlas a los que no venden. En este caso, existirá canje, pero no aumento de capital. En el art. 50.3 se prevé que se puede autorizar en el proyecto a los administradores para hacer el aumento en la medida precisa, lo que es conveniente para evitar tener que celebrar otra junta, salvo que la sociedad tuviera en cartera más acciones, participaciones o cuotas que las correspondientes el porcentaje de socios minoritarios.

La garantía adicional que el art. 50 establece como contrapeso a las simplificaciones (con arreglo al art. 28 de la 3.ª Directiva) es un derecho de separación para los socios minoritarios obteniendo éstos el valor de sus acciones.

Por tanto, el socio minoritario podrá o bien participar en la fusión –sin la información que en el procedimiento normal proporcionan los informes–, o bien vender sus acciones o participaciones, pues la sociedad tiene que ofrecer (art. 50.1) «*la adquisición de sus acciones o participaciones sociales, estimadas en su valor razonable, dentro de un plazo determinado que no podrá ser superior a un mes a contar desde la fecha de la inscripción de la absorción en el Registro Mercantil*».

La decisión de vender las acciones o participaciones corresponde a cada uno de los socios minoritarios, no es algo que les pueda imponer la sociedad ni el socio mayoritario. Pero la norma plantea varias dudas:

- ¿Cuáles son las acciones o participaciones que se adquieren? La norma habla de que se adquieran a los socios sus acciones o participaciones, pero no queda claro si son las de la participada o las que les corresponden en la absorbente tras la fusión. En una primera lectura, podría parece que se trata de las acciones de la resultante, pues se señala que la adquisición debe realizarse en un plazo no superior a un mes desde la inscripción de la absorción en el Registro Mercantil. Si la adquisición es, por tanto, posterior a la inscripción de la fusión, las acciones, participaciones o cuotas de la sociedad originaria ya no existen, por lo que serán las de la sociedad absorbente que les hayan correspondido.

Sin embargo, esto no tiene ningún sentido si examinamos el artículo en su conjunto. En primer lugar, el art. 51.3 dice que solo deben ser canjeadas aquellas que no fueran adquiridas, y que el aumento de capital solo debe hacerse en la medida estrictamente necesaria para el canje.

Es decir, que el aumento de capital que se realiza como consecuencia de la fusión solo debe producirse respecto de las acciones que no se adquieren. Por tanto, antes de concluirse la fusión, debe saberse cuáles son las acciones o participaciones que se adquieren. Adicionalmente, cabe argumentar que la fecha que se fija como dies a quo para la adquisición es la de la inscripción de la fusión. Cuando la Ley fija una fecha inicial para el ejercicio de un derecho, siempre lo hace señalando la de una publicación, nunca la de la inscripción en sí misma. Sobre todo, no tiene sentido que ese plazo sea el que tiene el socio para ejercitar su derecho de vender pues se dice que será un plazo «máximo»de un mes. Si su determinación corresponde a los administradores y no existe mínimo se podría fijar en un día desde una inscripción que no se publica y hacer ilusorio el derecho que pretende asegurar este artículo. Si se fija un plazo máximo, es porque tiene que ser una garantía para el socio y por tanto no puede ser el plazo de ejercicio del derecho.

Pero si ese plazo no es el del ejercicio del derecho de opción se plantea el problema de que no sabemos para qué es ese plazo de un mes, y tampoco en qué plazo ha de ejercerse esa opción. Para resolver ambas cuestiones es fundamental tener en cuenta que nos encontramos con una opción del socio equivalente a la concesión al mismo de un derecho de separación. El problema es que la LME, en vez de configurarlo como tal y remitirse a su regulación en la LSC –como hace por ejemplo en el art. 15 LME–, sigue la literalidad del art. 28 de la Directiva y habla de la oferta de compra, dejando a medias la construcción de este sistema. Pero la idéntica finalidad del derecho nos debe permitir completar la defectuosa regulación.

- ¿Para qué es el plazo de un mes? Lo que está haciendo la Ley es fijar una fecha más allá de la cual no se puede dilatar el pago del precio de la adquisición, a semejanza de lo que prevé el art. 356 LSC para el caso ordinario del derecho de separación (en ese caso, dos meses). La aceptación de la oferta es equivalente al ejercicio del derecho, y por tanto el negocio de adquisición se perfecciona cuando el socio comunica su aceptación. Lo que pretende el artículo fijando ese plazo es completar la protección que impone la Directiva, que hace referencia al derecho a obtener el valor de las participaciones, pero que no fija ningún procedimiento. La Ley se preocupa de que no se pueda aplazar el pago más allá de un plazo breve, igual que hace la LSC en el caso del derecho de separación, pero que permita a la sociedad obtener los fondos una vez que quede claramente determinado su importe, lo que solo sucede una vez cerrado el proceso de fusión. Por eso, el pago del precio se deja para después de la inscripción.

- ¿Cómo y en qué plazo se ejerce la opción por el socio?

No parece necesario comunicar individualmente a los socios la oferta de compra, porque hay un proceso de publicidad del proyecto y del acuerdo que lo aprueba. Del art. 50.1 resulta que en el proyecto debe constar la oferta de adquisición y según art. 50.2 también «*el valor establecido para la adquisición de las acciones o participaciones sociales*». Por tanto, como sucede en los supuestos en que existe un derecho de separación, el socio podrá optar a la venta desde la publicación –o comunicación– del acuerdo que da lugar a este derecho (arts. 348 LSC y 15 LME).

El problema fundamental es que la Ley no determina el plazo de los socios para manifestar la voluntad de vender a partir de ese momento. Entendemos que será de un mes desde la publicación del acuerdo, por analogía con el derecho de separación (art. 348 LSC). Este es, además, el plazo que tienen los acreedores para ejercer su derecho de oposición. Teniendo en cuenta que en el momento de la formalización (la escritura) el proceso debe estar completado, deberá haberse ya determinado en ese momento quiénes han ejercitado su opción de venta y quiénes no.

En cuanto a la comunicación por los socios del ejercicio de su opción de venta, la Ley habla en el punto 1 de los que «manifiesten su voluntad» y después, como dies a quo para ejercitar acciones judiciales en caso de disconformidad con la valoración, la fecha en que notificaron su voluntad de enajenar. No parece que se exija formalidad alguna especial para esta notificación, pero, como el plazo para ejercer acciones judiciales se cuenta desde ese momento, será conveniente hacerlo de forma que el socio pueda acreditar la fecha de la misma.

Se podría plantear si el socio puede optar por una venta parcial de sus acciones o participaciones. Lo que pretende la Ley a nuestro juicio es ofrecer una especie de derecho de separación y de ayudar a simplificar la operación al mismo tiempo, por lo que parece que han de ofertarse todas las acciones o participaciones de que sea titular el socio.

- El aumento de capital: una vez que se sabe qué socios han ejercitado el derecho de vender, se pasa a la siguiente fase, que regula el art. 50.3: «*Las acciones o participaciones de los socios de la sociedad absorbida que no fueran adquiridas deberán ser canjeadas por acciones o participaciones propias que la absorbente tuviera en cartera. En otro caso, y siempre que no tenga que celebrarse la junta a solicitud de la minoría, los administradores están autorizados, si así lo prevé el proyecto de fusión, a elevar el capital en la medida estrictamente necesaria para el canje*».

La cuantía del aumento debe ser, según dice el artículo, en la medida estrictamente necesaria para el canje. Parece que el artículo prevé esto para el caso de que sea el órgano de administración el que lo decida, pero lo mismo se hará en los demás casos, pues el aumento en una cuantía superior sería contrario a la prohibición de canje de acciones propias del art. 26 de la Ley.

La impugnación de la valoración: es, en su caso, la última fase del procedimiento. El art. 28 de la 3.ª Directiva exige para la simplificación en este supuesto que se dé a los socios la posibilidad de acudir a los tribunales en el caso de que los socios que quieran vender no estén de acuerdo con la valoración. Así lo establece nuestra Ley en el art. 50.2 que da la opción entre «*solicitar del Registro Mercantil correspondiente al domicilio de la sociedad absorbente la designación de un auditor de cuentas, distinto del de la sociedad, para que determine el valor razonable de sus acciones o participaciones, o bien ejercitar las acciones judiciales correspondientes para exigir que esta las adquiera por el valor razonable que se fije en el procedimiento*».

La redacción se ha modificado por el Real Decreto-ley 9/2012 para introducir la opción de solicitar la valoración al auditor, pues antes el socio solo podía ejercitar las acciones judiciales. Se trata por tanto de dar una opción para evitar el recurso a los tribunales, sin negar al socio ese recurso que en todo caso ha de ser respetado de acuerdo con la directiva.

Por otra parte, la redacción sigue siendo desafortunada, porque las acciones judiciales que se reconocen no son para que la sociedad adquiera sus acciones o participaciones, pues ya están adquiridas, sino para que se complete en su caso el precio ofrecido por esa adquisición, que ya estará pagado en parte dentro del mes siguiente a la inscripción de la fusión.

En consecuencia, el esquema de toda la operación en este caso sería el siguiente:

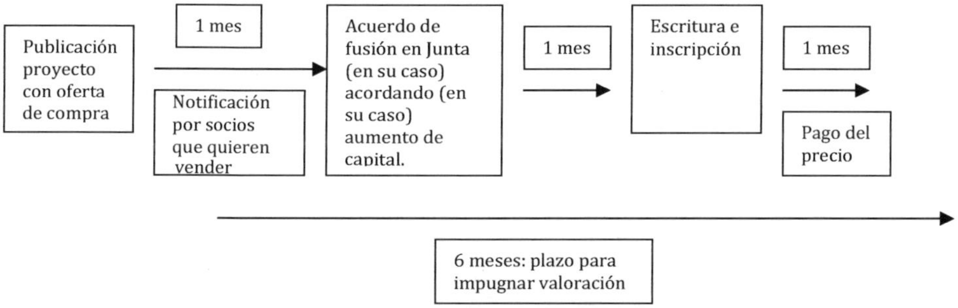

5. La excepción a la necesidad de junta general en la sociedad absorbente: el artículo 51

El art. 51 LME acoge otra de las posibles simplificaciones del procedimiento de fusión que admitía la 3.ª Directiva en su art. 27. La idea es que el proceso general de fusión y en particular la necesidad de contar con un acuerdo de la junta general de socios de la sociedad absorbente puede ser algo excesivo en aquellos casos en que la fusión tiene solo el significado económico de una operación inversa a la creación de una filial.

a) El supuesto de aplicación

El supuesto que contempla la norma es el siguiente: «*Cuando la sociedad absorbente fuera titular directa del noventa por ciento o más del capital social de la sociedad o de las sociedades anónimas o de responsabilidad limitada que vayan a ser objeto de absorción,...*».

Entendemos que también es aplicable al acuerdo de junta de la sociedad absorbida en el caso de fusión inversa (en este caso, siempre que la participación sea del 100% porque el art. 52 exige esa participación íntegra). Como se estudió antes, la colocación sistemática del art. 52 solo se explica precisamente por la aplicación a estos supuestos del art. 51.

b) Consecuencia jurídica de la norma: el alcance de la simplificación procedimental y las garantías específicas de este supuesto.

La simplificación procedimental que se permite en este caso respecto del procedimiento general de una fusión consiste simplemente en que no es necesaria la aprobación de la fusión por acuerdo de la junta general de socios de la sociedad absorbente. No obstante, aún siguiéndose este procedimiento especial que diseña esta norma, es posible que la minoría imponga la celebración de la junta.

Examinemos las garantías específicas que la Ley reconoce a los socios en el caso de hacerse uso de esta posibilidad y las alteraciones que conlleva la misma respecto del procedimiento general.

i.- La publicación del proyecto:

Al no haber acuerdo de la junta, la idea es que la publicación del proyecto sustituye a la del acuerdo.

Forma: ha de publicarse un anuncio «*en la página web de la sociedad o, caso de no existir, en el Boletín Oficial del Registro Mercantil o en uno de los diarios de gran circulación en la provincia en las que cada una de las sociedades tenga su domicilio*». La referencia a la web de la sociedad se ha introducido por el Real Decreto-ley 9/2012. Cabe destacar que, a diferencia del procedimiento normal de fusión (art. 43), en este caso la publicación en uno u otro medio es alternativa y no cumulativa, y no cabe sustituirlo por una comunicación individual. La Ley establece también que la publicación debe ser por «cada sociedad participante», por lo que deberá publicarse independientemente de su tipo social y también por la absorbente. No obstante, al tratarse de un proyecto por naturaleza común, es evidente que una sola publicación con referencia a todas las sociedades es suficiente.

Cabría plantearse si, en el caso de una sociedad limitada que prevea la comunicación individual por escrito de las convocatorias de juntas –que es el caso general–, este procedimiento no deja desprotegidos a unos socios que no esperan que un acto corporativo sea publicado en un diario en vez de serle comunicado individualmente. Se podría pensar que la buena fe impone en este caso a los administradores además la comunicación escrita (JUSTE, J., 2009, p. 797).

Plazo: será «*un mes de antelación como mínimo a la fecha prevista para la celebración de la junta o juntas de las sociedades absorbidas que deban pronunciarse sobre el proyecto de fusión, o, en caso de sociedad íntegramente participada, a la fecha prevista para la formalización de la absorción*». Es decir, que tiene que ser anterior en un mes a las juntas o, para el caso de falta de estas por ser la absorbida una sociedad íntegramente participada (art. 49), a la escritura de fusión.

Contenido del anuncio: la Ley habla de la publicación del proyecto y de publicar las menciones mínimas del mismo, como hace el art 40 LME, pero esto no se puede interpretar en el sentido de exigir una publicación del proyecto entero. Si el anuncio, como veremos, tiene que decir que se puede consultar el proyecto y obtener su envío gratuito, es evidente que es porque en ese mismo anuncio no se incluye entero. Además, el art. 51 no dice que el anuncio deba incluir el proyecto, sino que se «publique» el proyecto. Lo que sin duda quiere decir es que se publique la existencia de ese proyecto, y la posibilidad de consultarlo. La simplificación afecta al derecho de información al exigir «*que se haga constar el derecho que corresponde a los socios de la sociedad absorbente y a los acreedores de las sociedades que participan en la fusión a examinar en el domicilio social los documentos indicados en los números 1. y 4., y, en su caso, 2., 3. y 5., del apartado 1 del artículo 39, así como a obtener, cuando no se haya publicado en la página web, en los términos previstos en el artículo 32, la entrega o el envío gratuitos del texto íntegro de los mismos*». Los documentos de los números 2, 3 y 5 parece que no serán necesarios en los casos de sociedad íntegramente participada, lo cual parece extraño en relación con el número 5, el balance, pues este no se excluye por el art. 49.

Finalmente, «*En el anuncio deberá mencionarse también el derecho de los socios que representen al menos el uno por ciento del capital social a exigir la celebración de la junta de la sociedad absorbente para la aprobación de la absorción, así como el derecho de los acreedores de esa sociedad a oponerse a la fusión en el plazo de un mes desde la publicación del proyecto, en los términos del artículo 44 de la presente Ley*». Estos dos derechos suponen unas modificaciones al procedimiento general que merecen examen separado.

ii.- Derecho a exigir la celebración de la junta:

La norma permite prescindir de la Junta, pero establece el límite de que lo exija la minoría. El procedimiento para ello se articula en el número 2 del precepto, que obliga a convocarla cuando «*dentro de los quince días siguientes a la publicación del último de los anuncios a los que se refiere el apartado anterior, lo soliciten socios que representen, al menos, el uno por ciento del capital social*».

Este derecho viene impuesto por la 3.ª Directiva (remisión del art. 27.c al art. 8.c), pero nuestra Ley establece el porcentaje del 1% –la Directiva permitía exigir hasta un 5%–, reforzando por tanto los derechos de la minoría. Este porcentaje que señala la Ley, evidentemente, no puede ser elevado por los estatutos (RDGRN 13 de enero de 1994 y 4 de abril de 1995).

En cuanto a la forma de la solicitud, la redacción no es muy afortunada, pues parece no exigirse forma alguna, pero después se señala que los administradores la tienen que convocar dentro de los dos meses siguientes al requerimiento notarial, por lo que éste parece ser necesario. Entendemos que no será necesario acreditar al notario el indicado porcentaje de participación, pues el acta no da lugar a ninguna anotación registral y los administradores serán los que juzguen si el solicitante ostenta o no el porcentaje mínimo exigido.

iii.- El derecho de oposición:

En principio, las simplificaciones de este procedimiento no deberían afectar al ejercicio de este derecho, que subsiste en sus términos normales. Sin embargo, se hace referencia a él porque la falta de acuerdo produce modificaciones en el procedimiento, en concreto porque la publicidad o comunicación del acuerdo determina el inicio del plazo para su ejercicio. Por esta razón se modifica ese dies a quo estableciendo el art. 51 el «*derecho de los acreedores de esa sociedad a oponerse a la fusión en el plazo de un mes desde la publicación del proyecto*».

Al no haber acuerdo de junta, por tanto, el inicio del plazo de ejercicio se cuenta desde la publicación del proyecto. En la anterior redacción se hacía referencia a los acreedores "de la sociedad absorbente", lo que ha sido corregido por el Real Decreto-ley 9/2012, y sustituido por "esa sociedad". Esto supone una mejora pues con la anterior redacción parecía que el derecho de oposición correspondía solo a esos acreedores y no a los de todas las sociedades. Para los acreedores de las otras sociedades –las absorbidas– el derecho se ejercerá desde la publicación del acuerdo con arreglo a los arts. 43 y 44. Pero la norma sigue olvidando que cuando las absorbidas estén íntegramente participadas y no se tome acuerdo en las mismas (en virtud del art. 49.4), también se tiene que poder ejercer el derecho de oposición. En este caso entendemos que el anuncio del proyecto tiene que hacer referencia al derecho de oposición de los acreedores de todas las sociedades que participan en la fusión.

De todas maneras, entendemos que es criticable que en este caso el derecho de oposición se vea debilitado por el hecho de que la fusión tenga una publicidad menor que en el caso general. En el caso de que las sociedades tengan página web, la única publicidad de la fusión va a ser la inserción del proyecto en esa web, lo que parece contrario al criterio general de la LME, que exige la publicidad del art. 43 adicionalmente a las inserciones del proyecto en la web. Y en el caso de que se publique, supone una garantía menor pues solo se realiza una publicación, y además queda al arbitrio de la sociedad el medio por el que se hace, lo cual hace más difícil su conocimiento por los acreedores y terceros.

Una última cuestión es si pueden acumularse las simplificaciones del art. 50 y del art. 51. Podría pensarse que no, pues uno de los documentos de los que permite prescindir el art. 50 es el informe de expertos, cuya puesta a disposición exige el art. 51. Pero, sin embargo, el art. 50 contiene una referencia al supuesto de no existencia de la junta (art. 50.3), es decir, al supuesto del art. 51. Teniendo en cuenta que la remisión es al art. 39.3, que solo exige el informe de expertos «cuando sea legalmente necesario», creemos que es perfectamente posible acumular las dos simplificaciones, cumpliendo también cumulativamente las garantías de uno y otro precepto (la oferta de compra del art 50 y el derecho a pedir la junta del art. 51).

D. CUADRO RESUMEN DE LOS REQUISITOS DEL PROCEDIMIENTO Y SUS SIMPLIFICACIONES

	Normal	Junta Universal	Acuerdo unánime art 42	Absorción participada 100% 49.1	Absorción participada 100% indirecta art 49.2	Art. 50	Art 51
Balance	X (max. 3 m o 6 m antes de acuerdo)	X	X	X	X	X	X
Depósito o inserción en la web del proyecto	X	X	*	X	X	X	X
Informe administradores	X	X	*	*	X	*	X
Informe de expertos	X ***1***	X	* 5	* 5	X	*	X
Publicación del depósito o inserción en la web del proyecto	X	X		X	X	X	X ***2***
Convocatoria	X			Solo en absorbente	X	X	
Junta General	X	X	X	Solo en absorbente	X	X	
Publicidad acuerdo:	X	X	X	X	X	X	***3***
Escritura de fusión	X	X	X	X	X	X	X
Inscripción	X	X	X	X	X	X	X

1 Ver conclusión en examen del informe de experto.
2 Además, en este caso es necesaria la publicación del proyecto con las menciones especiales señaladas en el art. 51.
3 El plazo del derecho de oposición se contará desde la publicación especial señalada en la nota 2.
4 Sí es necesario el informe de administradores en caso de fusión transfronteriza.
5 Necesario en cuanto a la cobertura patrimonial si existe aumento de capital y la absorbente es SA o SComA.
*Necesario solo en caso de fusión apalancada del art. 35 LME y con el contenido especial del mismo.

VI. LA IMPUGNACIÓN DE LA FUSIÓN. INDEMNIZACIÓN DE DAÑOS Y PERJUICIOS. POSIBLE RESCISIÓN CONCURSAL

a) La impugnación de la fusión

La regulación de esta cuestión tiene como principio inspirador la protección del tráfico y la apariencia jurídica, para lo cual se restringen las causas de impugnación. El artículo 22 de la 3.ª Directiva impone una serie de limitaciones a la nulidad de la fusión, y el Reglamento de la SE (RESE, art. 30) y la Directiva de fusiones transfronterizas (art. 17) establecen la inimpugnabilidad de la fusión una vez que tenga plenos efectos.

La Ley solo regula la impugnación de la fusión ya inscrita, porque la regla especial está dirigida a la protección de los terceros. Pero es posible la impugnación de los acuerdos antes de la inscripción, de acuerdo con las normas generales de impugnación de acuerdos. En cuanto a los efectos de esa impugnación, si la resolución judicial es anterior a la inscripción o si el juez acuerda la suspensión del acuerdo, no habrá conflicto con el art. 47 LME, pues el acuerdo no se llegará a inscribir. Entendemos que para que se produzca la suspensión del acuerdo y se impida la inscripción no basta la impugnación sino que se deberá solicitar la misma como medida cautelar.

En cuanto a la impugnación de la fusión inscrita, que es lo que regula la LME, el proyecto de Código de sociedades establecía que la fusión era inimpugnable tras la inscripción. Fue una de las cuestiones que dieron lugar a mayor discusión dentro del procedimiento legislativo, pues en esta materia se pone de manifiesto el problema del equilibrio entre seguridad jurídica y justicia. Dada la complejidad del procedimiento de fusión, su coste, la dificultad de reponer la situación a su estado original y las exigencias de la seguridad jurídica, sería deseable que la fusión fuera inatacable, sin perjuicio, como dice la Ley, de la indemnización de daños y perjuicios. Por otra parte, el blindar las fusiones supone a nuestro juicio un riesgo aún mayor, el de abrir la puerta al fraude y a la injusticia, pues es fácil que después de la fusión no se encuentre ningún patrimonio que pueda responder de los perjuicios causados. Estas dos visiones se enfrentaron en el debate parlamentario de la ley, y el resultado es una redacción de compromiso que plantea numerosas incertidumbres.

El art. 47.1 LME establece que «*Ninguna fusión podrá ser impugnada tras su inscripción siempre que se haya realizado de conformidad con las previsiones de esta Ley. Quedan a salvo, en su caso, los derechos de los socios y de los terceros al resarcimiento de los daños y perjuicios causados*».

La modificación que supone esta norma respecto del régimen anterior parece que va en el sentido de restringir los motivos de impugnación. Antes se hacía referencia a la «nulidad o anulabilidad de los acuerdos de la junta»,mientras que ahora, para ser impugnable, tiene que haberse realizado en disconformidad «con las previsiones de esta Ley».¿La expresión «las previsiones» se refiere al cumplimiento de los pasos formales, o también a las exigencias materiales de la Ley, como la fijación del tipo de canje de conformidad con el criterio del valor real? La doctrina aparece dividida sobre esta cuestión: algunos entienden que efectivamente cabe la impugnación por motivos que no sean de procedimiento, mientras que otros (ALCALÁ, María Ángeles, en su conferencia en el Colegio Notarial de Madrid de fecha 5 de noviembre de 2009) entienden que se ha optado por la imposibilidad de impugnar, dando así mayor valor o eficacia al control preventivo de legalidad realizado por el notario y el registrador. FERNÁNDEZ DEL POZO, L. subraya la dificultad de interpretar la Ley y entiende que habrá que distinguir distintos tipos de causas: la inscripción tendrá eficacia sanatoria respecto de los defectos que se puedan controlar por el registrador, pero no de los demás, como, por ejemplo, los derivados de la falsedad de las actas, o el incumplimiento de los requisitos del art. 35, por ocultar que se trata de una fusión apalancada; y que no será impugnable la fusión por motivo del tipo de canje, basándose en el art. 38.2 LME (FERNÁNDEZ DEL POZO, L.. 2009. pags 686 ss). A nuestro juicio, esto no es correcto, porque, siendo la regla general que la inscripción no es sanatoria, aquí no hay una declaración de la Ley que claramente la desvirtúe. Aparte de que el TS ha declarado que el registrador no tiene funciones jurisdiccionales, y atribuir al control hecho por el registrador un carácter inatacable sería conferírselas.

Creemos que al final la Ley ha optado por seguir permitiendo la impugnación de la fusión inscrita. El Grupo catalán presentó una enmienda (enmienda nº 77) para que el plazo de impugnación se refiriera a la acción de resarcimiento, por entender que la acción de impugnación propiamente no cabía ya. Esto fue rechazado, y de esta manera quedó claro que el plazo que se establece es para la impugnación de la fusión en sí misma, porque ésta es posible, como resulta del art 47.3 que habla de los efectos de la sentencia que declare su nulidad. En nuestra opinión, es una posición acertada, pues en realidad hay muchos puntos del procedimiento que no pueden ser controlados por el notario ni el registrador, ni por los demás expertos y auditores que intervienen en el procedimiento. En cualquier caso, será impugnable la fusión en caso de que existan causas de nulidad de la nueva sociedad creada, como reconoce el art. 47.4 LME, y desde luego la inscripción no tendrá efecto sanatorio de la posible infracción de las normas de defensa de la competencia (Ley 15/2007, de 3 de julio), pudiendo las autoridades correspondientes tomar las medidas oportunas para deshacer esa concentración.

La postura de la jurisprudencia hasta ahora ha sido admitir las reclamaciones que se refieren a cuestiones de fondo, como el tipo de canje (STS 15 febrero 2007, SAP Barcelona de 5-5-2008), y dudamos mucho que los tribunales, basándose en una norma discutida en el proceso legislativo y de confusa redacción final, vayan a renunciar a la posibilidad de controlar la fusión en sus aspectos sustantivos. Otra cosa es tengan en cuenta las particularidades del procedimiento y el principio de conservación de la fusión a la hora de dictar sentencia y determinar los efectos de la misma. Así, aunque esto no haya pasado a la Ley, entendemos que los tribunales han de interpretar la Ley de acuerdo con la 3.ª Directiva que señala que *«cuando sea posible remediar la irregularidad susceptible de ocasionar la nulidad de la fusión, el tribunal competente concederá a las sociedades interesadas un plazo para regularizar la situación»*. Es decir, que, en la medida de lo posible, la resolución judicial deberá tratar de conservar los efectos de la fusión.

Esta es, de todas formas, la doctrina que se observa en nuestra jurisprudencia: la SAP de Barcelona citada dice que «la protección de los socios minoritarios...debe modularse, en caso de intervención judicial ex post, con el propósito legal de preservar sus efectos».

El problema que plantea esta interpretación que sostenemos es la adecuación de esta norma a la Directiva 2005/56/CE sobre fusiones transfronterizas, que establece que no podrá declararse la nulidad de una fusión que sea efectiva según las normas nacionales (en nuestro caso, una vez inscrita). Aunque pueda ser una interpretación algo forzada, entendemos que la fusión transfronteriza será impugnable, pero la resolución judicial no podrá declarar la nulidad de la fusión sino decretar indemnizaciones u otras medidas. No será, por tanto, de aplicación en este caso el art. 47.3.

En cuanto al plazo de ejercicio de la acción, el art. 47.2 establece que «*El plazo para el ejercicio de la acción de impugnación caduca a los tres meses, contados desde la fecha en que la fusión fuera oponible a quien invoca la nulidad*». Esta norma supone una reducción de seis a tres meses respecto de la regulación de la LSA. Al tratarse de una norma de protección de terceros y de la apariencia jurídica, el dies a quo debe ser el de la publicación de la inscripción en el BORME (art. 20 CCo).

El art. 47.3 se ocupa de los efectos de la impugnación, señalando que «*La sentencia que declare la nulidad habrá de inscribirse en el Registro Mercantil, se publicará en su Boletín Oficial y no afectará por sí sola a la validez de las obligaciones nacidas después de la inscripción de la fusión, a favor o a cargo de la sociedad absorbente o de la nueva sociedad surgida de la fusión.*

De tales obligaciones, cuando sean a cargo de la sociedad absorbente o de la nueva sociedad, responderán solidariamente las sociedades que participaron en la fusión».

La protección del tráfico impone la subsistencia de las obligaciones nacidas después de la inscripción de la fusión, a favor o a cargo de la sociedad absorbente o de la nueva sociedad.

Es criticable que nuestra legislación no haya previsto soluciones alternativas a la destrucción de toda la operación en el caso en que los intereses lesionados pudieran ser compensados de otra forma menos traumática, como sucede en la *UmwandlungsGesetz* alemana. Pero entendemos que esto no debe impedir que los tribunales apliquen soluciones de ese tipo, partiendo del principio de conservación del negocio, de su nulidad parcial, y de la interpretación conforme a las directivas.

b) La indemnización de daños y perjuicios

Por último, el art. 47.1, quizá innecesariamente, aclara que «*Quedan a salvo, en su caso, los derechos de los socios y de los terceros al resarcimiento de los daños y perjuicios causados*». Esta acción podrá ejercitarse también cuando se ejercite la acción de impugnación y puede dirigirse contra los administradores, pero también contra los expertos independientes (como resultaba de la primera versión del art. 34.4 LME) o incluso los auditores que hayan examinado el balance. También puede ejercitarse contra la sociedad, y se ha planteado la posibilidad de actuar contra el socio mayoritario (FERNÁNDEZ DEL POZO, L., 2009, p. 709), lo que se admite en derecho alemán pero parece difícil que prospere en nuestra legislación. Claramente esta acción no está sujeta al plazo brevísimo de los tres meses del art. 47.2 –como resulta del trámite parlamentario, en el que fue desestimada una enmienda que pretendía esta aplicación–, y entendemos que no está justificado aplicar ese límite a la acción contra la sociedad (como sostiene FERNÁNDEZ DEL POZO, L., 2009, p. 712).

c) La rescisión concursal de la fusión

Hay que plantearse si es posible ejercitar acciones rescisorias en caso de concurso de la sociedad beneficiaria de una fusión, es decir, si ésta ha tenido lugar en los dos años anteriores al concurso. Esta cuestión se ha planteado en relación con escisiones, pues en la época de crisis se ha podido utilizar la escisión para separar las ramas de actividad más rentables y los mejores activos y pasarlas a las beneficiarias, aprovechando que el art. 80 LME olvida establecer la responsabilidad de las beneficiarias por las deudas de las escindidas.

En contra de esta posibilidad cabría argumentar con la tendencia del derecho a restringir la ineficacia o nulidad de las modificaciones estructurales, como resulta del art. 47 LME y de las directivas, como se ha visto.

Pero por otra parte no existe ninguna previsión legal que permita extender los límites que establece la ley para la impugnación a la acción de rescisión concursal. En relación con el derecho comunitario, hay que destacar que cuando éste ha querido salvaguardar una operación de las acciones rescisorias, lo ha hecho expresamente, como en la Directiva 2002/47/CE, cuyo art. 7 proscribe la rescisión de determinados contratos realizados antes de la declaración del concurso –es decir, la rescisión de actos realizados en el periodo anterior de dos años al que se refiere el art. 71 de la Ley Concursal–. Esta norma ha sido adaptada a nuestro derecho por el Real Decreto-Ley 5/2005, cuyo art. 15.4 establece «*los acuerdos de garantía financiera no se verán ... afectados en cualquier forma por la apertura de un procedimiento concursal y podrán ejecutarse ... de acuerdo con lo pactado entre las partes*» (norma aplicada por la reciente STS 5047/2012).

Además, no parece que la impugnación tenga por objeto las mismas irregularidades que la rescisión. En la primera se trata de reaccionar frente a los defectos en el procedimiento o requisitos (defectos en una notificación, erróneo cálculo del canje) y en la segunda se trata de atacar un acto que supone un perjuicio concreto a la masa de acreedores. Tampoco se puede alegar que no procede la rescisión porque los acreedores tuvieron la posibilidad de ejercer el derecho de oposición, pues la rescisión puede ser solicitada por acreedores que no tenían el derecho de oposición, como aquellos con créditos vencidos al tiempo de la fusión.

Pero la rescisión sí que plantea los mismos problemas que la impugnación en relación con sus efectos. El art 73 de la Ley Concursal establece que «*La sentencia que estime la acción declarará la ineficacia del acto impugnado y condenará a la restitución de las prestaciones objeto de aquel, con sus frutos e intereses*». Pero a nadie se le escapa que la ineficacia de la fusión puede plantear grandes problemas, sobre todo si se ejercita pasado un tiempo desde la misma, pues mientras que la impugnación tiene un plazo breve de tres meses desde la inscripción, aquí se aplicaría el plazo normal de las rescisorias que es de dos años.

Entendemos que en este caso los que han entrado en relación con las sociedades fusionadas después de la fusión han de considerarse en principio como terceros de buena fe, y por tanto habrá que aplicar el art. 73.2 de la propia Ley Concursal, que señala que en esos casos la solución no es la ineficacia y restitución sino la indemnización de daños y perjuicios. En el caso de la fusión, eso supondría establecer un derecho preferente de los acreedores de la perjudicada frente a los de la sociedad beneficiada por la fusión en el cobro de sus créditos, pues de esa forma no se anula la fusión pero se evita el perjuicio de la confusión de patrimonios. En el caso de escisión supondría que la o las obligadas a indemnizar serían las sociedades beneficiarias, que son las que habrían estado obligadas a restituir. A través de esta vía indirecta podría conseguirse la responsabilidad de las beneficiarias, que por otra parte entendemos que debería establecerse en la ley con carácter general en el citado art. 80 LME.

VII. REFERENCIA AL RÉGIMEN FISCAL DE LA FUSIÓN

El Capítulo VIII del Título VII (arts. 83 y ss) del Texto Refundido de la Ley del Impuesto sobre Sociedades (Real Decreto Legislativo 4/2004, de 5 de marzo) establece un régimen especial para las operaciones en él recogidas, entre las que se encuentra la fusión, y cuya finalidad es la neutralidad impositiva. Se pretende que la operación en sí no genere carga fiscal alguna. No se trata propiamente de conceder beneficios fiscales, sino que la tributación de las sociedades intervinientes o resultantes sea la misma que si no se hubiera producido la modificación estructural.

Las características del régimen fiscal son:

1) Carácter optativo: en el momento de realizarse la operación habrá de optarse por la aplicación o no del régimen especial, haciéndolo constar en el proyecto de fusión.

2) Independencia de la normativa fiscal respecto de la contable: el régimen fiscal especial se aplica al margen de que en la contabilidad se mantengan los valores históricos o se hagan constar los valores de mercado. Sin embargo, el art. 93 LIS establece una serie de obligaciones de información que han de incluirse en la memoria anual de la sociedad, y también en la de los socios que sean personas jurídicas (art. 93.2).

3) Exención del gravamen de los impuestos indirectos o de naturaleza municipal. La sumisión a este régimen implica la exención de ITPyAJD y del Impuesto sobre el incremento del valor de los terrenos de naturaleza urbana. Actualmente, los arts. 19 y 21 del Texto Refundi-

do de la Ley del Impuesto sobre Transmisiones Patrimoniales y Actos Jurídicos Documentados (Real Decreto Legislativo 1/1993, de 24 de septiembre) declaran no sujetas al concepto operaciones societarias las operaciones de fusión, escisión, aportación de activos y canje de valores definidas en el artículo 83, apartados 1, 2, 3 y 5 de la LIS, y el art 45.1.B.10 declara exentas estas mismas operaciones de las modalidades impositivas de TPO y AJD.

En cuanto al impuesto municipal sobre el incremento de valor de los terrenos de naturaleza urbana, de conformidad con la Disposición adicional 2.ª del TR de la LIS (Real Decreto Legislativo 4/2004, de 5 de marzo), «*No se devengará... con ocasión de las transmisiones de terrenos de naturaleza urbana derivadas de operaciones a las que resulte aplicable el régimen especial regulado en capítulo VIII del título VII de esta Ley (la LIS), a excepción de las relativas a terrenos que se aporten al amparo de lo previsto en el artículo 94 de esta Ley cuando no se hallen integrados en una rama de actividad*». Por tanto, en relación con este impuesto, todos los supuestos de fusión subsumibles en el apartado 1 del art. 83 LIS serían supuestos de no sujeción.

Por su parte, la neutralidad fiscal en materia de IVA requiere de la concurrencia de un presupuesto específico que encontramos en el art. 7.1 de la Ley 37/1992, según el cual, en su redacción vigente, «*No estarán sujetas al Impuesto: 1.º La transmisión de un conjunto de elementos corporales y, en su caso, incorporales que, formando parte del patrimonio empresarial o profesional del sujeto pasivo, constituyan una unidad económica autónoma capaz de desarrollar una actividad empresarial o profesional por sus propios medios, con independencia del régimen fiscal que a dicha transmisión le resulte de aplicación en el ámbito de otros tributos y del procedente conforme a lo dispuesto en el artículo 4, apartado cuatro, de esta Ley. (...) A los efectos de lo dispuesto en este número, resultará irrelevante que el adquirente desarrolle la misma actividad a la que estaban afectos los elementos adquiridos u otra diferente, siempre que se acredite por el adquirente la intención de mantener dicha afectación al desarrollo de una actividad empresarial o profesional*».

Por tanto, una operación de fusión subsumible en el apartado 1 del art. 83 LIS, para lo que no se requiere ni por la ley sustantiva ni por dicho precepto que el patrimonio aportado por la sociedad absorbida constituya una unidad económica autónoma, podría estar sujeta a IVA por falta de dicho requisito.

4) Las rentas o ganancias que se ponen de manifiesto en la modificación estructural no tributan en ese momento, produciéndose un diferimiento de la tributación de las mismas. Esto implica la necesidad de establecer algunos ajustes, pues el mismo diferimiento puede dar lugar a una doble imposición de la sociedad adquirente y de los socios de la transmitente en el momento de la enajenación de los bienes que se transmiten o de las acciones que se reciben (art. 84).

5) Los elementos patrimoniales transmitidos conservan el valor que tenían en la entidad transmitente, a efectos fiscales (art. 85).

6) No se aplicará este régimen cuando la operación se realice principalmente con fines de fraude o evasión fiscal. El art. 15.1.a de la Directiva 2009/133 dice que, si la operación no se realiza por motivos económicos válidos, puede existir presunción de esa finalidad de evasión. A su vez, el TJCE en sentencia de 17 de julio de 1997 ha señalado que estos motivos económicos válidos no pueden ser la búsqueda de una ventaja fiscal. Pero la DGT señala (Consulta 38-99, de 22 de junio) que, si existe un motivo económico valido distinto del puramente fiscal, el contribuyente puede utilizar los medios más adecuados desde el punto de vista fiscal, considerándose motivación económica válida, por ejemplo, la exigencia por el financiador de la propia fusión para tener la garantía del patrimonio y el acceso a la generación de tesorería por la sociedad (consultas vinculantes de 30 de junio de 2009, 31 de julio de 2007). Sin embargo, la Sentencia de 16 de marzo de 2006 del TEAC, y sobre todo la sentencia de la AN de 7 de mayo de 2007 rechazan que esa motivación financiera sea un motivo económico válido, pues no se perseguía ninguna finalidad de reorganización empresarial al no desarrollar la sociedad holding actividad económica alguna (en este sentido también sentencias de la Audiencia Nacional de 24 de enero de 2011 y 23 de diciembre de 2010, en sendos casos de cesión global de activos y pasivos). No obstante, una sentencia de la Audiencia Nacional de 16 de febrero de 2011 se manifiesta menos restrictiva y critica *«una preocupante tendencia en la administración tributaria, al abuso de las cláusulas antifraude»* ya que el hecho de que existan alternativas más gravosas para llevar a cabo una operación no obliga al contribuyente a tener que optar por ellas.

CAPÍTULO TERCERO

LA FUSIÓN TRANSFRONTERIZA

I. INTRODUCCIÓN

El Preámbulo de la LME señala como primera motivación de la Ley la pretensión de responder al creciente proceso de internacionalización de los operadores económicos y la necesidad de incorporación de la Directiva 2005/56/CE sobre fusiones transfronterizas intracomunitarias.

La LME no establece un régimen general para la fusión transfronteriza, sino que se limita a trasponer la citada Directiva en el Capítulo II del Título II de la Ley (arts. 54 y ss), que se aplica a las fusiones intracomunitarias de sociedades de capital. Pero admite también las fusiones transfronterizas en general en su art. 27, por lo que hay que entender que también serán posibles, en determinados casos, las fusiones intracomunitarias entre sociedades que no sean de capital, y también las extracomunitarias. Por tanto, existirán varios regímenes en relación con las fusiones transfronterizas. Por una parte, el régimen del citado Capítulo II del Título II de la LME, que es el que fundamentalmente vamos a examinar; por otra, las normas sobre fusiones que dan lugar a una Sociedad Anónima Europea (SE), es decir el Reglamento 2157/201/CE (RESE); y finalmente, la normativa general sobre fusiones, que habrá de aplicarse para cada sociedad, y que en determinados casos podrá permitir una fusión transfronteriza al margen de las normativas específicas citadas, como veremos brevemente al final.

En esta materia, además de cuestiones mercantiles, contables, etc., existen limitaciones de tipo administrativo (inversiones extranjeras) e incluso político, que pueden dificultar la operación, lo que se acoge en nuestra Ley en su art. 58. Este precepto establece que el Gobierno podrá imponer las mismas restricciones a estas operaciones que podría imponer a una fusión interna, siempre que alguna de las sociedades participantes esté sujeta a la Ley española.

En el ámbito fiscal, hay que tener en cuenta la Directiva 2009/133/CE, del Consejo, de 19 de octubre, relativa al régimen fiscal común aplicable a las fusiones, escisiones, escisiones parciales, aportaciones de activos y canjes de acciones realizados entre sociedades de diferentes Estados miembros y al traslado del domicilio social de una SE o una SCE de un Estado miembro a otro.

II. LA FUSIÓN TRANSFRONTERIZA INTRACOMUNITARIA

A. ÁMBITO DE APLICACIÓN

Las sociedades participantes deberán reunir cumulativamente los requisitos (art. 54) de:

i.- Ser *«sociedades de capital»*: es decir SA, SComA o SRL, como aclara el art. 54.2.

Han de entenderse incluidos los subtipos de estas sociedades, es decir aquellas que pertenezcan a ese tipo social y tengan carácter laboral, o la SLNE, que no deja de ser una SRL. Para las sociedades de los demás países, ha de aplicarse la misma regla, es decir que pueden participar las sociedades de capital (art. 2 Directiva 2005/56/CE), siempre que en su derecho interno esté admitida su participación en la fusión (art. 4 Directiva 2005/56/CE).

Se plantea el problema de si esto supone un cierre absoluto a la participación en una fusión transfronteriza de otros tipos sociales, en particular las colectivas y las comanditarias simples. Lo cierto es que el art. 27 LME admite este tipo de fusión con carácter general. En este caso, sin embargo no cabrá aplicar directamente el régimen del Capítulo II del Título II de la Ley; habrán de aplicarse las normas nacionales de cada una de las sociedades, y la posibilidad de fusión dependerá por tanto de que este juego de normas permita la fusión, como se estudia al final de este capítulo.

ii.- Estar *«constituidas de conformidad con la legislación de un Estado parte del Espacio Económico Europeo»* (los países integrantes de la Unión Europea y además Islandia, Noruega y Liechtenstein).

iii.- *«cuyo domicilio social, administración central o centro de actividad principal se encuentre dentro del Espacio Económico Europeo»*.

iv.- *«cuando, interviniendo al menos dos de ellas sometidas a la legislación de Estados miembros diferentes, una de las sociedades que se fusionen esté sujeta a la legislación española»*. Obviamente, la Ley española solo será aplicable si alguna de las sociedades está sujeta a la Ley española.

En el art. 56 se excluyen expresamente las sociedades cooperativas y las sociedades cuyo objeto sea la inversión colectiva, y las que la norma asimila a éstas. Esto no quiere decir que no puedan participar en una fusión transfronteriza, como se deriva de la propia literalidad de la norma, sino que no se les aplicará el capítulo II, por lo que solo serán factibles si las regulaciones respectivas se pueden armonizar para permitir la fusión. Hay que tener en cuenta que, además, existe una regulación específica para la constitución de una SCE por vía de fusión, en el Reglamento por el que se aprueba el estatuto de la Sociedad Cooperativa Europea 1435/2003/CE.

Desde el punto de vista objetivo o de la operación en sí, hay que destacar que se entiende incluida en el concepto de fusión la operación en la cual se permita que la compensación en efectivo supere el diez por ciento del valor nominal o del valor contable de las participaciones (art. 57).

B. RÉGIMEN JURÍDICO

El art. 55 LME establece que se aplicarán las normas específicas del capítulo segundo y supletoriamente las de la fusión en general. Hay que destacar, como se ha visto en el régimen general, que nuestra Ley ha introducido en el régimen general numerosos requisitos que las directivas solo exigían para las fusiones transfronterizas, de manera que no son muchas, como veremos, las especialidades. Lógicamente, el régimen general de la LME solo se aplica a la sociedad española participante, pues a las demás se les aplicará su propio régimen, conforme al art. 27 LME.

Como particularidad, se establece en el art. 63 que a la SRL serán aplicables las normas que rigen con carácter general las fusiones de SA o SComA. Parece que el legislador está olvidando que hoy hay un régimen común para todas las sociedades, y por tanto no tiene sentido ésta precisión. Entendemos que para aquellas cuestiones relacionadas con la fusión pero para las que haya remisión a la regulación de cada tipo (convocatoria, mayorías, etc.), se debe seguir aplicando la regulación de limitadas. Pero eso no quiere decir que no haya particularidades: las simplificaciones solo aplicables a la SRL no serán de aplicación, y los requisitos específicos de las SA o SComA se deberán aplicar en el caso de fusión transfronteriza también si solo intervienen limitadas (informe de experto del art. 34 sobre el proyecto de fusión, por ejemplo).

C. EL PROCEDIMIENTO

Nos referiremos exclusivamente a las especialidades, pues, como hemos visto, el régimen es, en general, el mismo que se ha examinado en la parte anterior de este estudio.

1. Proyecto de fusión

El art. 59.2 añade las siguientes menciones:

- *«Las ventajas particulares atribuidas a los expertos que estudien el proyecto de fusión transfronteriza, así como a los miembros de los órganos de administración, dirección, vigilancia o control de las sociedades que se fusionen»*. Se trata de incluir las posibles ventajas de los miembros de órganos que no existen en nuestro derecho de sociedades, pero sí en otros ordenamientos como el alemán.

- *«Si procede, la información sobre los procedimientos mediante los cuales se determinen las condiciones de implicación de los trabajadores en la definición de sus derechos de participación en la sociedad resultante de la fusión transfronteriza de conformidad con lo dispuesto en el artículo 67 de esta Ley»*.

- Además, en relación con la mención del tipo de canje y la posible compensación en metálico, hay que destacar lo que dispone el art. 57

LME: *«El hecho de que la legislación de, al menos, uno de los Estados afectados permita que la compensación en efectivo, que forma parte del tipo de canje, supere el diez por ciento del valor nominal o, en su defecto, del valor contable de las acciones o participaciones que se canjeen, no será obstáculo para la realización de una fusión transfronteriza intracomunitaria»*.

- En el caso de fusión abreviada transfronteriza, el art. 49.1 precisa que no se puede prescindir de las menciones 9 (valoración del activo y del pasivo de cada sociedad que se transmite a la sociedad resultante) y 10 (fechas de las cuentas utilizadas para establecer las condiciones en que se realiza la fusión) del art. 31 LME. Y el art. 49.2 indica que no se puede prescindir del informe de administradores.

- En el caso de la fusión parcialmente abreviada del art. 50, tampoco se podrá prescindir del informe de administradores, por lo que la simplificación en este caso se reduce a poder prescindir del informe de expertos.

Hay que tener en cuenta que, como el proyecto es único, en el caso de que las legislaciones nacionales exijan otros requisitos, se acumularán las menciones y, en su caso, se deberán cumplir los requisitos formales exigidos por la otra legislación concurrente.

Podría plantearse si para las menciones no esenciales que sean requeridas únicamente por alguna de las legislaciones, solo deben constar en el proyecto puesto a disposición de los socios de la compañía en cuestión, por tratarse de una materia en la que rige la ley personal de cada sociedad. Pensamos que esto es posible, pero siempre que quede claro que el proyecto es único: lo que puede variar solo es que la publicidad del mismo sea o no de la totalidad. Por ejemplo, en la ley española, que exige la publicación del contenido mínimo, ésta se hará del contenido mínimo según la ley española, aunque el contenido mínimo de otra ley involucrada fuera distinto.

En cuanto al idioma, deberá ser redactado al menos en español, pero parece posible que en cada país, siempre partiendo de la unidad del proyecto, se realice la publicidad con la versión en su idioma. Parece conveniente que se suscriban por los administradores todas las versiones.

2. Los informes de expertos

La única particularidad en esta materia es que no parece posible un informe único para todas las sociedades, por el conflicto que plantearía la designación de los expertos, al ser una autoridad nacional la que en cada caso designa o ratifica ese nombramiento.

3. Informes de administradores

El art. 60 regula este informe, y exige una antelación de un mes antes de la fecha de la junta, lo que en la práctica no supone ninguna especialidad respecto del art. 39. Sí es una especialidad que solo tenga que estar a disposición de los trabajadores y de los socios.

Se incluye la necesidad de adjuntar al informe la opinión de los representantes de los trabajadores. Parece difícil que esto sea muy operativo, pues tendrá que emitirse dentro del mes, y lógicamente solo estará disponible para aquellos que consulten el informe después.

En los casos de fusiones especiales de los arts. 49 y siguientes, siempre será necesario el informe de administradores (arts. 49.1.2 y 50).

4. Los acuerdos

Se aplicará la Ley personal de cada sociedad a los respectivos acuerdos de las juntas generales de socios.

El art. 61 prevé que *«la junta de socios de cada una de las sociedades que se fusionen podrá condicionar la realización de la fusión a la ratificación expresa de las disposiciones decididas para la participación de los trabajadores en la sociedad resultante de la fusión transfronteriza»*.

El acuerdo se deberá publicar en cada uno de los países afectados, ya que afecta a los derechos de oposición de los acreedores, que se rigen por las reglas nacionales.

5. El derecho de separación

Se establece la importante especialidad en este caso de conceder un derecho de separación en el art. 62 LME: *«Los socios de las sociedades españolas participantes en una fusión transfronteriza intracomunitaria que voten en contra del acuerdo de una fusión cuya sociedad resultante tenga su domicilio en otro Estado miembro podrán separarse de la sociedad conforme a lo dispuesto en el título IX de la Ley de Sociedades de Capital*».

El reconocimiento de este derecho es coherente con la concesión también del mismo en caso de traslado de domicilio al extranjero según dispone el art. 99 LME.

Para su ejercicio se remite a las normas de la LSC (tras el Real Decreto-ley 9/2012). Es importante señalar que en este caso el derecho se reduce a los que voten en contra, frente al supuesto general del derecho de separación, que en el caso de la transformación (art. 15 LME) se concede a todos los que no hubieren votado a favor, es decir, también a los que se hubieren abstenido y a los ausentes.

6. La escritura

Se puede discutir si será necesario el otorgamiento de escritura en cada uno de los países. SÁNCHEZ RUS admite la solución conflictual a esta cuestión, pues no forma parte del aspecto corporativo de la fusión, y por tanto no se debe aplicar la regulación nacional de cada sociedad, por lo que basta un otorgamiento en cualquiera de los países (art. 11 Cc). Pensamos que esta idea es admisible, pero siempre que se respeten no solo los requisitos de forma del país del otorgamiento, sino también el principio de equivalencia de formas. Es decir que se trate de un verdadero documento público, en el que el notario realice un control de legalidad del documento. Naturalmente, tendrían que cumplirse también los requisitos de legalización o apostilla. La DGRN en Resolución de 15 de marzo de 2000 (en relación con la consulta de un notario alemán) se pronuncia por no admitir la inscripción registral de documentos extranjeros. Pero se refiere al concreto supuesto de una transmisión inmobiliaria, que en Alemania exige concretamente documento público alemán. En materia de sociedades, entendemos que no se debe aplicar el mismo criterio. Otra cuestión es la oportunidad práctica de esta solución, siendo sin duda lo más razonable que la escritura, en caso de ser única, se otorgue en el país de la sociedad resultante.

7. Inscripción de la fusión

La Ley, siguiendo la directiva, establece un sistema que sirve por una parte para realizar un control final del procedimiento en las distintas jurisdicciones y por otra para coordinar los registros. Se realiza en varias fases:

a) Control respecto de las sociedades que se extinguen (art. 64): el registrador del domicilio social de las mismas debe expedir un certificado sobre la correcta realización del procedimiento de fusión, que entregará a la sociedad. Estas deben remitir al registro de la resultante en un plazo máximo de seis meses este certificado y el proyecto aprobado en junta.

El art. 65.3 regula el caso en que no solo la resultante sino alguna de las que se extinguen fuera española. En este caso *«la legalidad del procedimiento de fusión en relación con la misma se realizará por el Registrador mercantil del domicilio de la sociedad resultante de la fusión, siendo suficiente que en el título presentado al Registro conste, debidamente acreditada por el Registrador del domicilio de la sociedad que se extingue, la inexistencia de obstáculos registrales para la fusión pretendida»*.

b) Control respecto de la sociedad resultante (art. 65): con la documentación que le ha sido remitida, el registrador del domicilio de la sociedad resultante califica la totalidad de la fusión. Debe controlar:

- la realización del procedimiento en cada una de las sociedades participantes (a través de los certificados si son extranjeras y directamente en las españolas).
- que se ha aprobado un proyecto común, y
- la adecuación de las normas sobre participación de los trabajadores.

En los casos en que deba existir participación de los trabajadores (Ley 31/2006, de 18 de octubre), debe comprobar además que o bien se ha celebrado el acuerdo de participación, o bien ha expirado el periodo de negociaciones o bien los órganos competentes de las sociedades han optado por acogerse al régimen subsidiario. También se ha de comprobar que los estatutos de la resultante no son contrarios a las normas sobre participación de los trabajadores que se hayan fijado (art. 65.3).

c) Publicidad (art. 66): se aplican las normas generales, pero en el BORME se debe publicar una indicación para cada una de las sociedades que se fusionen, sobre las condiciones del ejercicio de los derechos de los acreedores y de los socios, y la dirección donde pueda obtenerse una información sobre esas condiciones.

d) Coordinación registral. El art. 66.3 se ocupa de la coordinación entre registros una vez culminado el procedimiento, de manera que el registro que ha inscrito a la resultante *«notificará de inmediato a los Registros donde estén inscritas las sociedades participantes para que se proceda a su cancelación»*.

En relación con los efectos de la inscripción nos remitimos a lo examinado en relación con la fusión interna.

Sin embargo, en relación con la cuestión de la retroacción de efectos al momento de la presentación se puede plantear un problema de adecuación al art. 12 de la Directiva 2005/56 de fusiones transfronterizas, que establece que la fecha de efectos de la fusión *«deberá ser posterior a la realización del control»* final al que se refiere el citado art. 65. En virtud de ello podría defenderse que en este caso no cabe la retroacción. Sin embargo, creemos que la finalidad de la norma es evitar que se puedan producir todos los efectos de la fusión sin la garantía del control final por la autoridad del país de la sociedad resultante, con el problema que supondría tener que deshacerlos si se califica negativamente. Sin embargo, no creemos que sea contraria a la norma la retroacción puesto que en ese caso nunca habrá efectos en caso de calificación negativa, pues lógicamente no se retrotraen.

III. LA FUSIÓN TRANSFRONTERIZA NO SUJETA AL CAPÍTULO II DEL TÍTULO II DE LA LEY SOBRE MODIFICACIONES ESTRUCTURALES

Como hemos visto, el Capítulo II del Título II de la LME solo se aplica a las fusiones intracomunitarias de sociedades de capital. Pero eso no implica que no quepan otras fusiones transfronterizas, como resulta del art. 27 y también de los arts. 54 y 56.2 LME. La LME, como hemos dicho tantas veces, es una norma habilitante, es decir que permite realizar operaciones en principio no permitidas o que sólo se podrían realizar de una forma mucho más compleja. De acuerdo con ello, el que ahora se regule la fusión transfronteriza intracomunitaria de sociedades de capital con un régimen especial supone que estas sociedades pueden acogerse a este régimen, pero no que no quepan otro tipo de fusiones transfronterizas, que ya antes de la existencia de esta regulación se admitían en la práctica y por la doctrina.

El régimen jurídico de estas otras fusiones transfronterizas viene determinado por el art. 27 LME, que dispone que se aplicará la normativa de cada sociedad, lo que en realidad era lo que se admitía por la doctrina y la práctica basándose en el artículo 9.11.2 del Cc. Lo mismo ha de aplicarse a las escisiones transfronterizas (art. 73.2 LME) y las cesiones globales internacionales (art. 84 LME). Por tanto, conforme al art. 27, *«La fusión de sociedades mercantiles de distinta nacionalidad se regirá por lo establecido en las respectivas Leyes personales»*.

Esto implica que para que sea factible la fusión es necesaria una cierta homogeneidad entre las regulaciones.

Por una parte, solo será posible si existe un concepto común de la modificación estructural que se quiere realizar. Por ejemplo, será necesario en caso de fusión que se reconozca a la misma con las mismas características fundamentales (sucesión universal, extinción sin liquidación e integración de los socios de las sociedades extinguidas en la nueva sociedad). En este sentido, será difícil que pueda prosperar una cesión global internacional, pues no es una figura que tenga claros paralelismos en la legislación comparada. Y además, tiene que existir compatibilidad en cuanto al procedimiento: es decir que el cumplimiento de las normas de un sistema no impida el cumplimiento del otro.

Por otra parte, solo será posible si la fusión transfronteriza se admite por las Leyes nacionales de todas las sociedades involucradas.

Finalmente, solo será posible si, en el caso de fusiones heterogéneas, en las dos legislaciones se admite la participación en la fusión de las sociedades o entidades que van a participar (por ejemplo, si en una legislación no se permite la participación de una sociedad colectiva en la fusión).

Aun en el caso de que estemos fuera del ámbito de la Directiva 2005/56/CE y del Capítulo II del Título II de la LME, será relevante que la operación que se pretende realizar sea intracomunitaria, pues en este caso, si el derecho nacional regula una operación doméstica del tipo que se pretende, no se podrá impedir una operación equivalente intracomunitaria, como estableció la STJCE de 13 de diciembre de 2005. Además, aunque las legislaciones sobre sociedades no están armonizadas en todos los tipos sociales, la armonización de hecho de las legislaciones mercantiles, y la existencia de un régimen armonizado de fusión transfronteriza hará mucho más fácil la fusión.

En nuestro ordenamiento se plantea un problema adicional, ya que los arts. 8 y 9 LSC establecen una vinculación necesaria entre nacionalidad y establecimiento principal. Parece, por tanto, que no cabría la fusión más que en el caso en que la sociedad adquirente tuviera su domicilio donde estuviera situado el establecimiento principal, si éste está en España.

Por lo demás, aunque no sea directamente aplicable, indudablemente la regulación de la fusión intracomunitaria servirá de guía para esta operación, sobre todo en cuanto al régimen procedimental y de coordinación de registros. No obstante, no se podrán aplicar, como es lógico, las normas del Capítulo II que sean más permisivas que el régimen general, como por ejemplo la posibilidad de compensación en metálico superior al 10% que pueda permitir la legislación nacional de alguna de las sociedades participantes (art. 57).

Respecto de la coordinación procedimental, será necesaria una cierta cooperación internacional, tanto desde el punto de vista documental como registral. Para poder seguir un sistema semejante al impuesto por la LME, será necesario que se pruebe el cumplimiento de la legislación extranjera respecto del procedimiento de cada sociedad, lo que implicará que exista una cierta equivalencia institucional, pues será necesario un juicio por una autoridad de ese país equivalente al que puede emitir un notario o un registrador en España. Como hemos dicho antes, sin embargo, el procedimiento de control y coordinación registral previsto en los arts. 65 y siguientes debe lógicamente servir de guía para completar el procedimiento.

CAPÍTULO CUARTO

LA ESCISIÓN

I. CONCEPTO Y FUNCIÓN

La LME dedica a la escisión su Título III, que comprende los arts. 68 a 80, agrupados en dos capítulos: el primero, sobre disposiciones generales, que viene a definir los distintos supuestos de escisión y a precisar los efectos fundamentales de la operación; y el segundo, que establece el régimen legal de la misma.

En cuanto a la definición de los supuestos de escisión, la novedad fundamental es que, junto a las tradicionales figuras de la escisión total y la escisión parcial, se incluye como modalidad de escisión una operación que la ley llama *«segregación»* y, además, en el art. 72 se prevé la aplicación de las normas de la escisión *«en cuanto procedan»* a la *«constitución de sociedad íntegramente participada mediante transmisión del patrimonio»*.

Posteriormente nos ocuparemos de esta nueva especie de escisión y de ese otro supuesto asimilado a la escisión. Antes, analizaremos el régimen que resulta de la LME para los supuestos clásicos de escisión.

En cuanto a las definiciones de la escisión total y la escisión parcial, las encontramos en los arts. 69 y 70 de la ley:

- *«Se entiende por escisión total la extinción de una sociedad, con división de todo su patrimonio en dos o más partes, cada una de las cuales se transmite en bloque por sucesión universal a una sociedad de nueva creación o es absorbida por una sociedad ya existente, recibiendo los socios un número de acciones, participaciones o cuotas de las sociedades beneficiarias proporcional a su respectiva participación en la sociedad que se escinde.»*

- *«Se entiende por escisión parcial el traspaso en bloque por sucesión universal de una o varias partes del patrimonio de una sociedad, cada una de las cuales forme una unidad económica, a una o varias sociedades de nueva creación o ya existentes, recibiendo los socios de la sociedad que se escinde un número de acciones, participaciones o cuotas sociales de las sociedades beneficiarias de la escisión proporcional a su respectiva participación en la sociedad que se escinde y reduciendo ésta el capital social en la cuantía necesaria.»*

Estos conceptos legales no difieren sustancialmente de los que con anterioridad encontrábamos en la LSA, salvo en un dato muy importante: la ley se refiere ahora de forma expresa respecto de ambos casos de escisión al efecto de sucesión universal. Antes, tanto para la escisión parcial como para la total, la LSA sólo hablaba de «transmisión en bloque», pero no mencionaba la sucesión universal, a diferencia de lo que hacía en sede de fusión. Esta novedad tiene una gran importancia a la vista de las dudas que había suscitado esta cuestión con anterioridad, no habiendo faltado los que atribuían a ese silencio de la ley el significado de excluir para la escisión, en particular la parcial, el efecto de la sucesión universal.

Posteriormente haremos algunas observaciones relativas a esta cuestión de la sucesión universal en la escisión. Antes de ello, queremos llamar la atención sobre cómo los conceptos legales de escisión total y parcial comprenden, además de esta noción de transmisión en bloque de un conjunto patrimonial por vía de sucesión universal, dos datos fundamentales.

En primer lugar, toda escisión implica una fragmentación patrimonial. En el caso de escisión total, la sociedad escindida reparte todo su patrimonio entre dos o más sociedades beneficiarias quedando aquélla extinguida. En el caso de escisión parcial, la sociedad que se escinde se desprende de una o más partes de su patrimonio, que traspasa en bloque a la sociedad o sociedades beneficiarias de la escisión, y continúa existiendo conservando un su poder la parte restante de su patrimonio. Este primer dato de la fragmentación patrimonial está ausente precisamente en la operación de fusión y da lugar a una cuestión clave específica del régimen de la escisión: la necesidad de identificar los concretos elementos patrimoniales que se incluyen en cada una de las fracciones patrimoniales que van a seguir un destino diferente.

En segundo lugar, la escisión, en cualquiera de estas dos especies, afecta no sólo al patrimonio sino también a la estructura del capital tanto de la sociedad beneficiaria o beneficiarias como de la sociedad que se escinde, y ello porque es definitorio de estas operaciones el que los socios de la sociedad escindida se conviertan en socios de la sociedad o sociedades beneficiarias de la escisión, por cuanto han de recibir –como ya hemos visto– *un número de acciones, participaciones o cuotas de las sociedades beneficiarias proporcional a su respectiva participación en la sociedad que se escinde.* Estas acciones, participaciones o cuotas de la sociedad o sociedades beneficiarias que reciben los socios de la sociedad escindida les son atribuidas precisamente en sustitución de todo o parte de sus acciones, participaciones o cuotas de la sociedad escindida, que resultan amortizadas, por cuanto la escisión total conlleva la extinción de dicha sociedad escindida y la escisión parcial, en principio, una reducción de capital de la misma (*reduciendo ésta el capital social en la cuantía necesaria* –dice la ley, como hemos visto–). Por ello, al igual que sucede, en principio, en una fusión, la escisión lleva consigo un canje de acciones o participaciones, que afecta a los socios de la sociedad escindida, suscitándose al respecto una problemática muy similar a la que ya hemos estudiado en sede de fusión.

Este importante dato de que la escisión total o parcial afecta a la estructura de capital y al accionariado de la sociedad cuyo patrimonio se fragmenta es lo que sirve precisamente para distinguir estas operaciones, en particular la escisión parcial, de esa otra operación que la ley denomina «segregación» y que hasta ahora se venía conociendo también como escisión impropia: el supuesto que define ahora esta Ley en su art. 71 y que se caracteriza por el dato de que las nuevas acciones o participaciones emitidas por la sociedad beneficiaria de la porción patrimonial segregada no se entregan a los socios de la sociedad segregante, sino a ésta, a la propia sociedad segregante. De manera que lo que se produce en este otro caso es un cambio en la composición cualitativa del patrimonio de la sociedad implicada –se desprende de una fracción patrimonial a cambio de recibir acciones o participaciones de otra sociedad–, sin que resulten afectadas ni su cifra de capital ni las acciones o participaciones de la misma de que son titulares sus propios socios.

Como ahora la ley, como luego examinaremos con más detenimiento, considera –en el art. 68.1– que esta segregación es también una especie de escisión, ello implica que esta ley presupone un concepto más amplio de escisión, según el cual el indicado dato de la incidencia en el capital de la compañía que se escinde sería solo definitorio de algunas especies de escisión.

Teniendo en cuenta los tres supuestos de escisión a que se refiere el citado art. 68.1 –es decir, comprendiendo también la segregación–, los elementos que integran este concepto amplio de escisión serían dos: la fragmentación patrimonial con traspaso en bloque a otra sociedad de al menos una de las porciones que resultan de esa fragmentación y la entrega como contrapartida por parte de la sociedad beneficiaria de acciones o participaciones de la misma (pudiendo recibirse esas acciones o participaciones por los socios de la sociedad aportante o por esta misma).

Pero incluso este concepto más amplio puede resultar demasiado restrictivo ante la existencia de algunos supuestos que, estando claramente comprendidos en el régimen legal de la escisión, sin embargo, no cumplen ese segundo requisito tal y como lo hemos formulado a la vista del tenor literal de las normas legales antes transcritas. Así, si la sociedad beneficiaria de una escisión parcial es precisamente el socio único de la sociedad escindida, la absorción por aquélla de la porción patrimonial escindida no requiere (ni admite) aumento de capital ni emisión y entrega de nuevas acciones o participaciones, y ello por aplicación de la norma del art. 49 LME, propia de la fusión por absorción de sociedad íntegramente participada, y porque emitir nuevas acciones o participaciones de la sociedad beneficiaria de la escisión (la matriz) para entregarlas al socio de la sociedad escindida, es decir, a la propia matriz, supondría un caso de autocartera originaria prohibida por la ley (art. 134 LSC). En el caso de ser la sociedad parcialmente escindida titular de todas las acciones o participaciones de la o las sociedades beneficiarias de la escisión el aumento de capital por parte de ésta o éstas es posible –porque en este caso no se crea autocartera–, pero no necesario (remisión del art. 52.1, segundo inciso, al art. 49, ambos de la LME). Y tampoco tiene que haber aumento de capital de la sociedad beneficiaria de una escisión si tanto la sociedad escindida como la beneficiaria se encuentran íntegramente participadas por el mismo socio (art. 52.1, primer inciso, LME).

En cualquier caso, haya o no aumento de capital y emisión o creación y entrega de nuevas acciones o participaciones por parte de las sociedades beneficiarias de la escisión, lo definitorio de todas las especies de escisión es que la sociedad escindida o sus socios participan ya o van a participar en el capital de la sociedad beneficiaria de la escisión (o ésta participaba ya en el capital de la escindida). De manera que esta operación, en sí misma considerada, siempre responde a la idea de reorganización o reestructuración societaria y no a una idea de enajenación patrimonial a favor de un tercero. Así, la fracción patrimonial que se escinde o segrega va a parar a otra sociedad, que es un sujeto de derecho distinto, pero no completamente ajeno a la sociedad escindida o segregante, por cuanto –como decimos– ésta o sus socios o parte de ellos eran ya o pasan a ser ahora socios de la sociedad adquirente de esa fracción patrimonial, con una participación en su capital que debe ser proporcional a lo que representa dicha fracción patrimonial aportada respecto del conjunto del patrimonio de la adquirente. De manera que, desde el punto de vista económico, cambia la forma en que un sujeto o unos sujetos son titulares de una serie de bienes por medio de una determinada estructura societaria, pero no se produce un negocio de genuina transmisión o enajenación patrimonial.

Esto distingue claramente la escisión en todas sus especies, incluido el supuesto asimilado del art. 72, de la cesión global de activo y pasivo de que se ocupa el Título IV de la LME, que es un negocio que –como luego veremos–, aunque puede tener como contraparte a alguno o algunos de los socios de la compañía cedente, sí desempeña la función de transmisión o enajenación patrimonial propia de un negocio de compraventa.

Ahora bien, esto no quiere decir que la operación de escisión no pueda formar parte de un proceso negocial más complejo que sí se dirija a una genuina enajenación a un tercero de todo o parte del patrimonio empresarial. Así sucede en el caso de que una escisión total o parcial a favor de una sociedad de nueva creación vaya seguida de una «venta de capa» de la sociedad beneficiaria o de la propia sociedad escindida. La escisión serviría en este caso para dar una determinada composición al patrimonio de la sociedad que se va a vender a un tercero con carácter previo a esa enajenación.

En definitiva, como sucede con los demás tipos de modificaciones estructurales, la escisión es una operación que muestra una gran polivalencia funcional en el tráfico económico y jurídico y que puede formar parte de las más variadas combinaciones de ingeniería societaria. En unos casos –quizá los menos–, la escisión sirve para que dos grupos diferentes de socios continúen cada uno por separado con la explotación de una rama diferenciada del negocio social –lo que se suele conocer como «escisión subjetiva»–; en otros casos, la escisión es un simple instrumento para una reorganización intragrupo de una determinada estructura societaria; y aun en otros casos, tiene el significado de operación societaria preparatoria de una enajenación final de todo o parte del patrimonio empresarial a favor de uno o varios terceros.

II. ELEMENTOS SUBJETIVOS

Por definición, en una operación de escisión societaria siempre están involucradas al menos dos sociedades: la sociedad que se escinde, o sociedad escindida, y la sociedad «beneficiaria» de la escisión, es decir, la que adquiere la fracción patrimonial de que se desprende la sociedad escindida. En el caso de escisión total, necesariamente ha de haber como mínimo dos sociedades beneficiarias, porque la sociedad escindida se extingue y, en la medida en que divide su patrimonio en dos o más partes, debe haber tantas sociedades beneficiarias como fracciones patrimoniales resulten de esa división. En el caso de escisión parcial, basta con una sociedad beneficiaria, porque la sociedad escindida subsiste y continúa siendo titular del resto de patrimonio no traspasado a la sociedad beneficiaria. Pero también es posible que en una escisión parcial haya dos o más sociedades beneficiarias, si la sociedad que se escinde se desprende de más de una fracción patrimonial. Y tanto en escisión total como parcial no existe ningún límite legal al número de sociedades que pueden ser beneficiarias de la escisión. El límite al respecto podría resultar simplemente de la posibilidad de formar fracciones patrimoniales que constituyan cada una de ellas una «unidad económica», es decir, el límite vendrá impuesto por este requisito objetivo específico de la operación de escisión (aunque luego veremos que la ley sólo impone este requisito para la escisión parcial).

Por otra parte, la sociedad o sociedades beneficiarias pueden ser sociedades ya existentes o sociedades de nueva creación. En este segundo caso, el socio o socios de la sociedad beneficiaria de nueva creación serán por definición todos o parte de los socios de la sociedad escindida, o ésta misma en los casos de segregación o filialización (aunque, en hipótesis, cabe la posibilidad de que en esa sociedad beneficiaria que se constituye con ocasión de la escisión participen socios terceros que realicen sus propias aportaciones). En el primer caso –sociedad beneficiaria que preexiste a la escisión–, la sociedad beneficiaria puede tener con anterioridad sus propios socios diferentes de los socios de la sociedad escindida, de manera que la escisión producirá el efecto de una ampliación del accionariado de la sociedad beneficiaria (porque, junto con los socios antiguos de la misma, ahora pasan a ser sus socios todos o parte de los que lo eran de la sociedad escindida, o la propia sociedad segregante en caso de segregación); pero también es posible que el socio o socios de la sociedad beneficiaria sea la misma persona/s que es socio/s de la escindida, o incluso que sea la propia sociedad escindida la que sea socio único de la sociedad beneficiaria, o al revés, que la sociedad beneficiaria sea socio único de la escindida.

Desde el punto de vista de los elementos subjetivos o personales presentes en la operación, también es importante la distinción entre aquellos supuestos en los que todos los socios de la sociedad escindida van a convertirse en socios de todas las sociedades beneficiarias (y continúan siéndolo de la sociedad escindida si ésta subsiste) en la misma proporción en que con anterioridad participaban en el capital de la escindida, y aquellos otros supuestos en que la división que conlleva la escisión afecta al propio accionariado de la sociedad escindida. Así sucede por excelencia cuando sólo algunos socios de la escindida pasan a ser socios de la sociedad beneficiaria de la escisión o de alguna de las sociedades beneficiarias. Esto es lo que se suele conocer como «escisión sujetiva».

Toda esta variedad de supuestos en relación con los elementos subjetivos hace que la escisión societaria en unos casos tenga el significado de una genuina escisión de accionariado y empresa (sociedades beneficiarias sin socios terceros y cada uno de los grupos de socios de la escindida pasa a integrar en exclusiva el accionariado de una sociedad beneficiaria); en otros casos, se trata de una fragmentación patrimonial o empresarial previa a una nueva concentración patrimonial o empresarial (la sociedad beneficiaria tenía socios diferentes de los socios de la escindida); y en otros funciona como una simple maniobra de reestructuración societaria intragrupo (identidad en el accionariado de la escindida y la beneficiaria).

Esta diferente consistencia de la operación de escisión desde el punto de vista de los elementos subjetivos presentes en la misma viene a ser determinante de los intereses personales que se ven afectados y en consecuencia de los requisitos procedimentales de la operación.

Así, el procedimiento estándar que regula la ley presupone un caso de escisión en el cual todos los socios de la sociedad escindida pasan a participar en todas las sociedades beneficiarias y en la escindida, si subsiste. Si no es así, es decir, siempre que no se atribuyen a todos los socios de la sociedad que se escinde acciones, participaciones o cuotas de todas las sociedades beneficiarias –como dice el art. 76 LME–, o bien –añadimos nosotros–, si esa participación de cada socio de la escindida en cada una de las sociedades beneficiarias no mantiene la misma proporción anterior respecto de la participación de los demás socios de la sociedad escindida, *«será necesario el consentimiento individual de los afectados»*, lo cual, evidentemente, supone una importante especialidad procedimental.

Por otra parte, los casos ya mencionados en que existe una identidad subjetiva en el accionariado de las sociedades implicadas en la operación (porque la sociedad escindida se encuentra participada íntegramente por la sociedad beneficiaria o viceversa, o las dos sociedades pertenecen directa o indirectamente al mismo socio, o también si los socios de la sociedad o sociedades beneficiarias son únicamente los mismos socios de la sociedad escindida y con la misma participación que tenían en ésta) también escapan o deberían escapar al procedimiento estándar de escisión que diseña la ley, porque no se suscita en estos casos ningún problema de protección de socios y por tanto, –como veremos– son prescindibles algunos de los requisitos procedimentales propios del régimen legal general de la operación. De hecho, esta consideración es la que justifica la simplificación procedimental resultante del nuevo art. 78 bis LME, añadido por el Real Decreto-ley 9/2012, de 16 de marzo.

Por otra parte, en una operación de escisión societaria de las que regula la LME puede participar cualquier tipo de sociedad mercantil inscrita (art. 68.1). La regulación contenida en el Título III de esta Ley es genérica para cualesquiera tipos societarios mercantiles, sin perjuicio de que, como sucede en sede de fusión, hay determinadas especialidades de régimen para las sociedades anónimas y comanditarias por acciones.

Expresamente nos dice el art. 68.2 LME que *«las sociedades beneficiarias de la escisión podrán ser de un tipo mercantil diferente al de la sociedad que se escinde»*. Ello da lugar a escisiones mixtas o heterogéneas, que plantean –como veremos– algunas dudas de régimen. En cualquier caso, –como ya señalamos en sede de transformación y fusión– el límite para el catálogo de escisiones mixtas posibles vendrá determinado por la posibilidad de transformación entre los tipos societarios afectados. De manera que no será posible que una sociedad de un determinado tipo se escinda a favor de una sociedad de un tipo social diferente en el cual no se hubiera podido transformar la primera. Un caso que resultaría así excluido podría ser la escisión de una SA o SRL a favor de una sociedad civil.

También es posible que la sociedad o sociedades beneficiarias de la escisión tengan un objeto social diferente del que tenía la sociedad escindida. Al respecto, nos remitimos a las observaciones que hemos hecho en sede de fusión en relación con el problema de la coordinación (o más bien descoordinación) entre las normas sobre modificaciones estructurales y las normas generales sobre determinadas modificaciones estatutarias, en particular, aquellas que reconocen derecho de separación al socio disconforme en caso de sustitución del objeto social.

El art. 73.2 LME contempla expresamente la posibilidad de una escisión en la que participan o resultan sociedades mercantiles de distinta nacionalidad. Según esta norma, una escisión de este tipo *«se regirá por lo establecido en las respectivas leyes personales»*.

Tratándose de una escisión transfronteriza que no excede del ámbito comunitario europeo, no está muy claro cuál es el régimen aplicable. Por una parte, resulta que tanto la Directiva 2005/56/CE, del Parlamento Europeo y del Consejo, de 26 de octubre de 2005, relativa a las fusiones transfronterizas de las sociedades de capital como el Capítulo II del Título II de la LME sólo se refieren a fusiones y no mencionan la escisión. Pero, por otra parte, tenemos la remisión que el art. 73.1 LME en cuanto al régimen de la escisión hace genéricamente a *«las normas establecidas para la fusión en esta ley»*, y dentro de esas normas está el citado Capítulo II. Además, una escisión a favor de sociedad preexistente no deja de tener un significado similar a una fusión por absorción si se contempla desde la perspectiva de la sociedad beneficiaria. Y, sobre todo, no tiene mucho sentido que en un aspecto tan relevante como el derecho de separación del socio disconforme la escisión transfronteriza comunitaria esté sujeta a un régimen más laxo que la fusión transfronteriza comunitaria. Así, según nuestro régimen interno de fusiones y escisiones, los socios disidentes no tienen derecho de separación, derecho que sí tienen en el caso de fusión transfronteriza comunitaria (art. 62 LME). Por tanto, si a la escisión transfronteriza comunitaria en que participa una sociedad española (por ejemplo, una sociedad española se escinde totalmente a favor de dos sociedades de otro Estado del Espacio Económico Europeo) se le aplica, en cuanto a la sociedad escindida, la ley personal de esta sociedad (art. 73.2 LME), entonces, conforme a nuestra normativa interna sobre escisiones, los socios disconformes de dicha sociedad no tendrían derecho de separación.

En cualquier caso, lo que con ello se pone de manifiesto es un problema más genérico que suscita la existencia de una normativa especial para las fusiones transfronterizas comunitarias que viene a ser más rigurosa en aspectos muy importantes del procedimiento que nuestra normativa interna sobre fusiones y escisiones (el citado derecho de separación del socio disconforme, pero también la sujeción de las SRL al mismo régimen que las SA), cuando resulta que para las fusiones o escisiones transfronterizas extracomunitarias nuestras sociedades se regirían por su ley personal, es decir, por nuestra normativa sobre fusiones y escisiones internas, normativa, como decimos, más laxa que la del Capítulo II del Título II LME.

Por último, el citado art. 73.2 LME termina diciendo que *«en las sociedades anónimas europeas se estará al régimen que en cada caso les fuere aplicable»*.

En sede de escisión no encontramos una norma como el artículo 28 LME, que establece expresamente la posibilidad de que una sociedad en liquidación participe en una fusión, siempre que no haya comenzado la distribución de su patrimonio entre los socios. No obstante, entendemos que esta posibilidad debe admitirse también en cuanto a la escisión, en virtud de la remisión genérica al régimen de la fusión que formula la ley en sede de escisión. Y en cuanto a la posibilidad de participación de una sociedad en situación de concurso en una operación de escisión, nos remitimos a las observaciones ya realizadas en sede de fusión.

III. ELEMENTOS OBJETIVOS

En una primera aproximación, los elementos reales u objetivos presentes en una operación de escisión son las acciones o participaciones de la sociedad escindida que son objeto de amortización, las acciones o participaciones de la sociedad o sociedades beneficiarias que se entregan como contrapartida de la fracción patrimonial recibida y la propia fracción o fracciones patrimoniales que se traspasan en bloque y por sucesión universal de una sociedad a otra u otras.

A. LAS ACCIONES O PARTICIPACIONES DE LA SOCIEDAD QUE SE ESCINDE

Empezando por las acciones o participaciones de la sociedad que se escinde, la LME mantiene en su art. 68.3 el tradicional requisito de que todas las acciones o aportaciones de los socios a la sociedad que se escinde se encuentren íntegramente desembolsadas. Por tanto, no cabe una escisión si la sociedad escindida tiene dividendos pasivos o desembolsos pendientes. Como no dice nada la ley al respecto, parece que no impide la escisión el que alguna de las sociedades beneficiarias sí tenga dividendos pasivos pendientes.

Se trata de un requisito específico de la escisión –inexistente en sede de fusión y en el derecho comunitario sobre escisiones– cuya justificación no termina de estar clara.

En la escisión total, por definición, como la sociedad que se escinde se extingue, se produce una amortización de todas las acciones o participaciones de dicha sociedad.

En el caso de escisión parcial, la ley se refiere en el artículo 70, como ya hemos visto, a una reducción de capital de la sociedad escindida *en la cuantía necesaria*. ¿Quiere ello decir que toda escisión parcial conlleva necesariamente una reducción de capital en alguna medida, y por tanto una amortización o reducción del valor nominal de parte de las acciones o participaciones de la misma? Hasta ahora, en la práctica, ante el tenor del artículo 252.2 LSA (*«...reduciendo la sociedad, en su caso y simultáneamente, el capital social en la cuantía necesaria»*), se había venido entendiendo que la reducción de capital no es necesaria si la fracción patrimonial que se traspasa se puede dar de baja con cargo a reservas existentes en el pasivo de la compañía sin necesidad de tocar la cifra de capital social, y no parece, en absoluto, que la literalidad del artículo 70 de la LME, por el hecho de que no diga ahora «en su caso», nos deba llevar a sostener un criterio diferente.

B. LAS ACCIONES O PARTICIPACIONES EMITIDAS POR LAS SOCIEDADES BENEFICIARIAS

En cuanto a las acciones o participaciones de la sociedad o sociedades beneficiarias que han de recibir los socios de la sociedad escindida, si la sociedad beneficiaria se crea con ocasión de la escisión, se tratará de las acciones o participaciones en que resultará dividido su capital social inicial en ese momento de su constitución; si la sociedad beneficiaria es preexistente, lo normal es que las acciones o participaciones que la misma entrega como contrapartida a los socios de la sociedad escindida sean acciones o participaciones nuevas creadas en un aumento de capital que se acuerda de forma simultánea a la escisión. Pero no tiene por qué ser necesariamente así. Y ello porque es posible que esas acciones o participaciones de la sociedad beneficiaria ya existieran con anterioridad, encontrándose en poder de la misma en situación de autocartera.

Aunque no encaja en la literalidad de los arts. 69 y 70, también nos parece posible que el aumento de capital de la sociedad beneficiaria no se realice mediante emisión de nuevas acciones o participaciones, sino mediante una elevación del valor nominal de acciones o participaciones ya existentes en aquellos casos en que los socios de la sociedad escindida ya eran con anterioridad socios de la sociedad beneficiaria.

Y ya hemos anticipado, al precisar el concepto de escisión, cómo tampoco es preciso aumento de capital y entrega de acciones o participaciones de la sociedad beneficiaria en aquellos casos en que la sociedad escindida es participada íntegramente por la sociedad beneficiaria o viceversa, o si ambas están participadas directa o indirectamente por el mismo socio (remisión del art. 52 al art. 49 LME). De manera que es perfectamente posible y relativamente frecuente en operaciones intragrupo que una escisión parcial no afecte al capital social ni de la sociedad escindida ni de la beneficiaria.

De conformidad con las normas que disciplinan el capital social de las sociedades de capital, el número y valor nominal de las nuevas acciones o participaciones emitidas o creadas por la sociedad beneficiaria de una escisión vendrá determinado por el valor atribuido a la fracción patrimonial aportada a la misma. Dada la exigencia de cobertura patrimonial real de la cifra de capital, en ningún caso la suma del valor nominal de las acciones o participaciones emitidas o creadas podrá ser superior a ese valor de la fracción patrimonial aportada. Pero sí puede ser inferior, en el caso de que una parte del valor de la fracción patrimonial aportada se impute a prima de emisión o asunción, de conformidad con el tipo de canje que se haya previsto en el proyecto de escisión. Así, si la sociedad beneficiaria preexistente tiene reservas, sólo atribuyendo el concepto de prima de emisión a parte de la aportación patrimonial recibida de la sociedad escindida se podrá conseguir un canje de acciones que refleje correctamente la contribución a la formación del patrimonio resultante de la sociedad beneficiaria que hacen sus antiguos socios y los nuevos que entran como consecuencia de la escisión.

A la hora de fijar el tipo de emisión o creación de las nuevas acciones o participaciones de la sociedad beneficiaria de la escisión se plantean dos cuestiones (que no son exclusivas de la escisión, porque también se plantean en sede de fusión).

¿Es posible que la suma de las cifras de capital de las sociedades implicadas resulte inferior a la suma de sus capitales anteriores a la operación? Imaginemos que la sociedad que se va a escindir parcialmente tiene un capital de 100 y que la que será beneficiaria tiene también un capital de 100. Con ocasión de la escisión, la sociedad escindida reduce su capital a 50, amortizando acciones por valor de

50 y transmitiendo una porción patrimonial valorada también en 50, mientras que la sociedad beneficiaria sólo aumenta capital por valor de 30 porque se atribuye el significado de prima de emisión a una parte de la aportación recibida por valor de 20. Por tanto, antes de la escisión los capitales de las sociedades implicadas sumaban 200 y después de la escisión sólo suman 180. Es cierto que, en conjunto, las dos sociedades no han perdido patrimonio, pero una determinada fracción patrimonial que antes servía de cobertura a la cifra de capital ahora es libremente disponible para la sociedad beneficiaria porque la ha recibido en concepto de prima de emisión. En definitiva, la escisión habría conllevado una reducción de capital en una de las sociedades sin un correlativo aumento de capital por cuantía equivalente en otra sociedad.

Pues bien, puede pensarse que ello es algo anómalo, porque la garantía de que gozaban los acreedores sociales por razón de la función que desempeña el capital estatutario como cifra de retención patrimonial se habría visto disminuida como consecuencia de la escisión. Sin embargo, no parece que esta posibilidad sea rechazable: primero, porque la ley no señala ningún límite al respecto, ni exige en absoluto que las cifras de capital de las sociedades beneficiarias estén condicionadas por la cifra de capital preexistente de la sociedad escindida (o de la absorbida en una fusión); y segundo y sobre todo, porque se supone que el procedimiento específico de escisión o de fusión protege suficientemente a los acreedores sociales de las compañías implicadas. Precisamente, el dato de que parte de la aportación patrimonial que ha de recibir una sociedad beneficiaria se va a imputar a prima de emisión y cuál va a ser la cifra final de capital de dicha sociedad beneficiaria es algo que debe resultar de la información que sobre la operación contiene el proyecto de escisión. Y la medida de protección con que cuentan los acreedores ante una escisión que conlleva una reducción de la suma de los capitales de las sociedades implicadas –el derecho de oposición– es la misma con la que cuentan los acreedores en caso de una reducción simple de capital con devolución de aportaciones a los socios o para la creación de una reserva disponible.

Esto que decimos viene corroborado por el dato de que hay supuestos –si la sociedad beneficiaria es socio único de la escindida– en que no es que no sea necesario, sino que no se pueden emitir nuevas acciones o participaciones de la sociedad beneficiaria de la escisión para entregarlas al socio de la sociedad escindida, que es la propia sociedad beneficiaria (porque ello vulneraría la prohibición legal de autocartera originaria), de manera que la sociedad beneficiaria no puede aumentar en medida alguna su capital por mucho que se reduzca el capital de la sociedad escindida.

La segunda cuestión es la siguiente: tratándose de sociedad beneficiaria con forma de SA o SComA, la emisión de nuevas acciones requerirá, como enseguida vamos a ver, informe de experto independiente sobre la valoración del patrimonio aportado, de manera que la cifra del aumento de capital que experimenta en su caso la sociedad beneficiaria de la escisión (o la sociedad absorbente en una fusión) no podrá ser nunca superior al valor que el experto independiente atribuya a la fracción patrimonial aportada. Es decir, existe un control pericial independiente de la cobertura patrimonial de la cifra del aumento de capital en el caso de que la sociedad beneficiaria de una fusión o escisión sea una SA o SComA. Sin embargo, si la sociedad absorbente o beneficiaria es una SRL, la verificación por experto independiente del valor atribuido en el acuerdo social al patrimonio o fracción patrimonial que se aporta no es preceptiva. No hay, por tanto, una verificación pericial independiente de esa valoración.

Esto mismo sucede en el acto de constitución de una SRL con aportaciones no dinerarias o en el aumento de capital de sociedades de este tipo también con aportaciones no dinerarias. El control pericial se sustituye en este tipo social por un riguroso régimen de responsabilidad de los socios y del órgano de administración por la realidad y valoración atribuida a esas aportaciones no dinerarias (art. 73 LSC). Sin embargo, cuando una SRL aumenta su capital (creando nuevas participaciones o elevando el valor nominal de todo o parte de las participaciones preexistentes) como consecuencia de una operación de fusión o escisión, la LME no establece ninguna responsabilidad específica ni de los socios ni de los administradores por la cuestión de la realidad y del valor atribuido en el acuerdo correspondiente al patrimonio o fracción patrimonial que se aporta como contravalor de ese aumento (o dicho de otra forma, por la cuestión de si el capital se aumenta en una u otra cifra). Como señalamos en la introducción, la creciente "insularidad" de la normativa sobre modificaciones estructurales, como consecuencia de su traslado a una ley especial, puede ser un obstáculo a la hora de aplicar a las mismas normas del derecho general de sociedades de capital (y ello precisamente por considerar que las fusiones y escisiones tienen ya una regulación especial, completa y suficiente en su ley especial).

Se supone que si los administradores son los que elaboran el proyecto de fusión o escisión y un informe explicativo y justificativo del mismo, esta cuestión de la valoración –que es vital no sólo por la exigencia legal de cobertura patrimonial real de la cifra de capital, sino también para la fijación del tipo de canje– debe ser algo objeto de especial atención en ambos documentos, y por tanto, algo que debe estar comprendido en la responsabilidad del órgano de administración autor y responsable de ambos documentos. Pero ya hemos visto en relación con la fusión (arts. 42 y 49 LME) y enseguida veremos en sede de escisión (art. 78 bis LME), que hay supuestos (no precisamente infrecuentes) en que estas operaciones se pueden llevar cabo sin proyecto y sin informe de administradores, con lo cual podría faltar toda base para esa posible responsabilidad de los administradores por este tema. En estos casos, el acuerdo de fusión o escisión se toma directamente por los socios de la sociedad o sociedades implicadas (normalmente por unanimidad –aunque no necesariamente en el caso del art. 78 bis LME–) o por el socio o socios únicos de las mismas, no estando, como decimos, muy claro que se pueda aplicar a los mismos en este caso el régimen de responsabilidad del art. 73 LSC, propio de los aumentos de capital ordinarios con aportaciones no dinerarias.

Y aparte de esta cuestión de la no verificación y de la falta de una base sólida para exigir una responsabilidad por este tema, ¿existe algún límite a la hora de fijar la cifra del aumento de capital de la sociedad absorbente o beneficiaria por razón de la documentación contable aportada al procedimiento? En concreto, ¿el valor del patrimonio neto aportado que resulta del balance de fusión o escisión condiciona de alguna manera la cifra del aumento de capital proyectado y en su caso acordado? ¿Puede atribuirse al patrimonio aportado un valor (y por tanto, aumentar el capital social de la sociedad absorbente o beneficiaria en la cifra correspondiente) superior al valor de ese patrimonio que resulta del balance de fusión o escisión de la sociedad correspondiente? No se trata de una mera hipótesis de escuela, sino de un caso que ya nos hemos encontrado en la práctica del despacho y que es bastante fácil que se produzca teniendo en cuenta que la ley permite ahora una importante separación temporal entre la fecha del balance de fusión o escisión y la fecha del acuerdo de la junta (seis meses entre balance y proyecto y seis meses entre proyecto y acuerdo de junta). En especial, tratándose de una sociedad obligada a auditoría, se tratará por todos los medios de aprovechar el balance del último ejercicio cerrado para evitar el coste de la auditoría de un balance intermedio específico para la fusión o escisión. Pero, si se aprovecha ese balance más antiguo, puede suceder que el valor del patrimonio objeto de aportación sea sensiblemente superior en el momento de elaborarse el correspondiente proyecto o en la fecha en que se adopta directamente el acuerdo por la junta de socios correspondiente, y que se quiera tener en cuenta ese valor superior al fijar la cifra del aumento de capital y el tipo de canje. (Obsérvese que el problema se relaciona con la anterior cuestión de la responsabilidad: habiendo un balance formulado y auditado –y en su caso ya aprobado– del que resulta un determinado valor, se tomaría un acuerdo atribuyendo, bajo la responsabilidad no se sabe muy bien de quién, un valor superior al patrimonio aportado).

La cuestión evidentemente está relacionada con la del significado y función del balance de fusión o escisión, lo que no está actualmente demasiado claro, como ya hemos señalado al estudiar este elemento del procedimiento en sede de fusión. Allí hemos sostenido que esa función es fundamentalmente informativa (lo que es coherente con la desaparición del derecho de separación del socio disidente, con la creciente laxitud legal en cuanto a su antigüedad, e incluso su no exigencia en algún supuesto). De lo que se deriva que los valores del balance no deberían condicionar necesariamente los números ni del proyecto ni del acuerdo. Pero, por otra parte, el art. 36.2 LME dispone que *«podrán modificarse las valoraciones contenidas en el último balance en atención a las modificaciones importantes del valor razonable que no aparezcan en los asientos contables»*. Parece evidente que un supuesto en que la cifra del aumento de capital y por tanto el tipo de canje que se prevén en el proyecto y en el acuerdo no son coherentes con el valor patrimonial resultante del balance que se toma como balance de fusión o escisión es un caso subsumible en el supuesto de este art. 36.2. Pero, si es así, la modificación o diferencia de valores respecto del balance es posible, pero, primero, debería explicarse y justificarse tanto en el proyecto de fusión o escisión (art. 31.9 LME), como en el informe de administradores (art. 33 LME); segundo, si la sociedad está obligada a auditoría, esa modificación de las valoraciones respecto de las contenidas en el balance de fusión o escisión debería también auditarse (art. 37 LME); y tercero, la modificación deberá aprobarse específicamente por la junta de socios que acuerda la operación con mención expresa en el orden del día de la junta (art. 37 LME).

En relación con el supuesto estándar en el que se emiten o crean nuevas acciones o participaciones de la sociedad beneficiaria para entregarlas a los socios de la escindida, tenemos que referirnos a la posibilidad de que los socios de la sociedad escindida reciban, para ajustar el tipo de canje, compensaciones dinerarias y no sólo acciones o participaciones de las sociedad o sociedades beneficiarias. Esto es algo objeto de referencia expresa en la definición de escisión que formulan los arts. 2 y 21 de la Sexta Directiva, pero que está ausente en las definiciones legales tanto de la escisión total como de la escisión parcial que encontramos en los arts. 69 y 70 LME, que sólo hablan de recibir *un número de acciones, participaciones o cuotas de las sociedades beneficiarias proporcional a su respectiva participación en la sociedad que se escinde*. No obstante, esta posibilidad resulta de evidente aplicación en ambas modalidades de escisión por la vigencia supletoria del art. 25.2 de la Ley en sede de fusión: *«Cuando sea conveniente para ajustar el tipo de canje, los socios podrán recibir, además, una compensación en dinero que no exceda del diez por ciento del valor nominal de las acciones, de las participaciones o del valor contable de las cuotas atribuidas».*

C. LA FRACCIÓN PATRIMONIAL OBJETO DE LA ESCISIÓN

En cuanto a la fracción o fracciones patrimoniales objeto de la escisión, una mención específica del proyecto de escisión y por tanto del acuerdo de escisión es *«la designación y, en su caso, el reparto preciso de los elementos del activo y del pasivo que han de transmitirse a las sociedades beneficiarias»* (art. 74. 1 LME).

Este es un requisito inexistente en sede de fusión. Precisamente porque la fusión implica un traspaso en bloque de todos los bienes, derechos o deudas de que es titular una sociedad a favor de una única sociedad, la determinación de toda esta masa patrimonial transmitida se puede hacer simplemente por relación a la sociedad titular, sin necesidad de que ni en el proyecto, ni en el acuerdo de fusión se realice un inventario detallado de todos y cada uno de los elementos singulares que integran dicho patrimonio. Sin embargo, como la escisión, por definición, implica una fragmentación patrimonial, resulta necesaria esta identificación de los concretos elementos patrimoniales que pasan a integrar cada una de las fracciones resultantes.

Ni que decir tiene que semejante exigencia plantea evidentes dificultades en la práctica, precisamente porque lo que se escinde es una fracción de un patrimonio tendencialmente dinámico, de explotación, es decir, una empresa o una parte de una empresa, lo que constituye un conjunto muy complejo y heterogéneo de elementos patrimoniales e incluso de simples relaciones de hecho y que, además, no queda congelado en ningún momento del proceso de escisión, sino que puede ir cambiando de composición mientras ésta se tramita. Así, junto a bienes de valor importante, perfectamente identificables y dotados de cierta estabilidad, como pueden ser los inmuebles o determinados bienes muebles susceptibles de registro, como automóviles, buques, maquinaria, derechos de propiedad industrial, también puede afectar la escisión a bienes muebles no susceptibles de una fácil identificación individual y en proceso de continua sustitución, como mobiliario, materias primas, existencias de producto, de embalajes, de etiquetas; y también, por supuesto, puede afectar a facturas pendientes de cobro, a deudas de todo tipo, a acciones o responsabilidades que nacerán en el futuro como consecuencia de una actividad ya realizada, etc. La variada naturaleza de estos bienes o posiciones jurídicas será determinante de un régimen diferenciado de identificación, por ejemplo, por referencia a una tienda o almacén donde se encuentran unas determinadas mercaderías.

En la práctica, lo cierto es que muchas veces se contempla con cierta ligereza este requisito legal. Así, en vez de incorporarse al proyecto y al acuerdo de escisión un inventario detallado de los activos y pasivos que se pretenden traspasar a la sociedad beneficiaria, lo que se incorpora es tan solo un balance de la rama de actividad que se segrega, donde, evidentemente, sólo aparecen los valores agregados de unos determinados conceptos patrimoniales genéricos. Y es que, en definitiva, no deja de suponer una cierta *contradictio in terminis* el exigir una identificación individual y exhaustiva de cada uno de los bienes o posiciones jurídicas incluidos en una transmisión cuando ésta tiene lugar en bloque por vía de sucesión universal.

En la Ley encontramos unas normas de resolución de las dudas que pueden surgir en cuanto a la atribución de elementos patrimoniales no mencionados en el correspondiente inventario. Pero se trata de reglas que, según su literalidad, sólo se aplican a la escisión total, la que conlleva la extinción de la sociedad escindida. Así, el art. 75 LME, bajo la rúbrica *«Atribución de elementos del activo y del pasivo»*, dispone: *«1. En caso de escisión total, cuando un elemento del activo no se haya atribuido a ninguna sociedad beneficiaria en el proyecto de escisión y la interpretación de éste no permita decidir sobre el reparto, se distribuirá ese elemento o su contravalor entre todas las sociedades beneficiarias de manera proporcional al activo atribuido a cada una de ellas en el proyecto de escisión. 2. En caso de escisión total, cuando un elemento del pasivo no sea atribuido a alguna sociedad beneficiaria en el proyecto de escisión y la interpretación de éste no permita decidir sobre su reparto, responderán solidariamente de él todas las sociedades beneficiarias»*.

A la vista del último inciso de esta norma, no deja de suponer una cierta anomalía el que la responsabilidad solidaria del art. 80 LME en caso de impago de una obligación atribuida expresamente a una de las sociedades beneficiarias esté limitada al importe del activo neto recibido por cada una de las otras sociedades beneficiarias y no exista esta limitación de la responsabilidad respecto de las obligaciones no atribuidas expresamente a alguna de ellas en el proyecto de escisión.

Pero, sobre todo, obsérvese –además de que el precepto en sus dos apartados se refiere expresamente a la escisión total– que tanto la atribución del elemento de activo en proporción al activo atribuido a cada una de la sociedades beneficiarias como la responsabilidad solidaria por el elemento de pasivo no atribuido específicamente a alguna sociedad beneficiaria tienen un carácter subsidiario a lo que resulte de una previa «interpretación» del proyecto de escisión. Por tanto, aun a falta de una mención expresa de un determinado elemento patrimonial activo o pasivo, puede entenderse atribuido éste en su integridad y de forma exclusiva (sin perjuicio de la responsabilidad solidaria subsidiaria que establece el art. 80) a alguna de las sociedades beneficiarias sobre la base de una interpretación del conjunto del proyecto, es decir, de cómo se define genéricamente en el mismo la rama o unidad económica que es atribuida a cada una de las sociedades beneficiarias.

Tratándose de una escisión parcial o de una segregación y precisamente en atención a la indicada exigencia de precisa determinación de los elementos patrimoniales comprendidos en la fracción segregada y ante la no aplicación al caso de las reglas transcritas del art. 75 de la Ley, podría pensarse que rige una norma según la cual todo aquello que no se incluye expresamente en el inventario de la porción segregada sigue siendo de titularidad de la sociedad escindida o segregante. En la medida en que la sociedad escindida en este caso subsiste y continúa siendo el soporte de todo el patrimonio no segregado, las posibles dudas por omisión parece que se resolverían, por un principio de inercia, a favor de la sociedad segregante.

Éste un tema que en la práctica ha dado lugar a cuestiones litigiosas de extraordinaria importancia, como en el célebre caso Ercrós-Ertoil. En ese supuesto, la primera sociedad segregó su rama de actividad de petróleo y petroquímica para aportarla a una sociedad de nueva creación, Ertoil, sin incluir en el correspondiente inventario una serie de deudas relacionadas con la actividad en cuestión. Vendida a un tercero la sociedad filial Ertoil beneficiaria de los activos de la referida rama de actividad y sobrevenida la suspensión de pagos de la sociedad aportante, es decir, de Ercrós, se planteó el problema de si, para conseguir la responsabilidad de Ertoil, esas deudas no incluidas en el inventario de la segregación podían no obstante entenderse comprendidas en la misma y por tanto asumidas por Ertoil por el hecho de estar relacionadas con esa actividad petrolera. La resolución de este caso venía condicionada por el hecho de no tratarse, entonces, de una genuina escisión parcial, sino de una segregación o escisión impropia, es decir, del supuesto que hoy contempla el art. 71 LME y que por entonces no resultaba incluido, en principio, en el régimen legal de la escisión, ni por tanto, cubierto por el efecto de sucesión universal.

En la sentencia de 6 de febrero de 1.998 y en otras de 3 y 5 de marzo de 2001 el TS –citando como antecedente una STS de 21 de marzo de 1987– entendió que Ertoil no era responsable del pago de unas determinadas letras de cambio, *«por no haberle sido cedidas voluntariamente las deudas correspondientes ni llevar consigo la operación de escisión parcial impropia un cambio de deudor por sucesión universal, sino tan solo una mera modificación de la composición del patrimonio de la escindida».* Precisamente, el hecho de no haber efecto de sucesión universal venía a ser un obstáculo para el reconocimiento de la transmisión de aquellas deudas no incluidas expresamente en el inventario de la segregación.

Posteriormente, en otros recursos de casación motivados por litigios derivados del mismo caso, el TS va a cambiar de criterio. Así, la sentencia de 12 de enero de 2006, reiterada por otras posteriores, reconoce la responsabilidad de la adquirente Ertoil. Para ello desarrolla una argumentación distinta, basada en la idea de fraude de ley y en un entendimiento más amplio del sentido del conjunto de la operación. El dato fundamental es que la operación de segregación realizada pretendió acogerse al régimen de neutralidad fiscal reconocido por entonces en la Ley 76/1980, de 26 de diciembre, sobre régimen fiscal de las fusiones de empresas. Dicha norma, en sus arts. 14 y 15, extendía el indicado régimen fiscal de neutralidad a los supuestos de escisión total y parcial –que por entonces, en el año 1989, justo antes de la entrada en vigor de la nueva LSA, eran legalmente atípicos en el derecho societario sustantivo español–, y ello tanto si las nuevas acciones emitidas por la sociedad beneficiaria se recibían por los socios de la sociedad escindida como si se recibían por ésta. Pues bien, esta pretensión de sometimiento al régimen fiscal propio de una fusión presuponía que lo intentado no era una aportación no dineraria ordinaria, sino la transmisión en bloque de una unidad productiva, de toda una rama de actividad. En consecuencia, resultaba incongruente pretender que determinados pasivos comprendidos en la rama de actividad en cuestión no estaban incluidos en la transmisión por el hecho de no haber sido mencionados expresamente en el acuerdo de aportación.

«En resumidas cuentas –dice el TS–, *Ercros, S.A. acordó solicitar, solicitó y obtuvo unos beneficios fiscales a la luz de la entonces vigente Ley 76/1.980, por una segregación que, conforme al artículo 15 de la misma, merecía el mismo tratamiento fiscal favorable que la escisión parcial propiamente dicha, con independencia de que hubiera mantenido en su activo las acciones de Ertoil, S.A. Se entiende que, según dicho precepto, la segregación, al tener por objeto un conjunto o bloque de elementos componentes de una rama unitaria de actividad o negocio, generaba una*

sucesión también en todos los elementos pasivos integrados en la unidad económica escindida.

Sin embargo, Ercros, S.A., apartándose de su actuación concluyente anterior, ejecutó la operación como si se tratara de otra distinta; esto es, como si fuera una mera aportación no dineraria de rama de actividad, aprovechando la coyuntura de un cambio normativo que se iba a producir de inmediato y al que se acogió para el caso de tener que defender su posición ante acreedores como la demandante, pero no en aquello que le perjudicaba: esto es, en la sujeción de la misma al régimen tributario general.»

«La norma defraudada que cumple aplicar es, por tanto, la reiteradamente señalada por la jurisprudencia que excluye la admisibilidad de los comportamientos contradictorios con otros significativos anteriores, conforme a la regla adversus factum suum quis venire non potest, la cual nacida del principio de buena fe, en su proyección ética u objetiva, imponía a las dos sociedades demandadas un deber de coherencia con una conducta anterior exteriorizada en acuerdos sociales, en su ejecución y en la solicitud y obtención de los beneficios fiscales y, por tanto, en un conjunto de comportamientos apto para generar confianza en los demás que, por su significado objetivo, operaba como una limitación al libre ejercicio del derecho subjetivo de realizar la aportación de modo distinto al que generó aquella apariencia de sucesión en el pasivo vinculado a la rama de actividad cedida. Regla cuya extralimitación se traduce en los mismos términos que los del fallo de la sentencia recurrida».

Como vemos, aquí el TS quiso hacer justicia material, aunque el argumento jurídico resultase un poco cogido por los pelos. Así, hablar del principio de confianza y de no poder venir contra los propios actos como normas defraudadas por la maniobra realizada parece un apoyo bastante escaso, sobre todo si pensamos que la responsabilidad que se reclamaba nacía de unas letras libradas, es decir, de un crédito concedido, bastante antes de que se acometiese la operación de aportación de rama de actividad, de manera que no se ve qué confianza o expectativa podía estar entonces en juego. El problema no era de confianza, sino de haberse producido un resultado que parece manifiestamente injusto, cuando los remedios normales del derecho común para la protección de los créditos insatisfechos (una pauliana contra la enajenación de las acciones de Ertoil, una acción de responsabilidad contra los administradores de Ercrós) no parecían muy factibles. Entonces, lo que hace el TS para justificar su cambio de criterio es construir este forzado argumento según el cual la sujeción de esta escisión impropia al régimen de neutralidad fiscal característico de las fusiones implicaba la aspiración a un efecto de sucesión universal, lo que a su vez presuponía que lo que se transmitía no eran sólo unos concretos elementos patrimoniales relacionados individualmente en el correspondiente acuerdo de aportación, sino todo el activo y pasivo comprendido o relacionado con la rama o unidad de producción objeto de la aportación.

En cualquier caso, de esta postura del TS podemos obtener una conclusión muy importante: cuando la ley exige –como inmediatamente vamos a ver– que lo segregado constituya una «unidad económica», ello no es sólo un requisito para que sea posible la escisión parcial o la segregación, sino que al mismo tiempo opera como un criterio determinante de lo que se debe entender comprendido o no en la porción patrimonial segregada: todo aquello que pueda entenderse comprendido en la unidad económica en cuestión aunque no haya sido mencionado expresamente en el inventario de la escisión. Esto hace que más importancia que el inventario tenga la propia definición de la unidad o rama de actividad objeto de la escisión o segregación. Y por supuesto, este criterio viene a relativizar la regla que apuntábamos antes según la cual la sociedad segregante conservaría en su patrimonio todo lo no incluido expresamente en el inventario.

En relación con ese elemento objetivo de la operación de escisión que es la fracción o fracciones patrimoniales que se traspasan en bloque a la sociedad o sociedades beneficiarias de la escisión, tenemos que referirnos a un requisito muy importante al que ya hemos aludido: de acuerdo con el art. 70 LME, en caso de escisión parcial, cada una de las partes de patrimonio que se traspasa a cada una de las sociedades beneficiarias de la escisión debe formar una «unidad económica». En términos idénticos se expresa el art. 71 respecto de las partes de patrimonio social objeto de una segregación (y también el art. 82 en sede de cesión global de activo y pasivo a favor de varios cesionarios). Sobre este requisito podemos hacer varias observaciones:

En primer lugar, éste es un requisito específico de nuestra legislación nacional, porque la Sexta Directiva no formula exigencia alguna semejante para ninguna de las especies de escisión que regula. En cualquier caso, el requisito no es una novedad, sino que ya estaba en el art. 253.1 de la LSA.

En segundo lugar, el requisito se refiere sólo a la parte de patrimonio que es objeto de escisión y traspaso a la sociedad beneficiaria. Por tanto, no es necesario que el resto de patrimonio que conserva la sociedad parcialmente escindida constituya a su vez una unidad económica. Esto tiene sentido porque nada impide que una sociedad sea en un momento determinado titular de bienes y derechos muy heterogéneos que no integren un conjunto o unidad empresarial. Por tanto, una sociedad que lleva a cabo una escisión parcial no tiene por qué ser titular al menos de dos fracciones patrimoniales que constituyan cada una de ellas una unidad económica o de explotación. Basta con que la parte de su patrimonio que pretende segregar sí constituya una unidad económica. Y la razón de ser de esta exigencia para la porción segregada parece que se encuentra en la propia pretensión de gozar para su transmisión a la sociedad beneficiaria del efecto de sucesión universal. Como luego explicaremos más detenidamente, es una verdadera anomalía desde la óptica del derecho patrimonial común que un sujeto –en este caso, una sociedad mercantil– que continúa existiendo separe discrecionalmente una parte de su patrimonio, que puede comprender tanto activo como pasivo –es decir, también deudas y responsabilidades–, y la traspase en bloque a un sujeto de derecho diferente –en este caso, otra sociedad preexistente o de nueva creación–, sin tener que observar las normas generales de circulación de bienes, derechos y obligaciones (sin observar la teoría del título y el modo para la transmisión de los bienes corporales, sin notificar individualmente a los correspondientes deudores la cesión de cada uno de los créditos comprendidos en la fracción patrimonial segregada y, sobre todo, sin recabar el consentimiento individual de cada uno de los acreedores para la transmisión de las deudas comprendidas en la misma fracción). Precisamente por ello, la ley admite esta anomalía circulatoria, esta circulación abreviada en bloque o unitaria, en la medida en que estos elementos patrimoniales transmitidos gozan ya objetivamente de una cierta unidad en la realidad económica más allá del simple hecho de pertenecer al mismo sujeto. Porque existe una empresa o explotación económicamente unitaria y los elementos patrimoniales en cuestión forman parte de la misma estaría justificada valorativamente esta excepcional forma de transmisión que sería la sucesión universal, porque ésta es, precisamente, la forma de transmisión que permite la continuidad y conservación de la empresa.

Pero si esto es así, surge entonces inevitablemente la siguiente pregunta: ¿por qué no exige la ley este requisito en los casos de escisión total? ¿Es posible, en un supuesto de escisión total, que las fracciones patrimoniales que se traspasan a diferentes sociedades no constituyan cada una de ellas una unidad económica, que no estén afectas a una actividad organizada?

A la vista del tenor de la ley, parece que es así, y podría haber una cierta justificación: en la medida en que la sociedad que se escinde no sobrevive sino que se extingue, no resulta tan anómalo que sus activos y pasivos se repartan entre varias sociedades beneficiarias sin que las porciones correspondientes tengan que forman cada una de ellas una unidad económica. Y ello porque lo realmente extraño es que un sujeto que continúa existiendo pueda desprenderse de una parte de su patrimonio para transmitirla de forma unitaria sin sujeción a las leyes circulatorias generales de bienes, derechos y obligaciones.

No obstante, el hecho de no exigir el requisito de la unidad económica para las fracciones patrimoniales transmitidas en una escisión total da lugar a una discordancia de régimen respecto del caso de la cesión global a favor de varios cesionarios que no parece tener mucha justificación. Así, el caso de una cesión global liquidatoria (es decir, con extinción de la sociedad cedente) a favor de varios cesionarios no difiere mucho, desde el punto de vista de los intereses concurrentes, de lo que sería una escisión total. Y si es así, ¿por qué en esa cesión global se requiere que cada una de las porciones de activo y pasivo que recibe cada cesionario constituya una unidad económica (art. 82 LME) y no en el análogo caso de la escisión total? Desde el punto de vista de la política jurídica, hay aquí algo que no se entiende.

Pero además y sobre todo, desde un punto de vista práctico, resulta que si la ley exige el requisito de la unidad económica sólo para la escisión parcial, nada más fácil que eludirlo convirtiendo toda escisión parcial en una escisión total (de forma similar a lo que sucede en el ámbito del derecho inmobiliario, donde para formar dos fincas independientes repartiendo la superficie de una finca preexistente, lo mismo se puede hacer una «segregación» que una «división»).

Teniendo en cuenta que en una escisión total la denominación social que tenía la sociedad escindida puede ser adoptada por alguna de las sociedades beneficiarias (art. 418.2 RRM), la única diferencia práctica, en principio, entre separar una fracción patrimonial cualquiera de una sociedad existente vía escisión parcial o vía escisión total a favor de dos sociedades es que en el segundo caso la sociedad que retiene el resto de patrimonio cambia de hoja en el Registro Mercantil y de CIF (no obstante, alguna consecuencia práctica negativa puede resultar del cambio de titular de determinadas relaciones contractuales con terceros que puede conllevar una escisión total, en especial, en el caso de que la sociedad escindida fuera arrendataria de un inmueble, por razón de los derechos que la ley reconoce al arrendador en caso de cambio de titular del derecho arrendaticio).

En cualquier caso, aunque lo que acabamos de indicar es lo que resulta de la normativa sustantiva aplicable a la operación, lo cierto es que la normativa fiscal resulta más restrictiva a la hora de definir los supuestos de escisión que pueden beneficiarse del régimen de neutralidad fiscal. Así, el supuesto de escisión parcial viene definido en los siguientes términos por el art. 83.2.1.b de la LIS: *«Una entidad segrega una o varias partes de su patrimonio social que formen ramas de actividad y las transmite en bloque a una o varias entidades de nueva creación o ya existentes, manteniéndose al menos una rama de actividad en la entidad transmitente, recibiendo a cambio...»*. También, para el caso de escisión total, debemos tener en cuenta el art. 83.2.2 de la LIS, según el cual *«En los casos en que existan dos o más entidades adquirentes, la atribución a los socios de la entidad que se escinde de valores representativos del capital de alguna de las entidades adquirentes en proporción distinta a la que tenían en la que se escinde requerirá que los patrimonios adquiridos por aquéllas constituyan ramas de actividad»*. Por tanto, en los casos de escisión subjetiva, sea la escisión parcial o total, el legislador fiscal condiciona el beneficio de la neutralidad fiscal al indicado requisito objetivo. Se trata, evidentemente, de normas que pretenden evitar que se utilice el mecanismo de la escisión para eludir la fiscalidad propia de una simple transmisión de activos.

En tercer lugar, este concepto de «unidad económica» es un concepto jurídico indeterminado donde los haya y no hace falta insistir mucho en las dificultades que en la práctica pueden surgir a la hora de apreciar si la fracción patrimonial que se pretende segregar constituye o no esta unidad económica, lo que por otra parte y para mayor complicación es una terminología diferente de la que emplea la normativa fiscal sobre fusiones y otras operaciones análogas (el Capítulo VIII del título VII de la LIS), que no habla de «unidad económica», sino de «rama de actividad», lo que no se sabe si es exactamente lo mismo o algo diferente.El art. 83.4 LIS nos dice que *«se entenderá por rama de actividad el conjunto de elementos patrimoniales que sean susceptibles de constituir una unidad económica autónoma determinante de una explotación económica, es decir, un conjunto capaz de funcionar por sus propios medios».*

En relación con este requisito, se suele plantear la cuestión de si la porción escindible ha de constituir ya una unidad económica que funciona independientemente, o basta con que el conjunto de elementos patrimoniales que la integran tenga la aptitud de funcionar de forma independiente a partir de la escisión. Como es evidente, el primer planteamiento resulta más restrictivo. Según nuestro punto de vista, si el requisito legal tiene algún sentido, el planteamiento más restrictivo es el correcto, y ello porque –según hemos indicado– lo que parece justificar la excepcionalidad que supone una transmisión de elementos patrimoniales vía sucesión universal cuando la sociedad transmitente conserva su personalidad y una parte de su patrimonio es que la porción transmitida de esta forma constituye ya una unidad funcional de explotación independiente, de manera que el pasivo que se integra en la misma está ya causalmente relacionado con la actividad de dicha unidad. Esta es la idea que a nuestro juicio se manifiesta en el precepto legal (el artículo 70.2 de la LME) según el cual *«Si la parte del patrimonio que se transmite en bloque está constituida por una o varias empresas o establecimientos comerciales, industriales o de servicios, podrán ser atribuidas a la sociedad beneficiaria las deudas contraídas para la organización o el funcionamiento de la empresa que se traspasa».*

El anterior precepto equivalente a éste en la LSA venía siendo criticado por la doctrina por considerarlo muy poco claro (¿qué son exactamente «deudas contraídas para la organización o el funcionamiento de una empresa»?) e incluso incongruente con el resto de la regulación de la escisión, por dar a entender que sólo se puede incluir pasivo en la unidad económica segregada si ésta constituye precisamente una o varias empresas o establecimientos comerciales, industriales o de servicios. No obstante, esta norma puede tener un sentido que no se suele advertir: en la línea de lo que venimos exponiendo, este precepto tiene una cierta relación con la problemática de la asistencia financiera. Lo que en último término trata de evitar es que la fracción patrimonial segregada, cuando ésta constituye precisamente por sí misma una empresa o establecimiento, resulte gravada con un pasivo que no tiene relación con la actividad propia de esa empresa o establecimiento (que es el problema que fundamenta precisamente toda la prevención ante la asistencia financiera y la novedosa norma del art. 35 LME). Así entendida, esta norma lo que trata es de preservar la viabilidad de la empresa afectada por la escisión: que no se utilice el mecanismo de la escisión parcial para hacer recaer todo el pasivo por cualquier causa existente en el patrimonio de una sociedad sobre la fracción empresarial que se va a escindir.

Por tanto, la existencia de este criterio legal no debe despreciarse, porque una clara vulneración del mismo (así, si se atribuyen a la rama de actividad segregada deudas claramente derivadas de actividades de la sociedad que no tienen nada que ver con aquélla) podría ser, si no un motivo de impugnación de la validez de la escisión ya inscrita, sí una posible base para una acción de resarcimiento de daños o de reclamación de responsabilidad contra los administradores sociales que concibieron y ejecutaron la operación (cuando la fracción de empresa o establecimiento que se segregó ha terminado siendo insolvente, ahogada por ese pasivo que se hizo recaer sobre la misma y que no tenía ninguna relación con su actividad, mientras que el resto de patrimonio que conservó la sociedad escindida ya ha desaparecido y es inútil la responsabilidad solidaria de ésta frente a los acreedores de la empresa que ha quebrado).

Por otra parte, ya hemos visto antes cómo la ley fiscal es más rigurosa que la sustantiva al exigir el requisito objetivo de la rama de actividad también para la porción patrimonial que conserva la sociedad escindida parcialmente y en todos los casos de escisión subjetiva. Sin embargo, la ley fiscal se muestra flexible al admitir el supuesto que se conoce como «escisión de cartera» (lo que supone un entendimiento amplio de lo que puede constituir a efectos de escisión una «unidad económica»): *«Una entidad segrega una parte de su patrimonio social, constituida por participaciones en el capital de otras entidades que confieran la mayoría del capital social en estas, manteniendo en su patrimonio al menos participaciones de similares características en el capital de otra u otras entidades o bien una rama de actividad, y la transmite a otra entidad, de nueva creación o ya existente, recibiendo a cambio...».*

Por último, tenemos que decir que, por muy rigurosos que nos queramos mostrar en la teoría ante la necesaria concurrencia de este requisito sustantivo de la operación de escisión parcial, lo cierto es que en la práctica no termina de quedar claro cómo se controla el cumplimiento del mismo. Así, es evidente que en todos los proyectos de escisión parcial se afirmará que la fracción patrimonial que se pretende escindir constituye una unidad económica y una rama de actividad. Por su parte, tanto notarios como registradores mercantiles no tienen medios para controlar la veracidad de semejante afirmación a los efectos de autorizar e inscribir la correspondiente escritura de escisión. Todo su control al respecto no podrá ir más allá de exigir una manifestación expresa en el proyecto y en el acuerdo correspondiente. Si es así, resulta claro que, sea cual sea la realidad económica de la porción patrimonial que se escinde, la escisión va a acceder al Registro Mercantil y va a quedar amparada por la norma del art. 47 de la LME. Y por tanto, no parece fácil que algún tercero que se considere perjudicado por la operación y que no formuló en tiempo su oposición pueda llegar a impugnar con éxito la escisión por razón de la inobservancia de este requisito (por ejemplo, un acreedor de la sociedad escindida cuyo crédito no fue incluido en la porción patrimonial segregada cuando aquélla ha resultado insolvente). Aunque lo cierto es que, en puridad, una escisión parcial que tenga por objeto una porción patrimonial que realmente no constituya una unidad económica no se puede decir que sea una escisión *«que se haya realizado de conformidad con las previsiones de esta Ley»* y, por tanto, inimpugnable.

En realidad, si ha de existir de facto algún control sobre el requisito de la unidad económica, éste será el control que en su caso pueda ejercer la Administración tributaria, en la medida en que la concurrencia de tal circunstancia objetiva es condicionante, como hemos visto, del régimen de neutralidad fiscal. De manera que lo que en la práctica puede servir de freno al intento de presentar como unidad económica aquello que no lo es realmente va a ser el temor a la posibilidad de una reacción al respecto por parte del Fisco, lo que podría tener unas consecuencias económicas muy gravosas para las sociedades implicadas en la operación.

IV. EL PROCEDIMIENTO DE ESCISIÓN

En materia de procedimiento, la norma fundamental en sede de escisión sigue siendo la remisión a la normativa de la fusión: *«La escisión se regirá por las normas establecidas para la fusión en esta Ley, con las salvedades contenidas en este Capítulo, entendiendo que las referencias a la sociedad resultante de la fusión equivalen a referencias a las sociedades beneficiarias de la escisión»* (art. 73.1 LME).

Por tanto, todo lo que ya hemos estudiado en sede de fusión sobre la fase preparatoria (el proyecto de fusión, su inserción en la web corporativa o su depósito registral y publicación, la convocatoria de la junta general y la información que debe ponerse a disposición de socios y demás interesados), sobre la fase de decisión (acuerdo de las juntas generales de socios de las sociedades implicadas con el quórum y mayoría reforzados) y sobre la fase de ejecución (publicación de anuncios o comunicaciones individuales a socios y acreedores, transcurso del plazo del derecho oposición de los acreedores, otorgamiento de escritura pública e inscripción registral) será aplicable *mutatis mutandis* a la operación de escisión.

Las especialidades de la escisión en materia de procedimiento son las siguientes:

1.- En primer lugar, *el proyecto de escisión*, además de contener todas las menciones propias de un proyecto de fusión, debe incluir dos menciones específicas: primero, *la designación y, en su caso, el reparto preciso de los elementos del activo y del pasivo que han de transmitirse a las sociedades beneficiarias*; y segundo, *el reparto entre los socios de la sociedad escindida de las acciones, participaciones o cuotas que les correspondan en el capital de las sociedades beneficiarias, así como el criterio en que se funda ese reparto* (art. 74 LME).

A la problemática que suscita la primera de estas menciones ya nos hemos referido al tratar de los elementos objetivos de la operación. En cuanto a la segunda mención, realmente sólo tiene sentido en los casos en que el reparto de las acciones o participaciones de las sociedades beneficiarias entre los socios de la escindida no es estrictamente proporcional a la participación que estos ostentaban en la sociedad escindida. Como ya hemos anticipado, en tales casos no sólo es necesario que el proyecto de escisión prevea expresamente ese reparto no proporcional y explique «el criterio» en que se funda ese reparto, sino que además es preciso el consentimiento individual de los afectados. Luego volveremos sobre esta cuestión.

Un dato que forma parte del contenido necesario de todo proyecto de escisión, por aplicación de las normas de la fusión, es la fecha a partir de la cual la escisión tendrá efectos contables de acuerdo con lo dispuesto en el Plan General de Contabilidad. Al respecto hay que tener en cuenta que el criterio que sostiene el ICAC (Consulta 13 del BOICAC 85, de marzo de 2011), de conformidad con la norma 21 del PGC según la redacción dada por el RD de 17 de septiembre de 2010, para los supuestos de escisión por creación de nueva sociedad que queda integrada dentro del mismo grupo, es que la escisión debe tener efectos contables desde la fecha de inicio del ejercicio social en que se adopta el acuerdo de escisión; lo cual no deja de ser un tanto anómalo, por cuanto se imputarían a una sociedad operaciones económicas realizadas antes de que la misma haya existido.

Es frecuente que operaciones de fusión o de escisión se planifiquen, por razones de simplificación, para que la fecha de efectos jurídicos coincida precisamente con el fin del ejercicio contable y fiscal en curso. Así, si los acuerdos se toman cerca de la fecha de cierre del ejercicio lo razonable no es retrotraer la eficacia contable a la fecha de comienzo del ejercicio, sino más bien lo contrario: diferir los efectos contables a la fecha de comienzo del nuevo ejercicio intentando que sea ésta la fecha de efectos jurídicos (lo cual a su vez ha venido distorsionado por la cuestión de si la fecha de efectos jurídicos es la de presentación de la escritura en el Registro Mercantil –que es una fecha que pueden controlar los interesados–, o la de inscripción de la escritura, que depende del registrador y no de aquéllos). Pues bien, semejante propósito de simplificación resulta obstaculizado por la citada interpretación del ICAC, pues si el acuerdo de escisión se toma durante un ejercicio, la eficacia contable se debe retrotraer a la fecha de comienzo de ese mismo ejercicio aunque la escisión produzca efectos jurídicos una vez concluido dicho ejercicio.

Obsérvese que si la sociedad de nueva constitución beneficiaria de la escisión está sujeta legalmente a auditoría, el nombramiento de auditor para verificar las cuentas de la porción patrimonial recibida relativas al ejercicio económico anterior (durante el cual se acordó la escisión) no podría hacerse por dicha sociedad antes de la conclusión de dicho ejercicio, por carecer todavía de existencia jurídica y de órganos propios durante el mismo. De manera que el nombramiento del auditor para la sociedad beneficiaria debería haber sido hecho por la junta de socios de la propia sociedad escindida.

Y en cualquier caso, sea cual sea el criterio del ICAC, en algún Registro Mercantil se rechaza el depósito de esas cuentas por la sociedad beneficiaria de la escisión si ésta no ha tenido existencia durante el ejercicio al que se refieren dichas cuentas.

2.- En relación con *el informe de los administradores* sobre el proyecto de escisión, hay una norma específica en este título dedicado a la escisión, el art. 77, que dispone: *«En el informe sobre el proyecto de escisión que habrán de redactar los administradores de las sociedades participantes en la escisión se deberá expresar que han sido emitidos los informes sobre las aportaciones no dinerarias previstos en esta Ley para el caso de que las sociedades beneficiarias de la escisión sean anónimas o comanditarias por acciones, así como el Registro Mercantil en que esos informes estén depositados o vayan a depositarse».*

En sede de fusión no existe una norma equivalente que exija que el propio informe de los administradores contenga una referencia expresa al informe ya elaborado, en su caso, por el experto independiente (de manera que el informe de administradores deberá ser siempre posterior a la fecha de emisión de su informe por el experto independiente, en caso de ser éste preciso). Además, según esta norma específica de escisión, el informe de los administradores debe indicar el Registro Mercantil en que el informe sobre las aportaciones no dinerarias esté depositado o vaya a depositarse. En realidad, la LME ni en sede de fusión ni en sede de escisión exige un depósito registral específico del informe del experto independiente. Ello es algo que resulta de la aplicación al caso de la normativa genérica sobre verificación de las aportaciones no dinerarias a sociedades anónimas. Según el actual art. 71 LSC, *«1. Una copia autenticada del informe del experto o, en su caso, del informe de los administradores deberá depositarse en el Registro Mercantil en el plazo máximo de un mes a partir de la fecha efectiva de la aportación. 2. El informe del experto o, en su caso, el informe de los administradores, se incorporará como anexo a la escritura de constitución de la sociedad o a la de ejecución del aumento del capital social».*

Por otra parte, este art. 77 LME se refiere a un informe sobre las «aportaciones no dinerarias», cuando el artículo siguiente, el dedicado al informe de expertos independientes, se refiere a un informe sobre «la valoración del patrimonio no dinerario» que se transmite, y el mucho más correcto art. 34.3 LME, en sede de fusión, exige que el informe indique *«si el patrimonio aportado por las sociedades que se extinguen es igual, al menos, al capital de la nueva sociedad o al importe del aumento del capital de la sociedad absorbente »* (por tanto, no se trata de valorar sólo el patrimonio no dinerario, sino el conjunto del patrimonio). Por supuesto, no existe ninguna razón para que haya una diferencia de régimen en este punto entre la fusión y la escisión. En ambos casos, lo procedente es que el informe verifique la valoración dada al conjunto del patrimonio transmitido y que va a servir de cobertura al capital inicial o al aumento de capital de la sociedad beneficiaria.

El art. 79 LME, relativo a la información que deben suministrar los administradores a la junta de socios en relación con modificaciones importantes del patrimonio acaecidas entre la fecha del proyecto de escisión y la de reunión de la junta, es también una norma que encontramos en el título de la escisión que no añade nada a lo que dispone el art. 39.3 LME en sede de fusión.

3.- En cuanto al *informe de expertos independientes*, es ésta la cuestión procedimental que más dudas de interpretación ha planteado.

La norma general se encuentra en el art. 78.1 LME: *«Cuando las sociedades que participen en la escisión sean anónimas o comanditarias por acciones, el proyecto de escisión deberá someterse al informe de uno o varios expertos independientes designados por el Registrador mercantil del domicilio de cada una de esas sociedades. Dicho informe comprenderá, además, la valoración del patrimonio no dinerario que se transmita a cada sociedad».*

Como ya hemos indicado en sede de fusión y ha quedado absolutamente claro después de la reforma del art. 34 LEM, este informe desempeña una doble función: primero, supone una medida de protección preventiva del interés de los socios, tanto de la sociedad escindida como de las beneficiarias si éstas son preexistentes, en relación con el tema clave de la relación de canje; y segundo, es una medida de protección de los intereses de terceros que se ponen en juego en relación con la cobertura patrimonial efectiva de la cifra de capital de las sociedades beneficiarias, cuando éstas son anónimas o comanditarias por acciones. No tener claro este doble significado del informe del experto independiente es lo que genera una confusión en la que incurrió el propio legislador en la primera versión del art. 34.

Tratándose de escisiones en las que intervienen sólo sociedades del mismo tipo, el régimen aplicable resulta bastante claro: si todas las sociedades intervinientes son anónimas (o comanditarias por acciones), el informe de experto independiente es, en principio, necesario (hacemos de momento abstracción de las normas de los arts. 49, 78.3 y 78 bis); si todas las sociedades intervinientes son limitadas (o de cualquier tipo que no sea sociedad anónima o comanditaria por acciones), el informe de experto independiente no es necesario.

Los problemas se han planteado en relación con las escisiones mixtas, en particular, en el caso de sociedad escindida anónima y sociedad beneficiaria limitada. El caso contrario (escindida limitada y beneficiaria anónima) está sujeto claramente a la exigencia de informe de experto independiente, precisamente por la necesidad genérica de verificación del valor del patrimonio aportado a una sociedad anónima. Sin embargo, tratándose de sociedad anónima que se escinde a favor de sociedad limitada, se han sustentado dos interpretaciones del art. 78.1: que hace falta o que no hace falta el informe del experto.

El problema no es nuevo, porque ya se planteaba la misma duda a la vista del tenor del hoy derogado art. 94.2 de la LSRL, que decía: *«sólo existirá obligación de someter el proyecto de fusión o escisión al informe de expertos independientes cuando alguna de las sociedades que se extingan como consecuencia de la fusión o alguna de las sociedades beneficiarias de la escisión revista la forma anónima o comanditaria por acciones».* Si sólo se tenía en cuenta esta norma, la escisión de una SA a favor de una SRL estaba dispensada de informe de experto, y ésta fue la interpretación que prevaleció en la práctica al ser la asumida por la mayor parte de los registradores mercantiles. Sin embargo, existía otra interpretación más rigurosa (y más correcta, según vamos a justificar a continuación): la exigencia de informe en ese caso –no sobre el patrimonio no dinerario aportado, sino sobre el proyecto de escisión en general– era algo impuesto por aplicación de las normas generales de la LSA sobre la escisión de sociedades anónimas que remitían a las normas de la fusión de la misma ley, que exigían para toda fusión, y por tanto para toda escisión de una SA, el informe de experto independiente sobre el proyecto, sin distinguir si la sociedad resultante de la fusión era anónima o limitada. En definitiva, la LSRL se ocupaba de los requisitos de la escisión en la medida en que la operación afectaba a una SRL; si intervenía una SA, los requisitos procedimentales a observar en lo que afectaba a la SA en cuestión eran los impuestos por la LSA.

Ante el tenor de este art. 78.1 LME y para el indicado supuesto de escisión de SA a favor de SRL, surgieron dos posturas en la etapa posterior a la publicación de la ley:

No hace falta informe de experto independiente, porque este requisito sólo es aplicable si la sociedad beneficiaria o absorbente es SA. Esta postura tenía a su favor básicamente un argumento sistemático apoyado en el claro tenor literal inicial del artículo 34.1 de la LME. Así, como ya hemos visto, este precepto en sede de fusión sólo exigía informe de experto independiente cuando la sociedad resultante era anónima o comanditaria por acciones, de manera que si una SA era absorbida por una SL no hacía falta informe de experto. Si era así, no tendría sentido que la análoga escisión de una SA a favor de una SRL sí requiriese el informe. Partiendo de esta idea, se proponía una interpretación de la literalidad del art. 78.1 según la cual el informe era obligatorio si *«las sociedades* –en plural– *que participen en la escisión»*, es decir, todas ellas, también la beneficiaria/s, son anónimas o comanditarias por acciones. Si sólo la escindida es anónima mientras que las beneficiarias son limitadas, el caso no sería subsumible en la literalidad del art. 78 así entendido.

Una postura diferente era la que entendía que en el supuesto de escisión de SA a favor de SRL sí era necesario, en principio, el informe de experto independiente (salvo en los casos de los arts. 49 o 78.3 LME, y hoy del art. 78 bis). Esta posición tenía a su favor los siguientes argumentos:

En primer lugar, la propia literalidad del art. 78.1: cuando este precepto decía y dice que *cuando las sociedades que participen en la escisión sean anónimas o comanditarias por acciones, el proyecto de escisión deberá someterse al informe...* no se refiere a un caso en que *todas* las sociedades participantes sean anónimas o comanditarias por acciones, sino a un caso en que *alguna* de las sociedades intervinientes es anónima o comanditaria por acciones, y ello tanto si se trata de la beneficiaria como de la escindida.

En segundo lugar, acudiendo al fundamento de la norma, a la doble función que es propia del informe del experto independiente (información pericial objetiva sobre el conjunto del proyecto y en particular sobre la corrección del tipo de canje, por un lado, y verificación de la valoración del patrimonio aportado a una SA como contravalor de su cifra de capital, por otro lado), el informe no es preciso si la sociedad beneficiaria es limitada si tenemos en cuenta sólo la segunda función, pero, si atendemos a la primera función, el hecho de que la sociedad beneficiaria sea anónima o limitada no afecta a la necesidad del informe, porque, desde el punto de vista de los socios de la sociedad escindida, el problema que para ellos suscita el tipo de canje es exactamente el mismo con independencia del tipo social de la sociedad beneficiaria de la escisión.

La normativa que rige el tipo social SA es una normativa genéricamente más rigurosa que la que se aplica al tipo SRL, tanto en lo que afecta al interés de los terceros (el rigor propio del tipo SA en relación con la efectiva cobertura patrimonial de la cifra de capital), como en lo que afecta al interés de los accionistas. Y ello por lo que tiene tendencialmente este tipo social de instrumento para la captación de ahorro público, para la inversión de capitales por parte de sujetos que individualmente van a tener muy poca influencia en la gestión de compañía y unas posibilidades bastante limitadas para el control de la misma. Forma parte de este rigor en relación con la protección de los accionistas minoritarios de una SA la necesidad de en que toda operación de fusión o escisión en la que haya canje de acciones los accionistas cuenten con este medio específico de información que es el informe de experto independiente sobre el proyecto de la operación. Y a tal efecto, como decimos, lo importante es que la sociedad que participa en una fusión o en una escisión (sea como absorbente o beneficiaria, sea como absorbida o escindida) sea del tipo SA, siendo indiferente la condición de las demás sociedades intervinientes. El que la sociedad beneficiaria de la escisión sea o no anónima será determinante de que en el primer caso, el informe, además, deba desempeñar esa otra función añadida de control de la valoración del patrimonio aportado a una SA. Esta segunda función, como decimos, sólo es propia del informe cuando la sociedad beneficiaria es anónima. Pero el hecho de que el informe no sea preciso en cuanto a esta segunda función porque la sociedad beneficiaria sea limitada no excluye la necesidad del informe en cuanto a la primera y principal función del mismo (información objetiva sobre el tipo de canje) si la sociedad escindida es anónima.

Y por último, y sobre todo, sólo esta interpretación del art. 78.1 LME resulta conforme con la Sexta Directiva comunitaria, en particular con su artículo 8, que exige como regla general para la escisión de sociedades anónimas un examen del proyecto de escisión y un informe escrito por parte de un perito independiente, sin ninguna excepción por razón de la condición de la sociedad beneficiaria de la escisión. Como en seguida vamos a ver, las únicas excepciones a la necesidad de este informe independiente son las que resultan de la existencia de un acuerdo unánime de todos los accionistas de las sociedades participantes en la escisión (el supuesto de nuestro art. 78.3) o ahora de la concurrencia del caso del nuevo art. 78 bis LME, pero la regla general de la Directiva que exige el informe en todo supuesto de escisión de sociedad anónima no contiene ninguna salvedad o condicionamiento por el hecho de que la sociedad beneficiaria no sea del tipo SA.

En atención a todo ello, en la edición anterior de esta obra sostuvimos que la interpretación más directa del art. 78.1 de nuestra LME (hace falta informe siempre que interviene en la escisión alguna sociedad anónima o comanditaria por acciones) era la valorativamente correcta y además la única conforme con el derecho comunitario. De manera que no había que hacer una interpretación correctora y forzada de este art. 78.1 para que fuera coherente con el texto de entonces del art. 34.1 en sede de fusión. Sino más bien lo contrario: el art. 78.1 en sede de escisión, que es la norma correcta, debía servir para –por una exigencia de coherencia del sistema– realizar una interpretación correctora del art. 34.1 para que el mismo resultase a su vez conforme con la Tercera Directiva: como ya señalamos, también en sede de fusión debía estimarse necesario el informe de experto independiente sobre el proyecto de fusión siempre que la sociedad absorbida o fusionada fuera anónima aunque no lo fuera la sociedad absorbente o resultante (siempre que no fueran de aplicación las excepciones de los artículos 49 o, entonces, 34.5 LME).

La nueva redacción dada al art. 34.1 LME por el Real Decreto-ley 9/2012, a la que ya nos hemos referido en sede de fusión, confirma que nuestra interpretación de este art. 78.1 en sede de escisión era la correcta. Es decir, siempre que interviene en la escisión una SA o SCom por acciones, sea como beneficiaria sea como escindida, en principio es preciso el informe de experto sobre el proyecto de escisión.

Hasta aquí el examen de la regla general sobre la necesidad del informe de experto en la escisión. En el apartado 3 del mismo artículo 78, encontramos la importante novedad de que –de forma similar a lo que disponía el entonces apartado 5 del art. 34 para la fusión–, se excluye la necesidad del informe de experto independiente *«... cuando así lo acuerden la totalidad de los socios con derecho de voto y, en su caso, de quienes de acuerdo con la ley o los estatutos pudieran ejercer legítimamente el derecho de voto, de cada una de las sociedades que participan en la escisión»*.

Obsérvese que lo que determina la no necesidad del informe no es la aprobación de la escisión por acuerdo unánime y/o la celebración de la junta en forma universal, sino la existencia de un acuerdo unánime de dispensa de la elaboración de este informe.

Sobre este precepto –que tiene su origen en la Directiva 2007/63/CE– podemos decir lo mismo que ya señalamos sobre la norma equivalente en sede de fusión (el art. 34.5 en su redacción inicial): el legislador parece olvidarse de que, si la sociedad beneficiaria de la escisión es una SA o comanditaria por acciones, la necesidad de informe de experto independiente sobre el patrimonio no dinerario es una exigencia del régimen general de estos tipos sociales y del rigor que debe rodear la cobertura de su cifra de capital. Desde el punto de vista del interés particular de los accionistas de la sociedad escindida y en atención a la primera función del informe, puede estimarse que éste no es necesario si todos los accionistas afectados por el tipo de canje prescinden del informe. Sin embargo, si atendemos a la segunda función propia del informe y a los intereses de terceros que se ven afectados por la misma (la cobertura patrimonial efectiva del capital de una SA), es completamente indiferente que los correspondientes acuerdos societarios se tomen por mayoría o por unanimidad, porque lo que está en juego no es sólo el interés patrimonial particular de los socios.

En la primera edición de esta obra indicamos que –a diferencia de lo que sucedía en sede de fusión–, la interpretación correctora y sistemática que proponíamos de este art. 78.3 (según la cual este precepto dispensa del informe de experto en cuanto tiene por objeto el proyecto de escisión en general y en particular el tipo de canje, pero no el informe sobre valoración del patrimonio aportado a una sociedad beneficiaria que sea anónima o comanditaria por acciones) era la única conforme con el derecho comunitario vigente, incluso antes de que transcurriese el plazo de trasposición de la Directiva 2009/109/CE. Y ello porque en sede de escisión no se había producido ese desajuste entre la Directiva específica de esta operación (en este caso la Sexta) y la Segunda Directiva, como sí se produjo en sede de fusión entre la Tercera Directiva reformada en el año 2007 y la Segunda Directiva.

Así, el art. 10 de la Sexta Directiva (tras su reforma por la Directiva 2007/63/CE, de 13 de noviembre de 2007, por la que se modifican la Tercera y la Sexta Directivas en relación con el informe de un perito independiente en caso de fusión o escisión de sociedades anónimas) dispone: *«No se requerirán el examen del proyecto de escisión ni el informe pericial contemplados en el artículo 8, apartado 1, si así lo han acordado todos los accionistas y tenedores de títulos que confieran un derecho de voto de cada una de las sociedades que participan en la escisión»*. Pero la Segunda Directiva sobre sociedades de capital (Directiva 77/91/CEE, del Consejo, de 13 de diciembre de 1976, tendente a coordinar, para hacerlas equivalentes, las garantías exigidas en los Estados Miembros a las sociedades definidas en el párrafo segundo del artículo 58 del Tratado, con el fin de proteger los intereses de los socios y terceros, en lo relativo a la constitución de la sociedad anónima, así como al mantenimiento y modificaciones de su capital), cuando en sus arts. 10 y 27 exige un informe pericial sobre las aportaciones que no sean en metálico en la constitución y aumento de capital de una SA, no formula ninguna excepción para el supuesto de que la aportación no dineraria se reciba vía escisión.

Una vez promulgada la Directiva 2009/109/CE, del Parlamento Europeo y del Consejo de 16 de septiembre de 2009 por la que se modifican las Directivas 77/91/CEE, 78/855/CEE y 82/891/CEE del Consejo y la Directiva 2005/56/CE en lo que se refiere a las obligaciones de información y documentación en el caso de las fusiones y escisiones, la cuestión queda aún más clara, porque se añade el siguiente nuevo apartado 5 al artículo 10 de la Segunda Directiva: *«Los Estados miembros podrán decidir no aplicar el presente artículo a la constitución de una nueva sociedad por fusión o escisión cuando se elabore un informe pericial independiente sobre el proyecto de fusión o escisión»*; y se da la siguiente nueva redacción al artículo 27.3 también de la Segunda Directiva: *«Los Estados miembros podrán decidir no aplicar el apartado 2 cuando el aumento del capital suscrito se efectúe para realizar una fusión, una escisión o una oferta pública de compra o de canje de acciones y para remunerar a los accionistas de una sociedad absorbida o escindida o que es objeto de la oferta pública de compra o de canje de acciones. Sin embargo, en los casos de fusión o escisión, los Estados miembros solo aplicarán el párrafo primero cuando se elabore un informe pericial independiente sobre el proyecto de fusión o escisión».*

Con ello, el sistema comunitario queda aclarado en el sentido de que –por lo que ahora nos interesa– si la sociedad beneficiaria de una escisión es una SA, o hay informe de experto independiente sobre el conjunto del proyecto de escisión o tendrá que haber un informe específico sobre el patrimonio aportado, y ello con independencia de que la escisión sea acordada por los socios de las sociedades implicadas por mayoría o por unanimidad.

La nueva redacción dada en sede de fusión a los apartados 3 y 4 del art. 34 de nuestra LME por el Real Decreto-ley 9/2012 y retocada por la Ley 1/2012, de 22 de junio, confirma con toda claridad que nuestra interpretación del art. 78.3 en sede de escisión era también la correcta. Ahora el legislador hace explícito el doble contenido del informe del experto y cómo, en caso de acuerdo unánime al respecto de todos los socios de todas las sociedades implicadas, se puede prescindir sólo de la parte del informe relativa al tipo de canje.

Como conclusión de todo este examen del requisito del informe de experto independiente en sede de escisión, proponemos el siguiente esquema (en el que prescindimos de momento de la posible incidencia de los arts. 49 y 78 bis, en sus respectivos casos):

1.- Sociedad escindida anónima y sociedad beneficiaria anónima con acuerdos no unánimes: informe sobre el proyecto de escisión y sobre el patrimonio aportado.

2.- Sociedad escindida anónima y sociedad beneficiaria anónima con acuerdos unánimes: informe sobre el patrimonio aportado.

3.- Sociedad escindida anónima y sociedad beneficiaria limitada con acuerdos no unánimes: informe sobre el proyecto de escisión.

4.- Sociedad escindida anónima y sociedad beneficiaria limitada con acuerdos unánimes: ningún informe.

5.- Sociedad escindida limitada y sociedad beneficiaria anónima con acuerdos no unánimes: informe sobre el proyecto de escisión (sólo si la beneficiaria era preexistente) y sobre el patrimonio aportado.

6.- Sociedad escindida limitada y sociedad beneficiaria anónima con acuerdos unánimes: informe sobre el patrimonio aportado.

7.- Sociedad escindida limitada y sociedad beneficiaria limitada con acuerdos no unánimes: ningún informe.

8.- Sociedad escindida limitada y sociedad beneficiaria limitada con acuerdos unánimes: ningún informe.

(Según se desprende de todo lo anterior, los casos que habían planteado dudas antes de la reforma del art. 34 en sede de fusión eran los 2, 3 y 6).

No obstante, este esquema debemos complicarlo y matizarlo en atención a la existencia de supuestos subsumibles en la simplificación procedimental del art. 49 LME, aplicable a la escisión en virtud de la remisión genérica del art. 73.1 LME. En especial, interesa, por su frecuencia en la práctica, el siguiente caso: SA pluripersonal que se escinde total o parcialmente a favor de una o varias sociedades beneficiarias del tipo SRL de nueva creación o preexistentes pero cuyos únicos socios van a ser los mismos socios de la sociedad escindida y en la misma proporción en que participaban en el capital de ésta.

En sede de fusión ya nos hemos referido a la posibilidad de aplicar la simplificación procedimental del art. 49 al caso de fusión entre sociedades pluripersonales cuyos socios tienen la misma participación en el capital de ambas, supuesto en el cual la fijación del tipo de canje no puede causar ningún perjuicio patrimonial a los socios. Lo mismo sucede en el supuesto indicado de escisión. Si cada uno de los socios mantiene la misma proporción de participación en todas las sociedades resultantes de la escisión que la que tenía en la sociedad escindida, el tipo de canje no puede causar perjuicio alguno a ninguno de los socios. En estos supuestos, el informe de experto independiente sobre la justificación del tipo de canje carece de sentido, porque no hay nada que justificar. Con lo cual, no debería ser necesario aunque la sociedad escindida sea una SA y no se cuente con el acuerdo unánime de todos sus socios.

De manera que, en definitiva, si la sociedad escindida es SA y no se cuenta con el acuerdo unánime de todos los socios, el informe de experto será preciso si no se mantiene estrictamente la proporcionalidad o si en la sociedad beneficiaria de la escisión participan otros socios, supuesto éste en el que se suscita un problema de fijación de tipo de canje similar al de una fusión por absorción entre sociedades con socios diferentes, un problema, en último término, de valoración relativa de dos patrimonios sociales.

Esto que venía siendo un criterio interpretativo que iba más allá de la literalidad de las normas legales ha encontrado reconocimiento legal expreso (siguiendo el criterio del art. 22.5 de la Sexta Directiva, en la redacción que le ha dado la Directiva 2009/109/CE) en el nuevo art. 78 bis introducido en la LME por el Real Decreto-ley 9/2012, de 16 de marzo, y confirmado por la Ley 1/2012, de 22 de junio.

El tenor de dicho precepto, que tiene la rúbrica *Simplificación de requisitos,* es el siguiente: *«En el caso de escisión por constitución de nuevas sociedades, si las acciones, participaciones o cuotas de cada una de las nuevas sociedades se atribuyen a los socios de la sociedad que se escinde proporcionalmente a los derechos que tenían en el capital de ésta, no serán necesarios el informe de los administradores sobre el proyecto de escisión ni el informe de expertos independientes, así como tampoco el balance de escisión».*

Lo primero que debemos decir sobre esta nueva norma es que el supuesto de hecho de la misma no es coincidente con el de los arts. 78.3 o 42 LME. Es decir, la simplificación procedimental que introduce opera con independencia de que el acuerdo de escisión se adopte o no en junta universal y con el voto a favor de todos los socios o sólo de la mayoría. Precisamente, el quid y el interés de esta norma se encuentra en la cuestión de que determinados requisitos procedimentales propios del régimen general de la escisión resultan prescindibles aunque no exista acuerdo unánime de todos los socios. Y es así porque la ley entiende que, dada la forma concreta en que se verifica la escisión –atribuyendo a todos los socios una participación en todas las sociedades beneficiarias proporcional a la que tenían en la sociedad escindida–, es objetivamente imposible que alguno de ellos sufra un perjuicio patrimonial como consecuencia de esta operación, de manera que son innecesarios unos requisitos relacionados con el valor patrimonial de las sociedades y el tipo de canje. Algo que ya era defendible en el marco de la legalidad anterior y que habíamos aplicado en algún caso en la práctica sin encontrar resistencia en el Registro Mercantil ahora habría recibido reconocimiento legal expreso, lo que no se puede juzgar más que favorablemente (siempre partiendo de la presuposición que inspira las últimas reformas del derecho comunitario sobre la materia de que el informe del experto sólo se justifica por el interés de los socios, lo que es bastante discutible).

Ahora bien, dicho esto, también hay que señalar que el caso más frecuente en la práctica es aquel en que las tres normas aludidas se solapan o concurren (máxime después de la reforma del art. 42 LME del año 2012, cuando ésta se convierte en una norma aplicable también cuando en la operación interviene alguna SA). Así sucede cuando todas las sociedades son unipersonales o con varios socios adoptándose los acuerdos en junta universal por unanimidad y manteniéndose la misma participación originaria de los socios en todas las sociedades beneficiarias. En tales casos, la dispensa de informe de administradores y de experto independiente ya resulta de los arts. 42 y 78.3 (e incluso, en su caso, del art. 49) y vendría a ser innecesaria la flexibilización introducida por este art. 78 bis.

Ahora bien, hay que tener en cuenta que la nueva norma no dispensa sólo de los informes de los administradores y del experto independiente, sino que –de conformidad con lo dispuesto en el art. 22.5 de la Sexta Directiva reformada en el año 2009–, prescinde también del balance de escisión (lo que es lo mismo que decir de la auditoría del balance en el caso de que la sociedad esté sujeta a auditoría y por la fecha en que se pretende realizar la escisión no sea aprovechable el último balance auditado).

Esto, como decimos, es conforme con la Directiva (incluso obligado, porque la citada norma comunitaria se dirige en términos imperativos a los Estados miembros), pero resulta bastante llamativo, incluso chocante, si tenemos en cuenta: primero, que el mismo Real Decreto-ley que introduce este art. 78 bis, que dispensa del balance en este supuesto, es el que, al dar nueva redacción al art. 42 LME, ha eliminado la dispensa que dicha norma en su redacción inicial había establecido en cuanto a la aplicación de las normas del balance en los supuestos de fusión o escisión acordados en junta universal por unanimidad no interviniendo sociedades anónimas o comanditarias por acciones; y segundo, que en el régimen general vigente de la fusión no existe supuesto alguno en que el balance sea prescindible (como señalamos en la sede correspondiente, aunque podía hacerlo en los casos de acuerdo unánime, de conformidad con la Directiva 2009/109/CE, nuestro legislador no ha hecho uso de esa posibilidad en las reformas de la LME del año 2012, de manera que incluso en el caso del art. 49 LME, absorción de sociedad íntegramente participada, hace falta balance –en su caso, auditado– de todas las sociedades intervinientes). Si es así, ¿se ha introducido una incongruencia en el sistema de la LME?, ¿o existe alguna razón de fondo o valorativa que justifique que en el concreto supuesto que delimita este art. 78 bis, no se consideren necesarios ni los informes ni el balance?

Este interrogante se relaciona con una grave duda interpretativa que suscita este precepto: ¿sólo se aplica la simplificación procedimental –en particular, la dispensa de balance, en su caso auditado– si las sociedades beneficiarias son todas ellas de nueva creación, que es lo que contempla literalmente la norma? Así, ya nos hemos encontrado con el caso de una sociedad unipersonal que pretende escindirse total o parcialmente en favor de una o varias sociedades unipersonales preexistentes cuyo socio único es el mismo que lo es de la sociedad escindida, planteándose la cuestión de si es aplicable la simplificación procedimental de este art. 78 bis. Obsérvese, como decíamos antes, que un supuesto como el indicado es subsumible sin duda alguna en las normas de los artículos 78.3 y 42 LME; de manera que lo que interesa de esa posible subsunción además en la norma del art. 78 bis es la no necesidad de balance auditado.

Aunque es menos previsible, también puede darse el caso de escisión de una sociedad pluripersonal a favor de una o varias sociedades beneficiarias preexistentes cumpliéndose el requisito de la proporcionalidad en la atribución a los socios de la escindida de las nuevas acciones o participaciones de todas las sociedades beneficiarias, pero sin que concurra el acuerdo unánime de todos los socios y la circunstancia del acuerdo en junta universal. Un caso como éste no sería subsumible en las normas simplificadoras de los arts. 42 o 34.4 –a efectos de poder prescindir de los informes de administradores y expertos–, ¿pero sería subsumible en este art. 78 bis, aplicado analógicamente?

A favor de la aplicación analógica de este precepto al caso de sociedades beneficiarias preexistentes se puede invocar la absoluta identidad de razón si se tiene en cuenta únicamente el interés de los socios (o del socio único en los casos más frecuentes en grupos de sociedades).

En contra, por lo que respecta al requisito del balance, se pueden aducir los siguientes argumentos, además del simplemente literal (literalidad de nuestra ley y de la propia Directiva comunitaria, que en el art. 22.5 habla de "nuevas sociedades"):

Primero, un argumento sistemático: la aludida incongruencia con el resto del sistema legal (la indudable exigencia de balance en los casos de fusión aunque sólo intervengan sociedades unipersonales participadas directa o indirectamente por el mismo socio). De manera que, si este art. 78 bis es una norma excepcional en el conjunto del sistema, no debe ser objeto de interpretación extensiva, o de lo contrario habría que revisar todo el sistema (lo que no ha hecho el legislador en el momento oportuno para ello, que era la reforma del año 2012 para adaptar nuestra regulación a la Directiva del 2009).

Y segundo, puede pensarse que, efectivamente, el caso de escisión a favor de sociedades de nueva constitución presenta una especificidad que justifica esa dispensa de informes y de balance y que no concurre en el caso de escisión a favor de sociedades preexistentes. Así, en el marco de nuestra ley vigente, si el balance no es prescindible como regla general ni en el caso de fusión o escisión de sociedades unipersonales o pluripersonales con acuerdos en juntas universales y por unanimidad, es porque dicho elemento –aunque se haya suavizado el requisito de su antigüedad máxima y sólo se le reconozca un valor informativo– se considera relevante desde el punto de vista de un interés ajeno al del propio socio o socios, es decir, el interés de los acreedores. El balance de fusión o escisión proporciona una información relativamente reciente –y contrastada en el caso de estar auditado– sobre la situación patrimonial de todas las sociedades intervinientes en la operación, que puede servir para que los acreedores y trabajadores de las mismas adopten con más conocimiento de causa aquellas medidas que puedan considerar más convenientes para la protección de sus intereses, entre ellas el ejercicio del derecho de oposición. Pues bien, lo peculiar de la escisión a favor de sociedades beneficiarias todas ellas de nueva constitución es que dichas sociedades beneficiarias no existían con anterioridad a la ejecución de la escisión, no tenían ningún patrimonio preexistente a esta operación y diferente de la fracción patrimonial que cada una recibe de la sociedad escindida. Por tanto, ninguna de ellas contaba con deudas que pudieran comprometer su solvencia de cara a los acreedores que proceden de la sociedad escindida. No hay que comparar dos o más patrimonios a efectos de solvencia, por cuanto lo único que sucede es que un único patrimonio se divide en dos o más partes que van a pasar a funcionar de forma independiente. Incluso se puede pensar que esa división patrimonial no afecta en términos de solvencia a los acreedores preexistentes de la sociedad escindida dada la responsabilidad solidaria de todas las sociedades beneficiarias por las deudas de la escindida y la de ésta si subsiste, según después estudiaremos.

Tratándose de una escisión a favor de sociedades preexistentes, la situación de cara a los terceros es, en hipótesis, mucho más delicada, pues todas las sociedades intervinientes pueden tener sus propias deudas y contingencias. El acreedor de la sociedad escindida puede sentirse perjudicado por la confusión patrimonial que puede producirse cuando una sociedad beneficiaria adquiere una fracción del patrimonio de la primera, por concurrir ahora en pie de igualdad sobre el patrimonio de la beneficiaria resultante tanto los acreedores que proceden de la escindida como los preexistentes de la beneficiaria. Por tanto, en tal supuesto existe un mayor interés de los terceros en disponer de toda la información posible sobre la situación patrimonial, financiera y contable de todas las sociedades participantes en la operación.

En vista de lo que hemos indicado, parece que existe una razón valorativa, además del argumento literal y sistemático, para sostener que la simplificación de requisitos que permite este art. 78 bis, al menos por lo que respecta al balance, sólo es aplicable al caso que estrictamente encaja en su tenor expreso.

En cuanto a los informes de los administradores y del experto independiente, en la medida en que en el sistema de la ley se justifican solo por el interés de los socios, entendemos que el criterio podría ser más laxo. Así, si concurre el requisito de la estricta proporcionalidad de la participación de todos los socios en todas las sociedades, debería ser indiferente que la sociedad o sociedades beneficiarias sean de nueva creación o preexistentes, para que se pueda prescindir de los mismos incluso si la escisión no se decide por acuerdo unánime de todos los socios, en virtud de una aplicación analógica de este art. 78 bis.

Por último, ni que decir tiene que la dispensa de informe de experto independiente al amparo de este art. 78 bis no se aplica a la función del informe en cuanto control de la realidad de la cobertura patrimonial del capital en el caso de que alguna de las sociedades beneficiarias de la escisión sea SA o SCom por acciones. Al respecto nos remitimos a todo lo señalado sobre la interpretación del art. 78.3 LME.

4.- Un requisito procedimental específico de la operación de escisión es el que resulta, para su particular supuesto de hecho, del art. 76: *«En los casos de escisión total o de escisión parcial con pluralidad de sociedades beneficiarias, siempre que no se atribuyan a los socios de la sociedad que se escinde acciones, participaciones o cuotas de todas las sociedades beneficiarias, será necesario el consentimiento individual de los afectados»*.

Esta norma supone un importante límite al poder decisorio de la mayoría, si bien su formulación no responde del todo a lo que se supone es el fundamento de la misma:

- Literalmente, sólo se aplicaría en los casos de escisión total o de escisión parcial con pluralidad de sociedades beneficiarias, cuando, evidentemente, también debe ser de aplicación en casos de escisión parcial a favor de una sola sociedad beneficiaria si las acciones o participaciones emitidas o creadas por ésta no se atribuyen a todos los socios de la sociedad escindida, sino sólo a alguno o algunos de ellos.

- Por otra parte, lo que justifica la exigencia del consentimiento individual de los socios no es sólo que *no se atribuyan a los socios de la sociedad que se escinde acciones, participaciones o cuotas de todas las sociedades beneficiarias*, sino que dicha atribución no sea proporcional a la participación inicial de aquéllos en la sociedad escindida. Así, entendemos que no basta con que todos los socios de la escindida pasen a ser simplemente socios de todas las sociedades beneficiarias, cualquiera que sea la participación que se les atribuya en el capital de éstas. Lo relevante y suficiente para que proceda aplicar esta norma es

–como decimos–, que se produzca una quiebra en la proporcionalidad respecto de la participación inicial en la sociedad escindida (salvo el margen del 10 % de compensación en dinero para ajustar el tipo de canje que admite el art. 25.2 de la LME y que por remisión es aplicable a la escisión).

No obstante, aún tenemos que matizar más: no se trata –a nuestro juicio– de que la participación de un socio en el capital de alguna de las sociedades beneficiarias de la escisión sea diferente de la que ostentaba ese socio en la sociedad escindida, sino de que se produzca una quiebra de la específica proporcionalidad que existía entre las participaciones de los socios de la sociedad escindida, lo que no es lo mismo. Así, es posible que la participación de un socio respecto de la totalidad del capital de una de las sociedades beneficiarias de la escisión sea inferior a la que ostentaba ese socio en la sociedad escindida, y ello como consecuencia de que esa sociedad beneficiaria sea una sociedad preexistente que tenía sus propios socios diferentes de los de la escindida. El art. 76 no se aplica en este caso si todos los socios de la sociedad escindida se ven afectados por la consiguiente dilución en la misma proporción (éste es un caso en que, siendo SA la escindida, es preciso el informe de experto sobre el proyecto de escisión y el tipo de canje a falta de acuerdo unánime de todos los socios de la sociedad escindida, y al que no es aplicable, como hemos sostenido antes, la norma del nuevo art. 78 bis).

En cuanto a la consecuencia jurídica de la norma –la exigencia de consentimiento individual *de los afectados*–, de acuerdo con nuestro entendimiento de la misma, una alteración de la proporcionalidad puede afectar tanto al que recibe de menos en una sociedad como al que recibe de más (se supone que, si recibe de más en una de las beneficiarias, será porque recibe de menos en otra o se reduce más que proporcionalmente su participación inicial en la sociedad escindida). Por tanto, exigir el consentimiento individual de los afectados supondrá normalmente exigir el consentimiento individual de todos los socios. Aunque no tiene por qué ser así necesariamente. Y ello porque en una sociedad con varios socios alguno o algunos de ellos pueden recibir una participación en todas las sociedades beneficiarias proporcional a su participación inicial en la sociedad escindida, mientras que otros socios pueden recibir participaciones que no respeten dicha proporcionalidad. En tal caso, la operación de escisión no requiere necesariamente el consentimiento individual de esos socios cuya participación no se ve alterada.

5.- Para terminar con el examen de los específicos requisitos procedimentales de la escisión, aún podemos hacer referencia a la aplicación a la escisión de algunas de las nuevas normas del régimen de la fusión.

- La norma del art. 35 sobre la fusión posterior a una compra apalancada puede ser de aplicación en casos de escisión parcial a favor de una sociedad ya existente. El supuesto –que no será muy frecuente– se dará cuando la sociedad vehículo creada para adquirir el control de otra sociedad no se fusiona con ésta sino que absorbe sólo una parte escindida de su patrimonio. También sería procedente la aplicación en el supuesto inverso: la sociedad cuyo control fue adquirido por otra absorbe una parte del patrimonio escindida de ésta. En este segundo supuesto, atendiendo a la finalidad de la norma, sólo debería ésta tener aplicación si la deuda generada por razón de la financiación de la adquisición se ha incluido en la porción patrimonial que se transmite a la sociedad beneficiaria de la escisión. En cualquier caso, aunque estos supuestos no encajan en la forma habitual de desarrollarse este tipo de operaciones de compra de sociedades, es interesante que la norma del art. 35 se considere aplicable a los mismos porque, de lo contrario, podrían utilizarse como maniobras de elusión del régimen riguroso que dicho precepto viene a instaurar.

El segundo párrafo del art. 38, que establece la posibilidad de un peritaje extrajudicial para resolver la reclamación del socio que se considere perjudicado por la relación de canje, se refiere ya de forma expresa tanto a fusión como a escisión.

La norma del art. 42 (aplicable inicialmente sólo a sociedades limitadas y ahora a toda clase de sociedades), que aligera los trámites cuando la fusión se acuerda en junta universal y por unanimidad de todos los socios, es también aplicable, por supuesto, a escisiones. No obstante, habrá que tener en cuenta que la dispensa de proyecto de escisión debe coordinarse con esas exigencias específicas de la escisión de una precisa determinación de los elementos patrimoniales que se atribuyen a la sociedad o sociedades beneficiarias y de la distribución, en su caso, de las acciones o participaciones emitidas entre los socios de la compañía escindida. No habiendo proyecto de escisión, estas determinaciones a que se refiere el art. 74 deberán contenerse, por supuesto, en el acuerdo o acuerdos de escisión.

Como ya hemos anticipado, la norma del artículo 49 relativa a la absorción de sociedad íntegramente participada puede tener aplicación también en supuestos de escisión: así, si la sociedad matriz no absorbe la totalidad del patrimonio de la filial (lo que sería una fusión), sino sólo una parte de su patrimonio. En tal supuesto, la sociedad beneficiaria de la escisión no aumenta su capital, y por tanto no emite o crea nuevas acciones o participaciones. La filial que se escinde parcialmente sí debe reducir capital en la medida en que la transferencia patrimonial no se pueda realizar íntegramente con cargo a su cuenta de reservas.

Si la participación que tiene la sociedad beneficiaria de la escisión en la sociedad que se escinde no es directa sino indirecta, a través de una sociedad intermedia que no participa en la operación, entonces se aplicará el apartado 2 del art. 49: será siempre necesario el informe de experto y la sociedad beneficiaria de la escisión deberá compensar a la sociedad intermedia por su pérdida de patrimonio neto, en su caso. En relación con la interpretación de este desafortunado precepto, nos remitimos a lo ya señalado en sede de fusión.

La norma del art. 52 sobre los supuestos asimilados a la absorción de sociedades íntegramente participadas también es aplicable en supuestos de escisión parcial: la matriz se escinde parcialmente a favor de la filial, o una sociedad participada íntegramente se escinde parcialmente a favor de otra sociedad participada también íntegramente por el mismo socio.

También pueden aplicarse a escisiones parciales las normas de los arts. 50 y 51. De conformidad con la primera, si la sociedad beneficiaria de una escisión parcial es titular del 90 % o más pero no de la totalidad de las acciones o participaciones de la sociedad que se escinde, puede ofrecer a los socios minoritarios de ésta la compra de sus acciones o participaciones por su valor razonable para no tener que darles parte en su propio capital, es decir, en el capital de la sociedad beneficiaria. Y conforme a la segunda, siempre que se cumplan determinados requisitos, puede prescindirse del acuerdo de la junta de la sociedad beneficiaria de la escisión cuando la misma fuera titular del 90 % o más del capital de la sociedad escindida.

V. EFECTOS DE LA ESCISIÓN. LA SUCESIÓN UNIVERSAL Y LA TUTELA DE LOS ACREEDORES

A. EL PROBLEMA DE LA SUCESIÓN UNIVERSAL EN LA ESCISIÓN

Ya hemos anticipado que una novedad importante de esta LME ha sido el reconocimiento expreso del efecto de sucesión universal para todas las especies de escisión, lo que contrasta con el anterior silencio de la LSA al respecto. Antes, tanto para la escisión parcial como para la total, la LSA sólo hablaba de «transmisión en bloque», pero no mencionaba la sucesión universal, a diferencia de lo que hacía en sede de fusión.

¿Se trataba de una omisión que no obedecía a ningún propósito consciente y que el intérprete debía cuidarse de subsanar entendiendo que, por analogía con la fusión y sobre la base de la remisión genérica que para lo no específicamente regulado en sede de escisión se hacía a las normas de la fusión, también la escisión producía una «sucesión universal»? ¿O este silencio debía interpretarse de otra forma: como algo consciente y premeditado, una exclusión para estas otras operaciones del efecto que sí se cuidaba de reconocer expresamente la ley en sede de fusión, o, al menos, como un reflejo de la duda o incertidumbre que sobre este tema embargaba al propio legislador?

¿Y por qué semejante duda? Pues porque lo que sucede en una escisión, ya sea total o parcial, es muy diferente de lo que sucede en una fusión, y esa diferencia puede ser precisamente muy relevante a la hora de reconocer o no el efecto de la sucesión universal.

Ya hemos estudiado cómo lo propio de la fusión es que el patrimonio social se transmite en su integridad, todo el pasivo con todo el activo, y además lo adquiere un único sujeto: la sociedad absorbente o la sociedad nueva que se constituye como beneficiaria de la fusión. En consecuencia, una concreta deuda, por ejemplo, se transmite a un sujeto diferente que queda como nuevo deudor –la sociedad absorbente o la nueva sociedad creada para recibir el patrimonio de las fusionadas–, pero no se transmite sólo esa deuda de forma aislada, sino embebida en el conjunto del patrimonio de ese deudor que en bloque se transmite al adquirente de la deuda. Por ello, si pensamos en términos de solvencia y responsabilidad, se transmite ese elemento de pasivo que es una deuda, pero con el mismo conjunto patrimonial activo que hasta entonces le servía de garantía.

Por tanto, mientras la transmisión sea de todo, de todo el pasivo de la sociedad junto con todo su activo, los acreedores sociales no tienen por qué verse perjudicados, ni merecer la misma protección que en el caso de pretensión de circulación aislada de una deuda. El único perjuicio que puede sufrir el acreedor social de la sociedad que desaparece y traspasa en bloque todo su patrimonio es el que deriva de la posibilidad de que la sociedad adquirente tenga sus propios acreedores, que podrían concurrir ahora con los acreedores de la transmitente sobre los bienes que fueron de ésta. El problema deriva de la confusión de los patrimonios de transmitente y adquirente, con la consiguiente concurrencia de acreedores sobre unos bienes que podrían ser insuficientes para satisfacer a todos. Problema éste que –obsérvese– puede afectar tanto a los acreedores de la sociedad absorbida como a los de la sociedad absorbente.

Y la respuesta a este problema, como ya hemos estudiado, es el derecho que la ley reconoce a los acreedores tanto de la sociedad absorbida como de la sociedad absorbente de oponerse a que se lleve a efecto esa confusión patrimonial si antes no son suficientemente garantizados.

Sin embargo, en la escisión, ya sea total o parcial, lo que se produce, como hemos indicado, es una fragmentación del patrimonio social para formar dos o más partes que ahora van a seguir destinos diferentes. Por eso, como ya hemos visto, un requisito específico de la escisión y donde se encuentra el meollo de su problemática particular es la necesidad de una identificación de los concretos elementos patrimoniales que se incluyen en cada una de las fracciones patrimoniales que van a seguir un destino diferente.

Pues bien, precisamente el hecho de que toda escisión conlleve esta fragmentación patrimonial y esta necesidad de identificar lo que va a un sitio o a otro (de manera que, en particular, una concreta deuda se traspasa sin venir acompañada de la totalidad del conjunto patrimonial del que antes formaba parte) es lo que genera o había generado hasta ahora la razonable duda de si el efecto de la sucesión universal puede predicarse de una escisión. En definitiva, ¿cómo va a ser universal una sucesión parcial o fragmentaria?

En el caso de la escisión total, con extinción de la personalidad de la sociedad escindida, esta duda se podía resolver favorablemente porque, aunque se produce una fragmentación patrimonial, lo cierto es que la sociedad titular anterior del patrimonio ha desaparecido y, por tanto, o admitimos la transmisión automática de todos sus elementos patrimoniales tanto activos como pasivos, o estos –en particular las deudas– quedarían sin titular. Precisamente, algo similar es lo que sucede en una sucesión hereditaria con una pluralidad de herederos. La existencia, absolutamente habitual, de varios herederos que se reparten el patrimonio hereditario en la partición nunca se ha considerado un obstáculo a la idea de sucesión universal. Lo que hace la ley en sede hereditaria para proteger a los acreedores hereditarios frente a un posible reparto estratégico de los activos y pasivos hereditarios entre los herederos es establecer una responsabilidad solidaria de todos los herederos por todas las deudas hereditarias (art. 1084 CC); lo que, si nos fijamos, es casi exactamente (luego explicaremos este «casi») –y no por casualidad– la misma medida de protección, importantísima, que establece la ley societaria para los casos de escisión: la responsabilidad de todas las sociedades beneficiarias (y de la escindida si subsiste, en el caso de escisión parcial, pero de ello nos ocuparemos luego) por todas las obligaciones atribuidas a cualquiera de ellas, responsabilidad ésta que se entiende que no obsta a que las deudas efectivamente se hayan transmitido a un nuevo deudor o deudores sin el consentimiento de los correspondientes acreedores.

En cuanto al caso de la escisión parcial, el mismo es el que más motivo ha suscitado para la duda, precisamente porque subsiste la personalidad de la sociedad que se escinde. Ésta, como ya hemos indicado, divide su patrimonio en dos o más partes transmitiendo una o más de estas partes pero conservando siempre una. En este caso, ¿cómo va a determinar un sujeto, sin necesidad del consentimiento del correspondiente acreedor, que una deuda se la queda o la traspasa a otro sujeto? ¿Cómo se puede entender transmitida una deuda sin el consentimiento del correspondiente acreedor cuando el primitivo deudor todavía existe y conserva una parte de su patrimonio y puede seguir adquiriendo bienes en el futuro?

Que la cuestión de la transmisión de las deudas en una escisión es algo problemático, tanto en la regulación anterior como en la nueva, se pone de manifiesto en la norma del art. 70.2 de la LME, que reproduce literalmente lo que decía el art. 253.2 de la LSA: *«Si la parte del patrimonio que se transmite en bloque está constituida por una o varias empresas o establecimientos comerciales, industriales o de servicios, podrán ser atribuidas a la sociedad beneficiaria las deudas contraídas para la organización o el funcionamiento de la empresa que se traspasa»*. El tenor de esta norma parece dar a entender que la transmisión de deudas vía escisión fuera algo excepcional, algo que debe estar objetivamente justificado en alguna suerte de vinculación causal entre la deuda transmitida y esa fracción de empresa que se pretende segregar.

En esta misma línea, nos encontramos también con el dato de que en sede de escisión parcial la ley no admite una absoluta discrecionalidad a la hora de formar la fracción o fracciones patrimoniales que se van a separar. Así, –como ya hemos comentado– requisito específico de la escisión parcial era y es que la porción segregada constituya una «unidad económica». Con independencia de las dificultades que en la práctica puede plantear –según ya hemos señalado– la exigencia de este requisito, lo que el mismo pone evidentemente de manifiesto es una especie de cautela de la ley ante una posible práctica de ingeniería societaria completamente artificiosa, de manera que la sociedad pueda a su capricho formar esas fracciones patrimoniales que van a seguir un destino jurídico diferente. De lo que se trata, en definitiva, es de que la operación formal societaria responda a la lógica económica de las cosas. Por eso, precisamente, de la norma ya citada sobre las deudas en la escisión parece derivarse –aunque sea a duras penas– la idea de que no se pueden asignar cualesquiera deudas a la fracción patrimonial que se va a segregar, sino sólo aquellas que tengan una conexión causal con la organización y funcionamiento de la actividad que se desarrolla mediante esa fracción patrimonial.

Hay como una especie de idea de fondo de justicia material según la cual determinadas deudas han de seguir a determinados activos (y también lo contrario: que determinadas deudas no deben seguir a determinados activos), como si la simple observancia del procedimiento formal de una escisión y la simple discrecionalidad negocial de los socios de la sociedad afectada no fueran suficientes para justificar que una deuda se incluya en una fracción patrimonial o en otra, como si la pretendida sucesión universal debiera tener en este caso una específica justificación objetiva de tipo económico.

En definitiva, el fundamento de la sucesión universal en el caso de la escisión parcial no sería la transmisión de todo el patrimonio de un sujeto, sino la transmisión de una porción que en sí misma constituye una empresa, y ello porque esa forma de transmisión *uno ictu* sería la forma de hacer posible la conservación y continuidad de dicha empresa.

Pues bien, a la vista de todo lo que venimos indicando, no dejaba de suscitar dudas la cuestión de si realmente podía sostenerse el radical efecto de la sucesión universal en los casos de escisión y en particular de escisión parcial. Sin embargo, hoy nuestro legislador societario ya no vacila ni duda. Lo tiene muy claro. Y así, con toda rotundidad la LME define la escisión, como hemos visto, incluyendo una referencia explícita e inequívoca al efecto de la sucesión universal.

Se nos dirá que no es algo tan grave, porque eso es lo que venía entendiendo ya la generalidad de la doctrina ante la normativa anterior. La ley se ha limitado a hacer explícito lo que casi todos antes ya pensábamos. Además, hay sucesión universal, pero también el derecho de oposición de los acreedores y, sobre todo, la aludida responsabilidad solidaria por las deudas atribuidas a las sociedades beneficiarias.

Analizaremos ahora estos dos elementos que vienen a servir de contrapeso a la flexibilidad que supone reconocer el efecto de sucesión universal para la operación de escisión en todas sus modalidades, incluyendo ahora también la segregación y el supuesto asimilado del art. 72.

B. EL DERECHO DE OPOSICIÓN DE LOS ACREEDORES

Dada la remisión a la normativa de la fusión, también en la operación de escisión los acreedores de todas las sociedades participantes gozan del derecho de oposición.

Como ya hemos estudiado en sede de fusión, este derecho supone, precisamente, una medida muy radical y contundente de protección de los acreedores sociales que puedan verse amenazados por la escisión proyectada, por cuanto permite a éstos paralizar toda la operación mientras no sean pagados o garantizados.

Ahora bien, esta protección preventiva derivada del derecho de oposición –como también hemos ya comentado– presenta importantes debilidades: no protege a todos los acreedores, en particular, deja fuera a los que tienen sus créditos ya vencidos; y, sobre todo, su eficacia presupone que el acreedor consigue enterarse de la operación proyectada y reaccionar dentro del breve plazo con que cuenta para ello. ¿Y qué es lo que hace la LME respecto de este derecho de oposición, en este contexto económico tan delicado en que ahora mismo nos encontramos? Pues no precisamente fortalecer este derecho, sino debilitarlo, pues eso es lo que supone reducir de la forma tan radical como lo hace la LME los requisitos de publicidad que deben rodear los acuerdos de fusión o escisión (recuérdese que la publicidad de la operación a través de la inserción del proyecto correspondiente en la web de la sociedad no existe en los frecuentísimos casos en que se aplica la simplificación procedimental del art. 42 LME). Y es que cuando uno piensa sólo en términos de eficiencia económica a corto plazo, cae rápidamente en la cuenta de que un anuncio cuesta menos que tres, pero quizá no repare en los intereses de tipo general que pueden verse afectados por la posibilidad de tramitar estos procedimientos de forma casi clandestina. Para no hablar de la duda que genera ahora el nuevo apartado 4 del art. 44 LME en cuanto a la posibilidad de continuar con un procedimiento de escisión pese a la oposición en tiempo y forma de algún acreedor.

Y quizá tampoco repara uno en que el derecho de oposición puede ser un obstáculo importante y por tanto una garantía importante para los acreedores; pero, al mismo tiempo, puede funcionar como un parapeto, que blinda la operación ya realizada de cualquier ataque que a posteriori pretendan realizar los acreedores, y ello porque los acreedores que, pudiendo oponerse, no lo hacen en tiempo y forma, no parece que luego tengan forma de reclamar contra la operación realizada por mucho que les perjudique. Así, aparte del blindaje que trata de imponer el artículo 47 LME frente a impugnaciones judiciales de estas operaciones una vez inscritas en el Registro Mercantil, difícilmente se va a poder hacer valer, por ejemplo, una acción pauliana contra una segregación por el hecho de que la fracción patrimonial segregada se haya valorado a la baja a la hora de determinar la contraprestación en participaciones de la sociedad beneficiaria que recibe la sociedad aportante.

Pero es que, además, siempre pensamos en los acreedores sociales, ¿y qué pasa con los deudores de la sociedad? Porque, si hay sucesión universal, se supone que no es de aplicación el artículo 1527 del CC.

Según este precepto del derecho común, en caso de transmisión de un crédito, si el correspondiente deudor no tiene conocimiento de la misma, queda liberado por el pago hecho al cedente. Se trata de una entrañable norma de derecho civil puro que hace tiempo que incomoda a algunos, que han hecho todo lo posible para desactivarla, y ello con la complacencia del propio legislador. Y es que, precisamente, venía a ser uno de los principales obstáculos –según se nos decía– para que se pudiera desarrollar una ingeniería financiera realmente eficiente, es decir, para la movilización en masa de las carteras de créditos de las entidades bancarias mediante la novedosa técnica de la titulización. A estas alturas ya sabemos todos a dónde nos ha llevado tanta flexibilidad y eficiencia en la movilización de los créditos... Pero a lo que ahora vamos es a que el legislador societario no se ha dado cuenta de que la tradicional exigencia de publicidad propia de los procedimientos de fusión y escisión no solo se justifica por la protección del interés de los acreedores, sino también de los deudores, como un sucedáneo de la comunicación individual del cambio de acreedor propia del derecho civil. Y resulta que ahora la norma que dispensa de la publicación de los anuncios, los sustituye por unas comunicaciones individuales a todos los socios y a todos los acreedores..., pero no a todos los deudores de la sociedad. El caso de la fusión puede ser menos grave, porque la sociedad transmitente de los créditos por definición desaparece y es menos probable que reciba pagos extemporáneos, pero en el caso de una escisión, sobre todo si es parcial, es perfectamente posible y lo más previsible que durante un tiempo la sociedad escindida y que subsiste siga recibiendo pagos de cantidades que correspondían a créditos que han sido traspasados a la sociedad beneficiaria de la escisión. Por supuesto que lo normal es que se tomen espontáneamente las medidas oportunas para que los clientes de la compañía tengan noticia de la escisión y de a quién tienen que pagar ahora. Pero lo cierto es que la escisión se puede tramitar ahora de forma prácticamente clandestina (la única publicidad de tipo general podría ser la inscripción final en el Registro Mercantil de la escritura de escisión y la publicación en el BORME de un extracto de esa inscripción en la sección de «actos inscritos»), y las consecuencias negativas de un pago improcedente en caso de que no se hubiese llegado a comunicar individualmente a un deudor o hubiera sido tardía la comunicación las soportaría precisamente el deudor y no la sociedad beneficiaria de la escisión, la cual legalmente podría exigir la repetición del pago, si es que, como decimos, la observancia del procedimiento legal de la escisión lleva consigo el efecto de sucesión universal. Todo lo cual, evidentemente, en el plano valorativo es completamente absurdo, pero es una manifestación de cómo nuestro legislador societario mercantil se está olvidando cada vez más del derecho civil.

C. LA RESPONSABILIDAD SOLIDARIA POR LAS DEUDAS ATRIBUIDAS A LAS SOCIEDADES BENEFICIARIAS

En cuanto a la responsabilidad solidaria por las deudas atribuidas a la sociedad o sociedades beneficiarias de una escisión, se establece ahora en el art. 80 LME, que dispone lo siguiente: *«De las obligaciones asumidas por una sociedad beneficiaria que resulten incumplidas responderán solidariamente las demás sociedades beneficiarias hasta el importe del activo neto atribuido en la escisión a cada una de ellas y, si subsistiera, la propia sociedad escindida por la totalidad de la obligación».*

El fundamento de esta responsabilidad –ausente en sede de fusión– parece encontrarse, como ya hemos anticipado, en la fragmentación patrimonial que lleva consigo toda operación de escisión. En la medida en que el conjunto de bienes que respondía de unas determinadas deudas resulta fragmentado sin contar con el consentimiento de los acreedores, éstos se ven protegidos con una responsabilidad que supone, de alguna manera, mantener el mismo bloque patrimonial de cobertura con que antes contaban.

A tal efecto, es importante reparar en la naturaleza distributiva o particional del negocio de escisión. Así, por supuesto que un crédito ordinario no especialmente asegurado con alguna forma de garantía real sobre bienes determinados del deudor no da lugar a una afección genérica del patrimonio de éste, como si cualquier adquirente de bienes que, vigente la deuda, han formado parte de ese patrimonio del deudor pasase a responder hasta el valor del bien adquirido del pago de esas deudas de su transmitente. Sin embargo, la «transmisión» que tiene lugar por vía de escisión es muy especial y contrasta radicalmente con las transmisiones ordinarias a que se enfrenta todo acreedor. Así, en los negocios de enajenación onerosa tiene lugar un *do ut des*, de manera que un determinado bien sale del patrimonio del deudor precisamente porque ingresa en su lugar una contraprestación en dinero u otros bienes de valor tendencialmente equivalente al del bien enajenado. Por supuesto que un bien se puede malvender en perjuicio de los acreedores, pero, ante semejante eventualidad, el acreedor está protegido con la acción pauliana o rescisoria de enajenaciones en fraude de acreedores. Tratándose de enajenaciones gratuitas, no existe, por definición, contraprestación, pero los acreedores perjudicados por eso tipo de enajenaciones cuentan con una presunción de fraude a su favor a la hora de ejercitar la citada acción pauliana. Sin embargo, en una escisión lo que sucede es que un sujeto reparte su patrimonio formando partes más pequeñas, de manera que el acreedor cuyo crédito se asigna a una de esas partes ve cómo inmediata y directamente disminuye la cobertura patrimonial del mismo, sin que nada venga a compensar esa pérdida de patrimonio (hacemos abstracción de que en el supuesto de escisión a favor de sociedad preexistente ésta aporta su propio patrimonio anterior).

Además, como ya hemos señalado, lo característico de la escisión desde el punto de vista económico es reorganizar la forma en que se ostenta la titularidad de un patrimonio a través de una sociedad, sin que ello suponga una genuina enajenación a un extraño de parte alguna de ese patrimonio, porque, a través de su participación en el capital de las sociedades beneficiarias, los socios de la sociedad escindida van a seguir vinculados a las partes de patrimonio segregadas. Por eso resulta también justificado que esas sociedades beneficiarias de la escisión no queden completamente liberadas de responsabilidad por las deudas que han sido objeto de reparto entre las mismas. En definitiva, no llega a haber una verdadera alteridad de sujetos en la nueva configuración patrimonial resultante de la escisión.

Ahora bien, en cuanto a la responsabilidad que el precepto indicado impone a la propia sociedad escindida en los casos en que ésta subsiste (es decir, en el supuesto de escisión parcial), podríamos cuestionarnos si su fundamento radica en el dato de que la misma conserva una parte del patrimonio que ha sido fragmentado (de manera que responde porque ella también es *lato sensu* «beneficiaria» de la escisión), o más bien en el dato de que la misma fue la que contrajo la deuda cuando ésta nació, de manera que, subsistiendo su personalidad jurídica, no puede quedar nunca liberada de responsabilidad por esas deudas (salvo consentimiento de los correspondientes acreedores). Esto segundo parece venir confirmado por el diferente régimen de la responsabilidad que afecta a la propia sociedad escindida: ilimitada cuantitativamente, es decir, no limitada al valor del neto patrimonial que conserva como sucede con las sociedades beneficiarias.

No obstante, quizá este diferente régimen de responsabilidad de la sociedad escindida no resulta del todo justificado, por razones tanto conceptuales como prácticas. Desde el punto de vista conceptual, esa responsabilidad más cualificada porque fue ella la que contrajo la deuda no deja de estar fundada en un concepto completamente formal de personalidad jurídica: porque ella es la que conserva el CIF y la hoja registral (ni siquiera necesariamente el nombre) de la sociedad que contrajo la deuda, cuando toda su verdadera sustancia patrimonial y organizativa ha podido pasar a una de las sociedades beneficiarias (lo que nos lleva al problema de discernir cuál es el verdadero sustrato de la «identidad» de una persona jurídica de tipo societario). Y desde el punto de vista práctico, porque, como ya vimos, a la hora de planificar una escisión –en particular si es a favor de sociedades de nueva creación– la decisión tanto de si se hace una escisión total o parcial como acerca de qué fracción patrimonial se mantiene en la sociedad escindida y cuál se traspasa a la beneficiaria de nueva creación, puede ser completamente discrecional. De manera que no parece tener mucho sentido que una diferencia tan acusada de régimen en cuanto a la responsabilidad sea consecuencia de una circunstancia tan completamente arbitraria.

Un razonamiento de este tipo nos puede llevar –como decimos–, a cuestionar si esa continuación formal de la personalidad jurídica debería ser el verdadero fundamento de la responsabilidad que la ley impone a la sociedad escindida que subsiste, o más bien la justificación de esa responsabilidad debería ser la misma que motiva la responsabilidad que se impone a las sociedades beneficiarias en el caso de pluralidad de éstas: simplemente, el hecho de convertirse en titular (en su caso, seguir siéndolo) de una de las porciones resultantes de la fragmentación patrimonial que conlleva la escisión.

Esta visión del asunto que proponemos –y que consideramos más realista y más ajustada a las exigencias que plantean los intereses en juego– puede tener dos consecuencias de gran interés práctico: en primer lugar, nos puede llevar a entender que no tiene ningún sentido que las sociedades beneficiarias respondan solidariamente de las deudas atribuidas a cualquiera de las otras sociedades beneficiarias, en su caso, pero no de las deudas que siguen a cargo de la sociedad escindida cuando ésta subsiste, como resulta de la literalidad del transcrito art. 80 LME (posteriormente volveremos sobre esta cuestión), porque, en el fondo, la sociedad escindida parcialmente también es «beneficiaria» de la escisión; y, en segundo lugar, que esta responsabilidad de la sociedad escindida que subsiste realmente sólo tiene sentido si la misma conserva alguna parte de su patrimonio anterior. Precisamente, la ampliación del concepto de escisión con la novedosa inclusión de la segregación, así como del ámbito de aplicación de las normas de la escisión, con su extensión al supuesto de filialización total del art. 72, tiene como consecuencia el que ahora nos encontramos con casos de escisión o asimilados a la escisión en los que –a semejanza de lo que también se admite ahora en sede de cesión global– una sociedad transmite todo su patrimonio pero sin extinguirse. Así, la segregación del art. 71 puede consistir en una fragmentación de todo el patrimonio en dos o más partes cada una de las cuales se aporta a una sociedad de nueva creación o preexistente, quedando la sociedad aportante como mera tenedora de las acciones o participaciones recibidas como contravalor de esas sociedades beneficiarias sin retener ninguna parte de su patrimonio anterior; y lo mismo sucede en el supuesto del art. 72, pero sin fragmentación del patrimonio porque todo él en bloque se aporta a una única sociedad.

En el citado caso del art. 71 cuando la sociedad «segregada totalmente» no conserva parte alguna de su patrimonio anterior se produce una fragmentación del patrimonio preexistente, pero éste sólo se reparte entre las sociedades beneficiarias; y en el caso del art. 72 no hay fragmentación alguna porque todo el patrimonio se transmite a una única sociedad adquirente (el supuesto se parece mucho más a una fusión, con la diferencia de que las acciones o participaciones emitidas por la sociedad beneficiaria las recibe la propia sociedad aportante y no sus socios). Si es así, podría pensarse que falta el fundamento para imponer en esos casos una responsabilidad solidaria a la sociedad segregada o aportante por aplicación de este art. 80 LME. Como luego veremos, esta idea puede apoyarse en el propio tenor literal del art.

91 LME en sede de cesión global de activo y pasivo, que parece imponer esta responsabilidad solidaria sólo en los casos de pluralidad de cesionarios, es decir, como algo que va ligado siempre a la idea de fragmentación patrimonial.

Dejando ya la cuestión del fundamento de la norma del art. 80 LME, la doctrina ha solido detenerse en precisar el carácter subsidiario de esta responsabilidad (se responde sólo si la sociedad beneficiaria asignataria de la deuda no la paga) y el alcance de la solidaridad (posibilidad de repetición de la sociedad beneficiaria que paga contra la sociedad beneficiaria que tenía a su cargo la deuda, etc.). Por nuestra parte, queremos llamar la atención sobre tres cuestiones.

1. La limitación al importe del activo neto

En primer lugar, esta responsabilidad, en cuanto afecta a la propia sociedad escindida cuando ésta subsiste en los casos de escisión parcial, es cuantitativamente ilimitada; sin embargo, en la medida en que afecta a cada una de las restantes sociedades beneficiarias –en el caso de pluralidad de sociedades beneficiarias–, tiene un límite cuantitativo: el importe del activo neto –obsérvese bien: el «neto»– recibido por cada una de ellas. Esto quiere decir que la *par condicio creditorum* preexistente entre los acreedores de la sociedad escindida a la hora de dirigirse contra los bienes de la misma queda alterada como consecuencia de la escisión, pues cuando el acreedor de una obligación atribuida a la sociedad beneficiaria A se dirige contra la sociedad beneficiaria B, queda subordinado respecto del activo bruto recibido por la misma a todos los acreedores por obligaciones atribuidas en la escisión a esta sociedad B. Y esto es así porque esta sociedad B sólo responde de la deuda asignada a A en la medida en que el patrimonio activo recibido por la primera excede del pasivo, es decir, de la concretas deudas que le han sido asignadas en la escisión.

En consecuencia, la forma en que la sociedad escindida distribuye sus elementos patrimoniales activos y pasivos, e incluso la forma en que los valora (porque el importe neto del activo atribuido a cada una de las sociedades beneficiarias, que supone el límite cuantitativo de su respectiva responsabilidad, parece que resultará de los valores dados por la propia sociedad escindida en la contabilidad que sirve de base a la escisión), que es algo que, como vemos –por esta responsabilidad limitada al respectivo valor neto recibido–, es determinante de la posición de los diferentes acreedores, resulta plenamente oponible a esos acreedores, que son unos terceros, cuando es algo que depende sólo de la voluntad unilateral de la sociedad escindida. De manera que la posición respectiva de los diferentes acreedores de la sociedad escindida a la hora de hacer valer esta responsabilidad solidaria de las sociedades beneficiarias del patrimonio de aquélla vendría determinada por algo que para esos acreedores es una *res inter alios acta*.

Lo intentaremos aclarar con un ejemplo. Si un determinado bien social, por ejemplo, un inmueble, se encuentra infravalorado en la contabilidad social y ese valor no actualizado es el que se tiene en cuenta para valorar la fracción patrimonial en la que se integra el mismo y que se atribuye a una determinada sociedad beneficiaria de la escisión, ello, evidentemente, disminuye el valor patrimonial neto recibido por esa sociedad y que determina el límite de su responsabilidad por las deudas que han sido atribuidas a otras sociedades beneficiarias de la escisión, lo cual, como es obvio, puede causar un perjuicio a los acreedores por las obligaciones atribuidas a esas otras sociedades. Y lo mismo sucede si, en vez de infravalorar el activo atribuido a una sociedad beneficiaria, lo que se hace es inflar artificialmente el valor del pasivo asignado a la misma. A la vista de ello, tenemos que preguntarnos: ¿aparte del derecho preventivo de oposición a la escisión, existe alguna medida legal que permita a los acreedores defenderse a posteriori contra esta desvirtuación de la responsabilidad solidaria que resulta de estas posibles maniobras?; ¿se podría impugnar una escisión ya inscrita por vía de acción pauliana alegando fraude en esa valoración de los activos y pasivos repartidos, que sería determinante de los límites de la responsabilidad solidaria de las sociedades beneficiarias de la escisión? La verdad es que no parece algo muy factible, de manera que la única defensa ante maniobras de este tipo vendría a ser el preventivo derecho de oposición previo a la ejecución de la escisión.

Obsérvese –y esto no deja de ser muy llamativo– que la responsabilidad solidaria entre los herederos después de la participación hereditaria no se ve afectada por esta misma limitación. *«Hecha la partición, los acreedores podrán exigir el pago de sus deudas por entero de cualquiera de los herederos que no hubiere aceptado la herencia a beneficio de in-*

ventario, o hasta donde alcance su porción hereditaria, en el caso de haberla admitido con dicho beneficio», dispone el art. 1084 CC. De manera que, en el caso más normal –aceptación de la herencia pura y simple–, todos los herederos responden de todas las deudas preexistentes de forma solidaria y sin ninguna limitación, cualquiera que sea la forma en que se hubiesen repartido los bienes hereditarios. Por eso decíamos antes que la responsabilidad solidaria que la ley societaria establece en el caso de escisión es una medida que coincide «casi» exactamente con la análoga medida que establece la ley sucesoria para las deudas hereditarias. Y en el caso de aceptación a beneficio de inventario –que no es muy susceptible de analogía con una escisión, por cuanto el uso de este beneficio implica la puesta en administración de la herencia y una liquidación ordenada de las deudas preexistentes antes de la adjudicación de bien alguno al heredero, mientras que el procedimiento de escisión por definición no implica liquidación alguna de deudas, salvo si algún acreedor hace uso del derecho de oposición y se salva ésta pagándole–, se entiende por los civilistas que el heredero responde con todos los bienes recibidos –*cum viribus*–, o hasta donde alcance el valor de los bienes recibidos que ya hubiera enajenado –*pro viribus*–, pero sin ninguna limitación por razón del valor neto de lo recibido.

2. La posible limitación temporal

Una segunda cuestión importante es la relativa al factor temporal. El art. 80 LME, en la línea de la norma antecedente de ésta en la LSA, no señala ningún límite temporal a esta responsabilidad. Por tanto, podemos entender que durará tanto como subsistan las deudas distribuidas en la escisión.

Sin embargo, la duda se puede suscitar a la vista del art. 91 LME que en sede de cesión global señala un plazo de prescripción de cinco años para la responsabilidad de los cesionarios en el caso de pluralidad de éstos. ¿Se podría aplicar por analogía este criterio más benigno de la norma sobre cesión global al supuesto de escisión con varias sociedades beneficiarias? Lo cierto es que no parece tener mucho sentido que dos situaciones extraordinariamente similares reciban un tratamiento legal tan diferente en cuanto a un aspecto que puede tener una gran relevancia práctica.

Ni que decir tiene que, si prevalece el criterio analógico, la protección derivada de esta responsabilidad solidaria resulta más débil. Piénsese, por ejemplo, en las sociedades que se dedican a la promoción inmobiliaria, sujetas por ley a una importante responsabilidad decenal por todas las obras realizadas: una forma de proteger activos de una sociedad que ha desarrollado una actividad de este tipo frente a esta eventual responsabilidad podría ser precisamente una escisión.

3. No responsabilidad de la sociedad o sociedades beneficiarias por las deudas que conserva la sociedad escindida

Si nos fijamos, la ley establecía y establece ahora en el artículo 80 de la LME esta responsabilidad solidaria de todas las sociedades beneficiarias de la escisión y de la propia sociedad escindida si sigue existiendo por todas aquellas deudas atribuidas a alguna de las sociedades beneficiarias de la escisión. Sin embargo, lo que la ley no hacía ni hace, por lo menos en su literalidad, es establecer esa misma responsabilidad de la sociedad o sociedades beneficiarias por... las deudas que conserva la sociedad escindida en el caso de escisión parcial.

Resulta sorprendente, pero es así. Y lo cierto es que muchas veces puede ser tan peligroso irse como quedarse. Es decir, tan peligroso para un acreedor puede ser que su crédito se incluya en la fracción patrimonial que se segrega y atribuye a la sociedad beneficiaria, como que no se incluya en la fracción segregada, sino que se mantenga dentro de la porción patrimonial que conserva la sociedad que se escinde.

Así sucedió, precisamente, en el caso Ercros-Ertoil al que ya nos referimos anteriormente. Se trataba de lo que entonces era una «escisión impropia», pero para nuestros efectos es lo mismo: una determinada compañía, Ercrós, constituye un filial, Ertoil, y aporta a la misma una serie de activos y pasivos que integran su rama de actividad petrolera. A continuación, las acciones de esa filial, que pertenecen a Ercrós –porque se trataba, como decimos, de una escisión impropia–, se venden por la misma a una sociedad luxemburguesa por un determinado precio. Inmediatamente después, la sociedad luxemburguesa vende otra vez las mismas acciones de Ertoil a la compañía Cepsa por un precio superior al que había recibido Ercrós. La enorme plusvalía generada se la apropian los socios de la compañía luxemburguesa, que no sabemos quiénes son pero nos lo podemos imaginar (no hace falta decir que Luxemburgo es un paraíso fiscal). Posteriormente, Ercrós suspende pagos, de manera que los acreedores que conserva se encuentran con dificultades para cobrar o sometidos a una importante quita, y entre ellos se encuentran los titulares de algunos créditos que al parecer tenían relación con el negocio de petróleo que se traspasó a la rutilante Ertoil, pero que no se incluyeron en el correspondiente inventario de la segregación. No hace falta decir tampoco que estamos hablando de cantidades millonarias. Sí insistiremos en la idea de que, en este caso, lo que pretendían estos acreedores era resultar incluidos en la fracción patrimonial adquirida por la sociedad beneficiaria de la segregación, precisamente porque la sociedad segregante había devenido insolvente. Lo que les perjudicaba no era haber cambiado de deudor, sino seguir a cargo del mismo deudor que había devenido insolvente después de desprenderse sin dejar rastro de sus activos más atractivos.

En definitiva y es lo que muestra de forma muy elocuente este ejemplo, el hecho de que en una escisión se fragmente negocialmente un patrimonio de forma plenamente oponible a terceros es algo que se presta, evidentemente, a todo tipo de maniobras, a formar «paquetes» de activos y pasivos de forma interesada y estratégica; a quedarse uno con lo bueno y desprenderse de lo malo o «tóxico».

Por supuesto que ante maniobras de este tipo la defensa con que siempre cuentan los acreedores de la sociedad que proyecta escindirse es el derecho de oposición, que, como ya sabemos, paraliza la ejecución de la escisión hasta que aquéllos son pagados o garantizados. Pero la cuestión es que si la operación supera el filtro del derecho de oposición (el plazo es muy breve, la publicidad de la operación ahora se ha restringido, etc.), los acreedores que continúan a cargo de la sociedad escindida (la cual en un caso de genuina escisión parcial –es decir, no de segregación– no recibe nada a cambio del patrimonio transmitido) no tienen ya forma alguna de dirigirse contra los bienes traspasados a la sociedad o sociedades beneficiarias de la escisión.

Y, como ya señalamos antes, no existe ninguna razón de fondo para que la posición de esos terceros que son los acreedores resulte tan radicalmente diferente según se decida discrecionalmente qué porción patrimonial se mantiene en la sociedad escindida y cuál se traspasa a la sociedad beneficiaria de nueva creación.

VI. LA SEGREGACIÓN Y LA CONSTITUCIÓN DE SOCIEDAD ÍNTEGRAMENTE PARTICIPADA MEDIANTE TRANSMISIÓN DEL PATRIMONIO

Como ya hemos indicado, una importante novedad introducida por la LME consiste en la ampliación del concepto de escisión mediante la inclusión en el mismo de la operación con anterioridad conocida como escisión impropia o segregación.

Se trata de la conocida y polémica operación consistente en la aportación de una «rama de actividad» de una sociedad como contravalor de las acciones o participaciones que emite o crea otra sociedad con ocasión de su constitución o aumento de capital. La diferencia fundamental respecto de una escisión parcial es que las acciones o participaciones emitidas o creadas como contravalor de esta aportación no las reciben los socios de la sociedad aportante, sino ésta. De manera que esta operación no afecta a la estructura del capital ni al accionariado de la sociedad aportante, sino sólo a la composición cualitativa de su patrimonio, porque se sustituyen unos determinados elementos patrimoniales por acciones o participaciones en el capital de una segunda sociedad.

En el ámbito de la normativa fiscal, en un momento en que la ley societaria sustantiva (antes de la LSA del año 1989) no contemplaba la operación de escisión, el legislador fiscal –a efectos del beneficio de la neutralidad fiscal– formuló en el art. 15.1 b) de la Ley 76/1980, de 26 de diciembre, sobre régimen fiscal de las fusiones de empresas, un concepto muy amplio de escisión, que comprendía tanto los casos en que las acciones emitidas como contrapartida por la sociedad beneficiaria de la fracción patrimonial transmitida se entregaban a los socios de la sociedad transmitente, como aquellos otros en que dichas acciones se recibían por la propia sociedad aportante. Éste era precisamente el estado de nuestra legislación fiscal sobre la materia cuando se acometió la varias veces aludida operación de segregación de Ercrós a favor de la filial Ertoil, justo antes de que el Decreto-Ley 7/1989, de 29 de diciembre, diese nueva redacción al citado precepto, redefiniendo el supuesto de escisión que podía gozar de neutralidad fiscal de una manera que venía a excluir el supuesto de la segregación. Este cambio en el concepto fiscal de escisión coincidió en el tiempo con la primera regulación sustantiva de la figura de la escisión –en la LSA de 1989–, que la definía en tales términos que dejaba también fuera la segregación.

Pero la exclusión en cuanto a la neutralidad fiscal duró poco, porque la Ley 29/1991, de adecuación de determinados conceptos impositivos a las directivas y reglamentos de las Comunidades Europeas, incluyó dentro de los supuestos susceptibles de acogerse al régimen de neutralidad fiscal propio de las modificaciones estructurales típicas la «*aportación no dineraria de rama de actividad*». Desde entonces, esta operación en el ámbito fiscal tiene un *nomen* propio y se contempla como un supuesto de hecho diferente tanto de la fusión como de la escisión. Hoy, el art. 83.3 de la LIS define esta operación en los siguientes términos: «*Tendrá la consideración de aportación no dineraria de ramas de actividad la operación por la cual una entidad aporta, sin ser disuelta, a otra entidad de nueva creación o ya existente la totalidad o una o más ramas de actividad, recibiendo a cambio valores representativos del capital social de la entidad adquirente*».

En el plano sustantivo, la figura, como ya hemos anticipado, no encajaba en la definición legal de escisión parcial, lo cual dio lugar a una conocida polémica.

Algunos pensaban que, dada la identidad sustancial entre el supuesto y las modificaciones estructurales típicas, en particular, la escisión parcial, debía aplicarse al mismo necesariamente el régimen de la escisión. Así lo entendió algún registrador mercantil, dando por supuesto que semejante operación llevaba consigo el efecto de la sucesión universal, y por tanto había que reconocer el derecho de oposición de los acreedores, con la consiguiente necesidad de publicación de anuncios, etc.

Otros pensaban que el régimen de la escisión no era aplicable de suyo a una operación como ésta, pero sí podría aplicarse, en particular el efecto de sucesión universal, si la operación se sometía voluntariamente al procedimiento propio de una escisión. Esto suponía entender que la no correspondencia exacta del supuesto fáctico (porque las acciones de la sociedad beneficiaria no se atribuían a los socios de la sociedad aportante sino a ésta) no excluía la posibilidad de someter esta segregación y aportación patrimonial a los requisitos procedimentales propios de la escisión, para conseguir así los efectos ligados a ese procedimiento, en particular, la sucesión universal. Ni que decir tiene que el problema de esta postura se encontraba en el carácter excepcional del efecto de sucesión universal, como excepción al régimen general de circulación de bienes, derechos y obligaciones. Difícilmente podía reconocerse semejante beneficio sin una norma legal expresa que ligase dicho efecto a un determinado supuesto.

La tercera postura, que fue la que prevaleció en la práctica, era la que entendía que esta aportación patrimonial a cambio de acciones o participaciones que recibe la propia sociedad aportante era simplemente un supuesto de aumento de capital de la sociedad beneficiaria al cual no se aplicaban los requisitos de la escisión, porque no llevaba consigo el efecto de sucesión universal, ni se podía someter voluntariamente al procedimiento de la escisión, dada la tipicidad legal de los supuestos de modificación estructural con efecto de sucesión universal.

En esta línea, la DGRN, en varias resoluciones muy conocidas (10 de junio y 4 de octubre de 1994), vino a rechazar la aplicación al caso de las normas propias de una modificación estructural, como exigía el registrador mercantil, y ello entendiendo que una aportación de rama de actividad no producía el efecto de sucesión universal, de manera que los acreedores de la sociedad aportante cuyos créditos se pretendiesen incluir en el pasivo transmitido como parte de la rama de actividad estaban ya protegidos por las más rigurosas normas generales del derecho de obligaciones y contratos (la necesidad de consentimiento del acreedor para el cambio de deudor), y por tanto no era necesaria ni procedente esa aplicación analógica de los requisitos de una fusión o escisión.

Sin embargo, estas resoluciones, aunque revocaron la nota de calificación del registrador, no dejaban de insinuar que una operación como la realizada podía exceder de la competencia del órgano de administración de la sociedad aportante: *«...en rigor, es discutible si, en función del volumen de la aportación en relación con el patrimonio de la sociedad aportante, sería preciso el acuerdo de la Junta general, al exceder el acto de la competencia de los administradores»*.

Después de esta breve exposición de los antecedentes de la cuestión, tenemos que decir que, ahora, en el ámbito de la normativa societaria sustantiva, el art. 68 LME se refiere, como tercera modalidad de escisión, junto a la escisión total y la escisión parcial, a la «segregación»; y el artículo 71 nos dice que se entiende por tal *«el traspaso en bloque por sucesión universal de una o varias partes del patrimonio de una sociedad, cada una de las cuales forme una unidad económica, a una o varias sociedades, recibiendo a cambio la sociedad segregada acciones, participaciones o cuotas de las sociedades beneficiarias».*

Tratándose de una escisión, a la misma será aplicable todo el régimen legal propio de la escisión, salvo aquellas normas que por la propia naturaleza de esta operación resulten inaplicables. Así, el art. 74.2 in fine LME nos dice que en los casos de segregación no procede la mención del proyecto relativa al reparto entre los socios de la sociedad escindida de las acciones, participaciones o cuotas que les correspondan en el capital de las sociedades beneficiarias, así como el criterio en que se funda ese reparto; lo que es obvio, por cuanto es definitorio de esta operación –como ya hemos señalado– que las acciones o participaciones emitidas como contrapartida de la aportación realizada no las reciben los socios de la sociedad aportante, sino ésta misma. En directa relación con ello y como también es evidente, todo lo que tiene que ver con el canje de acciones o participaciones de la sociedad escindida resulta inaplicable en caso de segregación.

Luego haremos alguna precisión más sobre las posibles especialidades de régimen que presenta la segregación dentro del marco de la normativa general de la escisión y de la fusión (porque ya sabemos que la mayor parte del régimen de la escisión resulta de la remisión a las normas de la fusión). Antes de ello, tenemos que hacer referencia a dos cuestiones: una relacionada con la delimitación del supuesto de hecho de la norma, y otra con la naturaleza imperativa o dispositiva de la misma.

En cuanto a lo primero, algunas de las lecturas que se están haciendo de esta norma entienden que la misma puede comprender tanto una segregación que tiene por objeto sólo una o más partes del patrimonio de la sociedad segregante, conservando ésta una porción de su patrimonio anterior (a semejanza de lo que sucede en una escisión parcial), como una «segregación total», que sería un supuesto en el que una sociedad divide todo su patrimonio en varias partes sin extinguirse, aportando todas las porciones resultantes a otras sociedades a cambio de acciones o participaciones de las mismas (sería como una escisión total, pero sin extinción de la sociedad escindida y recibiendo las acciones o participaciones emitidas por las sociedades beneficiarias no los socios de la sociedad escindida sino ésta misma, en sustitución del patrimonio aportado), e incluso aquellos casos en que una sociedad aporta todo su patrimonio a otra sociedad a cambio de acciones o participaciones de la misma, siempre y cuando la sociedad receptora de la aportación (a diferencia de lo que sucede en el caso del art. 72 LME) sea preexistente a la misma.

De acuerdo con este planteamiento, la norma del art. 72 se referiría a un caso particular (la sociedad «segregada» aporta todo su patrimonio a una única sociedad que se constituye con ocasión de la aportación y que queda íntegramente participada por la aportante) que podría estar comprendido en el supuesto más genérico del art. 71, resultando más bien innecesario el art. 72. En particular, no tendría sentido –en relación con la cuestión de la que enseguida nos ocupamos– que la naturaleza de las dos normas fuera diferente: dispositiva la del art. 71, e imperativa la del art. 72. Y ello porque si el art. 71 puede comprender también el caso de la aludida «segregación total», entonces no se ve motivo alguno para que el art. 72 sea un precepto de naturaleza más rigurosa que el art. 71, porque no es más peligroso para el interés de los socios de la compañía aportante aportar todo el patrimonio a una sociedad íntegramente participada que realizar la misma aportación de todo el patrimonio a una sociedad que se comparte con otros partícipes, donde incluso la aportante podría quedar en minoría. Es decir, las dos normas serían igualmente imperativas cuando sujetan sus supuestos al régimen propio de una modificación estructural.

En nuestra opinión, la naturaleza de los dos preceptos, según luego explicaremos, ha de ser, efectivamente, la misma, pero ello no quiere decir que los dos supuestos puedan solaparse por el dato de que la aportación también en el caso del art. 71 pueda tener por objeto la totalidad del patrimonio social y realizarse a favor de un único adquirente. Al respecto, la terminología «segregación» y la referencia a «una o varias partes» nos indican claramente que esta norma se refiere a un supuesto de fragmentación patrimonial similar a una escisión parcial o, en su caso, a una escisión total. Precisamente por ello, el supuesto se califica por la ley como una genuina escisión (aunque no se escinde el capital sino sólo el patrimonio). Si no hay fragmentación patrimonial porque se transmite todo el patrimonio a un único adquirente (ya sea o no con ocasión de la constitución de la sociedad adquirente, ya quede o no ésta íntegramente participada por la aportante), estaríamos en el supuesto del art. 72 –que habría que interpretar, como luego veremos, en forma extensiva más allá de su literalidad para comprender, por absoluta identidad de razón, los supuestos de aportación de todo el patrimonio a una sociedad ya existente o a una sociedad no participada sólo por la aportante–, que no es una escisión, aunque se le apliquen en lo procedente las normas de la escisión.

Precisamente, el que no haya fragmentación patrimonial es lo que singulariza el supuesto y excluye la aplicación de todas aquellas normas del régimen de la escisión relacionadas con el tema de esa fragmentación. Esto, como luego veremos, podría tener una consecuencia de régimen muy importante: la no aplicación a la sociedad que realiza esta aportación de la responsabilidad solidaria que establece el art. 80 LME, si pensamos que la misma sólo se justifica por la existencia de una fragmentación del patrimonio preexistente de una sociedad, en la línea de la interpretación que también propondremos del art. 91 LME en relación con la cesión global a favor de un único cesionario.

Por tanto, entendemos, en conclusión, que el art. 71 puede contemplar tanto un supuesto en el que la sociedad que se segrega conserva una parte de su anterior patrimonio, como aquellos casos en que transmite todo su patrimonio anterior siempre que lo reparta entre varias sociedades, habiendo por tanto siempre fragmentación patrimonial. Si se transmite todo y sólo hay una sociedad adquirente, entonces estaríamos en el caso del art. 72.

En relación con la delimitación del supuesto de hecho de este art. 71, nos tenemos que plantear también si en un caso de «segregación total» como el que hemos comentado es preciso que todas las fracciones patrimoniales segregadas constituyan otras tantas unidades económicas independientes. Esta duda se suscita porque ya hemos visto cómo el requisito de la unidad económica sólo se exige por la ley sustantiva en el caso de escisión parcial y únicamente respecto de la fracción patrimonial aportada a la sociedad beneficiaria, mientras que en el caso de escisión total no se exige tal requisito. Si la totalidad del patrimonio social se divide en dos o más partes que se traspasan a otras tantas sociedades beneficiarias como contravalor de unas acciones o participaciones sociales de las mismas que no reciben los socios de la sociedad aportante sino ésta (es decir, no una escisión total propiamente dicha, sino una escisión-segregación total al amparo de este art. 71 LME), ¿es imprescindible que cada una de las porciones segregadas y aportadas constituya una unidad económica o rama de actividad? Para gozar de neutralidad fiscal en el IS (y en IVA y en el IIVTNU) tiene que ser así, porque, si no, la aportación patrimonial que no cumpla tal requisito no encaja en el supuesto del art. 83.3 LIS. Y en el plano sustantivo parece que también debe ser así, dada la clara literalidad del art. 71 LME. Si nos fijamos, es lo mismo que sucede, como veremos en el capítulo correspondiente, para la cesión global de activo y pasivo a favor de varios cesionarios: la porción patrimonial recibida por cada uno de ellos debe constituir una unidad económica. En el caso de la segregación total, nos parece aun más justificada esta exigencia precisamente porque, por definición, la sociedad que se segrega totalmente conforme al art. 71 LME no se extingue, sino que continúa existiendo aunque sea como mera sociedad holding (lo que no sucede en los casos de cesión global liquidatoria), y no tendría sentido la sucesión universal en una aportación de bienes que no constituyan una unidad económica.

La segunda cuestión previa a la que queríamos referirnos en relación con la operación de segregación, a la vista del tenor de los arts. 68.1 y 71 LME, es la siguiente: ¿ya no caben aportaciones de ramas de actividad como las que se venían haciendo antes si no es cumpliendo los requisitos propios de una escisión?

Fijémonos, al respecto, en el cambio de escenario que supone la nueva regulación. Antes, el supuesto que contemplamos suscitaba dos situaciones y problemas diferentes. Por un lado, aquellos casos en que la segregación y aportación se quería tramitar como una simple aportación no dineraria en contrapartida de un aumento de capital (al amparo de la norma del art. 39.3 LSA, que contemplaba la aportación no dineraria que tiene por objeto *una empresa o establecimiento* –hoy el art. 66 LSC), lo que suscitaba la duda de si ello era posible, o el propio objeto de esta aportación llevaba consigo la aplicación necesaria de algunas normas propias de las modificaciones estructurales típicas, en especial, el acuerdo de la junta de socios de la sociedad aportante y la publicación de anuncios reconociendo el derecho de oposición de los acreedores. Y por otro lado, aquellos casos en que la operación se quería someter voluntariamente al régimen procedimental y de efectos propio de una modificación estructural típica, en especial, para conseguir el efecto de sucesión universal, lo que también suscitaba la duda de si ello era posible pese a no encajar el supuesto en la definición legal de escisión (por ser la sociedad aportante y no sus socios la receptora de las acciones o participaciones emitidas como contrapartida de la aportación). Ya hemos visto cómo la respuesta a estos dos problemas diferentes daba lugar a las tres posiciones teóricas antes expuestas.

Hoy, vigente la LME, la situación cambia radicalmente, porque el segundo problema ha desaparecido: se ha ampliado el concepto legal de escisión y ya no hay duda de que una aportación de rama de actividad a cambio de acciones o participaciones de otra sociedad que recibe la propia sociedad aportante se puede someter al régimen procedimental y de efectos propio de una modificación estructural, sucesión universal incluida. No obstante, el primer problema subsiste y se hace aún más arduo. Y ello porque, una vez que la ley incluye el caso de la segregación dentro del ámbito de la escisión, ¿esta inclusión pasa a ser ya obligatoria? Es decir, ¿ya sólo se pueden tramitar este tipo de aportaciones como segregaciones-escisiones?

O dicho de otra forma: ¿el propósito de la nueva ley en esta materia es simplemente abrir una posibilidad más para la transmisión de empresas o partes autónomas de empresas con esos efectos más radicales que son propios de las modificaciones estructurales típicas (en particular, con el efecto de la sucesión universal)?; ¿o lo que pretende ahora el legislador es reconducir necesaria, imperativamente, este tipo de operaciones al régimen de requisitos y procedimiento de las modificaciones estructurales típicas, por lo que dicho procedimiento tiene de garantía para los intereses que se ponen en juego en semejantes operaciones?

Esta cuestión, por supuesto, tiene una gran relevancia práctica porque, en principio, las diferencias en cuanto a régimen procedimental según la aportación se realice o no como modificación estructural parecen ser muy acusadas.

Así, si la aportación de rama de actividad se puede seguir tramitando, como antes, como un aumento de capital con aportación no dineraria, los requisitos aplicables serían, en principio, tan solo los requisitos genéricos propios de un aumento de capital de la sociedad receptora de la fracción patrimonial aportada: un acuerdo de la junta general de socios de dicha sociedad sometido a unas exigencias específicas:

referencia expresa en la convocatoria de la junta a la modificación estatutaria que supone el aumento de capital, informe de administradores, quórum y mayoría reforzados propios de una modificación estatutaria, informe de experto independiente sobre la valoración de la aportación no dineraria que tiene por objeto dicha rama de actividad, en el caso de ser anónima la sociedad que aumenta capital, y, en todo caso, elevación a escritura pública del acuerdo e inscripción en el Registro Mercantil.

Por el contrario, la aplicación al supuesto de la normativa propia de la escisión supone la exigencia de un acuerdo de la junta general de socios no sólo de la sociedad receptora sino también de la aportante, juntas que, de no ser universales, deben ser convocadas con un contenido específico en el anuncio, con un mes de antelación incluso tratándose de SL, y constituirse y adoptar el acuerdo con el quórum y la mayoría reforzados propios de una modificación estructural (2/3 del capital y no sólo la mitad en el caso de SRL). Y, además de ello, es necesario, en principio, elaborar un proyecto de segregación e insertarlo en la web de la sociedad o en su defecto depositarlo en el Registro Mercantil antes de la fecha de convocatoria de las juntas, a cuyo contenido deberán ajustarse necesariamente los acuerdos de éstas, también la puesta de una determinada información a disposición de socios, titulares de derechos especiales y trabajadores desde la convocatoria de la junta, la elaboración de un específico informe de administradores, así como de un informe de expertos independientes si interviene alguna sociedad anónima, la aprobación de un balance de segregación de cada una de las sociedades intervinientes con una determinada antigüedad máxima y en su caso auditado, la publicación del acuerdo de segregación en el BORME y en un diario, salvo que se realice una comunicación individual a todos los socios y acreedores, la espera del plazo de un mes para el posible ejercicio del derecho de oposición por los acreedores y, por supuesto, el otorgamiento de la correspondiente escritura pública y su inscripción en el Registro Mercantil.

Como vemos, se trata de un procedimiento mucho más complejo (aunque en determinados casos –como resulta de todo lo que ya hemos ido estudiando– puede simplificarse bastante: adoptándose los acuerdos por unanimidad de todos los socios, queda dispensada la necesidad de informe de experto independiente –salvo si la sociedad beneficiaria de la aportación es SA o comanditaria por acciones–; y si los acuerdos, además de por unanimidad, se toman en junta universal, tampoco hace falta insertar en la web corporativa o depositar en el Registro Mercantil un proyecto de segregación, ni convocatoria, ni puesta a disposición previa de información).

Obsérvese, en relación con esta mayor complicación del procedimiento de escisión, la extraordinaria anomalía a que da lugar la interpretación literalista del artículo 78.3 de la ley que antes hemos rechazado: si la sociedad que recibe la rama de actividad es una SA, el informe de experto independiente sobre la valoración de la aportación realizada es, como regla general, ineludible si se opta por el procedimiento de la aportación no dineraria vía aumento de capital, por aplicación del art. 67 LSC, con independencia de que el acuerdo de aumento de capital se tome por unanimidad en la junta de socios de dicha sociedad y además hubiera un acuerdo unánime similar de la sociedad aportante; sin embargo, de hacerse la aportación de la misma rama de actividad a la misma SA por la vía de segregación-modificación estructural, habiendo acuerdos unánimes de las juntas de socios de las dos sociedades no haría falta ningún informe de experto independiente, lo cual es completamente absurdo, porque resultaría más liviano el régimen de algo que se supone que es más grave, una modificación estructural, que lo que es un simple aumento de capital. En cualquier caso, entendemos que no es ésa la interpretación del art. 78.3 que debe prevalecer, en especial tras la nueva redacción dada al art. 34 LME. Por tanto, nunca, en cuanto a exigencia de informe de experto independiente puede resultar más laxo el régimen de una escisión-segregación que el de un aumento de capital con aportación no dineraria.

Teniendo en cuenta, por tanto, esta siempre mayor complicación procedimental (y consiguiente coste en dinero y en tiempo) de la aportación de rama de actividad tramitada como escisión-segregación, en la práctica es pensable –ya se están dando casos– que los directivos de las compañías implicadas prefieran seguir –si es posible– el cauce tradicional del aumento de capital con aportación no dineraria de rama de actividad, aunque no se goce en tal caso del beneficio de la sucesión universal. Y ello porque la sociedad aportante no tiene acreedores, o piensa que podrá obtener sin mayores problemas su consentimiento a la transmisión de las deudas afectas a la rama de actividad o, simplemente, la asunción de deudas por parte de la sociedad adquirente con efectos limitados a la relación interna entre aportante y adquirente se considera suficiente para los intereses de ambas en atención a los vínculos existentes entre las mismas, por ejemplo, porque las dos sociedades implicadas pertenecen y van a seguir perteneciendo al mismo grupo empresarial. En definitiva, gozar de la sucesión universal es algo imprescindible en una modificación estructural que afecte, por ejemplo, a un banco, por la propia naturaleza de las relaciones jurídicas que este tipo de empresas suelen tener trabadas con una infinidad de sujetos (créditos hipotecarios inscritos, fianzas a su favor, etc) –ya se ha visto lo poco que ha tardado el legislador en reconocerles sólo a ellos la posibilidad de una cesión global parcial con sucesión universal–, mientras que para muchas otras empresas, en términos prácticos, puede ser algo mucho menos dramático (así, empresas que tienen unos pocos proveedores y cuyas operaciones con clientes se agotan en la realización de ventas al contado).

Pues bien, –como ya hemos anticipado– una posible interpretación del nuevo régimen legal es aquella según la cual los administradores de las sociedades implicadas pueden optar, según quieran gozar o no del efecto de sucesión universal (que, como hemos visto, se reconoce también expresamente para esta segregación), por el procedimiento más complejo de una segregación o por el más simple del aumento de capital con aportación de rama de actividad. De acuerdo con este entendimiento de la norma del art. 71 LME, la referencia que la misma hace a que el traspaso patrimonial en bloque es «por sucesión universal» no es sólo una alusión al efecto característico de la operación, sino que significa la consideración de dicho efecto (o del propósito expreso de conseguirlo) como un elemento que delimita el tipo legal de esta operación de segregación en cuanto tal modificación estructural, de manera que, si no hay voluntad de que la transmisión sea por sucesión universal, la operación de aportación, aunque tenga por objeto una «unidad económica» y comprenda no sólo elementos activos sino también pasivo, quedaría fuera del régimen propio de una escisión.

Según otra interpretación, la aplicación del procedimiento de la escisión-segregación no sería algo discrecional, sino imperativo, siempre que la operación encaje en el supuesto de hecho de esta norma, que es la transmisión en bloque por una sociedad a otra de una porción patrimonial de la primera que constituye una «unidad económica» a cambio de acciones o participaciones de la segunda.

De seguir esta interpretación más rigurosa, cambia el significado del requisito consistente en que la parte o partes del patrimonio que se pretenden traspasar en bloque formen cada una de ellas una «unidad económica». Hasta ahora, ese elemento de la unidad económica –o de la «rama de actividad», que dice la normativa fiscal– era un requisito o presupuesto habilitante para poder llevar a cabo una escisión parcial con efecto de sucesión universal y, además, para poder sujetar este tipo de operaciones a un determinado régimen fiscal, al régimen de neutralidad fiscal propio en general de las fusiones y otras modificaciones estructurales. Ahora, este dato de que la porción patrimonial que se pretende transmitir constituya una «unidad económica» –con todas las dificultades que el mismo conlleva y a las que ya hemos aludido– sería un elemento que sujetaría la operación *velis nolis* a un determinado régimen procedimental y sustantivo, la convertiría necesariamente en una «modificación estructural», dejando de ser un simple aumento de capital con aportación no dineraria.

Ni que decir tiene que, si la interpretación correcta es ésta segunda, ¿cómo se va a controlar en el plano notarial y registral que los elementos patrimoniales que una sociedad aporta a otra como contravalor de un pretendido simple aumento de capital constituyen o no una unidad económica en el sentido de este precepto? ¿La calificación expresa que hagan las partes según empleen o no este término será lo determinante? En cualquier caso, si llegase a prevalecer la interpretación rigurosa del art. 71 de la LME, no es esperable que se intente eludir la norma haciendo ver que los elementos patrimoniales que se transmiten no constituyen una unidad económica (en aquellos casos en que realmente la constituyen), porque ello supondría no calificar lo aportado como «rama de actividad», con lo que se perdería la casi siempre deseada neutralidad fiscal de la operación (aunque siempre queda la posibilidad de acogerse al supuesto de aportación no dineraria del art. 94 de la LIS si la sociedad aportante deviene titular de al menos un 5 % del capital de la beneficiaria, en el cual la neutralidad fiscal –sólo a efectos del IS, pero no de IVA, ni de IIVTNU– no está condicionada a que lo aportado constituya una rama de actividad). Lo que va a suceder más bien es que nos vamos a encontrar –además de con supuestos de aportaciones sujetas voluntariamente al procedimiento de la escisión– con aportaciones calificadas expresamente como de ramas de actividad, que pretenderán gozar como tales de neutralidad fiscal al amparo del art. 83.3 LIS, pero sin sujetarse al procedimiento de la escisión, por no aspirar al efecto de sucesión universal, y ello apelando a una interpretación del art. 71 LME como norma dispositiva.

Pues bien, ¿cuál es nuestra postura ante la duda que suscita este art. 71 LME? Al respecto, remitimos al lector a las consideraciones ya realizadas en la Introducción respecto de la ampliación del concepto de «modificación estructural» por parte de la LME. A lo allí señalado en términos generales, añadimos las siguientes observaciones más específicas sobre el supuesto de la segregación.

De una parte, puede pensarse que el propósito del legislador ha sido introducir imperativamente un mayor rigor para este tipo de operaciones. Precisamente, casos tan conocidos como el ya comentado de Ercrós-Ertoil han podido llevar a pensar que el régimen propio de una modificación estructural es siempre más protector de los intereses concurrentes en una operación de este tipo. La intervención en la sesión de 2 de diciembre de 2008 de la Comisión de Justicia del Congreso de los Diputados del ponente del grupo parlamentario socialista don Manuel de la Rocha parece clara en este sentido: *«La segregación, a veces llamada escisión impropia, es una institución utilizada en muchos casos por las empresas y por los grupos empresariales para eludir los controles y las garantías que la legislación societaria impone a las escisiones, de las que se diferencia porque en la escisión la separación o traspaso en bloque de una unidad económica a una nueva sociedad se hace atribuyendo los títulos de la nueva sociedad beneficiaria a los socios de la sociedad escindida, mientras que en la segregación se atribuyen los títulos de la sociedad beneficiaria a la propia sociedad escindida. De esta forma, al no estar regulado hoy en la Ley de Sociedades Anónimas ni en la Ley de Sociedades Limitadas, muchas grandes corporaciones y muchas pequeñas empresas eluden las garantías, también para el fisco pero sobre todo para otros socios, para acreedores y para trabajadores, que tenía la escisión. Al incorporarse la segregación como una forma de escisión se amplían sin duda, las garantías para todos esos terceros afectados. Lo mismo ocurre con la nueva figura de la cesión global de activo y pasivo. Resulta jurídica y económicamente contradictorio y poco garantista que en el tráfico mercantil actual y en una economía globalizada si una empresa vende una parte de su patrimonio, una unidad económica o un centro de trabajo, debe someterse a importantes controles y garantías, mientras que si vende la totalidad de la empresa no requiere de ninguno, cuando sin duda los riesgos de una venta global son mayores que los de una venta parcial».*

Aunque lo que se dice sobre la cesión global de activo y pasivo y las ventas de partes de patrimonio es algo muy confuso –¿qué tipo de garantías jurídico-mercantiles rodean una «venta» de parte del patrimonio social y faltaban hasta ahora en el caso de la cesión global?–, no hay ninguna duda de que la argumentación del Sr. de la Rocha sólo tiene sentido si el artículo 71 LME tiene carácter imperativo.

Si acudimos a la Exposición de motivos de la LME, no encontramos afirmaciones tan explícitas. Sólo se nos dice que *«en materia de escisión, sobresale el ingreso en el Derecho sustantivo de sociedades mercantiles de la figura de la segregación, junto con las ya reguladas operaciones de escisión total y parcial; y la aplicación de las normas de la escisión a aquella operación mediante la cual una sociedad transmite en bloque una parte del patrimonio social a otra de nueva creación, recibiendo directamente a cambio todas las acciones, participaciones o cuotas de socio de esa sociedad».* Luego veremos cómo esta última alusión no coincide con la forma en que delimita su supuesto de hecho la norma del art. 72. En cuanto a lo que ahora nos interesa, esto del ingreso en el derecho sustantivo de sociedades mercantiles de la figura de la segregación no es muy terminante respecto de si ese ingreso es algo potestativo, una nueva posibilidad que se abre, o más bien algo imperativo, que se impone forzosamente.

Sí podría considerarse como un argumento a favor de la tesis imperativa el reflejo en el texto de la exposición de motivos de la ley de un concepto amplio de «modificación estructural», cuando nos dice: *«la importancia de la Ley se manifiesta en la unificación y en la ampliación del régimen jurídico de las denominadas modificaciones estructurales, entendidas como aquellas alteraciones de la sociedad que van más allá de las simples modificaciones estatutarias para afectar a la estructura patrimonial o personal de la sociedad, y que, por tanto, incluyen la transformación, la fusión, la escisión y la cesión global de activo y pasivo».* De conformidad con ello, esta ley habría ampliado el concepto de modificación estructural al considerar ahora como modificaciones estructurales no sólo las alteraciones que afectan a la estructura personal de la sociedad (es decir, a la posición de los socios en cuanto titulares de partes alícuotas del capital social), sino también las que afectan a la «estructura patrimonial» de la sociedad. Éste, por supuesto, es un concepto muy indeterminado, pero puede servir de base para entender que determinadas transmisiones de elementos integrantes del patrimonio social, aunque no afecten al capital ni al accionariado de la sociedad, tienen, por su consistencia cuantitativa o cualitativa, un significado «estructural» para la sociedad o la empresa social, y por tanto ingresan en el concepto de modificación estructural y por consiguiente en el ámbito de aplicación de esta ley. De acuerdo con ello, la aportación no dineraria de rama de actividad que antes se podía considerar desde el punto de vista de la sociedad aportante como un acto de gestión patrimonial (aunque fuera extraordinaria) y desde el punto de vista de la sociedad receptora como un simple aumento de capital, ahora, al ampliarse el concepto legal de modificación estructural, encajaría dentro de ese concepto y por tanto quedaría sujeta necesariamente a la normativa propia de las modificaciones estructurales, en particular, a las reglas de la escisión.

Semejante conclusión puede apoyarse también en un argumento de tipo sistemático. El art. 72 LME, como ya hemos anticipado, dispone que *«se aplicarán también, en cuanto procedan, las normas de la escisión a la operación mediante la cual una sociedad transmite en bloque su patrimonio a otra sociedad de nueva creación, recibiendo a cambio todas las acciones, participaciones o cuotas de socio de la sociedad beneficiaria».* El tenor de esta norma parece dar a entender que en este caso la aplicación de las normas de la escisión, en lo procedente, es *velis nolis*. De hecho, este precepto no se refiere a que la transmisión en bloque sea «por sucesión universal», como si ello delimitase el supuesto sujeto a regulación. De manera que en una aportación de todo el patrimonio a una sociedad íntegramente participada, se quiera o no gozar del efecto de la sucesión universal, se aplicarán imperativamente las normas de la escisión. Así, lo que define el supuesto no es el propósito de los directivos de la compañía afectada de conseguir el citado efecto de la sucesión universal, sino la simple circunstancia objetiva de que lo transmitido sea la totalidad del patrimonio de la sociedad aportante. Si es así (y todas las primeras lecturas de este art. 72 parecen ir en este sentido), puede pensarse que la misma imperatividad habría que predicar de la norma del art. 71, por identidad de razón. En el caso del art. 71 no se tiene por qué aportar todo el patrimonio (convirtiéndose la sociedad aportante en una mera sociedad *holding*), pero sí una fracción patrimonial con la suficiente entidad y autonomía para constituir objetivamente una «unidad económica», de manera que desprenderse de la misma (aunque sea para ostentar ahora su titularidad de forma mediata a través de la participación en otra sociedad) es algo que afecta a la estructura del patrimonio de la sociedad, y por tanto algo que debe quedar sometido al régimen procedimental propio de una modificación estructural. Y si este art. 71 no utiliza la terminología «imperativa» del art. 72 –*«se aplicarán también las normas de la escisión»*–, no es porque la naturaleza de la primera norma sea diferente, sino porque sigue la misma forma de expresarse de los precedentes arts. 69 y 70: *«se entiende por escisión total...», «se entiende por escisión parcial...», «se entiende por segregación...»*.

No obstante, aunque todas las razones expuestas pueden llevar a sostener una interpretación fuerte o imperativa de la norma del art. 71, nosotros pensamos que semejante lectura de la norma –incluso la forma de plantear el problema que venimos exponiendo– presupone una visión un tanto desenfocada de la problemática más general que suscitan las modificaciones estructurales.

La idea que consideramos fundamental al respecto –y que ya expusimos en la Introducción– es que la regulación legal de las operaciones de transformación, fusión y escisión, por mucho que los procedimientos correspondientes nos parezcan algo complejo y embarazoso, en realidad lo que significa es una radical simplificación procedimental, de manera que su significado último no es garantista sino habilitador (aunque esta habilitación exija, a su vez, la incorporación de garantías específicas).

Aplicando esta idea general al caso de la aportación de rama de actividad que se decide tramitar al margen de las normas de la escisión, podemos observar lo siguiente:

En cuanto a la posición de los terceros, como señaló en su día la DGRN, si no se sigue el procedimiento de la escisión, no habrá sucesión universal, pero eso no quiere decir que los terceros estén menos protegidos, sino que gozan de la protección genérica más rigurosa propia de las normas del derecho patrimonial común o general. Las garantías legales específicas de cara a terceros de las operaciones de fusión o escisión son, simplemente, un contrapeso específico a la flexibilidad que supone exceptuar en tales casos la aplicación de las normas generales del derecho común (como señalamos en la Introducción, un acreedor que hace uso del derecho de oposición en una modificación estructural típica obtiene una ventaja –pago anticipado o garantía– que no estaría a su alcance en una transmisión de empresa sujeta al derecho común, pero el fundamento del derecho de oposición no es procurar ventajas sobrevenidas a los acreedores, sino sólo protegerles del posible perjuicio derivado del cambio de deudor).

Así, en el caso de la aportación no dineraria de rama de actividad tramitada al margen del procedimiento de la escisión-segregación, aquellos acreedores por deudas que resulten incluidas en la rama de actividad aportada podrán dirigirse indistintamente contra la sociedad adquirente de la rama de actividad o contra la sociedad aportante, por cuanto ésta no habría dejado de ser deudora mientras no recaiga el consentimiento expreso o tácito del correspondiente acreedor a la transmisión de la deuda en cuestión. Tratándose de acreedores por deudas que no se incluyen en la rama de actividad aportada, si la aportación supone para la sociedad aportante un vaciamiento patrimonial (porque la contraprestación que recibe la sociedad aportante en forma de acciones o participaciones de la sociedad receptora no se corresponde con el valor real de lo aportado y lo que representa respecto del patrimonio preexistente de la sociedad receptora, o bien si las acciones o participaciones recibidas como contravalor de la aportación salen después del patrimonio de la sociedad aportante por un precio inferior a su valor real –el caso Ercrós-Ertoil–), aquéllos gozarán de la protección derivada de la acción pauliana o de la responsabilidad de los administradores por actos que causan daño a terceros (protección ésta –en particular, la acción pauliana– de la que no parece que puedan gozar los acreedores que no se opusieron en un supuesto de escisión).

En cuanto a los trabajadores de la empresa social, es cierto que los procedimientos de fusión o escisión implican una puesta de determinada información a disposición de los trabajadores, pero la normativa societaria sobre modificaciones estructurales no liga a ello ninguna medida específica de reacción por parte de los trabajadores que estimen que la operación les perjudica. Su protección sustantiva viene dada por la normativa laboral sobre sucesión de empresa (art. 44 LET), cuya aplicación no depende de que se siga o no el procedimiento formal de las operaciones societarias típicas de la fusión o la escisión.

En cuanto a la posición de los socios, tanto de la sociedad aportante como de la adquirente o beneficiaria, es éste el aspecto del asunto que nos puede llevar a pensar que el procedimiento de la aportación de rama de actividad como contravalor de un aumento de capital es más simple y menos garantista que el procedimiento de una escisión (en la línea de la intervención antes transcrita del Sr. De la Rocha), y de ahí la imperatividad que habría que predicar de todo el procedimiento de escisión-segregación si el caso encaja en el supuesto del art. 71 LME. Pero quizá esta apreciación se pueda matizar bastante.

Tratándose de los socios de la sociedad adquirente de la aportación patrimonial y que aumenta su capital, su protección derivaría del procedimiento genérico de aquella modificación estatutaria consistente en un aumento de capital (de hecho, ni siquiera termina de estar muy justificado que los socios de la sociedad absorbente en una fusión o beneficiaria en una escisión merezcan una protección superior a la que resulta del régimen general de los aumentos de capital con aportación no dineraria): necesidad de acuerdo de junta general con la mayoría reforzada propia de las modificaciones estatutarias, el informe de los administradores sobre el aumento y la aportación no dineraria a realizar, el informe del experto independiente sobre la valoración de la aportación no dineraria cuando se trata de una SA, y, muy en particular, el derecho de suscripción o asunción preferente (o de enajenar tal derecho) de que gozaban los antiguos socios –salvo si se exceptuaba por un acuerdo específico de la junta de socios con unos requisitos adicionales dirigidos a garantizar que el tipo de emisión de las nuevas acciones o participaciones no perjudica patrimonialmente a los antiguos socios de la sociedad que aumenta capital–, derecho que no existe, precisamente, en los supuestos de fusión o de escisión (no obstante, hay que tener en cuenta que la Ley 3/2009 ha suprimido el derecho de suscripción preferente en las aportaciones no dinerarias a SA, y que la restricción de este derecho a los aumentos con aportación dineraria se extiende a la SRL por la LSC).

Con lo cual, el meollo de la cuestión se termina encontrando en la posición de los socios de la sociedad que realiza la aportación patrimonial. En un supuesto como el que contempla el art. 71 LME, ¿estos socios están necesitados de una especial protección con independencia de que la transmisión patrimonial se verifique con o sin sucesión universal? Y si entendemos que es así, ¿esa protección sólo la proporciona el procedimiento específico y completo de la escisión-segregación?, ¿o es posible que de este procedimiento apliquemos sólo los requisitos relacionados con el interés de los socios?, ¿o que el derecho común proteja esos intereses de los socios al margen del procedimiento de escisión-segregación con unas garantías similares o incluso más poderosas que las que conlleva este procedimiento?

En relación con este último interrogante, la mayor laxitud del procedimiento de aportación no dineraria de rama de actividad podría ser solo una apariencia, si pensamos –como ya insinuó la DGRN en sus resoluciones del año 1994– que una aportación de este tipo puede exceder de la competencia del órgano de administración de la sociedad aportante, de manera que podría ser necesaria la intervención de la junta general de socios de la misma. ¿Y bastaría con un acuerdo simplemente mayoritario? Pues posiblemente no, en la medida en que desprenderse de una rama de actividad o de una fracción patrimonial que constituye una unidad económica puede equipararse a una modificación de objeto y como tal entenderse sujeta al preceptivo informe del órgano de administración y a un acuerdo de la junta con mayoría cualificada. Incluso puede pensarse que la aportación patrimonial, en atención a su entidad cuantitativa y/o cualitativa en relación con el conjunto del patrimonio social, puede suponer una «sustitución» de facto del objeto social, que debería dar lugar a un derecho de separación de los socios disidentes (que sería algo así como un sucedáneo de una exigencia de unanimidad, y que es algo precisamente ausente en el régimen general tanto de la fusión como de la escisión).

Planteada la cuestión en estos términos, nos vemos desplazados al terreno de la delimitación de la competencia del órgano de administración de las sociedades de capital y también al de la delimitación del poder de la mayoría ordinaria en la junta de socios, dos cuestiones éstas que pertenecen al derecho general de los tipos societarios correspondientes, pero que tienen una innegable conexión con la temática de las modificaciones estructurales.

Así, esta LME, aunque no lo formula en su texto articulado, presupone un concepto genérico de «modificación estructural», que –como señalamos antes– hace explícito en su Preámbulo: *«aquellas alteraciones de la sociedad que van más allá de las simples modificaciones estatutarias para afectar a la estructura patrimonial o personal de la sociedad»*. Como también hemos indicado, una novedad importante de la LME es haber ampliado el elenco de modificaciones estructurales típicas comprendiendo ahora supuestos que no afectan a la «estructura personal», sino tan solo a la «estructura patrimonial» de la sociedad. Por supuesto que este concepto es extraordinariamente impreciso y problemático, pero no parece que para que haya tal afectación o incidencia en la estructura patrimonial de la sociedad sea preciso que se produzca una transmisión por sucesión universal. Ni siquiera resulta preciso, a la vista de la regulación de la cesión global, que la transmisión patrimonial se realice a cambio de acciones o participaciones de otra sociedad. Según la lógica que parece inspirar esta Ley, una venta de patrimonio a cambio de dinero puede ser también una «modificación estructural» para la sociedad vendedora. Pero lo que ahora nos interesa es que este concepto genérico de modificación estructural, sólo explícito en el Preámbulo de la Ley pero que es una exigencia de la coherencia de todo el sistema, debería funcionar precisamente como un límite tanto al poder del órgano de administración como a la competencia de la junta general cuando toma acuerdos por mayoría ordinaria o con los requisitos de una simple modificación estatutaria (*alteraciones de la sociedad que van más allá de las simples modificaciones estatutarias*...). De manera que una operación de disposición patrimonial que encaje en el aludido concepto de modificación estructural o bien se tramita por el procedimiento específico de una modificación estructural típica, o bien se tramita fuera de ese procedimiento (si no se quiere gozar de la sucesión universal de cara a terceros), pero con unos requisitos de protección de los socios de la compañía transmitente similares o más duros que los que impone el procedimiento de la modificación estructural típica (así, con un acuerdo unánime de todos los socios o con un acuerdo mayoritario de junta que permita separarse a los socios disidentes).

Ahora bien, el quid de este planteamiento aplicado al concreto caso de la segregación estriba en si todo supuesto de transmisión de una porción patrimonial que constituya una «unidad económica» –que dice el art. 71 LME– encaja de suyo en ese concepto genérico de «modificación estructural» al que nos hemos referido.

Y al respecto entendemos que no. En realidad, que el objeto de lo segregado y aportado constituya una «unidad económica» es algo relacionado con el específico efecto de sucesión universal, como un presupuesto justificativo del mismo –porque lo que justifica la sucesión universal es que se está transmitiendo una empresa–, y, por tanto, tiene que ver con un aspecto de la operación relacionado con los terceros. Desde el punto de vista del interés de los socios, en particular, de los socios de la sociedad aportante, lo importante no debería ser ni que haya o no sucesión universal, ni que esos elementos patrimoniales que se transmiten constituyan o no una unidad económica o de explotación, sino el hecho de que esa porción patrimonial tenga un significado «estructural» para la sociedad en cuestión. Que constituya una unidad económica, lo que se suele poner de manifiesto en la pretensión de transmitir elementos tanto activos como pasivos, relaciones laborales, relaciones con proveedores, etc., puede ser indicativo de esta trascendencia estructural, pero no tiene por qué ser así necesariamente. Lo importante al respecto –en la línea de lo que señalara la DGRN– es una circunstancia de carácter relativo o comparativo: depende del volumen y composición cualitativa de la aportación en comparación con el volumen y composición cualitativa del conjunto del patrimonio social.

En definitiva, nuestra conclusión es la siguiente: el hecho de que lo aportado constituya una «unidad económica» es justificación suficiente para que voluntariamente se pueda someter la operación al régimen procedimental y de eficacia de una escisión, y por tanto para gozar del beneficio de la sucesión universal. Sin embargo, no siempre que lo aportado (o lo vendido, o transmitido por cualquier otro título, porque el problema no es exclusivo de la transmisión por título de aportación) es una unidad económica entramos necesariamente en el ámbito de las modificaciones estructurales, porque, para que sea así, es necesario que la aportación tenga trascendencia estructural para la sociedad aportante.

Por tanto, podríamos decir que la posición que sostenemos es una posición intermedia entre las dos extremas que se podrían defender ante el problema que estamos examinando y que expusimos al principio: de un lado, aquélla que entiende que, aunque lo aportado sea una unidad económica y cualquiera que sea la entidad de ésta, sólo se aplican las normas de la escisión si voluntariamente se opta por el efecto de sucesión universal; y de otro lado, aquélla que entiende que las normas de la escisión se aplican en su integridad siempre que lo aportado constituya una unidad económica, aunque se renuncie a la sucesión universal, y cualquiera que sea la entidad de esa unidad económica. Para nosotros, si se renuncia a la sucesión universal, no tiene sentido aplicar las normas de protección de terceros propias de una modificación estructural, pero no por ello se deben dejar de aplicar las normas de protección de los socios propias de una modificación estructural; pero el presupuesto para que resulte preceptiva esa aplicación (o alternativamente ese régimen más riguroso propio del derecho común de sociedades de capital que supone exigir acuerdo unánime de los socios o acuerdo mayoritario con derecho de separación) no es simplemente que lo aportado sea una unidad económica, sino que la aportación suponga una alteración patrimonial estructural para la sociedad.

El problema de esta posición se encuentra, primero, en que el concepto de modificación estructural al que acudimos como límite del poder del órgano de administración y de la junta de socios cuando toma acuerdos por simple mayoría sólo se apoya en una frase del Preámbulo de la LME (y en una aplicación extensiva del régimen de sustitución del objeto social de la LSC); y segundo, en que, como es evidente, la cuestión de si la aportación de una determinada fracción patrimonial tiene o no significado estructural en atención al volumen y composición cualitativa del conjunto del patrimonio social es una cuestión de hecho y de apreciación. En unos casos –una gran empresa que se desprende de un pequeño establecimiento–, estará claro que no; en otros casos –una empresa pequeña o mediana que se desprende de una rama muy importante de su negocio– estará claro que sí; y en muchos otros casos no estará muy claro si sí o si no. Además, se trata de una cuestión económica –como la propia noción de empresa, o de organización empresarial– difícilmente reconducible a categorías jurídicas.

Y sea como sea, casi siempre se tratará de algo difícil de juzgar en el plano extrajudicial, en particular, con la limitación de medios propia de las calificaciones notarial y registral.

En la práctica, los supuestos más frecuentes en que se va a pretender acudir a la vía de la aportación de rama de actividad al margen del procedimiento de escisión-segregación renunciando al efecto de sucesión universal corresponderán a operaciones de reordenación patrimonial intragrupo, de manera que no será difícil contar con el consentimiento de todos los socios de las sociedades implicadas (ya porque se trate de sociedades unipersonales o porque los acuerdos se tomen por unanimidad en junta universal). En tales casos, la exclusión de la sucesión universal y el acuerdo de todos los socios eliminan a nuestro juicio la necesidad de aplicar imperativamente las normas del procedimiento de escisión-segregación.

De manera que el problema en la práctica se reducirá a aquellos supuestos –que pensamos que serán los menos– en que la aportación se pretenda realizar con la sola intervención del órgano de administración de la aportante, o sobre la base de un acuerdo simplemente mayoritario de la junta de socios de la misma. En estos casos, la afirmación de que lo aportado es una «rama de actividad» o «una unidad económica», así como la inclusión de múltiples elementos de pasivo o de relaciones contractuales pendientes, debería ser un indicio de la trascendencia «estructural» de la aportación, con las consecuencias que antes hemos indicado. No obstante, a nuestro juicio debería admitirse la aportación sin mayores requisitos si el órgano de administración manifiesta en la escritura bajo su responsabilidad que la aportación no afecta a la estructura patrimonial de la sociedad, siempre y cuando ello no sea contradictorio con datos que puedan conocer el notario o el registrador, incluso por notoriedad.

También podría pensarse que, en aquellos casos en que los estatutos sociales prevén de forma expresa la posibilidad de desarrollo del objeto social mediante la participación en sociedades del mismo o análogo objeto, una aportación del tipo de la que contemplamos o incluso la filialización completa del art. 72 podría no entenderse como modificación estructural, en el sentido de que ya estaba aceptada de antemano por los socios y no supone una modificación ni sustitución de facto del objeto social y por tanto no excede de las facultades del órgano de administración.

Y dicho todo esto sobre la segregación, pasamos a ocuparnos del supuesto del art. 72 LME.

Como ya hemos anticipado, la ley dedica este precepto a una operación que no califica expresamente como escisión, pero a la que se aplicarán también, en cuanto procedan, las normas de la escisión: *«la operación mediante la cual una sociedad transmite en bloque su patrimonio a otra sociedad de nueva creación, recibiendo a cambio todas las acciones, participaciones o cuotas de socio de la sociedad beneficiaria».* La operación, que se suele conocer como «filialización total», se asemeja a la segregación por el dato de que la estructura de capital y socios de la sociedad aportante no se ve afectada, tan solo se produce una modificación en la composición cualitativa del patrimonio de la misma: se sustituyen unos determinados elementos patrimoniales por acciones o participaciones de otra sociedad. La diferencia es que lo que se transmite a la sociedad adquirente no es sólo una parte del patrimonio preexistente de la aportante sino la totalidad del mismo, razón por la cual no se plantea ese problema específico de todas las formas de escisión, incluida la segregación, que es la división del patrimonio de una sociedad en dos o más partes con la correspondiente determinación de qué elementos pasan a integrar cada una de esas partes (curiosamente, existe una contradicción entre el tenor de este precepto y la forma en que lo explica el Preámbulo de la Ley, que habla de una sociedad que transmite en bloque «una parte» del patrimonio social a otra de nueva creación). En este caso, el hecho de que una sociedad se convierta en mera sociedad *holding* o de cartera, en el sentido de que se desprende de todo su patrimonio anterior a cambio de acciones o participaciones de otra sociedad, es lo que parece motivar el que la ley quiera proteger a los socios de la misma con la aplicación, en lo procedente, de las normas procedimentales de una modificación estructural como la escisión.

Ahora bien, esta norma suscita tres problemas fundamentales:

En primer lugar, la misma cuestión que ya hemos examinado en relación con la segregación: ¿es imperativa la aplicación, en lo procedente, de las normas de la escisión a este supuesto?, ¿podrían no aplicarse si no se pretende que la transmisión del patrimonio se produzca por sucesión universal?

Nuestra opinión al respecto es que no hay razón para que este interrogante reciba una respuesta diferente de la que corresponde al problema análogo en sede de segregación. Lo que sucede es que, en este caso, el hecho de que la trasmisión comprenda la totalidad del patrimonio de la sociedad aportante, intercambiando todo su patrimonio por acciones o participaciones de una sociedad, hace que la trascendencia «estructural» de la operación resulte más clara.

Un segundo problema que plantea esta norma deriva de la peculiar forma en que describe su supuesto de hecho. Literalmente, sólo se aplica al caso en que la sociedad beneficiaria de la aportación es de nueva creación, es decir, se constituye con ocasión de la aportación patrimonial que se realiza a la misma, y además, queda íntegramente participada por la sociedad que aporta a la misma todo su patrimonio. Por tanto, quedarían fuera de su ámbito aquellos supuestos en que la sociedad beneficiaria, aun siendo participada íntegramente por la sociedad aportante, preexistía a la operación de aportación, así como aquellos otros supuestos en que la sociedad beneficiaria de la aportación tiene más socios.

¿Tiene sentido semejante exclusión? ¿Qué diferencia hay desde el punto de vista de los socios de la aportante? En particular, la aportación de todo el patrimonio a una sociedad en la que no participa sólo la aportante ¿no es una operación aún más delicada para los intereses de los socios de la aportante? Así, en el caso del art. 72, al ser la sociedad beneficiaria íntegramente participada por la aportante, los socios de ésta conservan el control del patrimonio aportado aunque sea de forma indirecta mediante el control de su propio órgano de administración que es el que gobierna la sociedad filial; mientras que no tiene por qué ser así si en la sociedad beneficiaria hay más socios además de la sociedad aportante.

Y el problema es que el caso que planteamos no encaja en la literalidad ni del art. 71 (porque no se transmite sólo una parte, sino la totalidad del patrimonio empresarial), ni en la del art. 72, porque a cambio de la aportación no se reciben todas las acciones o participaciones de la sociedad beneficiaria (ni tampoco en el caso de cesión global de activo y pasivo del art. 81, porque se reciben como contraprestación acciones o participaciones de la sociedad adquirente).

Pues bien, parece claro que, tanto si atendemos al significado habilitante de esta norma (en el sentido de que, por aplicación de las normas de la escisión, permite que la transmisión de todo ese patrimonio se realice por sucesión universal), como a su significado imperativo o garantista (como norma protectora de los intereses de los socios de la compañía aportante), lo procedente es hacer una interpretación extensiva de su ámbito de aplicación, para que no queden fuera del mismo los casos indicados, porque la identidad de razón no puede ser más evidente.

La tercera gran cuestión que plantea esta norma es si presupuesto para su aplicación es que el patrimonio objeto de aportación a la sociedad filial constituya una unidad económica o empresarial. ¿También es subsumible en este precepto el caso de aportación de todo el patrimonio a una filial por parte de una sociedad de mera tenencia de bienes, que no desarrolla por sí misma ninguna actividad económica o empresarial? La verdad es que la ley no distingue en absoluto, ni hace referencia alguna en este precepto a este posible requisito objetivo. De manera que en este caso el beneficio de una transmisión global por vía de sucesión universal se concedería –como también sucede, según veremos, en la novedosa cesión global de activo y pasivo no liquidatoria– al margen tanto de la existencia de una empresa como de la extinción de un sujeto de derecho (porque, por definición, la sociedad que filializa conserva su personalidad jurídica y continúa existiendo).

Examinaremos por último algunas cuestiones que puede suscitar la aplicación de las normas de la escisión (tanto las específicas, como las que resultan de la remisión al régimen de la fusión) para estos nuevos supuestos de segregación y filialización.

En primer lugar, todas aquellas normas propias de la escisión (incluyendo la segregación) relacionadas con el fraccionamiento patrimonial no son de aplicación en el supuesto del art. 72, precisamente por aportarse la totalidad del patrimonio de la sociedad aportante. Por tanto, al igual que sucede en una fusión, no será necesaria la elaboración de inventario alguno.

No obstante, este supuesto presenta –al igual que la cesión global de activo y pasivo no liquidatoria que admite ahora la LME– una importante diferencia respecto de la fusión. En la fusión, la transmisión de todo el patrimonio va ligada a la extinción y por tanto desaparición del mundo jurídico de la sociedad transmitente; sin embargo, en este supuesto del art. 72 –como en el caso de «segregación total» que puede tener cabida en el art. 71–, la sociedad que transmite todo su patrimonio continúa existiendo y puede seguir adquiriendo bienes, derechos y obligaciones en el futuro (además de las acciones y participaciones de la sociedad beneficiaria que ingresan en su patrimonio con ocasión de la aportación en sustitución del patrimonio aportado). Esto da lugar a una compleja problemática de la que se ha desentendido por completo el legislador. Al respecto, nos remitimos a las observaciones que sobre este mismo problema haremos en sede de cesión global de activo y pasivo.

También podemos plantearnos cuál es el contenido en estos casos del informe del experto independiente en los supuestos en que la ley exige este requisito. Así, en una fusión ordinaria o en una escisión total o parcial que no sea segregación, la cuestión clave de este informe, por lo que respecta a los socios, es el enjuiciamiento del tipo de canje de las antiguas y nuevas acciones o participaciones que se ha fijado en el proyecto de fusión o escisión. En la segregación y en la filialización, por definición, no existe tipo de canje, porque no se canjea ninguna acción ni participación. Parece, entonces, que sobre lo que debería versar este informe es, por supuesto, sobre la valoración de la fracción patrimonial aportada a la sociedad beneficiaria, pero también sobre el «tipo de emisión» de las acciones o participaciones recibidas como contravalor, lo que presupone valorar no sólo la fracción patrimonial segregada y aportada, sino también el patrimonio preexistente de la beneficiaria, de manera que, comparando ese patrimonio con el valor de la aportación, resulte procedente desde el punto de vista del interés patrimonial de los socios de las dos sociedades implicadas el hecho de que las acciones o participaciones entregadas como contravalor a la aportante se emitan o no con prima de emisión y, en su caso, si es correcto el importe de la prima a la que se imputa parte del valor de la aportación.

Por supuesto que en la operación que contempla literalmente el art. 72 tampoco existe este problema, en la medida en que la sociedad beneficiaria de la aportación se constituye en el mismo momento de la aportación y pertenece en su integridad a la sociedad aportante y, por tanto, indirectamente a los socios de ésta, de manera que éstos en ningún caso pueden sufrir perjuicio patrimonial directo por la operación. En este caso, el informe de experto independiente se confunde simplemente con el informe de experto sobre la aportación no dineraria en la constitución de una SA, si la sociedad constituida es precisamente una SA (de ahí lo extraordinariamente chocante que resulta la interpretación del art. 78.3 LME según la cual este informe no sería necesario en caso de acuerdo unánime en la junta de la sociedad aportante). El informe específico sobre el proyecto de escisión vendría además excluido por el art. 52.1 en relación con el art. 49, porque la sociedad «absorbida», es decir, la aportante, sería titular de todas las acciones o participaciones de la «absorbente», que sería la filial constituida.

Una última cuestión muy importante es la relativa a la responsabilidad de la sociedad que lleva a cabo la aportación por el pasivo transmitido. Se trata de una cuestión relacionada con el fundamento de la responsabilidad solidaria que impone el art. 80 LME en sede de escisión, y ahora también el art. 91 LME en sede de cesión global. Precisamente, el contraste entre estas dos normas puede ser muy revelador, porque, como luego veremos en la sede correspondiente, el tenor literal del art. 91 puede dar a entender que en el caso de cesión global a favor de un único cesionario no existe esta responsabilidad, que sería propia sólo de la cesión global a favor de varios cesionarios.

A esta cuestión ya nos hemos referido cuando comentamos la norma del art. 80. Allí nos planteamos si el fundamento de la responsabilidad que se impone a la sociedad escindida que subsiste se encuentra en la idea de que fue esta sociedad la que contrajo la deuda y por tanto, si continúa existiendo, no puede quedar completamente liberada de responsabilidad por la misma; o más bien se encuentra en la idea de que la sociedad escindida debe responder porque todavía conserva una parte de su patrimonio preexistente, y ello porque lo que en último término justifica esta responsabilidad solidaria es la presencia de ese dato específico que es la fragmentación patrimonial. Un patrimonio que con anterioridad bajo un único titular respondía genéricamente de un conjunto de deudas ahora se ha fragmentado y repartido entre dos o más titulares, de manera que, en principio, las deudas afectas a una determinada porción patrimonial ya no contarían con la cobertura de los elementos de activo incluidos en otro fragmento patrimonial que sigue un destino diferente.

¿Está justificado, entonces, que si una sociedad transmite la totalidad de su patrimonio sin extinguirse, ya porque lo reparte entre varias sociedades a cambio de acciones de éstas o lo aporta en su integridad a una sola sociedad a cambio de acciones de la misma, responda también esta sociedad solidariamente por los pasivos transmitidos?

Si pensamos que no –y el tenor literal del art. 91 LME en sede de cesión global puede ser un buen apoyo para ello–, entonces podríamos llegar a concluir que en el supuesto que contempla el art. 72 LME no es «procedente» la aplicación de la norma del art. 80 LME.

VII. REFERENCIA AL RÉGIMEN FISCAL DE LA ESCISIÓN

A lo largo del estudio anterior ya hemos hecho referencia a varios temas de naturaleza fiscal. En este apartado sólo queremos hacer alusión a algunas cuestiones específicas del régimen fiscal de estas operaciones de escisión, segregación y filialización que pueden pasar desapercibidas para operadores jurídicos no especializados en derecho fiscal.

El dato fundamental que hay que hay que tener en cuenta es que –como ya hemos anticipado– la delimitación de supuestos que lleva a cabo la ley sustantiva no es coincidente con la delimitación que encontramos en la normativa del impuesto sobre sociedades (el Capítulo VIII del Título VII del TR de la LIS) de aquellas operaciones que pueden gozar de neutralidad fiscal a efectos de dicho tributo.

La diferencia fundamental afecta a la escisión parcial, por cuanto el art. 83.2.1.b LIS exige que de la fracción patrimonial que conserva en su poder la sociedad escindida forme parte al menos una rama de actividad; y a la escisión subjetiva (atribución a los socios de participaciones no proporcionales en las sociedades beneficiarias), para la que el art. 83.2.2. 3 LIS exige también el requisito de la rama de actividad.

El nuevo supuesto de escisión-segregación del art. 71 LME no coincide con las definiciones de escisión del art. 83.2 .1 LIS, en ninguno de sus apartados a, b y c; pero sí encaja en la definición de aportación no dineraria de rama de actividad que contempla el art. 83.3 LIS, y por tanto por esta vía puede gozar de neutralidad fiscal en el IS.

En cuanto a la operación asimilada a la escisión del art. 72 LME, puede gozar de neutralidad fiscal al amparo del mismo art. 83.3 LIS en el caso de que el patrimonio que se aporta a la filial constituida pueda considerarse como una rama de actividad. En caso contrario, si se trata de una sociedad patrimonial o de mera tenencia de bienes, también puede gozar de neutralidad en el IS una aportación de esta naturaleza invocando la norma del art. 94 LIS, sobre aportaciones no dinerarias, por cuanto el supuesto cumple sobradamente el requisito específico de que, una vez realizada la aportación, el sujeto pasivo aportante de este impuesto participe en los fondos propios de la entidad que recibe la aportación en, al menos, el cinco por ciento, siendo indiferente la naturaleza de lo aportado.

Ahora bien, hay que tener en cuenta que la neutralidad fiscal de que potestativamente puede gozar cualquiera de estas operaciones, en cuanto sea subsumible en alguno de los indicados supuestos del art. 83.2 y 3 o en el art. 94 LIS, sólo opera, en principio, en relación con el impuesto sobre sociedades o el IRPF de los socios personas físicas.

Por su parte, la neutralidad fiscal en materia de IVA requiere de la concurrencia de un presupuesto específico que encontramos en el art. 7.1 de la Ley 37/1992, según el cual, en su redacción vigente, «*No estarán sujetas al Impuesto: 1.º La transmisión de un conjunto de elementos corporales y, en su caso, incorporales que, formando parte del patrimonio empresarial o profesional del sujeto pasivo, constituyan una unidad económica autónoma capaz de desarrollar una actividad empresarial o profesional por sus propios medios, con independencia del régimen fiscal que a dicha transmisión le resulte de aplicación en el ámbito de otros tributos y del procedente conforme a lo dispuesto en el artículo 4, apartado cuatro, de esta Ley. (...) A los efectos de lo dispuesto en este número, resultará irrelevante que el adquirente desarrolle la misma actividad a la que estaban afectos los elementos adquiridos u otra diferente, siempre que se acredite por el adquirente la intención de mantener dicha afectación al desarrollo de una actividad empresarial o profesional*».

Por tanto, una operación de escisión total subsumible en el apartado 1 del art. 83.2 LIS (para lo que no se requiere ni por la ley sustantiva ni por dicho precepto que las fracciones patrimoniales atribuidas a cada una de las sociedades beneficiarias constituyan sendas *unidades económicas autónomas* –salvo en el caso de escisión subjetiva–) podría estar sujeta a IVA por falta de dicho requisito.

En cuanto al impuesto municipal sobre el incremento de valor de los terrenos de naturaleza urbana, de conformidad con la Disposición adicional 2.ª del TR de la LIS (Real Decreto Legislativo 4/2004, de 5 de marzo), «*No se devengará... con ocasión de las transmisiones de terrenos de naturaleza urbana derivadas de operaciones a las que resulte aplicable el régimen especial regulado en capítulo VIII del título VII de esta Ley (la LIS), a excepción de las relativas a terrenos que se aporten al amparo de lo previsto en el artículo 94 de esta Ley cuando no se hallen integrados en una rama de actividad*». Por tanto, en relación con este impuesto, todos los supuestos de escisión total o parcial, segregación o filialización subsumibles en alguno de los apartados 2 o 3 del art. 83 LIS serían supuestos de no sujeción, pero sí estarían sujetos los casos de filialización subsumibles sólo en el supuesto del art. 94 LIS.

En el ámbito del Impuesto sobre transmisiones patrimoniales y actos jurídicos documentados, el art. 19.2 del TR de la Ley de dicho impuesto (Real Decreto Legislativo 1/1993, de 24 de septiembre), en la redacción que le dio la Ley 4/2008, de 23 de diciembre, declara no sujetas al concepto operaciones societarias las *operaciones de reestructuración*, que luego define en los siguientes términos en el art. 21: *«A los efectos del gravamen sobre operaciones societarias tendrán la consideración de operaciones de reestructuración las operaciones de fusión, escisión, aportación de activos y canje de valores definidas en el artículo 83, apartados 1, 2, 3 y 5, y en el artículo 94 del Texto Refundido de la Ley del Impuesto sobre Sociedades, aprobado por el Real Decreto Legislativo 4/2004, de 5 de marzo».*

Esta no sujeción al concepto IOS podría ser determinante de una sujeción a TPO o a AJD. Por eso, el art. 45.I.B.10 se preocupa de establecer la exención en esos dos conceptos impositivos para las operaciones societarias a que se refiere el apartado 1º del artículo 19.2.

Ahora bien, el problema de estas normas, como vemos, es que remiten a las definiciones del artículo 83 de la LIS, que, como hemos visto, no coinciden con los términos más amplios en que se definen estas operaciones en la ley sustantiva. La subsunción alternativa en el supuesto de aportación no dineraria del art. 94 LIS puede ser la vía para el no devengo de estos otros impuestos en esos casos.

CAPÍTULO QUINTO

CESIÓN GLOBAL DE ACTIVO Y PASIVO

I. CONCEPTO Y FUNCIÓN

El Título IV de la LME está dedicado a una «modificación estructural» denominada «cesión global de activo y pasivo».

Más allá de la importancia que en la práctica pueda tener esta operación (lo que está muy condicionado por las razones fiscales que luego expondremos), la misma suscita un extraordinario interés teórico, que trasciende del ámbito del derecho societario. Y ello porque esta cesión global representa algo así como un límite o frontera del pensamiento jurídico, en especial en la nueva concepción que de ella viene a plasmarse en esta nueva ley. Así, la novedosa posibilidad, que enseguida comentaremos, de esta cesión global con conservación de la personalidad jurídica por parte de la sociedad cedente suscita toda una serie de interrogantes que nos obligan a revisar nuestras ideas más elementales acerca no solo de lo que es una persona jurídica y un patrimonio, sino del propio concepto de personalidad o sujeto de derecho en general. En definitiva, lo que entra en crisis al admitirse semejante concepción es algo absolutamente básico y elemental para nuestro sistema jurídico y nuestra forma de pensar como juristas: lo que podríamos llamar el principio de identidad y continuidad de todo sujeto de derecho. Esta idea tiene su fundamento en una determinada concepción del ser humano –como una sustancia individual que perdura en el tiempo– que por traslación extendemos a las personas jurídicas. Y esta idea de identidad y continuidad de la personalidad de cada ser humano es algo así como el último basamento de nuestro pensamiento jurídico, porque constituye el fundamento de la noción jurídica más elemental: la responsabilidad o imputación de los actos realizados por un determinado sujeto a ese sujeto. Como esta responsabilidad e imputación tiene lugar en el tiempo (en el presente por referencia a un momento del pasado), presupone necesariamente una continuidad del sujeto y de su identidad personal como soporte de esa imputación al mismo de unos actos acaecidos en el pasado.

Por ello, desde el momento en que la ley viene a admitir (tanto en sede de cesión global como en el supuesto del art. 72 LME) la posibilidad de que una persona jurídica se desprenda de todos los elementos activos y pasivos que en un momento determinado integran su patrimonio, es decir, de todo lo que constituía su total posición jurídica en el mundo, sin que ello vaya ligado a una extinción de su personalidad jurídica y por tanto de su identidad como sujeto de derecho, es como si penetrásemos en una nueva dimensión de pensamiento jurídico. Una nueva forma de pensar que por traslación podría llegar a aplicarse también a las personas físicas. En definitiva, ¿por qué no vamos a admitir para la persona física lo que admitimos ya para las personas jurídicas societarias? ¿Por qué no puede una persona física convertir en objeto de negocio la totalidad de su esfera jurídica en un momento determinado, de manera que pueda traspasar a un tercero (otra persona física o jurídica) todo el contenido actual de su identidad jurídica a cambio de una contraprestación con la que iniciar como desde cero una nueva vida patrimonial? Si nos percatamos de lo que podría suponer semejante posibilidad en sede de personas físicas –una alteración completa de nuestras nociones sobre la responsabilidad e incluso la identidad personal–, nos resulta entonces más patente el significado tan radical y rupturista de este nuevo planteamiento de la cesión global por parte de sociedades mercantiles que encontramos en esta LME.

En cualquier caso, la perplejidad que nos suscita la nueva regulación de esta operación societaria no se limita a la cuestión de alcance general, casi de teoría general del derecho, que acabamos de indicar. Un análisis mínimamente detenido de la normativa contenida en el Título IV de la LME motiva –como vamos a ir viendo– una serie de interrogantes e inquietudes que no tienen nada de teórico ni de abstracto.

Pero empecemos por el principio, porque para entender el concepto legal vigente de esta operación es preciso recapitular y hacer un poco de historia.

La LSA del año 1989 contenía una enigmática norma en su art. 266 –que ya estaba en la Ley del año 1951– según la cual la disolución de la sociedad abre el periodo de liquidación *«salvo en los supuestos de fusión o escisión o en cualquier otro de cesión global del activo y el pasivo»*. A qué operación se estaba refiriendo el legislador con semejante alusión no era algo muy claro. No obstante, como el precepto estaba en sede de disolución de la sociedad, en la práctica se vino a entender que podía contemplar aquella operación consistente en que, disuelta una sociedad, en vez de liquidar su patrimonio en la forma atomizada ordinaria, se transmite en bloque todo el patrimonio social a un tercero a cambio de un precio en dinero que se reparten luego entre sí los socios como cuota de liquidación. Semejante forma de liquidación podía tener la ventaja de permitir una conservación de la empresa social pese a la extinción de la compañía, así como el aprovechamiento por los socios del posible mayor valor del patrimonio empresarial transmitido como una unidad en funcionamiento, en comparación con lo que sería el valor de los diversos elementos integrantes de dicho patrimonio si se enajenasen por separado.

Sin embargo, lo cierto es que la utilización más habitual de esta operación no ha sido nunca esta venta del patrimonio social a un tercero a cambio de un precio en dinero, sino más bien la transmisión en bloque de ese patrimonio a uno de los socios o, muy especialmente, al socio único en pago de su cuota de liquidación, como forma abreviada de liquidación *in natura*. Se trata de la operación inversa a lo que se conoce como «filialización» y que ahora, en una de sus modalidades, contempla el art. 72 de la LME. En la filialización, una compañía traspasa en bloque todo su patrimonio o una fracción del mismo a una sociedad íntegramente participada. Mediante la cesión global de activo y pasivo la filial se extingue y traspasa todo su patrimonio en globo a su matriz.

En definitiva, en virtud de la indicada utilización habitual de la misma, la cesión global de activo y pasivo venía a ser un instrumento no para realizar el valor de la empresa social mediante su venta a un tercero, sino más bien para reordenar la estructura de un grupo societario mediante la eliminación de una filial, cuya existencia independiente se considera ahora ineficiente, subiendo el patrimonio afecto a la misma a la correspondiente matriz. Todos aquellos elementos patrimoniales de que era titular la matriz por intermediación de la correspondiente filial pasan ahora a ser de titularidad directa de aquélla, ya sin esa intermediación o interposición.

En el ámbito legal interno, este posible uso de la cesión global del activo y del pasivo encontró –además de un apoyo en esa escueta alusión del art. 266 LSA– una tipificación expresa en el ámbito fiscal. En la Ley 29/1991, de adecuación de determinados conceptos impositivos a las directivas y reglamentos de las Comunidades Europeas, se vino a considerar fiscalmente como una fusión –a efectos de la posibilidad de acogerse al régimen de neutralidad fiscal correspondiente– la operación consistente en que *«una entidad transmite, como consecuencia y en el momento de su disolución sin liquidación, el conjunto de su patrimonio social a la entidad que es titular de la totalidad de los valores representativos de su capital social».*Obsérvese que esta primera tipificación legal más explícita del supuesto se realiza –y esto no deja de ser muy significativo para lo que en seguida vamos a ver– subsumiendo al mismo tiempo dicho supuesto en el concepto de fusión. No era extraño que se hiciera así, a la vista de lo que por entonces ya disponía el artículo 24 de la Tercera Directiva.

No obstante, lo cierto es que el art. 266 LSA se refería a una cesión global de activo y pasivo distinta de la fusión o escisión, como si se tratase de un supuesto específico e independiente. Ahora bien, el hecho de que ninguna norma sustantiva desarrollase el régimen de ese otro supuesto diferente de la fusión o la escisión planteaba muchas dudas: ¿se trataba de una operación liquidatoria, o más bien excluía la apertura de la fase de liquidación de la sociedad?; ¿debía someterse, por analogía, a un régimen procedimental similar al de una fusión?; en especial, ¿debían publicarse los anuncios reconociendo a los acreedores sociales un derecho de oposición?; y sobre todo, ¿podía ver reconocida esta operación el efecto de sucesión universal?, etc.

Antes de la promulgación de la LSRL de 1995, la DGRN tuvo ocasión de pronunciarse sobre este tipo de operación en dos ocasiones: resoluciones de 22 de junio de 1988 y de 21 de noviembre de 1989. La doctrina de estas dos resoluciones no era demasiado clara, pero podemos resumirla diciendo que el Centro Directivo vino a entender que sólo una cesión que se sujetase a unos requisitos procedimentales similares a los de una fusión, en particular, con publicación de anuncios y reconocimiento del derecho de oposición de los acreedores, tendría el efecto de extinguir directamente la sociedad cedente sin tener que observar los requisitos específicos del procedimiento liquidatorio general. En definitiva, sólo si se respeta el procedimiento de la fusión, se produce una transmisión de deudas por sucesión universal, y por tanto, en caso de no seguir ese procedimiento, las deudas, de cara a los terceros, se mantienen en cabeza de la sociedad cedente y deben aparecer en su balance de liquidación mientras no sean satisfechas (y, por tanto, impiden la definitiva liquidación de la sociedad).

Y por fin, la Ley de SRL del año 1995 vino a dedicar una regulación específica a esta operación (la cesión global del activo y del pasivo a uno o varios socios o terceros) en su artículo 117 –que sería derogado por la Ley 3/2009–, caracterizada por dos datos: en primer lugar, se regulaba el supuesto dentro de la sede de liquidación de una SRL disuelta, como una forma especial y abreviada de liquidación (de hecho, requisito de eficacia de la cesión era que se inscribiese en el Registro Mercantil la extinción de la sociedad cedente); y en segundo lugar, se sometía la operación a un régimen procedimental similar al de una fusión o escisión, pero más sencillo. Así, se exigía un acuerdo de la junta de socios de la sociedad cedente con los requisitos de una modificación estatutaria (por tanto, la operación se excluía de la competencia del liquidador, pero no se exigía para la misma un acuerdo unánime de todos los socios, ni la mayoría de 2/3 propia de una fusión de SRL); y, sobre todo, la publicación de unos anuncios a lo que se vinculaba un derecho de oposición de los acreedores tanto de la sociedad cedente como del cesionario o cesionarios. La citada norma de la LSRL no se refería de forma expresa al efecto de sucesión universal, pero parecía presuponerlo con el reconocimiento de ese derecho de oposición de los acreedores.

Por tanto, a partir de la promulgación de la LSRL de 1995, al menos en sede de sociedades limitadas, la cesión global de activo y pasivo recibe un reconocimiento legal expreso como una operación que tiene algún parentesco con las tradicionales modificaciones estructurales, pero que es objeto de una regulación independiente, que establece unos trámites que no son del todo coincidentes con los de una fusión o escisión.

El siguiente hito de esta historia viene marcado por el Reglamento del Registro Mercantil del año 1996, que dedicó su art. 246 a la inscripción registral de la cesión global de activo y pasivo (precisamente, la LSRL de 1995 había sometido esta operación de cesión global a un régimen de inscripción registral obligatoria como requisito condicionante de su eficacia, lo que no sucede con cualesquiera otras cesiones o enajenaciones de elementos patrimoniales singulares de una sociedad disuelta y en proceso de liquidación). Lo fundamental de esta norma reglamentaria es que está ubicada dentro de una sección dedicada genéricamente a la disolución y liquidación de las sociedades, por tanto, en una sección aplicable tanto a SRL como a SA. De hecho, el propio tenor literal del precepto reglamentario daba a entender que su autor presuponía su aplicación tanto a sociedades limitadas como a anónimas, pues hablaba de «obligacionistas».

Por tanto, a raíz de la promulgación de la nueva LSRL y del nuevo RRM, se vino a entender que la regulación del art. 117 LSRL era aplicable por analogía a la cesión global de activo y pasivo por parte de una SA. Y, de hecho, en la práctica se vivió un florecimiento de la operación como alternativa más sencilla y barata a la fusión por absorción de sociedad íntegramente participada del art. 250 LSA, que vino a caer en desuso.

Se trataba de la utilización de la cesión global a que ya nos hemos referido: como procedimiento para extinguir una filial traspasando en bloque todo su patrimonio a la matriz. Si semejante operación se llevaba a cabo como una fusión por absorción, ya era aplicable a la misma un régimen más simplificado, el previsto entonces en el art. 250 LSA –que es el antecedente del artículo 49 de la LME–, según el cual no era necesario ni aumento de capital de la sociedad absorbente ni informe de administradores ni, sobre todo, informe de experto independiente. Sin embargo, la operación de cesión global de activo y pasivo por el procedimiento del art. 117 LSRL aplicado por analogía a una SA aún resultaba más simple: primero, porque no hacía falta elaborar y depositar en el RM un proyecto de fusión; segundo, porque no hacía falta tomar como base de la operación un balance, en su caso auditado, de cada una de las dos sociedades intervinientes; tercero, porque el número de anuncios que el art. 117 LSRL exigía para el acuerdo de cesión global era inferior al que exigía el art. 242 LSA para la fusión (un BORME y un periódico, frente a tres BORMES y dos periódicos); y por último, porque en el procedimiento de cesión global de activo y pasivo no era precisa la intervención de la junta de socios de la sociedad cesionaria, pues sólo se requería acuerdo de la junta de la sociedad cedente.

Estando así las cosas y mientras proliferaban estas cesiones globales, un docto registrador mercantil de Barcelona se negó a inscribir una de estas escrituras alegando que la aplicación del procedimiento del art. 117 LSRL a una SA vulneraba la Tercera Directiva sobre fusiones de sociedades anónimas, y ello porque este supuesto de extinción de una sociedad anónima íntegramente participada con traspaso en bloque de todo su patrimonio a la matriz se considera por la citada Directiva –igual que por nuestra Ley fiscal 29/1991 y ahora el art. 83.1.3 LIS– como una fusión, y como tal, sujeta al régimen correspondiente, en especial a la exigencia de acuerdo de la junta de socios de la sociedad cesionaria o absorbente.

Y efectivamente así era y así es, porque el art. 24 de la Tercera Directiva dispone: *«Los Estados miembros organizarán, para las sociedades sometidas a su legislación, la operación por la que una o varias sociedades se disolverán sin liquidación y transferirán la totalidad de su patrimonio activa y pasivamente a otra sociedad que fuera titular de todas sus acciones y demás títulos acciones y demás títulos que confieran derecho a voto en la junta general. Esta operación se someterá a las disposiciones del Capítulo II* –que es el capítulo que regula la fusión por absorción–, *a excepción de...»*, etc.

La citada nota de calificación dio lugar a un recurso gubernativo que concluyó con la conocida resolución de la DGRN de 22 de mayo de 2002, que confirmó la calificación registral.

Teniendo en cuenta que la mayor parte de las cesiones globales de activo y pasivo que se llevaban a cabo en la práctica eran subsumibles en ese caso (extinción de una sociedad participada al 100 % con traspaso de todo el patrimonio a la correspondiente matriz en pago de su cuota de liquidación), esta operación para las sociedades anónimas desapareció de la noche a la mañana del tráfico jurídico. Para llegar al mismo resultado hubo que acudir otra vez a la fusión por absorción de sociedad íntegramente participada regulada en el abandonado art.

250 LSA: un supuesto de fusión aligerado de algunos trámites pero que seguía siendo una fusión, con lo que ello suponía en cuanto a proyecto, balances, número de anuncios y necesidad de celebrar junta general de las dos sociedades, es decir, también de la absorbente.

No obstante, pese a este abrupto choque del año 2002 con la olvidada Tercera Directiva, la idea clave de que la cesión global de activo y pasivo era una operación *sui generis* distinguible tanto de la fusión como de la escisión pervivió en el sentir general. Así, la crisis fue superada con la siguiente conclusión: tratándose de SRL, la Directiva no afectaba y por tanto todo seguía como antes; y tratándose de SA, la cesión global a favor del socio único, cuando éste era otra sociedad, en pago de su cuota de liquidación había que reconducirla necesariamente al régimen del art. 250 LSA, pero, fuera de ese caso, la cesión global, como operación distinta de una fusión, continuaba siendo posible y no chocaba con Directiva alguna, así, en aquellos casos en que la totalidad del patrimonio sin liquidar se transmitía a un tercero a cambio de una cantidad de dinero que a continuación se reparten los socios de la sociedad cedente (supuesto que la verdad es que en el tráfico había tenido muy escasa presencia).

Y con ello llegamos ya a la LME, cuya regulación de esta materia se explica precisamente a la vista de todos estos antecedentes y de esta inercia conceptual ya fuertemente arraigada en nuestra doctrina. La posición de la nueva ley ante la cesión global de activo y pasivo se puede condensar en las siguientes cuatro ideas:

En primer lugar, la ley establece una regulación unitaria de esta operación, aplicable a toda clase de sociedades mercantiles, y por consiguiente, tanto a sociedades limitadas como a anónimas, de manera que se acaba con la disparidad de régimen hasta ahora existente.

En segundo lugar, la nueva ley confirma el criterio ya expuesto de la DGRN en su resolución de 22 de mayo de 2002: de conformidad con la Tercera Directiva, el traspaso en bloque del patrimonio con ocasión de la disolución de la sociedad en pago de la cuota de liquidación del socio único cuando éste es otra sociedad es un supuesto subsumible necesariamente en la normativa de la fusión. Este es precisamente el sentido de la norma del art. 53 de la nueva ley, cuando nos dice que *«también constituye una fusión la operación mediante la cual una sociedad se extingue transmitiendo en bloque su patrimonio a la sociedad que posee la totalidad de las acciones, participaciones o cuotas correspondientes a aquélla».* Se tratará, por definición, de una fusión de sociedad íntegramente participada, subsumible en el régimen simplificado del art. 49 de la Ley, pero, en cualquier caso, una fusión (y ello ahora tanto para anónimas como para limitadas).

En tercer lugar, aunque con esta imperativa sujeción al régimen de la fusión, incluso para la SRL, esta ley se muestra rigurosa, al mismo tiempo la misma viene a hacer uso de la flexibilidad que para este supuesto admitía el artículo 25 de la Tercera Directiva.

Así, tener que celebrar una junta general de accionistas de la sociedad absorbente cuando la absorbida es una filial parece un tanto desproporcionado. Y es que esta absorción de la filial no afecta en absoluto a la posición jurídica de los accionistas de la matriz (porque no hay aumento de capital, ni entrada de nuevos accionistas), y lo único que sucede es que determinados activos empresariales que se ostentaban indirectamente a través de una sociedad filial se traen ahora directamente al patrimonio de la matriz eliminando la filial, lo que en el fondo puede ser una decisión de simple organización técnica de la gestión del negocio, mucho más irrelevante para el interés de los accionistas que la operación inversa –la filialización de una determinada fracción de la empresa–.

De acuerdo con ello, el capítulo IV de la Tercera Directiva, dedicado a la absorción de una sociedad por otra que posea el 90 % o más de las acciones de la primera, permite que para tal supuesto los Estados destinatarios dispensen la necesidad de acuerdo de junta de la sociedad absorbente, siempre y cuando se cumplan unos determinados requisitos de información y se arbitre un procedimiento para que los socios que alcancen un determinado porcentaje mínimo del capital de la sociedad absorbente puedan solicitar, si lo consideran conveniente para sus intereses, la convocatoria de la junta de ésta. Y ahora, en el artículo 51 de la LME, en sede de fusiones especiales, nos encontramos precisamente con la dispensa de acuerdo de junta de la sociedad absorbente, cuando la misma es titular del 90 % o más del capital de la sociedad absorbida, norma que es aplicable exactamente a los aludidos supuestos que se habían intentado tramitar como cesiones de activo y pasivo a favor de la matriz.

Y por último, el procedimiento específico de cesión global de activo y pasivo se configura ahora como una operación de «modificación estructural» de significado polivalente, desvinculada de su anterior conexión necesaria con la disolución y extinción de una sociedad.

Así, el art. 81 de la Ley nos dice que *«Una sociedad inscrita podrá transmitir en bloque todo su patrimonio por sucesión universal, a uno o a varios socios o terceros, a cambio de una contraprestación que no podrá consistir en acciones, participaciones o cuotas de socio del cesionario».* En el siguiente apartado de este mismo artículo la Ley nos dice que *«La sociedad cedente quedará extinguida si la contraprestación fuese recibida total y directamente por los socios. En todo caso, la contraprestación que reciba cada socio deberá respetar las normas aplicables a la cuota de liquidación».* Por tanto, ahora la extinción de la sociedad cedente no es algo necesario de la operación, sino una simple posibilidad, cuando se decide que la contraprestación recibida por la cesión se reparta directamente entre los socios de la cedente, en cuyo caso la cesión global operaría como una forma abreviada de liquidación social. Pero, como decimos, cesión global y liquidación de la sociedad no son ahora dos conceptos que vayan necesariamente unidos. De hecho, la nueva Ley en su art. 83 se refiere ahora expresamente a la cesión que se hace en el marco de una liquidación societaria como si fuera un supuesto especial (*«Las sociedades en liquidación podrán ceder globalmente su activo y pasivo siempre que no hubiera comenzado la distribución de su patrimonio entre los socios»*).

En atención a ello, la gran novedad de la Ley en esta materia de la cesión global consiste –como ya hemos anticipado– en permitir que una sociedad que no se extingue sino que va a continuar existiendo pueda transmitir en bloque todo su patrimonio, con el efecto además de la sucesión universal –que ahora sí reconoce expresamente la ley–, a uno o varios socios o terceros a cambio de una contraprestación que ingresa en el patrimonio de la sociedad en sustitución del patrimonio transmitido.

Por tanto, después de esta Ley tenemos que distinguir una cesión global extintiva o liquidatoria y una cesión global no extintiva o no liquidatoria, cuya presencia en el tráfico todavía está por ver.

Siguiendo con el examen de esta nueva tipificación del supuesto, hemos indicado ya que la ley exige expresamente que la contraprestación no consista en acciones, participaciones o cuotas de socios del cesionario, si éste es una sociedad, y ello porque tal supuesto sería subsumible en una fusión o en la operación asimilada a una escisión del art. 72 LME.

Por tanto, en la lógica de la nueva regulación, la cesión es un negocio de intercambio patrimonial entre la sociedad cedente y el cesionario. Siempre se hace con la contrapartida de una contraprestación patrimonial real, de manera que no responde a la simple idea de reordenación interna de unos activos empresariales interponiendo o eliminando sociedades participadas. Por supuesto que si la cedente es una sociedad unipersonal y la cesionaria su matriz, la operación tiene el significado económico de una mera reordenación patrimonial dentro del grupo y no de verdadero intercambio entre sujetos independientes –la filial que era titular de un determinado conjunto patrimonial pasa a ser ahora titular de los bienes recibidos de la matriz como contraprestación por la cesión, pero la titular última de todos los bienes afectados sigue siendo la matriz–. No obstante, incluso en tal caso, contemplada la operación desde la óptica del patrimonio la sociedad filial, la cesión global seguiría teniendo un significado de *do ut des* patrimonial.

Lo que se ha creado, en definitiva, es un instrumento legal para permitir la venta de empresas de forma expeditiva, con el efecto de sucesión universal y por tanto sin necesidad de contar con el consentimiento individualizado de las contrapartes de todas las posiciones pasivas y contractuales en curso; y ello con completa independencia de que la sociedad vendedora se extinga o no con ocasión de la venta, e incluso permitiendo que la cesión se realice por trozos a favor de más de un cesionario.

Por supuesto que esta venta de la empresa se puede realizar indirectamente, mediante una venta de todas las acciones o participaciones de la sociedad titular de la empresa –lo que se conoce como «venta de capa»–, lo que da lugar a un resultado económico muy parecido. No obstante, mediante la cesión global del patrimonio la que vende es la sociedad y no los socios de la misma y, por tanto, la operación se puede realizar, como veremos, sobre la base de un acuerdo mayoritario y no necesariamente unánime de esos socios de la vendedora. Así, para la venta de capa es imprescindible la participación de todos los socios de la sociedad que se está vendiendo; y de ahí los frecuentes derechos de «arrastre» o «*drag-along*». Otra diferencia importante es que en el supuesto de cesión global no liquidatoria la posible plusvalía que se manifieste, en su caso, en la operación se mantiene en la sociedad cedente y no se imputa de momento a los socios de ésta, pues como decimos, no son éstos los que venden.

Como dice el Preámbulo de la LME, este nuevo planteamiento supone romper amarras con aquella concepción que limitaba esta operación al ámbito propio de la liquidación, y la misma se convierte en *«un instrumento legislativo más para la transmisión de empresa»*.

El único límite institucional de la operación, el único residuo de una concepción tradicional más restrictiva, es la exigencia de que la cesión sea precisamente de la totalidad del patrimonio de la sociedad en el momento de la cesión. De manera que este procedimiento no sirve para una cesión parcial, de solo una fracción del patrimonio de la empresa. Esto sí lo admite la ley –también sin extinción de la sociedad cedente–, pero solo por vía de escisión parcial o de segregación, supuestos en los cuales ya los socios de la sociedad escindida, ya la propia sociedad de la que se segrega la fracción patrimonial pasan a participar en el capital de la sociedad cesionaria. Otro límite es que en el caso de cesión plural, por división del patrimonio para la transmisión de cada una de las partes a un cesionario diferente, cada una de esas fracciones patrimoniales debe constituir una «unidad económica».

Puede pensarse que, admitida la escisión parcial y sobre todo la segregación, no parece ya tener mucho sentido el negar la posibilidad de una cesión global de activo y pasivo de carácter parcial. De hecho, si la ley admite, como vemos, la cesión global plural, es decir, que, habiendo varios cesionarios, cada uno reciba sólo una determinada fracción patrimonial, siempre que cada una de ellas constituya una unidad económica, no se entiende por qué no puede quedar también una parte del patrimonio de la sociedad cedente que constituya una unidad económica en poder de la misma. Que la cesión global tuviera que ser de todo el patrimonio tenía pleno sentido cuando la cesión se vinculaba necesariamente a la extinción de la sociedad cedente, sin embargo ahora, en el marco de un régimen mucho más permisivo, mantener la rigidez en este punto no parece tener ya mucho sentido.

De hecho, la erosión del requisito de la totalidad ha empezado pronto: la Ley 27/2009, de 30 de diciembre, ha introducido una nueva

Disposición Adicional Tercera en la Ley 3/2009, dedicada al régimen aplicable a las operaciones de fusión, escisión y cesión global o parcial de activos y pasivos entre entidades de crédito, que en su apartado 2 dispone: *«Cuando la operación consista en el traspaso por sucesión universal de una o varias partes del patrimonio de una entidad de crédito, cualquiera que sea su naturaleza, que formen una unidad económica, a otra entidad de crédito de igual o distinta naturaleza a cambio de una contraprestación que no consista en acciones, participaciones o cuotas de la entidad cesionaria, resultará de aplicación a la misma el régimen de la cesión global de activos y pasivos previsto en los artículos 85 a 91 de la presente Ley, sin perjuicio de lo previsto en su legislación específica»*. O sea, que ya se admite para las entidades de crédito la cesión global parcial con sucesión universal.

En cualquier caso, siendo importante la novedosa admisión de la cesión global no extintiva, también lo es el que los dos supuestos –incluida, por tanto, la cesión extintiva– pasan a ser considerados por esta ley como «modificaciones estructurales». De manera que, incluso cuando la cesión global lleva consigo la extinción de la sociedad cedente –porque la contraprestación por la cesión se entrega directamente a los socios de la misma–, la operación se contempla como una modificación estructural, objeto de una regulación específica en esta ley y al margen de la normativa propia de los procesos de liquidación de las sociedades mercantiles. Esto, como después vamos a ver con más detenimiento, tiene una gran trascendencia en el plano procedimental y de eficacia de la operación. Así, aunque esta cesión pueda tener un alcance liquidatorio para la sociedad cedente, la consideración de esta operación como modificación estructural lleva a que normas muy importantes del régimen general de la liquidación de sociedades resulten exceptuadas y sustituidas por normas que son más propias de una operación de fusión.

Ahora bien, aunque esta LME aproxima el régimen de la cesión global al de las modificaciones estructurales tradicionales –transformación, fusión y escisión–, lo cierto es que la equiparación en cuanto al procedimiento no es total. Esta cuestión la examinaremos después con más detalle, pero tenemos que anticipar lo que, a nuestro juicio, es el más grave problema que suscita este Título IV de la Ley: ¿es posible realmente que nuestro legislador invente un nuevo tipo de «modificación estructural» –la cesión global de activo y pasivo- como algo independiente y al margen de la normativa general sobre fusiones y escisiones y de los requisitos imperativos que para éstas derivan del derecho comunitario, fundamentalmente de la Tercera y la Sexta Directivas? O, dicho de otra forma, ¿realmente esta cesión global es una operación atípica para el derecho comunitario de sociedades de capital, de manera que nuestro legislador puede someterla libremente al régimen que tenga por conveniente?

Ya hemos visto lo que se constató en el año 2002 en relación con la cesión global a favor del socio único en pago de su cuota de liquidación: que la aplicación a una SA del régimen específico que para la cesión global había diseñado nuestro legislador en el art. 117 LSRL chocaba con la normativa comunitaria sobre fusiones de sociedades anónimas, porque tal caso era obligatoriamente subsumible en el régimen que para la operación de fusión establecía la Tercera Directiva. Pero, ¿ése es el único caso en que nuestra figura de la cesión global se ve afectada por la normativa comunitaria sobre fusiones? ¿No resulta muy extraño que el problema de colisión con el derecho comunitario de fusiones lo haya suscitado el supuesto precisamente más inocuo de cesión global, el que menos peligro conlleva para los socios de la sociedad cedente, porque ésta por definición es una sociedad unipersonal y el patrimonio cedido va a parar a la sociedad que era socio único de la cedente? ¿Con excluir ese supuesto del ámbito de la cesión global y someterlo a la normativa de la fusión, como hace ahora el art. 53 de esta Ley, se solucionan todos los problemas de cara al derecho comunitario?

Ya anticipamos que nuestra respuesta a estos interrogantes va a ser negativa. Y es que sentimos mucho tener que decir que nuestro legislador parece haber tropezado por segunda vez en la misma piedra. Pero la argumentación de esta respuesta la aplazamos de momento, porque creemos que puede resultar mucho más convincente una vez que hayamos examinado detenidamente una serie de cuestiones que, sobre todo en cuanto al régimen procedimental, suscita la nueva regulación de la cesión global en la LME.

Pero todavía, antes de ocuparnos del régimen de requisitos y efectos de la operación típica sometida al régimen legal de la cesión global como modificación estructural, tenemos que hacer referencia a una cuestión muy relacionada con esto último que venimos comentando y que es similar a la que hemos planteado al estudiar el art. 71 de la Ley, en sede de segregación: ¿es posible un negocio de cesión global de activo y pasivo sin el efecto de la sucesión universal, de manera que las partes no pretendan gozar de ese radical efecto pero, como contrapartida, queden dispensadas de aquellos requisitos procedimentales de la operación que parecen vinculados a ese efecto, por excelencia, la publicación de anuncios con la posible oposición de los acreedores y quizá también la elaboración y depósito del correspondiente proyecto de cesión, e incluso la necesaria elevación a público e inscripción registral de la misma?

Pues bien, en una primera aproximación, parece perfectamente posible que una sociedad en un momento dado decida vender todos los activos y pasivos que integran en ese instante su patrimonio como el objeto de un único negocio, a favor de uno o varios adquirentes, sin aspirar al efecto de sucesión universal y sin someterse al régimen procedimental de este título IV de la LME. Se trataría de un negocio traslativo ordinario que debería respetar para su eficacia respecto de cada uno de los bienes, derechos, obligaciones y posiciones contractuales integrantes de ese patrimonio la respectiva ley circulatoria de cada uno de ellos (y, a falta de los requisitos correspondientes, por ejemplo, el consentimiento de un acreedor para la asunción de una determinada deuda por parte del cesionario, la transmisión tendría eficacia meramente interna entre cedente y cesionario).

De acuerdo con ello, cuando el art. 81 de la Ley nos dice que *«Una sociedad inscrita podrá transmitir en bloque todo su patrimonio por sucesión universal, a uno o a varios socios o terceros, a cambio de...»*, etc., la referencia a que la transmisión es «por sucesión universal» no es sólo una alusión al efecto característico de la operación, sino que significa la consideración de dicho efecto (o del propósito expreso de conseguirlo) como un elemento que delimita el tipo legal de esta modificación estructural, de manera que, si no hay voluntad de que la transmisión sea por sucesión universal, la cesión quedaría fuera del régimen de los preceptos de este Título de la Ley.

No obstante, este planteamiento puede suscitar problemas en relación con dos cuestiones -y con ello anticipamos temas que pretendemos examinar más detenidamente cuando tratemos del régimen procedimental de la cesión global-: en primer lugar, cuál sería el órgano competente para acordar esta que podríamos llamar «cesión global irregular»; y en segundo lugar, si una cesión de este tipo podría permitir la extinción de la sociedad cedente cuando la cesión se hace con finalidad liquidatoria.

En cuanto a lo primero, parece claro que un acto de esta naturaleza –la transmisión en bloque de la totalidad del patrimonio social– tiene trascendencia «estructural» para la sociedad y por tanto excede de la competencia tanto del órgano de administración como del órgano de liquidación, en su caso, de manera que sería necesaria la intervención de la junta general de socios. Ahora bien, ¿sería bastante con un acuerdo mayoritario de la junta?

Tratándose de una cesión global liquidatoria, parece bastante claro –como luego veremos– que, fuera del procedimiento del Título IV de esta Ley, la unanimidad de todos los socios de la cedente sería imprescindible. Si se trata de una cesión global no liquidatoria, la unanimidad no sería imprescindible, pero parece que, por analogía con lo dispuesto en el art. 346 LSC para los acuerdos de sustitución del objeto social, los socios que no hubieran votado a favor tendrían el derecho de separarse de la sociedad llevándose su parte del patrimonio social antes de que se lleve a efecto la cesión.

En cuanto a la posible pretensión de extinción de la sociedad subsiguiente a esta cesión global irregular, obsérvese que, en tal caso, –recordando la doctrina ya reseñada de las resoluciones de la DGRN de 22 de junio de 1988 y 21 de noviembre de 1989– si la sociedad tiene deudas, las mismas no pueden desaparecer de su balance, ni por tanto de su balance final de liquidación, por el hecho de que se haya hecho esta cesión unitaria del patrimonio a un tercero, a no ser que los acreedores correspondientes hayan consentido de forma expresa la liberación de la sociedad cedente por las respectivas obligaciones. Por tanto, la no desaparición de esas obligaciones cuya cesión no ha sido consentida por los correspondientes acreedores sería un obstáculo para la inscripción registral de la extinción de la compañía.

Todo esto que acabamos de indicar nos instruye mucho acerca del significado habilitante de los procedimientos previstos por la ley para las modificaciones estructurales típicas.Y nos confirma también la anomalía que puede suponer el que nuestra ley cree un régimen intermedio para esta operación de cesión global que, por una parte, es similar en lo habilitante al régimen de una fusión o escisión (*ad intra*, dispensa de unanimidad y no derecho de separación del socio disidente, y *ad extra*, sucesión universal); pero, por otra parte, exigiendo unos requisitos procedimentales menos rigurosos que los que son propios de una operación de fusión o escisión, cuando los intereses que están en juego no son en absoluto diferentes.

Pero todo lo que estamos advirtiendo se va a ver con más claridad una vez que hayamos examinado los requisitos que resultan del nuevo régimen legal de esta operación.

II. ELEMENTOS SUBJETIVOS

En cuanto a los elementos subjetivos o personales de la operación, a diferencia de otras «modificaciones estructurales» como la transformación, el traslado del domicilio al extranjero o la escisión mediante creación de una nueva sociedad, esta cesión global implica necesariamente la celebración de un negocio de tipo bilateral, que se corresponde con el formato propio de una compraventa o de una permuta. De manera que necesariamente nos encontramos con dos partes: la parte cedente y la parte cesionaria.

No obstante, la LME –como sucedía con el art. 117 LSRL– no se ocupa propiamente del negocio bilateral de cesión, del aspecto «contractual» de esta operación, sino más bien de lo que la participación en un negocio de este tipo tiene de «operación societaria» o «modificación estructural» para la sociedad cedente. Lo cual nos obliga a una tarea de reconstrucción o completamiento del régimen de todos aquellos aspectos del negocio que no contempla esta Ley.

A. LA PARTE CEDENTE

En cuanto a la parte cedente, el artículo 81 LME, como ya hemos visto, se refiere a «una sociedad inscrita».

En atención al ámbito de aplicación que delimitan los arts. 1 y 2 de la Ley, esta sociedad será precisamente una sociedad mercantil (no necesariamente SA o SRL, porque también puede ser una sociedad regular colectiva o una comanditaria simple).

¿Es posible que una sociedad cooperativa, una agrupación de interés económico o una sociedad civil realicen una cesión global de activo y pasivo con los efectos propios de la cesión global que regula esta Ley?

Según el artículo 2 de la LME, las modificaciones estructurales de las sociedades cooperativas se regirán por su específico régimen legal. En la legislación general estatal de cooperativas no está contemplada la posibilidad de esta operación, ni tampoco en la legislación sobre cooperativas de crédito. De hecho, la normativa específica sobre liquidación del patrimonio de las cooperativas, según la cual el remanente patrimonial no es íntegramente repartible entre los socios, como sucede en las sociedades ordinarias, no parece muy compatible con este tipo de operación, en especial en su modalidad liquidatoria. No obstante, algunas de las leyes autonómicas sobre cooperativas sí admiten expresamente y regulan esta cesión global (así, el artículo 67 del Texto Refundido de la Ley de Cooperativas de la Comunidad Valenciana, Decreto legislativo 1/1998, de 23 de junio, del Gobierno Valenciano; los arts. 81 y 82 de la Ley 4/1999, de 30 de marzo, de Cooperativas de la Comunidad de Madrid; art. 102 de la Ley 2/1998, de 26 de marzo, de Sociedades Cooperativas de Extremadura).

Respecto de las AIE, su Ley especial (Ley 12/1991, de 29 de abril) no contiene normas ni sobre cesión global ni sobre liquidación. Las que contenía sobre transformación y fusión han sido derogadas por la LME, lo que vendría a confirmar que tales cuestiones para las AIE se regulan ahora en la LME. De hecho, según el art. 1 de la LAIE, estas entidades tienen carácter mercantil y se rigen supletoriamente, por las normas de la sociedad colectiva que resulten compatibles con su específica naturaleza. Por tanto, entendemos que el Título IV de la LME es aplicable a las AIE.

En cuanto a las sociedades civiles, por supuesto que su específico régimen normativo (los arts. 1665 y siguientes del Código civil) no contempla nada parecido a esta cesión global, y una pretendida aplicación analógica de las normas de esta LME parece chocar con el carácter excepcional del efecto de sucesión universal.

Por otra parte, la referencia expresa a que la sociedad que realiza la cesión global sea una sociedad «inscrita» no parece que deba entenderse como la exclusión legal de la posibilidad de que una sociedad mercantil irregular realice una cesión de este tipo, porque no se ve qué motivo de fondo pueda haber para semejante exclusión. Lo que sucederá, simplemente, es que, por exigencia de la regla de tracto sucesivo registral, mientras esa sociedad no se inscriba, no podrá depositarse en el Registro Mercantil el correspondiente proyecto de cesión –en los casos en que éste sea necesario–, ni, por supuesto, inscribirse la cesión.

De forma expresa, el artículo 83 de la LME, como ya vimos antes, contempla la posibilidad de que las sociedades en liquidación cedan globalmente su activo y pasivo, siempre que no hubiera comenzado la distribución de su patrimonio entre los socios.

En cuanto a las sociedades en concurso de acreedores, el art. 100.2 LC contempla como posible contenido del convenio entre el concursado y sus acreedores las proposiciones de enajenación, bien del conjunto de bienes y derechos del concursado afectos a su actividad empresarial o profesional o de determinadas unidades productivas a favor de una persona natural o jurídica determinada. Estas proposiciones incluirán necesariamente la asunción por el adquirente de la continuidad de la actividad empresarial o profesional propia de las unidades productivas a las que afecte y del pago de los créditos de los acreedores.

El art. 100.3 LC que en su versión inicial no admitía las propuestas consistentes en la cesión de bienes y derechos a los propios acreedores en pago o para pago de sus créditos, ni en cualquier forma de liquidación global del patrimonio del concursado para satisfacción de sus deudas, después de su reforma por la Ley 38/2011, de 10 de octubre, se refiere expresamente a «*la posibilidad de fusión, escisión o cesión global de activo y pasivo de la persona jurídica concursada*».

Por último, en sede de cesión global –como en las sedes de escisión y de fusión– encontramos una norma (art. 84 LME) que admite expresamente la posibilidad de una cesión global de carácter internacional: que la sociedad cedente y el cesionario/s sean de distinta nacionalidad, en cuyo caso, la cesión se regirá por las respectivas leyes personales. Para las sociedades anónimas europeas, hay remisión al régimen que en cada caso les fuera aplicable.

A continuación, cuando estudiemos el procedimiento, nos ocuparemos del órgano de la sociedad cedente competente para decidir y ejecutar la cesión.

B. LA PARTE CESIONARIA

En cuanto a la parte cesionaria, lo único que nos dice la Ley es que pueden ser *«uno o varios socios o terceros»* y, según ya hemos visto, que puede ser de diferente nacionalidad que la sociedad cedente.

Lo primero que tenemos que decir es que este cesionario puede ser una persona jurídica (en principio, de cualquier tipo, aunque sea de un tipo social diferente del correspondiente a la cedente –lo que daría lugar a una «cesión mixta»–, incluso de naturaleza no societaria, como una fundación, una caja de ahorros, etc.) o una persona física, ya que no distingue en absoluto la ley, como hemos visto. Este es un dato muy llamativo y que singulariza a esta operación dentro del elenco de modificaciones estructurales que regula esta ley, por cuanto las demás modificaciones siempre involucran como partes o sujetos principales a una o varias sociedades mercantiles.

Podría, no obstante, sostenerse un criterio más restrictivo, sobre la base del ámbito de aplicación de la LME que delimita su art. 2, restringido a las sociedades mercantiles, de manera que los sujetos de la cesión global que regula esta ley, tanto el cedente como el cesionario, habrían de ser necesariamente sociedades mercantiles. No obstante, no parece que las referencias tan genéricas que la Ley hace al cesionario permitan semejante restricción.

Tratándose de una persona jurídica, se plantea la cuestión de cuál es el órgano de la misma competente para acordar la cesión, cuestión de la que se desentiende por completo la ley. A la vista de ello, puede pensarse que, en el caso de ser cesionaria una segunda sociedad, la cesión global supone una «modificación estructural» respecto de la cedente, pero no respecto de la cesionaria. De hecho, requisito para encajar dentro del tipo de esta operación es que la contraprestación que satisface el cesionario no consista en acciones, participaciones o cuotas de socio del cesionario, porque, en caso de ser así, según ya hemos indicado, estaríamos ante una fusión si las acciones o participaciones entregadas como contrapartida las reciben directamente los socios de la cedente o ante el supuesto del art. 72 si las recibe la propia sociedad cedente. En la concepción de la ley vigente, la cesión global, desde el punto de vista del cesionario, si éste es una sociedad, nunca afecta a su capital, sino sólo a la composición cualitativa de su patrimonio: adquiere de un golpe todo el patrimonio que en el momento de la cesión tiene la cedente y trasmite a cambio de ello una contraprestación en dinero o en otros bienes que existían en su patrimonio (con excepción de acciones o participaciones propias que pudiera tener en autocartera).

¿Se trata entonces de un acto de adquisición patrimonial que puede entenderse comprendido dentro de las competencias del órgano de administración de la sociedad cesionaria? Esto es lo que se venía entendiendo bajo la vigencia del art. 117 de la LSRL de 1995, salvo -se nos decía- en aquellos supuestos en que el patrimonio empresarial que se adquiría en globo tenía por objeto una actividad diferente de la que constituía el objeto social de la sociedad cesionaria, en cuyo caso podría considerarse necesario un acuerdo de la junta de socios de la cesionaria.

Como, en cuanto a este punto, no ha habido ningún cambio con la llegada de la LME, podemos seguir pensando que también bajo la vigencia de la misma la cesión global, desde la perspectiva del cesionario, si éste es una sociedad, es una operación comprendida, en principio, en el ámbito de competencia de su órgano de administración.

Incluso podría pensarse que también es posible que la sociedad cesionaria actúe por medio de un apoderado voluntario, en virtud del correspondiente poder conferido por el órgano de administración, siempre y cuando las facultades comprendidas en el correspondiente acto de apoderamiento sean suficientes para un negocio de la naturaleza y objeto del que estamos contemplando.

No obstante, aunque puede pensarse que en principio no es rechazable la posibilidad de que el sujeto cesionario formalice la cesión con la intervención de un representante voluntario, en cualquier caso, la suficiencia de las facultades representativas del apoderado en cuestión debería apreciarse con cierto rigor, y ello porque este negocio, aunque no suponga modificación estructural para el sujeto cesionario cuando éste es una sociedad, no deja de ser un negocio muy particular, con una gran trascendencia patrimonial y que puede conllevar muy graves implicaciones para el cesionario. Así, la adquisición en globo de la totalidad de un patrimonio, supone, como después vamos a ver cuando analicemos el elemento objetivo de la cesión, algo más que adquirir una serie de elementos patrimoniales singulares más o menos identificados, sino que puede suponer la asunción de una responsabilidad por cualesquiera consecuencias derivadas de la actividad anterior de la sociedad cedente. De manera que no parece que un poder genérico de adquisición de bienes y para contraer obligaciones sea suficiente para este acto.

Además de ello, hay que tener en cuenta que al otorgante de la escritura de cesión global en nombre del sujeto cesionario compete precisamente la realización de una manifestación de gran importancia: la manifestación de que ninguno de los acreedores del cesionario ha ejercitado el derecho de oposición que reconoce la ley, o, en su caso, que los acreedores que se han opuesto han sido debidamente satisfechos o garantizados. Una manifestación como ésta, si el cesionario es una sociedad, lo lógico es que competa al órgano de administración de la misma, que es el que puede certificar que en el domicilio social no se ha recibido ninguna notificación comunicando la oposición a la cesión por parte de alguno de los acreedores de la compañía.

No obstante, aunque todo lo que acabamos de indicar es lo que parece resultar de una exégesis elemental de las normas de este Título IV de la LME, partiendo de esa presuposición básica que sirve de fundamento a esta normativa que es la idea de que la cesión global sólo supone modificación estructural para el cedente pero no para el cesionario, no terminamos de quedar satisfechos con semejante planteamiento.

Así, lo que resulta muy extraño y perturbador es que, de conformidad con el art. 53 de la Ley, cuando el cesionario es precisamente el socio único de la sociedad cedente y la cesión global se realiza con ocasión de la extinción de la sociedad y en pago de la cuota de liquidación del socio único, entonces la cesión queda excluida del ámbito de aplicación de este Título IV y sujeta al régimen de la fusión. Se tratará, por definición, de una fusión por absorción de sociedad íntegramente participada, subsumible en el régimen simplificado de los arts. 49 y 51 de la Ley, pero, en cualquier caso, una fusión.

Como ya hemos comentado, esta norma del art. 53 se considera una exigencia del respeto a los mandatos de la Tercera Directiva, que califica expresamente ese supuesto en su art. 24 como un caso de fusión sujeto necesariamente a las normas del Capítulo II de la misma, aunque con determinadas especialidades de régimen.

Por tanto, en este supuesto del art. 53 la cesión global, en cuanto que es una fusión, aunque sea simplificada, supone una «modificación estructural» también para la sociedad cesionaria. Obsérvese que aunque no es preciso, de conformidad con el art. 49 de la Ley, que la sociedad cesionaria-absorbente aumente su capital, ni se requiere la existencia de informes de administradores, ni de experto independiente, y, de acuerdo con el art. 51, no es preciso, en principio, un acuerdo de la junta de socios de la sociedad cesionaria, sin embargo, como se trata de una fusión:

- el proyecto correspondiente debe ser suscrito no solo por los administradores de la cedente, sino también por los administradores del cesionario;

- el proyecto debe depositarse, en su caso, también en el Registro mercantil correspondiente a la sociedad cesionaria-absorbente;

- también es necesario que esta cesión-fusión tome como base un balance de cada una de las sociedades con los requisitos de antigüedad del art. 36, y en su caso de auditoría conforme al art. 37;

- socios de la sociedad cesionaria que sean titulares de al menos un 1 % de su capital pueden solicitar la celebración de junta general de socios de la misma para que sea la junta la que decida sobre esta fusión;

- debe publicarse también un anuncio de la fusión en un diario de gran difusión en la provincia de domicilio de la absorbente cuando es una provincia diferente de la del domicilio de la absorbida;

- y, por último, esta cesión, como tal fusión, se inscribe en la hoja registral de la sociedad cesionaria y no sólo en la hoja de la cedente.

Todo lo cual no es aplicable a los casos de cesión global no subsumibles en el art. 53 y que por tanto quedan comprendidos en el ámbito de aplicación del Título IV de la Ley, es decir, aquellos casos en que la sociedad cedente no es unipersonal, sino que tiene varios socios, o cuando, teniendo un único socio, no es éste el cesionario, o, si lo es, no recibe el patrimonio de la cedente en pago de su cuota de liquidación, sino a cambio de una contraprestación en dinero u otros bienes que ingresa en el patrimonio de la cedente que va a continuar existiendo.

En estos otros casos de cesión global no subsumibles en el art. 53 se aplicará un régimen procedimental –el diseñado en el Título IV y que después examinaremos con más detalle– aún más simplificado que el que resulta del art. 53, un régimen que se caracteriza, por lo que ahora nos interesa, por la consideración de que esta cesión global no supone una modificación estructural para el sujeto cesionario.

A la vista de lo indicado, la cuestión que ineludiblemente se nos suscita es la siguiente: ¿es que resulta más grave para los socios de la sociedad absorbente este supuesto del art. 53 de absorción de una sociedad íntegramente participada, que lo que para los socios de la sociedad cesionaria supone el supuesto del art. 81, es decir, adquirir todo el patrimonio de una sociedad –con todo lo que ello supone de responsabilidades y contingencias por la actividad anterior de la misma– a cambio del pago de un precio en dinero?

Fijémonos especialmente en el caso en que la sociedad cedente es unipersonal y la cesión se realiza a favor de su socio único que es otra sociedad, pero no en pago de su cuota de liquidación, sino a cambio de una contraprestación en dinero que ingresa en el patrimonio de la filial, la cual continúa existiendo. Se trata de un supuesto que, según todo lo que llevamos ya visto, resulta subsumible en la norma del art. 81 y no en la del art. 53. ¿Por qué hay más peligro para los socios de esta sociedad cesionaria cuando la cesión se realiza en pago de la cuota de liquidación y, por tanto, sin salida de ningún elemento del patrimonio de la cesionaria aparte de lo que supone la amortización de las acciones o participaciones de la filial, que cuando la cesión es a cambio de un precio en dinero u otros bienes que salen de la matriz y van a parar a la filial a cambio del patrimonio cedido? ¿Por qué el segundo caso, respecto de la sociedad cesionaria, es un acto de la competencia exclusiva de su órgano de administración, y no así necesariamente el primer caso respecto de la sociedad absorbente (porque, conforme al art. 51, socios titulares de al menos el 1 % del capital de ésta pueden exigir la intervención de la junta)?

Además de ser absurda, semejante discordancia de régimen da lugar, por supuesto, a la tentación de eludir la norma más rigurosa del artículo 53 de la Ley, mediante maniobras tan sencillas como una cesión global de activo y pasivo a favor de la matriz a cambio de un precio en dinero, sin extinguirse simultáneamente la filial, seguida de una posterior liquidación de esta filial con atribución a la sociedad que fue cesionaria y que seguiría siendo socio único de la cedente de la cantidad de dinero recibida por ésta como contraprestación por la cesión y ello en pago de la cuota de liquidación de aquélla (¿cuánto tendríamos que separar en el tiempo la cesión y la liquidación para que no se entendiese que hay fraude de ley?). Si, además, el precio de la cesión se deja íntegramente aplazado –posibilidad que no parece que quepa negar, como luego veremos–, el pago de la cuota de liquidación se haría adjudicando a la matriz el crédito de la filial contra la misma, crédito y correlativa deuda que quedarían extinguidos por confusión, con lo cual ni siquiera haría falta liquidez dineraria para eludir la literalidad del art. 53.

Como vemos, aquí hay algo que no parece tener mucho sentido. O el art. 53 de nuestra Ley y el art. 24 de la Tercera Directiva se equivocan al someter su supuesto de hecho al régimen propio de una fusión; o, si esa subsunción está justificada, entonces lo que no parece tener mucha justificación es que a los demás casos de cesión global se les aplique, desde el punto de vista del sujeto cesionario, un régimen más aligerado de requisitos que el que resulta de ese artículo 53. Posteriormente, cuando profundicemos en el análisis del procedimiento que para la cesión global diseña el Título IV de la LME, veremos otros aspectos de esta incongruencia legal.

Por otra parte, ya hemos ido viendo que cesionario puede ser un tercero/s o uno o más socios de la propia compañía cedente.

En el caso de cesión global a favor de uno o varios socios en el marco de una liquidación de la sociedad cedente, puede ser difícil distinguir en la práctica lo que es una genuina cesión por la sociedad a cambio de una contraprestación en dinero que ingresa en el patrimonio de la sociedad en liquidación para ser repartida entre todos los socios, incluyendo al cesionario/s, de lo que podría ser un reparto *in natura* del patrimonio de la sociedad disuelta entre los socios con adjudicación íntegra de este patrimonio a uno o varios socios para que éstos abonen el exceso de adjudicación en dinero u otros bienes propios a los otros socios. En este segundo caso, la contraprestación no cubriría el valor total del patrimonio cedido, sino sólo el de la cuota de liquidación correspondiente a los socios no adjudicatarios. A nuestro juicio, este segundo supuesto, aunque conllevase una pretensión de transmisión unitaria o en bloque de todo el activo y pasivo de la compañía, no encajaría en el supuesto de hecho del artículo 81 de la Ley, porque este precepto está contemplando un negocio cuyas partes son la sociedad cedente y el cesionario, mientras que en este caso el negocio en virtud del cual se satisface una contraprestación sería un negocio de significado «particional» entre los propios socios de la compañía (que no gozaría, por atipicidad, de la eficacia que la ley reconoce a la cesión global típica).

En el caso de que el cesionario sea uno de los socios, habiendo varios socios, si se trata de una SRL, el socio cesionario debe abstenerse de votar en la junta que se celebre para acordar la cesión por aplicación de lo dispuesto en el artículo 190 LSC (como acuerdo que le concede un derecho). Tratándose de una SA, antes de la promulgación de la LSC podía pensarse en una aplicación del mismo criterio por analogía. Después de la refundición de las leyes de sociedades anónimas y de sociedades limitadas, el argumento analógico se debilita, porque el régimen del art. 52 de la LSRL no se ha generalizado a los dos tipos sociales, sino que se mantiene como aplicable sólo a sociedades limitadas en el citado art. 190 LSC. No obstante, difícilmente puede concebirse un conflicto de intereses más evidente que el que se suscita entre el socio de la cedente que al mismo tiempo es cesionario y los restantes socios de la compañía. Así, a nuestro entender, sólo si la cesión cuenta con el voto favorable de la mayoría de los socios distintos del cesionario, parece jurídicamente factible la cesión.

Otra cuestión planteable en relación con la parte cesionaria en caso de pluralidad de cesionarios es la siguiente: la ley prevé que en caso de haber varios cesionarios cada uno reciba una porción patrimonial diferente, fragmentándose así el patrimonio objeto de la cesión global. Pero, ¿es posible una cesión global a favor de varios cesionarios sin que se practique esa fragmentación, es decir, adquiriendo los cesionarios en proindiviso ese conjunto patrimonial cedido o para su sociedad conyugal si los cesionarios son unos cónyuges casados en gananciales?

La verdad es que no deja de ser extraño que pueda surgir negocialmente una comunidad por cuotas sobre un objeto universal. Precisamente, uno de los expedientes que ya se están maquinando para la elusión de la norma del art. 53 LME consiste en lo siguiente: primero se rompe la unipersonalidad de la sociedad cedente transmitiendo alguna de las acciones o participaciones sociales de la misma a un sujeto distinto de la compañía que hasta ese momento era su socio único; y a continuación se realiza una cesión global de activo y pasivo a favor de los dos socios en pro indiviso, recibiendo el socio minoritario una participación indivisa minúscula en el patrimonio cedido. A nuestro juicio, del art. 82 LME se desprende claramente que la pluralidad de cesionarios sólo es posible cuando cada uno recibe una porción diferenciada del patrimonio de la sociedad cedente.

III. ELEMENTOS OBJETIVOS

En cuanto a los elementos objetivos, son, por un lado, el patrimonio objeto de la cesión en globo y, por otro lado, la contraprestación que satisface el cesionario.

A. EL PATRIMONIO OBJETO DE CESIÓN

En cuanto al patrimonio objeto de la cesión, con anterioridad a la ley vigente se había planteado por algunos autores la posibilidad de que la cesión, aun siendo global, no fuera total, es decir, que la compañía cedente pudiera conservar en su poder algún elemento patrimonial singular, por ejemplo, una cantidad de dinero que tuviera en caja o en cuenta, y que no habría necesidad de incluir en la cesión, pues se podría retener para ser repartida entre los socios junto con la contraprestación obtenida por la cesión.

A nuestro juicio, semejante planteamiento parecía contradictorio con la propia justificación institucional de la sucesión universal, que sería la transmisión de la totalidad de un patrimonio con ocasión de la extinción del sujeto titular de ese patrimonio. Someter a los terceros al rigor de la sucesión universal cuando el sujeto cedente no transmite todo su patrimonio sino sólo parte del mismo no parecía tener mucho sentido: ¿por qué un acreedor incluido en la cesión no podría seguir dirigiendo su acción contra la sociedad cedente si ésta conserva todavía una parte de su patrimonio?

Como ya hemos expuesto en sede de escisión, el planteamiento de la LME en relación con la sucesión universal es mucho más laxo, y ello por cuanto de forma expresa reconoce dicho efecto en supuestos de modificación estructural que no conllevan una extinción de la personalidad jurídica de la sociedad y en los que sólo se transmite una fracción del patrimonio de la misma (así sucede en la escisión parcial y en la segregación). De manera que el fundamento de la sucesión universal no sería la extinción y traspaso en bloque de todo el patrimonio de una sociedad, sino el hecho de transmitirse un conjunto de bienes que forman una unidad económica de explotación, una empresa. Si es así, la razón para negar la posibilidad de una cesión global de activo y pasivo que no comprenda absolutamente todo el patrimonio de la sociedad cedente se debilita bastante. No obstante, la delimitación legal de esta operación en el art. 81 de la Ley parece convertir claramente el rasgo de la totalidad, que la cesión tenga por objeto todo el patrimonio de la sociedad, en un requisito sine qua non de la misma. De manera que una cesión, aunque pretenda realizarse en bloque comprendiendo un conjunto de elementos patrimoniales activos y pasivos, que incluso constituya por sí misma una unidad económica o empresarial, no se podría realizar con los efectos propios de esta cesión global de activo y pasivo si quedasen exceptuados de la cesión alguno o algunos elementos patrimoniales de la sociedad cedente.

En cualquier caso, aunque ésta sea la conclusión que parece derivarse claramente de la literalidad de la norma, la misma –como ya hemos indicado– ha perdido con la nueva ley gran parte de su posible fundamento teórico y da lugar también a evidentes problemas o inconvenientes prácticos, que pueden comprometer la utilidad de esta operación, en especial en su modalidad de cesión global no liquidatoria. Así, si se pretende que la sociedad continúe existiendo tras la cesión, la necesidad de que la cesión comprenda absolutamente todo aquello de que sea titular la misma puede ser un importante obstáculo. Pensemos, por ejemplo, en el nombre comercial u otros derechos de propiedad industrial. Los socios de la compañía pueden estar interesados en enajenar como una unidad en explotación la totalidad del establecimiento mercantil o fabril a favor de un competidor (por ejemplo, porque ello es una exigencia de la normativa sobre protección de la competencia), pero sin tener por qué renunciar a la propia marca, que puede seguir siendo útil en la nueva actividad o negocio que va a desarrollar la compañía, marca que, además, puede no interesar al adquirente, que ya dispone de sus propios signos distintivos.

Por otra parte, aunque la ley –más por inercia que por otra cosa– continúe exigiendo el requisito de la totalidad desde el punto de vista del cedente (con la excepción de las entidades de crédito, según lo dispuesto en la Disposición adicional 3.ª LME introducida por la Ley 27/2009, de 30 de diciembre), desde el punto de vista del cesionario, la adquisición no tiene por qué ser de la totalidad, por cuanto la ley admite la posibilidad de varios cesionarios, de manera que cada uno adquiera sólo una fracción del patrimonio de la sociedad cedente. Esta posibilidad plantea, evidentemente, una exigencia común con la operación de escisión: la necesidad de una precisa identificación de los elementos patrimoniales que integran la fracción patrimonial adquirida por cada cesionario. Y también, como sucede en sede de escisión parcial, es requisito que cada una de esas fracciones patrimoniales constituya una «unidad económica». A todo lo indicado en relación con este concepto en sede de escisión nos remitimos. Allí también señalamos la incongruencia valorativa que supone el que en sede de cesión global a favor de varios cesionarios se exija el requisito de la unidad económica y no en caso de escisión total.

Continuando con este examen del objeto de la cesión, tenemos que decir que, aunque la ley nos hable de una cesión global de activo y pasivo, nada obsta a la posibilidad de una cesión global que sólo comprenda activo, en aquel caso en que la sociedad cedente no tenga ningún pasivo en su patrimonio. Pero, ¿es posible lo contrario, una cesión global que sólo comprenda deudas, o la cesión de un patrimonio deficitario, cuyo pasivo tenga un valor superior al activo? Ello podría parece contrario a la idea de que esta cesión global es precisamente onerosa, por cuanto –según nos dice el art. 81 de la Ley– a cambio de la misma la sociedad recibe una contraprestación que no consista en acciones o participaciones del cesionario; y ¿cómo va a haber tal contraprestación si el patrimonio cedido tiene un valor negativo? En tal supuesto, la lógica económica lleva a que la cesión sea gratuita, sin contraprestación o con una contraprestación meramente simbólica, o incluso negativa, de manera que sería la cedente –cuando ésta continúa existiendo– la que quedaría deudora frente al cesionario por hacerse cargo de ese patrimonio deficitario.

Precisamente, en el actual contexto de crisis económica se están viviendo situaciones que a priori pueden resultar muy sorprendentes. Así, se están vendiendo empresas enteras o fábricas como unidades en funcionamiento por precios que no parecen corresponder con el valor contable o de mercado de sus activos si cada uno de ellos se enajenase por separado. Una afirmación clásica es aquella según la cual la empresa como unidad en funcionamiento puede tener un valor económico superior al de la suma del valor de cada uno de los elementos patrimoniales que la integran si se enajenasen por separado. Pues bien, ahora estamos viviendo en ocasiones la situación contraria: hay conjuntos patrimoniales que precisamente por estar afectos a la actividad de una empresa tienen un valor inferior al que tendrían si cada uno de sus elementos integrantes se enajenase por separado. Y así, hay casos en que una empresa o un establecimiento fabril puede ser muy poco rentable o incluso deficitario como negocio, pero son tales las cargas laborales que generaría en concepto de indemnizaciones su cierre y liquidación, que para los titulares de dicha empresa o fábrica puede ser económicamente interesante que haya un sujeto interesado en adquirir la misma aunque pague por ella tan solo un precio simbólico. En esta línea, incluso hemos conocido un caso en que vendiéndose una fábrica como rama de actividad (no por la vía de esta cesión global, porque no se vendía todo el patrimonio de la vendedora), se incluía en la transmisión una cantidad de dinero en caja bastante más elevada que el precio dinerario que satisfacía la compradora, de manera que, en realidad, el vendedor estaba pagando al comprador por hacerse cargo de la fábrica con todos sus pasivos laborales.

¿Es todo esto rechazable en una cesión global típica a la vista del tenor literal del art. 81 LME? Entendemos que no. En relación con la contraprestación por la cesión, de dicha norma sólo deriva una exclusión: la contraprestación no puede consistir en acciones o participaciones del propio cesionario cuando éste es una sociedad, y ello simplemente porque en ese caso el supuesto de hecho hace tránsito al de otro tipo de modificación estructural. Pero, aparte de ello, cuando se refiere a la contraprestación, lo que hace el precepto es expresar lo que normalmente sucede, pero sin establecer ningún criterio imperativo sobre el posible alcance de la contraprestación.

Esto nos lleva a una cuestión fundamental: ¿quién y cómo se valora el activo y pasivo objeto de la cesión global? Precisamente, ésta es, en definitiva, la cuestión clave que suscita esta operación de «modificación estructural». Y, a la vista de lo ya indicado, podemos hacernos una idea de que esta valoración presenta una dificultad especial, precisamente porque no se transmiten sólo alguno o algunos elementos patrimoniales singulares, sino la totalidad de un patrimonio social, la totalidad de un patrimonio empresarial en funcionamiento. Por tanto, nos encontramos ante la valoración de algo tan difícil y subjetivo de evaluar como un fondo de comercio, o la empresa como organización. Pues bien, de esta cuestión nos vamos a ocupar enseguida, cuando estudiemos el procedimiento al que somete la ley esta operación de cesión global.

Pero ya adelantamos que, en relación con esta cuestión clave –la más importante– desde el punto de vista de los intereses concurrentes y que reclaman atención a la hora de establecer el régimen procedimental de esta operación, esta nueva ley muestra una sorprendente laxitud.

Continuando con el examen del objeto de la cesión, nos tenemos que plantear si la determinación del patrimonio objeto de esta cesión global requiere de la elaboración de alguna forma de inventario. En principio, ello no es preciso. Teniendo en cuenta que la cesión comprende todos los bienes, derechos o deudas de que es titular la sociedad cedente, la determinación de toda esta masa patrimonial se puede hacer simplemente por relación a la sociedad titular, sin necesidad de que ni en el proyecto, ni en el acuerdo, ni en el contrato de cesión se realice un inventario detallado de todos y cada uno de los elementos singulares que integran dicho patrimonio, de forma similar a lo que sucede con el proyecto y el acuerdo de fusión, que no tienen por qué contener inventario alguno. Sólo en el caso de que la cesión se realice a favor de varias personas, habrá que determinar de forma precisa los elementos patrimoniales que han de transmitirse a cada uno de los cesionarios (art. 85.1.3 LME).

Sin embargo, una vez que la nueva ley admite la posibilidad de una cesión global que no va seguida de la extinción de la sociedad cedente, esta conclusión quizá debería ser revisada. Así, en tal caso, ya no basta con la identidad de la sociedad cedente para determinar los concretos elementos patrimoniales objeto de la cesión, sino que también tiene relevancia un factor temporal: los elementos patrimoniales comprendidos en la cesión son aquellos que pertenecían a la sociedad cedente precisamente en el momento de la cesión, pero no los que pueda ir adquiriendo a partir de ese momento. Ello genera una especial complejidad que no parece haber advertido el legislador.

Así, en una fusión esta cuestión se plantea en términos muy sencillos: cualquier bien, derecho, obligación o posición jurídica de cualquier tipo que aparezca después de la fecha de la fusión como de titularidad de la sociedad fusionada o absorbida deberá entenderse como de titularidad de la sociedad resultante o absorbente (salvo si se justifica su transmisión a un tercero en una fecha anterior a la de eficacia de la fusión), de manera que, por ejemplo, cualquier derecho real inmobiliario, como puede ser una hipoteca, que esté todavía hoy inscrito en un

Registro de la Propiedad a nombre de Argentaria se entenderá ahora como de titularidad del BBVA. Sin embargo, la determinación de los elementos patrimoniales comprendidos en una cesión global de activo y pasivo por parte de una sociedad que subsiste tras la cesión puede dar lugar a muchos más problemas: ¿cuál es el momento o la fecha relevante para que un determinado bien, derecho o deuda adquirido por la sociedad cedente esté comprendido o no en la cesión por razón del momento de su adquisición por la sociedad: la del proyecto, la de su depósito, la de la publicación de éste, la de la junta de socios de la sociedad cedente que aprueba la cesión, la de publicación de los anuncios, la del otorgamiento de la escritura en la que se formaliza el contrato de cesión, la de la inscripción de esta escritura en el Registro Mercantil?; y sobre todo, ¿qué debemos entender por activo y pasivo de una sociedad a los efectos de esta cesión global?; ¿qué tipo de vinculación causal o genética entre un determinado derecho u obligación nacido al mundo jurídico después de la cesión y el patrimonio que tenía la sociedad en el momento de efectividad de la cesión es determinante de que dicho derecho u obligación se entienda que nace en cabeza del cesionario y no de la sociedad cedente?, precisamente porque si la sociedad cedente sigue existiendo tras la cesión, los derechos u obligaciones que adquiera después de la misma se supone que ingresan en su patrimonio y no en el del cesionario, salvo que deriven de una posición jurídica preexistente y comprendida en la cesión. Pensemos, por ejemplo, en el caso de la responsabilidad decenal del promotor de una edificación. Mientras no sobreviene la ruina del edificio, la responsabilidad del promotor está latente, pero no existe todavía para el derecho, no tiene todavía consistencia patrimonial, ni es un elemento que forme parte del balance de la sociedad, de su activo y pasivo. Si la ruina sobreviene después de la cesión, ¿a quién corresponde la responsabilidad por la misma: al cesionario o a la sociedad cedente? Un problema similar puede surgir en relación con una responsabilidad sobrevenida por evicción o saneamiento por razón de una venta efectuada por la sociedad cedente tiempo antes de la cesión global, o por una inspección fiscal por ejercicios anteriores a la cesión y todavía no prescritos.

Obsérvese que este problema no se suscita en una fusión, por cuanto al extinguirse la sociedad absorbida la absorbente se convierte en la continuadora total e íntegra de toda su vida jurídica tanto para lo bueno como para lo malo, como puede ser una responsabilidad sobrevenida por actos realizados mucho tiempo antes de la efectividad de la fusión. Pero en una cesión global con subsistencia de la sociedad cedente no tendría por qué ser así necesariamente. Y ante ello nos tenemos que preguntar: ¿El carácter global de la cesión y el efecto de sucesión universal conllevan necesariamente una ruptura radical de la continuidad jurídica entre la situación jurídica de la sociedad cedente anterior y posterior a la cesión, de manera que todo aquello que, aunque adquiera consistencia y vigencia después de la cesión, traiga causa de la actividad anterior de esta sociedad debe ser asumido por la cesionaria, y por tanto, la sociedad cedente, aunque conserva su misma personalidad jurídica, en realidad ésta vendría a ser una personalidad jurídica virgen, como si esta sociedad no hubiera hecho antes nada, como si comenzase ahora desde cero con ese único elemento en su historial jurídico que sería la cantidad de dinero u otros bienes recibidos como contraprestación por la cesión?

En relación con este interrogante, nos podemos preguntar también: ¿qué es lo que constituye realmente el objeto de esta cesión, sólo un determinado conjunto de bienes y posiciones patrimoniales de titularidad de una sociedad en un momento determinado, o también una determinada estructura contable, un determinado balance? Así, ¿se transmiten por obra de esta cesión global las pérdidas? Una pérdida no es una deuda, sino un asiento contable que refleja la diferencia entre el valor del activo neto en dos momentos temporales diferentes. Y por supuesto no es jurídicamente un activo, aunque económicamente pueda tenerse como tal en virtud de la posibilidad de compensar a efectos fiscales esa pérdida con eventuales beneficios de ejercicios futuros. Así, jurídicamente, una pérdida no es un derecho subjetivo de crédito ya nacido contra la Hacienda Pública, como sí lo es el derecho a la devolución de un ingreso fiscal indebido o a la devolución de un IVA soportado y no repercutido. A la vista de ello, si la sociedad cedente subsiste tras la cesión, ¿cuál de las dos sociedades, la cedente o la cesionaria, podrá hacer valer esas pérdidas frente a Hacienda en los ejercicios fiscales venideros?(De estas cuestiones se ocupa el art. 90 LIS, permitiendo la subrogación en los derechos y obligaciones tributarias, pero sólo para las operaciones definidas en el art. 83 LIS, que el único supuesto de cesión global que contempla es el del art. 53 LME, es decir, el que ya no es cesión global).

Como vemos, este tema no ya sólo respecto de terceros, sino inter partes es extraordinariamente complejo y delicado, y ante su desatención absoluta por la ley, no está de más que en el contrato de cesión todas estas cuestiones a las que hemos aludido sean objeto de estipulación expresa, aunque no termine de quedar claro en qué medida esos pactos se podrían hacer valer frente a terceros, en particular frente a la Hacienda Pública.

B. LA CONTRAPRESTACIÓN

En cuanto a la contraprestación a cargo del cesionario, ya nos hemos referido al tipo de bienes en que puede consistir: toda clase de bienes salvo acciones, participaciones o cuotas de socio del cesionario (ni en todo ni en parte). Por tanto, la contraprestación puede consistir en dinero o en cualesquiera otros bienes distintos de las acciones o participaciones de la cesionaria, siendo posible, por tanto, que consista en acciones o participaciones de una tercera sociedad, que la cesionaria tenía en cartera. Al respecto, el tenor literal de la norma no excluye la posibilidad de que la contraprestación consista en acciones o participaciones de una sociedad distinta de la cesionaria pero perteneciente al mismo grupo que ésta, por ejemplo, su matriz. Que de esta forma se pudiera estar eludiendo, en perjuicio de los socios de la compañía cedente, la normativa más rigurosa propia de la fusión, es otra manifestación más del absurdo consistente en que un procedimiento tenga menos garantías legales que otro.

Tratándose de una cesión global extintiva o liquidatoria, puede plantearse la cuestión de si, sobre la base de un acuerdo simplemente mayoritario de la junta general de socios de la sociedad cedente, puede consistir esa contraprestación en bienes distintos del dinero, y ello por cuanto toda liquidación de la cuota social *in natura* requiere, según el régimen general aplicable tanto a SRL como a SA, el consentimiento individual de todos los socios (conforme al art. 393.1 LSC, que generaliza para ambos tipos societarios lo dispuesto antes en el art. 119.2 LSRL). Precisamente, el art. 81.2 de la LME dispone que, *«en todo caso, la contraprestación que reciba cada socio deberá respetar las normas aplicables a la cuota de liquidación».*

También nos hemos referido antes a la cuestión cuantitativa: si cabe una cesión global gratuita o por un precio simbólico, en aquellos casos en que el patrimonio cedido tiene un valor neto neutro o incluso negativo.

¿Es posible que la contraprestación consista en la extinción de una deuda contraída por la sociedad cedente a favor del cesionario, es decir, que la cesión global tenga el significado económico y jurídico de una dación en pago? Teniendo en cuenta que la deuda en cuestión formaría parte del mismo conjunto patrimonial objeto de cesión, se puede entender que su extinción tendría lugar por efecto de la confusión que operaría en cabeza del cesionario una vez consumada la cesión.

En relación con esta posibilidad, no parece haber ninguna razón de fondo para negarla. Siempre y cuando el valor neto del patrimonio cedido coincida con el importe de la deuda que en el mismo patrimonio existe a favor del cesionario, la extinción de dicha deuda como contrapartida de la cesión hace las veces de contraprestación. Y lo cierto es que el artículo 81 de la Ley cuando se refiere a una contraprestación a cargo del cesionario no señala más límite, según ya hemos indicado, que el que la misma no consista en acciones, participaciones o cuotas de socio del cesionario.

No obstante, hay que tener en cuenta, si la sociedad cedente se encuentra en concurso de acreedores, lo dispuesto en el art. 100.3 LC.

Otra cuestión de gran relevancia práctica que podemos plantear es la siguiente: ¿la contraprestación a cargo del cesionario se debe satisfacer necesariamente con simultaneidad al momento de formalizarse la cesión, o cabe la posibilidad de que en todo o en parte queda aplazada, si así se acuerda entre la sociedad cedente y el cesionario?

En una primera aproximación, parece que aquípuede regir la libertad de pacto, la autonomía de la voluntad de las partes de ese contrato que es el negocio de cesión global. Precisamente, muchas veces la concesión de una determinada facilidad de pago al cesionario puede ser la forma de conseguir cerrar una operación que de otra forma podría no ser viable.

Sin embargo, un examen más detenido de esta cuestión nos lleva a plantear algunas objeciones a esta posibilidad.

Así, si la sociedad cedente se liquida y extingue con ocasión de la cesión, se supone que los socios de la misma tienen un derecho individual, que escapa al poder de decisión de la mayoría, de recibir su cuota de liquidación en el mismo momento en que la sociedad se extingue. De manera que –de conformidad con el ya citado art. 81.2 LME– sin un acuerdo unánime de todos los socios no parece posible semejante forma de liquidar la sociedad. En definitiva, el socio no recibiría una cantidad de dinero sino un derecho de crédito contra el cesionario.

En el caso de que la sociedad cedente no se extinga sino que sobreviva a la cesión y por tanto ésta no tenga un significado liquidatorio, no parece que haya problema con los socios, pero sí puede haberlo respecto de los acreedores de la compañía cedente. Y ello porque, en la medida en que la cesión global da lugar a una sucesión universal, los acreedores que lo eran de la sociedad cedente pasan con todo el patrimonio de ésta a integrar el patrimonio del cesionario, que es el que responde precisamente por la deuda derivada de ese precio aplazado, de manera que el mismo patrimonio transmitido pasaría ahora a responder del precio de la cesión, con el consiguiente peligro para la solvencia con que antes contaban los acreedores de la sociedad cedente.

Lo mismo sucede si el precio de la cesión se paga de presente a la sociedad cedente, pero el cesionario se ha endeudado con un tercero, normalmente una entidad de crédito, para obtener los fondos precisos para ese pago, es decir, lo que podríamos llamar una «cesión global apalancada». En este supuesto, no se suscita problema alguno desde el punto de vista de los socios de la compañía cedente, porque, siendo, en su caso, liquidatoria la cesión, los socios percibirían ya todo el precio convenido por la cesión. Pero, respecto de los acreedores de la sociedad cedente, el problema es idéntico al que ya hemos apuntado para el caso de cesión con precio aplazado, problema que aún se agrava más si la devolución de la financiación recibida se garantiza especialmente con gravámenes –prendas o hipotecas– constituidos sobre bienes concretos integrantes del patrimonio adquirido del cedente. Los acreedores de la compañía cedente, que ahora lo son del cesionario, pasarían a estar preteridos respecto de esos bienes que formaban parte del patrimonio transmitido y que ahora son el objeto de preferencias crediticias especiales a favor del tercero que ha financiado al cesionario.

En definitiva, la cesión global apalancada plantea un problema similar al que suscita la fusión subsiguiente a una LBO, es decir, a una compra apalancada de las acciones o participaciones que permiten ostentar el control de una sociedad, es decir, el caso que contempla el art. 35 LME y que ya hemos estudiado en sede de fusión.

No obstante, mientras que el caso del art. 35, que tantos ríos de tinta está haciendo ya correr, aun siendo muy frecuente, es relativamente alambicado (primero hay que comprar las acciones o participaciones de una sociedad con una financiación que de momento no va a tener ninguna garantía ni general ni específica directa sobre los bienes integrantes del patrimonio de la sociedad en cuestión, y a continuación hay que poner en marcha un proceso de fusión entre la sociedad compradora y la comprada, con lo que ello supone de lapso de tiempo para agotar todos los trámites), la operación de cesión global de activo y pasivo, que se presta no menos que la venta de capa a venir acompañada de un apalancamiento, da lugar a un compromiso inmediato de los bienes integrantes del patrimonio adquirido.

Así, esta cesión global de la LME es, por definición, un negocio en el que el adquirente debe pagar un precio, y por tanto va a necesitar financiar ese pago, ya sea porque dispone de fondos propios al efecto, ya sea porque los va a recibir de un tercero vía endeudamiento (o, en su caso, recibe crédito de la propia sociedad cedente o de los socios de ésta, si se aplaza el pago de todo o parte del precio). Esta necesidad de hacer un pago y de financiar ese pago (que es algo específico de esta «modificación estructural» y la distingue de todas las demás) supone ya necesariamente el problema de si esa financiación va a comprometer de alguna manera el mismo patrimonio adquirido.

Y como, también por definición, esta cesión global produce una confusión de patrimonios, de manera que el patrimonio adquirido pasa a confundirse con el patrimonio previo del cesionario, cualquier compromiso adquirido frente al cedente o a terceros antes o después de la cesión por razón de la financiación del pago del precio de la misma es algo que, aunque sólo sea por la vía del art. 1911 CC, compromete ya los mismos bienes integrantes del patrimonio adquirido.

Y por último y no menos importante, precisamente por efecto de la sucesión universal que conlleva esta operación, las deudas que lo eran de la sociedad cedente pasan a ser deudas del cesionario, lo que no sucede cuando una sociedad transmite por otra vía cualquier elemento singular o cualquier fracción de su patrimonio. Si una sociedad transmite a un tercero un elemento patrimonial cualquiera, por muy importante que sea su valor, los acreedores de la misma no se ven afectados ni perjudicados en principio por la transmisión, y ello en la medida en que la sociedad transmitente continúa siendo su deudor, y el lugar que antes ocupaba ese bien transmitido en el patrimonio de ese deudor pasa a estar ocupado por la contraprestación recibida o el derecho a percibirla si el pago no ha sido inmediato. Y si el bien se malvende, en virtud de una connivencia con el tercero adquirente, siempre queda a los acreedores preexistentes del transmitente el recurso a la acción pauliana, la acción de rescisión de enajenaciones hechas por un deudor en fraude de sus acreedores. Sin embargo, lo que sucede con la posición de los acreedores de una sociedad que cede en globo todo su activo y pasivo es muy diferente. El derecho de crédito de estos acreedores contra la cedente sigue al patrimonio cedido. Si no ejercitan a tiempo su derecho de oposición y se consuma la cesión, dejan de ser acreedores del cedente y se convierten en acreedores del cesionario. Y ello supone: primero, que, en principio, ya no tienen ninguna acción ni derecho sobre la contraprestación recibida por el cedente, porque la misma pasa a formar parte del patrimonio de un sujeto que ya no es su deudor; en segundo lugar, que no pueden atacar esa cesión o transmisión por vía de una acción como la pauliana, también porque ya no son acreedores del transmitente; y tercero, que a la hora de dirigirse contra el patrimonio del cesionario, que es contra el que ahora tienen acción, concurren con todos los acreedores de éste, incluidos aquellos que lo son precisamente por haber financiado el pago del precio por la adquisición del patrimonio cedido en globo.

¿Qué es lo que ha sucedido en definitiva? Pues que, si el cesionario no disponía de fondos propios suficientes para pagar el precio de la cesión y ha acudido a financiación ajena, entonces los dueños de la sociedad cedente han conseguido realizar y obtener el valor neto de la empresa social a costa de dejar gravemente endeudada a la misma empresa, a costa de generar a cargo de ese patrimonio empresarial una deuda coincidente tendencialmente con el valor neto de la empresa.Es decir, el mismo problema que suscita la fusión posterior a una compra apalancada del capital de control de una sociedad, pero generándose en el mismo momento de la compra (porque en este caso la confusión del patrimonio del comprador con el patrimonio de la sociedad *target* es simultánea a la compra).

¿Y existe en la ley alguna norma prohibitiva o al menos preventiva ante el peligro evidente que suscita esta cesión global apalancada?

Pues lo cierto es que no. La norma general de prohibición de la asistencia financiera (los arts. 143.2 y 150 LSC) podría comprender este caso en su espíritu, pero no, desde luego, en su literalidad. Y ello porque, aunque económicamente el resultado es el mismo, sin embargo, en este caso no hay técnicamente asistencia financiera *«para la adquisición de acciones o participaciones propias»*, porque no se compran las acciones o participaciones de la sociedad titular del patrimonio, sino directamente los bienes integrantes de ese patrimonio.

Por tanto, de lege data, la protección de los acreedores ante el perjuicio que les puede causar este tipo de apalancamiento no se encuentra en una norma legal prohibitiva con su conexa sanción de nulidad, sino únicamente en la posibilidad de hacer uso del derecho de oposición que les reconoce la ley en toda operación de cesión global.

Pero la cuestión es que para la ley (tanto el art. 117 de la LSRL de 1995, como la LME) este problema parece haber pasado completamente inadvertido, y la misma no exige que en el proyecto de cesión o en el acuerdo de cesión se haga referencia alguna a cómo va a pagar el cesionario el precio de la cesión: si dispone para ello de fondos propios o va a obtener financiación ajena y, en tal caso, si va a constituir garantías reales sobre los bienes adquiridos en virtud de la cesión para asegurar las obligaciones asumidas frente al tercero financiador. De hecho, la existencia de esa financiación ajena y de esa posible constitución de garantías no tiene por qué reflejarse en absoluto en el texto de la escritura de cesión global, porque si la sociedad cedente recibe al contado el precio fijado, sólo constará el importe del mismo y el medio de pago empleado y la correspondiente carta de pago, pero no si esos fondos proceden del patrimonio preexistente del cesionario o de un endeudamiento contraído para la ocasión. El posible préstamo o crédito y las posibles garantías, en su caso, aunque sean objeto de formalización simultánea a la cesión, lo serán en títulos documentales diferentes y separados de la escritura de cesión. De manera que, en definitiva, los acreedores de la sociedad cedente no tienen forma de enterarse de que va a existir el apalancamiento con anterioridad al momento en que la cesión se consuma, que es cuando ya se ha extinguido su derecho de oposición.

Obsérvese que en el caso del novedoso artículo 35 de la LME la ley pretende proteger a los socios y a los acreedores de la sociedad afectada precisamente por una vía no tanto prohibitiva o represiva como simplemente informativa (aunque el texto final del precepto es tan desafortunado –como ya hemos visto– que no deja de generar confusión al respecto). El contenido básico de dicha norma es la exigencia para el caso de que se ocupa de una serie de menciones específicas en el proyecto de fusión y en el informe de administradores que no forman parte del contenido ordinario de tales documentos: así, el proyecto de fusión debe indicar los recursos y los plazos previstos para la satisfacción por la sociedad resultante de las deudas contraídas para la adquisición del control o de los activos, y el informe de los administradores sobre el proyecto de fusión debe indicar las razones que hubieran justificado la adquisición del control o de los activos y que justifiquen, en su caso, la operación de fusión y contener un plan económico y financiero, con expresión de los recursos y la descripción de los objetivos que se pretenden conseguir. Además, en este caso –aun habiendo acuerdo unánime de todos los socios– es imprescindible la existencia del informe de experto independiente sobre el proyecto de fusión, que debe contener un juicio específico sobre la razonabilidad de las referidas indicaciones del proyecto y del informe de administradores, determinando además si existe asistencia financiera. Con todo ello lo que se pretende es que los acreedores de la sociedad implicada tengan datos y elementos de juicio suficientes para valorar el riesgo que para ellos supone, en ese particular caso, la fusión proyectada, al efecto de que, si así lo consideran conveniente para la salvaguarda de sus intereses, ejerciten dentro del plazo correspondiente su derecho de oposición a la fusión.

Pues bien, todo esto está completamente ausente en el flamante nuevo régimen legal de la cesión global de activo y pasivo: ni prohibición de la cesión apalancada, ni exigencias especiales de información para los supuestos de cesión apalancada. Precisamente, igual que este caso no encaja en el supuesto del art. 150 LSC (antes 81 LSA), tampoco encaja en el supuesto del art. 35 LME, que se refiere sólo a fusión, no existiendo en sede de cesión global, como sí existe en sede de escisión, una norma genérica de remisión a las normas de la fusión.

De hecho, alguno de los comentaristas de la LME ya ha señalado la posible utilidad de la operación de cesión global como mecanismo para instrumentar una LBO eludiendo los requisitos del art. 35, para lo que solo va a suponer un freno el inconveniente régimen fiscal de la cesión global.

En definitiva, es una absoluta incongruencia que el legislador se haya tomado la molestia de taponar con el artículo 35 la grieta que suponía para la prohibición de asistencia financiera la posibilidad de una fusión posterior a una adquisición apalancada de acciones y al mismo tiempo mantenga abierto un boquete en el sistema de la magnitud del que hemos aquí comentado.

No obstante, quizá el boquete no sea tan grande, e incluso la situación podría haber mejorado al menos respecto del régimen preexistente bajo la vigencia del artículo 117 de la LSRL de 1995, si pensamos –aparte del inconveniente fiscal– que una norma fundamental del régimen de eficacia de la cesión global que diseña la LME es –como luego veremos– la responsabilidad solidaria de la sociedad cedente o de sus socios por el pasivo transmitido al cesionario.

Como acabamos de señalar, la clave del problema que estamos denunciando se encuentra precisamente en el dato de que el acreedor que lo era de la sociedad cedente pasa a serlo del cesionario, de manera que el patrimonio que hasta entonces respondía del pago de su crédito se confunde con un patrimonio que contiene la importante deuda que ha contraído el cesionario por razón de la financiación del precio de la compra de ese patrimonio, mientras los socios de la sociedad cedente han obtenido (directamente o mediante su participación en el capital de la sociedad cedente si ésta subsiste) el valor neto de ese patrimonio libre de toda responsabilidad por el pasivo comprendido en el mismo. Pero en el nuevo régimen de la cesión global, los socios de la sociedad cedente –en caso de cesión liquidatoria– o la propia sociedad cedente –en caso de cesión no liquidatoria– no se liberan completamente de responsabilidad por el pasivo cedido, sino que, según el art. 91 LME, responden de las obligaciones asumidas por un cesionario que resulten incumplidas (los socios, hasta el límite de lo que hubieran recibido como contraprestación por la cesión, o la sociedad, en su caso, por la totalidad de la obligación). Luego, tanto en un caso como en otro, los acreedores de la sociedad cedente no pueden dirigirse únicamente contra el cesionario, sino que todavía pueden actuar contra la sociedad cedente o sus socios, lo que no sucede en los casos típicos que trata de evitar la normativa sobre asistencia financiera para la adquisición de acciones propias.

Sin embargo, el paliativo que para el problema generado por la cesión global apalancada supone esta responsabilidad solidaria de la sociedad cedente o de sus socios por las deudas incumplidas por un cesionario podría ser completamente ilusorio si, como luego comentaremos, la indicada responsabilidad solidaria que establece el art. 91 LME sólo existe –como puede dar a entender la literalidad del precepto– en los casos de cesión global a favor de varios cesionarios (cuando la cesión conlleva una fragmentación del patrimonio cedido), y no tiene lugar cuando la cesión global se realiza a favor de un único cesionario, que puede ser el caso más frecuente de cesión global.

Pero es que, incluso si entendemos que esa responsabilidad solidaria existe en el supuesto de cesión global a favor de un único cesionario, es decir, en todos los casos de cesión global, la responsabilidad en cuestión de la sociedad cedente o de los socios de la misma puede venir ciertamente a compensar el compromiso que para la solvencia del patrimonio cedido de cara a los acreedores anteriores deriva de una cesión apalancada, pero no creemos que con ello el problema desaparezca del todo. Y es que la contraprestación recibida por la sociedad cedente, que se supone que es muy líquida –normalmente una cantidad de dinero–, puede desaparecer con facilidad del patrimonio de ésta, deviniendo la misma insolvente para cuando se quiera hacer efectiva esa responsabilidad. Así, por ejemplo, si la cedente es una SA, inmediatamente después de consumarse la cesión puede acordar una reducción de capital con devolución de aportaciones a sus socios, como forma de repartir la contraprestación recibida entre éstos. Publicado el anuncio correspondiente y transcurrido el breve plazo de oposición a la reducción de capital, la contraprestación se podría entregar ya a los socios sin asumir éstos responsabilidad alguna por las obligaciones de la sociedad que ha reducido capital (entre ellas la responsabilidad por el pasivo que se cedió), sin que los acreedores incluidos en la cesión hayan tenido apenas tiempo para reaccionar.

De hecho, el propio art. 35 de la LME extiende su cautela al supuesto en que lo que precede a la fusión de la sociedad es una adquisición apalancada de *activos de la misma esenciales para su normal explotación o que sean de importancia por su valor patrimonial.* En este caso, se supone que quien ha vendido esos activos esenciales o importantes es la misma sociedad que después se fusiona con la sociedad compradora. Luego el precio de esa venta debería estar todavía en el patrimonio de la sociedad vendedora cuando se fusiona con la compradora, pasando a servir también de cobertura a la deuda que generó el apalancamiento. Sin embargo, cuando el art. 35 extiende su prevención a este caso de forma indiscriminada es porque el legislador estima que es muy fácil que el precio obtenido por la sociedad que ha vendido esos activos ya no esté en su patrimonio cuando se produce la fusión, sino que lo haya repartido ya entre sus socios. Por tanto, la ley presume para este caso lo que hemos apuntado que puede pasar con el precio recibido por la propia sociedad cedente en una cesión global apalancada. Y en tal caso, de poco va a servir esa aludida responsabilidad solidaria de la sociedad cedente a la que ya no le queda nada en su patrimonio.

En definitiva, todo lo que hemos señalado sobre la cesión global apalancada pone de manifiesto una incongruencia más derivada del hecho de establecer una regulación *ad hoc* de la cesión global, independiente y diferente de la que es propia de la fusión, sin tener en cuenta la existencia de una evidente identidad de razón en cuanto a determinadas cuestiones.

IV. EL PROCEDIMIENTO DE LA CESIÓN GLOBAL

Como es evidente, a la hora de estudiar el procedimiento que dispone la ley para esta operación de cesión global tenemos que partir de la idea de que las exigencias procedimentales en cuestión obedecen o deben obedecer a la protección de determinados intereses que pueden verse afectados por la operación. La atención a ese fundamento valorativo de los diferentes trámites del procedimiento es, precisamente, lo que nos va a permitir pronunciarnos sobre las cuestiones dudosas que puede suscitar la interpretación de las normas correspondientes, o incluso enjuiciar el mayor o menor acierto del legislador a la hora de diseñar este procedimiento.

Al respecto, esos intereses concurrentes –como sucede en las demás «modificaciones estructurales»– son fundamentalmente dos: el interés de los socios de la compañía cedente, en la medida en que esta operación de cesión global, tenga o no alcance liquidatorio, puede comprometer gravemente su interés económico en dicha compañía; y en segundo lugar, el interés de todos aquellos terceros que han trabado relaciones jurídicas con la sociedad cedente con anterioridad a la cesión, por excelencia, sus acreedores y, muy en especial, los trabajadores de la empresa social.

En cuanto al interés del sujeto cesionario, como ya hemos ido anticipando, la ley hace completa abstracción del mismo. Se supone que en la medida en que la cesión global desde su punto de vista es un negocio patrimonial, la protección de sus específicos intereses descansa en el ejercicio que dicho cesionario realice de su autonomía privada, en definitiva, en la voluntariedad de este negocio para el mismo (si juzga que le interesan las condiciones del negocio de cesión, lo concertará, y si no, no). De manera que su posición no recibe otra tutela legal que la que resulta de la aplicación de las normas generales del derecho de obligaciones y contratos o del derecho patrimonial en general.

No obstante, tampoco es exactamente así, porque, según veremos, lo que la cesión global tiene ahora para la ley de «modificación estructural» de la sociedad cedente lleva consigo la aplicación de un determinado régimen de eficacia de la operación, en particular, su relativa inimpugnabilidad una vez inscrita la cesión en la hoja registral de sociedad cedente en el Registro Mercantil, que es algo que puede distorsionar la posición jurídica que correspondería al cesionario de conformidad con las normas generales del derecho patrimonial. Luego nos ocuparemos de esta cuestión.

En aquellos supuestos en que el cesionario es una sociedad, ya hemos comentado la llamativa incongruencia en que incurre nuestra ley cuando sujeta al régimen de la fusión el supuesto del art. 53 LME y no los demás supuestos de cesión global de activo y pasivo, los cuales, desde el punto de vista de los socios de la sociedad cesionaria, pueden ser bastante más graves. Enseguida volveremos de nuevo sobre esta otra cuestión.

En relación con los intereses concurrentes y que son tenidos en cuenta en el diseño legal del procedimiento de esta operación, aún nos tenemos que referir a otros sujetos: los acreedores no de la sociedad cedente sino del propio cesionario, porque a los mismos se reconoce también por esta ley –como antes por el art. 117 LSRL– el derecho de oponerse a la cesión global. La razón de ello se encuentra en que la confusión patrimonial que conlleva esta cesión global es algo que no sólo puede perjudicar a los acreedores de la sociedad cedente, sino también a estos acreedores del cesionario. Así, si el patrimonio cedido se encuentra cargado de deudas, los acreedores del cesionario pueden considerar que la consumación de la cesión puede comprometer la solvencia del cesionario y por tanto perjudicar sus intereses como acreedores del mismo. No obstante, aunque la ley contempla a estos acreedores del cesionario como titulares del derecho de oposición, sin embargo, la ley luego no es coherente en el diseño del procedimiento de la cesión, por cuanto en el resto de las normas no tiene en cuenta a estos acreedores del cesionario. Así, como veremos, el proyecto de cesión sólo se deposita en el Registro Mercantil del domicilio de la sociedad cedente y no en el Registro Mercantil del cesionario cuando éste es otro sujeto inscrito en dicho Registro (como será lo más frecuente, así, por excelencia, cuando se trata de otra sociedad mercantil), y sobre todo, el anuncio del acuerdo de cesión sólo se publica, además de en el BORME, en un diario de gran circulación en la provincia del domicilio social de la cedente, pero no en un diario de gran circulación en la provincia del domicilio del cesionario, si éste tiene domicilio en otra provincia.

Volviendo al primero de los intereses que merece la atención del legislador al diseñar este procedimiento –el interés de los socios de la compañía cedente–, lo fundamental que tenemos que decir es que la decisión de realización de esta operación se excluye de la competencia del órgano de administración o, en su caso, del órgano de liquidación de la compañía, por cuanto es imprescindible que la decisión sea acordada por la junta general de socios de la sociedad cedente (lo cual, evidentemente, es una medida de protección de los socios).

Ahora bien, ese acuerdo de la junta no tiene por qué ser unánime, sino que se puede adoptar por mayoría, aunque sea ésta una mayoría cualificada o reforzada (lo que a su vez quiere decir que la protección de los socios que deriva de esta exigencia no opera como una protección del socio como individuo, sino de los socios como corporación, como grupo que decide por mayoría, vinculando su decisión también al disidente).

Para entender lo que queremos decir con esto de que basta un acuerdo mayoritario, es pertinente que recordemos que antes de la vigencia del art. 117 de la LSRL de 1995 la posibilidad de una cesión global de activo y pasivo en el marco de un proceso de liquidación de una sociedad planteaba dudas importantes precisamente por la existencia de determinadas normas imperativas que pretenden proteger el interés de los socios, en particular el interés de los socios minoritarios, en la fase de liquidación societaria.

Así, el art. 272.d) LSA y el art. 387.2 LSC hasta su supresión por la Ley 25/2011, de 1 de agosto, exigían pública subasta para la venta de inmuebles por parte de los liquidadores de una SA. Ésta era una norma que trataba de proteger a los socios en la fase de liquidación –fundamentalmente a los minoritarios, que no han podido elegir ni cesar al liquidador–, y que suponía precisamente una limitación a la competencia de los liquidadores a la hora de realizar el patrimonio social, porque los bienes que se presuponen de mayor importancia económica del patrimonio social no podían ser enajenados directamente por los liquidadores, sino que debía promoverse previamente una concurrencia pública, que garantizase, en teoría, la obtención del mejor precio posible. Ante una norma como ésta, se suscitaban dudas más que razonables acerca de la posibilidad legal de esta operación a falta de un acuerdo precisamente unánime de los socios. Y ello teniendo en cuenta lo siguiente: primero, que la venta de la totalidad de la empresa social puede comprender bienes inmuebles; segundo, que, aun no comprendiendo inmuebles, es un negocio que afecta al conjunto de patrimonio social, lo que, por supuesto, tiene la máxima trascendencia en términos relativos (porque ¿qué puede ser económicamente más importante para el interés del socio que la venta, no de un elemento cualquiera por muy valioso que sea, sino de la totalidad del patrimonio de la compañía?) y da lugar –como ya hemos anticipado– a una cuestión muy compleja y delicada de valoración; y tercero, que lo normal, es que esta cesión se haya concertado de forma privada y directa con el comprador correspondiente.

De hecho, la jurisprudencia, a partir de una STS de 8 de mayo de 1965, había admitido la dispensa de la norma que imponía la venta en pública subasta de los inmuebles en virtud de acuerdo unánime de la Junta general de socios. Como recordó una RDGRN de 5 de noviembre de 1997, la sentencia en cuestión parece dar a entender incluso que bastaría al respecto con un acuerdo mayoritario de la Junta si en el acuerdo se autorizase una operación concreta de venta con todas las condiciones de la misma ya fijadas sin dejar ninguna discrecionalidad a los liquidadores, circunstancias éstas que, sin embargo, no concurrían en el caso concreto enjuiciado por esa RDG, en que por acuerdo mayoritario se autorizaba al liquidador simplemente a poder vender sin subasta un determinado inmueble por un precio que no fuera inferior a su valor contable. Siguiendo la línea de razonamiento de aquella sentencia y de esta resolución, se podía pensar que, si la operación de cesión global directa y sin subasta de todo el patrimonio social incluyendo los inmuebles era decidida con precisión de todas las condiciones de la operación por acuerdo mayoritario de la Junta, hubiera sido posible su realización.

En cualquier caso, una vez promulgada la LSRL de 1995, la indicada duda se resuelve en el sentido de que la decisión de cesión global compete a la junta general de socios, la cual puede adoptar el correspondiente acuerdo por mayoría. Esta mayoría no era la mayoría ordinaria del entonces artículo 53.1 LSRL –mayoría de votos que representan al menos un tercio del capital–, pero tampoco la mayoría súper reforzada de las transformaciones, fusiones o escisiones de sociedades limitadas –art. 53.2.b) LSRL, dos tercios del capital–, sino la mayoría reforzada intermedia, propia de las modificaciones estatutarias en general –art. 53.2.a), más de la mitad del capital–.

Con ello, el sistema que instauró la LSRL de 1995 se podía considerar bastante flexible, incluso excesivamente flexible. De hecho, la LME ha venido a endurecer este régimen estableciendo para la cesión global la exigencia de la mayoría propia de las fusiones, según el régimen propio del tipo social de que se trate (lo que para la SRL supone, como ya hemos indicado, pasar de una mayoría de más de la mitad a una mayoría de más de dos tercios).

No obstante, la cuestión de la protección del interés de los socios no se limita al tema de si hace falta unanimidad o una determinada mayoría. Así, para la LSRL de 1995 la cesión global era siempre una operación de significado liquidatorio. Y, aunque se tratase de una forma abreviada de liquidación, la misma no excluía la aplicación de determinadas normas del procedimiento general de liquidación. En particular, del entonces art. 121 LSRL parecía desprenderse la idea de que la cesión global no eximía de la necesidad de formulación y aprobación por la junta de socios de la sociedad cedente de un balance final de liquidación y de la necesidad de esperar el transcurso del plazo de impugnación del acuerdo aprobatorio de dicho balance, en caso de que el mismo no hubiera sido unánime, para otorgar la escritura de extinción de la sociedad cedente. Así, el citado art. 121 LSRL, dedicado al contenido de la escritura pública de extinción de la sociedad, se refería expresamente en su apartado b) al caso de cesión global del activo y del pasivo, y el apartado a), que exigía la manifestación de que ha transcurrido el plazo para la impugnación del acuerdo de aprobación del balance final, del informe sobre las operaciones de liquidación y el proyecto de división del activo resultante sin que haya habido impugnaciones o que ha alcanzado firmeza la sentencia que las hubiera resuelto, no distinguía casos y parecía, por tanto, que era aplicable también al supuesto de liquidación mediante cesión global.

Esto tenía una extraordinaria relevancia en cuanto a la posición de los socios: aunque el acuerdo de cesión global se podía adoptar con la mayoría propia de una modificación estatutaria, el socio minoritario y disidente, que no podía evitar la adopción del acuerdo, sí tenía abierta la posibilidad de una específica impugnación del acuerdo aprobatorio del balance que se suponía había de servir de base para la cesión, impugnación ésta que venía a obstaculizar la consumación de la cesión global (por cuanto ésta no producía efecto hasta que no quedaba inscrita en el Registro Mercantil la escritura de extinción de la sociedad –art. 117. 4 LSRL–).

De manera que, en definitiva, la posibilidad de liquidar abreviadamente el patrimonio social mediante una cesión global no excluía la aplicación de los mecanismos de defensa del socio disidente propios del régimen general de liquidación de las sociedades de capital.

Y sólo si somos conscientes de estos antecedentes, podemos valorar lo que desde el punto de vista de la protección del interés de los socios de la compañía cedente significa el nuevo régimen que instaura la LME.

En síntesis, el nuevo régimen procedimental consiste en lo siguiente:

Hasta ahora, como ya hemos visto, la LSRL sólo exigía un acuerdo de la junta general con la mayoría reforzada propia de las modificaciones estatutarias, pero sin rodear esta junta de ningún requisito informativo y de convocatoria específico (así, tratándose de una SRL, bastaba con el plazo de antelación genérico de quince días). La nueva ley remite para el acuerdo de cesión global a los mismos requisitos de adopción de un acuerdo de fusión. Por tanto, en cuanto a la antelación de la convocatoria, será la propia de una fusión (es decir, un mes, también si la sociedad cedente tiene forma de SRL); y en cuanto a la mayoría, se aplicará la propia de una fusión según el tipo social (dos tercios para la SRL y el quórum y mayoría reforzados del art. 194 LSC para la SA).

Pero además de esto, la nueva ley introduce unas nuevas exigencias de información y publicidad previas a la adopción del acuerdo de cesión por la junta. Así, el art. 85 exige que los administradores de la sociedad cedente (habrá que entender, los liquidadores, si la sociedad está ya en liquidación) redacten y suscriban un «proyecto de cesión global», que debe contener al menos una serie de menciones. Las menciones son cinco: identificación de la sociedad y del cesionario; fecha de eficacia contable de la cesión; información sobre la valoración del activo y pasivo del patrimonio y en su caso reparto preciso de los elementos de activo y pasivo que han de transmitirse a cada cesionario; la contraprestación y, en su caso, el criterio de reparto entre los socios; y por último, las posibles consecuencias de la cesión global sobre el empleo (esta última mención se añadió en la tramitación parlamentaria del proyecto de ley).

Un ejemplar de este proyecto de cesión global debe ser presentado para su depósito *«en el Registro Mercantil»* (la reforma de la LME por el Real Decreto-ley 9/2012, de 16 de marzo, se ha olvidado de la cesión global cuando para la fusión –y por remisión para la escisión– establece la sustitución de este depósito del proyecto en el RM por la inserción en la web de la sociedad).

Y, por último, el contenido de este proyecto condiciona el contenido del acuerdo de cesión, por cuanto el art. 87.1 exige que el acuerdo de cesión global adoptado por la junta de socios de la sociedad cedente se ajuste estrictamente al proyecto.

Además del proyecto, los administradores (o liquidadores) de la sociedad cedente deben elaborar un informe explicando y justificando detalladamente el proyecto de cesión global (art. 86).

Una vez adoptado el acuerdo, el art. 87.2 exige su publicación en el BORME y en un diario de gran circulación en la provincia del domicilio social con expresión de la identidad del cesionario/s y con constancia del derecho de socios y acreedores a obtener el texto íntegro del acuerdo y del derecho de oposición de los acreedores.

Como vemos, ahora el número de anuncios es coincidente con el de la fusión, por haberse reducido el número en caso de fusión. También, de forma similar a las demás modificaciones estructurales que regula esta ley, la publicación de anuncios puede sustituirse por la comunicación individual a todos los socios y acreedores. Aunque la ley no lo precisa, se tratará de todos los acreedores tanto de cedente como de cesionario/s.

Asimismo, deberá ponerse a disposición de los representantes de los trabajadores el proyecto de cesión y el informe de los administradores. Dada la ubicación de este mandato, parece que esta última puesta a disposición tiene lugar una vez adoptado el acuerdo de cesión, lo que no parece muy congruente con el resto de la ley (en realidad, como sucede con la mención del proyecto respecto de las consecuencias de la cesión sobre el empleo, fue un añadido en la tramitación parlamentaria, que no estaba en el proyecto del Gobierno).

De forma similar a lo que disponía en su día el art. 117 LSRL, el art. 88 reconoce el derecho de oposición a los acreedores tanto de la sociedad cedente como del cesionario/s, remitiendo al régimen de condiciones y efectos previstos para el caso de fusión. A lo que se estudia en la sede correspondiente nos remitimos.

Y por último, la ley se refiere, en el art. 89, al otorgamiento de una escritura pública y a la inscripción de ésta en el Registro mercantil.

De acuerdo con esta norma y en la línea del art. 246 RRM la cesión global debe hacerse constar necesariamente en escritura pública otorgada por la sociedad cedente y por el cesionario o cesionarios. *«La escritura recogerá el acuerdo de cesión global adoptado por la sociedad cedente»*. Por tanto, esta escritura presenta un doble aspecto: por una parte, es una escritura de significado corporativo para la sociedad cedente, en la que se eleva a público el acuerdo relativo a esa modificación estructural de la misma que supone esta cesión (que, en su caso, puede conllevar su propia extinción, si la contraprestación por la cesión es recibida directamente por sus socios); pero, por otra parte, constituye el documento contractual en el que se formaliza el negocio bilateral de cesión global entre la compañía decente y el cesionario o cesionarios. De ahí que éste o éstos deban concurrir necesariamente a su otorgamiento.

Antes, el art. 117 LSRL vinculaba la eficacia de la cesión global a la inscripción de la escritura pública de extinción de la sociedad cedente, lo que podía pensarse que era una exigencia institucional de la propia vinculación entre la cesión global y la extinción de la sociedad cedente. Ahora –como ya hemos señalado–, la cesión no se vincula necesariamente a la liquidación y extinción de la sociedad cedente y lo que dice la ley –en el art. 89.2– es que la eficacia de la cesión global se producirá *«con la inscripción en el Registro Mercantil de la sociedad cedente»*, de manera que, en cualquier caso, se da eficacia constitutiva de la cesión global a la inscripción registral de la escritura en la que se formaliza la cesión, inscripción éste que se practica tan solo en el folio registral de la sociedad cedente. Sólo si la cesión lleva consigo la extinción de la sociedad cedente, entonces esa inscripción lleva consigo la cancelación de su hoja registral.

Hasta aquí lo que encontramos en la ley sobre el procedimiento de la cesión global. Ni que decir tiene que semejante regulación suscita inmediatamente un buen número de interrogantes.

En primer lugar, ¿el proyecto de cesión global sólo lo firman los administradores o liquidadores de la sociedad cedente?, ¿no deberían firmarlo también el cesionario o sus representantes? Lo cierto es que la ley –en su línea de preocuparse sólo por la sociedad cedente– sólo alude en relación con este proyecto a los administradores de la sociedad cedente.

En cualquier caso, aunque la ley no exija la suscripción del proyecto de cesión global por parte de los administradores o representantes del cesionario o cesionarios, parece evidente que el contenido de dicho proyecto deberá haber sido previamente negociado y acordado con los mismos, aunque solo sea para evitar tramitar todo el procedimiento en balde, porque ya hemos visto que el acuerdo de cesión global que debe adoptar la junta de socios de la compañía cedente debe ajustarse estrictamente al proyecto de cesión global que ha sido depositado, lo cual la verdad es que no deja de ser un rigor excesivo (en especial, si el acuerdo se toma por unanimidad de todos los socios de la sociedad cedente).

Otras cuestiones dudosas resultan del hecho de que la ley se limita a exigir el depósito de un ejemplar del proyecto de cesión global *«en el Registro Mercantil»*, sin mayor precisión ni aclaración. Parece como si el legislador hubiera llegado ya cansado a esta parte final de la ley y no nos dice si se trata del Registro Mercantil sólo de la cedente o también del cesionario, si éste es una sociedad mercantil o un empresario individual inscrito. Tampoco nos indica si el hecho de la realización de este depósito debe ser objeto de publicación en el BORME, como sucede con los proyectos de fusión y escisión; ni nos dice tampoco que la convocatoria de la junta general de socios de la cedente no pueda realizarse antes de que se haya realizado el depósito.

Otra cuestión puede ser: ¿se podría prescindir de la elaboración, suscripción y depósito del proyecto si el acuerdo correspondiente se adopta en junta universal y por unanimidad, y ello aplicando por analogía la norma sobre la fusión súper simplificada del art. 42? Y esta otra: en este mismo caso de junta universal y acuerdo unánime, ¿no podría ser prescindible el informe de los administradores?

Tampoco está claro que la remisión a los requisitos establecidos para la adopción del acuerdo de fusión comprenda también el art. 39 cuando exige la puesta a disposición de socios, obligacionistas, titulares de derechos especiales y representantes de los trabajadores de una determinada información sobre la operación desde el momento de la convocatoria de la junta. No obstante, si en sede de cesión global la ley exige la elaboración de un informe de administradores sobre el proyecto de cesión, parece lógico que ese informe esté a disposición de los socios, como mínimo, con anterioridad al momento de celebración de la junta.

En relación con estas omisiones y posibles dudas, es importante tener en cuenta que en sede de cesión global –como ya hemos señalado– no existe una remisión genérica a las normas del régimen de la fusión, como sí la hay en escisión, sino sólo en algunas cuestiones particulares, con lo cual no está muy claro cómo debemos interpretar estos silencios.

En cuanto a los anuncios, como ya hemos anticipado, la ley no repara en la posibilidad de que el cesionario tenga su domicilio en una provincia distinta de la del domicilio social de la cedente. En tal caso, parece que el anuncio de la cesión también debería publicarse en un diario con circulación en la provincia del cesionario, porque los acreedores de este cesionario también están afectados por la operación y la ley les reconoce también a ellos el derecho de oposición.

En relación con la escritura y para el supuesto de cesión global plural, se puede plantear la siguiente cuestión: ¿se otorgan tantas escrituras como cesionarios, o una sola escritura en la que se recoge toda la cesión como un único negocio? Por una parte, podríamos pensar en lo primero, porque las condiciones de la cesión de una de las fracciones patrimoniales a favor de un cesionario no tendrían por qué ser coincidentes con las convenidas con otro cesionario. Sin embargo, parece que la ley concibe la cesión, aun en el caso de la cesión plural, como una operación unitaria (un solo proyecto, un solo acuerdo de la cedente), de manera que, por ejemplo, no sería posible una ineficacia parcial que afectase sólo a la cesión a favor de un determinado cesionario. Ello parece conducirnos a la necesidad del otorgamiento de una única escritura donde se recoja la totalidad de la operación, con intervención de todas sus partes.

Pero, por encima de todo esto, lo que resulta extraordinariamente llamativo del nuevo régimen de la cesión global, que se supone pretende incrementar la protección de los socios, permitiéndoles tomar la decisión con más conocimiento de causa y reflexión (para que sean ellos los que mediante su derecho de voz y voto en la junta protejan su interés de la amenaza que puede suponer esta cesión global), y que está evidentemente inspirado en el régimen de la fusión o la escisión, es que no hace falta tomar como base de la operación ningún balance –con una antigüedad máxima y en su caso auditado– (qué curioso, ¿no?, cuando lo que se está transmitiendo es precisamente la totalidad de un patrimonio, con todo su activo y su pasivo); y sobre todo no es preciso ningún informe de experto independiente sobre el proyecto de cesión global elaborado por los administradores, y ello aunque la sociedad cedente sea una SA y cualquiera que sea la envergadura económica de la misma.

De manera que la única información que la ley impone como obligatoria es una información que elaboran los mismos administradores de la sociedad cedente y que no es objeto de ningún contraste con la opinión de un tercero independiente y objetivo.

Obsérvese que en el supuesto del art. 53 es imprescindible el balance de las dos sociedades implicadas con los requisitos de antigüedad máxima del artículo 36 y, en su caso, con la correspondiente auditoría. Recordemos, además, que en toda fusión o escisión con intervención de una SA, si no hay acuerdo unánime de todos los socios de las sociedades intervinientes en la operación, el informe de experto independiente sobre el proyecto de fusión o de escisión, salvo en el caso del art. 49, es imprescindible.

¿No resulta todo esto un poco chocante? ¿Es que es menos grave una cesión global que una fusión o una escisión? Así, ¿cuál es, en definitiva, la cuestión clave desde el punto de vista del socio de una compañía que cede en globo todo su activo y pasivo? Pues, evidentemente, el problema de la valoración del patrimonio cedido, es decir, el problema de la fijación de la contraprestación que debe satisfacer el cesionario y que recibirá la sociedad cedente o directamente los socios de la misma como cuota de liquidación. La cual, como ya hemos anticipado, no es una valoración cualquiera, porque no se trata de valorar uno o varios elementos patrimoniales aislados, sino el conjunto de un patrimonio empresarial en funcionamiento, lo que puede suponer tener en cuenta un fondo de comercio, el valor de la organización, etc. ¿Y quién determina esa valoración y esa contraprestación en el régimen que diseña esta LME? Pues, evidentemente, un acuerdo entre el cesionario y el socio o socios mayoritarios de la sociedad cedente –aquel socio o socios que alcanzan la mayoría precisa para acordar una fusión según el tipo societario de que se trate–. ¿Y no interviene instancia alguna independiente y técnica que controle de alguna manera esa valoración, aunque sea a efectos informativos para facilitar una adecuada toma de esta decisión por los socios?: ¿un experto independiente que emita un informe sobre el proyecto de cesión?, ¿un auditor que verifique el balance que se toma como base de la operación? Pues nada de ello, porque, como hemos visto, ni siquiera hace falta tomar como base un triste balance que haya formulado bajo su responsabilidad el órgano de administración y aprobado la junta.

¿Y nos proporciona la ley algún criterio conforme al cual se pueda enjuiciar si esta valoración está hecha o no correctamente, como sucede en relación con el tipo de canje en una fusión o una escisión (donde la ley exige su fijación sobre la base del «valor real del patrimonio»)? Pues nada de nada, lo único que encontramos en la ley es la exigencia de que el proyecto de cesión global contenga *«información sobre la valoración del activo y pasivo del patrimonio»*. En fin, ¿cuánto vale el patrimonio social? Pues lo que esté dispuesto a pagar ese cesionario que va a entrar en la operación. ¿Y qué puede hacer el socio minoritario que no está de acuerdo con esa valoración? Pues resignarse.

Todo esto se supone que ya pasaba en el régimen del art. 117 LSRL de 1995: tampoco exigía esa norma ningún balance ni informe alguno de experto independiente. Sí, pero no era exactamente lo mismo, porque, como ya hemos indicado, en el sistema de la LSRL la cesión global de activo y pasivo se regulaba en sede de liquidación societaria y sólo era una forma abreviada de liquidación del patrimonio social, que no excluía las garantías de los socios propias del régimen general de liquidación de una sociedad de capital, en particular, la posibilidad de impugnar el balance final de liquidación, con la consiguiente paralización de la consumación de la cesión global.

Sin embargo, cuando la LME convierte la cesión global en una «modificación estructural» de significado polivalente objeto de una regulación específica, rompiendo amarras –como nos dice su Preámbulo – con la regulación que es propia de los procesos liquidatorios, incluso cuando la misma tiene efecto extintivo de la compañía cedente, ha venido a desactivar los mecanismos de defensa del socio minoritario frente a la cesión global propios del régimen general de la liquidación societaria. Así, si la cesión global es no liquidatoria, aunque el acuerdo aprobatorio de la misma no haya sido unánime, la escritura de cesión global se va a otorgar e inscribir sin esperar ningún plazo de impugnación de balance o acuerdo; y si es liquidatoria, de la frase legal *«En todo caso, la contraprestación que reciba cada socio deberá respetar las normas aplicables a la cuota de liquidación»* del art. 81.2 in fine, no parece que se pueda derivar tampoco semejante posibilidad de impugnación.

Pero, por otra parte, se traslada la cesión global al terreno de las modificaciones estructurales, pero sin todas las consecuencias, diseñando para la misma, por el contrario, un régimen específico aligerado de trámites que son esenciales en supuestos análogos de fusión o de escisión. Así, –como venimos indicando– no se exige balance, ni, en su caso, auditoría del mismo, ni informe de experto independiente, en supuestos en que tratándose de una fusión o escisión sí serían precisos (cuando la cedente es una sociedad anónima y el acuerdo no es unánime).

Y sin embargo, para lo malo sí hay equiparación plena: porque, dada la remisión al art. 47 en sede de fusión, la cesión global, una vez inscrita, es inimpugnable *«siempre que se haya realizado de conformidad con las previsiones de esta Ley»*, y como ninguna de las previsiones legales en sede de cesión global hacen referencia a un criterio de valoración, no hay forma de que en esta materia se infrinja esta ley. Lo más que le quedará al socio disidente que se considere perjudicado es esa acción de resarcimiento de los daños y perjuicios causados que reconoce como paliativo el art. 47, pero que este caso no se sabe ni contra quién podrá dirigirla –no parece, desde luego, que contra el cesionario–, ni cuál puede ser el fundamento de antijuridicidad de la responsabilidad que se reclame si, como decimos, para esta ley el precio de la cesión es una cuestión de mercado, y las cosas valen, en definitiva, lo que se paga por ellas.

Pero, si todo esto es así, la cuestión que ineludiblemente se nos suscita es la siguiente: ¿cómo puede existir un régimen semejante para la operación de cesión global, cuando al mismo tiempo el régimen legal de la fusión y la escisión es bastante más garantista, aunque solo sea en el plano de la información que se debe poner a disposición de las partes implicadas? ¿Es que es más peligrosa, desde el punto de vista del socio minoritario, una fusión o una escisión que una cesión global? En la fusión y en la escisión también hay un problema valorativo, hay que valorar los patrimonios de las sociedades intervinientes porque de ello depende precisamente la fijación del tipo de canje. Y aunque, por supuesto, hay presente un aspecto negocial en la fijación del tipo de canje, en la medida en que ello es algo que afecta al interés patrimonial individual de cada socio y el acuerdo de fusión o escisión se puede adoptar por mayoría, sin necesidad del acuerdo unánime de todos los socios, la ley señala un criterio objetivo conforme al cual debe fijarse ese tipo de canje, y quiere que al expediente de la operación se incorpore una información técnica, objetiva e independiente sobre esa cuestión de la valoración, todo lo cual, además de suministrar una valiosa información a los socios, podría servir también de fundamento a una reclamación del socio disidente por incorrección de la operación.

¿Por qué no hay nada de esto en el régimen legal de la cesión global como modificación estructural? ¿Es que es más peligroso recibir acciones o participaciones de otra sociedad a cambio de las anteriores acciones o participaciones, que recibir una cantidad de dinero a cambio de las mismas? ¿Por qué hay más cautelas cuando el socio de la sociedad transmitente de su patrimonio sigue vinculado a ese patrimonio, porque a través del canje de acciones pasa a formar parte del accionariado de la sociedad adquirente, que cuando pierde ya toda vinculación con el patrimonio transmitido como sucede en la cesión global?

Y también, ¿por qué la operación de filialización del art. 72 de la LME, sometida ahora imperativamente al régimen de la escisión, va a ser más peligrosa que una cesión global? Desde el punto de vista del interés de los socios de la sociedad cedente es evidente que es mucho más comprometido el caso de la cesión global de activo y pasivo que la filialización (porque en ésta los socios de la aportante siguen siendo titulares indirectamente del patrimonio cedido, lo que no sucede en la cesión global).

Y sobre todo, ¿no parece extrañísimo que el único caso de cesión global que la ley reconduce imperativamente al régimen de la fusión (aunque se trate del régimen más simplificado de fusión) sea precisamente el caso del art. 53, que es el supuesto de cesión global más inocuo, el que menos peligro conlleva para los socios de la sociedad cedente, porque ésta por definición es una sociedad unipersonal y el patrimonio va a parar a la sociedad que era socio único de la cedente?

Una vez que caemos en la cuenta de una incongruencia legal de tal envergadura, la siguiente cuestión viene a ser: ¿es compatible con el sistema de las directivas comunitarias un régimen como el que diseña nuestra ley para esta operación de cesión global? ¿No es extraño que semejante agujero en el sistema sea compatible con el régimen de las directivas; que nuestro legislador haya sido capaz de inventarse una figura *sui generis* de modificación estructural, que puede regular como le dé la gana, porque es comunitariamente atípica? Una figura que se presta, además, a todo tipo de combinaciones que permiten eludir los requisitos propios del régimen de fusiones y escisiones. A unas maniobras elementales de elusión del art. 53 de la LME, y por tanto, del art.

24 de la Tercera Directiva, ya nos hemos referido. Pero muchas otras son concebibles utilizando como instrumento la cesión global para eludir, no ya ese casi inane art. 53, sino el régimen general de la fusión en sociedades pluripersonales con socios disidentes.

Así, el socio mayoritario acuerda una cesión global con otra sociedad a cambio de un precio fijado a la baja. El precio recibido se reparte entre los socios de la cedente y ya están los disidentes fuera a un coste bajo. A continuación, la sociedad cesionaria aumenta capital ofreciendo las nuevas acciones o participaciones al que fuera socio mayoritario de la cedente, el cual aporta como contravalor de las acciones que recibe el dinero que recibió como su parte en el precio de la cesión. Con ello, habremos llegado a un resultado muy semejante al de una fusión societaria, vulnerando todo el espíritu del régimen de la fusión pero sin infringir norma legal alguna.

Pues bien, una posible respuesta a estos interrogantes se puede encontrar en el art. 30 de la Tercera Directiva, que dispone lo siguiente: *«Cuando la legislación de un Estado miembro permita, para una de las operaciones mencionadas en el artículo 2,* que la compensación en especie supere el porcentaje del 10 %, *serán aplicables los Capítulos II y III, así como los artículos 27, 28 y 29»*. Y además, el art. 31: *«Cuando la legislación de un Estado miembro permita una de las operaciones mencionadas en los artículos 2, 24 o 30,* sin que todas las sociedades transferidas dejen de existir, *el Capítulo II, con excepción de la letra c) del apartado 1 del artículo 19, y los Capítulos III y IV, serán respectivamente aplicables»*. Estas dos normas integran un Capítulo V con la rúbrica: *«Otras operaciones asimiladas a la fusión»*. Y lo que pretende la Directiva con estas normas se explica en el penúltimo de los considerandos de su preámbulo: *«es necesario extender las garantías aseguradas a los socios y a los terceros, en el marco del proceso de fusión, a determinadas operaciones jurídicas que tengan, respecto a puntos esenciales, características análogas a las de la fusión con el fin de que no pueda eludirse esta protección»*.

Pues bien, fijémonos sobre todo en el artículo 30. Lo que significa esta norma es lo siguiente. En principio, la Directiva –como nuestra propia ley– define la fusión (en sus arts. 3 y 4) como una operación por virtud de la cual una sociedad transmite en bloque todo su patrimonio a otra recibiendo sus socios acciones de la adquirente y en su caso una compensación en efectivo que no exceda del 10 % del valor de las acciones recibidas. Pues bien, lo que dice esta otra norma es que, si una ley nacional permite que la compensación en dinero supere ese porcentaje del 10 %, la operación también sería una fusión, en el sentido de que seguiría sometida a las normas del capítulo II, que contiene la totalidad del régimen imperativo de una fusión. Así sucedería si la ley española permitiese una compensación en efectivo de hasta un 20 %, o hasta un 50 %, o hasta un 75 %, y ¿por qué no?, hasta un 99 %. El hecho de que se incremente el porcentaje de efectivo recibido respecto del valor de las acciones atribuidas no hace que disminuya ni el peligro de fraude a la normativa comunitaria sobre fusiones, ni la justificación de esa sumisión obligatoria al régimen del capítulo II de la Directiva, sino más todo bien lo contrario. ¿Y qué pasa si a la ley nacional se le ocurre permitir que el socio reciba sólo dinero y ninguna acción de la sociedad adquirente del patrimonio social transmitido en bloque? ¿Estamos ya fuera del caso del art. 30 de la Directiva, o seguimos dentro, porque precisamente es el caso extremo o límite de aquello que preocupa a la norma?

Pues bien, si convenimos en que ese caso extremo está incluido también en el supuesto que contempla este art. 30, entonces ese caso no es otro que la cesión global de activo y pasivo que regula nuestra ley. ¿Qué es una cesión global sino una fusión por absorción en la que los socios de la absorbida canjean sus acciones por una compensación que consiste en un 100 % en dinero y un 0% en acciones de la absorbente? Si es así, el sistema comunitario está cerrado y en el mismo, por supuesto, no tiene cabida una operación como nuestra cesión global de activo y pasivo en la medida en que su regulación resulta aligerada de determinados trámites esenciales del procedimiento de una fusión.

Y una vez llegados aquí, la conclusión que resulta necesariamente es la siguiente: la regulación contenida en el Título IV de la LME es contraria a la Tercera Directiva en la medida en que dispensa a la cesión global de requisitos que son propios de la fusión, fundamentalmente, el acuerdo de junta de la sociedad cesionaria, la suscripción del proyecto de cesión global por los administradores de las dos sociedades, el balance de las dos sociedades intervinientes, y el informe de experto independiente sobre el proyecto de cesión salvo acuerdo unánime de todos los socios. Conclusión ésta que, por supuesto, es absolutamente desoladora.

En definitiva, después de todo este examen del íter procedimental que ha diseñado la nueva ley para la operación de cesión global de activo y pasivo, podemos decir:

En primer lugar, que, en un plano de política jurídica, la regulación procedimental de esta operación deja mucho que desear, por cuanto no tutela de forma adecuada determinados intereses que la misma pone en juego, o al menos –como creemos haber mostrado con toda evidencia–, esa regulación no es en absoluto congruente con el régimen que la propia ley establece para otras operaciones de modificación estructural como la fusión o la escisión, cuando los intereses que se ven afectados por éstas y por aquélla no son sustancialmente diferentes e incluso la cesión global puede ser una operación mucho más peligrosa para esos mismos intereses que muchos supuestos de fusión o escisión. Incongruencia ésta, dentro del propio sistema de la LME, que –como también hemos mostrado– puede ser un incentivo para una utilización fraudulenta del procedimiento de cesión global para eludir las normas más rigurosas aplicables a las otras operaciones.

Y en segundo lugar, que, en un plano de lege data, esta nueva regulación del procedimiento de la cesión global puede chocar –como también creemos haber mostrado– con una Directiva que data nada menos que del año 1978, de manera que el plazo de adaptación a la misma está más que vencido. Con el grave problema que ello supone, porque no se trata –como en el año 2002– de que un precepto de simple rango reglamentario o una determinada interpretación analógica de una norma legal (la aplicación del art. 117 de la LSRL a la SA) pudieran ser contrarios a una Directiva, sino de todo un título de una ley acabada de promulgar que puede estar vulnerando dicha Directiva. En principio, difícilmente se van a poder ignorar esos taxativos preceptos internos de rango legal (conforme a los cuales, por ejemplo, una cesión global comprendida en el supuesto del art. 81 se puede tramitar sin necesidad de acuerdo alguno de junta de la sociedad cesionaria, ni de informe de experto independiente), y ello por mucha primacía que reconozcamos al derecho comunitario. ¿Pero qué va a pasar cuando el primer socio minoritario de la sociedad cedente o de la cesionaria disconforme con la contraprestación pactada impugne judicialmente la validez de todo el procedimiento por infracción de un mandato claro, preciso e incondicionado de una Directiva? ¿O cuando el juez correspondiente plantee, en su caso, la cuestión prejudicial de interpretación de la Directiva para saber si nuestra normativa interna es contradictoria o no con la misma?

En fin, nos parece que nuestro legislador acaba de hacer un muy flaco favor a la causa de la seguridad jurídica en este país en relación precisamente con una operación jurídica que de suyo ya se encuentra –como señalamos al principio– en la frontera de lo que hasta hace muy poco considerábamos jurídicamente concebible.

V. EFICACIA DE LA CESIÓN GLOBAL

El efecto fundamental de la operación de cesión global es la sucesión universal, en cuya virtud todos los elementos que integran el patrimonio de la sociedad cedente se transmiten de golpe al sujeto cesionario, sin tener que observar las leyes circulatorias particulares de cada uno de esos elementos patrimoniales según su respectiva naturaleza. Al significado, alcance y posibles limitaciones de esta transmisión por sucesión universal ya nos hemos referido en sede de fusión, y a todo lo allí dicho nos remitimos.

En esta sede, lo que tenemos que indicar es que es una novedad que la ley reconozca ahora de forma expresa este efecto de sucesión universal en relación con la cesión global de activo y pasivo. Así, el art. 117 de la LSRL guardaba silencio sobre este tema tan importante y era algo que había que presuponer sobre la base del reconocimiento del derecho de oposición de los acreedores. Pero, aún más importante que este reconocimiento expreso es admitir –como también sucede en el supuesto del art. 72– la posibilidad de que haya sucesión universal cuando un sujeto transmite todo su patrimonio actual y sin embargo continúa existiendo.

Esto, aparte de lo que supone de ruptura conceptual, da lugar a cuestiones muy importantes de tipo práctico a las que ya nos hemos referido al tratar de los elementos objetivos de la cesión.

Además de esta cuestión de la sucesión universal, tenemos que hacer referencia a dos cuestiones muy importantes relacionadas con la eficacia de la cesión global.

En primer lugar, el art. 90 remite para la impugnación de la cesión global a lo dispuesto en el art. 47 de la ley para las fusiones. Por tanto, se aplicará a la cesión global inscrita esa relativa inimpugnabilidad que resulta del art. 47, quedando a salvo las acciones de resarcimiento de daños y perjuicios sufridos por socios o terceros, con todos los problemas que ya hemos ido indicando con anterioridad.

Obsérvese que, en el caso de la cesión global, la aplicación de un régimen que pretende hasta cierto punto suponer una convalidación registral de la cesión inscrita no deja de ser una medida bastante draconiana, si pensamos que esta operación no sólo presenta un aspecto corporativo (para la sociedad cedente y sus socios), sino también un aspecto puramente contractual, de negocio bilateral, si se contempla desde el punto de vista del cesionario (pensemos que podría haber, por ejemplo, un defecto de representación por parte de la persona que suscribe la escritura de cesión en nombre del cesionario, defecto que, una vez inscrita la cesión en la hoja registral de la sociedad cedente, ya no condicionaría la validez o eficacia de la operación).

También, en relación con esta pretensión del legislador de cerrar toda posible discusión respecto de la cesión global inscrita, podemos plantearnos una cuestión elemental: en la medida en que esta cesión supone un negocio de enajenación patrimonial de carácter sinalagmático, de *do ut des*, en definitiva, una compraventa o permuta, aunque tenga un objeto muy complejo, ¿cierra este artículo 90 con su remisión al art. 47 toda posible acción de la parte cesionaria contra la compañía cedente por saneamiento o evicción que pudiera tener un efecto resolutorio de la cesión? Si fuera así, ello supondría una importante excepción respecto de las normas generales civiles sobre el contrato de compraventa (en particular, los arts. 1483 y 1486 del Código civil).

Ya hemos señalado también cómo esta inimpugnabilidad de una cesión global inscrita que se haya realizado *«de conformidad con las previsiones de esta Ley»* supone desactivar los mecanismos ordinarios de defensa de los socios minoritarios, en particular los de la sociedad cedente, que serían propios del régimen general de la liquidación societaria (la impugnación del acuerdo aprobatorio del balance final de liquidación), o del régimen general de impugnación de los acuerdos sociales lesivos. Así, frente a una cesión global inscrita, sólo cabe una impugnación basada en infracción de las normas de esta ley especial de modificaciones estructurales, ninguna de las cuales, como ya hemos señalado, se refiere al problema clave de la valoración del patrimonio cedido y, por tanto, a la fijación de la contraprestación que reciben la sociedad cedente o sus socios. No cabe, en consecuencia, como motivo de impugnación, la causa genérica de lesión de los intereses de la sociedad en beneficio de uno o varios socios o de terceros, que establece el art. 204.1 LSC, que precisamente podría ser muy pertinente para este caso.

Y en cuanto a la acción de resarcimiento de daños y perjuicios causados a los socios o a los terceros que deja a salvo el art. 47, pues no se termina de ver cómo podría hacerse valer en este caso. Fundamentalmente, porque para que surja una obligación de resarcimiento de daños, no basta con que alguien estime que ha sufrido un daño, sino que es necesario que la acción que causa dicho daño sea en sí misma antijurídica; y el fundamento de la posible antijuridicidad en este caso no tiene su apoyo en norma legal alguna que fije un criterio objetivo conforme al cual deba ser fijada la contraprestación por la cesión. Salvo en supuestos extremos en que se pueda demostrar una maquinación del órgano de administración y del socio o socios mayoritarios con el cesionario para perjudicar a los minoritarios, difícilmente podrá fundarse esta acción en una simple disconformidad del socio minoritario con el precio acordado por la sociedad con el cesionario.

Y por último, el art. 91 establece una norma fundamental, desconocida en el régimen que para la cesión global había pergeñado la LSRL de 1995, y que se inspira en el régimen tradicional de la escisión: la responsabilidad solidaria de todos los cesionarios, de los socios de la cedente si se han repartido la contraprestación recibida por la cesión, o de la propia cedente si subsiste, por las deudas atribuidas a un cesionario que hubieran quedado incumplidas por éste.

Ante la literalidad del precepto –*«De las obligaciones asumidas por* <u>*un cesionario*</u> *que resulten incumplidas responderán solidariamente* <u>*los demás cesionarios*</u>*, hasta el límite del activo neto atribuido a cada uno de ellos en la cesión; y, según los casos, los socios hasta el límite de lo que hubieran recibido como contraprestación por la cesión, o la propia sociedad que no se hubiera extinguido, por la totalidad de la obligación»*–, podría dudarse si esta responsabilidad solidaria existe también en los casos de cesión a favor de un solo cesionario, o solo tiene lugar en caso de pluralidad de cesionarios. La cuestión se relaciona con el posible fundamento de la norma: ¿es un paliativo a la fragmentación patrimonial que supone la cesión global a favor de varios cesionarios y que se presta a un reparto estratégico de activos y pasivos entre los mismos?; ¿o se justifica también por el simple hecho de la cesión negocial en globo de pasivos, como si, al final, a la ley le diera miedo el supuesto?

Obsérvese al respecto que, en el caso de escisión total, la sociedad escindida no responde de nada porque se extingue, y lo que hay es una responsabilidad entre las sociedades beneficiarias similar a la que impone la ley a los coherederos después de la partición; y en la escisión parcial o en la segregación, se puede pensar que la sociedad escindida responde de las deudas transmitidas precisamente porque conserva una parte de lo que era su patrimonio anterior, es decir, no transmite todo el activo que antes servía de cobertura a unas determinadas deudas. Sin embargo, en la cesión global, sea a favor de varios cesionarios o de uno solo, y subsista o no la sociedad cedente, lo que ésta transmite es la totalidad de su patrimonio sin reservarse ningún activo integrante del mismo. Por tanto, la seguridad de sus anteriores acreedores no queda comprometida, salvo por el hecho de que el patrimonio anterior del cesionario pueda ser deficitario (perjuicio éste que se trata de evitar precisamente mediante el derecho de oposición) o por el hecho de que ese patrimonio cedido se reparta entre varios cesionarios (lo que se compensa mediante la responsabilidad solidaria entre éstos). Si es así, parece que la ley (que peca por defecto en el art. 80 LME, al no imponer en caso de escisión parcial ninguna responsabilidad a la sociedad beneficiaria/s por las deudas que conserva la sociedad escindida) peca aquí por exceso al imponer una responsabilidad también a la sociedad cedente si subsiste o a los que fueron socios de la misma, si se extingue.

Pensemos que en una escisión, en el supuesto prototípico que contempla la ley, todos los socios de la sociedad escindida se convierten en socios de la sociedad o sociedades beneficiarias (en el caso de la segregación del art. 71 es la propia sociedad segregante y aportante la que adquiere acciones o participaciones de la beneficiaria), luego, aunque sea de forma indirecta, los «transmitentes» en una escisión siguen siendo titulares en mayor o menor medida del patrimonio transmitido a la sociedad o sociedades «adquirentes». Como ya señalamos, desde un punto de vista económico, lo propio de la escisión o de la segregación es la reorganización o reestructuración de una determinada configuración societaria y patrimonial, sin que ello suponga una genuina enajenación o desplazamiento patrimonial entre extraños. De acuerdo con ello, puede tener sentido que la sociedad escindida o segregada siga respondiendo de deudas que han quedado a cargo de sociedades beneficiarias de la escisión o segregación. Sin embargo, como ya hemos señalado, la naturaleza de la cesión global que contempla esta LME es muy diferente: se trata de un negocio similar a una compraventa, en el cual se intercambia un conjunto patrimonial por una cantidad de dinero o por otros bienes que no atribuyen a la sociedad cedente o a sus socios la condición de partícipes en el capital del cesionario, en el caso de ser éste una sociedad. Partiendo de ello, no deja de ser extraño que la ley imponga a la sociedad cedente o a sus socios una responsabilidad por el pasivo comprendido en la cesión.

En el fondo, es algo que choca con la realidad económica de la operación y que puede comprometer gravemente la utilidad y viabilidad práctica de la figura. Porque, ¿qué forma es ésta de vender la totalidad de una empresa a un tercero en la que continúa el vendedor respondiendo indefinidamente de los pasivos transmitidos, o sus socios durante cinco años? Obsérvese que, en caso de cesión global no liquidatoria, la sociedad cedente tendría que reflejar en su balance esa responsabilidad por todas sus deudas anteriores a la cesión hasta que las mismas fueran pagadas por el cesionario o prescribiesen, lo cual seguiría condicionando su vida futura e incluso impidiendo una liquidación que acordasen sus socios al cabo de un tiempo de efectuarse la cesión para repartirse la contraprestación recibida, porque no se podría formular un balance final de liquidación libre de la responsabilidad por esas deudas.

En atención a ello, nos parece razonable entender que esta responsabilidad no existe en el caso de cesión global a favor de un único cesionario, por cuanto, como hemos indicado, el tenor del art. 91 parece admitir semejante lectura, y resulta muy justificado sostener una interpretación no restrictiva sino estricta o no extensiva de una norma excepcional como ésta.

Por supuesto que se nos puede decir que el mismo motivo (o no motivo) hay para imponer esta responsabilidad solidaria a la sociedad cedente o a sus socios cuando hay un solo cesionario que cuando hay varios cesionarios, y lo cierto es que en este segundo caso la ley inequívocamente impone a aquéllos esa responsabilidad. Pero la cuestión es que, si no parece tener mucho sentido la norma, lo adecuado es no extender su ámbito más allá de lo que resulta de su estricta literalidad.

En cualquier caso, hay que tener en cuenta que esta responsabilidad tiene por límite, tratándose de los otros cesionarios, el activo neto atribuido a cada uno de ellos en la cesión, y en el caso de los socios de la cedente, lo que hubieran recibido –se entiende que cada uno– como contraprestación por la cesión. En el caso de los socios, esta limitación tiene sentido por la no responsabilidad personal del socio por las deudas sociales de una sociedad de tipo capitalista. Sin embargo, respecto de los cesionarios, establecer como límite cuantitativo de su responsabilidad el activo precisamente neto atribuido en la cesión a cada uno de ellos supone –como ya señalamos en sede de escisión– que las deudas asignadas a cada uno en el negocio de cesión adquieren preferencia respecto de las demás deudas que se han repartido cuando se trata de proceder contra el activo bruto atribuido a ese cesionario en virtud de esta responsabilidad subsidiaria, lo que no deja de contrastar con el régimen común de responsabilidad por las deudas de una herencia por parte de los herederos que han hecho la partición (art. 1084 CC).

Por otra parte, esta responsabilidad subsidiaria solidaria de los cesionarios y, en su caso, los socios prescribe a los cinco años. Como ya vimos, en sede de escisión, en la norma equivalente (el art. 80) no se establece un plazo específico de prescripción. Lo que no nos dice la ley es desde cuándo se cuentan estos cinco años. En nuestra opinión, el plazo debería contarse desde la inscripción de la cesión, por ser éste el momento determinante de su eficacia según el art. 89.2, y por tanto el momento en que se han transmitido las deudas de la cedente.

VI. REFERENCIA AL RÉGIMEN FISCAL DE LA CESIÓN GLOCAL

Ya señalamos cómo la Ley 29/1991 había reconocido el régimen de neutralidad fiscal propio de la fusión a la operación consistente en que *«una entidad transmite, como consecuencia y en el momento de su disolución sin liquidación, el conjunto de su patrimonio social a la entidad que es titular de la totalidad de los valores representativos de su capital social»*. Hoy encontramos esta misma norma y régimen en el artículo 83.1.c) de la Ley del Impuesto sobre Sociedades (TR aprobado por RDLeg. 4/2004, de 5 de marzo).

Como ya sabemos, éste, que había sido el supuesto más habitual de cesión global de activo y pasivo, queda hoy sujeto para todo tipo de sociedades al procedimiento de fusión, de conformidad con el art. 53 de la LME. Esto quiere decir que el único supuesto de cesión global que gozaba de neutralidad fiscal es el que ahora ya no se puede tramitar en ningún caso por el procedimiento específico de la cesión global. Y es que ni antes ni ahora se reconoce neutralidad fiscal a ninguno de los supuestos de cesión global a cambio de precio.

¿Podemos esperar que, una vez que el legislador societario relanza y amplía el concepto de cesión global, el legislador fiscal apoyará esta operación con un régimen de neutralidad fiscal similar al de las restantes «modificaciones estructurales»? Pues no parece en absoluto previsible y ello por una razón muy evidente: las demás operaciones de modificación estructural, en sí mismas, tienen una función económica meramente organizativa (agrupación o división de empresas, interposición o desinterposición de estructuras sociedades), mientras que la cesión global que regula el Título IV de esta Ley es –como hemos señalado varias veces– un negocio de puro desplazamiento patrimonial, un negocio de tráfico económico.

Sólo hay un supuesto en que esta operación puede tener un significado meramente organizativo, el caso precisamente menos probable: sociedad íntegramente participada que transmite todo su patrimonio a su matriz a cambio de una contraprestación patrimonial. Éste es el único caso en que podría estar justificada una neutralidad fiscal, dada la absoluta vinculación existente entre las dos partes del negocio.

En los demás casos de cesión existe, en definitiva, un obstáculo técnico que hace inviable la neutralidad fiscal. Lo propio del régimen de neutralidad fiscal es el diferimiento de la tributación por la plusvalía generada hasta el momento posterior en el que la parte hoy adquirente proceda a enajenar el bien adquirido. Si es así, ¿cómo se va a diferir la tributación de la plusvalía que ha podido obtener la sociedad cedente o sus socios con ocasión de la cesión al momento futuro en que el cesionario enajene alguno de los bienes adquiridos en virtud de la cesión global? Esto tiene sentido entre sujetos vinculados, pero no entre partes de un verdadero negocio de tráfico, porque ¿cómo va a soportar el adquirente el gravamen por una plusvalía que obtuvo el transmitente? Y, como es evidente, el Fisco puede renunciar a gravar con impuestos indirectos determinadas transmisiones (así, las transmisiones de valores o de participaciones sociales), pero difícilmente, por mucho interés que tenga en incentivar el tráfico de conjuntos empresariales, va a renunciar definitivamente a la imposición directa sobre las plusvalías obtenidas por los transmitentes.

En cualquier caso, sea cual sea la decisión que al respecto tome finalmente el legislador fiscal, en el momento presente, de *lege data* y a la vista del contenido del Capítulo VIII del Título VII LIS, no existe neutralidad fiscal para la cesión global fuera del caso del art. 53 LME.

Esto significa que la cesión global, por lo que tiene de negocio de transmisión de una serie de elementos patrimoniales, quedará sujeta, en principio, a todos los tributos propios del tráfico patrimonial: la imposición directa sobre el transmitente en su IRPF o IS por la posible plusvalía o incremento de patrimonio obtenido, y por el IIVINU si la cesión comprende inmuebles de naturaleza urbana; y la imposición indirecta por IVA o por el concepto de TPO del ITPyAJD, con aplicación del tipo que corresponda según la naturaleza mobiliaria o inmobiliaria de los bienes comprendidos en la cesión. Al respecto, hay que tener en cuenta que esta operación –aunque se califique por esta ley como «modificación estructural»– no solo no goza de neutralidad fiscal, sino que ni siquiera está comprendida dentro del concepto fiscal de «operación societaria», y por tanto no se beneficia tampoco del régimen privilegiado (el tipo del 1 %) propio de las transmisiones ligadas al desarrollo del contrato de sociedad subsumibles en dicho concepto.

En cuanto a la sujeción a IVA, por definición, el cedente es una sociedad mercantil y por tanto sujeto pasivo del IVA (ahora, salvo prueba en contrario, según la redacción vigente del art. 5.Uno de la LIVA). De manera que, en principio, toda cesión global estaría sujeta a IVA y no a TPO. No obstante, el art. 7.1 de la Ley 37/1992, en su redacción vigente, establece que *«No estarán sujetas al Impuesto: 1.º La transmisión de un conjunto de elementos corporales y, en su caso, incorporales que, formando parte del patrimonio empresarial o profesional del sujeto pasivo, constituyan una unidad económica autónoma capaz de desarrollar una actividad empresarial o profesional por sus propios medios, con independencia del régimen fiscal que a dicha transmisión le resulte de aplicación en el ámbito de otros tributos y del procedente conforme a lo dispuesto en el artículo 4, apartado cuatro, de esta Ley. (...) A los efectos de lo dis-*

puesto en este número, resultará irrelevante que el adquirente desarrolle la misma actividad a la que estaban afectos los elementos adquiridos u otra diferente, siempre que se acredite por el adquirente la intención de mantener dicha afectación al desarrollo de una actividad empresarial o profesional». Por tanto, sea o no liquidatoria la cesión global y con independencia de que el cesionario continúe o no con el patrimonio adquirido la misma actividad anterior del cedente, si la cesión tiene por objeto un patrimonio que cumple el requisito de constituir una unidad económica autónoma, resultará una operación neutra a efectos de IVA (o dicho de otra forma, sólo habrá sujeción a IVA si los bienes integrantes del activo y pasivo trasmitidos no constituyen una unidad económica autónoma; supuesto en el cual la sujeción a IVA excluye la sujeción a TPO, salvo si es de aplicación una exención en IVA, como sucedería si el patrimonio cedido comprende terrenos no edificables o edificaciones cuya transmisión suponga «segunda entrega»).

Del art. 7.5 del TR de la Ley del ITPyAJD (RDLeg. 1/1993, de 24 de septiembre) podría entenderse que, en el caso de no sujeción a IVA por constituir el patrimonio cedido una unidad económica, tiene lugar una sujeción al concepto TPO, pero sólo respecto de los bienes inmuebles incluidos en la cesión. Así, el precepto citado dispone: *«No obstante, quedarán sujetas a dicho concepto impositivo* (TPO) *las entregas o arrendamientos de bienes inmuebles, así como la constitución y transmisión de derechos reales de uso y disfrute que recaigan sobre los mismos, cuando gocen de exención en el Impuesto sobre el Valor Añadido. También quedarán sujetas las entregas de aquellos inmuebles que estén incluidos en la transmisión de la totalidad de un patrimonio empresarial, cuando por las circunstancias concurrentes la transmisión de este patrimonio no quede sujeta al Impuesto sobre el Valor Añadido».*

Sin embargo, no es ésta la postura que sostuvo el TS en su S de 22 de octubre de 2002 (cesión global de todo el patrimonio de la Caja Rural de Cádiz a la Caja de San Fernando), según la cual, la no sujeción a IVA implica la sujeción de toda la transmisión a TPO (y no sólo la de los inmuebles).

A la vista de lo indicado, podemos concluir que, en el ámbito de la imposición indirecta, la cesión global es una operación fiscalmente más onerosa que la «venta de capa» o transmisión de todas las acciones o participaciones representativas del capital de la sociedad titular de la empresa, pues esta transmisión de acciones o participaciones está totalmente exenta de imposición indirecta, salvo cuando encubre una transmisión inmobiliaria en los supuestos del artículo 108.2 LMV. Ello supone, evidentemente, un importante hándicap para la presencia de este tipo de operación en el tráfico, por cuanto, siempre que se pueda transmitir la empresa mediante esa venta de capa, la misma será una operación fiscalmente más interesante que una cesión global de activo y pasivo. A lo que hay que sumar también la indicada no neutralidad fiscal a efectos de plusvalía en IRPF e IS (en esto, el régimen es similar al de la venta de capa), y en su caso en el impuesto municipal sobre el incremento de valor de los terrenos de naturaleza urbana (en esto último, la venta de capa vuelve a ser más ventajosa, porque la misma no está sujeta en ningún caso a este impuesto).

También podemos obtener otra conclusión muy relevante en relación con una cuestión que hemos denunciado en nuestro examen del régimen sustantivo de la cesión global: el recurso a la cesión global como maniobra alternativa a una fusión para eludir el régimen procedimental más riguroso propio de ésta (incluyendo la norma del art. 35 LME) –y, en su caso, para defraudar más fácilmente los intereses de los socios minoritarios– casi siempre resultará antieconómico, dado el coste fiscal inherente a la operación de cesión global. De manera que la incongruencia regulatoria que antes observamos consistente en arbitrar un procedimiento con menos trámites que permite fácilmente alcanzar el mismo resultado final que un procedimiento objeto de una regulación más rigurosa (así, la elusión del art. 53 LME mediante una cesión al socio único por un precio que al poco tiempo volverá a la matriz mediante una liquidación ordinaria de la filial), resulta en buena parte mitigada o subsanada por el coste fiscal de esa maniobra indirecta.

¿Quiere decir todo lo indicado que el indicado peligro queda completamente conjurado, o que, en definitiva, una genuina cesión global de las reguladas en este Título IV de la LME querida como tal es una operación tan desincentivada fiscalmente que carece de todo interés en la práctica, de manera que su presencia en el tráfico no pasará nunca de lo meramente anecdótico?

Pues pensamos que no tiene por qué ser así, porque una cosa es que esta operación no sea la panacea fiscal, porque no goza de neutralidad fiscal, o que normalmente resulte más cara que una venta de capa, y otra que la misma pierda por ello todo su interés práctico. Primero, porque no siempre se puede realizar una venta de capa (así, si un socio minoritario se niega a vender sus acciones); y segundo y sobre todo, porque llegar a semejante conclusión sería lo mismo que pensar que la tributación ordinaria que soporta todo el tráfico patrimonial común debería hacer desaparecer ese tráfico. Así, los compradores y vendedores de inmuebles suelen soportar una múltiple imposición con ocasión de sus transacciones, pero, aunque esa presión fiscal no es el mejor incentivo para las ventas, lo cierto es que ni anula su existencia ni es el único ni el más importante de los factores que determinan la evolución del mercado inmobiliario.

Pero es que, incluso, que en un negocio de tráfico entre partes no vinculadas no haya neutralidad fiscal en cuanto a la plusvalía manifestada en la transmisión no es algo antieconómico, sino más bien el régimen normal y acorde con el significado económico de la operación. Como ya hemos indicado, lo anómalo sería el diferimiento de la tributación de esa plusvalía para que la soportase en el futuro el adquirente. El diferimiento sería lo que en este caso funcionaría más bien como un obstáculo para la transacción.

Además, tampoco hemos de ser tan optimistas como para pensar que, por definición, toda cesión global ha de generar una plusvalía. Es perfectamente posible que una empresa se venda exactamente por su valor teórico contable, supuesto en el cual no se habría generado plusvalía alguna; o incluso que la venta se haga a pérdida, generando una minusvalía. En tal supuesto, un régimen de neutralidad fiscal resultaría precisamente contraproducente para la sociedad cedente o sus socios, porque éstos no podrían hacer valer esa minusvalía que realmente han sufrido para compensar otras posibles ganancias.

En cuanto a la imposición indirecta, ya hemos visto que la cesión global de activo y pasivo no se beneficia de una exención total en IVA y en ITPyAJD como aquélla de la que gozan, como regla general, las transmisiones de acciones y participaciones sociales, pero ello no quiere decir que siempre tenga que soportar aquella un gravamen indirecto importante o disuasorio. Así, si la sociedad cedente es la cabecera de un grupo que actúa como holding de las acciones o participaciones de las correspondientes filiales titulares del negocio operativo, el activo objeto de la cesión global estaría constituido sólo por acciones o participaciones sociales y por tanto su transmisión estaría también exenta de imposición indirecta.

Todo lo cual nos lleva a reafirmarnos en la idea de que las deficiencias de regulación en el plano sustantivo que hemos denunciado no deberían pasarse por alto so pretexto de que la fiscalidad va a desincentivar tanto esta operación que no va a resultar interesante ni siquiera para los que quieran hacer trampas con ella.

Dejando ya esta cuestión, aún nos queremos referir a un tema que con toda seguridad va a plantear dudas en el plano fiscal: el problema de la valoración a efectos fiscales del patrimonio objeto de la cesión, en particular en el ámbito de la tributación indirecta, en su caso. Y ello porque, como ya hemos indicado al tratar de los elementos objetivos de la cesión, la venta de la totalidad de un patrimonio empresarial como unidad económica en funcionamiento puede llevarse cabo por una contraprestación que no tiene por qué corresponder con el valor de mercado propio de cada uno de los elementos patrimoniales que integran dicha empresa si se enajenasen por separado. Así, en el caso al que antes aludimos, vendiéndose la totalidad de la empresa por un precio meramente simbólico, sin embargo, formaban parte de la misma determinados bienes inmuebles que tenían un valor catastral muy elevado.

De conformidad con la normativa del ITP y AJD, la existencia de deudas que son asumidas por el adquirente no disminuye la base imponible de su adquisición, pues la misma siempre se corresponde con el valor real bruto de los activos adquiridos. Pero en el caso indicado, no era la existencia de unas deudas en el balance de la empresa y su asunción por la parte compradora lo que determinaba que el precio a pagar fuera muy reducido, sino más bien la actual afectación de todos los activos a una actividad empresarial que en su organización actual resultaba ineficiente económicamente para la parte vendedora, la cual no quería afrontar los muy importantes costes (no sólo económicos, sino sociales y políticos) ligados al cierre de la empresa, nada de lo cual evidentemente se reflejaba como un pasivo actual en el balance de la misma.

En definitiva, la grave cuestión fiscal que plantea un caso como el expuesto es si, a la hora de determinar el valor real a efectos fiscales de determinados elementos patrimoniales transmitidos en el marco de la cesión global, se debe considerar sólo su posible valor individual como elementos independientes de la empresa a la que actualmente están afectos o, en alguna medida, a la hora de su valoración fiscal puede tenerse en cuenta esa circunstancia de su afectación empresarial, que es algo que de forma real y objetiva está reduciendo su valor actual de mercado.

CAPÍTULO SEXTO

EL TRASLADO INTERNACIONAL DEL DOMICILIO SOCIAL

I. CONCEPTO Y SUPUESTOS

El último Título de la LME se ocupa del traslado internacional del domicilio social. Se compone de dos capítulos: uno dedicado a disposiciones generales y otro sobre el régimen legal de la operación.

La Ley no nos propone una definición de aquello en que consiste esta operación. Del tenor de los artículos 93 y 94 LME se desprende la idea de que este traslado de domicilio o sede, para ser tal, debe conllevar una conservación de la personalidad jurídica de la sociedad en cuestión. Al respecto, hay que tener en cuenta que el lugar del domicilio social es determinante, por lo menos para la ley española (art. 8 LSC), de la nacionalidad de las sociedades mercantiles, lo que a su vez quiere decir la sujeción de dicha sociedad a la ley española. En consecuencia, un traslado del domicilio social de una sociedad española al extranjero o de una sociedad extranjera a España supone, en principio, un cambio de nacionalidad y de ley societaria aplicable a la sociedad afectada (es decir, de la ley que determina la posición jurídica de los socios y el régimen de las relaciones de la sociedad y de sus socios con los terceros). Por ello, admitir la posibilidad de un traslado internacional del domicilio social supone admitir la posibilidad de que ese cambio de nacionalidad y de ley societaria aplicable no suponga una ruptura en la continuidad de la personalidad jurídica de la sociedad en cuestión. La entidad jurídica propia de la sociedad y todas las relaciones jurídicas que la misma pudiera haber trabado subsistirían pese a ese cambio de ley aplicable. Por tanto, no es necesario constituir una nueva sociedad en el país de destino para a continuación disolver la sociedad existente en el país de origen y aportar todo el patrimonio que fue de la misma a la nueva sociedad (con el coste fiscal que todo ello puede suponer).

En definitiva, la admisión de esta posibilidad supone un paso adelante en la afirmación de la personalidad jurídica societaria, como algo con tal consistencia, sustantividad o «realidad» que es capaz de trascender las fronteras jurídicas estatales. Tratándose de personas físicas o naturales, parece claro que, salvo para el más tosco positivismo jurídico, la personalidad es algo que trasciende a la nacionalidad, porque un ser humano es tal y por tanto persona allá donde se encuentre. Sin embargo, en el caso de las personas jurídicas, puede pensarse que las mismas son, en definitiva, una construcción jurídica (es lo que entendía la clásica teoría de la «ficción»), de manera que se podría predicar de las mismas una clara dependencia de aquel ordenamiento jurídico en el marco del cual se han creado y han obtenido un reconocimiento de su personalidad. Por tanto, admitir que una sociedad pueda trasladar su domicilio a un país distinto del de su creación, cambiando con ello de nacionalidad y de *lex societatis* aplicable, sin que ello implique discontinuidad alguna en su identidad ni en el conjunto de sus titularidades jurídicas, supone entender que esa personalidad jurídica adquirida en el país de origen es un atributo que funciona de forma independiente de su sujeción a la ley de ese país.

Ni que decir tiene que la posibilidad de este traslado internacional de domicilio se ve afectada no sólo por las convicciones jurídicas propias de las diferentes legislaciones estatales implicadas acerca del reconocimiento de la personalidad jurídica de las figuras asociativas, de la atribución a las mismas de una determinada nacionalidad o sujeción a una ley societaria nacional (criterio de la «incorporación», del domicilio estatutario, de la sede real), sino también por consideraciones de política económica o incluso de política general (el fomento de la inmigración de sociedades como forma de atraer actividad económica, la resistencia a dejar escapar sociedades constituidas o domiciliadas en el propio país, etc.). De hecho, en el ámbito comunitario europeo, aunque ya existe una directiva sobre fusiones transfronterizas, no existe todavía una directiva sobre traslado internacional de domicilio. No se ha pasado al respecto de la fase de propuesta de directiva, aunque el

Tribunal de Justicia sí ha fijado algún criterio sobre la base del principio de libertad de establecimiento reconocido en los Tratados constitutivos de la Unión.

En el caso Daily Mail del que se ocupó la STJCE de 27 de septiembre de 1988 se trataba de una sociedad inglesa que, para gozar de determinados beneficios fiscales, pretendía trasladar su domicilio a Holanda sin pérdida de su ley personal inglesa (el derecho inglés sigue el criterio de incorporación para la determinación de la *lex societatis*, de manera que una sociedad constituida en Inglaterra no pierde su condición de sociedad inglesa si traslada su domicilio o sede a otro Estado). En el caso Cartesio (STJUE de 16 de diciembre de 2008), una sociedad húngara, invocando la libertad de establecimiento, pretendía trasladar su domicilio social a Italia con conservación de su personalidad y su condición de sociedad de derecho húngaro, cuando, según el derecho húngaro, el traslado del domicilio al extranjero implicaba una extinción de la sociedad. En estas sentencias el Tribunal de Justicia sienta la siguiente doctrina: la libertad de establecimiento no comprende la posibilidad de traslado de la sede social conservando la *lex societaria* anterior (de manera que el Reino Unido podía condicionar un traslado con conservación de la sujeción al derecho inglés a la obtención de una específica autorización administrativa fiscal). *«111. No obstante, semejante caso de traslado de domicilio debe distinguirse del relativo al traslado de una sociedad perteneciente a un Estado miembro hacia otro Estado miembro con cambio del Derecho nacional aplicable, transformándose la sociedad en una forma de sociedad regulada por el Derecho nacional del Estado miembro al que se traslada. 112. En efecto, en este último caso, la facultad a que se ha aludido en el apartado 110 de la presente sentencia, lejos de implicar algún tipo de inmunidad de la normativa nacional en materia de constitución y de disolución de sociedades a la luz de las normas del Tratado CE relativas a la libertad de establecimiento, no puede, en particular, justificar que el Estado miembro de constitución, imponiendo la disolución y la liquidación de esa sociedad, impida que ésta se transforme en una sociedad de Derecho nacional del otro Estado miembro, siempre que ese Derecho lo permita. 113. Semejante obstáculo a la transformación efectiva de tal sociedad sin disolución y liquidación previas en una sociedad de Derecho nacional del Estado miembro al que ésta desea trasladarse restringiría la libertad de establecimiento de la sociedad interesada de manera que, salvo si la restricción estuviera justificada por una razón imperiosa de interés general, estaría prohibida en virtud del artículo 43CE»,* Obsérvese que en estos dos casos las dificultades para el traslado procedían del Estado de origen, no del de destino. Es importante tener esto en cuenta porque la precisión *«siempre que el Derecho del Estado miembro de acogida permita tal transformación»* parece admitir un condicionamiento discrecional del traslado por parte del Estado miembro de destino, y sin embargo no parece que semejante condicionamiento sea compatible con la libertad de establecimiento. En definitiva, libertad de establecimiento en este ámbito debería equivaler a libre circulación de sociedades en el ámbito comunitario sin más restricciones –tanto en origen como en destino– que aquellas que estén realmente justificadas (este criterio puede ser relevante, como veremos, en relación con el problema del traslado a España de una sociedad con pérdidas).

En el régimen español vigente con anterioridad (arts. 149.2 LSA y 72.2 LSRL), sólo se contemplaba el caso del traslado de sociedades españolas al extranjero y siempre estaba condicionada esta posibilidad a la existencia de un Convenio internacional vigente en España que lo permitiese con mantenimiento de la personalidad jurídica de la sociedad (habiéndose dudado si como tal Convenio internacional habilitante de la posibilidad de este traslado en el ámbito comunitario podía operar por sí solo el Tratado de la Comunidad Europea cuando reconoce la libertad de establecimiento según es interpretada por el TJUE). Sólo para las sociedades anónimas europeas domiciliadas en España había una regulación sustantiva de su traslado de domicilio a otro Estado de la Unión Europea en los arts. 315 y 316 LSA, introducidos por la Ley 19/2005. Obsérvese que estas SAE son objeto de una regulación unitaria a nivel europeo por vía de Reglamento; precisamente por ello, se trata de entes societarios en cierto sentido «transnacionales», o de nacionalidad europea, y de ahí que su traslado de domicilio dentro del territorio de la Unión Europea tiene o debería tener un significado más bien equiparable al de un traslado interno de domicilio de una sociedad ordinaria. Sin embargo, la regulación específica del supuesto que encontrábamos en los indicados preceptos de la LSA y hoy en el capítulo II del Título XIII LSC, aunque tiene una significado habilitador, no deja de mostrar una importante cautela al respecto: necesidad del depósito registral de un proyecto de traslado, derecho de separación de los socios que hubieran votado en contra, derecho de oposición de los acreedores sociales, e incluso la posibilidad de que el Gobierno se oponga al traslado por razones de interés público.

En el RRM de 1996 encontramos una norma, el art. 20, dedicada al cambio de domicilio de una sociedad española al extranjero. En su primer apartado se limita a remitir a lo dispuesto en los Convenios internacionales vigentes en España. En su segundo apartado contempla una hipótesis que choca con lo que antes hemos indicado sobre el criterio general del derecho español para la determinación de la *lex societatis*: se refiere a la posibilidad de que un Convenio internacional vigente en España prevea la posibilidad de traslado del domicilio al extranjero con mantenimiento no sólo de la personalidad jurídica sino también de la nacionalidad española. Para tal supuesto se prevé que la sociedad conserve una hoja registral en el Registro Mercantil español, pero ya no en el Registro provincial correspondiente a su domicilio español anterior sino en el Registro Mercantil Central.

También existe en el RRM una norma, el art. 309, sobre inscripción del traslado de domicilio a territorio español de un empresario o entidad extranjera inscribible. Este precepto exige certificación de la hoja registral extranjera con todo el contenido vigente que sea de consignación registral obligatoria en España y además el depósito simultáneo de las cuentas anuales correspondientes al último ejercicio terminado.

Ahora, la inclusión en la LME de este Título V sobre el traslado internacional del domicilio social supone un cambio muy importante: el reconocimiento general que realiza unilateralmente nuestra ley de la posibilidad de este tipo de traslados internacionales de sede social de una sociedad con conservación de su misma personalidad jurídica. Con ello se pretende, según el Preámbulo de la Ley, facilitar la movilidad societaria. (Esto de que la facilitación de la movilidad societaria sea algo deseable, hasta convertirse en un fin en sí mismo, podría ser bastante opinable. Y es que, hasta donde alcanza nuestra experiencia, los casos de movilidad societaria internacional que hemos conocido responden casi sin excepción a deslocalizaciones muy artificiales motivadas por razones exclusivamente fiscales. Es decir, no vienen motivadas por razones ligadas a la productividad económica).

El Preámbulo de la Ley nos dice asimismo que *«También se regula en la presente norma el traslado internacional del domicilio social que, aunque no siempre presenta las características que permitan englobarlo dentro de la categoría de modificaciones estructurales, sus relevantes consecuencias en el régimen aplicable a la sociedad aconsejan su inclusión en el mismo texto legal».* De hecho, durante la elaboración de la Ley se suscitaron bastantes discusiones acerca de si esta operación era o no una genuina «modificación estructural». Dado lo impreciso de este concepto en la propia Ley, no parece que semejante calificación tenga una especial importancia, ni si resulta más o menos afortunado el rótulo general de la Ley, pues lo que interesa es el régimen que finalmente se establece para esta operación. Y a tal efecto, es evidente que un traslado de domicilio social al extranjero no solo es una incidencia que condiciona desde un punto de vista práctico –aunque sólo sea por el factor geográfico o espacial– la posición tanto de los socios como de los terceros que se han relacionado con la sociedad en cuestión, sino que puede afectar al estatuto jurídico de unos y de otros por lo que ese cambio de domicilio supone, según hemos indicado, de cambio de *lex societatis* aplicable a la misma.

El Capítulo I de este Título V se abre con una norma –el art. 92– que prevé que este tipo de traslados internacionales de domicilio (tanto de sociedades españolas inscritas –el requisito de la inscripción registral lo encontramos aquí como en el resto de las operaciones que contempla esta Ley– como de sociedades extranjeras que se trasladan a España) *«se regirán por lo dispuesto en los Tratados o Convenios Internacionales vigentes en España y en este Título, sin perjuicio de lo establecido para la sociedad anónima europea».*

El art. 93 está dedicado al caso de las sociedades domiciliadas en España que se trasladan al extranjero. La Ley condiciona esta posibilidad sólo a que la ley del país de destino admita el mantenimiento de la personalidad de la sociedad trasladada (y a que la sociedad española no esté en liquidación o concurso). Por tanto, de forma genérica nuestra ley no pone ninguna objeción a esta posibilidad siempre y cuando esta emigración con conservación de la misma personalidad sea permitida por el Estado de destino.

Del traslado a España del domicilio de una sociedad extranjera se ocupa el art. 94, que distingue dos casos:

Si se trata de sociedades procedentes del Espacio Económico Europeo (los países integrantes de la Unión Europea y además Islandia, Noruega y Liechtenstein), nuestra ley reconoce genéricamente esa conservación de la personalidad y esa posibilidad de traslado, sin perjuicio de exigir el cumplimiento de los requisitos internos de constitución del tipo societario de que se trate, salvo que dispongan otra cosa los Tratados o Convenios internacionales vigentes en España.

Tratándose de sociedades procedentes de otros Estados, la posibilidad de traslado se condiciona a que la ley de origen admita el traslado con mantenimiento de la personalidad jurídica.

La diferencia de régimen aplicable según el Estado de procedencia parece basarse en una presuposición que hace nuestra ley de que todos los Estados integrantes del Espacio Económico Europeo reconocen la posibilidad de traslado a España con conservación de la personalidad jurídica, lo que no se presupone respecto de otros Estados.

Para estas mismas sociedades procedentes de Estados que no formen parte del Espacio Económico Europeo, si son sociedades «de capital», se exige la justificación con informe de experto independiente de que su patrimonio neto cubre la cifra de capital social exigido por el Derecho español. Obsérvese que esta exigencia sería aplicable también al traslado a España de una sociedad que aquí adoptase la forma de SRL, lo que no deja de ser chocante con las exigencias propias de las SRL españolas.

A la vista del tenor literal de esta norma con su referencia a *«la cifra de capital social exigido por el Derecho español»*, no queda claro si lo que debe controlar el experto independiente es la cobertura patrimonial de toda la cifra de capital estatutario de la sociedad en cuestión (teniendo, por ejemplo, un capital estatutario de 200.000 €, si su patrimonio neto alcanza un valor de 200.000 €); o si basta con que verifique que el patrimonio neto cubre la cifra legal de capital mínimo del tipo social correspondiente –3.000 € para la SRL y 60.000 € para la SA– aunque fuera superior la cifra estatutaria de capital de la concreta sociedad que traslada su domicilio a España. Parece que más bien es lo primero, porque cuando se constituye una sociedad de capital en España a la ley no le basta con que la cifra de capital legal mínimo esté cubierta patrimonialmente, sino que exige que la totalidad de la cifra estatutaria de capital esté cubierta (o al menos el 25 % del valor nominal de cada acción tratándose de SA). De lo contrario, se podría burlar la disciplina española (y comunitaria) sobre el capital social estatutario mediante una constitución con cualquier cifra de capital en un país extracomunitario seguida de un traslado a España con verificación sólo de la cobertura del capital mínimo legal.

Tratándose de sociedad procedente del Espacio Económico Europeo, ¿existe algún control de la cobertura patrimonial del capital social estatutario? Por contraste con lo dispuesto expresamente para las sociedades procedentes de fuera de dicho espacio, no sería precisa la verificación por experto independiente y ello aunque se tratase de una SA. Se supone que dentro de este ámbito territorial existe un control inicial de la realidad del capital social homologable al existente en España, de manera que la sociedad vendría ya con un control en origen sobre este punto.

Ahora bien, una cosa es que no se exija una verificación por experto independiente del valor real del patrimonio que cubre la cifra estatutaria de capital y otra cosa es que sea posible el traslado cuando del balance de la sociedad resulte que su patrimonio neto en el momento del traslado no cubre su cifra estatutaria de capital. ¿Es posible un traslado de domicilio a España procedente del Espacio Económico Europeo de una sociedad con pérdidas en su balance?

Se trata de un problema similar al que hemos examinado en sede de transformación de SA en SRL en el ámbito interno. Aunque la LME ya no exige una referencia expresa en la escritura al dato de que el patrimonio cubre la cifra de capital social, la DGRN, para un caso de transformación en el ámbito interno, se ha mostrado rigurosa en una resolución de 9 octubre de 2012, considerando que la exigencia de cumplimiento de los requisitos de constitución de la sociedad cuya forma social se adopta presupone la existencia de una cobertura patrimonial plena del capital estatutario como sucede en el momento de constitución de una SRL. En favor de esta doctrina, la citada resolución ha invocado precisamente la norma de este art. 94 LME sobre traslado internacional del domicilio que estamos comentando:

«Más aún, rige semejante requisito en el supuesto de traslado a territorio español del domicilio social por sociedad extranjera ex artículo 94.1 de la Ley sobre modificaciones estructurales de las sociedades mercantiles supuesto ciertamente próximo al que examinamos habida cuenta que en sustancia esa operación equivale a una «transformación transfronteriza». Tan razonable es esa exigencia, tan conforme con Derecho europeo, que el propio legislador comunitario contempla el necesario cumplimiento de semejante requisito cuando regula la transformación de una sociedad anónima europea existente en «SE» (cfr. artículo 37.6 Reglamento [CE] n.o 2157/2001 del Consejo, de 8 de octubre de 2001, por el que se aprueba el estatuto de la Sociedad Anónima Europea y artículo 475 de la Ley de Sociedades de Capital)».

No obstante, en la línea de lo que hemos señalado en sede de transformación, entendemos que semejante criterio no es el que debe regir en sede de traslado a España de una sociedad de capital procedente del Espacio Económico Europeo.

Aunque el art. 94 LME nos diga que se *«deberá cumplir con lo exigido por la ley española para la constitución de la sociedad cuyo tipo ostente»*, y requisito de constitución de una sociedad de capital es el efectivo desembolso en el momento de la constitución de su capital estatutario (o al menos del 25 % del valor nominal de cada acción en la SA o SComA), el citado precepto continúa diciendo *«salvo que dispongan otra cosa los Tratados o Convenios Internacionales vigentes en España»*. Y precisamente es un Tratado Internacional vigente en España el Tratado de funcionamiento de la Unión Europea que en su artículo 49 reconoce la libertad de establecimiento de sociedades en el ámbito de la Unión, que según vimos antes, debe entenderse que comprende el derecho de toda sociedad debidamente constituida y existente conforme al derecho de un Estado miembro de trasladar su domicilio a otro Estado miembro con conservación de su personalidad jurídica sin condicionamiento a un requisito como el indicado (que podría entenderse como una restricción anómala a la libertad de establecimiento).

En definitiva, de la misma forma que en el ámbito interno español el traslado de domicilio de una sociedad no implica un chequeo de la cobertura patrimonial en ese momento de la cifra de capital social, un traslado de domicilio dentro del ámbito comunitario europeo –donde existe una normativa homogénea sobre sociedades de capital– debería considerarse como una incidencia meramente doméstica, que tampoco debería dar lugar a ese chequeo. Si la sociedad en cuestión, aun teniendo pérdidas, podía existir bajo el derecho de otro Estado de la Unión, también podrá continuar existiendo bajo el derecho de España, sin necesidad de obligarla a reponer la cobertura patrimonial de su capital por razón del traslado. Todo ello sin perjuicio de las consecuencias que esa situación de insuficiencia patrimonial pueda llevar consigo según la ley española (situación de reducción obligatoria de capital o de disolución obligatoria, responsabilidad de los administradores si no toman las medidas oportunas al respecto, etc.).

A favor de la tesis que sostenemos se puede también aducir que la ley –que no podía ignorar el problema– no ha exigido que la documentación en que se formaliza el traslado contenga mención alguna sobre la cobertura patrimonial actual de la cifra de capital, ni que se acompañe a la misma un balance con una determinada antigüedad máxima. (Como ya hemos señalado, el art. 309 del RRM se limita a exigir el depósito de las cuentas anuales correspondientes al último ejercicio terminado, depósito que evidentemente sólo desempeña una función informativa y que tiene por objeto unas cuentas que –en atención a su fecha– podrían reflejar una situación patrimonial muy diferente de la actual de la sociedad en el momento del traslado).

En cuanto a los arts. 475 LSC y 37.6 Reglamento (CE) n.º 2157/2001 que cita la indicada resolución de la DGRN, no nos parece un argumento terminante: primero, por la propia peculiaridad de la sociedad anónima europea; y segundo, porque esas normas también dan pie a un argumento a contrario (no es exigible ese control de la cobertura patrimonial del capital cuando la ley no lo impone de forma expresa, porque cuando lo considera necesario ya se cuida de hacerlo).

En cuanto al régimen procedimental y documental de este traslado de domicilio social a España, la LME no dice más de lo que ya hemos visto (a diferencia de lo que sucede para la operación inversa, que sí es objeto de una regulación procedimental específica, como enseguida vamos a ver). En la práctica, lo normal es que se otorgue una escritura pública ante un notario español por algún apoderado especial de la sociedad extranjera, a la que se incorpora acreditación documental pública (con intervención de un notario del país de procedencia) del acuerdo de traslado adoptado por la junta de socios o el socio único de la sociedad en cuestión conforme al derecho de dicho país de procedencia. El acuerdo social deberá reunir los requisitos propios según la ley española de la constitución de la sociedad cuyo tipo social se adopta, en particular: la aprobación de unos estatutos sociales conformes a la ley española; la atribución de las acciones o participaciones sociales a los socios (con identificación individual de éstos si se trata de SRL); y la determinación de la estructura y composición personal del órgano de administración que va a regir la sociedad en España (también, por supuesto, la identificación de los posibles "titulares reales" de conformidad con la normativa de prevención del blanqueo de capitales). A la escritura de traslado deberá incorporarse también certificación del Registro Mercantil Central español acreditativa de que la denominación social adoptada para España ha sido reservada por la sociedad en cuestión. Por analogía con lo dispuesto en el art. 101 LME para la operación inversa, se deberá incorporar o acompañar una certificación del Registro Mercantil o institución similar del país de procedencia acreditativa del cumplimiento de todos los requisitos para el traslado de domicilio desde dicho país, incluyendo en su caso la manifestación de que dicho traslado con conservación de la personalidad jurídica es admisible según la ley nacional en cuestión.

Esta escritura pública de traslado con el indicado contenido debe presentarse a inscripción en el Registro Mercantil español competente (es decir, el registro provincial correspondiente al nuevo domicilio en España), acompañada, por exigencia del ya citado art. 309 del RRM, de una certificación de la hoja registral extranjera con todo el contenido vigente que sea de consignación registral obligatoria en España y además de un ejemplar de las cuentas anuales correspondientes al último ejercicio terminado.

Y lo normal es que la normativa del país de origen exija la presentación en su registro de una certificación registral española que acredite la práctica de la inscripción en España.

Por último, tenemos que decir que las normas de la LME hacen referencia sólo al traslado del «domicilio social», lo cual, según nuestra normativa interna, es sólo una determinada mención estatutaria. Que este nuevo domicilio se corresponda o no con la sede real o efectiva de la sociedad en cuestión (el centro de su efectiva administración y dirección o en que radique su principal establecimiento o explotación, que dice el art. 9 LSC) no es un dato que se contemple de modo alguno en este Título V de la LME. Evidentemente, si una sociedad que traslada su domicilio estatutario al extranjero mantiene su principal establecimiento o explotación en territorio español, estaría infringiendo la norma establecida en el art. 9.2 LSC.

II. RÉGIMEN PROCEDIMENTAL DEL TRASLADO DE DOMICILIO DE UNA SOCIEDAD ESPAÑOLA AL EXTRANJERO

En el Capítulo II, bajo la rúbrica *«Régimen legal del traslado»*, encontramos una serie de normas que regulan el procedimiento de traslado para el supuesto de traslado de sociedad española al extranjero (sin que distinga aquí la Ley si el país de destino pertenece o no al Espacio Económico Europeo).

Lo fundamental que se puede decir sobre estas normas es que conforman un régimen inspirado en el de las transformaciones, fusiones o escisiones (y también en el previsto para el traslado de domicilio de las SAE domiciliadas en España). Según el Preámbulo de la Ley, se trata de *un ponderado sistema de tutela de los socios y de los acreedores*.

Los elementos procedimentales son los siguientes:

a) Redacción y suscripción por los administradores de la sociedad de un «proyecto de traslado» con el contenido que determina el art. 95.2: *«1.-La denominación y domicilio de la sociedad, así como los datos identificadores de la inscripción en el Registro Mercantil. 2.- El nuevo domicilio social propuesto. 3.- Los estatutos que han de regir la sociedad después de su traslado, incluida, en su caso, la nueva denominación social. 4.- El calendario previsto para el traslado. 5.- Los derechos previstos para la protección de los socios y de los acreedores, así como de los trabajadores»*.

Lo más problemático es la última mención de *«los derechos previstos para la protección de los socios y de los acreedores, así como de los trabajadores»*. Si los derechos a mencionar son los legales, ¿qué necesidad hay de esta mención? Y, si no, ¿qué derechos son estos que se «prevén» en el proyecto?

En cuanto a los estatutos que han de regir la sociedad después de su traslado, el cambio internacional de domicilio conllevará, como ya hemos indicado, un cambio de ley societaria aplicable y, por tanto, normalmente, la necesidad de adaptar los estatutos anteriores a la normativa correspondiente del país de destino, exigencia más aguda en la medida en que entre las legislaciones afectadas no exista una armonización (como la que existe en el ámbito comunitario europeo para las sociedades de capital). Ni que decir tiene que también pueden suscitarse problemas de homologación de tipo societario. Ya hemos visto cómo la ley española para todo supuesto de traslado a España de una sociedad extranjera exige, salvo que dispongan otra cosa los Tratados o Convenios internacionales vigentes en nuestro país, el cumplimiento de los requisitos internos de constitución del tipo societario de que se trate, es decir, del tipo social que se quiera adoptar en España.

b) Presentación del proyecto para su depósito en el Registro Mercantil y publicación del hecho del depósito en el BORME (la reforma de la LME por el Real Decreto-ley 9/2012, de 16 de marzo, no se ha cuidado de prever para esta operación la sustitución del depósito del proyecto en el RM por la inserción en la web de la sociedad). De forma similar a lo que sucede, en su caso, en sede de fusión, la publicación de la convocatoria de la junta no puede realizarse antes de que haya quedado efectuado el depósito. Obsérvese además que la existencia de proyecto y de su depósito no se dispensa aunque el acuerdo societario se adopte en junta universal y por unanimidad. De forma bastante incomprensible, el último párrafo del art. 95.3 exige que *«en el anuncio en el Boletín Oficial del Registro Mercantil»* consten, además de los datos de identidad de la sociedad, *«una indicación de las condiciones de ejercicio de los derechos de los socios y de los acreedores y la dirección donde pueda obtenerse, sin gastos, información sobre esas condiciones»*. ¿Se refiere al anuncio en el BORME del hecho del depósito del proyecto de traslado?, que es lo que parece indicar la ubicación de la norma; ¿o se refiere al anuncio en el BORME de la convocatoria de la junta que debe acordar el traslado? Por otra parte, si las condiciones de ejercicio de sus derechos por parte de socios y acreedores vienen fijadas por la ley, ¿qué necesidad hay de esta indicación y de este suministro gratuito de información al respecto?

c) Informe de los administradores sobre el proyecto de traslado, *«explicando y justificando detalladamente el proyecto de traslado en sus aspectos jurídicos y económicos, así como sus consecuencias para los socios, los acreedores y los trabajadores»*. La ley no dice que este informe sea prescindible en caso de junta universal.

d) Acuerdo de la junta general de socios.

En relación con esta junta, es peculiar que el art. 98.1 exige que la convocatoria se realice mediante anuncio en el BORME y en un periódico de gran circulación en la provincia del domicilio, sin distinguir si la sociedad implicada es SA o SRL. Además, el plazo de antelación de la convocatoria se fija en dos meses.

Este riguroso régimen de convocatoria de la junta se explica porque la ley liga a esta publicación del anuncio de la convocatoria la publicidad que en otras modificaciones estructurales es propia del acuerdo ya adoptado por la junta. Así, el art. 98.2 exige que *«junto a la convocatoria»* se publiquen además las siguientes menciones: *«1.ª El domicilio actual y el domicilio que en el extranjero pretende tener la sociedad. 2.ª El derecho que tienen los socios y los acreedores de examinar en el domicilio social el proyecto de traslado y el informe de los administradores, así como el derecho de obtener gratuitamente, si así lo solicitaren, copias de dichos documentos. 3.ª El derecho de separación de los socios y el derecho de oposición que corresponde a los acreedores y la forma de ejercitar esos derechos»*.

Dada esta trascendencia que tiene para los terceros esta publicación de la convocatoria de la junta, la misma no es prescindible en caso de junta universal. Es decir, aunque todos los socios estén de acuerdo en celebrar la junta inmediatamente para adoptar el acuerdo de traslado, la junta debe ser convocada mediante la publicación del anuncio en el BORME y en el diario con toda la información adicional que prescribe este precepto. Ello no obsta, a nuestro juicio, a la posibilidad de que la junta se celebre válidamente antes del transcurso del plazo de dos meses si están de acuerdo en su celebración todos los socios.

En cuanto al quórum y mayoría precisos para la adopción de este acuerdo de traslado, la Ley –en el art. 97– se limita a remitir a *«los requisitos y formalidades establecidos en el régimen de la sociedad que se traslada»*. Precisamente, la Ley 3/2009 se cuidó de modificar tanto la LSA como la LSRL para incluir en el art. 103 de la primera y en el art. 53.2.b de la segunda el traslado del domicilio social al extranjero, de manera que este acuerdo queda sometido a las máximas exigencias legales de quórum y mayoría propias de las modificaciones estructurales (hoy arts. 194 y 199.b LSC).

e) En un plano sustantivo, la ley no se ocupa de una cuestión fundamental: la continuidad de la participación de los socios. En cualquier caso, aunque no lo diga expresamente la ley, el acuerdo de traslado del domicilio al extranjero, como sucede en los supuestos de transformación de tipo social, no debe afectar a la participación de los socios en el capital de la sociedad (de manera que, salvo acuerdo unánime de todos ellos, en sustitución de sus acciones o participaciones de la sociedad cuando estaba ésta sujeta al derecho español deberán recibir acciones, participaciones o cuotas sociales que representen un porcentaje de participación similar en el capital social de la sociedad sujeta al derecho del país de destino).

En este ámbito sustantivo, la ley reconoce un derecho de separación a los socios que han votado en contra del acuerdo (conforme a lo dispuesto en el Título IX de la Ley de Sociedades de Capital); así como un derecho de oposición a los acreedores, en los términos establecidos para la oposición a la fusión. Este derecho de oposición se reconoce a los acreedores cuyo crédito hubiera nacido antes de la fecha de la publicación del proyecto de traslado (pero no se dice nada sobre si el crédito deba estar o no vencido).

Dada la remisión al régimen de la oposición en sede de fusión, no queda claro el tema del plazo de ejercicio de este derecho. Según el art. 44 LME, el derecho de oposición se ejercita dentro del plazo de un mes *«contado desde la fecha de publicación del último anuncio del acuerdo por el que se aprueba la fusión o, en caso de comunicación por escrito a todos los socios y acreedores, del envío de la comunicación al último de ellos»*. En el caso de traslado de domicilio, la LME no exige que el acuerdo ya aprobado por la junta general de socios sea objeto de una publicación específica. Lo único que se publica es el hecho del depósito del proyecto y la convocatoria de la junta (luego veremos que hay una última publicación del hecho de la inscripción de la sociedad en el Registro de su nuevo domicilio social, pero ésta no puede ser relevante a estos efectos, porque el traslado ya estaría consumado). Por tanto, parece que el plazo para el ejercicio del derecho de oposición de los acreedores debe empezar a contarse desde la publicación del último anuncio de la convocatoria de la junta (lo cual es coherente con el dato de que en dicho anuncio debe advertirse de la existencia de ese derecho y de la forma de su ejercicio). ¿Y el plazo de ejercicio de este derecho será el de un mes, por aplicación de las normas de la fusión; o el específico de dos meses de antelación del anuncio respecto de la celebración de la junta? Parece que deberá ser el de un mes, por aplicación de las normas de la fusión.

f) Por último, la ley se ocupa del régimen registral de este traslado, que, lógicamente, tiene su complicación, porque el traslado presupone una inscripción en el registro del país de destino.

Así, nuestro Registro Mercantil interviene en dos momentos.

Primero, la escritura pública de traslado (no lo dice expresamente la ley, pero por aplicación de las normas generales que exigen documentación pública para acceder al Registro Mercantil, será preciso elevar a escritura pública el acuerdo social de traslado) se presenta en nuestro Registro al efecto de que el registrador la califique y expida una certificación de cumplimiento de todos los actos y trámites que han de realizarse por la sociedad antes del traslado. La expedición de esta certificación cierra ya el Registro para nuevas inscripciones relativas a la sociedad en cuestión.

A continuación, es preciso que el traslado del domicilio se inscriba en el registro del país de destino, circunstancia a la que nuestra ley liga la eficacia del traslado y de la correspondiente modificación de la escritura social o de los estatutos.

Por último, la inscripción registral en España de la sociedad trasladada se cancela *«cuando se aporten el certificado que acredite la inscripción de la sociedad en el Registro de su nuevo domicilio social y los anuncios de esa inscripción en el Boletín Oficial del Registro Mercantil y en uno de los diarios de gran circulación en la provincia en que la sociedad hubiera tenido su domicilio»*. De manera que el hecho de esa inscripción en el Registro del país de destino debe ser objeto de una nueva publicación en España mediante anuncios en el BORME y en un periódico. No se termina de ver la utilidad de estos postreros anuncios, si el derecho de oposición de los acreedores se supone que ya ha caducado cuando se otorga la escritura de traslado.

En cuanto a la posible impugnación de un traslado de domicilio ya inscrito, el Título V de la LME no contiene previsión alguna al respecto, ni remite a lo dispuesto en el art. 47 LME en sede de fusión. Por tanto, parece que debe aplicarse el régimen general de impugnación de acuerdos sociales de la LSC, lo cual resulta bastante insatisfactorio ante la naturaleza y consecuencias de un acuerdo de este tipo. La posible disfunción que ello supone viene a ser una consecuencia más de la ausencia en esta ley de un régimen general aplicable a todas las «modificaciones estructurales».

III. REFERENCIA AL RÉGIMEN FISCAL DEL TRASLADO INTERNACIONAL DEL DOMICILIO

De conformidad con el art. 19.1.3 del Texto Refundido de la Ley del Impuesto sobre Transmisiones Patrimoniales y Actos Jurídicos Documentados (Real Decreto Legislativo 1/1993, de 24 de septiembre), es una operación societaria sujeta *«El traslado a España de la sede de dirección efectiva o del domicilio social de una sociedad cuando ni una ni otro estuviesen previamente situados en un Estado miembro de la Unión Europea»*.

El sujeto pasivo es la propia sociedad que traslada su domicilio, y responsables subsidiarios los administradores; la base imponible es el haber líquido que tenga la sociedad el día en que se adopte el acuerdo; y el tipo de gravamen es el 1 % (arts. 23.a, 24, 25.3 y 26 de la LITPyAJD).

Ahora bien, hay que tener en cuenta que este traslado a España de sociedades extracomunitarias sujeto al IOS se beneficia de la misma exención en este impuesto que se introdujo por el Real Decreto-ley 13/2010, de 3 de diciembre, para las constituciones de sociedades y aumentos de capital en general, según resulta del art. 45.I.B.11 de la LITPyAJD. (Y habiendo sujeción a IOS, aunque con exención, queda excluida la sujeción a TPO y a AJD).

Tratándose de traslado a España del domicilio de una sociedad procedente de la Unión Europea, no hay sujeción al impuesto de operaciones societarias de conformidad con el art. 19.2.2 de la LITPyAJD (y además hay exención en los conceptos TPO y AJD de conformidad con el art. 45.I.B.10 LITPyAJD).

En cuanto al traslado del domicilio social de una sociedad española al extranjero, es una operación que no se menciona en los supuestos de sujeción al IOS del art. 19.1 LITPyAJD y que expresamente se declara no sujeta en el art. 19.2.2 si el país de destino pertenece a la Unión Europea (la exención en TPO y AJD resultaría también del art. 45.I.B.10 LITPyAJD).

Sin embargo, tratándose de traslado de España a un país extracomunitario, podría pensarse en sujeción a AJD cuota variable, por tratarse de una escritura de contenido valuable e inscribible en el Registro Mercantil español, no amparada por la citada exención del art. 45.I.B.10 LITPyAJD. Sin embargo, la DGT, en respuesta a consulta vinculante de 7 de marzo de 2011, ha entendido que no procede sujeción al concepto AJD.

Hay que tener en cuenta, por último, que, en la medida en que la sociedad que traslada su domicilio al extranjero conserva su personalidad jurídica, no se produce ningún cambio de titularidad de bienes que pudiera generar plusvalías gravables en el impuesto de sociedades (ni, tratándose de inmuebles, en el impuesto municipal sobre el incremento de valor de los terrenos de naturaleza urbana).

BIBLIOGRAFÍA

ALONSO ESPINOSA, F. J.: El proyecto de escisión de sociedades anónimas. En: *Libro homenaje a Fernando Sánchez Calero*, Mc Graw-Hill, Madrid, 2002, pp. 4881-4995.

ALONSO ESPINOSA, F. Y LÁZARO SÁNCHEZ, E.: Especialidades del procedimiento de escisión. En: AAVV.: *Modificaciones estructurales de las sociedades mercantiles*, Thomson Reuters, 2009.

ALONSO LEDESMA, C.: Algunas consideraciones en torno a la sucesión universal como rasgo caracterizador de la segregación frente a la aportación de rama de actividad. En: *Libro homenaje a Fernando Sánchez Calero,* Mc Graw-Hill, Madrid, 2002, pp. 4297-4962.

ALVAREZ ROYO-VILLANOVA, S.: Las modificaciones estructurales de la sociedad anónima. En: AAVV.: *Instituciones de derecho privado*, T. VI, Vol 2, Thomson Civitas, Madrid, 2004.

---------- Los efectos de la fusión sobre la fianza. En: *Tendencias actuales en los derechos de garantía*, Editorial Atelier, 2006.

---------- «La aportación de rama de actividad tras la regulación de la segregación en la Ley 3/2009 de Modificaciones Estructurales», *Diario La Ley*, Nº 7253(2009).

----------«La reforma de la LME: adaptación a la Directiva 2009/109/CE y otras modificaciones necesarias», *Revista del Derecho del Mercado de Valores*, núm. 8, 2011.

------- Fusión Apalancada y capital riesgo: Su relación con la Prohibición de Asistencia Financiera y su Régimen en la Ley de Modificaciones Estructurales. En VVAA. Thomson-Reuters. 2012.

ANDREU MARTÍ, Mª DEL M.:*La nulidad de la fusión de sociedades*, Aranzadi, 2002.

AREAN LALIN M.: *La transformación de la Sociedad Anónima en Sociedad Limitada*, Civitas, 1991.

Aurioles Martín, A.: «Los leveraged buy-outs y su integración en el derecho español de sociedades anónimas», *RDBB* (Julio-septiembre 1993).

Avila Navarro, P.: *Modificaciones estructurales de las sociedades mercantiles. Ley 3/2009*, Bosch, Barcelona, 2009.

Ballester Colomer, J.: La escisión y operaciones de similar alcance. En: AAVV.: *Las operaciones societarias de modificación estructural*, Tirant lo Blanch, 2001.

--------- Reorganización de sociedades. En: AAVV.: *Jornadas de derecho de sociedades,* Ilustre Colegio Notarial de Granada, 1998.

--------- «El asesoramiento en materia de reorganizaciones: fusiones , escisiones y sus alternativas», *La Notaría* Nº 7-8 (1999), T. I, pp. 21.

Beigveder Montero, A.: «Fusión apalancada, rescisión concursal y proyecto de Ley sobre modificaciones estructurales», *Revista de Derecho Concursal y Paraconcursal*, Nº 10 (2009), La Ley.

Berche, E.: El principio de neutralidad fiscal. En: AAVV.: *Las operaciones societarias de modificación estructural*, Tirant lo Blanch, 2001.

Bolás Alfonso, J.: «La transformación de sociedades», *Anales de la Academia Matritense del Notariado*, Nº XXXV.

Buitrago Rubira, J.R.: «Fusión por absorción de Bancos cotizados. Métodos de valoración a efectos del tipo de canje», *Revista de Derecho Patrimonial*, Nº 10 (2003), Aranzadi.

Cabanas Trejo, R.: «Régimen jurídico de la fusión, escisión y transformación. operaciones heterogéneas: sociedades cooperativas», *La Notaría* Nº 7-8/1999, T. I, pp. 39.

--------- *Procedimientos simplificados de fusión de sociedades*, Bosch, 2010.

Cámara, M.: *Curso sobre sociedades de responsabilidad limitada*, Consejo General del Notariado, 1998.

Carrasco Perera, A, y otros, «La adquisición con asistencia financiera», en Álvarez Arjona, J. M. Y Carrasco Perera, A. (Dirs.), *Fusiones y adquisiciones de empresas*, Aranzadi, 3ª edición, 2010.

Carrasco/Erlaiz/Rentería. *La adquisición con asistencia financiera*, Aranzadi, 2010

Casero Mejías, M.: La transformación de Sociedad Anónima en Sociedad Limitada. En: *Estudios sobre la Sociedad Anónima*, Civitas, 1991.

Conde Tejón, A. Las modificaciones estructurales de las sociedades mercantiles como subtipo de operaciones de reestructuración empresarial caracterizadas por la sucesión universal. Solución al régimen aplicable a la aportación de rama de actividad y a la cesión parcial de activo y pasivo). RDS. Num. 35/2012.

Cortes, L.J.; Perez Troya, A.: El derecho de oposición de los acreedores a la fusión de las sociedades (art.243 LSA). En: *Libro homenaje a Fernando Sánchez Calero*, Mc Graw-Hill, Madrid, 2002.

--------- Fusión de sociedades. En: URÍA MENÉNDEZ, O.: *Comentario al régimen legal de las sociedades mercantiles,* T. IX, Vol 21, Cívitas, Madrid, 2008.

DELGADO GIL, R. LA TRANSFORMACIÓN. EN VVAA. ESTUDIOS JURÍDICOS SOBRE OPERACIONES DE REESTRUCTURACIÓN SOCIETARIA. (COORD. SÁNCHEZ ALVAREZ). PAMPLONA. 2008

DOMÍNGUEZ GARCÍA, M. A.: «El régimen jurídico de la escisión de sociedades anónimas por aportación como cuestión abierta», *Revista de Derecho de Sociedades,* Nº 4 (1995), pp. 271 y ss.

EMBID IRUJO , J.M.: «En torno a las modificaciones estructurales de las sociedades mercantiles», *Cuadernos de derecho y comercio* (Abril de 1999).

ESCRIBANO GAMIR, R.: «La protección de los acreedores sociales frente a la reducción del capital social y a las modificaciones estructurales de las sociedades anónimas», *Revista de Derecho de Sociedades Monografía,* Nº 10 (1998), Aranzadi.

--------- Derecho de oposición de los acreedores. En: AAVV.: *Modificaciones estructurales de las sociedades mercantiles,* Thomson Reuters, 2009.

La protección de los acreedores sociales frente a las operaciones de fusión y escisión de sociedades de capital a la luz de la reforma del artículo 44 de la LME (RD Ley 9/2012) de 16 de marzo). Diario La Ley. Sección doctrina. Nº 7855 10 Mayo 2012.

ESPÍN GUTIERREZ, C.: Transformación de sociedad limitada en otros tipos socials. En: AAVV.: *Modificaciones estructurales de las sociedades mercantiles,* Thomson Reuters, 2009.

--------- Régimen jurídico apllicable a las modificaciones adicionales a una transformación societaria. Comentario a la RDGRN de 16 de septiembre de de 2009. RDS Nº 35. 2012

FERNÁNDEZ DEL POZO, L.: Derecho contable y libre configuración de la estructura financiera del capital en fusiones y escisiones. En: *Las operaciones societarias de modificación estructural,* Tirant lo Blanch, 2001.

--------- La cesión global de sociedades anónimas (arts. 266 LSA y 246 RRM). Un caso de incorrecta trasposición de la III y VI Directivas. En: *Las operaciones societarias de modificación estructural.* Tirant lo Blanch. 2001

--------- «Fusiones y otras modificaciones estructurales entre sociedades vinculadas, nota práctica», *Revista general del Derecho* (Junio 1995).

--------- «La denominada retroactividad contable de la fusión. Un examen societario de un falso problema», *Revista de Derecho Mercantil,* Nº 239.

--------- «Examen crítico de la justificación de la regla de precio equitativo en nuestro derecho societario y de OPA», *RDMV,* Nº4 (Enero-Jun 2009).

--------- «Revisión crítica de la prohibición de asistencia financiera», *RDS,* Nº 3 (1994), pp. 169-189.

---------- La fase de ejecución. Escritura Pública e Inscripción en el Registro. Impugnación. En: AAVV.: *Modificaciones estructurales de las sociedades mercantiles*. Thomson Reuters, 2009.

---------- Fusiones extracomunitarias. Fase de ejecución. Controles de legalidad. Inscripción. Publicidad. En: AAVV.: *Modificaciones estructurales de las sociedades mercantiles,* Thomson Reuters, 2009.

Fernández Fernández, M.C.: «La prohibición de asistencia financiera para la adquisición de las propias acciones como obstáculo a ciertas compras apalancadas de empresas o leveraged buy outs», *Revista de derecho mercantil,* Nº 232 (1999), pp. 577-644.

García Villaverde: «Proyecto de fusión no aprobado por la Junta General de una de las sociedades que lo suscribieron», *Revista de Derecho de Sociedades,* Nº 6 (1996), pp. 199 y ss.

Gardeazabal del Rio, F. J.: *Las sociedades de capital conforme a la nueva legislación,* Editorial Trivium, 1990.

--------- *Panorámica de las modificaciones estructurales en las sociedades mercantiles. Homenaje a don Antonio Hernández Gil,* Editorial Centro de Estudios Ramón Areces, 2001.

Gardeazabal Del Rio F. J. Y Martínez Fernández, T.A.: Problemática que plantean la fusión y el aumento de capital en la S.A. En: *Estudios sobre la sociedad anónima*, Civitas, 1991.

Garrido de Palma, V. M. y otros: Modificaciones estructurales y reestructuración empresarial, Tiran lo Blanch, 2012.

González-Meneses, M.: «La cesión global del activo y del pasivo». *La Notaría* (Septiembre de 1999).

---------- «La cesión global de activo y pasivo como ilusión jurídica colectiva, o de cómo el Título IV de la Ley 3/2009 vulnera la tercera directiva», *El notario del siglo XXI,* Nº 28 (Noviembre-diciembre 2009).

González Del Valle, J.: EL traslado del domicilio social al y del extranjero. En: AAVV.: *Las operaciones societarias de modificación estructural*, Tirant lo Blanch, 2001.

Gómez Segade J. A.: Algunas notas preliminares (y elementales) sobre la fusión. En: *Libro homenaje a Fernando Sánchez Calero*, Mc Graw-Hill, Madrid, 2002, pp. 5027.

Hidalgo Romero, R. y Moya Yoldi, J.: «Consideraciones sobre la prohibición de asistencia financiera para la adquisición de acciones propias a la luz de la tramitación parlamentaria del proyecto de Ley sobre modificaciones estructurales», *Revista Aranzadi Doctrinal*, Nº 1 (2009).

Juste Mencía, J.: Fusiones especiales. En: AAVV: *Modificaciones estructurales de las sociedades mercantiles*, Thomson Reuters, 2009.

LARGO GIL, R.: La modificación del proyecto de fusión por los socios. En: *Libro homenaje a Fernando Sánchez Calero,* Mc Graw-Hill, Madrid, 2002, pp. 5041 y ss.

--------- «Adopción de los acuerdos de fusión de sociedades en Junta Universal. Resolución de la DG.R.N. DE 30 de junio de 1993», *Revista de Derecho de Sociedades,* Nº 2 (1994), pp. 247-255.

--------- «Las modificaciones estructurales de las sociedades según la D.G.R.N.», *Revista de Derecho de Sociedades,* Nº9 (1997), pp. 143-185.

--------- La fase previa y el proyecto de fusión. En: AAVV.: *Modificaciones estructurales de las sociedades mercantiles,* Thomson Reuters, 2009.

LARRIBA DIAZ ZORITA, A.: *Problema de valoración en las fusiones de sociedades. El balance de fusión,* CIDDRIM, Cedecs, Barcelona, 2001.

LEÓN SANZ, F.: «El acuerdo de transformación de una Sociedad Anónima», *Revista de Derecho de Sociedades,* Nº 16 (2001), Aranzadi.

---------- Los antecedentes y los aspectos generales de la transformación. En: AAVV.: *Modificaciones estructurales de las sociedades mercantiles,* Thomson Reuters, 2009.

LÓPEZ MATEO, M. A.: «Asistencia financiera: análisis y crítica del derecho vigente. Ley 3/2009», *RDM,* (Abril-junio 2009, julio-septiembre 2009).

LÓPEZ MELENDO, J.: *La operación societaria de escisión y su régimen fiscal,* Comares, 2002.

---------- «Modificaciones del régimen especial de fusiones, escisiones, aportaciones de activos y canje de valores, por la Ley de acompañamiento de los Presupuestos Generales del Estado para el año 2002», *Impuestos: Revista de doctrina, legislación y jurisprudencia,* Nº 18 (2002).

MARTÍNEZ MARTÍNEZ. M.: La fase decisoria: información sobre la fusión, desarrollo de la Junta, publicación del acuerdo de fusion. En: AAVV.: *Modificaciones estructurales de las sociedades mercantiles,* Thomson Reuters, 2009.

MARTINEZ SANCHIZ, M.: *Comentario al art. 68 de la Ley General de Cooperativas. Cooperativas. Comentarios a la Ley 27/1999 de 16 de julio,* Consejo General del Notariado, 2000.

MASSAGUER, J.: La cesión global del activo y del pasivo como supuesto de liquidación en el derecho español de sociedades de capital. En: AAVV.: *Las operaciones societarias de modificación estructural,* Tirant lo Blanch, 2001.

MARTÍ MOYÁ, V., «El merger leveradged buy-out o fusion apalancada a la luz de la ley de modificaciones estructurales de las sociedades mercantiles», *RDM,* 276, pgs. 607 y ss.

MATEU DE ROS, R.: «Escisión, segregación patrimonial y aportación de activos», *Revista de Derecho de Sociedades,* Nº 12 (1999), pp. 279 y ss.

MINGOT AZNAR, M.: «La prohibición general de asistencia financiera del art. 81.1 LSA en las operaciones apalancadas», *RDS,* Nº 28 (2007).

---------- Contenido y alcance del informe del experto independiente en las fusiones apalancadas del art. 35 LME. RDS num 35/2012

MORENO GONZÁLEZ, D., «La actuación del experto y el auditor de cuentas ante la Ley de Modificaciones Estructurales», *La Notaría*, 1/2010.

PAZ-ARES, C. Y PERDICES HUETOS, A. B., «Los negocios sobre las propias acciones», en Uría Menéndez Olivencia, *Comentario al régimen legal de las sociedades mercantiles*, Tomo IV, *Las acciones*. Volumen 2º B, Madrid.

PEREZ TROYA, A.: *La determinación del tipo de canje en la fusión*, Marcial Pons, 1998, Madrid.

PULGAR EZQUERRA, J.: «Modificaciones estructurales y concurso de acreedores en el marco de la Ley 3/2009 de 3 de abril», *Diario La Ley*, Nº 7265 (2009).

--------- Modificaciones estructurales de sociedades en liquidación y en situación concursal. En: AAVV.: *Modificaciones estructurales de las sociedades mercantiles*, Thomson Reuters, 2009.

RIVERO SÁNCHEZ-COVISA, F.J.: *Comentario a los arts 63 a 67. Cooperativas. Comentarios a la Ley 27/1999 de 16 de julio*, Consejo General del Notariado, 2000.

RODRIGUEZ ARTIGAS, F.: Transformación de sociedades cooperativas. En: *Libro homenaje a Fernando Sánchez Calero*. Mc Graw-Hill, Madrid, 2002, pp. 4813-4851

--------- *Comentario al régimen legal de las sociedades mercantiles*, T. IX. Vol. 3º, Escisión, Civitas, 1993.

RONCERO SÁNCHEZ, A.: Fusión posterior a adquisición de sociedad con endeudamiento del adquirente. En: AAVV.: *Modificaciones estructurales de las sociedades mercantiles*, Thomson Reuters, 2009.

RUBIO VICENTE, P. J.: «¿Cabe la extensión del régimen jurídico de la escisión a los supuestos de segregación patrimonial de sociedad por aportación?», *Revista de Derecho de Sociedades*, Nº 5, 1995, pp. 235 y ss.

SACRISTÁN REPRESA, M.: Transformación de sociedad anónima en otros tipos sociales En: AAVV.: *Modificaciones estructurales de las sociedades mercantiles*, Thomson Reuters, 2009.

SÁNCHEZ-CALERO GUILARTE, J.: Informe de los administradores y de los expertos independientes. Balance de fusión. En: AAVV.: *Modificaciones estructurales de las sociedades mercantiles*, Thomson Reuters, 2009.

SÁNCHEZ OLIVAN, J.: *La fusión y la escisión de sociedades. Aportación de activos y canje de valores. Cesión global del activo y del pasivo. Estudio económico Jurídico, Fiscal y Contable.* Edersa, 2001.

SÁNCHEZ RUS, H.: La fusión transfronteriza de sociedades anónimas desde la perspectiva del derecho español. En: AAVV.: *Las operaciones societarias de modificación estructural*, Tirant lo Blanch, 2001.

SANTOS MARTINEZ, V.: *Comentarios a la Ley de Sociedades Anónimas*, T. VII, Edersa, 1993.

SEQUEIRA MARTÍN, A.: *Comentarios a la Ley de Sociedades Anónimas*, T. VII, Edersa, 1993.

--------- «El proyecto de fusión como condicionante del ámbito de los acuerdos a adoptar por las sociedades participantes en una fusión», *Revista de Derecho de Sociedades*, Nº12 (1999), pp. 195 y ss.

--------- «El proyecto de fusión como condicionante del ámbito de los acuerdos a adoptar por las sociedades participantes en una fusión», *RDS*, Nº 12 (1999), pp. 195 y ss.

--------- El concepto de fusión y sus elementos componentes. En: AAVV.: *Modificaciones estructurales de las sociedades mercantiles*, Thomson Reuters, 2009.

SUSO VIDAL J.M.: El control en la transformación de las cooperativas en sociedades anonimas y limitadas. En: *Libro homenaje a Fernando Sánchez Calero*, Mc Graw-Hill, Madrid, 2002.

SERRA CALLEJO, J. A.: «¿Es la aportación de rama de actividad una 'modificación estructural'?», *El notario del siglo XXI*, Nº 28 (Noviembre-diciembre 2009).

TAPIA HERMIDA, A. J.: «Aspectos jurídico mercantiles de la fusión transfronteriza de sociedades anonimas cotizadas. Apuntes sobre un caso reciente desde la perspectiva del derecho español», *Revista de Derecho de Sociedades (1999)*, pp. 133 y ss. .

TRIAS, M.: La fusión y operaciones de similar alcance. En: AAVV: *Las operaciones societarias de modificación estructural*, Tirant lo Blanch, 2001.

URIA, R.; MENÉNDEZ, A. Y CARLON, L: *Comentario al régimen legal de las sociedades mercantiles*, T. IX. Vol. 1º. Transformación.

VICENT CHULIA, F.: *Introducción al Derecho mercantil*, Tirant lo Blanch, Valencia, 1997.

--------- «Las modificaciones estructurales de sociedades tras la Ley de Sociedades Limitadas y el Reglamento del Registro Mercantil», *Revista Jurídica de Catalunya*, Nº 3 (1997), pp. 47 y ss.

--------- Introducción. En: AAVV: *Las operaciones societarias de modificación estructural*, Tirant lo Blanch, 2001.

--------- Organización jurídica de la sociedad familiar. En: *Libro homenaje a Fernando Sánchez Calero*, Mc Graw-Hill, Madrid, 2002, Cap. 138, pp. 4529.

--------- «Ley de Modificaciones Estructurales: Opciones de la Ley», *El notario del siglo XXI*, Nº 28 (Noviembre-diciembre 2009).

------------ «Análisis crítico de la Ley de modificaciones estructurales de las sociedades mercantiles», *La Notaría, Revista del Colegio Notarial de Cataluña*, núm. 1/2010 (segunda etapa), pgs. 9-27.

VINUESA, J., «Régimen Fiscal de las fusiones apalancadas», *Revista Española de Capital Riesgo*, 1/2012.

YUSTE DE AYALA, G., «¿Es necesario un informe de expertos sobre el proyecto de fusión en una fusión posterior a una adquisición de sociedad con endeudamiento de la adquirente si la sociedad resultante es una SL?», *Capital & Corporate Magazine*, núm. 11, marzo, 2010.

---------- «El impacto de la Ley 3/2009 sobre modificaciones estructurales de las sociedades mercantiles en la financiación de adquisiciones apalancadas», *Revista Española de Capital Riesgo*, núm. 4, octubre-diciembre, 2009

APÉNDICE NORMATIVO

LEY 3/2009, DE 3 DE ABRIL, SOBRE MODIFICACIONES ESTRUCTURALES DE LAS SOCIEDADES MERCANTILES[1]

PREÁMBULO

I

En el continuado proceso de perfeccionamiento del Derecho de las sociedades mercantiles, un sector del ordenamiento jurídico en permanente evolución, la presente Ley tiene singular importancia.

En primer lugar, por la especial sensibilidad para responder adecuadamente al creciente proceso de internacionalización de los operadores económicos. En este sentido, a fin de garantizar la efectividad del mercado interior de la Unión Europea, se incorpora a la legislación española la Directiva 2005/56/CE del Parlamento Europeo y del Consejo, de 26 de octubre de 2005, relativa a las fusiones transfronterizas de las sociedades de capital; y juntamente con ella, la Directiva 2007/63/CE del Parlamento Europeo y del Consejo, de 13 de noviembre de 2007, por la que se modifican las Directivas 78/855/CEE y 82/891/CEE del Consejo, por lo que respecta al requisito de presentación de un informe de un perito independiente en caso de fusión o escisión de sociedades anónimas. Aunque la práctica española conocía ya fusiones transfronterizas entre sociedades sometidas a leyes de distintos Estados miembros de la Unión Europea, la incorporación de la Directiva es el cauce para armonizar estas complejas operaciones, que la Ley, por cierto, reconociendo la importancia de ese proceso de internacionalización, no

---

[1] Modificada por:

- Ley 1/2012, de 22 de junio, de simplificación de las obligaciones de información y documentación de fusiones y escisiones de sociedades de capital.
- Real Decreto-Ley 9/2012, de 16 de marzo, de simplificación de las obligaciones de información y documentación de fusiones y escisiones de sociedades de capital.
- Ley 25/2011, de 1 de agosto, de reforma parcial de la Ley de Sociedades de Capital y de incorporación de la Directiva 2007/36/CE, del Parlamento Europeo y del Consejo, de 11 de julio, sobre el ejercicio de determinados derechos de los accionistas de sociedades cotizadas.
- Ley 27/2009, de 30 de diciembre, de medidas urgentes para el mantenimiento y el fomento del empleo y la protección de las personas desempleadas.

limita al ámbito comunitario al contemplar expresamente las fusiones de sociedades españolas con sociedades extracomunitarias, las cuales se regirán por las respectivas leyes personales. Pero, además, esa proyección internacional se manifiesta en la regulación —por primera vez en el Derecho español— del traslado del domicilio de sociedades mercantiles españolas al extranjero y el traslado a territorio español del domicilio de sociedades constituidas conforme a la ley de otros Estados, para facilitar así la movilidad societaria. Siguiendo la pauta iniciada por el Reglamento CE número 2157/2001 del Consejo, de 8 de octubre de 2001, por el que se aprueba el Estatuto de la Sociedad Anónima Europea (artículo 8) y, en el Derecho interno, por la Ley 19/2005, de 14 de noviembre, sobre la sociedad anónima europea domiciliada en España (que, entre otros, introdujo en el Texto Refundido de la Ley de Sociedades Anónimas los artículos 315 y 316), se presta atención a esta muy importante modificación del elemento básico de conexión a la ley del Estado y se establece un ponderado sistema de tutela de los socios y de los acreedores.

En segundo lugar, la importancia de la Ley se manifiesta en la unificación y en la ampliación del régimen jurídico de las denominadas «modificaciones estructurales», entendidas como aquellas alteraciones de la sociedad que van más allá de las simples modificaciones estatutarias para afectar a la estructura patrimonial o personal de la sociedad, y que, por tanto, incluyen la transformación, la fusión, la escisión y la cesión global de activo y pasivo. También se regula en la presente norma el traslado internacional del domicilio social que, aunque no siempre presenta las características que permitan englobarlo dentro de la categoría de modificaciones estructurales, sus relevantes consecuencias en el régimen aplicable a la sociedad aconsejan su inclusión en el mismo texto legal. La unificación es específica de la normativa sobre transformación de sociedades mercantiles, cuyo régimen, dividido hasta ahora entre la Ley de Sociedades Anónimas y la más moderna Ley de Sociedades de Responsabilidad Limitada, se actualiza, a la vez que se dilata el perímetro de las transformaciones posibles. La muy amplia concepción de la Ley 2/1995, de 23 de marzo, ha terminado por imponerse sobre la mucho más restrictiva de la Ley de Sociedades Anónimas, extendiéndose así sensiblemente el perímetro de las transformaciones posibles al impulso de las necesidades de la realidad.

En cuanto a la ampliación, destaca el ingreso de la cesión global de activo y pasivo entre esas modificaciones estructurales, rompiendo amarras con aquella concepción que limitaba esta operación al ámbito propio de la liquidación y, al mismo tiempo, proporcionando un instrumento legislativo más para la transmisión de empresas. Ahora, la Ley permite que una sociedad transmita en bloque todo su patrimonio a otra u otras por sucesión universal a cambio de una contraprestación que no podrá consistir en acciones, participaciones o cuotas del cesionario. En estos casos, la tutela del socio se persigue a través de la información que facilita el proyecto de cesión global y a través del sometimiento del acuerdo a algunos requisitos establecidos para la adopción del acuerdo de fusión; y la tutela de los acreedores se articula a través del derecho de oposición y de la responsabilidad solidaria del cesionario o cesionarios hasta el límite del activo neto atribuido a cada uno de ellos en la cesión.

La incorporación de la Directiva sobre fusiones transfronterizas ha sido ocasión para revisar el régimen jurídico de la fusión y de la escisión, a fin de incluir en el régimen general aquellas normas procedentes de la Directiva 2005/56/CE, de 26 de octubre de 2005, que no son consecuencia del «elemento transfronterizo»; y, sobre todo, a fin de utilizar las posibilidades ofrecidas por la 3.ª y la 6.ª Directivas —la Directiva 78/855/CEE, de 9 de octubre de 1978, y la Directiva 82/891/CEE, de 17 de diciembre de 1982—, ya incorporadas por la Ley 19/1989, de 25 de julio. En este sentido, en materia de fusión, destacan la regulación de la absorción de una sociedad íntegramente participada, la de una sociedad participada al noventa por ciento y también la de aquella operación mediante la cual una sociedad se extingue transmitiendo en bloque el patrimonio a la sociedad que posee la totalidad de las acciones, participaciones o cuota correspondientes a aquélla, es decir, sin atribución de éstas a los socios de la sucesora. Y, en materia de escisión, sobresale el ingreso en el Derecho sustantivo de sociedades mercantiles de la figura de la segregación, junto con las ya reguladas operaciones de escisión total y parcial; y la aplicación de las normas de la escisión a aquella operación mediante la cual una sociedad transmite en bloque una parte del patrimonio social a otra de nueva creación, recibiendo directamente a cambio todas las acciones, participaciones o cuotas de socio de esa sociedad.

II

Aunque el régimen jurídico de estas operaciones societarias tiene como modelo subyacente el de las sociedades de capital, se trata de una normativa general mercantil sobre modificaciones estructurales de las sociedades y, en cuanto ley general mercantil, aplicable a cualquier sociedad de esta naturaleza, con independencia de la forma o del tipo social, salvo que expresamente se establezca lo contrario, como acontece al ocuparse de las fusiones transfronterizas intracomunitarias. Este carácter general, unido a la extensión del articulado, explica que se haya optado por una ley específica —al igual que han hecho en ocasión similar otros Estados miembros de la Unión Europea—, en lugar de incluir la materia regulada en el Código de Comercio o en el Texto Refundido de la Ley de Sociedades Anónimas, a los que habrían de remitirse las demás leyes especiales. Constituye una solución transitoria a la espera de que se refundan y armonicen en su totalidad las distintas leyes que en estos momentos regulan nuestro Derecho de sociedades.

El legislador se ha preocupado de que esta Ley —elaborada a partir de la propuesta redactada por la Sección de Derecho Mercantil de la Comisión General de Codificación— se inserte con armonía en el conjunto legal de las sociedades mercantiles, y de ahí las disposiciones adicionales, en algunas de las cuales, con ocasión de la necesaria armonización, se ha aprovechado la ocasión para actualizar el contenido normativo.

Para dar cumplimiento a la exigencia de incorporación del artículo 16 de la Directiva 2005/56/CE, en una materia tan importante y técnicamente tan compleja como la de la participación de los trabajadores en la sociedad resultante de la fusión transfronteriza, se ha optado por integrar una disposición general en la presente Ley y modificar, a través de la Disposición final tercera, la Ley 31/2006, de 18 de octubre, sobre implicación de los trabajadores en las sociedades anónimas y cooperativas europeas, introduciendo un nuevo Título IV sobre disposiciones aplicables a las fusiones transfronterizas intracomunitarias de sociedades de capital.

III

Además de la incorporación de la Directiva sobre fusiones transfronterizas de las sociedades de capital, la presente Ley incorpora la Directiva 2006/68/CE del Parlamento Europeo y del Consejo, de 6 de septiembre de 2006, por la que se modifica la Directiva 77/91/CEE del Consejo, en lo relativo a la constitución de la sociedad anónima, así como al mantenimiento y modificaciones de su capital. En las disposiciones finales se da nueva redacción a algunos artículos de las leyes de sociedades de capital y se añaden otros nuevos para adecuar la legislación española a esos postulados de mayor flexibilidad que han servido de fundamento a la ampliamente discutida modificación de la Segunda Directiva. Ciertamente, la Directiva 2006/68/CE es una Directiva de transición a la espera de que fructifiquen alternativas al sistema de tutela tradicional de los acreedores sociales y de los propios accionistas –que gira en torno al capital social– y se introduzcan instrumentos técnicos eficaces que reduzcan las «cargas administrativas» que son connaturales a ese vigente sistema de tutela; y, al mismo tiempo, es una Directiva de transacción entre los defensores de los principios que inspiraron la Segunda Directiva y quienes propugnan una completa sustitución. Se trata, pues, de la primera etapa de un proceso cuya duración y cuyos avatares son difíciles de prever. En realidad, la contraposición entre ese sistema tradicional y los instrumentos alternativos constituye un tema abierto en el que, más que cuestiones de preferencia entre técnicas diferentes de protección, están latentes muy diferentes concepciones acerca de la organización y del funcionamiento de las sociedades de capital.

IV

Más allá de los compromisos de armonización, la Ley introduce otras modificaciones en el régimen de las aportaciones no dinerarias, con la adición de importantes excepciones a la exigencia de informe del experto independiente, y en el régimen de la autocartera y de la asistencia financiera, donde es patente aquel postulado legislativo de mayor flexibilidad. Al mismo tiempo, el legislador español ha considerado oportuno introducir alguna norma de la Directiva 77/91/CEE, de 13 de diciembre de 1976, como el principio de igualdad de trato, hasta ahora considerado un principio implícito, y adecuar la redacción de otras normas directamente relacionadas con las que debían ser objeto de incorporación y ha aprovechado la oportunidad, en fin, para adecuar el régimen del derecho de suscripción preferente y de las obligaciones convertibles al pronunciamiento de la Sentencia del Tribunal de Justicia de la Unión Europea (Sala Primera), de 18 de diciembre de 2008.

V

Por último, como la necesidad de perfeccionamiento de un sector tan sensible como el ordenamiento societario debe acompañarse de un esfuerzo de racionalización normativa, la presente Ley representa una solución transitoria a la espera de que llegue el momento oportuno para una codificación o, al menos, para una compilación del Derecho de las sociedades mercantiles en un cuerpo legal unitario en concepciones básicas, que suponga la derogación del notablemente envejecido Título I del Libro II del Código mercantil de 1885. En esa transición y avance ha de situarse la Disposición final séptima, que habilita al Gobierno para que proceda a refundir en un único texto legal las leyes reguladoras de las sociedades de capital (sociedades anónimas, sociedades de responsabilidad limitada y sociedades comanditarias por acciones), regularizando, aclarando y armonizando los textos legales que tengan que ser refundidos.

TÍTULO PRELIMINAR

Disposiciones generales

Artículo 1. Ámbito objetivo.

La presente Ley tiene por objeto la regulación de las modificaciones estructurales de las sociedades mercantiles, consistentes en la transformación, fusión, escisión o cesión global de activo y pasivo, incluido el traslado internacional del domicilio social.

Artículo 2. Ámbito subjetivo.

La presente Ley es aplicable a todas las sociedades que tengan la consideración de mercantiles, bien por la naturaleza de su objeto, bien por la forma de su constitución.

Las modificaciones estructurales de las sociedades cooperativas, así como el traslado internacional de su domicilio social, se regirán por su específico régimen legal.

TÍTULO I

De la transformación

CAPÍTULO I

Disposiciones generales

Artículo 3. Concepto.

En virtud de la transformación una sociedad adopta un tipo social distinto, conservando su personalidad jurídica.

Artículo 4. Supuestos de posible transformación.

1. Una sociedad mercantil inscrita podrá transformarse en cualquier otro tipo de sociedad mercantil.

2. Una sociedad mercantil inscrita, así como una agrupación europea de interés económico, podrán transformarse en agrupación de interés económico. Igualmente una agrupación de interés económico podrá transformarse en cualquier tipo de sociedad mercantil y en agrupación europea de interés económico.

3. Una sociedad civil podrá transformarse en cualquier tipo de sociedad mercantil.

4. Una sociedad anónima podrá transformarse en sociedad anónima europea. Igualmente una sociedad anónima europea podrá transformarse en sociedad anónima.

5. Una sociedad cooperativa podrá transformarse en sociedad mercantil, y una sociedad mercantil inscrita en sociedad cooperativa.

6. Una sociedad cooperativa podrá transformarse en sociedad cooperativa europea y una sociedad cooperativa europea podrá transformarse en sociedad cooperativa.

Artículo 5. Transformación de sociedades en liquidación.

Una sociedad en liquidación podrá transformarse siempre que no haya comenzado la distribución de su patrimonio entre los socios.

Artículo 6. Transformaciones entre sociedad anónima y sociedad anónima europea.

La transformación de sociedades anónimas en sociedades anónimas europeas y viceversa se regirá por lo dispuesto en el Reglamento (CE) número 2157/2001 y por las normas que lo desarrollan, y por lo dispuesto en la Ley 31/2006, de 18 de octubre, sobre implicación de los trabajadores en las sociedades anónimas y cooperativas europeas.

Artículo 7. Transformación de sociedad cooperativa.

1. La transformación de una sociedad cooperativa en otro tipo social o de éste en aquélla, se regirá en lo referente a los requisitos y efectos de la transformación de la sociedad cooperativa por la legislación que le sea aplicable.

2. La transformación de sociedades cooperativas en sociedades cooperativas europeas y viceversa se regirá por lo dispuesto en el Reglamento (CE) número 1435/2003 y por las normas que lo desarrollan.

CAPÍTULO II

Acuerdo de transformación

Artículo 8. Acuerdo de transformación.

La transformación de la sociedad habrá de ser acordada necesariamente por la junta de socios.

Artículo 9. Información a los socios.

1. Al convocar la junta en que haya de deliberarse sobre el acuerdo de transformación, los administradores deberán poner en el domicilio social, a disposición de los socios, que podrán pedir su entrega o envío gratuito, incluso por medios electrónicos, los siguientes documentos:

1.º El informe de los administradores que explique y justifique los aspectos jurídicos y económicos de la transformación, e indique asimismo las consecuencias que tendrá para los socios, así como su eventual impacto de género en los órganos de administración e incidencia, en su caso, en la responsabilidad social de la empresa.

2.º El balance de la sociedad a transformar, que deberá estar cerrado dentro de los seis meses anteriores a la fecha prevista para la reunión, junto con un informe sobre las modificaciones patrimoniales significativas que hayan podido tener lugar con posterioridad al mismo.

3.º El informe del auditor de cuentas sobre el balance presentado, cuando la sociedad que se transforme esté obligada a someter sus cuentas a auditoría.

4.º El proyecto de escritura social o estatutos de la sociedad que resulte de la transformación, así como, en su caso, otros pactos sociales que vayan a constar en documento público.

2. Los administradores de la sociedad están obligados a informar a la junta de

socios a la que se someta la aprobación de la transformación, sobre cualquier modificación importante del activo o del pasivo acaecida entre la fecha del informe justificativo de la transformación y del balance puestos a disposición de los socios y la fecha de la reunión de la junta.

3. No será precisa la puesta a disposición o envío de la información a que se refiere el apartado primero cuando el acuerdo de transformación se adopte en junta universal y por unanimidad.

Artículo 10. Requisitos del acuerdo de transformación.

1. El acuerdo de transformación se adoptará con los requisitos y formalidades establecidos en el régimen de la sociedad que se transforma.

2. El acuerdo deberá incluir la aprobación del balance de la sociedad presentado para la transformación, con las modificaciones que en su caso resulten procedentes, así como de las menciones exigidas para la constitución de la sociedad cuyo tipo se adopte.

Artículo 11. Subsistencia de las obligaciones de los socios.

1. La transformación por sí sola no liberará a los socios del cumplimiento de sus obligaciones frente a la sociedad.

2. Si el tipo social en que se transforma la sociedad exige el desembolso íntegro del capital social, habrá de procederse al desembolso con carácter previo al acuerdo de transformación o, en su caso, a una reducción de capital con finalidad de condonación de dividendos pasivos. En el primer caso, la realidad de los desembolsos efectuados se acreditará ante el notario autorizante de la escritura pública y los documentos acreditativos se incorporarán a la misma en original o testimonio.

Artículo 12. Participación de los socios en la sociedad transformada.

1. El acuerdo de transformación no podrá modificar la participación social de los socios si no es con el consentimiento de todos los que permanezcan en la sociedad.

2. En el caso de una sociedad con uno o más socios industriales que se transforme en un tipo social en el que no existan tales socios, la participación de éstos en el capital de la nueva sociedad transformada será la que corresponda a la cuota de participación que les hubiera sido asignada en la escritura de constitución de la sociedad o, en su defecto, la que se convenga entre todos los socios, reduciéndose proporcionalmente en ambos casos la participación de los demás socios.

La subsistencia, en su caso, de la obligación personal del socio industrial en la sociedad una vez transformada exigirá siempre el consentimiento del socio y deberá instrumentarse como prestación accesoria en las condiciones que se establezcan en los estatutos sociales.

Artículo 13. Sociedades que tuvieran emitidas obligaciones u otros valores.

La transformación de una sociedad que tuviera emitidas obligaciones u otros valores en otro tipo social al que no le esté permitido emitirlos y la de una sociedad anónima que tuviera emitidas obligaciones convertibles en acciones en otro tipo social diferente, sólo podrán acordarse si previamente se hubiera procedido a la amortización o a la conversión, en su caso, de las obligaciones emitidas.

Artículo 14. Publicación del acuerdo de transformación.

1. El acuerdo de transformación se publicará una vez en el «Boletín Oficial del Registro Mercantil» y en uno de los diarios de gran circulación de la provincia en que la sociedad tenga su domicilio.

2. La publicación no será necesaria cuando el acuerdo se comunique individualmente por escrito a todos los socios y, en su caso, a los titulares de derechos especiales distintos de las acciones, participaciones o cuotas que no puedan mantenerse después de la transformación, a través de un procedimiento que asegure la recepción de aquél en el domicilio que figure en la documentación de la sociedad, así como a todos los acreedores en los domicilios que hayan puesto en conocimiento de la sociedad o, en su defecto, en sus domicilios legales.

Artículo 15. Derecho de separación de los socios.

1. Los socios que no hubieran votado a favor del acuerdo podrán separarse de la sociedad que se transforma, conforme a lo dispuesto para las sociedades de responsabilidad limitada.

2. Los socios que por efecto de la transformación hubieran de asumir una responsabilidad personal por las deudas sociales y no hubieran votado a favor del acuerdo de transformación quedarán automáticamente separados de la sociedad, si no se adhieren fehacientemente a él dentro del plazo de un mes a contar desde la fecha de su adopción cuando hubieren asistido a la junta de socios, o desde la comunicación de ese acuerdo cuando no hubieran asistido. La valoración de las partes sociales correspondientes a los socios que se separen se hará conforme a lo dispuesto para las sociedades de responsabilidad limitada.

Artículo 16. Titulares de derechos especiales.

1. La transformación no podrá tener lugar si, dentro del mes siguiente a la publicación en el «Boletín Oficial del Registro Mercantil» del acuerdo de la misma o del envío de la comunicación individual por escrito, se opusieran titulares de derechos especiales distintos de las acciones, de las participaciones o de las cuotas que no puedan mantenerse después de la transformación.

2. Esa oposición no producirá efecto alguno si es realizada por un socio que hubiere votado a favor de la transformación.

Artículo 17. Modificaciones adicionales a la transformación.

1. La transformación de la sociedad podrá ir acompañada de la incorporación de nuevos socios.

2. Cuando la transformación vaya acompañada de la modificación del objeto, el domicilio, el capital social u otros extremos de la escritura o de los estatutos, habrán de observarse los requisitos específicos de esas operaciones conforme a las disposiciones que rijan el nuevo tipo social.

CAPÍTULO III

De la inscripción de la transformación

Artículo 18. Escritura pública de transformación.

1. La escritura pública de transformación habrá de ser otorgada por la sociedad y por todos los socios que pasen a

responder personalmente de las deudas sociales.

2. Además de las menciones exigidas para la constitución de la sociedad cuyo tipo se adopte, la escritura pública de transformación habrá de contener la relación de socios que hubieran hecho uso del derecho de separación y el capital que representen, así como la cuota, las acciones o las participaciones que se atribuyan a cada socio en la sociedad transformada.

3. Si las normas sobre la constitución de la sociedad cuyo tipo se adopte así lo exigieran, se incorporará a la escritura el informe de los expertos independientes sobre el patrimonio social.

Artículo 19. Eficacia de la transformación.

La eficacia de la transformación quedará supeditada a la inscripción de la escritura pública en el Registro Mercantil.

Artículo 20. Impugnación de la transformación.

Una vez inscrita, la transformación podrá ser impugnada en el plazo de tres meses.

CAPÍTULO IV

Efectos de la transformación sobre la responsabilidad de los socios

Artículo 21. Responsabilidad de los socios por las deudas sociales.

1. Los socios que en virtud de la transformación asuman responsabilidad personal e ilimitada por las deudas sociales responderán en la misma forma de las deudas anteriores a la transformación.

2. Salvo que los acreedores sociales hayan consentido expresamente la transformación, subsistirá la responsabilidad de los socios que respondían personalmente de las deudas de la sociedad transformada por las deudas sociales contraídas con anterioridad a la transformación de la sociedad. Esta responsabilidad prescribirá a los cinco años a contar desde la publicación de la transformación en el «Boletín Oficial del Registro Mercantil».

TÍTULO II

De la fusión

CAPÍTULO I

De la fusión en general

Sección 1.ª Disposiciones generales

Artículo 22. Concepto.

En virtud de la fusión, dos o más sociedades mercantiles inscritas se integran en una única sociedad mediante la transmisión en bloque de sus patrimonios y la atribución a los socios de las sociedades que se extinguen de acciones, participaciones o cuotas de la sociedad resultante, que puede ser de nueva creación o una de las sociedades que se fusionan.

Artículo 23. Clases de fusión.

1. La fusión en una nueva sociedad implicará la extinción de cada una de las sociedades que se fusionan y la transmisión en bloque de los respectivos patrimonios sociales a la nueva entidad, que adquirirá por sucesión universal los derechos y obligaciones de aquéllas.

2. Si la fusión hubiese de resultar de la absorción de una o más sociedades por otra ya existente, ésta adquirirá por sucesión universal los patrimonios de las sociedades absorbidas, que se extinguirán, aumentando, en su caso, el capital

social de la sociedad absorbente en la cuantía que proceda.

Artículo 24. Continuidad en la participación.

1. Los socios de las sociedades extinguidas se integrarán en la sociedad resultante de la fusión, recibiendo un número de acciones o participaciones, o una cuota, en proporción a su respectiva participación en aquellas sociedades.

2. En el caso de una sociedad con uno o más socios industriales que se fusione en otra en la que no puedan existir tales socios, la participación de éstos en el capital de la sociedad resultante de la fusión se determinará atribuyendo a cada uno de ellos la participación en el capital de la sociedad extinguida correspondiente a la cuota de participación que le hubiera sido asignada en la escritura de constitución, o en su defecto, la que se convenga entre todos los socios de dicha sociedad, reduciéndose proporcionalmente en ambos casos la participación de los demás socios.

La subsistencia, en su caso, de la obligación personal del socio industrial en la sociedad que resulte de la fusión, exigirá siempre el consentimiento del socio y deberá instrumentarse como prestación accesoria cuando no puedan existir socios industriales.

Artículo 25. Tipo de canje.

1. En las operaciones de fusión el tipo de canje de las acciones, participaciones o cuotas de las sociedades que participan en la misma debe establecerse sobre la base del valor real de su patrimonio.

2. Cuando sea conveniente para ajustar el tipo de canje, los socios podrán recibir, además, una compensación en dinero que no exceda del diez por ciento del valor nominal de las acciones, de las participaciones o del valor contable de las cuotas atribuidas.

Artículo 26. Prohibición de canje de participaciones propias.

Las acciones, participaciones o cuotas de las sociedades que se fusionan, que estuvieran en poder de cualquiera de ellas o en poder de otras personas que actuasen en su propio nombre, pero por cuenta de esas sociedades, no podrán canjearse por acciones, participaciones o cuotas de la sociedad resultante de la fusión y, en su caso, deberán ser amortizadas o extinguidas.

Artículo 27. Régimen jurídico de la fusión.

1. La fusión de dos o más sociedades mercantiles inscritas sometidas a la ley española se regirá por lo establecido en esta Ley.

2. La fusión de sociedades mercantiles de distinta nacionalidad se regirá por lo establecido en las respectivas leyes personales, sin perjuicio de lo establecido en el Capítulo II sobre fusiones transfronterizas intracomunitarias y, en su caso, del régimen aplicable a las sociedades anónimas europeas.

Artículo 28. Fusión de sociedades en liquidación.

Las sociedades en liquidación podrán fusionarse con otras siempre que no haya comenzado la distribución de su patrimonio entre los socios.

Artículo 29. Aplicación de legislación sectorial.

Serán de aplicación a las fusiones de sociedades mercantiles los requisitos que, en su caso, se exijan en la legislación sectorial.

Sección 2.ª Del proyecto de fusión

Artículo 30. Proyecto común de fusión.

1. Los administradores de cada una de las sociedades que participen en la fusión habrán de redactar y suscribir un proyecto común de fusión. Si falta la firma de alguno de ellos, se señalará al final del proyecto, con indicación de la causa.

2. Una vez suscrito el proyecto común de fusión, los administradores de las sociedades que se fusionen se abstendrán de realizar cualquier clase de acto o de concluir cualquier contrato que pudiera comprometer la aprobación del proyecto o modificar sustancialmente la relación de canje de las acciones, participaciones o cuotas.

3. El proyecto de fusión quedará sin efecto si no hubiera sido aprobado por las juntas de socios de todas las sociedades que participen en la fusión dentro de los seis meses siguientes a su fecha.

Artículo 31. Contenido del proyecto común de fusión.

El proyecto común de fusión contendrá, al menos, las menciones siguientes:

1.ª La denominación, el tipo social y el domicilio de las sociedades que se fusionan y de la sociedad resultante de la fusión, así como los datos identificadores de la inscripción de aquéllas en el Registro Mercantil.

2.ª El tipo de canje de las acciones, participaciones o cuotas, la compensación complementaria en dinero que se hubiera previsto y, en su caso, el procedimiento de canje.

3.ª La incidencia que la fusión haya de tener sobre las aportaciones de industria o en las prestaciones accesorias en las sociedades que se extinguen y las compensaciones que vayan a otorgarse, en su caso, a los socios afectados en la sociedad resultante.

4.ª Los derechos que vayan a otorgarse en la sociedad resultante a quienes tengan derechos especiales o a los tenedores de títulos distintos de los representativos de capital o las opciones que se les ofrezcan.

5.ª Las ventajas de cualquier clase que vayan a atribuirse en la sociedad resultante a los expertos independientes que hayan de intervenir, en su caso, en el proyecto de fusión, así como a los administradores de las sociedades que se fusionan, de la absorbente o de la nueva sociedad.

6.ª La fecha a partir de la cual los titulares de las nuevas acciones, participaciones o cuotas tendrán derecho a participar en las ganancias sociales y cualesquiera peculiaridades relativas a este derecho.

7.ª La fecha a partir de la cual la fusión tendrá efectos contables de acuerdo con lo dispuesto en el Plan General de Contabilidad.

8.ª Los estatutos de la sociedad resultante de la fusión.

9.ª La información sobre la valoración del activo y pasivo del patrimonio de cada sociedad que se transmita a la sociedad resultante.

10.ª Las fechas de las cuentas de las sociedades que se fusionan utilizadas para establecer las condiciones en que se realiza la fusión.

11.ª Las posibles consecuencias de la fusión sobre el empleo, así como su eventual impacto de género en los órganos de administración y la incidencia, en su caso, en la responsabilidad social de la empresa.

Artículo 32. Publicidad.

1. Los administradores están obligados a insertar el proyecto común de fusión en la página web de cada una de las sociedades que participan en la fusión, sin perjuicio de poder depositar voluntariamente un ejemplar del proyecto común de fusión en el Registro Mercantil correspondiente a cada una de las sociedades que participan en ella. El hecho de la inserción del proyecto de fusión en la página web se publicará de forma gratuita en el "Boletín Oficial del Registro Mercantil", con expresión de la página web en que figure y de la fecha de la inserción. La inserción en la web del proyecto y la fecha de la misma se acreditarán mediante la certificación del contenido de aquélla, remitido al correspondiente Registro Mercantil, debiéndose publicar en el "Boletín Oficial del Registro Mercantil" dentro de los cinco días siguientes a la recepción de la última certificación.

La inserción en la página web y la publicación de este hecho en el "Boletín Oficial del Registro Mercantil" deberán efectuarse con un mes de antelación, al menos, a la fecha prevista para la celebración de la junta general que haya de acordar la fusión. La inserción del proyecto de fusión en la página web deberá mantenerse hasta que finalice el plazo para el ejercicio por los acreedores del derecho de oposición a la fusión.

2. Si alguna de las sociedades que participan en la fusión careciera de página web, los administradores están obligados a depositar un ejemplar del proyecto común de fusión en el Registro Mercantil en que estuviera inscrita. Efectuado el depósito, el registrador comunicará al registrador mercantil central, para su inmediata publicación gratuita en el "Boletín Oficial del Registro Mercantil", el hecho del depósito y la fecha en que hubiere tenido lugar.

3. La publicación del anuncio de convocatoria de las juntas de socios que hayan de resolver sobre la fusión o la comunicación individual de ese anuncio a los socios no podrá realizarse antes de la publicación de la inserción o del depósito del proyecto en el "Boletín Oficial del Registro Mercantil".

Artículo 33. Informe de los administradores sobre el proyecto de fusión.

Los administradores de cada una de las sociedades que participan en la fusión elaborarán un informe explicando y justificando detalladamente el proyecto común de fusión en sus aspectos jurídicos y económicos, con especial referencia al tipo de canje de las acciones, participaciones o cuotas y a las especiales dificultades de valoración que pudieran existir, así como las implicaciones de la fusión para los socios, los acreedores y los trabajadores.

Artículo 34. Informe de expertos sobre el proyecto de fusión.

1. Cuando alguna de las sociedades que participen en la fusión sea anónima o comanditaria por acciones, los adminis-

tradores de cada una de las sociedades que se fusionan deberán solicitar del registrador mercantil correspondiente al domicilio social el nombramiento de uno o varios expertos independientes y distintos, para que, por separado, emitan informe sobre el proyecto común de fusión.

No obstante lo anterior, los administradores de todas las sociedades que se fusionan a que se refiere el apartado anterior podrán pedir al registrador mercantil que designe uno o varios expertos para la elaboración de un único informe. La competencia para el nombramiento corresponderá al registrador mercantil del domicilio social de la sociedad absorbente o del que figure en el proyecto común de fusión como domicilio de la nueva sociedad.

2. Los expertos nombrados podrán obtener de las sociedades que participan en la fusión, sin limitación alguna, todas las informaciones y documentos que crean útiles y proceder a todas las verificaciones que estimen necesarias.

3. El informe del experto o de los expertos estará dividido en dos partes: en la primera, deberá exponer los métodos seguidos por los administradores para establecer el tipo de canje de las acciones, participaciones o cuotas de los socios de las sociedades que se extinguen, explicar si esos métodos son adecuados, con expresión de los valores a los que conducen y, si existieran, las dificultades especiales de valoración, y manifestar la opinión de si el tipo de canje está o no justificado; y en la segunda, deberá manifestar la opinión de si el patrimonio aportado por las sociedades que se extinguen es igual, al menos, al capital de la nueva sociedad o al importe del aumento del capital de la sociedad absorbente.

4. El contenido del informe del experto o de los expertos sobre el proyecto de fusión estará integrado únicamente por la segunda parte cuando, en todas las sociedades que participen en la fusión, así lo hayan acordado todos los socios con derecho de voto y, además, todas las personas que, en su caso, según la ley o los estatutos sociales, fueran titulares de ese derecho.

Artículo 35. Fusión posterior a una adquisición de sociedad con endeudamiento de la adquirente.

En caso de fusión entre dos o más sociedades, si alguna de ellas hubiera contraído deudas en los tres años inmediatamente anteriores para adquirir el control de otra que participe en la operación de fusión o para adquirir activos de la misma esenciales para su normal explotación o que sean de importancia por su valor patrimonial, serán de aplicación las siguientes reglas:

1.ª El proyecto de fusión deberá indicar los recursos y los plazos previstos para la satisfacción por la sociedad resultante de las deudas contraídas para la adquisición del control o de los activos.

2.ª El informe de los administradores sobre el proyecto de fusión debe indicar las razones que hubieran justificado la adquisición del control o de los activos y que justifiquen, en su caso, la operación de fusión y contener un plan económico y financiero, con expresión de los recursos y la descripción de los objetivos que se pretenden conseguir.

3.ª El informe de los expertos sobre el proyecto de fusión debe contener un juicio sobre la razonabilidad de las indicaciones a que se refieren los dos números anteriores, determinando además si existe asistencia financiera.

En estos supuestos será necesario el informe de expertos, incluso cuando se trate de acuerdo unánime de fusión.

Sección 3.ª Del balance de fusión

Artículo 36. Balance de fusión.

1. El último balance de ejercicio aprobado podrá considerarse balance de fusión, siempre que hubiere sido cerrado dentro de los seis meses anteriores a la fecha del proyecto de fusión.

Si el balance anual no cumpliera con ese requisito, será preciso elaborar un balance cerrado con posterioridad al primer día del tercer mes precedente a la fecha del proyecto de fusión, siguiendo los mismos métodos y criterios de presentación del último balance anual.

2. En ambos casos podrán modificarse las valoraciones contenidas en el último balance en atención a las modificaciones importantes del valor razonable que no aparezcan en los asientos contables.

3. Si en la fusión participan una o varias sociedades anónimas cotizadas cuyos valores estén ya admitidos a negociación en un mercado secundario oficial o en un mercado regulado domiciliado en la Unión Europea, el balance de fusión podrá ser sustituido por el informe financiero semestral de cada una de ellas exigido por la legislación sobre mercado de valores, siempre que dicho informe hubiere sido cerrado y hecho público dentro de los seis meses anteriores a la fecha del proyecto de fusión. El informe se pondrá a disposición de los accionistas en la misma forma que la establecida para el balance de fusión.

Artículo 37. Verificación y aprobación del balance.

El balance de fusión y las modificaciones de las valoraciones contenidas en el mismo deberán ser verificados por el auditor de cuentas de la sociedad, cuando exista obligación de auditar, y habrán de ser sometidos a la aprobación de la junta de socios que resuelva sobre la fusión a cuyos efectos deberá mencionarse expresamente en el orden del día de la junta.

Artículo 38. Impugnación del balance de fusión.

La impugnación del balance de fusión no podrá suspender por sí sola la ejecución de la fusión.

A solicitud del socio que se considere perjudicado por la relación de canje establecida, podrá someterse al Registrador mercantil del domicilio social la designación de experto independiente que fije la cuantía de la indemnización compensatoria, siempre que así se hubiera previsto en los estatutos o decidido expresamente por las juntas que acuerden la fusión o escisión de sociedades. La solicitud al Registrador mercantil se efectuará en el plazo de un mes a contar desde la fecha de la publicación del acuerdo de fusión o escisión en el «Boletín Oficial del Registro Mercantil» y se sustanciará por las reglas establecidas en el Reglamento del Registro Mercantil.

Sección 4.ª Del acuerdo de fusión

Artículo 39. Información sobre la fusión.

1. Antes de la publicación del anuncio de convocatoria de las juntas de socios que hayan de resolver sobre la fusión o de la comunicación individual de ese anuncio a los socios, los administradores deberán insertar en la página web de la sociedad, con posibilidad de descargarlos e imprimirlos o, si no tuviera página web, poner a disposición de los socios, obligacionistas, titulares de derechos especiales y de los representantes de los trabajadores, en el domicilio social, los siguientes documentos:

1.º El proyecto común de fusión.

2.º En su caso, los informes de los administradores de cada una de las sociedades sobre el proyecto de fusión.

3.º En su caso, los informes de los expertos independientes.

4.º Las cuentas anuales y los informes de gestión de los tres últimos ejercicios, así como los correspondientes informes de los auditores de cuentas de las sociedades en las que fueran legalmente exigibles.

5.º El balance de fusión de cada una de las sociedades, cuando sea distinto del último balance anual aprobado, acompañado, si fuera exigible, del informe de auditoría o, en el caso de fusión de sociedades cotizadas, el informe financiero semestral por el que el balance se hubiera sustituido.

6.º Los estatutos sociales vigentes incorporados a escritura pública y, en su caso, los pactos relevantes que vayan a constar en documento público.

7.º El proyecto de escritura de constitución de la nueva sociedad o, si se trata de una absorción, el texto íntegro de los estatutos de la sociedad absorbente o, a falta de estos, de la escritura por la que se rija, incluyendo destacadamente las modificaciones que hayan de introducirse.

8.º La identidad de los administradores de las sociedades que participan en la fusión, la fecha desde la que desempeñan sus cargos y, en su caso, las mismas indicaciones de quienes vayan a ser propuestos como administradores como consecuencia de la fusión.

2. Si la sociedad no tuviera página web, los socios, los obligacionistas, los titulares de derechos especiales y los representantes de los trabajadores que así lo soliciten por cualquier medio admitido en Derecho tendrán derecho al examen en el domicilio social de copia íntegra de los documentos a que se refiere el apartado anterior, así como a la entrega o al envío gratuitos de un ejemplar de cada uno de ellos.

3. Las modificaciones importantes del activo o del pasivo acaecidas en cualquiera de las sociedades que se fusionan, entre la fecha de redacción del proyecto de fusión y la de la reunión de la junta de socios que haya de aprobarla, habrán de comunicarse a la junta de todas las sociedades que se fusionan. A tal efecto, los administradores de la sociedad en que se hubieran producido las modificaciones deberán ponerlas en conocimiento de los administradores de las restantes sociedades para que puedan informar a sus respectivas juntas. Esta información no será exigible cuando, en todas y cada una de las sociedades que participen en la fusión, lo acuerden todos los socios con derecho de voto y, en su caso, quienes de acuerdo con la ley o

los estatutos pudieran ejercer legítimamente ese derecho.

Artículo 40. Acuerdo de fusión.

1. La fusión habrá de ser acordada necesariamente por la junta de socios de cada una de las sociedades que participen en ella, ajustándose estrictamente al proyecto común de fusión, con los requisitos y formalidades establecidos en el régimen de las sociedades que se fusionan. Cualquier acuerdo de una sociedad que modifique el proyecto de fusión equivaldrá al rechazo de la propuesta.

2. La publicación de la convocatoria de la junta o la comunicación individual de ese anuncio a los socios habrán de realizarse con un mes de antelación, como mínimo, a la fecha prevista para la celebración de la junta; deberán incluir las menciones mínimas del proyecto de fusión legalmente exigidas; y harán constar la fecha de inserción de los documentos indicados en el artículo anterior en la página web de la sociedad o, si ésta no tuviera página web, el derecho que corresponde a todos los socios, obligacionistas, titulares de derechos especiales y representantes de los trabajadores a examinar en el domicilio social copia de esos documentos, así como a obtener la entrega o el envío gratuitos de los mismos.

3. Cuando la fusión se realice mediante la creación de una nueva sociedad, el acuerdo de fusión deberá incluir las menciones legalmente exigidas para la constitución de aquélla.

Artículo 41. Exigencias especiales del acuerdo de fusión.

1. El acuerdo de fusión exigirá, además, el consentimiento de todos los socios que, por virtud de la fusión, pasen a responder ilimitadamente de las deudas sociales, así como el de los socios de las sociedades que se extingan que hayan de asumir obligaciones personales en la sociedad resultante de la fusión.

2. También será necesario el consentimiento individual de los titulares de derechos especiales distintos de las acciones o participaciones cuando no disfruten, en la sociedad resultante de la fusión, de derechos equivalentes a los que les correspondían en la sociedad extinguida, a no ser que la modificación de tales derechos hubiera sido aprobada, en su caso, por la asamblea de esos titulares.

Artículo 42. Acuerdo unánime de fusión.

1. El acuerdo de fusión podrá adoptarse sin necesidad de publicar o depositar previamente los documentos exigidos por la ley y sin informe de los administradores sobre el proyecto de fusión cuando se adopte, en cada una de las sociedades que participan en la fusión, en junta universal y por unanimidad de todos los socios con derecho de voto y, en su caso, de quienes de acuerdo con la ley o los estatutos pudieran ejercer legítimamente ese derecho.

2. Los derechos de información de los representantes de los trabajadores sobre la fusión, incluida la información sobre los efectos que pudiera tener sobre el empleo, no podrán ser restringidos por el hecho de que la fusión sea aprobada en junta universal.

Artículo 43. Publicación del acuerdo.

1. El acuerdo de fusión, una vez adoptado, se publicará en el «Boletín Oficial

del Registro Mercantil» y en uno de los diarios de gran circulación en las provincias en las que cada una de las sociedades tenga su domicilio. En el anuncio se hará constar el derecho que asiste a los socios y acreedores de obtener el texto íntegro del acuerdo adoptado y del balance de la fusión, así como el derecho de oposición que corresponde a los acreedores.

2. No será necesaria la publicación a que se refiere el apartado anterior cuando el acuerdo se comunique individualmente por escrito a todos los socios y acreedores, por un procedimiento que asegure la recepción de aquél en el domicilio que figure en la documentación de la sociedad.

Artículo 44. Derecho de oposición de los acreedores.

1. La fusión no podrá ser realizada antes de que transcurra un mes, contado desde la fecha de publicación del último anuncio del acuerdo por el que se aprueba la fusión o, en caso de comunicación por escrito a todos los socios y acreedores, del envío de la comunicación al último de ellos.

2. Dentro de ese plazo, los acreedores de cada una de las sociedades que se fusionan cuyo crédito hubiera nacido antes de la fecha de inserción del proyecto de fusión en la página web de la sociedad o de depósito de ese proyecto en el Registro Mercantil y no estuviera vencido en ese momento, podrán oponerse a la fusión hasta que se les garanticen tales créditos. Si el proyecto de fusión no se hubiera insertado en la página web de la sociedad ni depositado en el Registro Mercantil competente, la fecha de nacimiento del crédito deberá haber sido anterior a la fecha de publicación del acuerdo de fusión o de la comunicación individual de ese acuerdo al acreedor.

Los obligacionistas podrán ejercer el derecho de oposición en los mismos términos que los restantes acreedores, salvo que la fusión hubiere sido aprobada por la asamblea de obligacionistas.

Los acreedores cuyos créditos se encuentren ya suficientemente garantizados no tendrán derecho de oposición.

3. En los casos en los que los acreedores tengan derecho a oponerse a la fusión, ésta no podrá llevarse a efecto hasta que la sociedad presente garantía a satisfacción del acreedor o, en otro caso, hasta que notifique a dicho acreedor la prestación de fianza solidaria en favor de la sociedad por una entidad de crédito debidamente habilitada para prestarla, por la cuantía del crédito de que fuera titular el acreedor, y hasta tanto no prescriba la acción para exigir su cumplimiento.

4. Si la fusión se hubiera llevado a efecto a pesar del ejercicio, en tiempo y forma, del derecho de oposición por acreedor legítimo, sin observancia de lo establecido en el apartado anterior, el acreedor que se hubiera opuesto podrá solicitar del Registro Mercantil en que se haya inscrito la fusión que, por nota al margen de la inscripción practicada, se haga constar el ejercicio del derecho de oposición.

El registrador practicará la nota marginal si el solicitante acreditase haber ejercitado, en tiempo y forma, el derecho de oposición mediante comunicación fehaciente a la sociedad de la que fuera acreedor. La nota marginal se cancelará de oficio a los seis meses de su fecha, salvo que con anterioridad se haya hecho constar, por anotación preventiva, la interposición de demanda ante el Juzgado de lo Mercantil contra la sociedad absorbente o contra la nueva sociedad en la que se solicite la prestación de garantía del pago del crédito conforme a lo establecido en esta Ley.

Sección 5.ª De la formalización e inscripción de la fusión

Artículo 45. Escritura pública de fusión.

1. Las sociedades que se fusionan elevarán el acuerdo de fusión adoptado a escritura pública, a la cual se incorporará el balance de fusión de aquéllas o, en el caso de fusión de sociedades cotizadas, el informe financiero semestral por el que el balance se hubiera sustituido.

2. Si la fusión se realizara mediante la creación de una nueva sociedad, la escritura deberá contener, además, las menciones legalmente exigidas para la constitución de la misma en atención al tipo elegido.

Si se realizara por absorción, la escritura contendrá las modificaciones estatutarias que se hubieran acordado por la sociedad absorbente con motivo de la fusión y el número, clase y serie de las acciones o las participaciones o cuotas que hayan de ser atribuidas, en cada caso, a cada uno de los nuevos socios.

Artículo 46. Inscripción de la fusión.

1. La eficacia de la fusión se producirá con la inscripción de la nueva sociedad o, en su caso, con la inscripción de la absorción en el Registro Mercantil competente.

2. Una vez inscrita la fusión se cancelarán los asientos registrales de las sociedades extinguidas.

Sección 6.ª De la impugnación de la fusión

Artículo 47. Impugnación de la fusión.

1. Ninguna fusión podrá ser impugnada tras su inscripción siempre que se haya realizado de conformidad con las previsiones de esta Ley. Quedan a salvo, en su caso, los derechos de los socios y de los terceros al resarcimiento de los daños y perjuicios causados.

2. El plazo para el ejercicio de la acción de impugnación caduca a los tres meses, contados desde la fecha en que la fusión fuera oponible a quien invoca la nulidad.

3. La sentencia que declare la nulidad habrá de inscribirse en el Registro Mercantil, se publicará en su «Boletín Oficial» y no afectará por sí sola a la validez de las obligaciones nacidas después de la inscripción de la fusión, a favor o a cargo de la sociedad absorbente o de la nueva sociedad surgida de la fusión.

De tales obligaciones, cuando sean a cargo de la sociedad absorbente o de la nueva sociedad, responderán solidariamente las sociedades que participaron en la fusión.

4. Si la fusión lo fuere por el procedimiento de creación de una nueva sociedad se estará, además, al régimen de nulidad del tipo societario de que se trate.

Sección 7.ª Efectos de la fusión sobre la responsabilidad de los socios

Artículo 48. Responsabilidad por las deudas sociales anteriores a la fusión.

Salvo que los acreedores sociales hayan consentido de modo expreso la fusión, los socios responsables personalmente de las deudas de las sociedades que se extingan por la fusión contraídas con anterioridad a esa fusión, continuarán respondiendo de esas deudas. Esta responsabilidad prescribirá a los cinco años a contar desde la publicación de la fusión en el «Boletín Oficial del Registro Mercantil».

Sección 8.ª De las fusiones especiales

Artículo 49. Absorción de sociedad íntegramente participada.

1. Cuando la sociedad absorbente fuera titular de forma directa o indirecta de todas las acciones o participaciones sociales en que se divida el capital de la sociedad o sociedades absorbidas, la operación podrá realizarse sin necesidad de que concurran los siguientes requisitos:

1.º La inclusión en el proyecto de fusión de las menciones 2.ª y 6.ª del artículo 31 y, salvo que se trate de fusión transfronteriza intracomunitaria, las menciones 9.ª y 10.ª de ese mismo artículo.

2.º Los informes de administradores y expertos sobre el proyecto de fusión. No obstante, el informe de los administradores será necesario cuando se trate de una fusión transfronteriza intracomunitaria.

3.º El aumento de capital de la sociedad absorbente.

4.º La aprobación de la fusión por las juntas generales de la sociedad o sociedades absorbidas.

2. Cuando la sociedad absorbente fuese titular de forma indirecta de todas las acciones o participaciones sociales en que se divide el capital de la sociedad absorbida, además de tener en cuenta lo dispuesto en el apartado anterior, será siempre necesario el informe de expertos a que se refiere el artículo 34 y será exigible, en su caso, el aumento de capital de la sociedad absorbente. Cuando la fusión provoque una disminución del patrimonio neto de sociedades que no intervienen en la fusión por la participación que tienen en la sociedad absorbida, la sociedad absorbente deberá compensar a estas últimas sociedades por el valor razonable de esa participación.

Artículo 50. Absorción de sociedad participada al noventa por ciento.

1. Cuando la sociedad absorbente fuera titular directa del noventa por ciento o más, pero no de la totalidad del capital de la sociedad o de las sociedades anónimas o de responsabilidad limitada que vayan a ser objeto de absorción, no serán necesarios los informes de administradores y de expertos sobre el proyecto de fusión, siempre que en éste se ofrezca por la sociedad absorbente a los socios de las sociedades absorbidas la adquisición de sus acciones o participaciones sociales, estimadas en su valor razonable, dentro de un plazo determinado que no podrá ser superior a un mes a contar desde la fecha de la inscripción de la absorción en el Registro Mercantil. No obstante, el informe de los administradores será necesario cuando se trate de una fusión transfronteriza comunitaria.

2. En el proyecto de fusión deberá constar el valor establecido para la adquisición de las acciones o participaciones sociales. Los socios que manifiesten la voluntad de transmitir las acciones o participaciones sociales a la sociedad absorbente, pero que no estuvieran de acuerdo con el valor que para las mismas se hubiera hecho constar en el proyecto, podrán, a su elección y den-

tro del plazo de seis meses desde que notificaron su voluntad de enajenar sus acciones o participaciones, optar entre solicitar del Registro Mercantil correspondiente al domicilio de la sociedad absorbente la designación de un auditor de cuentas, distinto del de la sociedad, para que determine el valor razonable de sus acciones o participaciones, o bien ejercitar las acciones judiciales correspondientes para exigir que ésta las adquiera por el valor razonable que se fije en el procedimiento.

3. Las acciones o participaciones de los socios de la sociedad absorbida que no fueran adquiridas deberán ser canjeadas por acciones o participaciones propias que la absorbente tuviera en cartera. En otro caso, y siempre que no tenga que celebrarse la junta a solicitud de la minoría, los administradores están autorizados, si así lo prevé el proyecto de fusión, a elevar el capital en la medida estrictamente necesaria para el canje.

Artículo 51. Junta de socios de la sociedad absorbente.

1. Cuando la sociedad absorbente fuera titular directa del noventa por ciento o más del capital social de la sociedad o de las sociedades anónimas o de responsabilidad limitada que vayan a ser objeto de absorción, no será necesaria la aprobación de la fusión por la junta de socios de la sociedad absorbente, siempre que con un mes de antelación como mínimo a la fecha prevista para la celebración de la junta o juntas de las sociedades absorbidas que deban pronunciarse sobre el proyecto de fusión, o, en caso de sociedad íntegramente participada, a la fecha prevista para la formalización de la absorción, se hubiera publicado el proyecto por cada una de las sociedades participantes en la operación con un anuncio, publicado en la página web de la sociedad o, caso de no existir, en el "Boletín Oficial del Registro Mercantil" o en uno de los diarios de gran circulación en la provincia en las que cada una de las sociedades tenga su domicilio, en el que se haga constar el derecho que corresponde a los socios de la sociedad absorbente y a los acreedores de las sociedades que participan en la fusión a examinar en el domicilio social los documentos indicados en los números 1.º y 4.º, y, en su caso, 2.º, 3.º y 5.º, del apartado 1 del artículo 39, así como a obtener, cuando no se haya publicado en la página web, en los términos previstos en el artículo 32, la entrega o el envío gratuitos del texto íntegro de los mismos.

En el anuncio deberá mencionarse el derecho de los socios que representen, al menos, el uno por ciento del capital social a exigir la celebración de la junta de la sociedad absorbente para la aprobación de la absorción, así como el derecho de los acreedores de esa sociedad a oponerse a la fusión en el plazo de un mes desde la publicación del proyecto en los términos establecidos en esta Ley.

2. Los administradores de la sociedad absorbente estarán obligados a convocar la junta para que apruebe la absorción cuando, dentro de los quince días siguientes a la publicación del último de los anuncios a los que se refiere el apartado anterior, lo soliciten socios que representen, al menos, el uno por ciento del capital social. En este supuesto, la junta debe ser convocada para su celebración dentro de los dos meses siguientes a la fecha en que se hubiera requerido notarialmente a los administradores para convocarla.

Artículo 52. Supuestos asimilados a la absorción de sociedades íntegramente participadas.

1. Lo dispuesto para la absorción de sociedades íntegramente participadas será de aplicación, en la medida que proceda, a la fusión, en cualquiera de sus clases, de sociedades íntegramente participadas de forma directa o indirecta por el mismo socio, así como a la fusión por absorción cuando la sociedad absorbida fuera titular de forma directa o indirecta de todas las acciones o participaciones de la sociedad absorbente.

2. Cuando la sociedad absorbida fuese titular de forma indirecta de todas las acciones o participaciones sociales en que se divide el capital de la sociedad absorbente o cuando las sociedades absorbida y absorbente estén participadas indirectamente por el mismo socio, será siempre necesario el informe de expertos a que se refiere el artículo 34 y será exigible, en su caso, el aumento de capital de la sociedad absorbente. Cuando la fusión provoque una disminución del patrimonio neto de sociedades que no intervienen en la fusión por la participación que tienen en la sociedad absorbente o absorbida, la sociedad absorbente deberá compensar a dichas sociedades por el valor razonable de esa participación.

Sección 9.ª Operación asimilada a la fusión

Artículo 53. Operación asimilada a la fusión.

También constituye una fusión la operación mediante la cual una sociedad se extingue transmitiendo en bloque su patrimonio a la sociedad que posee la totalidad de las acciones, participaciones o cuotas correspondientes a aquélla.

CAPÍTULO II

De las fusiones transfronterizas intracomunitarias

Artículo 54. Concepto.

1. Se consideran fusiones transfronterizas intracomunitarias las fusiones de sociedades de capital constituidas de conformidad con la legislación de un Estado parte del Espacio Económico Europeo y cuyo domicilio social, administración central o centro de actividad principal se encuentre dentro del Espacio Económico Europeo, cuando, interviniendo al menos dos de ellas sometidas a la legislación de Estados miembros diferentes, una de las sociedades que se fusionen esté sujeta a la legislación española.

2. Las sociedades de capital sujetas a la legislación española que pueden participar en fusiones transfronterizas son las sociedades anónimas, comanditarias por acciones y de responsabilidad limitada.

Artículo 55. Régimen jurídico aplicable.

Son aplicables a las fusiones transfronterizas intracomunitarias las disposiciones de este Capítulo y supletoriamente las disposiciones que rigen la fusión en general.

Artículo 56. Exclusiones del régimen de fusiones transfronterizas.

1. Lo dispuesto en el presente Capítulo no será aplicable a las fusiones transfronterizas en las que participe una sociedad cooperativa.

2. Tampoco se aplicará lo dispuesto en el presente Capítulo a las fusiones transfronterizas en las que participe una

sociedad cuyo objeto sea la inversión colectiva de capitales obtenidos del público y su funcionamiento esté sometido al principio de reparto de los riesgos, cuyas participaciones, a petición del tenedor de las mismas, se readquieran o se rescaten, directa o indirectamente, con cargo a los activos de dicha sociedad. A tales readquisiciones y reembolsos se equipara el hecho de que dicha sociedad de inversión colectiva actúe de manera que el valor de sus participaciones en bolsa no se aparte sensiblemente del valor de su inventario neto.

Artículo 57. Compensación en efectivo.

El hecho de que la legislación de, al menos, uno de los Estados afectados permita que la compensación en efectivo, que forma parte del tipo de canje, supere el diez por ciento del valor nominal o, en su defecto, del valor contable de las acciones o participaciones que se canjeen, no será obstáculo para la realización de una fusión transfronteriza intracomunitaria.

Artículo 58. Aplicación de la normativa nacional por razones de interés público.

Las normas que permiten al Gobierno español imponer condiciones por razones de interés público a una fusión interna serán también de aplicación a las fusiones transfronterizas en las que, al menos, una de las sociedades que se fusionan esté sujeta a la ley española.

Artículo 59. Proyecto común de fusión transfronteriza.

1. El proyecto común de fusión transfronteriza que habrán de redactar los administradores de cada una de las sociedades que participan en la fusión contendrá al menos las menciones establecidas con carácter general para el proyecto común de fusión de sociedades.

2. El proyecto deberá incluir, además, las menciones siguientes:

1.ª Las ventajas particulares atribuidas a los expertos que estudien el proyecto de fusión transfronteriza, así como a los miembros de los órganos de administración, dirección, vigilancia o control de las sociedades que se fusionen.

2.ª Si procede, la información sobre los procedimientos mediante los cuales se determinen las condiciones de implicación de los trabajadores en la definición de sus derechos de participación en la sociedad resultante de la fusión transfronteriza de conformidad con lo dispuesto en el artículo 67 de esta Ley.

Artículo 60. Informe de los órganos de dirección o administración.

1. El informe de los administradores de cada una de las sociedades que participan en la fusión transfronteriza, que elaborarán conforme a lo dispuesto en el artículo 33, se pondrá a disposición de los socios y de los representantes de los trabajadores, o en su defecto de los propios trabajadores, en un plazo no inferior a un mes antes de la fecha de la junta de socios que ha de resolver sobre el proyecto común de fusión transfronteriza.

2. Cuando los administradores de la sociedad española reciban a tiempo una opinión de los representantes de los trabajadores, esa opinión se adjuntará al informe.

Artículo 61. Aprobación por la junta de socios.

Al pronunciarse sobre el proyecto común de fusión transfronteriza, la junta de socios de cada una de las sociedades que se fusionen podrá condicionar la realización de la fusión a la ratificación expresa de las disposiciones decididas para la participación de los trabajadores en la sociedad resultante de la fusión transfronteriza.

Artículo 62. Derecho de separación de los socios.

Los socios de las sociedades españolas participantes en una fusión transfronteriza intracomunitaria que hubieran votado en contra del acuerdo de una fusión cuya sociedad resultante tenga su domicilio en otro Estado miembro podrán separarse de la sociedad conforme a lo dispuesto en el Título IX de la Ley de Sociedades de Capital.

Artículo 63. Fusión de una sociedad de responsabilidad limitada.

Serán aplicables a las sociedades de responsabilidad limitada que participen en una fusión transfronteriza las normas que rigen con carácter general para las fusiones de sociedades anónimas y comanditarias por acciones.

Artículo 64. Certificación previa a la fusión.

A la vista de los datos obrantes en el Registro y en la escritura pública de fusión presentada, el Registrador mercantil del domicilio social de la sociedad que se fusiona certificará la correcta realización de los actos y trámites previos a la fusión por parte de las sociedades sujetas a la legislación española, a las que entregará sin demora el correspondiente certificado.

Artículo 65. Control de legalidad.

1. Cuando la sociedad resultante de la fusión esté sujeta a la legislación española, el Registrador mercantil, antes de proceder a la inscripción, controlará también la legalidad del procedimiento en lo relativo a la realización de la fusión y a la constitución de la nueva sociedad o a las modificaciones de la sociedad absorbente, así como la aprobación en los mismos términos del proyecto común por las sociedades que se fusionen y, en su caso, la adecuación de las disposiciones sobre participación de los trabajadores. A estos efectos, cada una de las sociedades participantes remitirá al Registrador mercantil el certificado a que se refiere el artículo anterior en el plazo de seis meses a partir de su expedición, así como el proyecto común de fusión aprobado por la junta de socios.

2. En los casos en que, de acuerdo con lo previsto en el artículo 67, deba existir participación de los trabajadores en el sentido de la Ley 31/2006, de 18 de octubre, sobre implicación de los trabajadores en las sociedades anónimas y cooperativas europeas, no podrá inscribirse la fusión salvo que se haya celebrado un acuerdo de participación de los trabajadores, haya expirado el período de negociaciones sin que se haya celebrado ningún acuerdo o los órganos competentes de las sociedades que participen en la fusión hayan optado por estar directamente sujetas a las disposiciones subsidiarias establecidas en la Ley 31/2006, de 18 de octubre. Asimismo, los estatutos de las sociedades resultantes de fusiones transfronterizas en ningún caso podrán ser contrarios a las disposiciones relativas a la participación de los trabajadores que se hayan fijado.

3. Si además de la sociedad resultante de la fusión también fuera española alguna de las sociedades que se extinguen, la legalidad del procedimiento de fusión en relación con la misma se realizará por el Registrador mercantil del domicilio de la sociedad resultante de la fusión, siendo suficiente que en el título presentado al Registro conste, debidamente acreditada por el Registrador del domicilio de la sociedad que se extingue, la inexistencia de obstáculos registrales para la fusión pretendida.

Artículo 66. Publicidad e inscripción de la fusión transfronteriza.

1. Será aplicable a la sociedad o sociedades sujetas a la legislación española que participen en la fusión lo dispuesto sobre publicación de las fusiones con carácter general.

2. En el «Boletín Oficial del Registro Mercantil» deberá publicarse una indicación, para cada una de las sociedades que se fusionen, de las condiciones de ejercicio de los derechos de los acreedores y, cuando proceda, de los socios de las sociedades que se fusionen, así como la dirección donde pueda obtenerse, sin gastos, una información exhaustiva sobre esas condiciones.

3. Cuando la sociedad resultante de la fusión esté sujeta a la legislación española, el Registro Mercantil que haya practicado la inscripción lo notificará de inmediato a los Registros donde estén inscritas las sociedades participantes para que se proceda a su cancelación.

Artículo 67. Derechos de implicación de los trabajadores en la sociedad resultante de la fusión.

1. Cuando la sociedad resultante de la fusión tenga su domicilio en España, los derechos de implicación de los trabajadores en la sociedad se definirán con arreglo a la legislación laboral española.

En particular, los derechos de participación de los trabajadores en la sociedad se definirán con arreglo a lo dispuesto en el Título IV de la Ley 31/2006, de 18 de octubre.

2. Cuando al menos una de las sociedades que participan en la fusión esté gestionada en régimen de participación de los trabajadores y la sociedad resultante de la fusión transfronteriza se rija por dicho sistema, ésta deberá adoptar una forma jurídica que permita el ejercicio de los derechos de participación.

3. A efectos de lo previsto en esta Ley, los conceptos de implicación y de participación de los trabajadores serán los establecidos en el artículo 2 de la Ley 31/2006, de 18 de octubre.

4. Los derechos de información y consulta de los trabajadores de la sociedad resultante de la fusión que presten sus servicios en centros de trabajo situados en España se regirán por la legislación laboral española, al margen del lugar donde dicha sociedad tenga su domicilio.

TÍTULO III

De la escisión

CAPÍTULO I

Disposiciones generales

Artículo 68. Clases y requisitos.

1. La escisión de una sociedad mercantil inscrita podrá revestir cualquiera de las siguientes modalidades:

1.ª Escisión total.

2.ª Escisión parcial.

3.ª Segregación.

2. Las sociedades beneficiarias de la escisión podrán ser de un tipo mercantil diferente al de la sociedad que se escinde.

3. Sólo podrá acordarse la escisión si las acciones o las aportaciones de los socios a la sociedad que se escinde se encuentran íntegramente desembolsadas.

Artículo 69. Escisión total.

Se entiende por escisión total la extinción de una sociedad, con división de todo su patrimonio en dos o más partes, cada una de las cuales se transmite en bloque por sucesión universal a una sociedad de nueva creación o es absorbida por una sociedad ya existente, recibiendo los socios un número de acciones, participaciones o cuotas de las sociedades beneficiarias proporcional a su respectiva participación en la sociedad que se escinde.

Artículo 70. Escisión parcial.

1. Se entiende por escisión parcial el traspaso en bloque por sucesión universal de una o varias partes del patrimonio de una sociedad, cada una de las cuales forme una unidad económica, a una o varias sociedades de nueva creación o ya existentes, recibiendo los socios de la sociedad que se escinde un número de acciones, participaciones o cuotas sociales de las sociedades beneficiarias de la escisión proporcional a su respectiva participación en la sociedad que se escinde y reduciendo ésta el capital social en la cuantía necesaria.

2. Si la parte del patrimonio que se transmite en bloque está constituida por una o varias empresas o establecimientos comerciales, industriales o de servicios, podrán ser atribuidas a la sociedad beneficiaria las deudas contraídas para la organización o el funcionamiento de la empresa que se traspasa.

Artículo 71. Segregación.

Se entiende por segregación el traspaso en bloque por sucesión universal de una o varias partes del patrimonio de una sociedad, cada una de las cuales forme una unidad económica, a una o varias sociedades, recibiendo a cambio la sociedad segregada acciones, participaciones o cuotas de las sociedades beneficiarias.

Artículo 72. Constitución de sociedad íntegramente participada mediante transmisión del patrimonio.

Se aplicarán también, en cuanto procedan, las normas de la escisión a la operación mediante la cual una sociedad transmite en bloque su patrimonio a otra sociedad de nueva creación, recibiendo a cambio todas las acciones, participaciones o cuotas de socio de la sociedad beneficiaria.

CAPÍTULO II

Régimen legal de la escisión

Artículo 73. Régimen jurídico de la escisión.

1. La escisión se regirá por las normas establecidas para la fusión en esta Ley, con las salvedades contenidas en este Capítulo, entendiendo que las referencias a la sociedad resultante de la fusión equivalen a referencias a las sociedades beneficiarias de la escisión.

2. La escisión en la que participen o resulten sociedades mercantiles de distinta nacionalidad se regirá por lo establecido en las respectivas leyes personales. En las sociedades anónimas europeas se estará al régimen que en cada caso les fuere aplicable.

Artículo 74. Proyecto de escisión.

En el proyecto de escisión, además de las menciones enumeradas para el proyecto de fusión, se incluirán:

1.º La designación y, en su caso, el reparto preciso de los elementos del activo y del pasivo que han de transmitirse a las sociedades beneficiarias.

2.º El reparto entre los socios de la sociedad escindida de las acciones, participaciones o cuotas que les correspondan en el capital de las sociedades beneficiarias, así como el criterio en que se funda ese reparto. No procederá esta mención en los casos de segregación.

Artículo 75. Atribución de elementos del activo y del pasivo.

1. En caso de escisión total, cuando un elemento del activo no se haya atribuido a ninguna sociedad beneficiaria en el proyecto de escisión y la interpretación de éste no permita decidir sobre el reparto, se distribuirá ese elemento o su contravalor entre todas las sociedades beneficiarias de manera proporcional al activo atribuido a cada una de ellas en el proyecto de escisión.

2. En caso de escisión total, cuando un elemento del pasivo no sea atribuido a alguna sociedad beneficiaria en el proyecto de escisión y la interpretación de éste no permita decidir sobre su reparto, responderán solidariamente de él todas las sociedades beneficiarias.

Artículo 76. Atribución de acciones, participaciones o cuotas a los socios.

En los casos de escisión total o de escisión parcial con pluralidad de sociedades beneficiarias, siempre que no se atribuyan a los socios de la sociedad que se escinde acciones, participaciones o cuotas de todas las sociedades beneficiarias, será necesario el consentimiento individual de los afectados.

Artículo 77. Informe de los administradores sobre el proyecto de escisión.

En el informe sobre el proyecto de escisión que habrán de redactar los administradores de las sociedades participantes en la escisión se deberá expresar que han sido emitidos los informes sobre las aportaciones no dinerarias previstos en esta Ley para el caso de que las sociedades beneficiarias de la escisión sean anónimas o comanditarias por acciones, así como el Registro Mercantil en que esos informes estén depositados o vayan a depositarse.

Artículo 78. Informe de expertos independientes.

1. Cuando las sociedades que participen en la escisión sean anónimas o comanditarias por acciones, el proyecto de escisión deberá someterse al informe de uno o varios expertos independientes designados por el Registrador mercantil del domicilio de cada una de esas sociedades. Dicho informe comprenderá, además, la valoración del patrimonio no dinerario que se transmita a cada sociedad.

2. No obstante lo establecido en el apartado anterior, los administradores de todas las sociedades que participan en la escisión podrán solicitar al Registrador

mercantil del domicilio de cualquiera de ellas el nombramiento de uno o varios expertos para la elaboración de un único informe.

3. El informe o informes de los expertos no serán necesarios cuando así lo acuerden la totalidad de los socios con derecho de voto y, en su caso, de quienes de acuerdo con la ley o los estatutos pudieran ejercer legítimamente el derecho de voto, de cada una de las sociedades que participan en la escisión.

Artículo 78 bis. Simplificación de requisitos.

En el caso de escisión por constitución de nuevas sociedades, si las acciones, participaciones o cuotas de cada una de las nuevas sociedades se atribuyen a los socios de la sociedad que se escinde proporcionalmente a los derechos que tenían en el capital de ésta, no serán necesarios el informe de los administradores sobre el proyecto de escisión ni el informe de expertos independientes, así como tampoco el balance de escisión.

Artículo 79. Modificaciones patrimoniales posteriores al proyecto de escisión.

Los administradores de la sociedad escindida están obligados a informar a su junta de socios sobre cualquier modificación importante del patrimonio acaecida entre la fecha de elaboración del proyecto de escisión y la fecha de reunión de la junta. La misma información deberán proporcionar, en los casos de escisión por absorción, los administradores de las sociedades beneficiarias y éstos a los administradores de la sociedad escindida, para que, a su vez, informen a su junta de socios.

Artículo 80. Responsabilidad solidaria por las obligaciones incumplidas.

De las obligaciones asumidas por una sociedad beneficiaria que resulten incumplidas responderán solidariamente las demás sociedades beneficiarias hasta el importe del activo neto atribuido en la escisión a cada una de ellas y, si subsistiera, la propia sociedad escindida por la totalidad de la obligación.

TÍTULO IV

De la cesión global de activo y pasivo

CAPÍTULO I

Disposiciones generales

Artículo 81. Cesión global de activo y pasivo.

1. Una sociedad inscrita podrá transmitir en bloque todo su patrimonio por sucesión universal, a uno o a varios socios o terceros, a cambio de una contraprestación que no podrá consistir en acciones, participaciones o cuotas de socio del cesionario.

2. La sociedad cedente quedará extinguida si la contraprestación fuese recibida total y directamente por los socios. En todo caso, la contraprestación que reciba cada socio deberá respetar las normas aplicables a la cuota de liquidación.

Artículo 82. Cesión global plural.

Cuando la cesión global se realice a dos o más cesionarios, cada parte del patrimonio que se ceda habrá de constituir una unidad económica.

Artículo 83. Cesión global por sociedades en liquidación.

Las sociedades en liquidación podrán ceder globalmente su activo y pasivo siempre que no hubiera comenzado la distribución de su patrimonio entre los socios.

Artículo 84. Cesión global internacional.

Cuando la sociedad cedente y el cesionario o cesionarios fueran de distinta nacionalidad, la cesión global de activo y pasivo se regirá por lo establecido en sus respectivas leyes personales. En las sociedades anónimas europeas se estará al régimen que en cada caso les fuere aplicable.

CAPÍTULO II

Régimen legal de la cesión global

Artículo 85. Proyecto de cesión global.

1. Los administradores de la sociedad habrán de redactar y suscribir un proyecto de cesión global, que contendrá, al menos, las siguientes menciones:

1.ª La denominación, el tipo social y el domicilio de la sociedad y los datos de identificación del cesionario o cesionarios.

2.ª La fecha a partir de la cual la cesión tendrá efectos contables de acuerdo con lo dispuesto en el Plan General de Contabilidad.

3.ª La información sobre la valoración del activo y pasivo del patrimonio, la designación y, en su caso, el reparto preciso de los elementos del activo y del pasivo que han de transmitirse a cada cesionario.

4.ª La contraprestación que hayan de recibir la sociedad o los socios. Cuando la contraprestación se atribuya a los socios, se especificará el criterio en que se funde el reparto.

5.ª Las posibles consecuencias de la cesión global sobre el empleo.

2. Los administradores deberán presentar para su depósito en el Registro Mercantil un ejemplar del proyecto de cesión global.

Artículo 86. Informe de los administradores.

Los administradores elaborarán un informe explicando y justificando detalladamente el proyecto de cesión global.

Artículo 87. Acuerdo de cesión global.

1. La cesión global habrá de ser acordada necesariamente por la junta de socios de la sociedad cedente, ajustándose estrictamente al proyecto de cesión global, con los requisitos establecidos para la adopción del acuerdo de fusión.

2. El acuerdo de cesión global se publicará en el «Boletín Oficial del Registro Mercantil» y en un diario de gran circulación en la provincia del domicilio social, con expresión de la identidad del cesionario o cesionarios. En el anuncio se hará constar el derecho que asiste a los socios y acreedores de obtener el texto íntegro del acuerdo adoptado, así como el derecho de oposición que corresponde a los acreedores.

No será necesaria la publicación del acuerdo de cesión global cuando el acuerdo se comunique individualmente por escrito a todos los socios y acreedores, por un procedimiento que asegure la recepción de aquél en el domicilio que figure en la documentación de la sociedad. Asimismo, deberá ponerse a disposición de los representantes de los trabajadores el proyecto de cesión global y el informe de los administradores.

Artículo 88. Derecho de oposición de los acreedores.

1. La cesión global no podrá ser realizada antes de que transcurra un mes, contado desde la fecha de publicación del último anuncio del acuerdo o, en caso de comunicación por escrito a todos los socios y acreedores, del envío de la comunicación al último de ellos.

2. Dentro de ese plazo, los acreedores de la sociedad cedente y los acreedores del cesionario o cesionarios podrán oponerse a la cesión, en las mismas condiciones y con los mismos efectos previstos para el caso de fusión.

Artículo 89. Escritura e inscripción de la cesión global.

1. La cesión global se hará constar en escritura pública otorgada por la sociedad cedente y por el cesionario o cesionarios. La escritura recogerá el acuerdo de cesión global adoptado por la sociedad cedente.

2. La eficacia de la cesión global se producirá con la inscripción en el Registro Mercantil de la sociedad cedente. Si la sociedad se extinguiera como consecuencia de la cesión, se cancelarán sus asientos registrales.

Artículo 90. Impugnación de la cesión global.

Será de aplicación a la cesión global lo dispuesto para las fusiones en el artículo 47 de esta Ley.

Artículo 91. Responsabilidad solidaria por las obligaciones incumplidas.

1. De las obligaciones asumidas por un cesionario que resulten incumplidas responderán solidariamente los demás cesionarios, hasta el límite del activo neto atribuido a cada uno de ellos en la cesión; y, según los casos, los socios hasta el límite de lo que hubieran recibido como contraprestación por la cesión, o la propia sociedad que no se hubiera extinguido, por la totalidad de la obligación.

2. La responsabilidad solidaria de los cesionarios y los socios prescribirá a los cinco años.

TÍTULO V

Del traslado internacional del domicilio social

CAPÍTULO I

Disposiciones generales

Artículo 92. Régimen jurídico del traslado internacional del domicilio social.

El traslado al extranjero del domicilio social de una sociedad mercantil española inscrita y el de una sociedad extranjera al territorio español se regirán por lo dispuesto en los Tratados o Convenios Internacionales vigentes en España y en este Título, sin perjuicio de lo establecido para la sociedad anónima europea.

Artículo 93. Traslado del domicilio social al extranjero.

1. El traslado al extranjero del domicilio de una sociedad inscrita constituida conforme a la ley española sólo podrá realizarse si el Estado a cuyo territorio se traslada permite el mantenimiento de la personalidad jurídica de la sociedad.

2. No podrán trasladar el domicilio al extranjero las sociedades en liquidación ni aquellas que se encuentren en concurso de acreedores.

Artículo 94. Traslado a territorio español del domicilio social.

1. El traslado al territorio español del domicilio de una sociedad constituida conforme a la ley de otro Estado parte del Espacio Económico Europeo no afectará a la personalidad jurídica de la sociedad. No obstante, deberá cumplir con lo exigido por la ley española para la constitución de la sociedad cuyo tipo ostente, salvo que dispongan otra cosa los Tratados o Convenios Internacionales vigentes en España.

En particular, las sociedades extranjeras de capital que pretendan trasladar su domicilio social a España desde un Estado que no forme parte del Espacio Económico Europeo deberán justificar con informe de experto independiente que su patrimonio neto cubre la cifra del capital social exigido por el Derecho español.

2. La misma regla se aplicará al traslado a España del domicilio de sociedades constituidas conforme a la ley de otros Estados, si su ley personal lo permite con mantenimiento de la personalidad jurídica.

CAPÍTULO II

Régimen legal del traslado

Artículo 95. Proyecto de traslado.

1. Los administradores de la sociedad que pretenda trasladar el domicilio al extranjero habrán de redactar y suscribir un proyecto de traslado. Si falta la firma de alguno de ellos, se señalará al final del proyecto con indicación de la causa.

2. El proyecto de traslado contendrá, al menos, las menciones siguientes:

1.ª La denominación y domicilio de la sociedad, así como los datos identificadores de la inscripción en el Registro Mercantil.

2.ª El nuevo domicilio social propuesto.

3.ª Los estatutos que han de regir la sociedad después de su traslado, incluida, en su caso, la nueva denominación social.

4.ª El calendario previsto para el traslado.

5.ª Los derechos previstos para la protección de los socios y de los acreedores, así como de los trabajadores.

3. Los administradores están obligados a presentar, para su depósito en el Registro Mercantil correspondiente, un ejemplar del proyecto de traslado. Efectuados el depósito y la calificación del Registrador, éste comunicará al Registrador mercantil central para su inmediata publicación en el «Boletín Oficial del Registro Mercantil» el hecho del depósito y la fecha en que hubiere tenido lugar. La publicación de la convocatoria de la junta de socios que haya de resolver sobre el traslado no podrá realizarse antes de que hubiese quedado efectuado el depósito.

En el anuncio en el «Boletín Oficial del Registro Mercantil» deberán constar la denominación, el tipo social y el domicilio de la sociedad que se traslada, los datos de su inscripción en el Registro Mercantil, así como una indicación de las condiciones de ejercicio de los derechos de los socios y de los acreedores y la dirección donde pueda obtenerse, sin gastos, información sobre esas condiciones.

Artículo 96. Informe de los administradores.

Los administradores elaborarán un informe explicando y justificando detalladamente el proyecto de traslado en sus aspectos jurídicos y económicos, así como sus consecuencias para los socios, los acreedores y los trabajadores.

Artículo 97. Aprobación por la junta de socios.

El traslado del domicilio a otro Estado habrá de ser acordado necesariamente por la junta de socios con los requisitos y formalidades establecidos en el régimen de la sociedad que se traslada.

Artículo 98. Convocatoria de la junta y derecho de información.

1. La convocatoria de la junta deberá publicarse en el «Boletín Oficial del Registro Mercantil» y en uno de los diarios de gran circulación en la provincia en la que la sociedad tenga su domicilio, con dos meses de antelación como mínimo a la fecha prevista para la celebración de la junta.

2. Junto a la convocatoria deberán publicarse, además, las siguientes menciones:

1.ª El domicilio actual y el domicilio que en el extranjero pretende tener la sociedad.

2.ª El derecho que tienen los socios y los acreedores de examinar en el domicilio social el proyecto de traslado y el informe de los administradores, así como el derecho de obtener gratuitamente, si así lo solicitaren, copias de dichos documentos.

3.ª El derecho de separación de los socios y el derecho de oposición que corresponde a los acreedores y la forma de ejercitar esos derechos.

Artículo 99. Derecho de separación de los socios.

Los socios que hubieran votado en contra del acuerdo de traslado del domicilio social al extranjero podrán separarse de la sociedad conforme a lo dispuesto en el Título IX de la Ley de Sociedades de Capital.

Artículo 100. Derecho de oposición de los acreedores.

Los acreedores de la sociedad cuyo crédito hubiera nacido antes de la fecha de la publicación del proyecto de traslado del domicilio social al extranjero tendrán el derecho de oponerse al traslado en los términos establecidos para la oposición a la fusión.

Artículo 101. Certificación previa al traslado.

A la vista de los datos obrantes en el Registro Mercantil y en la escritura pública de traslado presentada, el Registrador mercantil del domicilio social de la sociedad certificará el cumplimiento de los actos y trámites que han de realizarse por la sociedad antes del traslado. Una vez expedida esa certificación quedará cerrado el Registro para nuevas inscripciones.

Artículo 102. Eficacia del traslado del domicilio de la sociedad al extranjero.

El traslado del domicilio social, así como la correspondiente modificación de la escritura social o de los estatutos, surtirán efecto en la fecha en que la sociedad se haya inscrito en el Registro del nuevo domicilio.

Artículo 103. Cancelación de la inscripción.

La cancelación de la inscripción de la sociedad en el Registro Mercantil tendrá lugar cuando se aporten el certificado que acredite la inscripción de la sociedad en el Registro de su nuevo domicilio social y los anuncios de esa inscripción en el «Boletín Oficial del Registro Mercantil» y en uno de los diarios de gran circulación en la provincia en que la sociedad hubiera tenido su domicilio.

Disposición adicional primera. Derechos laborales derivados de modificaciones estructurales.

1. Lo previsto en esta Ley se entiende sin perjuicio de los derechos de información y consulta de los trabajadores previstos en la legislación laboral.

2. En el supuesto de que las modificaciones estructurales reguladas en esta Ley comporten un cambio en la titularidad de la empresa, de un centro de trabajo o de una unidad productiva autónoma, serán de aplicación las previsiones recogidas en el artículo 44 del Texto Refundido de la Ley del Estatuto de los Trabajadores, aprobado por Real Decreto Legislativo 1/1995, de 24 de marzo.

Disposición adicional segunda.

La transformación, fusión, escisión o cesión global de activo y pasivo de las sociedades colectivas no inscritas y, en general, de las sociedades irregulares, requerirán su previa inscripción registral.

Disposición adicional tercera. Régimen aplicable a las operaciones de fusión, escisión y cesión global o parcial de activos y pasivos entre entidades de crédito.

1. Las operaciones de fusión entre entidades de crédito de la misma naturaleza, así como las de escisión y cesión global de activos y pasivos entre entidades de crédito de idéntica o distinta naturaleza se regirán por las normas establecidas para dichas operaciones en la presente ley, sin perjuicio de lo previsto en la legislación específica aplicable a estas entidades.

2. Cuando la operación consista en el traspaso por sucesión universal de una o varias partes del patrimonio de una entidad de crédito, cualquiera que sea su naturaleza, que formen una unidad económica, a otra entidad de crédito de igual o distinta naturaleza a cambio de una contraprestación que no consista en acciones, participaciones o cuotas de la entidad cesionaria, resultará de aplicación a la misma el régimen de la cesión global de activos y pasivos previsto en los artículos 85 a 91 de la presente ley, sin perjuicio de lo previsto en su legislación específica.

Disposición transitoria. Régimen transitorio.

La presente Ley se aplicará a las modificaciones estructurales de sociedades mercantiles cuyos proyectos no hubieren sido aún aprobados por la sociedad o sociedades implicadas con anterioridad a la entrada en vigor de la Ley.

Disposición derogatoria. Normas derogadas.

A la entrada en vigor de la presente Ley quedarán derogados:

1.º El apartado segundo del artículo 149, el Capítulo VIII (artículos 223 a 259), el número 6º del apartado primero del artículo 260 y el apartado segundo de la disposición adicional primera del Texto Refundido de la Ley de Sociedades Anónimas aprobado por Real Decreto Legislativo 1564/1989, de 22 de diciembre.

2.º El Capítulo VIII (artículos 87 a 94), el párrafo segundo del apartado segundo del artículo 111, el artículo 117 y el artículo 143 de la Ley 2/1995, de 23 de marzo, de Sociedades de Responsabilidad Limitada.

3.º Los artículos 19 y 20 de la Ley 12/1991, de 29 de abril, de Agrupaciones de Interés Económico.

Disposición final primera. Modificación del Texto Refundido de la Ley de Sociedades Anónimas, aprobado por Real Decreto Legislativo 1564/1989, de 22 de diciembre.

Disposición final segunda. Modificación de la Ley 2/1995, de 23 de marzo, de Sociedades de Responsabilidad Limitada.

Disposición final tercera. Modificación de la Ley 31/2006, de 18 de octubre, sobre implicación de los trabajadores en las sociedades anónimas y cooperativas europeas.

Uno. Se introduce un nuevo título en la Ley 31/2006, de 18 de octubre, sobre implicación de los trabajadores en las sociedades anónimas y cooperativas europeas, con la siguiente redacción:

«TÍTULO IV

Disposiciones aplicables a las fusiones transfronterizas intracomunitarias de sociedades de capital

CAPÍTULO I

Disposiciones aplicables a las sociedades resultantes de fusiones transfronterizas intracomunitarias con domicilio en España

Artículo 39. Derechos de participación de los trabajadores en las sociedades resultantes de fusiones transfronterizas intracomunitarias.

1. La participación de los trabajadores en la sociedad resultante de la fusión transfronteriza intracomunitaria que tenga o vaya a tener su domicilio en España, así como su implicación en la definición de los derechos correspondientes, se regirá por las disposiciones previstas en este capítulo cuando concurra alguna de las siguientes circunstancias:

a) Que al menos una de las sociedades que se fusionan emplee, durante el período de seis meses que precede a la publicación del proyecto común de fusión, un número medio de trabajadores superior a 500 y esté gestionada en régimen de participación de los trabajadores.

b) Que en el caso de existir participación de los trabajadores en la sociedad resultante de la fusión transfronteriza aquella no alcance al menos el mismo nivel de participación de los trabajadores que el aplicado a las sociedades participantes en la fusión, medido en función de la proporción de miembros que representan a los trabajadores en el órgano de administración o control, o sus comités, o en el órgano directivo competente dentro de las sociedades para decidir el reparto de los beneficios.

c) Que, en el caso de existir participación de los trabajadores en la sociedad resultante de la fusión, los trabajadores de los establecimientos de tal sociedad situados en otros Estados miembros ejerzan unos derechos de participación inferiores a los derechos de participación que ejercen los trabajadores empleados en España.

2. La aplicación de las disposiciones de este Capítulo excluye la de las disposiciones de cualquier otro Estado miembro en que la sociedad resultante de la fusión o las sociedades que se fusionan cuenten con centros de trabajo, salvo en los casos en los que exista una remisión expresa en este capítulo.

Artículo 40. Procedimiento de negociación de los derechos de participación.

Serán de aplicación a los derechos de participación de los trabajadores las disposiciones contenidas en el Capítulo I del Título I de esta Ley, con las siguientes peculiaridades:

1.ª Los órganos competentes de las sociedades que participen en la fusión tendrán derecho a optar, sin negociación previa, por estar directamente sujetas a las disposiciones subsidiarias contempladas en el artículo 20 para la participación de los trabajadores en los supuestos de fusión de sociedades, o por respetar dichas disposiciones a partir de la fecha de registro de la sociedad resultante de la fusión.

2.ª No será de aplicación lo previsto en los apartados 2 y 3 del artículo 8, respecto de las funciones de la comisión negociadora. No obstante, la comisión negociadora tendrá derecho a decidir, por mayoría de dos tercios de sus miembros que representen al menos a dos tercios de los trabajadores, incluidos los votos de los miembros que representen a los trabajadores en, al menos, dos Estados miembros diferentes, no iniciar negociaciones o poner fin a las negociaciones ya entabladas, y basarse en las normas de participación vigentes en la legislación laboral española.

3.ª No será de aplicación lo previsto en el artículo 9.2. En el caso de que en alguna de las sociedades que se fusionan se aplicara un sistema de participación de los trabajadores en sus órganos de administración o de control que afectasen, al menos, a un 25 por 100 del número total de trabajadores empleados en el conjunto de las sociedades participantes, cuando el resultado de las negociaciones pueda determinar una reducción de los derechos de participación de los trabajadores existentes en las sociedades participantes, la mayoría necesaria para tomar tal acuerdo será la de dos tercios de los miembros de la comisión negociadora, que representen a su vez, al menos, a dos tercios de los trabajadores e incluyan los votos de miembros que representen a trabajadores de, al menos, dos Estados miembros.

Se entenderá por reducción de los derechos de participación, a estos efectos, el establecimiento de un número de miembros en los órganos de la sociedad resultante de la fusión inferior al mayor número existente en cualquiera de las sociedades participantes.

4.ª El contenido del acuerdo deberá incluir:

a) La identificación de las partes que lo conciertan.

b) El ámbito de aplicación del acuerdo.

c) Los elementos esenciales de las normas de participación, incluida, en su caso, la determinación del número de miembros del órgano de administración de la sociedad resultante de la fusión transfronteriza que los trabajadores tendrán derecho a elegir, designar o recomendar o a cuya designación tendrán derecho a oponerse, de los procedimientos a seguir para ello y de sus derechos.

d) La fecha de entrada en vigor del acuerdo, su duración y las condiciones de su denuncia, prórroga y renegociación.

Artículo 41. Aplicación de las disposiciones subsidiarias en materia de participación.

1. Las disposiciones subsidiarias previstas en el artículo 20 en materia de participación de los trabajadores serán de aplicación a la sociedad resultante de la fusión transfronteriza intracomunitaria, a partir de la fecha de su constitución, en los siguientes casos:

a) Cuando las partes así lo decidan.

b) Cuando no se haya alcanzado ningún acuerdo en el plazo de seis meses o, en su caso, durante el periodo de prórroga de este plazo, en los términos previstos en el artículo 10, y siempre que:

1.º La comisión negociadora no haya adoptado la decisión de no iniciar negociaciones o poner fin a las negociaciones ya entabladas y basarse en las normas de participación vigentes en la legislación laboral española.

2.º Los órganos competentes de cada una de las sociedades participantes decidan aceptar la aplicación de las disposiciones subsidiarias. Si decidieran no aceptar la aplicación de dichas disposiciones, no podrá continuarse con el proceso de fusión.

3.º Se aplicara con anterioridad a la inscripción de la sociedad resultante de la fusión en alguna de las sociedades participantes un sistema de participación de los trabajadores en sus órganos de administración o de control que afectase al 33,3 por 100, al menos, del número total de trabajadores empleados en el conjunto de las sociedades participantes, o bien a un número inferior, si la comisión negociadora así lo decide.

2. A los efectos de lo dispuesto en el apartado anterior, se tomarán en consideración todos aquellos sistemas de participación previos que respondan a lo establecido en el artículo 2 l), con independencia de su origen legal o convencional.

Si ninguna de las sociedades participantes estuviera regida por uno de tales sistemas de participación antes de la inscripción de la fusión, la sociedad resultante de la fusión no estará obligada a establecer disposiciones en materia de participación de los trabajadores.

Cuando en el seno de las diferentes sociedades participantes hubiesen existido diferentes sistemas de participación de los trabajadores, corresponde a la comisión negociadora decidir cuál de dichos sistemas deberá aplicarse en la sociedad. La comisión negociadora deberá informar al órgano competente de las sociedades participantes sobre la decisión adoptada a este respecto.

Si en la fecha de inscripción de la sociedad la comisión negociadora no ha informado al órgano competente de las sociedades participantes sobre la existencia de una decisión adoptada conforme a lo señalado en el párrafo anterior, se aplicará a la sociedad resultante de la fusión el sistema de participación que hubiera afectado con anterioridad al mayor número de trabajadores de las sociedades participantes.

Artículo 42. Extensión a las sociedades resultantes de fusiones transfronterizas intracomunitarias de determinadas disposiciones aplicables a las sociedades europeas.

Serán de aplicación a las sociedades resultantes de fusiones transfronterizas intracomunitarias domiciliadas en España las disposiciones contenidas en el Capítulo III del Título I para las sociedades europeas, salvo en sus referencias a los órganos de representación y los representantes de los trabajadores que ejerzan sus funciones en el marco de un procedimiento de información y consulta.

Artículo 43. Protección en caso de fusiones nacionales posteriores.

Cuando la sociedad resultante de la fusión transfronteriza intracomunitaria esté gestionada en régimen de participación de los trabajadores, dicha sociedad deberá garantizar la protección de los derechos de los trabajadores en caso de ulteriores fusiones nacionales durante un plazo de tres años después de que la fusión transfronteriza intracomunitaria haya surtido efecto, aplicándose en tal caso las disposiciones establecidas en este título en cuanto sea posible.

CAPÍTULO II

Disposiciones aplicables a los centros de trabajo situados en España de las sociedades resultantes de fusiones transfronterizas intracomunitarias

Artículo 44. Ámbito de aplicación del capítulo.

1. Salvo en sus referencias al órgano de representación, las disposiciones contenidas en el Título II serán aplicables a los centros de trabajo situados en España de las sociedades resultantes de fusiones transfronterizas con domicilio social en cualquier Estado miembro del Espacio Económico Europeo.

2. Asimismo, serán de aplicación a las sociedades participantes en procesos de fusión transfronteriza intracomunitaria y a las sociedades resultantes de dichos procesos las disposiciones contenidas en el Título III, respecto de los procedimientos judiciales, en los términos establecidos en dicho título.

3. Lo previsto en los apartados anteriores únicamente será de aplicación en los casos en que deba existir participación de los trabajadores en la sociedad resultante de la fusión, de conformidad con las disposiciones de los Estados miembros por las que se dé cumplimiento al artículo 16 de la Directiva 2005/56/CE, del Parlamento Europeo y del Consejo, de 26 de octubre de 2005, relativa a las fusiones transfronterizas de las sociedades de capital.

Artículo 45. Eficacia jurídica en España de las disposiciones de otros Estados miembros.

Los acuerdos entre la comisión negociadora y el órgano competente de las sociedades participantes concluidos conforme a las disposiciones de los Estados miembros y, en su defecto, las normas subsidiarias de las citadas disposiciones obligan a todos los centros de trabajo de la sociedad resultante de la fusión incluidos dentro de su ámbito de aplicación y situados en territorio español, así como a sus trabajadores respectivos, durante todo el tiempo de su vigencia.

No obstante, la validez y eficacia de dichos acuerdos en ningún caso podrán menoscabar ni alterar las competencias de negociación, información y consulta que la legislación española otorga a los comités de empresa, delegados de personal y organizaciones sindicales, así como a cualquier otra instancia representativa creada por la negociación colectiva.»

Dos. Se modifican los apartados 3 y 4 de la disposición adicional primera, que quedan redactados del siguiente modo:

«3. Esta Ley no afectará:

a) A los actuales derechos de implicación de los trabajadores distintos de los de participación en los órganos de la SE de que gocen los trabajadores de la SE y de sus centros de trabajo y empresas filiales de conformidad con las legislaciones y prácticas nacionales de los Estados miembros.

Tampoco afectará a los derechos de implicación de los trabajadores distintos de los de participación en los órganos de la sociedad resultante de la fusión transfronteriza intracomunitaria de que gocen los trabajadores de la sociedad y de sus centros de trabajo de conformidad con las legislaciones y prácticas nacionales de los Estados miembros.

b) A los derechos en materia de participación en los órganos de que gocen los trabajadores de las filiales de la SE de conformidad con las legislaciones y prácticas nacionales.

4. Para salvaguardar los derechos mencionados en el apartado 3, el registro de la sociedad no extinguirá por sí mismo el mandato de los representantes legales de los trabajadores de las sociedades participantes que dejen de existir como entidades jurídicas diferenciadas, que seguirán ejerciendo sus funciones en los mismos términos y bajo las mismas condiciones que regían con anterioridad.»

Disposición final cuarta. Modificación de la Ley 13/1989, de 26 de mayo, de Cooperativas de Crédito.

Se da nueva redacción al artículo décimo de la Ley 13/1989, de 26 de mayo, de Cooperativas de Crédito, cuya redacción pasa a ser la siguiente:

«Artículo décimo. Fusión, escisión y transformación:

1. Requerirán autorización administrativa previa, con informe del Banco de España, las fusiones, escisiones o transformaciones que afecten a una Cooperativa de Crédito.

En el caso de que la entidad resultante de la fusión, escisión o transformación fuese una Cooperativa de Crédito, ésta deberá solicitar su inscripción en el Registro correspondiente del Banco de España, sin perjuicio de la inscripción que proceda en los Registros de las Comunidades Autónomas que ostenten competencias en esta materia en virtud de sus Estatutos de Autonomía, y cumplir las demás normas y obligaciones registrales.

2. Cuando una Cooperativa de Crédito se transforme en otra entidad de crédito, el Fondo de Reserva Obligatorio de aquella pasará a integrarse en el capital social de la entidad resultante de la transformación.

Dicha transformación no supondrá la pérdida de la condición de fiscalmente protegida en el período impositivo del Impuesto sobre Sociedades que concluya con la transformación de la forma jurídica de la entidad, en los términos establecidos en el artículo 26 del Texto Refundido de la Ley del Impuesto sobre Sociedades, aprobado por el Real Decreto Legislativo 4/2004, de 5 de marzo. En dicho período impositivo se integrará en la base imponible correspondiente a los resultados cooperativos o extracooperativos, según proceda, la parte del Fondo de Reserva Obligatorio que hubiese minorado dicha base imponible en períodos anteriores.»

Disposición final quinta. Título competencial.

Esta Ley se dicta al amparo de las competencias que el artículo 149.1.6.ª de la Constitución atribuye en exclusiva al Estado en materia de legislación mercantil.

Disposición final sexta. Incorporación de Derecho comunitario.

Mediante esta Ley se incorporan al Derecho español la Directiva 2005/56/CE del Parlamento Europeo y del Consejo, de 26 de octubre de 2005, relativa a las fusiones transfronterizas de las sociedades de capital y la Directiva 2006/68/CE, del Parlamento Europeo y del Consejo, de 6 de septiembre de 2006, por la que se modifica la Directiva 77/91/CEE del Consejo en lo relativo a la constitución de la sociedad anónima, así como al mantenimiento y modificaciones de su capital. Asimismo se incorpora la Directiva 2007/63/CE del Parlamento Europeo y del Consejo, de 13 de noviembre de 2007, por la que se modifican las Directivas 78/855/CEE y 82/891/CEE del Consejo por lo que respecta al requisito de presentación de un informe de un perito independiente en caso de fusión o escisión de sociedades anónimas.

Disposición final séptima. Habilitación al Gobierno.

1. Se habilita al Gobierno para que en el plazo de doce meses proceda a refundir en un único texto, y bajo el título «Ley de Sociedades de Capital», las leyes reguladoras de las sociedades de capital, regu-

larizando, aclarando y armonizando los siguientes textos legales:

- La Sección 4.ª, Título I, Libro II, del Código de Comercio de 1885, relativa a las sociedades comanditarias por acciones.
- El Real Decreto Legislativo 1564/1989, de 22 de diciembre, por el que se aprueba el Texto Refundido de la Ley de Sociedades Anónimas.
- La Ley 2/1995, de 23 de marzo, de Sociedades de Responsabilidad Limitada.
- Y el Título X de la Ley 24/1988, de 28 de julio, del Mercado de Valores, relativo a sociedades anónimas cotizadas.

2. Se autoriza al Gobierno para que dicte cuantas disposiciones sean precisas para la debida ejecución y cumplimiento de lo dispuesto en esta Ley.

Disposición final octava. Entrada en vigor.

La presente Ley entrará en vigor a los tres meses de su publicación en el «Boletín Oficial del Estado», salvo las disposiciones del Capítulo II del Título II, relativas a las fusiones transfronterizas intracomunitarias, que entrarán en vigor el día siguiente al de su publicación en el «Boletín Oficial del Estado».

REAL DECRETO LEGISLATIVO 4/2004, DE 5 DE MARZO, POR EL QUE SE APRUEBA EL TEXTO REFUNDIDO DE LA LEY DEL IMPUESTO SOBRE SOCIEDADES

TÍTULO VII. Regímenes tributarios especiales.

CAPÍTULO VIII. Régimen especial de las fusiones, escisiones, aportaciones de activos, canje de valores y cambio de domicilio social de una sociedad europea o una sociedad cooperativa europea de un estado miembro a otro de la unión europea[2].

Artículo 83. Definiciones.

1. Tendrá la consideración de fusión la operación por la cual:

a. Una o varias entidades transmiten en bloque a otra entidad ya existente, como consecuencia y en el momento de su disolución sin liquidación, sus

---

[2] Modifican artículos de este Capítulo:
- Ley 4/2008, de 23 de diciembre, por la que se suprime el gravamen del Impuesto sobre el Patrimonio, se generaliza el sistema de devolución mensual en el Impuesto sobre el Valor Añadido, y se introducen otras modificaciones en la normativa tributaria.
- Ley 16/2007, de 4 de julio, de reforma y adaptación de la legislación mercantil en materia contable para su armonización internacional con base en la normativa de la Unión Europea.
- Ley 35/2006, de 28 de noviembre, del Impuesto sobre la Renta de las Personas Físicas y de modificación parcial de las leyes de los Impuestos sobre Sociedades, sobre la Renta de no Residentes y sobre el Patrimonio.
- Ley 25/2006, de 17 de julio, por la que se modifica el régimen fiscal de las reorganizaciones empresariales y del sistema portuario y se aprueban medidas tributarias para la financiación sanitaria y para el sector del transporte por carretera.

respectivos patrimonios sociales, mediante la atribución a sus socios de valores representativos del capital social de la otra entidad y, en su caso, de una compensación en dinero que no exceda del 10 % del valor nominal o, a falta de valor nominal, de un valor equivalente al nominal de dichos valores deducido de su contabilidad.

b. Dos o más entidades transmiten en bloque a otra nueva, como consecuencia y en el momento de su disolución sin liquidación, la totalidad de sus patrimonios sociales, mediante la atribución a sus socios de valores representativos del capital social de la nueva entidad y, en su caso, de una compensación en dinero que no exceda del 10 % del valor nominal o, a falta de valor nominal, de un valor equivalente al nominal de dichos valores deducido de su contabilidad.

c. Una entidad transmite, como consecuencia y en el momento de su disolución sin liquidación, el conjunto de su patrimonio social a la entidad que es titular de la totalidad de los valores representativos de su capital social.

2.

1. Tendrá la consideración de escisión la operación por la cual:

a. Una entidad divide en dos o más partes la totalidad de su patrimonio social y los transmite en bloque a dos o más entidades ya existentes o nuevas, como consecuencia de su disolución sin liquidación, mediante la atribución a sus socios, con arreglo a una norma proporcional, de valores representativos del capital social de las entidades adquirentes de la aportación y, en su caso, de una compensación en dinero que no exceda del 10 % del valor nominal o, a falta de valor nominal, de un valor equivalente al nominal de dichos valores deducido de su contabilidad.

b. Una entidad segrega una o varias partes de su patrimonio social que formen ramas de actividad y las transmite en bloque a una o varias entidades de nueva creación o ya existentes, manteniéndose al menos una rama de actividad en la entidad transmitente, recibiendo a cambio valores representativos del capital social de estas últimas, que deberán atribuirse a sus socios en proporción a sus respectivas participaciones, con la consiguiente reducción de capital social y reservas en la cuantía necesaria, y, en su caso, una compensación en dinero en los términos de la letra anterior.

c. Una entidad segrega una parte de su patrimonio social, constituida por participaciones en el capital de otras entidades que confieran la mayoría del capital social en estas, manteniendo en su patrimonio al menos participaciones de similares características en el capital de otra u otras entidades o bien una rama de actividad, y la transmite a otra entidad, de nueva creación o ya existente, recibiendo a cambio valores representativos del capital de la entidad adquirente, que deberá atribuir a sus socios en proporción a sus respectivas participaciones, reduciendo el capital social y las reservas en la cuantía necesaria y, en su caso, una compensación en dinero en los términos de la letra a anterior.

2. En los casos en que existan dos o más entidades adquirentes, la atribución a los socios de la entidad que se escinde de valores representativos del capital de alguna de las entidades adquirentes en proporción distinta a la que tenían en la que se escinde requerirá que los patrimonios adquiridos por aquéllas constituyan ramas de actividad.

3. Tendrá la consideración de aportación no dineraria de ramas de actividad la operación por la cual una entidad aporta, sin ser disuelta, a otra entidad de nueva creación o ya existente la totalidad o una o más ramas de actividad, recibiendo a cambio valores representativos del capital social de la entidad adquirente.

4. Se entenderá por rama de actividad el conjunto de elementos patrimoniales que sean susceptibles de constituir una unidad económica autónoma determinante de una explotación económica, es decir, un conjunto capaz de funcionar por sus propios medios. Podrán ser atribuidas a la sociedad adquirente las deudas contraídas para la organización o el funcionamiento de los elementos que se traspasan.

5. Tendrá la consideración de canje de valores representativos del capital social la operación por la cual una entidad adquiere una participación en el capital social de otra que le permite obtener la mayoría de los derechos de voto en ella o, si ya dispone de dicha mayoría, adquirir una mayor participación, mediante la atribución a los socios, a cambio de sus valores, de otros representativos del capital social de la primera entidad y, en su caso, de una compensación en dinero que no exceda del 10 % del valor nominal o, a falta de valor nominal, de un valor equivalente al nominal de dichos valores deducido de su contabilidad.

6. El régimen tributario previsto en este capítulo será igualmente aplicable a las operaciones en las que intervengan sujetos pasivos de este impuesto que no tengan la forma jurídica de sociedad mercantil, siempre que produzcan resultados equivalentes a los derivados de las operaciones mencionadas en los apartados anteriores.

7. El régimen tributario previsto en este Capítulo será igualmente aplicable a las operaciones de cambio de domicilio social de una Sociedad Europea o una Sociedad Cooperativa Europea de un Estado miembro a otro de la Unión Europea, respecto de los bienes y derechos situados en territorio español que queden afectados con posterioridad a un establecimiento permanente situado en dicho territorio. A estos efectos, las reglas previstas en este régimen especial para los supuestos de transmisiones de bienes y derechos serán de aplicación a las operaciones de cambio de domicilio social, aún cuando no den lugar a dichas transmisiones.

Artículo 84. Régimen de las rentas derivadas de la transmisión.

1. No se integrarán en la base imponible las siguientes rentas derivadas de las operaciones a que se refiere el artículo anterior:

a. Las que se pongan de manifiesto como consecuencia de las transmisiones realizadas por entidades residentes en territorio español de bienes y derechos en él situados.

Cuando la entidad adquirente resida en el extranjero sólo se excluirán de la base imponible las rentas derivadas de la transmisión de aquellos elementos que queden afectados a un establecimiento permanente situado en territorio español.

La transferencia de estos elementos fuera del territorio español determinará la integración en la base imponible del establecimiento permanente, en el período impositivo en que se produzca aquélla, de la diferencia entre el valor normal de mercado y el valor a que se refiere el artículo siguiente minorado, en su caso, en el importe de las amortizaciones y otras correcciones de valor reflejadas contablemente que hayan sido fiscalmente deducibles.

b. Las que se pongan de manifiesto como consecuencia de las transmisiones realizadas por entidades residentes en territorio español, de establecimientos permanentes situados en el territorio de Estados no pertenecientes a la Unión Europea en favor de entidades residentes en territorio español.

c. Las que se pongan de manifiesto como consecuencia de las transmisiones realizadas por entidades no residentes en territorio español, de establecimientos permanentes en él situados.

Cuando la entidad adquirente resida en el extranjero sólo se excluirán de la base imponible las rentas derivadas de la transmisión de aquellos elementos que queden afectados a un establecimiento permanente situado en territorio español.

La transferencia de estos elementos fuera del territorio español determinará la integración en la base imponible del establecimiento permanente, en el ejercicio en que se produzca aquélla, de la diferencia entre el valor normal de mercado y el valor a que se refiere el artículo siguiente minorado, en su caso, en el importe de las amortizaciones y otras correcciones de valor reflejadas contablemente que hayan sido fiscalmente deducibles.

d. Las que se pongan de manifiesto como consecuencia de las transmisiones realizadas por entidades residentes en territorio español, de establecimientos permanentes situados en el territorio de Estados miembros de la Unión Europea, a favor de entidades que residan en ellos, revistan una de las formas enumeradas en el anexo de la Directiva 90/434/CEE del Consejo, de 23 de julio de 1990, relativa al régimen fiscal común aplicable a las fusiones, escisiones, escisiones parciales, aportaciones de activos y canjes de acciones realizados entre sociedades de diferentes Estados miembros y al traslado del domicilio social de una Sociedad Europea o una Sociedad Cooperativa Europea de un Estado miembro a otro, y estén sujetas y no exentas a alguno de los tributos mencionados en su artículo 3.

No se excluirán de la base imponible las rentas derivadas de las operaciones referidas en las letras a, b y c anteriores, cuando la entidad adquirente se halle exenta por este impuesto o sometida al régimen de atribución de rentas.

Se excluirán de la base imponible las rentas derivadas de las operaciones a que se refiere este apartado aunque la entidad adquirente disfrute de la aplicación de un tipo de gravamen o un régimen tributario especial. Cuando la entidad adquirente disfrute de la aplicación de un tipo de gravamen o un régimen tributario especial distinto de la transmitente, como consecuencia de su diferente forma jurídica, la renta derivada de la transmisión de elementos patrimoniales existentes en el momento de la operación, realizada con posterioridad a ésta, se entenderá generada de forma lineal, salvo prueba en contrario durante todo el tiempo de tenencia del elemento transmitido. La parte de dicha renta generada hasta el momento de realización de la operación será gravada aplicando el tipo de gravamen y el régimen tributario que hubiera correspondido a la entidad transmitente.

2. Podrá renunciarse al régimen establecido en el apartado anterior, mediante la integración en la base imponible de las rentas derivadas de la transmisión de la totalidad o parte de los elementos patrimoniales.

3. En todo caso, se integrarán en la base imponible las rentas derivadas de buques o aeronaves o, de bienes muebles afectos a su explotación, que se pongan de manifiesto en las entidades dedicadas a la navegación marítima y aérea internacional cuando la entidad adquirente no sea residente en territorio español.

Artículo 85. Valoración fiscal de los bienes adquiridos.

1. Los bienes y derechos adquiridos mediante las transmisiones derivadas de las operaciones a las que haya sido de aplicación el régimen previsto en el artículo anterior se valorarán, a efectos fiscales, por los mismos valores que tenían en la entidad transmitente antes de realizarse la operación, manteniéndose igualmente la fecha de adquisición de la entidad transmitente a efectos de aplicar lo dispuesto en el artículo 15.9 de esta Ley. Dichos valores se corregirán en el importe de las rentas que hayan tributado efectivamente con ocasión de la operación.

2. En aquellos casos en que no sea de aplicación el régimen previsto en el artículo anterior se tomará el valor convenido entre las partes con el límite del valor normal de mercado.

Artículo 86. Valoración fiscal de las acciones o participaciones recibidas en contraprestación de la aportación.

Las acciones o participaciones recibidas como consecuencia de una aportación de ramas de actividad se valorarán, a efectos fiscales, por el valor contable de la unidad económica autónoma, corregido en el importe de las rentas que se hayan integrado en la base imponible de la sociedad transmitente con ocasión de la operación.

Artículo 87. Régimen fiscal del canje de valores.

1. No se integrarán en la base imponible del Impuesto sobre la Renta de las Personas Físicas o de este Impuesto las rentas que se pongan de manifiesto con ocasión del canje de valores, siempre que cumplan los requisitos siguientes:

a. Que los socios que realicen el canje de valores residan en territorio español o en el de algún otro Estado miembro de la Unión Europea o en el de cualquier otro Estado siempre que, en este último caso, los valores recibidos sean representativos del capital social de una entidad residente en España.

Cuando el socio tenga la consideración de entidad en régimen de atribución de rentas, no se integrará en la base imponible de las personas o entidades que sean socios, herederos, comuneros o partícipes en dicho socio, la renta generada con ocasión del canje de valores, siempre que a la operación le sea de aplicación el régimen fiscal establecido en el presente Capítulo o se realice al amparo de la Directiva 90/434/CEE, y los valores recibidos por el socio conserven la misma valoración fiscal que tenían los canjeados.

b. Que la entidad que adquiera los valores sea residente en territorio español o esté comprendida en el ámbito de aplicación de la Directiva 90/434/CEE.

2. Los valores recibidos por la entidad que realiza el canje de valores se valorarán por el valor que tenían en el patrimonio de los socios que efectúan la aportación, según las normas de este impuesto o del Impuesto sobre la Renta de las Personas Físicas, excepto que su valor normal de mercado fuere inferior, en cuyo caso se valorarán por este último.

En aquellos casos en que las rentas generadas en los socios no estuviesen sujetas a tributación en territorio español, se tomará el valor convenido entre las partes con el límite del valor normal del mercado.

3. Los valores recibidos por los socios se valorarán, a efectos fiscales, por el valor de los entregados, determinado de acuerdo con las normas de este impuesto o del Impuesto sobre la Renta de las Personas Físicas, según proceda. Esta valoración se aumentará o disminuirá en el importe de la compensación complementaria en dinero entregada o recibida.

Los valores recibidos conservarán la fecha de adquisición de los entregados.

4. En el caso de que el socio pierda la cualidad de residente en territorio español, se integrará en la base imponible del Impuesto sobre la Renta de las Personas Físicas o de este impuesto del período impositivo en que se produzca esta circunstancia, la diferencia entre el valor normal de mercado de las acciones o participaciones y el valor a que se refiere el apartado anterior, corregido, en su caso, en el importe de las pérdidas por deterioro del valor que hayan sido fiscalmente deducibles.

La parte de deuda tributaria correspondiente a dicha renta podrá aplazarse, ingresándose conjuntamente con la declaración correspondiente al período impositivo en el que se transmitan los valores, a condición de que el sujeto pasivo garantice el pago de aquélla.

5. Se integrarán en la base imponible del Impuesto sobre la Renta de las Personas Físicas o de este impuesto las rentas obtenidas en operaciones en las que intervengan entidades domiciliadas o establecidas en países o territorios calificados reglamentariamente como paraísos fiscales u obtenidas a través de ellos.

6. Las operaciones de canje de valores que no cumplan los requisitos estableci-

dos en el apartado 1 de este artículo no podrán acogerse al régimen previsto en este capítulo.

Artículo 88. Tributación de los socios en las operaciones de fusión, absorción y escisión total o parcial.

1. No se integrarán en la base imponible las rentas que se pongan de manifiesto con ocasión de la atribución de valores de la entidad adquirente a los socios de la entidad transmitente, siempre que sean residentes en territorio español o en el de algún otro Estado miembro de la Unión Europea o en el de cualquier otro Estado siempre que, en este último caso, los valores sean representativos del capital social de una entidad residente en territorio español.

Cuando el socio tenga la consideración de entidad en régimen de atribución de rentas, no se integrará en la base imponible de las personas o entidades que sean socios, herederos, comuneros o partícipes en dicho socio, la renta generada con ocasión de dicha atribución de valores, siempre que a la operación le sea de aplicación el régimen fiscal establecido en el presente Capítulo o se realice al amparo de la Directiva 90/434/CEE, y los valores recibidos por el socio conserven la misma valoración fiscal que tenían los canjeados.

2. Los valores recibidos en virtud de las operaciones de fusión, absorción y escisión, total o parcial, se valoran, a efectos fiscales, por el valor de los entregados, determinado de acuerdo con las normas de este impuesto o del Impuesto sobre la Renta de las Personas Físicas, según proceda. Esta valoración se aumentará o disminuirá en el importe de la compensación complementaria en dinero entregada o recibida. Los valores recibidos conservarán la fecha de adquisición de los entregados.

3. En el caso de que el socio pierda la cualidad de residente en territorio español, se integrará en la base imponible del Impuesto sobre la Renta de las Personas Físicas o de este impuesto del período impositivo en que se produzca esta circunstancia, la diferencia entre el valor normal de mercado de las acciones o participaciones y el valor a que se refiere el apartado anterior, corregido, en su caso, en el importe de las pérdidas por deterioro del valor que hayan sido fiscalmente deducibles.

La parte de deuda tributaria correspondiente a dicha renta podrá aplazarse, ingresándose conjuntamente con la declaración correspondiente al período impositivo en que se transmitan los valores, a condición de que el sujeto pasivo garantice el pago de aquélla.

4. Se integrarán en la base imponible del Impuesto sobre la Renta de las Personas Físicas o de este impuesto las rentas obtenidas en operaciones en las que intervengan entidades domiciliadas o establecidas en países o territorios calificados reglamentariamente como paraísos fiscales u obtenidas a través de ellos.

Artículo 89. Participaciones en el capital de la entidad transmitente y de la entidad adquirente.

1. Cuando la entidad adquirente participe en el capital de la entidad transmitente en, al menos, un 5 %, no se integrará en la base imponible de aquélla la renta positiva derivada de la anulación de la participación, siempre que se corresponda con reservas de la entidad transmitente, ni la renta negativa que se ponga de manifiesto por la misma causa.

En este supuesto no se aplicará la deducción para evitar la doble imposición interna de dividendos, respecto de las reservas referidas en el párrafo anterior.

2. Cuando el montante de la participación sea inferior al señalado en el apartado anterior su anulación determinará una renta por el importe de la diferencia entre el valor normal de mercado de los elementos patrimoniales recibidos proporcionalmente atribuible a la participación y el valor contable de esta.

3. Los bienes adquiridos se valorarán, a efectos fiscales, de acuerdo con lo establecido en el artículo 85 de esta Ley.

No obstante, cuando la entidad adquirente participe en el capital de la entidad transmitente, en al menos, un cinco %, el importe de la diferencia entre el precio de adquisición de la participación y los fondos propios se imputará a los bienes y derechos adquiridos, aplicando el método de integración global establecido en el artículo 46 del Código de Comercio y demás normas de desarrollo, y la parte de aquella diferencia que no hubiera sido imputada será fiscalmente deducible de la base imponible, con el límite anual máximo de la veinteava parte de su importe, siempre que se cumplan los siguientes requisitos:

a. Que la participación no hubiere sido adquirida a personas o entidades no residentes en territorio español o a personas físicas residentes en territorio español, o a una entidad vinculada cuando esta última, a su vez, adquirió la participación a las referidas personas o entidades.

   El requisito previsto en este párrafo a se entenderá cumplido:

   1. Tratándose de una participación adquirida a personas o entidades no residentes en territorio español o a una entidad vinculada con la entidad adquirente que, a su vez, adquirió la participación de las referidas personas o entidades, cuando el importe de la diferencia mencionada en el párrafo anterior ha tributado en España a través de cualquier transmisión de la participación.

      Igualmente procederá la deducción de la indicada diferencia cuando el sujeto pasivo pruebe que un importe equivalente a esta ha tributado efectivamente en otro Estado miembro de la Unión Europea, en concepto de beneficio obtenido con ocasión de la transmisión de la participación, soportando un gravamen equivalente al que hubiera resultado de aplicar este impuesto, siempre que el transmitente no resida en un país o territorio considerado como paraíso fiscal.

   2. Tratándose de una participación adquirida a personas físicas residentes en territorio español o a una entidad vinculada cuando esta última, a su vez, adquirió la participación de las referidas personas físicas, cuando se pruebe que la ganancia patrimonial obtenida por dichas personas físicas se ha integrado en la base imponible del Impuesto sobre la Renta de las Personas Físicas.

b. Que la entidad adquirente y la transmitente no formen parte de un grupo de sociedades según los criterios establecidos en el artículo 42 del Código de Comercio, con independencia de la residencia y de la obligación de formular cuentas anuales consolidadas.

El requisito previsto en este párrafo b no se aplicará respecto del precio de adquisición de la participación satisfecho por la persona o entidad transmitente cuando, a su vez, la hubiese adquirido de personas o entidades no vinculadas residentes en territorio español.

Cuando se cumplan los requisitos a y b anteriores, la valoración que resulte de la parte imputada a los bienes del activo fijo adquirido tendrá efectos fiscales, siendo deducible de la base imponible, en el caso de bienes amortizables, la amortización contable de dicha parte imputada, en los términos previstos en el artículo 11, siendo igualmente aplicable la deducción establecida en los apartados 6 y 7 del artículo 12 de esta Ley.

Cuando se cumpla el requisito a, pero no se cumpla el establecido en el párrafo b) anterior, las dotaciones para la amortización de la diferencia entre el precio de adquisición de la participación y los fondos propios serán deducibles si se prueba que responden a una depreciación irreversible.

4. Cuando la entidad transmitente participe en el capital de la entidad adquirente no se integrarán en la base imponible de aquélla las rentas que se pongan de manifiesto con ocasión de la transmisión de la participación, aun cuando la entidad hubiera ejercitado la facultad de renuncia establecida en el apartado 2 del artículo 84 de esta Ley.

Artículo 90. Subrogación en los derechos y las obligaciones tributarias.

1. Cuando las operaciones mencionadas en el artículo 83 determinen una sucesión a título universal, se transmitirán a la entidad adquirente los derechos y las obligaciones tributarias de la entidad transmitente.

La entidad adquirente asumirá el cumplimiento de los requisitos necesarios para continuar en el goce de beneficios fiscales o consolidar los disfrutados por la entidad transmitente.

2. Cuando la sucesión no sea a título universal, la transmisión se producirá únicamente respecto de los derechos y obligaciones tributarias que se refieran a los bienes y derechos transmitidos.

La entidad adquirente asumirá el cumplimiento de los requisitos derivados de los incentivos fiscales de la entidad transmitente, en cuanto que estuvieren referidos a los bienes y derechos transmitidos.

3. Las bases imponibles negativas pendientes de compensación en la entidad transmitente podrán ser compensadas por la entidad adquirente.

Cuando la entidad adquirente participe en el capital de la entidad transmitente, o bien ambas formen parte de un grupo de sociedades al que se refiere el artículo 42 del Código de Comercio, la base imponible negativa susceptible de compensación se reducirá en el importe de la diferencia positiva entre el valor de las aportaciones de los socios, realizadas por cualquier título, correspondientes a dicha participación o a las participaciones que las entidades del grupo tengan sobre la entidad transmitente, y su valor contable.

En ningún caso serán compensables las bases imponibles negativas correspondientes a pérdidas sufridas por la entidad transmitente que hayan motivado la depreciación de la participación de la entidad adquirente en el capital de la entidad transmitente, o la depreciación de la participación de otra entidad en esta última cuando todas ellas formen parte de un grupo de sociedades al que se refiere el artículo 42 del Código de Comercio.

4. Las subrogaciones comprenderán exclusivamente los derechos y obligaciones nacidos al amparo de las Leyes españolas.

Artículo 91. Imputación de rentas.

Las rentas de las actividades realizadas por las entidades extinguidas a causa de las operaciones mencionadas en el artículo 83 de esta Ley se imputarán de acuerdo con lo previsto en las normas mercantiles.

Artículo 92. Pérdidas de los establecimientos permanentes.

Cuando se transmita un establecimiento permanente y sea de aplicación el régimen previsto en la letra d del apartado 1 del artículo 84 de esta Ley, la base imponible de las entidades transmitentes residentes en territorio español se incrementará en el importe del exceso de las rentas negativas sobre las positivas imputadas por el establecimiento permanente, con el límite de la renta positiva derivada de la transmisión del mismo.

Además de lo establecido en el párrafo anterior, si esa renta positiva no cumple los requisitos establecidos en el artículo 22 de esta Ley, el importe de la renta que supere el referido exceso se integrará en la base imponible de las entidades transmitentes, sin perjuicio de que se pueda deducir de la cuota íntegra el impuesto que, de no ser por las disposiciones de la Directiva 90/434/CEE, hubiera gravado esa misma renta integrada en la base imponible, en el Estado miembro en que esté situado dicho establecimiento permanente, con el límite del importe de la cuota íntegra correspondiente a esta renta integrada en la base imponible.

Artículo 93. Obligaciones contables.

1. La entidad adquirente deberá incluir en la memoria anual la información que seguidamente se cita, salvo que la entidad transmitente haya ejercitado la facultad a que se refiere el artículo 84.2 de esta Ley en cuyo caso únicamente se cumplimentará la indicada en el párrafo d:

a. Ejercicio en el que la entidad transmitente adquirió los bienes transmitidos que sean susceptibles de amortización.

b. Último balance cerrado por la entidad transmitente.

c. Relación de bienes adquiridos que se hayan incorporado a los libros de contabilidad por un valor diferente a aquél por el que figuraban en los de la entidad transmitente con anterioridad a la realización de la operación, expresando ambos valores así como los fondos de amortización y correcciones valorativas por deterioro constituidas en los libros de contabilidad de las dos entidades.

d. Relación de beneficios fiscales disfrutados por la entidad transmitente, respecto de los que la entidad deba asumir el cumplimiento de determinados requisitos de acuerdo con lo establecido en los apartados 1 y 2 del artículo 90 de esta Ley.

A los efectos previstos en este apartado, la entidad transmitente estará obligada a comunicar dichos datos a la entidad adquirente.

2. Los socios personas jurídicas deberán mencionar en la memoria anual los siguientes datos:

a. Valor contable de los valores entregados.

b. Valor por el que se hayan contabilizado los valores recibidos.

3. Las menciones establecidas en los apartados anteriores deberán realizarse mientras permanezcan en el inventario los valores o elementos patrimoniales adquiridos o deban cumplirse los requisitos derivados de los incentivos fiscales disfrutados por la entidad transmitente.

La entidad adquirente podrá optar, con referencia a la segunda y posteriores memorias anuales, por incluir la mera indicación de que dichas menciones figuran en la primera memoria anual aprobada tras la operación, que deberá ser conservada mientras concurra la circunstancia a la que se refiere el párrafo anterior.

4. El incumplimiento de las obligaciones establecidas en los apartados anteriores tendrá la consideración de infracción tributaria grave. La sanción consistirá en multa pecuniaria fija de 200 euros por cada dato omitido, en cada uno de los primeros cuatro años en que no se incluya la información, y de 1.000 euros por cada dato omitido, en cada uno de los años siguientes, con el límite del 5 % del valor por el que la entidad adquirente haya reflejado los bienes y derechos transmitidos en su contabilidad.

La sanción impuesta de acuerdo con lo previsto en este apartado se reducirá conforme a lo dispuesto en el apartado 3 del artículo 188 de la Ley 58/2003, de 17 de diciembre, General Tributaria.

Artículo 94. Aportaciones no dinerarias.

1. El régimen previsto en el presente capítulo se aplicará, a opción del sujeto pasivo de este impuesto o del contribuyente del Impuesto sobre la Renta de las Personas Físicas, a las aportaciones no dinerarias en las que concurran los siguientes requisitos:

a. Que la entidad que recibe la aportación sea residente en territorio español o realice actividades en este por medio de un establecimiento permanente al que se afecten los bienes aportados.

b. Que una vez realizada la aportación, el sujeto pasivo aportante de este impuesto o el contribuyente del Impuesto sobre la Renta de las Personas Físicas, participe en los fondos propios de la entidad que recibe la aportación en, al menos, el cinco por ciento.

c. Que, en el caso de aportación de acciones o participaciones sociales por contribuyentes del Impuesto sobre la Renta de las Personas Físicas, se tendrán que cumplir además de los requisitos señalados en los párrafos a y b, los siguientes:

1. Que la entidad de cuyo capital social sean representativos sea residente en territorio español y que a dicha entidad no le sean de aplica-

ción el régimen especial de agrupaciones de interés económico, españolas o europeas, y de uniones temporales de empresas, previstos en esta Ley, ni tenga como actividad principal la gestión de un patrimonio mobiliario o inmobiliario en los términos previstos en el artículo 4.Ocho.Dos de la Ley 19/1991, de 6 de junio, del Impuesto sobre el Patrimonio y no cumpla los demás requisitos establecidos en el cuarto párrafo del apartado 1 del artículo 116 de esta Ley.

2. Que representen una participación de, al menos, un cinco por ciento de los fondos propios de la entidad.

3. Que se posean de manera ininterrumpida por el aportante durante el año anterior a la fecha del documento público en que se formalice la aportación.

d. Que, en el caso de aportación de elementos patrimoniales distintos de los mencionados en el párrafo c por contribuyentes del Impuesto sobre la Renta de las Personas Físicas, dichos elementos estén afectos a actividades económicas cuya contabilidad se lleve con arreglo a lo dispuesto en el Código de Comercio.

2. El régimen previsto en el presente capítulo se aplicará también a las aportaciones de ramas de actividad, efectuadas por los contribuyentes del Impuesto sobre la Renta de las Personas Físicas, siempre que lleven su contabilidad de acuerdo con el Código de Comercio.

3. Los elementos patrimoniales aportados no podrán ser valorados, a efectos fiscales, por un valor superior a su valor normal de mercado.

Artículo 95. Normas para evitar la doble imposición.

1. A los efectos de evitar la doble imposición que pudiera producirse por aplicación de las reglas de valoración previstas en los artículos 86, 87.2 y 94 de esta Ley se aplicarán las siguientes normas:

a. Los beneficios distribuidos con cargo a las rentas imputables a los bienes aportados darán derecho a la deducción para evitar la doble imposición interna de dividendos a que se refiere el artículo 30.2 de esta Ley, cualquiera que sea el porcentaje de participación del socio y su antigüedad. Igual criterio se aplicará respecto de la deducción para evitar la doble imposición interna de plusvalías a que se refiere el artículo 30.5 de esta Ley por las rentas generadas en la transmisión de la participación.

b. Los beneficios distribuidos con cargo a las rentas imputables a los bienes aportados tendrán derecho a la exención o a la deducción para evitar la doble imposición internacional de dividendos cualquiera que sea el grado de participación del socio.

La pérdida por deterioro de la participación derivada de la distribución de los beneficios a que se refiere el párrafo anterior no será fiscalmente deducible, salvo que el importe de los citados beneficios hubiera tributado en España a través de la transmisión de la participación.

2. Cuando por la forma en como contabilizó la entidad adquirente no hubiera sido posible evitar la doble imposición por aplicación de las normas previstas en el apartado anterior dicha entidad practicará, en el momento de su extinción, los ajustes de signo contrario a los

que hubiere practicado por aplicación de las reglas de valoración establecidas en los artículos 86, 87.2 y 94 de esta Ley. La entidad adquirente podrá practicar los referidos ajustes de signo contrario con anterioridad a su extinción, siempre que pruebe que se ha transmitido por los socios su participación y con el límite de la cuantía que se haya integrado en la base imponible de estos con ocasión de dicha transmisión.

Artículo 96. Aplicación del régimen fiscal.

1. La aplicación del régimen establecido en este Capítulo requerirá que se opte por él de acuerdo con las siguientes reglas:

a. En las operaciones de fusión o escisión la opción se incluirá en el proyecto y en los acuerdos sociales de fusión o escisión de las entidades transmitentes y adquirentes que tengan su residencia fiscal en España.

   Tratándose de operaciones a las que sea de aplicación el régimen establecido en el artículo 84 de esta Ley y en las cuales ni la entidad transmitente ni la adquirente tengan su residencia fiscal en España, la opción se ejercerá por la entidad adquirente y deberá constar en escritura pública en que se documente la transmisión.

b. En las aportaciones no dinerarias la opción se ejercerá por la entidad adquirente y deberá constar en el correspondiente acuerdo social o, en su defecto, en la escritura pública en que se documente el oportuno acto o contrato.

   Tratándose de operaciones en las cuales la entidad adquirente no tenga su residencia fiscal o un establecimiento permanente en España, la opción se ejercerá por la entidad transmitente.

c. En las operaciones de canje de valores la opción se ejercerá por la entidad adquirente y deberá constar en el correspondiente acuerdo social o, en su defecto, en la escritura pública en que se documente el oportuno acto o contrato. En las ofertas públicas de adquisición de acciones la opción se ejercerá por el órgano social competente para promover la operación y deberá constar en el folleto explicativo.

   Tratándose de operaciones en las cuales ni la entidad adquirente de los valores ni la entidad participada cuyos valores se canjean sean residentes en España, el socio que transmite dichos valores deberá demostrar que a la entidad adquirente se le ha aplicado el régimen de la Directiva 90/434/CEE.

d. En las operaciones de cambio de domicilio social de una Sociedad Europea o una Sociedad Cooperativa Europea de un Estado miembro a otro de la Unión Europea, la opción se incluirá en el proyecto y en el acuerdo social de traslado de la sociedad que de España traslada su domicilio social a otro Estado miembro, o de la sociedad que traslada su domicilio social a España, o de la sociedad no domiciliada en España, con establecimiento permanente en territorio español, que traslada su domicilio a otro Estado miembro.

   La opción deberá constar en escritura pública o documento público equivalente, susceptible de inscripción en el Registro público del Estado miembro de destino, previsto en la Directiva 68/151/CEE del Consejo, de 9 de marzo de 1968, en que se documente la operación.

En cualquier caso, la opción deberá comunicarse al Ministerio de Economía y Hacienda en la forma y plazos que reglamentariamente se determinen.

2. No se aplicará el régimen establecido en el presente capítulo cuando la operación realizada tenga como principal objetivo el fraude o la evasión fiscal. En particular, el régimen no se aplicará cuando la operación no se efectúe por motivos económicos válidos, tales como la reestructuración o la racionalización de las actividades de las entidades que participan en la operación, sino con la mera finalidad de conseguir una ventaja fiscal.

En los términos previstos en los artículos 88 y 89 de la Ley 58/2003, de 17 de diciembre, General Tributaria, los interesados podrán formular consultas a la Administración tributaria sobre la aplicación y cumplimiento de este requisito en operaciones concretas, cuya contestación tendrá carácter vinculante para la aplicación del régimen especial del presente capítulo en éste y cualesquiera otros tributos.

3. El régimen de diferimiento de rentas contenido en el presente capítulo será incompatible, en los términos establecidos en el artículo 21 de esta Ley, con la aplicación de las exenciones previstas para las rentas derivadas de la transmisión de participaciones en entidades no residentes en territorio español.

DIRECTIVA 2011/35/UE DEL PARLAMENTO EUROPEO Y DEL CONSEJO DE 5 DE ABRIL DE 2011 RELATIVA A LAS FUSIONES DE LAS SOCIEDADES ANÓNIMAS.

EL PARLAMENTO EUROPEO Y EL CONSEJO DE LA UNIÓN EUROPEA,

Visto el Tratado de Funcionamiento de la Unión Europea y, en particular, su artículo 50, apartado 2, letra g),

Vista la propuesta de la Comisión Europea,

Previa transmisión del proyecto de acto legislativo a los Parlamentos nacionales,

Visto el dictamen del Comité Económico y Social Europeo[3],

De conformidad con el procedimiento legislativo ordinario[4],

Considerando lo siguiente:

(1) La Tercera Directiva 78/855/CEE del Consejo, de 9 de octubre de 1978, basada en la letra g) del apartado 3 del artículo 54 del Tratado y relativa a las fusiones de las sociedades anónimas[5], ha sido modificada en varias ocasiones y de forma sustancial[6]. Conviene, en aras de una mayor racionalidad y claridad, proceder a la codificación de dicha Directiva.

(2) La coordinación prevista por el artículo 50, apartado 2, letra g), del Tratado y por el programa general para la supresión de las restricciones a la libertad de

[3] DO C 51 de 17.2.2011, p. 36.

[4] Posición del Parlamento Europeo de 18 de enero de 2011 (no publicada aún en el Diario Oficial) y Decisión del Consejo de 21 de marzo de 2011.

[5] DO L 295 de 20.10.1978, p. 36.

[6] Véase la parte A del anexo I.

establecimiento[7] dio comienzo con la Primera Directiva 68/151/CEE del Consejo, de 9 de marzo de 1968, tendente a coordinar, para hacerlas equivalentes, las garantías exigidas en los Estados miembros a las sociedades definidas en el segundo párrafo del artículo 58 del Tratado para proteger los intereses de socios y terceros[8].

(3) Dicha coordinación prosiguió, en lo que se refiere a la constitución de la sociedad anónima, así como al mantenimiento y las modificaciones de su capital, con la Segunda Directiva 77/91/CEE del Consejo, de 13 de diciembre de 1976, tendente a coordinar, para hacerlas equivalentes, las garantías exigidas en los Estados miembros a las sociedades, definidas en el párrafo segundo del artículo 58 del Tratado, con el fin de proteger los intereses de los socios y terceros, en lo relativo a la constitución de la sociedad anónima, así como al mantenimiento y modificaciones de su capital[9] y, en lo relativo a las cuentas anuales de determinadas formas de sociedades, con la Cuarta Directiva 78/660/CEE del Consejo, de 25 de julio de 1978, basada en la letra g) del apartado 3 del artículo 54 del Tratado y relativa a las cuentas anuales de determinadas formas de sociedad[10].

(4) La protección de los intereses de los socios y de los terceros exige coordinar las legislaciones de los Estados miembros relativas a las fusiones de sociedades anónimas, y es conveniente introducir en el Derecho de todos los Estados miembros la institución de la fusión.

(5) En el marco de dicha coordinación, es particularmente importante asegurar una información adecuada y tan objetiva como sea posible a los accionistas de las sociedades que se fusionan, y garantizar una protección apropiada de sus derechos. No obstante, no hay motivo para exigir un examen del proyecto de fusión por un perito independiente destinado a los accionistas, si todos ellos coinciden en que puede prescindirse de él.

(6) La protección de los derechos de los trabajadores en caso de traspasos de empresas, de centros de actividad o de partes de cualquiera de ellos está regulada en la actualidad por la Directiva 2001/23/CE del Consejo, de 12 de marzo de 2001, sobre la aproximación de las legislaciones de los Estados miembros relativas al mantenimiento de los derechos de los trabajadores en caso de traspasos de empresas, de centros de actividad o de partes de empresas o de centros de actividad[11].

(7) Los acreedores, obligacionistas o no, y los tenedores de otros títulos de las sociedades que se fusionen, deben ser protegidos con el fin de que la realización de la fusión no les perjudique.

(8) La publicidad garantizada por la Directiva 2009/101/CE del Parlamento Europeo y del Consejo, de 16 de septiembre de 2009, tendente a coordinar, para hacerlas equivalentes, las garantías exigidas en los Estados miembros a las sociedades definidas en el artículo 48, párrafo segundo, del Tratado, para proteger los intereses de socios y terceros[12], debe extenderse a las operaciones relativas a la fusión con el fin de que los

7 DO 2 de 15.1.1962, p. 36/62.
8 DO L 65 de 14.3.1968, p. 8.
9 DO L 26 de 31.1.1977, p. 1.
10 DO L 222 de 14.8.1978, p. 11.

11 DO L 82 de 22.3.2001, p. 16.
12 DO L 258 de 1.10.2009, p. 11.

terceros estén suficientemente informados.

(9) Es necesario extender las garantías aseguradas a los socios y a los terceros, en el marco del proceso de fusión, a determinadas operaciones jurídicas que tengan, respecto a puntos esenciales, características análogas a las de la fusión, con el fin de que no pueda eludirse esta protección.

(10) Es preciso, con miras a garantizar la seguridad jurídica en las relaciones tanto entre las sociedades interesadas como entre estas y los terceros, así como entre los accionistas, limitar los casos de nulidad y establecer, por una parte, el principio de la regularización cada vez que sea posible y, por otra, un plazo breve para invocar la nulidad.

(11) La presente Directiva no debe afectar a las obligaciones de los Estados miembros relativas a los plazos de incorporación al Derecho nacional de las directivas que se indican en la parte B del anexo I.

HAN ADOPTADO LA PRESENTE DIRECTIVA:

CAPÍTULO I

Ámbito de aplicación

Artículo 1

1. Las medidas de coordinación prescritas por la presente Directiva se aplicarán a las disposiciones legales, reglamentarias y administrativas de los Estados miembros relativas a las formas de sociedades siguientes:

— en Bélgica:

— la société anonyme/de naamloze vennootschap,

— en Bulgaria:

— акционерно дружество,

— en la República Checa:

— akciová společnost,

— en Dinamarca:

— aktieselskaber,

— en la República Federal de Alemania:

— die Aktiengesellschaft,

— en Estonia:

— aktsiaselts,

— en Irlanda:

— public companies limited by shares, y public companies limited by guarantee having a share capital,

— en Grecia:

— ανώνυμη εταιρία,

— en España:

— la sociedad anónima,

— en Francia:

— la société anonyme,

— en Italia:

— la società per azioni,

— en Chipre:

— Δημόσιες εταιρείες περιορισμένης ευθύνης με μετοχές, δημόσιες εταιρείες περιορισμένης ευθύνης με εγγύηση που διαθέτουν μετοχικό κεφάλαιο,

— en Letonia:

— akciju sabiedrība,

— en Lituania:

— akcinė bendrovė,

— en Luxemburgo:

— la société anonyme,

— en Hungría:

— részvénytársaság,

— en Malta:

— kumpannija pubblika/public limited liability company, kumpannija privata/private limited liability company,

— en los Países Bajos:

— de naamloze vennootschap,

— en Austria:

— die Aktiengesellschaft,

— en Polonia:

— spółka akcyjna,

— en Portugal:

— a sociedade anónima,

— en Rumanía:

— societate pe acţiuni,

— en Eslovenia:

— delniška družba,

— en Eslovaquia:

— akciová spoločnosť,

— en Finlandia:

— julkinen osakeyhtiö/publikt aktiebolag,

— en Suecia:

— aktiebolag,

— en el Reino Unido:

— public companies limited by shares, y public companies limited by guarantee having a share capital.

2. Los Estados miembros podrán no aplicar la presente Directiva a las sociedades cooperativas constituidas bajo una de las formas de sociedades indicadas en el apartado 1. En la medida en que las legislaciones de los Estados miembros hagan uso de esta facultad, impondrán a estas sociedades la obligación de hacer figurar el término «cooperativa» en todos los documentos indicados en el artículo 5 de la Directiva 2009/101/CE.

3. Los Estados miembros podrán no aplicar la presente Directiva cuando una o varias de las sociedades que hayan sido absorbidas o que desaparezcan, sean objeto de un procedimiento concursal, un convenio o cualquier otro procedimiento análogo.

CAPÍTULO II

Organización de la fusión por absorción de una o varias sociedades por otra sociedad y de la fusión por constitución de una nueva sociedad

Artículo 2

Los Estados miembros organizarán, para las sociedades sujetas a su legislación, la fusión por absorción de una o varias sociedades por otra sociedad y la fusión por constitución de una nueva sociedad.

Artículo 3

1. A efectos de la presente Directiva, se considerará «fusión por absorción» la operación por la cual una o varias sociedades transfieren a otra, como consecuencia de una disolución sin liquidación, la totalidad de su patrimonio activa y pasivamente mediante la atribución a los accionistas de la o las sociedades ab-

sorbidas de acciones de la sociedad absorbente y, eventualmente, de una compensación en dinero que no supere el 10 % del valor nominal de las acciones atribuidas o, a falta de valor nominal, de su valor contable.

2. La legislación de un Estado miembro podrá prever que la fusión por absorción pueda tener lugar igualmente cuando una o varias de las sociedades absorbidas estén en liquidación, con tal de que esta posibilidad solo se otorgue a las sociedades que aún no hayan comenzado el reparto de sus activos entre sus accionistas.

Artículo 4

1. A efectos de la presente Directiva se considerará «fusión por constitución de una nueva sociedad» la operación por la que varias sociedades transfieren a una sociedad que constituyen, como consecuencia de su disolución sin liquidación, la totalidad de su patrimonio activa y pasivamente mediante la atribución a sus accionistas de acciones de la nueva sociedad y, eventualmente, de una compensación en dinero que no supere el 10 % del valor nominal de las acciones atribuidas o, a falta de valor nominal, de su valor contable.

2. La legislación de un Estado miembro podrá prever que la fusión por constitución de una nueva sociedad pueda tener lugar igualmente cuando una o varias de las sociedades que desaparezcan estén en liquidación, con tal de que esta posibilidad solo se otorgue a las sociedades que aún no hayan comenzado el reparto de sus activos entre sus accionistas.

CAPÍTULO III

Fusión por absorción

Artículo 5

1. Los órganos de administración o de dirección de las sociedades que se fusionen establecerán por escrito un proyecto de fusión.

2. El proyecto de fusión mencionará al menos:

a) la forma, la denominación y el domicilio social de las sociedades que se fusionan;

b) la relación de canje de las acciones y, en su caso, el importe de la compensación en dinero;

c) las modalidades de entrega de las acciones de la sociedad absorbente;

d) la fecha a partir de la cual estas acciones darán derecho a participar en los beneficios, así como toda modalidad particular relativa a este derecho;

e) la fecha a partir de la cual las operaciones de la sociedad absorbida se considerarán desde el punto de vista contable como realizadas por cuenta de la sociedad absorbente;

f) los derechos asegurados por la sociedad absorbente a los accionistas que tengan derechos especiales y a los tenedores de títulos que no sean acciones, o las medidas propuestas a su respecto;

g) todas las ventajas particulares atribuidas a los peritos en el sentido del artículo 10, apartado 1, así como a los miembros de los órganos de administración, de dirección, de vigilancia o de control de las sociedades que se fusionan.

Artículo 6

El proyecto de fusión deberá ser objeto de una publicidad efectuada según las formas previstas por la legislación de cada Estado miembro, de conformidad con el artículo 3 de la Directiva 2009/101/CE, para cada una de las sociedades que se fusionen al menos un mes antes de la fecha de la reunión de la junta general llamada a pronunciarse sobre el proyecto de fusión.

Cualquiera de las sociedades que se fusionen quedará exenta del requisito de publicidad establecido en el artículo 3 de la Directiva 2009/101/CE si, durante un período ininterrumpido iniciado al menos un mes antes del día fijado para la junta general llamada a pronunciarse acerca del proyecto de fusión y que no termine antes de la conclusión de dicha junta, pone a disposición del público de forma gratuita en su sitio web tal proyecto de fusión. Los Estados miembros no supeditarán dicha exención a más requisitos o condiciones que los necesarios para garantizar la seguridad del sitio web y la autenticidad de los documentos, y solo podrán imponer dichos requisitos o condiciones en la medida en que sean proporcionados para alcanzar estos objetivos.

No obstante lo dispuesto en el segundo párrafo del presente artículo, los Estados miembros podrán exigir que la publicidad se realice a través de la plataforma electrónica central mencionada en el artículo 3, apartado 5, de la Directiva 2009/101/CE.

Los Estados miembros tendrán la alternativa de exigir que dicha publicación se realice en cualquier otro sitio web designado por ellos a tal efecto. Cuando los Estados miembros recurran a una de estas posibilidades, velarán porque no se cobre a las sociedades una tarifa específica por dicha publicación.

Cuando se utilice un sitio web distinto de la plataforma electrónica central, se publicará en la plataforma electrónica central una referencia que dé acceso a dicho sitio web al menos un mes antes de la fecha fijada para la junta general. Dicha referencia deberá incluir la fecha de publicación del proyecto de fusión en el sitio web y será accesible para el público de forma gratuita.

No se cobrará a las sociedades una tarifa específica por dicha publicación.

La prohibición de cobrar a las sociedades una tarifa específica por la publicación establecida en los párrafos tercero y cuarto no afectará al derecho de los Estados miembros de repercutir a las sociedades los costes relacionados con la plataforma electrónica central.

Los Estados miembros podrán exigir a las sociedades que mantengan la información durante un período específico después de la junta general en su sitio web o, cuando proceda, en la plataforma electrónica central designada por el Estado miembro de que se trate. Los Estados miembros podrán determinar las consecuencias de la interrupción temporal del acceso al sitio web a la plataforma electrónica central por razones técnicas o de otro tipo.

Artículo 7

1. La fusión requerirá al menos la aprobación de la junta general de cada una de las sociedades que se fusionen. Las legislaciones de los Estados miembros dispondrán que esta decisión de apro-

bación requiera al menos una mayoría que no pueda ser inferior a los dos tercios de los votos relativos a los títulos representados o bien al capital suscrito representado.

No obstante, la legislación de un Estado miembro podrá prever que, cuando la mitad al menos del capital suscrito esté representado, será suficiente una mayoría simple de los votos indicados en el primer párrafo. Además, en su caso, se aplicarán las reglas relativas a la modificación de los estatutos.

2. Cuando existan varias categorías de acciones, la decisión sobre la fusión estará subordinada a una votación por separado al menos para cada categoría de accionistas a cuyos derechos afecte la operación.

3. La decisión se referirá a la aprobación del proyecto de fusión y, en su caso, a las modificaciones de los estatutos que necesite su realización.

Artículo 8

La legislación de un Estado miembro podrá no imponer la aprobación de la fusión por la junta general de la sociedad absorbente si se cumplen las siguientes condiciones:

a) la publicidad prescrita en el artículo 6 se hará, para la sociedad absorbente, al menos un mes antes de la fecha de la reunión de la junta general de la o de las sociedades absorbidas, llamada a pronunciarse sobre el proyecto de fusión;

b) todos los accionistas de la sociedad absorbente tendrán derecho, al menos un mes antes de la fecha indicada en la letra a), a tener conocimiento, en el domicilio social de esta sociedad, de los documentos indicados en el artículo 11, apartado 1;

c) uno o varios accionistas de la sociedad absorbente que dispongan de acciones por un porcentaje mínimo del capital suscrito deberán tener el derecho de obtener la convocatoria de una junta general de la sociedad absorbente llamada a pronunciarse sobre la aprobación de la fusión; dicho porcentaje mínimo no podrá fijarse en más del 5 %. No obstante, los Estados miembros podrán prever que las acciones sin derecho a voto se excluyan del cálculo de este porcentaje.

A los efectos del párrafo primero, letra b), se aplicará el artículo 11, apartados 2, 3 y 4.

Artículo 9

1. Los órganos de administración o de dirección de cada una de las sociedades que se fusionen elaborarán un informe detallado por escrito que explique y justifique desde el punto de vista jurídico y económico el proyecto de fusión y, en particular, la relación de canje de las acciones.

Dicho informe indicará, además, las dificultades particulares de evaluación, si es que las hubiere.

2. Los órganos de administración o de dirección de cada una de las sociedades que se fusionen deberán informar a la junta general de su sociedad y a los órganos de administración o de dirección de las otras sociedades implicadas a fin de que estos puedan informar a sus respectivas juntas generales de cualquier modificación importante del activo y del pasivo sobrevenida entre la fecha de re-

dacción del proyecto de fusión y la fecha de la reunión de las juntas generales llamadas a pronunciarse sobre el mismo.

3. Los Estados miembros podrán estipular que el informe a que se hace referencia en el apartado 1 o la información mencionada en el apartado 2 no se exijan si así lo han acordado todos los accionistas y tenedores de otros títulos que confieran derecho a voto de todas y cada una de las sociedades que participen en la fusión.

Artículo 10

1. Por cada una de las sociedades que se fusionen, uno o varios peritos independientes de estas, designados o reconocidos por una autoridad judicial o administrativa, examinarán el proyecto de fusión y elaborarán un informe escrito destinado a los accionistas. No obstante, la legislación de un Estado miembro podrá prever la designación de uno o varios peritos independientes para todas las sociedades que se fusionen, si esta designación, a petición conjunta de estas sociedades, fuera hecha por una autoridad judicial o administrativa. Estos peritos podrán ser, según la legislación de cada Estado miembro, personas físicas o jurídicas, o sociedades.

2. En el informe mencionado en el apartado 1, los peritos deberán declarar en todo caso si, en su opinión, la relación de canje es o no pertinente y razonable. Esta declaración deberá, al menos:

a) indicar el o los métodos seguidos para la determinación de la relación de canje propuesto;

b) indicar si este o estos métodos son los adecuados en este caso y mencionar los valores a los que conduce cada uno de estos métodos, dando una opinión sobre la importancia relativa dada a estos métodos en la determinación del valor considerado.

El informe indicará además las dificultades particulares de evaluación, si es que las hubiere.

3. Cada perito tendrá derecho a obtener de las sociedades que se fusionen todas las informaciones y documentos útiles y a proceder a cualquier verificación necesaria.

4. No se requerirá un examen del proyecto de fusión ni un informe pericial si así lo acuerdan todos los accionistas y tenedores de títulos que confieran derecho a voto de cada una de las sociedades que participan en la fusión.

Artículo 11

1. Todo accionista tendrá derecho, al menos un mes antes de la fecha de la reunión de la junta general llamada a pronunciarse sobre el proyecto de fusión, a tener conocimiento, en el domicilio social, al menos de los siguientes documentos:

a) el proyecto de fusión;

b) las cuentas anuales, así como los informes de gestión de los tres últimos ejercicios de las sociedades que se fusionen;

c) en su caso, un estado contable cerrado a una fecha que no deberá ser anterior al primer día del tercer mes precedente a la fecha del proyecto de fusión en el caso de que las últimas cuentas anuales se refieran a un ejercicio cuyo final sea anterior en más de seis meses a esta fecha;

d) en su caso, los informes de los órganos de administración o de dirección de las sociedades que se fusionen mencionados en el artículo 9;

e) cuando proceda, el informe mencionado en el artículo 10, apartado 1.

A efectos del párrafo primero, letra c), no se exigirá un estado contable si la sociedad publica un informe financiero semestral, de conformidad con el artículo 5 de la Directiva 2004/109/CE del Parlamento Europeo y del Consejo, de 15 de diciembre de 2004, sobre la armonización de los requisitos de transparencia relativos a la información sobre los emisores cuyos valores se admiten a negociación en un mercado regulado[13], y lo pone a disposición de los accionistas, con arreglo al presente apartado. Además, los Estados miembros podrán estipular que no se exija el estado contable si así lo han acordado todos los accionistas y tenedores de otros títulos que confieran derecho a voto de todas y cada una de las sociedades que participen en la fusión.

2. El estado contable previsto en el apartado 1, párrafo primero, letra c), se establecerá según los mismos métodos y según la misma presentación que el último balance anual.

No obstante, la legislación de un Estado miembro podrá prever:

a) que no sea necesario proceder a un nuevo inventario real;

b) que las evaluaciones que figuren en el último balance solo se modifiquen en función de los movimientos de asiento; no obstante, se tendrán en cuenta:

— las amortizaciones y provisiones temporales,

— los cambios importantes de valor real que no aparezcan en los asientos.

3. Cualquier accionista, sin gastos y por simple petición, podrá obtener una copia íntegra o, si lo desea, parcial, de los documentos mencionados en el apartado 1.

Cuando un accionista haya accedido a que la sociedad se sirva de medios electrónicos para transmitir información, tales copias se podrán facilitar por correo electrónico.

4. Quedarán exentas de la obligación de poner a disposición en su domicilio social los documentos a que se refiere el apartado 1 las sociedades que los hayan puesto a disposición del público en su sitio web durante un período ininterrumpido iniciado al menos un mes antes del día fijado para la junta general llamada a pronunciarse acerca del proyecto de fusión y que no termine antes de la conclusión de dicha junta. Los Estados miembros no supeditarán dicha exención a más requisitos o condiciones que los necesarios para garantizar la seguridad del sitio web y la autenticidad de los documentos, y solo podrán imponer dichos requisitos o condiciones en la medida en que sean proporcionados para alcanzar estos objetivos.

El apartado 3 no será de aplicación si el sitio web confiere a los accionistas la posibilidad, durante todo el período de tiempo mencionado en el párrafo primero del presente apartado, de descargar e imprimir los documentos a que se refiere el apartado 1. Sin embargo, en este caso, los Estados miembros podrán

[13] DO L 390 de 31.12.2004, p. 38.

estipular que la sociedad ponga a disposición estos documentos en su domicilio social para que los accionistas puedan consultarlos.

Los Estados miembros podrán exigir a las sociedades que mantengan la información en sus sitios web durante un período específico después de la junta general. Los Estados miembros podrán determinar las consecuencias de la interrupción temporal del acceso al sitio web por razones técnicas o de otro tipo.

Artículo 12

La protección de los derechos de los trabajadores de cada una de las sociedades que se fusionen se organizará de conformidad con la Directiva 2001/23/CE.

Artículo 13

1. Las legislaciones de los Estados miembros deberán prever un sistema de protección adecuado de los intereses de los acreedores de las sociedades que se fusionen para las deudas nacidas con anterioridad a la publicación del proyecto de fusión y aún no vencidas en el momento de esta publicación.

2. Con este fin, las legislaciones de los Estados miembros preverán, al menos, que estos acreedores tengan derecho a obtener garantías adecuadas cuando la situación financiera de las sociedades que se fusionen haga necesaria para la protección y siempre que los citados acreedores no dispongan ya de tales garantías.

Los Estados miembros establecerán las condiciones de la protección contemplada en el apartado 1 y en el párrafo primero del presente apartado. En cualquier caso, los Estados miembros deberán garantizar que los acreedores estén autorizados a dirigirse a la autoridad administrativa o judicial competente para obtener las garantías adecuadas, siempre que puedan demostrar, de forma convincente, que debido a la fusión, la satisfacción de sus derechos está en juego y que no han obtenido las garantías adecuadas de la sociedad.

3. La protección podrá ser diferente para los acreedores de la sociedad absorbente y los de la sociedad absorbida.

Artículo 14

Sin perjuicio de las reglas relativas al ejercicio colectivo de sus derechos, se aplicará el artículo 13 a los obligacionistas de las sociedades que se fusionen, salvo si la fusión hubiera sido aprobada por una junta de obligacionistas, cuando la ley nacional prevea tal junta, o por los obligacionistas individualmente.

Artículo 15

Los tenedores de títulos, distintos de las acciones, a los que correspondan derechos especiales deberán gozar, en el seno de la sociedad absorbente, de derechos al menos equivalentes a los que disfrutaban en la sociedad absorbida, salvo si la modificación de estos derechos hubiera sido aprobada por una junta de tenedores de estos títulos, cuando la ley nacional prevea tal junta, o por los tenedores de estos títulos individualmente, o también si estos tenedores tienen derecho a obtener la recompra de sus títulos por la sociedad absorbente.

Artículo 16

1. Si la legislación de un Estado miembro no hubiera previsto para las fusiones un control preventivo judicial o administrativo de legalidad, o si este control no se refiriese a todos los actos necesarios

para la fusión, las actas de las juntas generales que decidan la fusión y, en su caso, el contrato de fusión posterior a estas juntas generales se establecerán por acta autentificada. En los casos en que la fusión no deba ser aprobada por las juntas generales de todas las sociedades que se fusionen, el proyecto de fusión deberá establecerse por acta autentificada.

2. El notario o la autoridad competente para establecer el acta autentificada deberá verificar y certificar la existencia y la legalidad de las actas y formalidades que incumban a la sociedad ante el notario o la autoridad que haga la escritura y del proyecto de fusión.

Artículo 17

Las legislaciones de los Estados miembros determinarán la fecha en la que surtirá efecto la fusión.

Artículo 18

1. La fusión deberá ser objeto de una publicidad efectuada según las formas previstas por la legislación de cada Estado miembro, de conformidad con el artículo 3 de la Directiva 2009/101/CE, por cada una de las sociedades que se fusionen.

2. La sociedad absorbente podrá proceder por sí misma a las formalidades de publicidad relativas a la sociedad o sociedades absorbidas.

Artículo 19

1. La fusión produce ipso iure y simultáneamente los siguientes efectos:

a) la transmisión universal, tanto entre la sociedad absorbida y la sociedad absorbente como con respecto a terceros, de la totalidad del patrimonio activo y pasivo de la sociedad absorbida a la sociedad absorbente;

b) los accionistas de la sociedad absorbida se convertirán en accionistas de la sociedad absorbente;

c) la sociedad absorbida dejará de existir.

2. No se cambiará ninguna acción de la sociedad absorbente contra las acciones de la sociedad absorbida ostentadas:

a) bien sea por la sociedad absorbente misma o por una persona que actúe en su propio nombre pero por cuenta de la sociedad;

b) o bien por la sociedad absorbida misma o por una persona que actúe en su propio nombre pero por cuenta de la sociedad.

3. Lo dispuesto anteriormente será sin perjuicio de las legislaciones de los Estados miembros que requieran formalidades particulares para la oponibilidad a terceros de la transferencia de ciertos bienes, derechos y obligaciones aportados por la sociedad absorbida. La sociedad absorbente podrá proceder ella misma a estas formalidades; no obstante, la legislación de los Estados miembros podrá permitir a la sociedad absorbida continuar procediendo a estas formalidades durante un período limitado que no podrá fijarse, salvo casos excepcionales, en más de seis meses después de la fecha en que hubiera surtido efectos la fusión.

Artículo 20

Las legislaciones de los Estados miembros organizarán al menos la responsabilidad civil de los miembros del órgano de administración o de dirección de la sociedad absorbida ante los accionistas de esta sociedad en razón de las faltas cometidas por miembros de este órgano en la preparación y en la realización de la fusión.

Artículo 21

Las legislaciones de los Estados miembros organizarán al menos la responsabilidad civil ante los accionistas de la sociedad absorbida, de los peritos encargados de establecer para esta sociedad el informe previsto en el artículo 10, apartado 1, en razón de las faltas cometidas por estos peritos en el cumplimiento de su misión.

Artículo 22

1. Las legislaciones de los Estados miembros solo podrán organizar el régimen de nulidades de la fusión en las siguientes condiciones:

a) la nulidad deberá ser declarada por una resolución judicial;

b) la nulidad de una fusión que hubiera surtido efectos en el sentido del artículo 17 no podrá declararse si no es por defecto bien sea de control preventivo judicial o administrativo de legalidad, o bien de acta autentificada, o bien se estableciese que la decisión de la junta general era nula o anulable en virtud del Derecho nacional;

c) no podrá intentarse la acción de nulidad después de la expiración de un plazo de seis meses a partir de la fecha en la que la fusión fuera oponible al que invoque la nulidad, o bien si la situación hubiera sido regularizada;

d) cuando sea posible remediar la irregularidad susceptible de ocasionar la nulidad de la fusión, el tribunal competente concederá a las sociedades interesadas un plazo para regularizar la situación;

e) la resolución que declare la nulidad de la fusión será objeto de una publicidad efectuada según las formas previstas por la legislación de cada Estado miembro de conformidad con el artículo 3 de la Directiva 2009/101/CE;

f) la oposición de terceros, cuando esté prevista por la legislación de un Estado miembro, no será admisible después de la expiración de un plazo de seis meses a partir de la publicidad de la resolución efectuada según la Directiva 2009/101/CE;

g) la resolución que pronuncie la nulidad de la fusión no afectará por sí misma a la validez de las obligaciones nacidas a cargo o en beneficio de la sociedad absorbente, con anterioridad a la resolución y con posterioridad a la fecha en la que surta efecto la fusión;

h) las sociedades que hayan participado en la fusión responderán de las obligaciones de la sociedad absorbente mencionada en la letra g).

2. No obstante lo dispuesto en el apartado 1, letra a), la legislación de un Estado miembro podrá también permitir que una autoridad administrativa declare la nulidad de la fusión si cabe recurso contra tal decisión ante una autoridad judicial. Las letras b) y d) a h) del apartado 1 se aplicarán por analogía a la autoridad administrativa. Este procedimiento de nulidad no podrá ser iniciado hasta seis meses después de la fecha en la que surta efecto la fusión.

3. Lo anteriormente dispuesto no obstará a las legislaciones de los Estados miembros relativas a la nulidad de una fusión declarada como consecuencia de un control de esta distinto al control preventivo judicial o administrativo de legalidad.

CAPÍTULO IV

Fusión por constitución de una nueva sociedad

Artículo 23

1. Los artículos 5, 6 y 7 y los artículos 9 al 22 de la presente Directiva serán aplicables, sin perjuicio de los artículos 12 y 13 de la Directiva 2009/101/CE, a la fusión por constitución de una nueva sociedad. A dicho efecto, las expresiones «sociedades que se fusionan» o «sociedad absorbida» designarán las sociedades que desaparecen y la expresión «sociedad absorbente» designará la nueva sociedad.

El artículo 5, apartado 2, letra a), de la presente Directiva, será igualmente aplicable a la nueva sociedad.

2. El proyecto de fusión y, si son objeto de un acto separado, la escritura de constitución o el proyecto de la escritura de constitución y los estatutos o el proyecto de estatutos de la nueva sociedad serán aprobados por la junta general de las sociedades que desaparecen.

CAPÍTULO V

Absorción de una sociedad por otra que posea el 90 % o más de las acciones de la primera

Artículo 24

Los Estados miembros organizarán, para las sociedades sometidas a su legislación, la operación por la que una o varias sociedades se disolverán sin liquidación y transferirán la totalidad de su patrimonio activa y pasivamente a otra sociedad que fuera titular de todas sus acciones y demás títulos que confieran derecho a voto en la junta general. Tales operaciones estarán reguladas por las disposiciones del capítulo III. Sin embargo, los Estados miembros no podrán imponer los requisitos establecidos en el artículo 5, apartado 2, letras b), c) y d), los artículos 9 y 10, el artículo 11, apartado 1, letras d) y e), el artículo 19, apartado 1, letra b), y los artículos 20 y 21.

Artículo 25

Los Estados miembros no aplicarán el artículo 7 a las operaciones a que se refiere el artículo 24 si se cumplen las siguientes condiciones:

a) la publicidad prescrita en el artículo 6 se hará por cada una de las sociedades participantes en la operación, al menos un mes antes de que la operación surta efectos;

b) todos los accionistas de la sociedad absorbente tendrán derecho, al menos un mes antes de que la operación surta efectos, a tener conocimiento, en el domicilio social de esta sociedad, de los documentos contemplados en el artículo 11, apartado 1, letras a), b) y c);

c) se aplicará el artículo 8, párrafo primero, letra c).

A los efectos del párrafo primero, letra b), del presente artículo se aplicará el artículo 11, apartados 2, 3 y 4.

Artículo 26

Los Estados miembros podrán aplicar

los artículos 24 y 25 a operaciones por las que una o varias sociedades se disuelvan sin liquidación y transfieran la totalidad de su patrimonio activa y pasivamente a otra sociedad, si todas las acciones y demás títulos indicados en el artículo 24 de la o de las sociedades absorbidas, pertenecieran a la sociedad absorbente y/o a personas que poseyeran estas acciones y estos títulos en su propio nombre pero por cuenta de esta sociedad.

Artículo 27

En caso de que lleve a cabo una fusión por absorción una sociedad que sea titular del 90 % o más, pero no de la totalidad, de las acciones y demás títulos que confieran derecho a voto en la junta general de la sociedad o sociedades absorbidas, los Estados miembros no exigirán la aprobación de la fusión por la junta general de la sociedad absorbente si se cumplen las condiciones siguientes:

a) la publicidad prescrita en el artículo 6 se hará, por la sociedad absorbente, al menos un mes antes de la fecha de reunión de la junta general de la o de las sociedades absorbidas que deba pronunciarse sobre el proyecto de fusión;

b) todos los accionistas de la sociedad absorbente tendrán derecho, al menos un mes antes de la fecha indicada en la letra a), a consultar, en el domicilio social de esta sociedad, los documentos indicados en el artículo 11, apartado 1, letras a), b) y, si procede, c), d) y e);

c) se aplicará el artículo 8, párrafo primero, letra c).

A los efectos del párrafo primero, letra b), del presente artículo se aplicará el artículo 11, apartados 2, 3 y 4.

Artículo 28

Los Estados miembros no impondrán los requisitos establecidos en los artículos 9, 10 y 11 en el caso de una fusión en el sentido el artículo 27 si se cumplen las condiciones siguientes:

a) los accionistas minoritarios de la sociedad absorbida podrán ejercer el derecho de hacer adquirir sus acciones por la sociedad absorbente;

b) en este caso, tendrán derecho a obtener una contrapartida correspondiente al valor de sus acciones;

c) en caso de desacuerdo sobre esta contrapartida, esta deberá poder ser determinada por un tribunal o por una autoridad administrativa designada a tal efecto por el Estado miembro.

Un Estado miembro no necesitará aplicar el primer párrafo si su legislación permite a la sociedad absorbente exigir, sin una oferta pública de adquisición previa, que todos los titulares de las participaciones restantes de la sociedad o sociedades a ser absorbidas le vendan dichas participaciones antes de la fusión a un precio justo.

Artículo 29

Los Estados miembros podrán aplicar los artículos 27 y 28 a operaciones por las que una o varias sociedades se disuelvan sin liquidación y transfieran la totalidad de su patrimonio activa y pasivamente a otra sociedad si el 90 % o más, pero no la totalidad, de las acciones y demás títulos indicados en el artículo 27 de la o de las sociedades absorbidas pertenecieran a la sociedad absorbente y/o a personas que poseyeran estas acciones y estos títulos en su propio nombre pero por cuenta de esta sociedad.

CAPÍTULO VI

Otras operaciones asimiladas a la fusión

Artículo 30

Cuando la legislación de un Estado miembro permita, para una de las operaciones mencionadas en el artículo 2, que la compensación en dinero supere el porcentaje del 10 %, serán aplicables los capítulos III y IV, así como los artículos 27, 28 y 29.

Artículo 31

Cuando la legislación de un Estado miembro permita una de las operaciones mencionadas en los artículos 2, 24 y 30, sin que todas las sociedades transferidas dejen de existir, el capítulo III, con excepción del artículo 19, apartado 1, letra c), y los capítulos IV o V serán respectivamente aplicables.

CAPÍTULO VII

Disposiciones finales

Artículo 32

Queda derogada la Directiva 78/855/CEE, modificada por los actos indicados en la parte A del anexo I, sin perjuicio de las obligaciones de los Estados miembros relativas a los plazos de incorporación al Derecho nacional de las Directivas que figuran en la parte B del anexo I.

Las referencias a la Directiva derogada se entenderán hechas a la presente Directiva y se leerán con arreglo a la tabla de correspondencias que figura en el anexo II.

Artículo 33

La presente Directiva entrará en vigor el 1 de julio de 2011.

Artículo 34

Los destinatarios de la presente Directiva son los Estados miembros.

ANEXO I

Parte a

Directiva derogada y sus sucesivas modificaciones (a que se refiere el artículo 32)

Directiva 78/855/CEE del Consejo (DO L 295 de 20.10.1978, p. 36).

Anexo I, punto III. C, del Acta de adhesión de 1979 (DO L 291 de 19.11.1979, p. 89).

Anexo I, punto II. d), del Acta de adhesión de 1985 (DO L 302 de 15.11.1985, p. 157).

Anexo I, punto XI.A.3, del Acta de adhesión de 1994 (DO C 241 de 29.8.1994, p. 194).

Anexo II, punto 4.A.3, del Acta de adhesión de 2003 (DO L 236 de 23.9.2003, p. 338).

Directiva 2006/99/CE del Consejo (DO L 363 de 20.12.2006, p. 137). Únicamente con respecto a la referencia hecha a la Directiva 78/855/CEE en el artículo 1 y en el anexo, sección A.3

Directiva 2007/63/CE del Parlamento Europeo y del Consejo (DO L 300 de 17.11.2007, p. 47). Únicamente el artículo 2

Directiva 2009/109/CE del Parlamento Europeo y del Consejo (DO L 259 de 2.10.2009, p. 14). Únicamente el artículo 2

Parte b

Plazos de incorporación al Derecho nacional (a que se refiere el artículo 32)

Directiva (Fecha límite de incorporación)

78/855/CEE (13 de octubre de 1981)

2006/99/CE (1 de enero de 2007)

2007/63/CE (31 de diciembre de 2008)

2009/109/CE (30 de junio de 2011)

ANEXO II

Tabla de correspondencias

Directiva 78/855/CEE	Presente Directiva
Artículo 1	Artículo 1
Artículos 2 a 4	Artículos 2 a 4
Artículos 5 a 22	Artículos 5 a 22
Artículo 23, apartado 1	Artículo 23, apartado 1, párrafo primero
Artículo 23, apartado 2	Artículo 23, apartado 1, párrafo segundo
Artículo 23, apartado 3	Artículo 23, apartado 2
Artículos 24 a 29	Artículos 24 a 29
Artículos 30 y 31	Artículos 30 y 31
Artículo 32	—
—	Artículo 32
—	Artículo 33
Artículo 33	Artículo 34
—	Anexo I
—	Anexo II

SEXTA DIRECTIVA DEL CONSEJO DE 17 DE DICIEMBRE DE 1982 BASADA EN LA LETRA G) DEL APARTADO 3 DEL ARTÍCULO 54 DEL TRATADO Y REFERENTE A LA ESCISIÓN DE SOCIEDADES ANÓNIMAS (82/891/CEE)[14]

EL CONSEJO DE LAS COMUNIDADES EUROPEAS,

Visto el Tratado constitutivo de la Comunidad Económica Europea y, en particular, la letra g) del apartado 3 de su artículo 54,

Vista la propuesta de la Comisión[15],

Visto el dictamen del Parlamento Europeo[16],

Visto el dictamen del Comité económico y social[17],

Considerando que la coordinación prevista por la letra g) del apartado 3 del artículo 54, y por el programa general para la supresión de restricciones a la libertad de establecimiento[18] ha dado comienzo con la Directiva 64/151/CEE[19];

Considerando que esta coordinación ha sido proseguida por la Directiva 77/91/CEE[20] referente a la constitución de la sociedad anónima así como al mante-

---

[14] Modificada por:
- Directiva 2007/63/CE del Parlamento Europeo y del Consejo de 13 de noviembre de 2007. DO L 300 47 17.11.2007
- Directiva 2009/109/CE del Parlamento Europeo y del Consejo de 16 de septiembre de 2009. DO L 259 14 2.10.200

[15] DO no C 89 de 14.7.1970, p. 20.

[16] DO no C 129 de 11.12.1972, p. 50, y DO no C 95 de 28.4.1975, p. 12.

[17] DO no C 88 de 6.9.1971, p. 18.

[18] DO no 2 de 15.1.1962, p. 36/62.

[19] DO no L 65 de 14.3.1968, p. 8.

[20] DO no L 26 de 31.1.1977, p. 1.

nimiento y las modificaciones de su capital, por la Directiva 78/660/CEE[21], relativa a las cuentas anuales de determinadas formas de Sociedades y por la Directiva 78/855/CEE[22], relativa a la fusión de sociedades anónimas;

Considerando que la Directiva 78/855/CEE, no ha regulado sino la fusión de sociedades anónimas y determinadas operaciones asimiladas; que, no obstante, la propuesta de la Comisión contemplada igualmente la operación de escisión; que el Parlamento Europeo y el Comité económico y social se han pronunciado también en favor de una regulación de esta operación;

Considerando que dadas las similitudes existentes entre las operaciones de fusión y escisión, el riesgo de que sean eludidas las garantías dadas respecto a las fusiones por la Directiva 78/855/CEE, sólo podrá evitarse previendo una protección equivalente en caso de escisión;

Considerando que la protección de los intereses de los socios y de los terceros exige coordinar las legislaciones de los Estados miembros relativas a las escisiones de sociedades anónimas cuando los Estados miembros permitan esta operación;

Considerando que, en el marco de esta coordinación, es particularmente importante asegurar una información adecuada y tan objetiva como sea posible a los accionistas de las sociedades que participan en la escisión, y garantizar una protección adecuada de sus derechos;

Considerando que la protección de los derechos de los trabajadores en caso de transferencia de empresas, de establecimientos o de partes de establecimientos está regulada en la actualidad por la Directiva 77/187/CEE[23];

Considerando que los acreedores, obligacionistas o no y los portadores de otros títulos de sociedades que participen en la escisión deberán ser protegidos para que la realización de la escisión no les perjudique;

Considerando que la publicidad garantizada por la Directiva 68/151/CEE deberá extenderse a las operaciones relativas a la escisión con el fin de que los terceros estén suficientemente informados;

Considerando que es necesario extender las garantías aseguradas a los socios y a los terceros, en el marco del proceso de escisión, a determinadas operaciones jurídicas que tengan, respecto a puntos esenciales, características análogas a las de la escisión con el fin de que no pueda eludirse esta protección;

Considerando que, para garantizar la seguridad jurídica en las relaciones tanto entre las sociedades que participen en la escisión, como entre éstas y los terceros, así como entre los accionistas, es preciso limitar los casos de nulidad y establecer, por una parte, el principio de la regularización, cada vez que sea posible y, por otra un plazo breve para invocar la nulidad,

HA ADOPTADO, LA PRESENTE DIRECTIVA:

Artículo 1

1. Cuando los Estados miembros permitan, en relación a las sociedades sujetas a su legislación y contempladas en el

[21] DO no L 222 de 14.8.1978, p. 11.
[22] DO no L 295 de 20.10.1978, p. 36.
[23] DO no L 61 de 5.3.1977, p. 26.

apartado 1 del artículo 1 de la Directiva 78/855/CEE, la operación de escisión definida en el artículo 2 de la presente Directiva, someterán esta operación a las disposiciones del capítulo I de esta última Directiva.

2. Cuando los Estados miembros permitan, en relación a las sociedades indicadas en el apartado 1, la operación de escisión por constitución de nuevas sociedades definida en el artículo 21, someterán esta operación a las disposiciones del capítulo II.

3. Cuando los Estados miembros permitan, en relación a las sociedades indicadas en el apartado 1, la operación por la que una escisión por absorción, definida en el apartado 1 del artículo 2, se combine con una escisión por constitución de una o varias nuevas sociedades definidas en el apartado 1 del artículo 21, someterán esta operación a las disposiciones del capítulo I y del artículo 22.

4. Los apartados 2 y 3 del artículo 1 de la Directiva 78/855/CEE serán aplicables.

CAPÍTULO I

Escisión por absorción

Artículo 2

1. Se considera como escisión por absorción, a efectos de la presente Directiva, la operación por la que, como consecuencia de su disolución sin liquidación, una sociedad transfiere a varias sociedades el conjunto de su patrimonio, activo y pasivo, mediante la atribución a los accionistas de la sociedad escindida de acciones de las sociedades beneficiarías de las aportaciones resultantes de la escisión, en adelante denominadas sociedades beneficiarías» y eventualmente, de una compensación en dinero que no exceda el 10 % del valor nominal de las acciones atribuidas o, en su defecto de valor nominal, de su valor contable.

2. El apartado 2 del artículo 3 de la Directiva 78/ 855/CEE será aplicable.

3. Siempre que la presente Directiva reenvíe a la Directiva 78/855/CEE, la expresión «sociedades que se fusionan» designará las sociedades que participan en la escisión, la expresión «sociedad absorbida» designará la sociedad escindida, la expresión «sociedad absorbente», designará cada una de las sociedades beneficiarías y la expresión «proyecto de fusión» designará el proyecto de escisión.

Artículo 3

1. Los órganos de administración o de dirección de las sociedades que participen en la escisión establecerán por escrito un proyecto de escisión.

2. El proyecto de escisión mencionará al menos:

a) la forma, denominación y el domicilio social de las sociedades que participen en la escisión;

b) la proporción de canje de las acciones y en su caso, el importe de la compensación;

c) las modalidades de entrega de las acciones de las sociedades beneficiarías;

d) la fecha a partir de la cual estas acciones darán derecho a participar en los beneficios, así como toda modalidad particular relativa a este derecho;

e) la fecha a partir de la que las operaciones de la sociedad escindida, se considerarán desde el punto de vista contable como realizadas por cuenta de cualquiera de las sociedades beneficiarias;

f) los derechos asegurados por las sociedades beneficiarías a los accionistas que tengan derechos especiales y a los portadores de títulos que no sean de las acciones o las medidas propuestas a su respecto;

g) todos los privilegios especiales atribuidos a los peritos aludidos en el artículo 8, párrafo 1, así como a los miembros de los órganos de administración, dirección, vigilancia o control de las sociedades que participen en la escisión;

h) la descripción y el reparto precisos de los elementos del patrimonio activo y pasivo que se transferirá a cada una de las sociedades beneficiarías;

i) el reparto a los accionistas de la sociedad escindida de las acciones de las sociedades beneficiarías, así como el criterio en que se funde este reparto;

3.

a) cuando un elemento del patrimonio activo no fuere atribuido en el proyecto de escisión y la interpretación de éste no permita decidir su reparto, este elemento o su contravalor se repartirá entre todas las sociedades beneficiarias de manera proporcional al activo atribuido a cada una de ellas en el proyecto de escisión;

b) cuando un elemento del patrimonio pasivo no se atribuya en el proyecto de escisión y la interpretación de éste no permita decidir sobre su reparto, cada una de las sociedades beneficiarías será responsable solidariamente. Los Estados miembros pueden prever que esta responsabilidad solidaria quede limitada al activo neto atribuido a cada beneficiario.

Articulo 4

El proyecto de escisión, deberá ser objeto de una publicidad efectuada de acuerdo con las formas previstas por la legislación de cada Estado miembro, conforme al artículo 3 de la Directiva 68/151/CEE[24], para cada una de las sociedades que participen en la escisión, al menos un mes antes de la fecha de la reunión de la junta general llamada a pronunciarse sobre el proyecto de escisión.

Cualquiera de las sociedades implicadas en la escisión quedará exenta del requisito de publicidad establecido en el artículo 3 de la Directiva 68/151/CEE si, durante un período ininterrumpido iniciado al menos un mes antes del día fijado para la junta general llamada a pronunciarse acerca de dicho proyecto de escisión y que no termine antes de la conclusión de dicha junta, pone a disposición del público de forma gratuita en su sitio web el proyecto de escisión. Los Estados miembros no supeditarán dicha exención a más requisitos o condiciones que los necesarios para garantizar la seguridad del sitio web y la autenticidad de los documentos, y solo podrán imponer dichos requisitos o condiciones en la medida en que sean proporcionados para alcanzar estos objetivos.

No obstante lo dispuesto en el segundo párrafo, los Estados miembros podrán exigir que la publicidad se realice a través de la plataforma electrónica central mencionada en el artículo 3, apartado 4, de la Directiva 68/151/CEE. Los Esta-

[24] DO no L 65 de 14.3.1968, p. 9.

dos miembros tendrán la alternativa de exigir que dicha publicación se realice en cualquier otro sitio web designado por ellos a tal efecto. Cuando los Estados miembros recurran a una de estas posibilidades, velarán por que no se cobre a las sociedades una tarifa específica por dicha publicación.

Cuando se utilice un sitio web distinto de la plataforma electrónica central, se publicará en la plataforma electrónica central una referencia que dé acceso a dicho sitio web al menos un mes antes de la fecha fijada para la junta general. Dicha referencia deberá incluir la fecha de publicación del proyecto de escisión en el sitio web y será accesible para el público de forma gratuita. No se cobrará a las sociedades una tarifa específica por dicha publicación.

La prohibición de cobrar a las sociedades una tarifa específica por la publicación establecida en los párrafos tercero y cuarto no afectará al derecho de los Estados miembros de repercutir a las sociedades los costes relacionados con la plataforma electrónica central.

Los Estados miembros podrán exigir a las sociedades que mantengan la información durante un período específico después de la junta general en su sitio web o, cuando proceda, en la plataforma electrónica central designada por el Estado miembro de que se trate. Los Estados miembros podrán determinar las consecuencias de la interrupción temporal del acceso al sitio web o a la plataforma electrónica central por razones técnicas o de otro tipo.

Artículo 5

1. La escisión requerirá al menos la aprobación de la junta general de cada una de las sociedades que participe en la escisión. El artículo 7 de la Directiva 781/ 855/CEE será aplicable en lo que respecta a la mayoría exigida para estas decisiones, su alcance, así como la necesidad de un voto separado.

2. Cuando las acciones de las sociedades beneficiarias se atribuyan a los accionistas de la sociedad escindida no proporcionalmente a sus derechos en el capital de esta sociedad, los Estados miembros podrán prever que los accionistas minoritarios de está puedan ejercer el derecho de que se adquieran sus acciones. En tal caso, tendrán derecho a obtener una contrapartida correspondiente al valor de sus acciones. En caso de desacuerdo sobre esta contrapartida, ésta podrá ser determinada judicialmente.

Artículo 6

La legislación de un Estado miembro podrá no imponer la aprobación de la escisión por la junta general de una sociedad beneficiaria si se cumplen las siguientes condiciones:

a) la publicidad prescrita por el artículo 4 se hará, para la sociedad beneficiaría, al menos un mes antes de la fecha de la reunión de la junta general de la sociedad escindida, llamada a pronunciarse sobre el proyecto de escisión;

b) todos los accionistas de la sociedad beneficiaria tendrán derecho, al menos un mes antes de la fecha indicada en la letra a), de tener conocimiento, en el domicilio social de esta sociedad, de los documentos indicados en el apartado 1 del artículo 9;

c) uno a más accionistas de la sociedad beneficiaria que dispongan de acciones por un porcentaje mínimo del capital suscrito deberán tener derecho a obtener la convocatoria de una junta general de la sociedad beneficiaria llamada a pronunciarse sobre la aprobación de la escisión. Este porcentaje mínimo no podrá fijarse en más del 5 %. No obstante, los Estados miembros podrán prever que las acciones sin derecho de voto se excluyan del' cálculo de este porcentaje.

A los efectos del párrafo primero, letra b), se aplicará el artículo 9, apartados 2, 3 y 4.

Articulo 7

1. Los órganos de administración o de dirección de cada una de las sociedades que participen en la escisión elaborarán un informe escrito detallado que explique y justifique, desde el punto de vista jurídico y económico el proyecto de escisión y, en particular, la proporción de canje de las acciones así como el criterio para su reparto.

2. El informe indicará además las dificultades particulares de evaluación, si es que las hubiere.

En su caso, mencionará la elaboración del informe sobre la verificación de aportaciones no dinerarias, contemplado en el artículo 27, apartado 2, de la Directiva 77/91/CEE, a las sociedades beneficiarias, así como el registro en que deberá depositarse el informe.

3. Los órganos de dirección o de administración de la sociedad escindida, estarán obligados a informar a la junta general de la sociedad escindida así como a los órganos de dirección o de administración de las sociedades beneficiarias, para que ellos informen a la junta general de su sociedad de cualquier modificación importante del patrimonio activo y pasivo sobrevenida entre la fecha del establecimiento del proyecto de escisión y la fecha de la reunión de la junta general de la sociedad escindida llamada a pronunciarse sobre el proyecto de escisión.

Artículo 8

1. Por cada una de las sociedades que participen en la escisión, uno o varios peritos independientes de éstas, designados o reconocidos por una autoridad judicial o administrativa, examinarán el proyecto de escisión y elaboran un informe escrito destinado a los accionistas. No obstante, la legislación de un Estado miembro podrá prever la designación de uno o varios peritos independientes para todas las sociedades que participen en la escisión, si esta designación, a petición conjunta de estas sociedades, fuere hecha por una autoridad judicial o administrativa. Estos peritos podrán ser según la legislación de cada Estado miembro personas físicas, o sociedades.

2. Los apartados 2 y 3 del artículo 10 de la Directiva 78/855/CEE serán aplicables.

Artículo 9

1. Todo accionista tendrá derecho, al menos un mes antes de la fecha de la reunión de la junta general llamada a pronunciarse sobre el proyecto de fusión, a tener conocimiento, en el domicilio social, al menos de los siguientes documentos:

a) el proyecto de escisión;

b) las cuentas anuales así como los informes de gestión de los tres últimos ejercicios de las sociedades que participen en la escisión;

c) en su caso, un estado contable cerrado a una fecha que no deberá ser anterior al primer día del tercer mes precedente a la fecha del proyecto de escisión en el caso de que las últimas cuentas anuales se refieran a un ejercicio cuyo final sea anterior en más de seis meses a esta fecha;

d) en su caso, los informes de los órganos de administración o de dirección de las sociedades que participen en la escisión mencionados en el artículo 7, apartado 1;

e) cuando proceda, los informes mencionados en el artículo 8.

A efectos de la letra c), no se exigirá un estado contable si la sociedad publica un informe financiero semestral, de conformidad con el artículo 5 de la Directiva 2004/109/CE, y lo pone a disposición de los accionistas, con arreglo al presente apartado.

2. El estado contable previsto en la letra c) del apartado 1 se establecerá según los mismos métodos y según la misma presentación que el último balance anual.

No obstante, la legislación de un Estado miembro podrá prever:

a) que no sea necesario proceder a un nuevo inventario físico;

b) que las valoraciones que figuren en el último balance sólo se modifiquen en función de los movimientos de asiento; no obstante, se tendrán en cuenta:

— las amortizaciones y provisiones temporales,

— los cambios importantes de valor real que no aparezcan en los asientos.

3. Cualquier accionista, sin gastos y por simple petición, podrá obtener una copia íntegra o, si lo desea, parcial, de los documentos mencionados en el apartado 1.

Cuando un accionista haya accedido a que la sociedad se sirva de medios electrónicos para transmitir información, tales copias se podrán facilitar por correo electrónico.

4. Quedarán exentas de la obligación de poner a disposición en su domicilio social los documentos a que se refiere el apartado 1 las sociedades que los hayan puesto a disposición del público en su sitio web durante un período ininterrumpido iniciado al menos un mes antes del día fijado para la junta general llamada a pronunciarse acerca del proyecto de escisión y que no termine antes de la conclusión de dicha junta. Los Estados miembros no supeditarán dicha exención a más requisitos o condiciones que los necesarios para garantizar la seguridad del sitio web y la autenticidad de los documentos, y solo en la medida en que sean proporcionados para alcanzar estos objetivos.

El apartado 3 no será de aplicación si el sitio web confiere a los accionistas la posibilidad, durante todo el período a que se hace referencia en dicho apartado, de descargar e imprimir los documentos a que se refiere el apartado 1. Sin embargo, en este caso, los Estados miembros podrán estipular que la sociedad ponga a disposición estos documentos en su domicilio social para que los accionistas puedan consultarlos.

Los Estados miembros podrán exigir a las sociedades que mantengan la información durante un período específico después de la junta general en su sitio web. Los Estados miembros podrán determinar las consecuencias de la interrupción temporal del acceso al sitio Internet por razones técnicas o de otro tipo.

Artículo 10

1. No se requerirán el examen del proyecto de escisión ni el informe pericial contemplados en el artículo 8, apartado 1, si así lo han acordado todos los accionistas y tenedores de títulos que confieran un derecho de voto de cada una de las sociedades que participan en la escisión.

2. Los Estados miembros pueden permitir que no se apliquen el artículo 7 y el artículo 9, apartado 1, letras c) y d), si así lo han acordado todos los accionistas y portadores de títulos que confieran un derecho de voto de cada una de las sociedades que participan en la escisión.

Artículo 11

La protección de los derechos de los trabajadores de cada una de las sociedades que participen en la escisión se organizará de conformidad con la Directiva 78/187/CEEC[25].

Artículo 12

1. Las legislaciones de los Estados miembros deberán prever un sistema de protección adecuado de los intereses de los acreedores de las sociedades que participen en la escisión, para las deudas nacidas con anterioridad a la publicación del proyecto de escisión y aún no vencidas en el momento de esta publicación.

2. Con este fin, las legislaciones de los Estados miembros deberán prever, al menos, que estos acreedores tengan derecho a obtener garantías adecuadas cuando la situación financiera de la sociedad escindida, así como la de la sociedad a la que se transfiera la obligación conforme al proyecto de escisión, haga necesaria tal protección, y siempre que estos acreedores no dispongan ya de tales garantías.

Los Estados miembros establecerán las condiciones de la protección contemplada en el apartado 1 y en el párrafo primero del presente apartado. En cualquier caso, los Estados miembros deberán garantizar que los acreedores estén autorizados a dirigirse a la autoridad administrativa o judicial competente para obtener las garantías adecuadas, siempre que puedan demostrar, de forma convincente, que debido a la escisión la satisfacción de sus derechos está en juego y que no han obtenido las garantías adecuadas de la sociedad.

3. En la medida en que un acreedor de la sociedad a la que se ha transferido la obligación, conforme al proyecto de escisión, no hubiese obtenido satisfacción, las sociedades beneficiarías serán solidariamente responsables de esta obligación. Los Estados miembros pueden limitar esta responsabilidad al activo neto atribuido a cada una de estas sociedades distintas de aquellas a las que se hubiere transferido la obligación.

Los Estados podrán no aplicar el presente apartado cuando la operación de escisión estuviere sometida a control judicial conforme al artículo 23 y una

[25] (1) DO no L 61 de 5.3.1977, p. 26.

mayoría de acreedores que representen tres cuartos del importe de los créditos o una mayoría de una categoría de acreedores de la sociedad escindida, que represente los tres cuartos del importe de los créditos de esta categoría, haya renunciado a utilizar esta responsabilidad solidaria en una junta celebrada conforme a la letra c) del apartado 1 del artículo 23.

4. El apartado 3 del artículo 13 de la Directiva 78/ 855/CEE será aplicable.

5. Sin perjuicio de las normas relativas al ejercicio colectivo de sus derechos, serán aplicables los apartados 1 a 4 a los obligacionistas de las sociedades que participan en la escisión, salvo si la escisión ha sido aprobada por una junta de obligacionistas, cuando la ley nacional prevea tal junta o por los obligacionistas individualmente.

6. Los Estados miembros pueden prever que las sociedades beneficiarías respondan solidariamente de las obligaciones de la sociedad escindida. En este caso, podrán no aplicar los apartados precedentes.

7. Cuando un Estado miembro combine el sistema de protección de acreedores contemplado en los apartados 1 a 5 con la responsabilidad solidaria de las sociedades beneficiarías contemplada en el apartado 6, podrá limitar esta responsabilidad al activo neto atribuido a cada una de dichas sociedades.

Artículo 13

Los poseedores de títulos, distintos de las acciones, a los que correspondan derechos especiales, deberán gozar, en el seno de las sociedades beneficiarias contra las que pueden ser invocadas estos títulos conforme al proyecto de escisión, de derechos al menos equivalentes a los que disfrutaban en la sociedad escindida, salvo si la modificación de estos derechos hubiera sido aprobada por una junta de poseedores de estos títulos, cuando la ley nacional prevea tal junta, o por los poseedores de estos títulos individualmente, o, también si estos poseedores tienen el derecho a obtener la recompra de sus títulos.

Artículo 14

Si la legislación de un Estado miembro no prevé para las escisiones un control preventivo judicial o administrativo de legalidad, o si este control no se refiriese a todos los actos necesarios para la escisión, se aplicará el artículo 16 de la Directiva 78/555/CEE.

Artículo 15

Las legislaciones de los Estados miembros determinarán la fecha en la que surtirá efecto la escisión.

Artículo 16

1. La escisión deberá ser objeto de una publicidad efectuada según las formas previstas por la legislación de cada Estado miembro, de conformidad con el artículo 3 de la Directiva 68/151/CEE, por cada una de las sociedades participantes en la escisión.

2. Toda sociedad beneficiaría puede proceder por sí misma a las formalidades de publicidad relativas a la sociedad escindida.

Articulo 17

1. La escisión produce ipso iure y simultáneamente los siguientes efectos:

a) la transmisión, tanto entre la sociedad escindida y las sociedades beneficiarias como con respecto a terceros, de la totalidad del patrimonio activo y pasivo de la sociedad escindida a las sociedades beneficiarías; esta transmisión se efectuará por partes conforme al reparto previsto en el proyecto de escisión o en el apartado 3 del artículo 3;

b) los accionistas de la sociedad escindida se convertirán en accionistas de una o más de las sociedades beneficiarias conforme al reparto previsto en el proyecto de escisión;

c) la sociedad escindida dejará de existir.

2. No se cambiará ninguna acción de una sociedad beneficiaría contra las acciones de la sociedad escindida poseídas:

a) bien sea por la sociedad beneficiaría misma o por una persona que actúe en su propio nombre pero por cuenta de la sociedad;

b) bien por la sociedad escindida misma o por una persona que actué en su propio nombre pero por cuenta de la sociedad.

3. Lo anteriormente dispuesto será sin perjuicio de las legislaciones de los Estados miembros que requieran formalidades particulares para la oponibilidad a terceros de la transferencia de ciertos bienes, derechos y obligaciones aportados por la sociedad escindida. La sociedad o sociedades beneficiarías a las que estos bienes, derechos u obligaciones sean transferidos conforme al proyecto de escisión o al apartado 3 del artículo 3, podrán proceder por sí mismas a estas formalidades; no obstante, la legislación de los Estados miembros podrá permitir a la sociedad escindida continuar procediendo a estas formalidades durante un período limitado que no podrá fijarse, salvo casos excepcionales, en más de seis meses después de la fecha en que hubiera surtido efecto la escisión.

Artículo 18

Las legislaciones de los Estados miembros regularán, al menos, la responsabilidad civil de los miembros de los órganos de administración o de dirección de la sociedad escindida frente a los accionistas de dicha sociedad respecto a las faltas cometidas por los miembros de dichos órganos durante la preparación y realización de la escisión, y la responsabilidad civil de los peritos encargados de establecer para dicha sociedad el informe previsto en el artículo 8 por las faltas cometidas durante el cumplimiento de su misión.

Artículo 19

1. Las legislaciones de los Estados miembros sólo podrán regular el régimen de nulidades de la escisión en las siguientes condiciones:

a) la nulidad deberá ser declarada por decisión judicial;

b) sólo podrá declararse la nulidad de una escisión que hubiera surtido efecto en el sentido del artículo 15 por defecto de control preventivo judicial o administrativo de legalidad, o de acta autentificada, o bien mediante la prueba de que la decisión de la junta general era nula o anulable en virtud del Derecho nacional;

c) no podrá intentarse la acción de nulidad cuando haya transcurrido un plazo de seis meses a partir de la fecha en que la escisión fuera oponible al que invoque la nulidad, ni cuando la situación hubiera sido regularizada;

d) cuando sea posible remediar la irregularidad susceptible de ocasionar la nulidad de la escisión, el tribunal competente concederá a las sociedades interesadas un plazo para regularizar la situación;

e) la resolución que declare la nulidad de la escisión se publicará del modo previsto por la legislación de cada Estado miembro de conformidad con el artículo 3 de la Directiva 68/151/CEE;

f) la oposición de terceros, cuando esté prevista en la legislación de un Estado miembro, no será admisible una vez transcurrido un plazo de seis meses a partir de la publicación de la resolución efectuada según la Directiva 68/151/CEE;

g) la resolución que pronuncie la nulidad de la escisión no afectará por sí misma a la validez de las obligaciones nacidas a cargo o en beneficio de las sociedades beneficiarías, con anterioridad a la resolución y con posterioridad a la fecha mencionada en el artículo 15;

h) cada una de las sociedades beneficiarías responderá de las obligaciones a su cargo nacidas después de la fecha en la que la resolución surta efecto y antes de la fecha en la que la resolución que declare la nulidad de la escisión se publique. La sociedad escindida responderá también de estas obligaciones; los Estados miembros podrán prever que esta responsabilidad quede limitada al activo neto atribuido a la sociedad beneficiaría a cuyo cargo hubieren nacido estas obligaciones.

2. No obstante lo dispuesto en la letra a) del apartado 1, la legislación de un Estado miembro podrá también permitir que una autoridad administrativa declare la nulidad de la escisión si cabe recurso contra tal decisión ante una autoridad judicial. Las letras b), d), e), í), g) y h) se aplicarán por analogía a la autoridad administrativa. Este procedimiento de nulidad no podrá ser iniciado hasta seis meses después de la fecha mencionada en el artículo 15.

3. Lo anteriormente dispuesto no obstará a la aplicación de las legislaciones de los Estados miembros relativas a la nulidad de una escisión declarada como consecuencia de un control de ésta distinto del control preventivo judicial o administrativo de legalidad.

Artículo 20

Sin perjuicio del artículo 6, los Estados miembros podrán no exigir la aprobación de la escisión por la junta general de la sociedad escindida si las sociedades beneficiarias poseen conjuntamente todas las acciones de la sociedad escindida y todas las demás participaciones que confieran el derecho de voto en la junta general de la sociedad escindida y se cumplen las siguientes condiciones:

a) la publicidad prescrita por el artículo 4 se realizará por cada una de las sociedades que participen en la operación, como mínimo un mes antes de que la operación surta efecto;

b) todos los accionistas de las sociedades que participen en la operación tendrán derecho a conocer, al menos un mes antes de que la operación surta efecto, en el domicilio social de su sociedad, los documentos indicados en el apartado 1 del artículo 9;

d) en defecto de una convocatoria de la junta general de la sociedad escindida convocada para pronunciarse sobre la aprobación de la escisión, la información contemplada en el apartado 3 del artículo 7 se refiere a toda modificación importante del patrimonio activo y pasivo producida después de la fecha de elaboración del proyecto de escisión.

A los efectos del apartado 1, letra b), se aplicarán el artículo 9, apartados 2, 3 y 4, y el artículo 10.

CAPÍTULO II

Escisión por constitución de nuevas sociedades

Artículo 21

1. A efectos de la presente Directiva, se considerará como escisión por constitución de nuevas sociedades la operación por la que, como consecuencia de una disolución sin liquidación, una sociedad transfiere a varias sociedades recientemente constituidas la totalidad de su patrimonio, activo y pasivo, mediante la atribución a los accionistas de la sociedad escindida de acciones de las sociedades beneficiarias y, eventualmente, de una compensación en metálico que no sobrepase el 10 % del valor nominal de las acciones atribuidas o en defecto de valor nominal, de su valor contable.

2. El apartado 2 del artículo 4 de la Directiva 78/ 855/CEE será aplicable.

Artículo 22

1. Los artículos 3, 4, 5 y 7, los apartados 1 y 2 del artículo 8 y los artículos 9 al 19 serán aplicables, sin perjuicio de lo dispuesto en los artículos 11 y 12 de la Directiva 68/151/CEE, a la escisión por constitución de nuevas sociedades. Para esta aplicación, la expresión «sociedades que participen en la escisión», designará la sociedad escindida, y la expresión «sociedad beneficiaria de la aportaciones que resulten de la escisión», designará cada una de las nuevas sociedades.

2. El proyecto de escisión mencionará, además de las indicaciones contempladas en el apartado 2 del artículo 3, la forma, la denominación y el domicilio social de cada una de las nuevas sociedades.

3. El proyecto de escisión y, si son objeto de un acto separado, la escritura de constitución o el proyecto de escritura de constitución y los estatutos o el proyecto de estatutos de cada una de las nuevas sociedades serán aprobados por la junta general de la sociedad escindida.

5. Los Estados miembros no impondrán los requisitos establecidos en los artículos 7 y 8 y en el artículo 9, apartado 1, letras c), d) y e), cuando las acciones de cada una de las nuevas sociedades queden atribuidas a los accionistas de la sociedad escindida proporcionalmente a sus derechos en el capital de esta sociedad.

CAPÍTULO III

Escisión bajo control de la autoridad judicial

Artículo 23

1. Los Estados miembros podrán aplicar el apartado 2, cuando la operación de escisión estuviere sometida al control de una autoridad judicial con competencia para:

a) convocar la junta general de accionistas de la sociedad escindida a fin de pronunciarse sobre la escisión;

b) asegurar que los accionistas de cada una de las sociedades que participan en la escisión han recibido, o pueden procurarse al menos los documentos a que se refiere el artículo 9 en un plazo que les permita examinarlos con la suficiente antelación antes de la fecha de la junta general de su sociedad convocada para pronunciarse sobre la escisión; cuando un Estado miembro haga uso de la facultad prevista en el artículo 6, el plazo deberá ser suficiente a fin de permitir a los accionistas de las sociedades beneficiarias ejercer los derechos que les son conferidos por este último artículo;

c) convocar cualquier junta de acreedores de cada una de las sociedades que participen en la escisión, para pronunciarse sobre ésta;

d) asegurarse de que los acreedores de cada una de las sociedades que han participado en la escisión hayan recibido o puedan procurarse al menos el proyecto de escisión en un plazo que les permita examinarlo con suficiente antelación, antes de la fecha prevista en la letra b);

e) aprobar el proyecto de escisión.

2. Cuando la autoridad judicial comprobare que las condiciones contempladas en las letras b) y d) del apartado 1 han sido cumplidas y no existiere perjuicio alguno a los accionistas y acreedores, podrá dispensar a las sociedades que participan en la escisión de la aplicación:

a) del artículo 4, siempre que el sistema de protección adecuado de los intereses de los acreedores contemplado en el apartado 1 del artículo 12, cubra todos los créditos independientemente de la fecha en que hayan nacido;

b) de las condiciones contempladas en las letras a) y b) del artículo 6, cuando un Estado miembro haga uso de la facultad prevista en dicho artículo;

c) del artículo 9 en lo que respecta al plazo y las modalidades fijadas para permitir a los accionistas tomar conocimiento de los documentos en él contemplados.

CAPÍTULO IV

Otras operaciones asimiladas a la escisión

Artículo 24

Cuando la legislación de un Estado miembro permita, para una de las operaciones mencionadas en el artículo 1, que la compensación en especie supere el 10 %, serán aplicables los capítulos I, II y III.

Artículo 25

Cuando la legislación de un Estado miembro permita una de las operaciones mencionadas en el artículo,1 sin que la sociedad escindida deje de existir, los Capítulos I, II y III, con excepción de la letra c) del apartado 1 del artículo 17, serán aplicables.

CAPÍTULO V

Disposiciones finales

Articulo 26

1. Los Estados miembros aplicarán, antes de 1 de enero de 1986, las disposi-

ciones legales, reglamentarias y administrativas necesarias para cumplir la presente Directiva siempre que en tal fecha permitan operaciones a que se aplica esta Directiva. Informarán de ello inmediatamente a la Comisión.

2. Cuando un Estado miembro, después, después de la fecha prevista en el apartado 1, permita la operación de escisión, aplicará las disposiciones indicadas en dicho apartado en la fecha en la que permita esta operación. Informará de ello inmediatamente a la Comisión.

3. No obstante, podrá preverse un plazo de cinco años a partir de la entrada en vigor de las disposiciones contempladas en el apartado 1, para la aplicación de éstas a las «unregistered companies» en el Reino Unido y en Irlanda.

4. Los Estados miembros podrán no aplicar los artículos 12 y 13 en lo relativo a los poseedores de obligaciones y demás títulos convertibles en acciones si, en el momento de entrada en vigor de las disposiciones mencionadas en los apartados 1 y 2, las condiciones de emisión hubieran fijada previamente la posición de estos poseedores en caso de escisión:

5. Los Estados miembros podrán no aplicar la presente Directiva a las escisiones o a las operaciones asimiladas a las escisiones para la preparación o la realización de las cuales se hubiera ya cumplimentado un acto o una formalidad prescrita por la ley nacional, en el momento de la entrada en vigor de las disposiciones mencionadas en los apartados 1 o 2.

Artículo 27

Los destinatarios de la presente Directiva serán los Estados miembros.

DIRECTIVA 2005/56/CE DEL PARLAMENTO EUROPEO Y DEL CONSEJO DE 26 DE OCTUBRE DE 2005 RELATIVA A LAS FUSIONES TRANSFRONTERIZAS DE LAS SOCIEDADES DE CAPITAL[26]

EL PARLAMENTO EUROPEO Y EL CONSEJO DE LA UNIÓN EUROPEA,

Visto el Tratado constitutivo de la Comunidad Europea y, en particular, su artículo 44,

Vista la propuesta de la Comisión,

Visto el dictamen del Comité Económico y Social Europeo[27],

De conformidad con el procedimiento establecido en el artículo 251 del Tratado[28],

Considerando lo siguiente:

(1) Las sociedades de capital de los diferentes Estados miembros tienen necesidad de cooperación y reagrupamiento. Sin embargo, en lo que concierne a las fusiones transfronterizas de sociedades, dichas sociedades encuentran en la Comunidad numerosas dificultades a nivel legislativo y administrativo. Por tanto, para garantizar la realización y el funcionamiento del mercado interior, resulta necesario establecer disposiciones comunitarias con el fin de facilitar la realización de fusiones transfronterizas

---

[26] Modificada por:
- Directiva 2009/109/CE del Parlamento Europeo y del Consejo de 16 de septiembre de 2009. DO L 259 14 2.10.2009
- Directiva 2012/17/UE del Parlamento Europeo y del Consejo de 13 de junio de 2012. DO L 156 1 16.6.2012

[27] DO C 117 de 30.4.2004, p. 43.

[28] Dictamen del Parlamento Europeo de 10 de mayo de 2005 (no publicado aún en el Diario Oficial) y Decisión del Consejo de 19 de septiembre de 2005.

entre sociedades de capital de distintos tipos que entren en el ámbito de las legislaciones de Estados miembros diferentes.

(2) La presente Directiva debe facilitar la fusión transfronteriza de sociedades de capital tal como se definen en la misma. La legislación de los Estados miembros debe permitir la fusión transfronteriza de una sociedad de capital nacional con una sociedad de capital de otro Estado miembro si la legislación nacional de los Estados miembros afectados permite las fusiones entre dichos tipos de sociedades.

(3) Con el fin de facilitar las operaciones de fusión transfronteriza, resulta oportuno establecer que, si la presente Directiva no dispone lo contrario, cada sociedad que participe en la fusión transfronteriza, así como cada tercero interesado, sigan estando sometidos a las disposiciones y los trámites de la legislación nacional que serían aplicables en caso de una fusión nacional. Las disposiciones y trámites de la legislación nacional a que se refiere la presente Directiva no deben en ningún caso imponer restricciones a la libertad de establecimiento o de circulación de capital, a menos que dichas restricciones se puedan justificar de conformidad con la jurisprudencia del Tribunal de Justicia y, en particular, por razones de interés general, y sean necesarias y proporcionadas para el respeto de dichas exigencias imperativas.

(4) El proyecto común de fusión transfronteriza debe realizarse en los mismos términos para cada una de las sociedades afectadas en los distintos Estados miembros. Procede, por lo tanto, precisar el contenido mínimo de este proyecto común, manteniendo las sociedades en cuestión su libertad para ponerse de acuerdo sobre otros elementos del proyecto.

(5) Para proteger los intereses tanto de los socios como de los terceros, resulta oportuno que, para cada una de las sociedades que se fusionan, tanto el proyecto común de fusión transfronteriza como la realización de la misma sean objeto de una publicidad efectuada en el registro público correspondiente.

(6) La legislación de todos los Estados miembros prevé un informe sobre el proyecto común de fusión transfronteriza redactado por uno o más peritos para cada una de las sociedades que se fusionan a escala nacional. Para limitar los gastos de peritos en el marco de una fusión transfronteriza, hay que prever la posibilidad de un informe único destinado a todos los socios de las sociedades que participen en una operación de fusión transfronteriza. El proyecto común de fusión transfronteriza debe ser aprobado por la junta general de cada una de estas sociedades.

(7) Para facilitar las operaciones de fusión transfronteriza hay que prever que la autoridad nacional de cada una de las sociedades que se fusionen efectúe el control de la terminación y la legalidad del proceso de toma de decisiones de cada una de estas sociedades, mientras que la autoridad nacional competente para la sociedad resultante de la fusión transfronteriza debe encargarse de efectuar el control de la terminación y la legalidad de la realización de la fusión transfronteriza. Esta autoridad nacional puede ser un tribunal, un notario o cualquier otra autoridad competente designada por el Estado miembro en

cuestión. Resulta, por otro lado, necesario establecer en virtud de qué legislación nacional debe determinarse la fecha efectiva de la fusión transfronteriza; esta legislación debe ser la correspondiente a la sociedad resultante de la fusión transfronteriza.

(8) Para proteger los intereses de los socios y terceros, deben indicarse los efectos jurídicos de la fusión transfronteriza distinguiendo las situaciones en que la sociedad resultante de la fusión transfronteriza sea una sociedad absorbente o una nueva sociedad.

En beneficio de la seguridad jurídica, debe estar prohibida la declaración de la nulidad de una fusión transfronteriza después de la fecha de efectividad de la misma.

(9) La presente Directiva no prejuzga la aplicación de la legislación sobre el control de las concentraciones entre empresas, tanto a la escala comunitaria, Reglamento (CE) no 139/2004[29] como a la de los Estados miembros.

(10) La presente Directiva no afecta a la legislación comunitaria aplicable a los intermediarios de crédito y otras empresas financieras ni a las normas nacionales establecidas o introducidas de conformidad con dicha legislación comunitaria.

(11) La presente Directiva se entiende sin perjuicio de la legislación de un Estado miembro que requiera información sobre el lugar donde se encuentra el centro de su efectiva administración o el principal establecimiento de la sociedad resultante de la fusión transfronteriza.

(12) Los derechos de los trabajadores distintos de los derechos de participación seguirán organizándose de acuerdo con las disposiciones de los Estados miembros contempladas por la Directiva 98/59/CE del Consejo, de 20 de julio de 1998, relativa a los despidos colectivos[30], la Directiva 2001/23/CE del Consejo, de 12 de marzo de 2001, relativa a la protección de los trabajadores en caso de traspasos de empresas, de centros de actividad o de partes de empresas o de centros de actividad[31], la Directiva 2002/14/CE del Parlamento Europeo y del Consejo, de 11 de marzo de 2002, por la que se establece un marco general relativo a la información y a la consulta de los trabajadores en la Comunidad Europea[32], así como la Directiva 94/45/CE del Consejo, de 22 de septiembre de 1994, relativa a la constitución de un comité de empresa europeo o de un procedimiento de información y consulta a los trabajadores en las empresas y grupos de empresas de dimensión comunitaria[33].

(13) Si los trabajadores ejercen derechos de participación en una de las sociedades que se fusionan, con arreglo a los supuestos contemplados en la presente Directiva, y si la legislación nacional del Estado miembro en que tenga su domicilio social la sociedad resultante de la fusión transfronteriza no prevé el mismo nivel de participación que el aplicado en las correspondientes sociedades que se

[29] Reglamento (CE) no 139/2004 del Consejo, de 20 de enero de 2004, sobre el control de las concentraciones entre empresas («Reglamento comunitario de concentraciones») (DO L 24 de 29.1.2004, p. 1).

[30] DO L 225 de 12.8.1998, p. 16.

[31] DO L 82 de 22.3.2001, p. 16.

[32] DO L 80 de 23.3.2002, p. 29.

[33] DO L 254 de 30.9.1994, p. 64. Directiva modificada por la Directiva 97/74/CE (DO L 10 de 16.1.1998, p. 22).

fusionan —también en los comités del órgano de control con poderes decisorios—, o no prevé la misma facultad para ejercer derechos a trabajadores de sociedades resultantes de la fusión transfronteriza, la participación de los trabajadores en la sociedad resultante de la fusión transfronteriza así como su implicación en la definición de tales derechos debe regularse. A tal fin, deben tomarse como base los principios y procedimientos del Reglamento (CE) no 2157/2001 del Consejo, de 8 de octubre de 2001, relativo al estatuto de la sociedad anónima europea[34] y de la Directiva 2001/86/CE del Consejo de 8 de octubre de 2001 por la que se completa el estatuto de la sociedad anónima europea en lo que respecta a la implicación de los trabajadores[35], supeditados no obstante a las modificaciones que resulten necesarias al estar sujeta entonces la sociedad resultante a las legislaciones nacionales de los Estados miembros en que tengan su domicilio social. De conformidad con el artículo 3, apartado 2, letra b), de la Directiva 2001/86/CE, los Estados miembros pueden velar por el inicio inmediato de las negociaciones con arreglo al artículo 16 de la presente Directiva con objeto de no retrasar innecesariamente las fusiones.

(14) A fin de determinar el nivel de participación de los trabajadores aplicado en las correspondientes sociedades que se fusionan, se debe tener en cuenta también la proporción de miembros que representan a los trabajadores en el órgano directivo competente dentro de las sociedades para decidir el reparto de los beneficios.

[34] DO L 294 de 10.11.2001, p. 1. Reglamento modificado por el Reglamento (CE) no 885/2004 (DO L 168 de 1.5.2004, p. 1).

[35] DO L 294 de 10.11.2001, p. 22.

(15) Dado que los objetivos de la acción pretendida, a saber, establecer una normativa que contenga elementos comunes aplicables a nivel transnacional, no pueden ser alcanzados de manera suficiente por los Estados miembros y, por consiguiente, pueden lograrse mejor, debido a las dimensiones o efectos de la acción, a nivel comunitario, la Comunidad puede adoptar medidas, de acuerdo con el principio de subsidiariedad consagrado en el artículo 5 del Tratado. De conformidad con el principio de proporcionalidad enunciado en dicho artículo, la presente Directiva no excede de lo necesario para alcanzar estos objetivos.

(16) De conformidad con lo dispuesto en el punto 34 del Acuerdo interinstitucional «Legislar mejor»[36], los Estados miembros deben ser alentados a establecer, en su propio interés y en el de la Comunidad, sus propios cuadros, que muestren, en la medida de lo posible, la concordancia entre la presente Directiva y las medidas de incorporación al Derecho nacional, y a hacerlos públicos.

HAN ADOPTADO L A PRESENTE DIRECTIVA:

Artículo 1. Ámbito de aplicación.

La presente Directiva se aplicará a las fusiones de sociedades de capital constituidas de conformidad con la legislación de un Estado miembro y que tengan su domicilio social, su centro de efectiva administración o su principal establecimiento dentro de la Comunidad, si al menos dos de ellas están sujetas a la legislación de Estados miembros diferentes (en lo sucesivo, «las fusiones transfronterizas»).

[36] DO C 321 de 31.12.2003, p. 1.

Artículo 2. Definiciones.

A efectos de la presente Directiva, se entenderá por:

1) «sociedad de capital», denominada en lo sucesivo «sociedad»:

a) una sociedad como la mencionada en el artículo 1 de la Directiva 68/151/CEE[37], o

b) cualquier otra sociedad con capital social que goce de personalidad jurídica, que posea un patrimonio separado que responda por sí solo de las deudas de la sociedad y sujeta por su legislación nacional a condiciones de garantías tales como las previstas por la Directiva 68/151/CEE para proteger los intereses de socios y terceros.

2. «fusión», la operación mediante la cual:

a) una o varias sociedades transfieren a otra sociedad ya existente —la sociedad absorbente—, como consecuencia y en el momento de su disolución sin liquidación, la totalidad de su patrimonio, activo y pasivo, mediante la atribución a sus socios de títulos o participaciones representativos del capital social de la otra sociedad y, en su caso, de una compensación en efectivo que no supere el 10 % del valor nominal o, a falta de valor nominal, del valor contable de dichos títulos o participaciones, o

b) dos o más sociedades, como consecuencia y en el momento de su disolución sin liquidación, transfieren a una sociedad constituida por ellas —la nueva sociedad— la totalidad de su patrimonio, activo y pasivo, mediante la atribución a sus socios de títulos o participaciones representativos del capital social de esta nueva sociedad y, en su caso, de una compensación en efectivo que no supere el 10 % del valor nominal o, a falta de valor nominal, del valor contable de dichos títulos o participaciones, o

c) una sociedad transfiere, como consecuencia y en el momento de su disolución sin liquidación, el conjunto de su patrimonio activo y pasivo a la sociedad que posee la totalidad de los títulos o participaciones representativos de su capital social.

Artículo 3. Disposiciones complementarias al ámbito de aplicación.

1. No obstante lo dispuesto en el artículo 2, apartado 2, la presente Directiva se aplicará también a las fusiones transfronterizas cuando la legislación de al menos uno de los Estados miembros afectados permita que la compensación en efectivo a que se refieren el artículo 2, apartado 2, letras a) y b), supere el 10 % del valor nominal o, a falta de valor nominal, del valor contable de los títulos o participaciones que representen el capital de la sociedad resultante de la fusión transfronteriza.

2. Los Estados miembros podrán decidir que la presente Directiva no sea aplicable a las fusiones transfronterizas en las que participe una sociedad cooperativa incluso cuando ésta se vea cubierta por la definición de «sociedad de capital» que figura en el artículo 2, apartado 1.

---

[37] Primera Directiva 68/151/CEE del Consejo, de 9 de marzo de 1968, tendente a coordinar, para hacerlas equivalentes, las garantías exigidas en los Estados miembros a las sociedades definidas en el segundo párrafo del artículo 58 del Tratado (DO L 65 de 14.3.1968, p. 8). Directiva modificada en último lugar por el Acta de adhesión de 2003.

3. La presente Directiva no se aplicará a las fusiones transfronterizas en las que participe una sociedad cuyo objeto sea la inversión colectiva de capitales obtenidos del público y cuyo funcionamiento esté sometido al principio de reparto de los riesgos cuyas participaciones, a petición del tenedor de las mismas, se readquieran o se rescaten, directa o indirectamente, con cargo a los activos de dicha sociedad. Se asimila a semejantes readquisiciones o reembolsos el hecho de que dicha sociedad de inversión colectiva actúe de manera que el valor de sus participaciones en bolsa no se aparte sensiblemente de su valor de inventario neto.

Artículo 4. Condiciones relativas a las fusiones transfronterizas.

1. Salvo que la presente Directiva disponga lo contrario:

a) las fusiones transfronterizas sólo podrán efectuarse entre tipos de sociedades, que tengan derecho a fusionarse con arreglo a la legislación nacional de los Estados miembros de que se trate, y

b) una sociedad que participe en una fusión transfronteriza deberá cumplir con las disposiciones y trámites de la legislación nacional a la que esté sujeta. Las disposiciones legislativas de un Estado miembro que permitan a sus autoridades nacionales oponerse a una fusión interna determinada por motivos de interés público también serán aplicables a una fusión transfronteriza cuando al menos una de las sociedades que se fusionen esté sujeta a la legislación de dicho Estado miembro. En la medida en que resulte aplicable el artículo 21 del Reglamento (CE) no139/2004, no se aplicará la presente disposición.

2. Las disposiciones y trámites a que se refiere el apartado 1, letra b), incluirán, en particular, los relativos al proceso de toma de decisiones sobre la fusión y, teniendo en cuenta el carácter transfronterizo de la fusión, a la protección de los acreedores de las sociedades que se fusionen, de los obligacionistas y tenedores de títulos o acciones, así como de los trabajadores en lo relativo a los derechos distintos de los regulados por el artículo 16. Los Estados miembros podrán adoptar, respecto de las sociedades participantes en una fusión transfronteriza constituidas con arreglo a su ordenamiento jurídico, disposiciones encaminadas a garantizar una protección adecuada a los socios minoritarios que se hayan pronunciado en contra de la fusión transfronteriza.

Artículo 5. Proyecto común de fusión transfronteriza.

Los órganos de dirección o de administración de cada una de las sociedades que se fusionen concebirán un proyecto común de fusión transfronteriza. Este proyecto contendrá, al menos:

a) la forma, denominación y domicilio social de las sociedades que se fusionen y los previstos para la sociedad resultante de la fusión transfronteriza;

b) la proporción aplicable al canje de los títulos o participaciones del capital social y, en su caso, el importe de cualquier pago en efectivo;

c) las formas de entrega de los títulos o participaciones representativos del capital social de la sociedad resultante de la fusión transfronteriza;

d) las posibles consecuencias de la fusión transfronteriza sobre el empleo;

e) la fecha a partir de la cual estos títulos o participaciones representativos del capital social darán derecho a participar en los beneficios, así como toda condición especial que afecte a este derecho;

f) la fecha a partir de la cual las operaciones de las sociedades que se fusionen se considerarán, desde el punto de vista contable, como realizadas por la sociedad resultante de la fusión transfronteriza;

g) los derechos conferidos por la sociedad resultante de la fusión transfronteriza a los socios que tuviesen derechos especiales o a los tenedores de títulos distintos de los representativos de capital o las medidas propuestas que les conciernan;

h) todas las ventajas particulares atribuidas a los peritos que estudien el proyecto de fusión transfronteriza, así como a los miembros de los órganos de administración, dirección, vigilancia o control de las sociedades que se fusionen;

i) los estatutos de la sociedad resultante de la fusión transfronteriza;

j) si procede, información sobre los procedimientos mediante los cuales se determinen las condiciones de implicación de los trabajadores en la definición de sus derechos de participación en la sociedad resultante de la fusión transfronteriza de conformidad con lo dispuesto en el artículo 16;

k) información sobre la evaluación del patrimonio activo y pasivo transferido a la sociedad resultante de la fusión transfronteriza;

l) las fechas de las cuentas de las sociedades que se fusionan utilizadas para establecer las condiciones en que se realiza la fusión transfronteriza.

Artículo 6. Publicidad.

1. El proyecto común de fusión transfronteriza será objeto de publicidad en la forma prescrita por el ordenamiento de cada Estado miembro, de conformidad con lo dispuesto en el artículo 3 de la Directiva 68/151/CEE, para cada una de las sociedades que se fusionen, como mínimo un mes antes de la fecha de la reunión de la junta general que deba pronunciarse al respecto.

Cualquiera de las sociedades que se fusionen quedará exenta del requisito de publicidad establecido en el artículo 3 de la Directiva 68/151/CEE si, durante un período ininterrumpido iniciado al menos un mes antes del día fijado para la junta general llamada a pronunciarse acerca del proyecto de fusión transfronteriza y que no termine antes de la conclusión de dicha junta, pone a disposición del público de forma gratuita en su sitio web tal proyecto de fusión. Los Estados miembros no supeditarán dicha exención a más requisitos o condiciones que los necesarios para garantizar la seguridad del sitio web y la autenticidad de los documentos, y solo podrán imponer dichos requisitos o condiciones en la medida en que sean proporcionados para alcanzar estos objetivos.

No obstante lo dispuesto en el párrafo segundo, los Estados miembros podrán exigir que la publicidad se realice a través de la plataforma electrónica central mencionada en el artículo 3, apartado 4, de la Directiva 68/151/CEE. Los Estados miembros tendrán la alternativa de exigir que dicha publicación se realice en cualquier otro sitio web designado por ellos a tal efecto. Cuando los Estados miembros recurran a una de estas dos posibilidades, velarán porque no se cobre a las sociedades una tarifa específica por dicha publicación.

Cuando se utilice un sitio web distinto de la plataforma electrónica central, se publicará en la plataforma electrónica central una referencia que dé acceso a dicho sitio web al menos un mes antes de la fecha fijada para la junta general. Dicha referencia deberá incluir la fecha de publicación del proyecto común de fusión transfronteriza en el sitio web y será accesible para el público de forma gratuita. No se cobrará a las sociedades una tarifa específica por dicha publicación.

La prohibición de cobrar a las sociedades una tarifa específica por la publicación establecida en los párrafos tercero y cuarto no afectará al derecho de los Estados miembros de repercutir a las sociedades los costes relacionados con la plataforma electrónica central.

Los Estados miembros podrán exigir a las sociedades que mantengan la información durante un período específico después de la junta general en su sitio web o, cuando proceda, en la plataforma electrónica central designada por el Estado miembro de que se trate. Los Estados miembros podrán determinar las consecuencias de la interrupción temporal del acceso al sitio web o a la plataforma electrónica central por razones técnicas o de otro tipo.

2. Sin perjuicio de otras condiciones adicionales impuestas por el Estado miembro a cuyo ordenamiento esté sujeta la sociedad, deberán publicarse, para cada una de las sociedades que se fusionen, los siguientes datos en el boletín oficial de dicho Estado miembro:

a) la forma, denominación y domicilio social de las sociedades que se fusionen;

b) el registro en el que se hayan entregado los documentos a que se refiere el artículo 3, apartado 2, de la Directiva 68/151/CEE de cada una de las sociedades que se fusionen así como su número de inscripción en dicho registro;

c) una indicación, para cada una de las sociedades que se fusionen, de las condiciones de ejercicio de los derechos de los acreedores y, cuando proceda, de los socios minoritarios de las sociedades que se fusionen, así como la dirección donde pueda obtenerse, sin gastos, una información exhaustiva sobre dichas condiciones.

Artículo 7. Informe de los órganos de dirección o administración.

Los órganos de dirección o de administración de cada una de las sociedades que se fusionen elaborarán un informe destinado a los socios, en el que se explicarán y justificarán los aspectos legales y económicos de la fusión transfronteriza y se explicarán las implicaciones de dicha fusión para los socios, los acreedores y los trabajadores.

El informe se pondrá a disposición de los socios y de los representantes de los trabajadores o, en su defecto, de los propios trabajadores, en un plazo no inferior a un mes antes de la fecha de la junta general a que se refiere el artículo 9.

Cuando los órganos de dirección o de administración de cualquiera de las sociedades que se fusionan reciban a tiempo una opinión de los representantes de los trabajadores con arreglo a la legislación nacional, dicha opinión se anexará al informe.

Artículo 8. Informe pericial independiente.

1. Un informe pericial independiente destinado a los socios y disponible al menos un mes antes de la fecha de la reunión de la junta general contemplada en el artículo 9 para cada una de las sociedades que se fusionen. Estos peritos podrán ser, según la legislación de cada Estado miembro, personas físicas o jurídicas.

2. Como alternativa a peritos que operen por cuenta de cada una de las sociedades que se fusionen, uno o más peritos independientes, designados para ello, previa petición conjunta de dichas sociedades, por una autoridad judicial o administrativa del Estado miembro del que dependa una de las sociedades que se fusionen o la sociedad resultante de la fusión transfronteriza, o autorizados por dicha autoridad, podrán estudiar el proyecto común de fusión transfronteriza y redactar un informe escrito único destinado a la totalidad de los socios.

3. El informe de los peritos contendrá como mínimo los datos previstos en el artículo 10, apartado 2, de la Directiva 78/855/CEE del Consejo, de 9 de octubre de 1978, relativa a las fusiones de las sociedades anónimas[38]. Los peritos estarán facultados para pedir a cada una de las empresas que se fusionen cualquier información que consideren necesaria para poder llevar a cabo su cometido.

4. No se exigirá un examen del proyecto común de fusión transfronteriza por parte de peritos independientes ni un informe pericial cuando así lo haya acordado la totalidad de los socios de cada una de las sociedades que intervienen en la fusión transfronteriza.

Artículo 9. Aprobación por la junta general.

1. Después de haber tenido conocimiento de los informes contemplados en los artículos 7 y 8, la junta general de cada una de las sociedades que se fusionen se pronunciará sobre el proyecto común de fusión transfronteriza.

2. La junta general de cada una de las sociedades que se fusionen podrá condicionar la realización de la fusión transfronteriza a la ratificación expresa de las disposiciones decididas para la participación de los trabajadores en la sociedad resultante de la fusión transfronteriza.

3. El ordenamiento jurídico de los Estados miembros no deberá exigir la aprobación de la fusión por la junta general de la sociedad absorbente si se cumplen las condiciones establecidas en el artículo 8 de la Directiva 78/855/CEE.

Artículo 10. Certificado previo a la fusión.

1. Cada Estado miembro designará al

[38] DO L 295 de 20.10.1978, p. 36. Directiva modificada en último lugar por el Acta de adhesión de 2003.

tribunal, notario o cualquier otra autoridad competente para controlar la legalidad de la fusión transfronteriza para la parte del procedimiento relativa a cada una de las sociedades que se fusionen y que estén sujetas a su legislación nacional.

2. En cada Estado miembro en cuestión, la autoridad a que se refiere el apartado 1 entregará sin demora a cada una de las sociedades que se fusionen y que estén sujetas a su legislación nacional un certificado que demuestre de forma concluyente la correcta realización de los actos y trámites previos a la fusión.

3. Cuando el ordenamiento jurídico del Estado miembro al que esté sujeta una sociedad que se fusione establezca un procedimiento para controlar y modificar la proporción aplicable al canje de los títulos o las participaciones o un procedimiento para compensar a los socios minoritarios, sin impedir la inscripción de la fusión transfronteriza, tal procedimiento sólo se aplicará cuando las demás sociedades participantes en la fusión, situadas en Estados miembros que no lo prevean, acepten explícitamente, al aprobar el proyecto de fusión transfronteriza de conformidad con el artículo 9, apartado 1, la posibilidad de que los socios de dicha empresa recurran a tal procedimiento, que se incoará ante el tribunal a cuya jurisdicción esté sometida la empresa que se fusiona. En esos casos, la autoridad a que se refiere el apartado 1, podrá expedir el certificado a que se refiere el apartado 2, aun cuando se haya iniciado un procedimiento de este tipo. No obstante, en el certificado se indicará que está en curso el procedimiento. La decisión a que se llegue en el procedimiento será vinculante para la empresa resultante de la fusión transfronteriza y para todos sus socios.

Artículo 11. Control de la legalidad de la fusión transfronteriza.

1. Cada Estado miembro designará al tribunal, notario o cualquier otra autoridad competente para controlar la legalidad de la fusión transfronteriza para la parte del procedimiento relativa a la realización de la fusión transfronteriza y, cuando proceda, a la constitución de una nueva sociedad resultante de la fusión transfronteriza cuando esta sociedad resultante de la fusión transfronteriza esté sujeta a su legislación nacional. Esta autoridad controlará en especial que las sociedades que se fusionen hayan aprobado el proyecto común de fusión transfronteriza en los mismos términos y, en su caso, que las disposiciones relativas a la participación de los trabajadores se hayan establecido de conformidad con lo dispuesto en el artículo 16.

2. A tal fin, cada sociedad que se fusione remitirá a la autoridad a que se refiere el apartado 1 el certificado mencionado en el artículo 10, apartado 2, en el plazo de seis meses a partir de su expedición, así como el proyecto común de fusión transfronteriza aprobado por la junta general contemplada en el artículo 9.

Artículo 12. Efectividad de la fusión transfronteriza.

La legislación del Estado miembro a la que esté sujeta la sociedad resultante de la fusión transfronteriza determinará la fecha de efectividad de la fusión transfronteriza. Esta fecha deberá ser posterior a la realización del control contemplado en el artículo 11.

Artículo 13. Registro.

La legislación de cada uno de los Estados miembros a la que estaban sujetas las sociedades objeto de la fusión determinará, por lo que se refiere al territorio de ese Estado, las formas de publicidad de la realización de la fusión transfronteriza, con arreglo a lo dispuesto en el artículo 3 de la Directiva 2009/101/CE del Parlamento Europeo y del Consejo, de 16 de septiembre de 2009, tendente a coordinar, para hacerlas equivalentes, las garantías exigidas en los Estados miembros a las sociedades definidas en el artículo 54, párrafo segundo, del Tratado, para proteger los intereses de socios y terceros[39], en el registro público en el que cada una de estas sociedades esté obligada a presentar los documentos.

El registro en el que se inscriba la sociedad resultante de la fusión transfronteriza notificará sin demora, a través del sistema de interconexión de los registros centrales, mercantiles y de sociedades establecido con arreglo al artículo 4 bis, apartado 2, de la Directiva 2009/101/CE, al registro en el que cada una de las sociedades estuviera obligada a presentar los documentos, que se ha realizado la fusión transfronteriza.

La baja en el registro anterior, si procede, se producirá al recibo de dicha notificación, y en ningún caso con anterioridad a la misma.

[39] DO L 258 de 1.10.2009, p. 11.
Nota: El título de la Directiva 2009/101/CE ha sido adaptado a fin de tener en cuenta la renumeración de los artículos del Tratado constitutivo de la Comunidad Europea, de conformidad con el artículo 5 del Tratado de Lisboa; la referencia original era al segundo apartado del artículo 48 del Tratado.

Artículo 14. Efectos de la fusión transfronteriza.

1. La fusión transfronteriza realizada con arreglo a lo dispuesto en el artículo 2, apartado 2, letras a) y c), producirá, a partir de la fecha contemplada en el artículo 12, los siguientes efectos:

a) la totalidad del patrimonio activo y pasivo de la sociedad absorbida se transferirá a la sociedad absorbente;

b) los socios de la sociedad absorbida se convertirán en socios de la sociedad absorbente;

c) la sociedad absorbida dejará de existir.

2. La fusión transfronteriza realizada con arreglo a lo dispuesto en el artículo 2, apartado 2, letra b), producirá, a partir de la fecha contemplada en el artículo 12, los siguientes efectos:

a) la totalidad del patrimonio activo y pasivo de las sociedades que se fusionen se transferirá a la nueva sociedad;

b) los socios de las sociedades que se fusionen se convertirán en socios de la nueva sociedad;

c) las sociedades que se fusionan dejarán de existir.

3. Cuando la legislación de los Estados miembros imponga, en el caso de fusión transfronteriza de sociedades contempladas por la presente Directiva, trámites especiales para que la transferencia de determinados bienes, derechos y obligaciones aportados por las sociedades que se fusionen sea oponible a terceros, dichos trámites se aplicarán y serán efectuados por la sociedad resultante de la fusión transfronteriza.

4. Los derechos y obligaciones de las sociedades que se fusionen procedentes de contratos de trabajo o de relaciones laborales existentes en la fecha en la que surta efecto la fusión transfronteriza se transferirán, en razón de este hecho, a la sociedad resultante de la fusión transfronteriza en la fecha en que la fusión transfronteriza surta efecto.

5. No se intercambiarán participaciones de la sociedad absorbente por participaciones de la sociedad absorbida en poder de:

a) la propia sociedad absorbente o a través de una persona que actúe en su nombre pero por cuenta propia;

b) la propia sociedad absorbida o a través de una persona que actúe en su nombre pero por cuenta propia.

Artículo 15. Simplificación de formalidades.

1. Cuando una fusión transfronteriza por absorción sea realizada por una sociedad que posea todas las participaciones y todos los demás títulos que confieran derechos de voto en la junta general de la sociedad o sociedades absorbidas,

— no serán aplicables las disposiciones del artículo 5, letras b), c) y e), del artículo 8 y del artículo 14, apartado 1, letra b),

— no será aplicable el artículo 9, apartado 1, a la sociedad o sociedades absorbidas.

2. Cuando una sociedad que posea el 90 % o más, pero no la totalidad, de las acciones o de otros títulos que confieran derecho de voto en la junta general de la sociedad o sociedades absorbidas, lleve a cabo una fusión transfronteriza por absorción, solo se requerirán informes de uno o varios peritos independientes, así como los documentos necesarios para el control, en la medida en que lo exija la legislación nacional aplicable a la sociedad absorbente o la legislación nacional aplicable a la sociedad absorbida, de conformidad con la Directiva 78/855/CEE.

Artículo 16. Participación de los trabajadores.

1. Sin perjuicio del apartado 2, la sociedad resultante de la fusión transfronteriza estará sujeta a las normas relativas a la participación de los trabajadores vigentes en el Estado miembro en que se encuentre su domicilio social.

2. No obstante, no se aplicarán las normas relativas a la participación de los trabajadores vigentes en el Estado miembro en que se encuentre el domicilio social de la sociedad resultante de la fusión transfronteriza, si al menos una de las sociedades que se fusionan emplea, durante el período de seis meses que precede a la publicación del proyecto de fusión transfronteriza con arreglo al artículo 6, un número medio de trabajadores superior a 500 y está gestionada en régimen de participación de los trabajadores con arreglo al artículo 2, letra k), de la Directiva 2001/86/CE, o bien si la legislación nacional aplicable a la sociedad resultante de la fusión transfronteriza

a) no prevé al menos el mismo nivel de participación de los trabajadores que el aplicado en las correspondientes sociedades que se fusionan, medido en función de la proporción de miembros que representan a los trabajadores en el órgano de administración o control, o sus comités, o en el órgano directivo competente dentro de las sociedades para decidir el reparto de los beneficios, o

b) no prevé que los trabajadores de los establecimientos de la sociedad resultante de la fusión transfronteriza situados en otros Estados miembros puedan ejercer los mismos derechos de participación de que gocen los trabajadores empleados en el Estado miembro donde se encuentre el domicilio social de la sociedad resultante de la fusión transfronteriza.

3. En los casos a que se refiere el apartado 2, la participación de los trabajadores en la sociedad resultante de la fusión transfronteriza, así como su implicación en la definición de los derechos correspondientes, serán reguladas por los Estados miembros, mutatis mutandis y sin perjuicio de los apartados 4 a 7 siguientes, de conformidad con los principios y modalidades previstos en el artículo 12, apartados 2, 3 y 4, del Reglamento (CE) no 2157/2001 y en las disposiciones siguientes de la Directiva 2001/86/CE:

a) artículo 3, apartados 1, 2 y 3, párrafo primero, primer guión, apartado 4, párrafo segundo, y apartados 5 y 7;

b) artículo 4, apartados 1 y 2,, letras a), g) y h), y apartado 3;

c) artículo 5;

d) artículo 6;

e) artículo 7, apartado 1, párrafo primero, letra b), apartado 2, párrafo segundo, y apartado 3. Sin embargo, a efectos de la presente Directiva, los porcentajes establecidos en el artículo 7, apartado 2, párrafo primero, letra b), de la Directiva 2001/86/CE para la aplicación de las normas de referencia recogidas en la parte 3 del anexo de dicha Directiva se incrementarán del 25 % al 33 1/3 %;

f) artículos 8, 10 y 12;

g) artículo 13, apartado 4;

h) parte 3, letra b), del anexo.

4. Al regular los principios y procedimientos contemplados en el apartado 3, los Estados miembros:

a) otorgarán a los órganos competentes de las sociedades que participen en la fusión el derecho de optar, sin negociación previa, por estar directamente sujetas a las disposiciones de referencia para la participación contempladas en la letra h) del apartado 3, fijadas por la legislación del Estado miembro en que se establezca el domicilio social de la sociedad resultante de la fusión transfronteriza, y de respetar dichas disposiciones a partir de la fecha de registro;

b) conferirán al órgano especial de negociación el derecho a decidir, por mayoría de dos tercios de sus miembros que representen al menos a dos tercios de los trabajadores, incluidos los votos de los miembros que representen a los trabajadores en al menos dos Estados miembros diferentes, no iniciar negociaciones o poner fin a las negociaciones ya entabladas, y basarse en las normas de participación vigentes en el Estado miembro en el que vaya a establecerse el domicilio social de la sociedad resultante de la fusión transfronteriza;

c) podrán, cuando las disposiciones de referencia para la participación sean de aplicación, a raíz de negociaciones previas, no obstante dichas disposiciones, decidir limitar el número de representantes de los trabajadores en el órgano de administración de la sociedad resultante de la fusión transfronteriza. No obstante, si en una de las sociedades que participan en la fusión figura entre los representantes de los trabajadores al menos una tercera parte de los miembros del órgano de administración o de supervisión, esta limitación no podrá tener por efecto que el número de representantes de los trabajadores en el órgano de administración sea inferior a una tercera parte.

5. La extensión de los derechos de participación a los trabajadores de la sociedad resultante de la fusión transfronteriza empleados en otros Estados miembros a que se refiere el apartado 2, letra b), no creará obligaciones para los Estados miembros que hayan optado por tener en cuenta a estos trabajadores en el cálculo de los umbrales de efectivos que den lugar a los derechos de participación en virtud de la legislación nacional.

6. Cuando al menos una de las sociedades que participan en la fusión está gestionada en régimen de participación de los trabajadores y la sociedad resultante de la fusión transfronteriza se rige por dicho sistema, de conformidad con lo dispuesto en el apartado 2, esta última estará obligada a adoptar una forma jurídica que permita el ejercicio de los derechos de participación.

7. Cuando la sociedad resultante de la fusión transfronteriza esté gestionada en régimen de participación de los trabajadores, dicha sociedad deberá tomar medidas para garantizar la protección de los derechos de los trabajadores en caso de ulteriores fusiones nacionales durante un plazo de tres años después de que la fusión transfronteriza haya surtido efecto, y aplicarán mutatis mutandis las disposiciones establecidas en el presente artículo.

Artículo 17. Validez.

No podrá declararse la nulidad de una fusión transfronteriza que se realice de conformidad con lo dispuesto en el artículo 12.

Artículo 17bis. Protección de datos.

El tratamiento de datos personales que se efectúe en el contexto de la presente Directiva se hará conforme a lo dispuesto en la Directiva 95/46/CE del Parlamento Europeo y del Consejo, de 24 de octubre de 1995, relativa a la protección de las personas físicas en lo que respecta al tratamiento de datos personales y a la libre circulación de estos datos[40].

Artículo 18. Revisión.

Cinco años después de la fecha fijada en el párrafo primero del artículo 19, la Comisión revisará la presente Directiva a la luz de la experiencia adquirida en su aplicación y, en caso necesario, propondrá su modificación.

Artículo 19. Incorporación al Derecho nacional.

Los Estados miembros pondrán en vigor las disposiciones legales, reglamentarias y administrativas necesarias para ajustarse a la presente Directiva a más tardar el 15 de diciembre de 2007.

Cuando los Estados miembros adopten dichas disposiciones, en ellas figurará

[40] DO L 281 de 23.11.1995, p. 31.

una referencia a la presente Directiva o irán acompañadas de dicha referencia en su publicación oficial. Los Estados miembros establecerán las modalidades de la mencionada referencia.

Artículo 20. Entrada en vigor.

La presente Directiva entrará en vigor a los veinte días de su publicación en el Diario Oficial de la Unión Europea.

Artículo 21. Destinatarios.

Los destinatarios de la presente Directiva son los Estados miembros.

Made in United States
Orlando, FL
04 November 2026

90206102R00341